U0165661

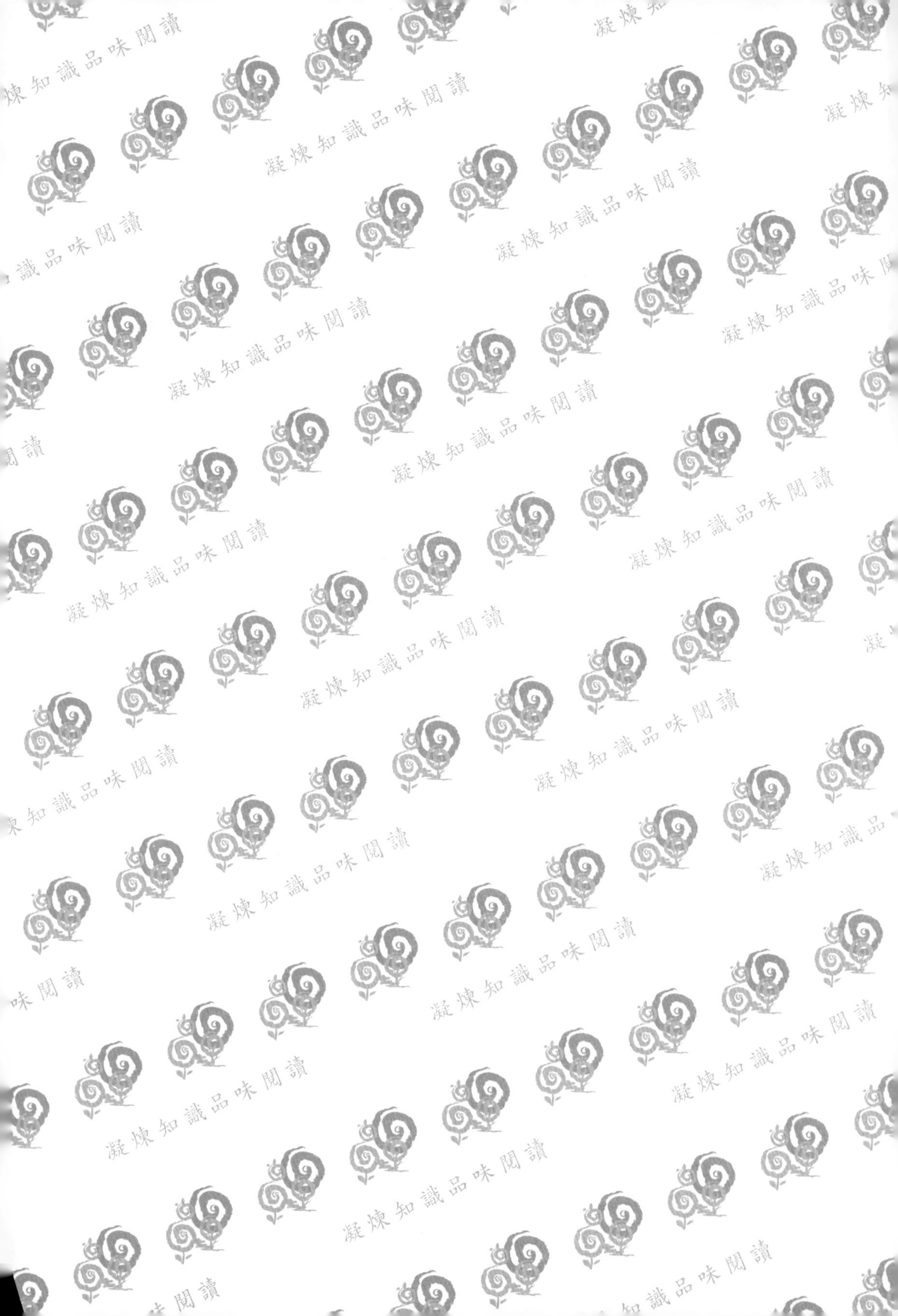
凝煉知識品味閱讀

清代學術思想史（下冊）

張麗珠 著

五南圖書出版公司 印行

CONTENTS

目　錄

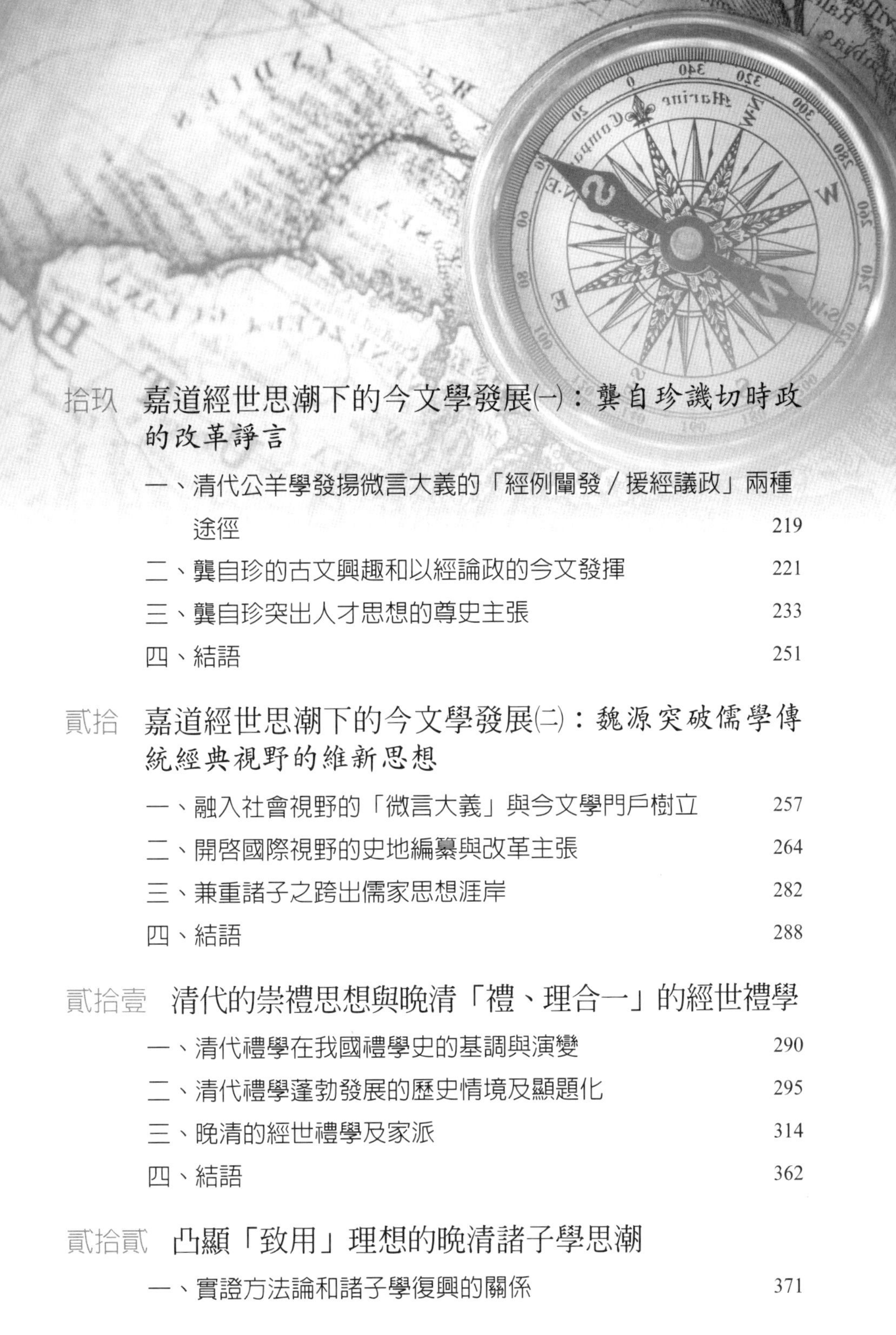

拾參

乾嘉學術中堅的揚州學派(一)：淩廷堪「以禮代理」的禮學建設

乾嘉學術是清代學術的一個高峰，不論在聲音故訓之學、典章制度、校勘學、文獻學、金石學、史學與義理學上，都有迥出前人的斐然佳績，其中涵蓋經史考據的乾嘉考據學，以及別出理學典範之外的乾嘉新義理學，尤其不朽；至於人才，則乾嘉時期更是碩學鴻儒輩出，睥睨二千年儒學史，如惠棟、戴震、章學誠、汪中、段玉裁、孔廣森、二王父子、焦循、阮元、淩廷堪……等人並皆聲名卓著，載在學史。

乾嘉學術之博通、深入且精湛，除早期以開闢榛莽之姿導揚先路的惠、戴等大家外，其後揚州學者如焦、阮、淩等人亦有極大的助瀾之功，逮及晚清，揚州學派其勢猶未已，故能一波未平一波起，蔚爲清學高峰成就。是故大約起於乾隆中葉的揚州學派，堪稱乾嘉學術中能與吳、皖、浙學等地域學術並峙的重要成就。

一、師儒蔚起的揚州學派

乾嘉學術除後人所稱道的惠棟吳派、戴震皖派外，揚州學派亦師儒蔚起，成爲鼎足的另一重要支派；大約起於清代中期的揚州學派，對於前述包括考據學和義理學雙重成就的乾嘉學風頗有推進之功。蓋江淮繁富爲天下冠，揚州尤爲沃壤，商旅麇集，明清兩代兩淮鹽運使官署皆設於此，東南財賦倚爲重鎮，不但揚州鹽商富可敵國，四方賢士亦畢集於此。從唐代詩人杜牧曰「春風十里揚州路」，到傳唱的〈竹枝詞〉說「揚州滿地是詩人」，再到康雍間纂成的《古今圖書集成》欽頒一部收藏在揚州天寧寺，乾隆年間纂輯的《四庫全書》也庋藏一部在揚州文匯閣，以便士林傳觀抄錄，可以想見揚州繁榮富庶、人文薈萃以及文風鼎盛，皆非他郡能比。

揚州學派的碩學宏才，焦循、阮元之外，如汪中、江藩、王念孫、王引之父子、劉寶楠等，也都是當世極負盛名之學者；客寓揚州而有「一代禮宗」之稱的淩廷堪，也向被視爲揚州學派。支偉成在《清代樸學大師列傳》中說「淩廷堪以歙人居揚州，與焦循友善。阮元問教於焦、淩，遂別創揚州學派。」徐復亦謂焦循、阮元、淩廷堪爲揚州學派之「首創者三家。」（《揚州學派新論·序》）不過學派之分只是後人便於討論，實則吳、皖關係密切，有學風創始與繼承發展的歷程意義；並且戴震弟子以揚州爲盛，如傳其典章制度的任大椿、傳其聲音故訓的王念孫；又，清儒間問學甚勤，經常書信辯難或相互走訪，譬如惠棟、戴震，也都是來揚州的學者，故清代中期吳、皖、揚州諸學間關係密切、交互影響，形成了一個包括江蘇、浙江、皖南等地區的經學群體中心，並逐漸擴大影響力及於國內各地。學者張舜徽《清代揚州學記》曾自地域性指出揚州府治領二州（高郵、泰州）、六縣（江都、甘泉、儀徵、興化、寶應、東台），時間上則從康熙間的王懋竑到近代的劉師培，幾將所有重要的揚州學者皆涵蓋其中；現代學者亦有依時間先後，劃分爲第一期如任大椿、汪中，第二期如焦、阮、淩等，第三期如劉文淇、劉寶楠者。故本著所論揚州學派，不限祖籍，客寓亦可，凡乾嘉以後依此地理條件問學切磋、而具地域性文化特質者，皆視爲揚州學派。揚州學派重要名家及著作代表，略如下表：

任大椿（1738-1789年）	《弁服釋例》、《深衣釋例》、《釋繒》
汪　中（1744-1794年）	《春秋述義》、《尚書考異》、《爾雅正誤》
王念孫（1744-1832年）	《廣雅疏證》、《群經字類》、《毛詩·群經·楚辭古韻譜》、《讀書雜志》

淩廷堪（1755-1809年）	《禮經釋例》
江　藩（1761-1831年）	《周易述補》、《國朝漢學師承記》、《國朝宋學淵源記》
焦　循（1763-1820年）	《易學三書》、《論語通釋》、《孟子正義》、《尚書補疏》、《春秋左傳補疏》、《毛詩補疏》、《禮記補疏》、《群經宮室圖》
阮　元（1764-1849年）	《十三經注疏校勘記》、《國史儒林傳稿》、《三家詩補遺》、《儀禮石經校勘記》、《論語論仁論》、《孟子論仁論》
王引之（1766-1834年）	《經義述聞》、《經傳釋詞》、《春秋名字解詁》
淩　曙（1775-1829年）	《春秋公羊禮說》、《春秋公羊禮疏》、《春秋繁露注》
汪喜孫（1786-1848年）	《喪服答問紀實》
劉文淇（1789-1854年）	《左傳舊注疏證》
劉寶楠（1791-1855年）	《論語正義》
劉師培（1884-1919年）	《毛詩札記》、《周禮古注集疏》、《禮經舊說》、《逸禮考》、《春秋古經箋》、《讀左劄記》
……	……

乾、嘉時期揚州學派主要表現了開拓性、創造性的通博特色；到了道、咸時期，則由於國勢日趨不振，吏治亦漸腐敗，揚州學者遂普遍傾向修身並轉爲政事實踐，於是揚州學派在學術上表現出守成、集成的趨勢。揚州以一府之地，在清代學術史與思想史上前後踵繼出現了偌多名卿碩儒，爲清代學術寫下輝煌的一頁，學術成就可謂奪目！

乾嘉學術在形上學式微的學術背景下，其突出於清代學術史暨我國儒學史的特殊性，主要有：㈠考據學新治學典範對理學舊典範的取代；㈡乾嘉新義理學對理學思想信仰的取代。惟乾嘉考據學爲人所共知；乾嘉新義理學的光芒，則長期爲考據學所掩沒。實則在清儒樹起「實證」方法論之考據大纛後，部分清儒立足在考據基礎而綰合考據學和義理學，並自形上視域轉移重心到經驗視域，表現出兼具實證與現實雙重意義的「崇實」趨向，是爲眞正能夠借重清代學術特長之考據學以建立的新思想典範。該一看法既迥異梁啓超《清代學術概論》之持論「清代學派之運動，乃『研究法的運動』，非『主義的運動』。」也殊異於錢穆《中國近三百年學術史》之強調清代義理學爲「理學餘緒」。就後者言，筆者雖也認同清初孫奇逢、李顒、黃宗羲等人以經世實務修正了王學末流，在「由王返朱」的官學立場外，顯示了民間王學之蓬勃；但認爲清初朱、王兩派畢竟都屬理學後勢，雖有蛻變、卻不能顯現清學特具的考據專長，不能做爲清人的思想代表。論及清代新思想典範暨清代思想特色，須是既能展現清代考據特長、又能在精神上樹異於理學形上學模式者，始足以膺之。故本著所論乾嘉學術，包涵乾嘉考據學和乾嘉新義理學兩個面向，並主張考據學對理學的主流地位取代，是「學術典範」轉移；乾嘉新義理學之於理學思想型態轉換，才是「思想典範」轉移。

清代是我國經學復盛的時代，梳理古籍、建立方法論，大有功焉！惠棟首標漢幟，引領一代風潮，通過輯存漢儒古義以及「漢學解經」進路，爲乾嘉考據學立下普遍獲得遵循的「漢學」解經規範；戴震更建立了「識字審音」的「由詞通道」訓詁學方法論，要求治經先考字義——由字→詞→道的治經門徑。而繼乾嘉前期儒者在文字、聲韻、訓詁上獲得可觀成就後，揚州學派也有諸多實踐成果：如在考證典制名物上，任大椿淹通禮學而長於名物，著有《弁服釋例》、《深衣釋例》、《釋繒》……等，淩廷堪則有歸納禮例的《禮經釋例》；又，繼惠棟《明堂大道錄》開清儒考辨明堂風氣後，汪中、阮元等都續有推進，也都有所發明；至於文字音韻及考辨、闡發經義方面，則有任大椿《小學鉤沉》、《字林考逸》，王念孫父子《廣雅疏證》、《讀書雜志》、《經義述聞》、《經傳釋詞》、《春秋名字解詁》……等，王念孫並以《合韻譜》進一步完善了戴震的古韻分部，王國維稱爲「無可增損」、「臻其極也。」（《觀堂集林．周代金石文韻讀序》）王引之亦奉詔作《字典考證》，糾正《康熙字典》達二千餘條；阮元也在戴、段、二王「因聲求義」條例外，復以語源學角度的「義從音生」說補充了訓詁學方法論；另外，在標幟清代經學成就的群經新疏上，則揚州學者有劉文淇《左傳舊注疏證》、劉寶楠《論語正義》、焦循《孟子正義》等重要疏注，並爲清注善本。若此皆有功於乾嘉音聲故訓之學。

此外，清儒能夠發揚乾嘉新義理學者，亦主要在於揚州學派：如汪中〈大學平議〉激烈批評宋明理學，〈荀卿子通論〉並以孔、荀並稱取代孟子的地位；有「通儒」之稱的焦循則在著名的《雕菰樓易學三書》外，以《孟子正義》會通《易》、《孟》，並繼戴震「德性資於學問」之重智道德觀後，亦以強調德、智密切關聯的「趨利故義」、「能知故善」等命題突破傳統義理觀；阮元也在研經、校勘、整理經部文獻之外，又涉金石、銘文、義理學等諸多領域，並以「相人偶」仁論和「仁必須爲」的現實取向，發揚實在界「爾我親愛」的仁學思想；淩廷堪則在經禮考據的《禮經釋例》外，復致力於提倡禮學思想，宏揚儒家的禮治理想，並「以禮代理」地要求突出行爲儀則之具體規範，肯定禮俗文化對道德實踐的裨益，且有「一代禮宗」之稱；劉寶楠《論語正義》則稱「人未有知其不利而爲之，則亦豈有知其利，而避之弗爲哉？」以此批判長期來的「義利對立」思想窠臼；汪中亦在文字、訓詁、名物度數及金石、諸子等眾多領域，頗有專精研究。對照當世學者對於戴震新義理學的冷漠態度與負面攻訐，則揚州學者不但是戴震在清代非常難得的義理知音，也表現了揚州學風博通和創新的精神，張舜徽亦嘗曰：「無吳、皖之專精，則清學不能盛；無揚州之通學，則清學不能大。」（《清代揚州學記》）就學術分科言，揚州學風除以上述經學考據和義理學見長外，復多兼擅金石、銘文、戲曲、諺謠等領域之博通成就者；

就學術精神與思想內涵言，其往往展現出貫通與創新的精神，是以本著欲通過對揚州學派和乾嘉學術共同風趨、卻未必是當時普遍風趨的考察，落實揚州學派是爲乾嘉學術後勁的論述——當時其他地區的學術發展，如浙東學術，則雖涉考據藩籬但主要以史學見長；常州學者則如莊存與、莊述祖、孫星衍、洪亮吉等，尚未擴大其影響力，晚清今文學亦尚未興起，且其經術文章的文士風氣與探賾微言傾向，也與乾嘉主流考據學風有別。

二、清儒從「理」到「禮」的經驗視域轉趨暨禮學發揚

清代新義理學最重要的特徵，在於從形上視域轉移到經驗視域、對價值之經驗面強調以及對工夫論之經驗進路要求等，整體而言，就是表現爲經驗取向。傳統儒學中最能符合清儒「通經致用」之復興經學初衷、又能符合此一義理新趨者，是合三禮考辨與禮教發揚爲一的禮學傳統，以此乾嘉時期有復禮思潮。

禮者何？——孔子承周文立教，他通過以「仁」釋「禮」的系統理論，爲外在行爲規範、禮儀形式找到了內在的價值依據，並建立起倫理準則。孔子以後，孟、荀兩支便依仁學傳統和禮學傳統，對內聖修身與外王經世各有側重性理論的開拓，故禮可以分就內具「四端」之德與外在客觀禮教、禮制而言；後儒義理學類型亦遂有宋明理學緣孟子性善說展開，側重仁義禮智等固有德性之發揚，以及清學如就其突出禮治理想之一端言，則親近荀子發揚外王精神之「隆禮」強調，故宋明理學和清代新義理學表現爲我國兩種不同型態的義理學發展。

以孟、荀兩系而論，孟子將「禮」劃歸道德範疇，曰：「君子所性，仁義禮智根於心」、「仁義禮智，非由外鑠我也，我固有之也」、「君子所以異於人者，以其存心也。君子以仁存心，以禮存心」，主要

指內在德性、人之善端而言。孟子鮮少涉及政治範疇，甚至嘗言：「諸侯之禮，吾未之學也。」因此當「禮」落在思孟理學一系的義理架構時，由於仁義禮智皆人之善端，「禮」爲眾德之一，而儒家歷來是以「仁」爲全德總稱的，則此時就內在德性言的「禮」，可以劃歸內聖修身的「仁學」傳統，故明道有言：「義禮智信，皆仁也。」（《二程遺書・識仁》）至於荀子則彰顯「人無禮則不生；事無禮則不成；國家無禮則不寧」之禮治作用，他認爲聖王「爲之起禮義，制法度」，一如「枸木必將待櫽栝烝矯然後直，鈍金必將待礱厲然後利。」（〈修身〉、〈性惡〉）禮者，正是「人主之所以爲群臣寸尺尋丈檢式也。」（〈儒效〉）所以在聖學仁、禮對舉下，荀子所著力發揚的孔子禮治理想及治術落實，可以稱爲「禮學」傳統。要之，此兩種傳統皆爲儒家建構禮樂文化不可或缺的內在基礎及發展。

至於清儒，其在禮論上普遍傾向從聖王「制禮作樂」的角度，發展孔子之論「天下有道，則禮樂征伐自天子出；天下無道，則禮樂征伐自諸侯出。」清儒此一切入點，趨近荀子論禮之謂「貴賤有等、長幼有差、貧富輕重皆有稱者也。」（〈富國〉）也與《左傳》釋禮之謂「經國家，定社稷，序民人，利後嗣者也。」（《左傳・隱公十一年》）以及《禮記・曲禮》言「禮者，所以定親疏、決嫌疑、別同異、明是非也。」「聖人作爲禮以教人，使人以有禮知自別於禽獸。」〈樂記〉曰：「禮樂政刑，其極一也。所以同民心，而出治道者也。」並皆同趨。因此準之以孟、荀兩系之禮論，則清儒論禮頗與思孟理學異趨，而與荀子從客觀禮制論「禮」親近。

以下試以清儒之釋經實例做爲說明，以見清代新義理學的義理重心，已自理學強調價值形上面的「理」轉入清人發揚價值經驗面的「禮」，具有看重實在界、發揚現實意義的義理取向。

《論語》中孔子嘗論管仲「器小」、「不知禮」——對於孔子大管仲之功、卻鄙其器，朱熹認爲因爲「其不知聖賢大學之道，局量褊淺，規模卑狹，不能正身修德以致主於王道。」「蓋非王佐之才，雖能合諸侯、正天下，其器不足稱也。道學不明，而王霸之略，混爲一途。」朱子反對以成敗論是非，他強調王道而區分王、霸，他看重的是價值的超越性，認爲價值的獨立意義不受客觀事功之成敗影響，故批評管仲以霸道輔政，是其器小，非「王佐之才」；他主張聖賢之道在於致君堯舜，認爲「孔子譏管仲之器小，其旨深矣！」並譏言道：「世方以詭遇爲功，而不知爲之範，則不悟其小，宜矣！」（《論語集註・八佾》）然而清儒如顏元則主張「正其誼以謀其利，明其道而計其功。」唐甄亦強調「事不成，功不立，又奚貴無用之心？」（《四書正誤》、《潛書・辨儒》）劉寶楠《論語正義》也回歸禮制基本面，謂「不知禮」乃指管仲「三歸反坫、官事不攝」之僭越禮制，曰：「管氏不攝，蓋自同於諸侯，與三歸同爲宗廟僭侈之事。」另外，對於孔子譏管仲「器小」，他也自管仲不合禮制之「越禮犯分，以驕其功」，以論「器小者，未有不富貴而淫者也。」他認爲管仲自驕其功而僭越禮制，顯見其器小，所以劉寶楠總結以「皆以管仲驕矜失禮爲器小，無與於桓公稱霸之是非也。」（《論語正義・八佾》）藉此一斑，可見清儒所看重者在現實面之合乎禮制否？即管仲在制度上之「合禮否？」而非如孟子理學一系，著眼於道德義之管仲能否致君王道，以行聖賢之道？

另外再如劉寶楠注「立於禮」，他亦突出清儒程廷祚所引李塨言：「恭敬辭讓，禮之實也；動容周旋，禮之文也；冠昏喪祭射鄉相見，禮之事也。……學之而德性以定，身世有準，可執可行，無所搖奪，禮之所以主於立也。」而論曰「學禮可以立身。」其注「約之以禮」，則論「禮也者，履也，言人所可履行之也。」另外他又引〈曲禮〉之言「道德仁義，非禮不成」、「禮者不可不學也」，以釋「恭而無禮則勞，慎而無禮則葸。」（詳《論語正義・泰伯・雍也》）要皆強調「學」、

「準」、「行」等客觀規範之外向學習，以儀則禮制做爲個人範身矩行之準則。相較於朱熹解釋孔子回答顏淵問仁的「克己復禮」，朱子曰：「禮者，天理之節文」，並引程子「非禮處便是私意」，而論之以「爲仁者必有以勝私欲而復於禮。」（《論語集註》）顯然宋儒所論合禮否？係以個人主觀內在之「有無私欲？」做爲判準，將禮導向「反求諸己」、「我固有之」之存養省察內在善性。於此，則宋、清義理類型對於「主觀存養／客觀事爲」各有側重之殊異性，已是不言而喻了。

三、淩廷堪「以『例』見義」的治《儀禮》門徑

清儒發揚禮學，在落實孔子「以禮經世」的禮治理想外，同時也藉「考據治禮」的禮學門徑，以展現清代學術的特色，以此，屬於經禮傳統的三禮學在清特別發達。例之以淩廷堪，他一生用力之要在於《儀禮》，嘗曰：「《儀禮》一經，在漢與《易》、《書》、《詩》、《春秋》竝列爲五。《史記·儒林傳》、《漢書·藝文志》皆以此書爲《禮經》。……自范蔚宗有《三禮》之稱而經傳不分，後儒弇陋，束之不觀，六籍遂闕其二。」（《校禮堂文集·與阮伯元孝廉書》）尤其王安石廢《儀禮》、改試《三經新義》，對《儀禮》打擊尤大，導致其學日益寖衰；逮及清儒，始在研禮風盛下復興並開創出新局面。淩廷堪一生學問俱在研究《儀禮》禮例的《禮經釋例》，他在諸儀中求「例」，期能會通全經，以歸納出典章制度、宮室衣服、名物度數等諸儀通則、條例，以提挈《儀禮》綱領。蓋《儀禮》素以難讀聞名，名物繁複，「不會通其例，一以貫之，祇厭其膠葛重複而已耳！烏覩所謂經緯塗徑者哉？」故淩廷堪言：「不得其經緯塗徑，雖上哲亦苦其難；苟其得之，中材固可以勉而赴焉。」他嘗譬之以「驟閱之，如治絲而棼；細繹之，皆有經緯可分也。乍睹之，如入山而迷；徐歷之，皆有塗徑可躋也。」而他即是以指示《儀禮》經緯塗徑自許，以期「聊借爲治絲、登山之一

助」（《禮經釋例．序》），使學者能據《禮經釋例》而得《儀禮》之鑰。

故淩廷堪所稱《儀禮》之經緯塗徑，其曰「『例』而已矣！」淩氏初從事於此書，本欲仿《爾雅》之「釋名」，遵循乾嘉儒者常用的治經法，就一名一物加以考證解說；但繼而覺是書「有非詁訓名物所能晐者」，「其宏綱細目必以『例』爲主。」蓋《儀禮》中同一儀節往往前後重複出現，倘以注釋名物度數學的體例，一一加以箋注，其瑣屑繁複確如治絲益棼；因此他仿杜預《春秋釋例》，對《儀禮》會通其義地進行「釋例」，加以區別門類、演繹塗徑、歸納諸儀異同及詳略隆殺。雖然「揭例見義」爲禮家常用方法，如賈公彥也常揭例，清儒江永《儀禮釋例》、杭世駿《道古堂集．禮例序》，也曾爲之；但江永僅成〈釋服〉一類，寥寥數頁，杭世駿則欲合《周禮》、《儀禮》爲之，且淩廷堪謂其「於《禮經》尚疏」，故曰：「江氏、杭氏皆有志而未之逮也。」（《禮經釋例．序》）因此專爲《儀禮》會通其例者，以淩廷堪《禮經釋例》最爲巨擘。該著完成後，錢大昕即贊曰：「尊製一出，學者得指南車矣！」以其有階可循，甚便學者。

淩廷堪治《儀禮》，在方法論上採用對《儀禮》揭例釋義的「禮例」研究法；「釋例」較「釋名」更進一步地，在闡釋名物度數外，還須對全體研究對象進行異同比較、分類歸納，並揭出其中足以貫串全經的條例。《禮經釋例》全書分爲8例、13卷，曰：通例、飲食之例、賓客之例、射例、變例、祭例、器服之例、雜例等，宮室方面因宋李如圭《儀禮釋宮》已詳，故缺之。以〈飲食之例〉爲例：淩廷堪先歸納《儀禮》諸儀而提出諸多飲食條例，並羅列其所考辨於條例下以進行釋義，然後再深入比較其隆殺異同，使讀者一目瞭然於諸「飲食」儀節及所內涵精神。試述如下。

經淩廷堪深入比對各儀節之隆殺，他發現酒事精神尚「文」，其與無酬無酢的〈昏禮〉、〈聘禮〉等尚「質」之醴事不同，其曰「考酒事，文也。有獻、有酢、有酬，如〈鄉飲〉、〈鄉射〉、〈燕禮〉、〈大射〉、〈特牲〉、〈少牢〉『祭畢飲酒』之屬皆是也。」（《禮經釋例・飲食之例下》）故他先將上述諸禮俱歸「飲食」一例，復自《儀禮》全經中歸納出若干可相會通的諸儀條例，如〈飲食之例上〉曰：凡主人進賓之酒謂之獻。凡賓報主人之酒謂之酢。凡主人先飲以勸賓之酒謂之酬。凡正獻既畢之酒謂之旅酬。凡旅酬既畢之酒謂之無算爵。凡獻酒皆有薦，禮盛者則設俎。凡酬酒奠而不舉，禮殺者則用為旅酬、無算爵始。……在〈飲食之例中〉則他歸納凡旅酬皆以尊酬卑，謂之旅酬下為上。凡無算爵，必先徹俎、降階。凡無算爵不拜，惟受爵於君者拜。凡無算爵，堂上、堂下執事者皆與。……餘例尚多，不暇列舉。至於釋義及所歸納各禮之隆殺異同比較，則淩廷堪先羅列其所考辨於所揭例之下，如他在「凡主人進賓之酒謂之獻」條例下，進釋曰：

此燕飲之始也。〈鄉飲酒禮〉：「主人坐取爵，實之賓之席前，西北面獻賓。」注：「獻，進也，進酒於賓。」〈鄉射禮〉「主人坐取爵，實之賓席之前，西北面獻賓。」注：「進於賓也。凡進物曰獻。」〈燕禮〉、〈大射儀〉主人酌膳，筵前獻賓；〈士虞〉、〈特牲饋食〉、〈少牢饋食〉、〈有司徹〉主人初獻尸，主婦亞獻尸，賓長三獻尸，此皆獻禮之最尊者也。……行禮時執事之大者，主人皆獻之，其餘至旅酬、無算爵乃得與也。

其謂主人獻酒乃針對執事之大者，其餘則至旅酬、無算爵始與之，故其曰「酬酒禮殺者，即用為旅酬、無算爵始也。」並有上述「凡旅酬皆以尊酬卑，謂之旅酬下為上」之條例提出，他並在條例下申述其義道：

> 獻酒，賤者不與；至旅酬、無算爵，則凡執事者無不與。……蓋獻、酢、酬所以申敬；旅酬、無算爵所以爲歡也。

淩廷堪析論了獻賓、受酢、酬賓等用爲申「敬」；旅酬、無算爵等以尊酬卑者，則用爲助「歡」之內在禮意，並在所得條例下逐一詳陳其所取證於《儀禮》各禮的材料，藉由詳贍考辨以證明其所歸納條例之正確性。

是以《禮經釋例》的最大特色，即在將分散《儀禮》各處卻具貫通精神的禮儀俱歸爲一例，既方便觀覽，又可以清楚顯見各種儀節內蘊之禮意。故《禮經釋例》對於屬「禮法」的行禮章法和「禮義」之內蘊精神意義，皆能表而出之。

而《禮經釋例》除對禮數進行條例之分類歸納、禮義之闡釋外；另外還有一個很重要的作用，即在於比較各禮所適用對象及各儀節詳略隆殺之異同。以〈飲食之例〉來說，立足在上述基礎，淩廷堪復進一步比較了〈鄉飲酒禮〉、〈鄉射禮〉、〈燕禮〉、〈大射〉、〈士冠禮〉、〈特牲饋食禮〉等行士禮與行大夫禮的〈有司徹禮〉，他指出其設禮對象及稱謂雖然有異，但儀節基本精神則多貫通；惟存在其中仍有「同中之異」與「異中之同」之隆殺異同。以下先述他對於稱謂、對象之比較，他說：

> 〈鄉飲酒〉、〈鄉射〉之賓，猶之〈燕禮〉、〈大射〉之賓也，〈有司徹〉祭畢儐尸之尸，亦猶飲酒之賓也。……〈燕禮〉、〈大射〉之有公，亦猶〈鄉飲酒〉、〈鄉射〉之有遵

也；……〈燕禮〉、〈大射〉之有卿，〈鄉射〉之有遵，〈有司徹〉之有侑，亦猶〈鄉飲酒〉之有介也。

在比較了飲食各禮對設賓、尸、公、遵、卿、侑、介之稱謂不同，實則精神內涵大致相同外；他又深入比較了各禮醴賓之隆殺有別，如曰：

案〈士冠禮〉：「乃醴賓以壹獻之禮。」注：「壹獻者，主人獻賓而已，即燕無亞獻也。……〈特牲〉、〈少牢饋食〉之禮獻尸，此其類也。士禮一獻，卿大夫三獻。」考一獻之禮，主人獻賓，賓酢主人，主人將酬賓，先自飲訖，乃酬賓，奠而不舉，〈鄉飲〉、〈鄉射〉皆然，非獨〈特牲〉、〈少牢〉獻賓也。……〈有司徹〉三獻，〈鄉飲酒〉一獻，此士與大夫之別也。

又曰：

〈有司徹〉主人獻尸，主婦薦豆籩，賓長設羊俎，尸升筵自西方，次賓羞匕湆（匕：猶今飯匙；湆：ㄑㄧˋ，肉汁，如大羹），司馬羞肉湆（肉在汁中），次賓羞羊燔，薦設凡五事；主人受尸酢，主婦薦豆籩，主人升筵自北方，長賓設羊俎，次賓羞匕湆，司馬羞羊肉湆，次賓羞燔，薦設亦五事。二者皆同，惟尸升筵在設俎後，主人升筵在設俎先，爲小異。又〈燕禮〉、〈大射〉賓未升堂之時，公已升就席，故主人獻公、薦俎，皆在升席後也。〈特牲〉及〈有司徹〉賓皆無席，但有位而已，故主人獻賓、薦俎時，無升席之文也。

文中淩廷堪除說明〈有司徹禮〉的薦俎內容、主人和尸之升筵先後及方位外，並及於其他各禮升席之先後、有無比較；同時可以並見行大夫禮的〈有司徹禮〉，凡獻尸、主人受尸酢之薦設皆五事，其禮隆重而與士禮有別。

蓋《儀禮》一書爲先秦貴族禮儀總匯，所記各禮每因設禮對象不同，儀節往往而異，細節更極其繁瑣，即韓文公亦苦其難讀；而經淩廷堪之歸納分類、比較後，後人遂可以按圖索驥以得端緒了。淩廷堪亦頗自得於能以「例」爲「經緯塗徑」之一己所得，其自序嘗總論以：

〈鄉飲酒〉，此飲食之禮也，而〈有司徹〉祭畢飲酒，其例亦與之同。尸即〈鄉飲酒〉之賓也，侑即〈鄉飲酒〉之介也。主人獻尸、主人獻侑、主人受尸酢，即〈鄉飲酒〉之主人獻賓、主人獻介、賓酢主人也；主人酬尸、奠而不舉，即〈鄉飲酒〉之主人酬賓、奠而不舉也；旅酬無算爵，即〈鄉飲酒〉之旅酬無算爵也。此異中之同也。〈有司徹〉獻尸、獻侑及受尸酢，有豆籩、牢俎、匕湇、肉湇、燔從諸節，〈鄉飲酒〉獻賓、獻介及酢主人，但薦與俎而已；〈有司徹〉獻尸、獻侑之禮，主人、主婦、上賓凡三獻，〈鄉飲酒〉但主人一獻而已；〈有司徹〉獻尸侑畢，復有獻長賓、主人自酢及酬賓之儀，〈鄉飲酒〉但獻眾賓而已。……此同中之異也。推之於〈士冠禮〉，冠畢醴賓以一獻之禮，〈鄉飲酒〉、〈鄉射〉明日息司正、〈特牲饋食禮〉祭畢獻賓，其例皆大約相同，而〈鄉射〉之同於〈鄉飲酒〉者，更無論也。

——《禮經釋例．序》

淩廷堪謂〈鄉飲酒禮〉和〈有司徹禮〉之祭畢飲酒，其儀節多同，只是名類有所殊異；至其儀節之「同中有異」，則如〈有司徹〉獻尸、獻侑及受尸酢之內容品類繁多，已如前引，故與〈鄉飲酒〉僅薦與俎，詳略不同；又如〈有司徹〉須三獻，〈鄉飲酒〉則僅主人一獻，且〈有司徹〉要獻長賓、主人自酢並酬賓，〈鄉飲酒〉則僅獻眾賓而已，此即前述士禮與大夫禮之隆殺有別。此外淩廷堪復推是儀及於〈士冠禮〉之「冠畢醴賓」、〈鄉射禮〉之「明日息司正」、〈特牲饋食禮〉之祭畢獻賓等，[1]謂其例亦大致相同，所以他說：「〈鄉飲酒〉、〈鄉射〉、〈燕禮〉、〈大射〉不同也；而其為獻、酢、酬、旅酬、無算爵之例則同也。」如此一來，則《儀禮》中許多前後複見的飲食禮儀，依此揭例見義之方式，而可以提挈大要了。

除〈飲食之例〉上、中、下3卷外，再如〈通例〉上、下2卷，也將歷來複雜的迎送、授受、揖讓升降之禮，以條例清晰的方式呈現讀者眼前。其例如曰：凡迎賓，主人敵者於大門外，主人尊者於大門內。凡君與臣行禮皆不迎。凡入門，賓自左入，主人自右入，皆主人先入。凡以臣禮見者，則入門右。凡入門，將右曲，揖；北面曲，揖；當碑，揖，謂之三揖。凡拜送之禮，送者拜，去者不答拜。凡送賓，主人敵者於大門外，主人尊者於大門內。凡君與臣行禮皆不送。……又，諸儀有令人費解、或誤解的，譬如〈士冠禮〉有云「至於廟門，揖入。三揖。」則淩廷堪以前述入門後右曲、北曲、當階皆揖之「三揖」說，訂正了長期流行的敖繼公《儀禮集說》不從鄭注之誤，故自《禮經釋例》出，輕詆鄭注之風稍息，而清學「尊漢」學風以及鄭注「不祧之祖」地位亦益為鞏固；又如尸之身分及其究竟由祝迎、或由主人迎？淩廷堪也

---

1 〈鄉射禮〉有「明日息司正」，息猶勞也；司正，以監察儀法者；其意謂昨日勞倦，故賓之，與之飲酒。〈特牲饋食禮〉則言諸侯之士祭祖禰；禰者，父廟也。

釋義道：「以鬼神事尸則祝迎，以賓客事尸則主人迎。正祭之尸，鬼神也；儐尸之尸，賓客也，故禮有不同焉。」如此一來，〈少牢饋食禮〉之「祝出，迎尸於廟門之外。」「祝先入門右，尸入門左。」以及〈特牲饋食禮〉之「祝迎尸於門外」，讀者遂可以瞭然「此皆正祭之尸。……（主人）不出迎，而以祝迎之，故祝入門右，如主人之禮。」至於〈有司徹禮〉之「主人揖，先入門右。尸入門左，侑從，亦左」，則由於「儐尸於堂，全乎賓客，故主人與之行禮也。」故為「以賓客事尸則主人迎」之例。除上述外，餘例尚多，要之，《禮經釋例》全書246例大多類此，幾乎涵蓋了《儀禮》17篇所有儀節。

江藩序《校禮堂文集》稱淩廷堪：「精於三禮，專治十七篇，著《禮經釋例》一書，上紹康成、下接公彥；而〈復禮〉三篇，則由禮而推之於德性，闢蹈空之蔽，探天命之原，豈非一代之禮宗乎！」淩廷堪對《儀禮》棼繁複雜的禮儀，不僅梳理出明確可遵循的條例，後人之為惑也，亦多得以煥然冰釋。故《禮經釋例》就是循著：一、歸納條例；二、考辨及釋義；三、比較諸禮之隆殺異同，使得歷來苦難的《儀禮》，不再被讀者束諸高閣。

四、淩廷堪從「考禮」到「習禮」的禮治理想發揚

清儒從事於三禮學考辨，其學術成果固然循考據途徑以達；但是推動清代復興禮學的動機，卻是義理目的。因為清儒認為禮書中記載了諸多客觀具體的器數儀文與典制儀則，不僅可以做為道德實踐憑藉，更為儒學由「內聖」修身通往「外王」治道，指示了一條具體可行的落實門徑。是以清儒就是藉由復興禮學，以實現「綰合考據方法與義理目的」之學術主張，兼做為實現儒學經世理想之康莊大道；結合了名物度數與義理之學的淩廷堪禮學，正是此一禮學趨向之代表。此風並影響及乾嘉後的經世之學發展，譬如嘉道晚清就很突出客觀禮制的「治法」強

調；[2]再如曾國藩所提出「以禮經世」，也是一種藉諸客觀禮制以爲治世憑藉的禮學主張，都是對於禮學經世精神之禮治理想深切期望。

㈠「以禮代理」的禮學主張

淩廷堪發揚禮學，其與理學具有對「理／禮」的虛、實之辨以及對道德進路的「形上／經驗」取向殊異，是以他言禮、不言理。

相較於宋明理學著力發揚仁學傳統，清儒固然強調禮學傳統，但是禮學與仁學並非無涉；禮依於仁義而成立，禮正是以道德價值、倫理基礎爲其深層結構，所以孔子說：「人而不仁如禮何？人而不仁如樂何？」《禮記》亦言：「禮之所尊，尊其義也；失其義陳其數，祝史之事也。……知其義而敬守之，天子之所以治天下也。」（〈郊特牲〉）皆可見「禮」必須兼該仁義之「本」與儀文之「末」。在清儒發揚禮學傳統中，極強調聖人「緣情制禮」的淩廷堪亦強調禮之仁義內涵，曰：「因父子之道而制爲士冠之禮，因君臣之道而制爲聘覲之禮，因夫婦之道而制爲士昏之禮，因長幼之道而制爲鄉飲酒之禮，因朋友之道而制爲士相見之禮」，並突出「即一器數之微，一儀節之細，莫不各有精義。」「禮也者，所以制仁義之中也。」（《校禮堂文集．復禮上、中》）是故清儒之復禮，是在清人主張「器以藏道」之「道器觀」意識下產物，並由「器以藏道」→「器以藏禮」。清儒既別出於理學以「道

---

2 近人張灝曾經對晚清的經世之學做了從「治法」觀點的探討，他指出禮學在清代所受到的前所未有重視，是影響及乾嘉以後經世之學發展的因素之一。那是一種經由制度的安排、政府多種政策的運用、法令規範的約束，以要求建立政治社會秩序的講求——也就是以宋明儒所言之「治法」為強調的一種發展；也略同於西方學者所稱的「官僚制度的治術」，但其涵蓋則不僅止於此。此時最重要的經世文獻是《皇清經世文編》，其中主要收集的就是政府六部的典章制度與政策規範，多是關於官僚制度的業務性、技術性問題，如詮選、賦役、鹽務、漕運、水利……等，可以視為晚清經世之學的代表。（《近世中國經世思想研討會論文集．宋明以來儒家經世思想試釋》）

／器」分屬「形上／形下」之不同價值位階看法外，轉從實在界的經驗性出發論「道」，而主張道藏於「器」——船山「理在氣中」的「天下惟器」論和戴震「語道於天地，舉其實體實事而道自見」（《周易外傳‧繫辭上》、《孟子字義疏證‧道一》），可爲代表；另外清儒還進至突出經驗形器的「器以藏禮」之說，故又重視典制及鐘鼎彝器等具體形器，以爲皆內蘊聖人禮意，是以在禮學復興下又影響及金石學之興盛。因此清儒之於禮學，既著眼於「禮」之客觀規範與現實意義，亦內蘊習禮主張之義理學結構；清儒突出三禮考辨之「考禮」，實寓有「習禮」之藉禮教以爲治平之道、外王治術等治國規範用心，是爲對於孔子王道政治、禮治理想之落實實現。

因此乾嘉時期不論經學考證或義理學趨向，都出現了一股「以禮代理」的復禮思潮；惟所謂「以禮代理」者，並非意味禮與理在「義」之歸趨上衝突——《孟子》有言「心之所同然者何也？謂理也，義也。」禮亦以仁義思想爲其內蘊，《禮記‧仲尼燕居》曰「禮也者，理也。」淩廷堪也說「禮之器數儀節，皆各有精義存乎其間。」（〈愼獨格物說〉）故禮、理同趨，只不過宋儒、清儒對於道德進路之「形上／經驗」取向，其側重不同。以此，清學重心與理學主盟時期之借重《學》、《庸》，顯然殊異——三禮考辨在《皇清經解》和《續皇清經解》中佔有極大宗，譬如徐乾學《讀禮通考》、江永《禮經綱目》、秦蕙田《五禮通考》、淩廷堪《禮經釋例》、胡承珙《儀禮今古文疏義》、胡培翬《儀禮正義》、孫詒讓《周禮正義》……等皆其要籍。此一「文化－心理」結構，亦顯示了清人看重形下氣化、現象界以及客觀實用價值，並由此親近「無證不信」的經驗實證方法論。

淩廷堪嘗遍考《論語》和《大學》，「皆未嘗有理字。」（〈好惡說下〉）他認爲言「理」是後儒在熟聞釋氏幽深的性理之談下，流入於幽深微眇者；且夫芸芸眾生在日用之間，如果凡事「但以心與理衡量之，則賢智或過乎中，愚不肖或不及乎中，而道終於不明不行矣。」（〈復錢曉徵先生書〉）故他以爲標舉性理是「賢智之過」，「以爭勝於異端。」（〈復禮下〉）對於宋儒之以理事並稱、體用對舉，重視形上與內向性理，淩廷堪認爲並不能提供百姓日用具體規範，故其學術宗旨在於以「禮」代「理」。雖然禮與理在「義」之歸趨上並無衝突，但在禮、理同趨之內涵外，「理／禮」的「形上／經驗」進路不同，正是淩廷堪選擇以「禮」做爲日用倫常判準的關鍵，其意在於「聖人舍禮無以爲教」，係取「說禮而不說理」之意，故以合仁義本質與客觀規範爲一體的「禮」，取代具超越性、形上取向的「理」。對此，焦循〈理說〉亦嘗批判「後世不言禮而言理」者，他亦主張「所以治天下，則以禮不以理也。」晚清俞樾〈禮理說〉也同調地論以「禮固出於理也；然而聖人治天下則以禮，而不以理。」（《賓萌集》，卷2）故學術史上清儒之重「禮」與宋儒之重「理」，遂迥然異趣。淩廷堪論曰：

> 彼釋氏者流，言心言性極於幽深微眇，適成其爲賢智之過，聖人之道不如是也。其所以節心者禮焉爾，不遠尋夫天地之先也；其所以節性者亦禮焉爾，不侈談夫理氣之辨也。……聖人不求諸理而求諸禮，蓋求諸理必至於師心；求諸禮始可以復性也。……故曰「不學禮，無以立」，又曰「不知禮，無以立也」。
>
> ——〈復禮下〉

淩廷堪除了突出「學禮」之教外，他亦批判不能落實於日用實務、而侈談夫理氣之辨者，其所言所行缺乏具體準則，往往師心自用而失中道，其又曰：

> 禮也者，所以制仁義之中也。……乃別求所謂仁義道德者，於禮則視爲末務，而臨時以一理衡量之，則所言所行不失其中者，鮮矣。
>
> ——〈復禮中〉

淩廷堪強調「禮」才是聖人立教而「本於天地人三才而制」者（〈好惡說上〉），正是禮，使得「其秀者有所憑而入於善；頑者有所檢束而不敢爲惡，上者陶淑而底於成，下者亦漸漬而可以勉而至。」禮既可以爲上善立言、也可以爲頑愚立教，所以「聖人之道所以萬世不易者，此也；聖人之道所以別於異端者，亦此也。」（〈復禮下〉）但是即使聖人罕言「理」，後人未必即不能言，是以清人「禮、理之辨」，主要在於反對虛理，故戴震曾經質疑持論理、欲對立者，「以意見爲理」，「自信之理，非理也。」（〈權一〉）焦循亦言「性道之譚，如風如影。」（〈讀書三十二贊〉）阮元則主張「理必附乎禮以行。」（〈書東莞陳氏《學蔀通辨》後〉）淩廷堪也說「道無跡也，必緣禮而著也。」（〈復禮中〉）要皆強調「禮」之客觀規範能夠有效化成理性世界。

淩廷堪亟凸顯能在現實中發揮實際效用的「禮」，因其認爲「道無跡也，必緣禮而著見，而制禮者以之；德無象也，必藉禮爲依歸，而行禮者以之。」（〈復禮中〉）如果舍禮而別求所謂道，則杳不可憑；舍禮而別求所謂德，亦虛懸而無所薄。日用倫常中，吾人所用來節心、節性的，都是禮，五常並皆以禮爲綱紀，禮才是「萬世不易之經。」淩廷堪之選擇「禮」做爲道德標準與學術標的，正是在「崇實黜虛」的學術趨向中，深感「聖人之道本乎禮而言者，實有所見也；異端之道，外乎禮而言者也，空無所依也。」故淩廷堪又總論以「聖學，禮也；不云理也。」「聖人之道至平且易也，《論語》記孔子之言備矣，但恆言禮，未嘗一言及理也。」（〈復禮下〉）此其「以禮代理」之學術主張。是故淩廷堪之致力於禮學，主要出自對「理／禮」的虛、實之辨，而著眼於社會效用之「實效」；同爲揚州學者的焦循也認爲「理」常憑於虛，此亦一是非、彼亦一是非，雖父兄在前、不難以口舌爭之，不能人人共信之，故當眾人嘵嘵不已、各持一理時，「爲之解者，若直論其是非，彼此必皆不服；說以名份、勸以孫順、置酒相揖，往往和解。可知理足以啓爭；而禮足以止爭也。」（《雕菰集·理說》，台北：鼎文書局，1980）他們並皆強調藉「禮」之名份、遜順等實有所據者，以取代虛懸無所依傍的「理」之是非，才是勸善止爭、建構社會秩序之有效良方。

此外，「制禮緣情」的禮，對於清代新義理家所普遍抱持的自然人性論，更能有效發揮合理節制情欲的作用，蓋清儒多認爲欲不可無，只要適度加以節制、使合於禮即可。他們站在賦予人欲合理地位的立場，認爲面對「食色，性也」、「飲食男女」等「人之大欲」時，所需要倚重的是「禮」、而不是「理」；他們主張的是治之以「禮」、而非判之以「理」。譬如芻豢之悅我口，那是一種自然味覺反應，只要行爲不害義、不逾禮，又何必以「理／欲」對立下的「理之是非」、「心安與否」，強責以「無欲」？殆如荀子之言，勿使流於「求而無度量分界，則不能不爭」則可矣！如此一來，強調超越性、突出價值「形上面」的「理」，就不是建構社會秩序所不可或缺了。是以清儒之關注焦點，已非理學「理／欲」對立模式下的「去人欲」，而是如何「節性」以防、節情欲之過與不及，因此講求實行、實用與實效的禮學，亦遂「以禮代理」地蔚爲清儒「崇實黜虛」學風下的首要發揚目標。

㈡「學禮復性」和「制禮節性」的義理觀

「學禮復性」和「制禮節性」是淩廷堪禮學的核心思想。持新義理觀的清儒從自然人性論出發，他們雖然肯定氣性，但在性論大前提上，他們亦認同理義內具於性的「性善論」，咸認爲人性固有理義。是以清代新義理學所以樹異於理學者，是在此固有德性以外的，其性論同時還兼具譬如情性、智性等「血氣心知」的材質之性，即具有輕重厚薄、「量」之殊別的氣質之性等。因此淩廷堪認爲透過日用倫常的禮儀學習，一方面對性中固有的德性可以發揚光大之，此其所謂「復性」說，故他言「性至隱也，而禮則見焉者也；性至微也，而禮則顯焉者也。」另方面則在發揚固有德性外，淩廷堪也倚重「禮」對於氣質之性的節制作用，故其又曰：「五者（五倫）根於性者也，所謂人倫也；而其所以親之、義之、別之、序之、信之，則必由乎情以達焉者也。非禮以節之，則過者或溢於情；而不及者則漠焉遇之。……其中節也，非自能中節也，必有禮以節之。故曰：非禮，何以復其性焉？」（〈復禮上〉）此則由發揮聖人「制禮緣情」之義而來，強調禮制對於性中屬於自然情氣的情欲等，能夠予以有效規範，以收節性之效，使不致於逾越禮分。

以下先論淩廷堪之「學禮復性」說：

淩廷堪的禮學思想，主要就是突出「學禮」以爲涵養進路，此由於他認爲「親親之殺、尊賢之等，禮所生也。」他強調凡禮制等，皆聖人緣情而依人際倫理所制定者，譬如因父子之道而制爲士冠之禮、因君臣之道而制爲聘覲之禮、因長幼之道而制爲鄉飲酒之禮……等。他並擴及所謂「禮儀三百，威儀三千」者，謂禮非僅針對父子、君臣、夫婦、長幼、朋友之〈士冠〉、〈聘〉、〈覲〉、〈士昏〉、〈鄉飲酒〉……等禮而言；此中各禮乃即其大者、存者，而推言之，實則「百行舉不外乎是矣。」（〈復禮上〉）故他強調所內蘊於禮制者，即親親、尊尊等道德仁義。他並舉實例曰：

以〈鄉飲酒〉之制論之，其賓，賢也，其介則次之，其眾賓又次之。故獻賓則分階，其俎用肩；獻介則共階，其俎用胑胳；獻眾賓則其長升受，有薦而無俎。所謂尊賢之等也。皆聖人所制之禮也。 ——〈復禮中〉

淩廷堪一方面強調通過禮制，可以彰顯「仁」之「親親」、「義」之「尊賢」等人倫大義，此即「性至隱也，而禮則見焉者也。」另方面亦強調經由對各種禮儀的反覆練習、即「學禮」，也可以使外鑠的禮節儀則，通過禮義儒染而內化成爲心中的道德價値、即禮教內化，故淩廷堪言：「自天子以至於庶人，少而習焉，長而安焉，禮之外別無所謂學也。」譬如「學〈鄉飲酒〉之禮，自始獻以至於無算爵，而長幼之序井然矣。」以此淩廷堪亟強調「三代聖王之時，上以禮爲教也，下以禮爲學也。」並謂「如曰舍禮而可以復性也，是金之爲削、爲量，不必待鎔鑄模範也；材之爲轂、爲輮，不必待規矩繩墨也。」（〈復禮上〉）他希望通過禮教，能使百姓「循循焉以復其性於禮，而不自知也。」是以經由學禮，可以化民成俗地使道德理性獲得實現。

淩廷堪一生孜孜矻矻於禮經研究，除《禮經釋例》運用考據法，將繁瑣禮儀從艱難深澀的文字中提煉出來，使成爲可以被具體遵循者外；其《校禮堂文集》亦多論及禮學思想者。要之，他希冀百姓在知禮之餘，也能進一步做到行禮如儀，以收陶淑與化俗之效，進而實現「禮治」理想。其論又曰：

夫人之所受於天者，性也；性之所固有者，善也；所以復其善者，學也；所以貫其學者，禮也。是故聖人之道，一禮而已矣。 ——〈復禮上〉

論中，淩廷堪的性論立場，和理學繼承孟子的「性善」說並無不同；其與理學所區以別者，在於他所強調、借重禮學的客觀途徑——「所以復其善者，學也；所以貫其學者，禮也。」他認爲要「復」吾人所秉性於天者、即固有的本然之「善」，必須通過落實禮學實踐。於此，他和戴震同皆持論：禮制就是聖人制禮以使人之內在善性彰顯於外者，故落實行禮也就是實踐理義了。是以其「學禮」思想所強調者，在於經驗路徑；而非如理學「復性」思想所凸顯的、內向存養之「形而上」進路。因此他說顏淵「其心三月不違仁」即是「復其性」；而其所以能復其性者，便是經由「學禮」，也即孔子所言「一日克己復禮，天下歸仁。」故淩廷堪亟強調欲復其性、舍禮別無其他門徑。

接著再談淩廷堪之「制禮節性」說：

從宋明理學到清代新義理學，清儒性論思想的一個明顯轉變，就是對自然情性的肯定，已經擺脫理學的「理／欲」對立思維模式了；多數清儒對「食色，性也」，多持承認「欲爲性中所有」的立場。是以淩廷堪在強調禮能「復其善」之外，還必須輔之以「節心、節性」的禮的作用——「蓋至天下，無一人不囿於禮，無一事不依於禮。」「其所以節心者，禮焉爾！不遠尋夫天地之先也；其所以節性者，亦禮焉爾！不侈談夫理氣之辨也。」（〈復禮下〉）此由於淩廷堪性論係自「情」之「好惡」角度出發——「然則性者，好惡二端而已。」他認爲「性」是以好惡之情來呈現的，凡如好好色、惡惡臭等，概皆「性」之呈顯，曰：「人之性受於天，目能視則爲色，耳能聽則爲聲，口能食則爲味，而好惡實基於此。……過則溢於情，反則失其性矣，先王制禮以節之，懼民之失其性也。」是故先王制禮緣情——「好惡者，先王治禮之大原也。」「好惡生於聲色與味，爲先王制禮節性之大原。」（〈好惡説上〉）他強調聖人從人性的「好惡之情」出發，在既能顧及人情、又能不失矩度的情形下，制禮節性以資百姓日用遵循，所以好惡之情即是禮制之根本。

而既然性之呈顯藉諸好惡之情，那麼凡一切喜怒哀樂，就都是生於「性」的，即一切情皆是性。所以淩廷堪說《大學》之謂「脩身在正其心」、「齊家在脩其身」者，就是因爲一切「脩身」所要「正之」的忿懥、恐懼、好樂、憂患之情以及「齊家」所要反以喻己的親愛、賤惡、畏敬、哀矜、傲惰之情等，[3]都不離乎人情。所以他認爲《大學》和《中庸》都是說喜怒哀樂、「好惡」之情的——「《大學》言好惡，《中庸》申之以喜怒哀樂。」「然則《大學》雖不言禮，而與《中庸》皆爲釋禮之書也，明矣！」淩廷堪認爲先王制禮，「皆因人之耳有聲、目有色、口有味而奉之，恐其昏亂而失其性也。」（〈好惡說上〉）所以他又說「夫人有性必有情，有情必有欲，故曰『飲食男女，人之大欲存焉。』聖人知其然也，制禮以節之，……制禮以防之。……然後優柔厭飫，徐以復性而至乎道。……蓋禮者，身心之矩則，即性道之所寄焉矣。」（〈荀卿頌〉）在淩廷堪以「情」論「性」的思想架構中，禮之設乃是爲了「節性」——節制「好惡之情」之過與不及的。

因此在淩廷堪看來，如果個人的好惡之情都能得其正，便是落實道德實踐的理性社會了——「好惡正，則協於天地之性矣。」而既然人性在於好惡，則爲民父母者，便應該好民之所好、惡民之所惡；若是好人之所惡、惡人之所好，則「拂人之性，災必逮夫身。」故淩廷堪進一步得到了「治國平天下，亦在於好惡」的結論（〈好惡說上〉）。是以他立定宗旨，用「禮」來涵攝一切政教體系，將所有政教倫理都收攝於一禮，既以禮矩範個人身心，亦以禮做爲政治、社會與風俗習慣，凡一切涉及個人與國家社會關係的最高價值與典範。淩廷堪從「好惡」之情出

3　《禮記・大學》有言：「所謂齊其家在脩其身者，人之其所親愛而辟焉，之其所賤惡而辟焉，之其所畏敬而辟焉，之其所哀矜而辟焉，之其所敖惰而辟焉。」鄭注曰：「之，適也；譬，猶喻也。言適彼而以心度之曰：吾何以親愛此人？非以其有德美與！吾何以敖惰此人？非以其行薄與！反以喻己，則身脩與否可自知也。」

發的「制禮節性」說，也呼應了戴震的思想立場——「聖人治天下，體民之情、遂民之欲，而王道備。」「道德之盛，使人之欲無不遂、人之情無不達，斯已矣！」（〈理十〉、〈才二〉）並可以做爲理解清代新義理學家在放棄了形上進路、轉從重視形氣的形下經驗進路講論義理後，如何在「正視人欲」與「節制情欲之過與不及」之間取得平衡的理論基礎。

五、結語

揚州學者淩廷堪繼乾嘉大儒戴震之不徇時趨、建立起義理新說後，也在清人一片復禮聲中，從「考禮→習禮」地藉《儀禮》學以建構復興禮學之理論基礎，使清代的復禮思潮從文字訓詁的「考禮」，往前推進到日用倫常之落實踐禮。淩廷堪並認爲《大學》言格物，即指落實在日用器物上言，其曰「〈禮器〉一篇皆格物之學也。」「《大學》之格物，皆禮之器數儀節可知也。」「禮也者，不獨大經大法悉本夫天命民彝而出之，即一器數之微、一儀節之細，莫不各有精義彌綸於其間。……格物者，格此也。」（〈愼獨格物說〉、〈復禮中〉）否則，若泛指天下事物，終身將有其不能盡識者。以此他強調「必先習其器數儀節，然後知禮之原於性，所謂致知也。」所以他批評「後儒置禮器不問，而侈言格物，則與禪家之參悟木石何異？」（〈愼獨格物說〉）淩廷堪所論，以具體的器數儀則做爲格物對象，與當時同爲揚州學派重要學者的阮元亦相呼應——阮元也重視禮俗文化，曾提出有別於理學視角、轉從文化史角度言的「道器觀」，他將「形上謂道，形下謂器」落實在漫長的文化歷程中，認爲後人所歆羡的三代之治應涵「道」與「器」兩重傳承與發展而言，曰「商周二代之『道』存於今者，有《九經》焉；若『器』則罕有存者，所存者，銅器鐘鼎之屬耳！」他從生活世界的文化積澱言，認爲除聖賢用以「載道」的古經籍外，聖人所用以「藏禮」的「制器」如銅器、鐘鼎等，亦皆實現王道政治、禮治理想之具體憑藉，皆「先王所以馴天下尊王敬祖之心，教天下習禮博文之學。」「古王侯大夫賢者所爲，其重與《九經》同之。」（《揅經室集·商周銅器說上》）是以阮元亦肯定一切朝覲燕饗、祭祀飲射的「禮器」，皆內蘊道德價値而有「禮意」深藏其間。

清儒如戴震、淩廷堪、阮元等人強調「器以藏禮」之論禮，都已經擺脫了宋明理學的思考模式，轉而要求德性行爲必須落實在禮器儀節等具體事物上；此一道德實踐暨涵養進路，既殊異於朱子一系以道德經驗爲省察對象，亦有別於陽明一系之格此心之不正，皆迥非理學突出強調內向思辨、存養省察之路數。故傳統儒學之禮論建設，在清儒之三禮學發揚，在淩廷堪論「制禮以節之，自少壯以至耄耋，無一日不囿於禮，而莫之敢越也；制禮以防之，自冠昏以逮飲射，無一事不依乎禮」聲中（〈荀卿頌〉），達到了最高峰。

拾肆
乾嘉學術中堅的揚州學派(二)：焦循以易入道的「趨利變通」觀

焦循在清代乃以易名家者，其《雕菰樓易學三書》：《易圖略》8卷、《易通釋》20卷、《易章句》12卷，阮元稱爲「石破天驚」、王引之稱以「鑿破混沌」，皆譽之極高。梁啓超評價清代易學，也說「可以代表清儒易學者不過三家，曰惠定宇，曰張皋文，曰焦里堂。」並在稱述焦循易學後，便說「此外說易之書雖然還有許多，依我看，沒有什麼價值，一概不論了。」（《中國近三百年學術史．清代學者整理舊學之總成績(1)》）在研易上，焦循悟出易之「旁通」、「相錯」與「時行」等理則；復由強調因時變通的易理，進悟出人生哲學亦在於「情之旁通」與「趨時行權」。所以焦循的義理思想，凸顯人之智性而強調主體能動性，他要求道德實踐要能「行權」，是一種強調「變通」的實踐觀。變通實踐觀並非相對主義，也不是對道德採取游移標準；而是對「理」的內涵、「善」的定義，反對以「天理」之尊的高度，放諸四海地凌駕於客觀現實上。他認爲未能正視道德實踐客觀條件而「執一無權」的絕對標準，以其不能切合現實而不能在現實中得利。故焦循之立足於易道「變通」觀，並由易理進論人生哲學，不但以其結合了考據學與義理學，而成爲光大乾嘉學術的揚州通儒，他和同持「通權達變」新義理觀的戴震，並皆爲18世紀粗具人道思想、人本精神的新義理學家。

焦循之學博大精深，除聞名於世的《雕菰樓易學三書》外，他還長於《三禮》，又推步數算，其《論語通釋》、《孟子正義》以闡發孔孟之旨；《六經補疏》則在《周易》王注、《尚書》孔傳、《毛詩》鄭箋、《禮記》鄭注、《左傳》杜預集解及《論語》何晏集解外各有補疏；集部作品有《雕菰集》，集中並散見其論學之見。焦循之所爬梳抉摘，訓詁名物之外亦兼重義理，嘗曰「訓故明乃能識羲文周孔之義理。」（〈寄朱休承學士書〉）錢穆稱其思想「可與東原、實齋鼎足矣。」（《中國近三百年學術史》）阮元亦稱以「一大家！」且盛推爲「通儒」（〈通儒揚州焦君傳〉）。焦循曾在嘉慶間中舉人試，但一試禮部不第後，從此即不干仕、不入城，終身惟著書爲事，以江南名士聞名大江南北。

焦循所處的十八世紀中國社會，正在觀念的轉型期，倫理道德的價值轉換是該時期最重要的觀念轉型；戴震是十八世紀理論轉型的代表，他的義理新說標示著儒學在歷經理學長期標榜價值的「形上面」後，轉進重視經驗視域暨發揚道德價值「經驗面」的新階段。焦循整體學術亦一如戴震、淩廷堪，在考據之外更進言義理，其〈與朱椒堂兵部書〉有言：「易之道，大抵教人改過，即以寡天下之過。改過全在變通，能變通即能行權。……窮則變，變則通，通則久，聖人格致誠正、修齊治平，全於此一以貫之。」故他不但以易學成果具體體現了乾嘉學術高峰發展的考據學成就，提出貫通全易的易學通則；他更立足在清人重視經驗界、強調現實效用的義理新趨上，發揮此易理於現實人生，而提出「能知故善」、「趨時行權」等重智道德觀暨變通實踐觀。是以焦循和戴震，都是乾嘉學術結合經學考據與道德哲學新動向的代表性學者，在儒學思想史上具有劃時代意義。

不過乾嘉儒者繼宋明理學之儒學義理高峰發展後，戴震、焦循、淩廷堪、阮元等人意欲建構新義理學，需要有開闢榛莽的睿智、銳氣與勇氣，才能頡頏主盟學界已經五六百年、且仍是清廷維繫功令的理學思想。雖然當時在經學考據上，「尊漢」的考據典範已經凌駕宋儒經說了；但在思想典範上，則理學仍是主導思想，即便是考據學領袖的朱筠，也不改尊朱立場地說「其（程朱）所立說，不得復有異同。」反對在理學之外猶有異說，這同時也就是清廷「尊朱」的官方哲學立場。無怪乎程晉芳說詆毀宋儒就是「獲罪於天」，姚鼐更言「欲與程朱爭名，安得不為天所惡？」（《惜抱軒文集．再復簡齋書》）這也使得胡適不禁慨嘆「程朱的權威眞可怕呵！」（《戴東原的哲學．戴學的反響》）故戴震新義理所面對的反對勢力之大，其個人所遭到紛至沓來的詬毀訕謗、毀多於譽，皆不難理解。當時最能體會並繼承戴震苦心孤詣的學者，便是焦循；焦循除在義理學上有諸多理論建樹，其所言：「宋之義理，仍當以孔之義理衡之；未容以宋之義理，即定為孔子之義理也。」「東原自得之義理，非講學家〈西銘〉、〈太極〉之義理。」（〈寄朱休承學士書〉、〈申戴〉）已經略具詮釋學概念了，誠為當時之眞知卓見暨戴震義理知音。

針對戴震深受非議的新義理觀，當時少數能夠理解者，除焦循外、還有程瑤田，他在戴震哲學遭到猛烈攻擊及學友冷淡非議時，旗幟鮮明地與戴震一脈相承、同聲相應。另外，洪榜也極力表出戴震義理，所撰〈戴先生行狀〉收錄了戴震逝世前一月所作、表述其基本義理觀的〈答彭進士書〉；雖然即連戴震之子都未解父親苦心地順從朱筠而刪去，洪榜爭之不得，但仍意氣不屈地致書朱筠，曰：「戴氏之學其有功於《六經》、孔孟之言甚大，使後之學者無馳心於高妙，而明察於人倫庶物之間，必自戴氏始也。」（《國朝漢學師承記．洪榜》）他也能理解戴震講求經驗、要求「無馳心於高妙，明察於人倫庶物」的義理旨趣，惜因早逝而未能光大戴學。另外自稱私淑弟子的淩廷堪，所撰〈戴東原先生事略狀〉亦稱美戴震：「以古人之義釋古人之書，……然後古聖賢之心，不為異學曲說所汨亂，蓋孟荀以還所未有也。」再者，揚州學派另一重鎮：阮元，也是胡適口中「戴學的一個最有力的護法。」胡適說阮元繼承了戴震「以《六經》、孔孟之旨，還之《六經》、孔孟；以程朱之旨，還之程朱」的「剝皮主義」，「都只是要剝去後代塗抹上去的色彩，顯出古代的本色。」（《戴東原的哲學》）故揚州學者焦循、阮元、淩廷堪等，是清儒中能夠繼承戴震義理、接續發揚「乾嘉新義理學」之主軸。

焦循援易理以說人生，其說與戴震思想同聲呼應。戴震站在認同孟子「性善」說大前提上，但他亟不滿理學的形上學形態，尤其是理學工夫論突出逆覺體證的「內向存養」路徑。戴震的義理重心在於建立儒學的客觀化途徑、即「性善→善」的客觀實踐，所以他所建構的義理學理論，主要在於突出道德價值的「經驗面」以及形下經驗進路，主張「以學養智」和「以情絜情」的工夫論；其所講論人禽之別，也從理學凸顯的德性轉移到智性，曰「德性資於學問」；他並將理學的「滅欲」要求，轉成毋以私害義的「無私」要求，且以傳統儒學不看重的「我情」爲基礎，要求「以我之情，絜人之情」之恕道推擴。如此一來，理學長期的「道德形上學」模式，遂被戴震下拉到強調經驗現實的實在界了。至於焦循所繼承發揚的戴震義理旨趣，主要爲「能知故善」說對理學「德性之知，不假見聞」之理論修正，以此凸顯清儒綰合德、智的重智道德觀，而此亦由他發揮易之變動思想而來，故他的義理重心主要就在突出智性的「趨時行權」變通實踐觀。

一、「比例為義」的易學方法論暨易例建立

焦循是清代易學中極負盛名的專家，一生研易所得薈萃在《雕菰樓易學三書》；其易學宗漢、言數，主要乃以「數之比例」求「易之比例」，其曰「義在變通，而辭爲比例，以此求易，庶乎近焉！」（《易圖略》，卷5）強調「變通」的「比例」法，正是焦循研易的心得旨要暨門徑方法。焦循極其難得地建立了易學方法論；而探求通則、條例及

強調「釋例」的經學方法論，正是清儒在儒學史上的重要成就。故焦循「比例爲義」的易學方法論、戴震的訓詁學系統方法論、淩廷堪的禮例研究法等，並皆爲乾嘉學術突破二千年沉寂而建立起儒學方法論的重要功臣。

焦循易學立足在精湛的算學上，其「由數至易」的易學門徑開啓，溯自早年其父示之以〈小畜〉彖辭：「所謂『密雲不雨，自我西郊』者，何以復見於〈小過〉之六五？童子宜有會心。」爾後焦循又推及「〈同人〉、〈旅人〉之號咷；〈蠱〉、〈巽〉之先甲後甲、先庚後庚；〈明夷〉、〈渙〉之用拯馬壯，吉」（《雕菰集．易通釋自序》），皆有複見情形，但他反復其故，不得其解。此一深藏的問題意識，遂成爲開啓焦循日後研易門徑的契機；而旁通、相錯、時行以及貫串起焦循整體易學的「比例」法提出，則是他幾越三十年後對此一提問之解答。其〈易圖略自序〉曰：

> 余初不知其何爲「相錯」？實測其經文、傳文，而後知「比例」之義出於相錯；不知相錯，則比例之義不明。余初不知其何爲「旁通」？實測其經文、傳文，而後知升降之妙出於旁通；不知旁通，則升降之妙不著。余初不知其何爲「時行」？實測其經文、傳文，而後知變化之道出於時行；不知時行，則變化之道不神。
>
> ——《雕菰集．易圖略自序》

除標舉「比例」法以及易例外，焦循《易圖略》卷五之首並有〈六十四卦比例圖〉，他在每卦之下條舉其相錯、時行之可以爲「比例」者——凡旁通、相錯與時行之義，皆可以包入「比例」之義中。故「比例」法之建立，是爲焦循建立系統易論，而將全易視爲具內在聯繫關係的動態系統之聚焦所在。

焦循「比例」之說深受算學「數」的概念影響；他在習算學、明《九章》後，又讀李冶《測圓海鏡》，悟得「其所謂正負寄左、如積相消者，……聖人作易，所倚之數，正與此同。夫九數之要，不外齊同、比例。……數之『齊同』如此，易之『齊同』亦如是。以此推之得此數，以彼推之亦得此數；數之『比例』如是，易之『比例』亦如是。」（《易圖略．比例圖第五》）他從算學之「比例」其數，得到聖人作易的背後原理亦出「比例」其義的啓示，其曰「卦畫之所之，其比例、齊同，有似九數。」「非明九數之齊同、比例，不足以知卦畫之行。」（《雕菰集．與朱椒堂兵部書》）蓋中國古代數學早有所謂「天元術」——「天元」或「天元一」者猶今日代數之未知數，其「立天元爲某某」亦猶今日之「設x爲某某」；則據問題之已知條件分別爲左（即「寄左」）右兩式等值之多項方程式（即「齊同」），然後相消而列出方程式（即「同數相消」、或「如積相消」），據此可以推知答案。於此，左右兩式爲「齊同」之等值，則彼此互爲「比例」，即「比而例之」之意；焦循推諸易理，即「以此類推，可得引申觸類之義矣。」他並舉例：「〈泰〉、〈否〉爲〈乾〉、〈坤〉之比例；〈既濟〉、〈未濟〉爲〈坎〉、〈離〉之比例。」「〈乾〉二之〈坤〉五，〈乾〉成〈同人〉、〈坤〉成〈比〉，爲〈師〉二之五之比例，亦爲〈大有〉二之五之比例。〈巽〉二之〈震〉五，〈巽〉成〈漸〉、〈震〉成〈隨〉，爲〈蠱〉二之五之比例，亦爲〈歸妹〉二之五之比例。」（〈比例圖第五〉）故凡相爲比例之各卦，即可以據其變化之迹而推知相通之義，是以焦循〈八卦相錯圖〉又云「比例之用，相錯其義，最爲微妙。」（《易圖略．八卦相錯圖第五》）是故對「比例」法之運用，即焦循解易之門徑。

焦循專精算學，嘗著有《加減乘除釋》與《天元一釋》，他認爲作易者亦深知數理，且正是通過寄左、如積相消、齊同、比例等數的概念，進而掌握了易理之或由某卦升降交易、或由某二卦旁通交易、或由某二卦相錯，皆有所之而成另一卦，苟其所之之卦相同，則以其「齊同」而可以相爲「比例」，亦阮元所言，「因其末之同而遡其本如此。」故焦循批判歷來之說易者，「多據一爻一卦而不理會全書也。」其易學則以「比例」之義，說易之旁通、相錯、時行等「變通」之道；進言之，焦循乃因易之「旁通」而說易之「相錯」；惟「相錯」有「當位」與「失道」，要如何使「當位」者變通不窮，避免吉變成凶？以及如何以「變通」救正「失道」之凶，使凶化爲吉？則焦循又說之以「時行」，以說易之趨時變通。此即焦循整體易學之端緒。故焦循嘗謂：「易之義不必博采遠證，第通前徹後，提起一頭緒，處處貫入，便明其義。有一處說不通，則仍不是，仍須別求解說。」（《易話・學易叢言》）他將全易視爲一個內具連動關係的互動網絡，殆如蛛網般，只要通過旁通、相錯、時行等易例闡釋，便能將全易旨要及其變通之理，皆展現於讀者眼前。述略如下：

㈠旁通

所謂旁通，簡言之，即陰、陽爻互易，包括本卦互易以及兩卦互易等情形。焦循在《易圖略・旁通圖第一》曾加以說明，其曰：

> 凡爻之已定者不動，其未定者，在本卦，初與四易、二與五易、三與上易；本卦無可易則旁通於他卦，亦初通於四、二通於五、三通於上。
>
> 凡旁通之卦，一陰一陽，兩兩相孚；共十二爻，有六爻靜必有六爻動，〈既濟〉六爻皆定，則〈未濟〉六爻皆不定。
>
> ——〈旁通圖第一〉

凡旁通者，其未定之爻，或在本卦、或旁通他卦，循著初四、二五、三上陰陽爻互易之原則，旁通而成另一新卦。凡易六十四卦皆能兩兩旁通，如下摘錄焦循《易圖略．旁通圖第一》之數例：

☰乾　二之坤五，四之坤初，上之坤三
☷坤　五之乾二，初之乾四，三之乾上
☳震　五之巽二，四之巽初，上之巽三
☴巽　二之震五，初之震四，三之震上
☵坎　二之離五，初之離四，三之離上
☲離　五之坎二，四之坎初，上之坎三
☶艮　五之兑二，初之兑四，上之兑三
☱兑　二之艮五，四之艮初，上之艮三

焦循任一易例之提出，皆貫全經而為說，以上數例僅能見其一斑。焦循說易，凡兩兩旁通之六十四卦皆陰爻與陽爻相孚、陽爻與陰爻相孚；而為了證明「旁通」確為作易者之本意，他在《易圖略》中復就全經舉出30例以為證，譬如：〈艮〉六二爻辭曰「不拯其隨，其心不快。」焦循認為其中所言「隨」即自〈隨〉卦來；此蓋由於「〈兌〉二之〈艮〉五，〈兌〉成〈隨〉。」當〈兌〉☱二之〈艮〉☶五，即〈兌〉二和〈艮〉五進行陰陽爻互易之旁通後，〈兌〉於是變成〈隨〉䷐，故焦循曰：「〈兌〉二之拯，正是〈隨〉之拯；若非〈艮〉、〈兌〉旁通，則『不拯其隨』之義不可得而明。」此例之外，焦循又舉〈小畜〉卦辭「〈小畜〉，亨。密雲不雨，自我西郊。」和〈小過〉六五爻辭「密雲不雨，自我西郊，公弋取彼在穴。」以說明「密雲不雨，自我西郊」之所以複見於〈小畜〉和〈小過〉，係由於「〈小畜〉上之〈豫〉三，則〈豫〉成〈小過〉。」即〈小畜〉䷈上爻與〈豫〉

䷏ 三爻旁通互易後，〈豫〉變成了〈小過〉䷽，故其曰「〈小過〉爲〈豫〉之比例。」凡互爲比例者，則其義可以旁通，故解易者苟不知旁通之義，將遂不知「密雲不雨之象，何以〈小畜〉與〈小過〉同辭？」（上詳〈旁通圖第一〉）而此亦是焦循對其父早年所提問，在歷經數十年之長期研易後，以易之「旁通」做出的回應。

旁通之說嘗見於虞翻，虞翻曾言〈比〉與〈大有〉旁通、〈小畜〉與〈豫〉旁通、〈履〉與〈謙〉旁通，但焦循說他「以旁通解易而不詳升降之義。」荀爽則雖曾以升降之義說〈乾〉、〈坤〉二卦，但「荀氏明升降於〈乾〉、〈坤〉二卦，而諸卦不詳。」（〈旁通圖第一〉）是其所涉有所偏限，未能貫通全易爲言；焦循則會合虞、荀二家之說，而貫之以全經，是以其所成就非二家所能囿限。

(二)相錯

所謂相錯者，係指一組四卦之上下卦旁通互易關係。由於焦循將全易視爲內具聯繫關係的整體動態系統，強調六十四卦皆天地山澤雷風水火的相錯關係，反對孤立、靜止地研究一卦一爻，所以凡是相關的兩卦組，皆可以此卦之上卦與彼卦之下卦，相錯合爲一卦；亦可以先經過爻之變動交易，如相關兩卦之二五或初四、三上的陰陽爻互易形成另一新卦後，再旁通相錯而合爲新卦，是爲焦循對〈說卦傳〉言「八卦相錯」之進一步理論發揮。是故「相錯」乃是卦與卦旁通互易的關係；而其相錯形成的卦組，其義皆可相通，故旁通相錯之卦組，皆互爲「比例」。

焦循發明其義的「相錯」，共分「未經行動」與「既行動」二類（〈八卦相錯圖第四〉）。其行動與否？則根據卦爻之有無變動交易而言。〈八卦相錯圖〉之第一類是未有爻動者，只依旁通之卦相錯，譬如以下所示例：

乾䷀ 坤䷁ 坎䷜ 離䷝ 震䷲ 巽䷸ 艮䷳ 兑䷹

否䷋ 泰䷊ 既濟䷾ 未濟䷿ 恒䷟ 益䷩ 損䷨ 咸䷞

上例中凡上列兩卦組相錯即成爲下列的兩卦組，如上列〈乾〉、〈坤〉相錯，上天下地成〈否〉卦、上地下天成〈泰〉卦；〈坎〉、〈離〉相錯，上水下火成〈既濟〉、上火下水成〈未濟〉；〈震〉、〈巽〉相錯，上雷下風成〈恆〉卦、上風下雷成〈益〉卦；〈艮〉、〈兌〉相錯，上山下澤成〈損〉卦、上澤下山成〈咸〉卦。此類相錯，由於其爻皆定，故爲其爻「未經行動」的第一類相錯。

除上述爻未有行動者外，「相錯」還包括其爻已行動的一爻動與兩爻動情形。凡爻之當位已定者不動；其未定者始有本卦或與旁通卦之二五、初四、三上等陰陽爻互易；其動亦有「當位」與「失道」之別——「何爲當位？先二五，後初四、三上是也；何爲失道？不俟二五而初四、三上先行是也。」（《易圖略・當位失道圖第二》）所以爻之變動互易，先二五，再繼之以初四、三上者便是「當位」；「失道」則兼有「初四先行」與「三上先行」兩種情形。因此焦循將「既行動」之一爻動者，又分成「二五先行當位」與「初四先行不當位」、「三上先行不當位」。其中「二五先行當位」者，指兩旁通卦係由他卦先經二、五爻互易形成兩新卦後的相錯，譬如〈乾〉二爻先和〈坤〉五爻互易，於是〈乾〉成爲〈同人〉、〈坤〉成爲〈比〉；然後〈同人〉的上卦再與〈比〉的下卦相錯成爲〈否〉，〈同人〉的下卦則與〈比〉的上卦相錯成爲〈既濟〉。如下圖所示：

同人䷌ 比䷇

否䷋ 既濟䷾

例中，進行相錯的〈同人〉和〈比〉兩旁通卦，係先由〈乾〉二和〈坤〉五旁通交易而來，所以是「既行動」之一爻動、而「二五先行當位」者。不過一爻動者在「當位」之外，還另有「初四先行不當位」和「三上先行不當位」者，此指兩旁通卦係先以初爻和四爻互易、或三爻和上爻互易後形成的兩新卦間之相錯。譬如〈乾〉四先與〈坤〉初互易，於是〈乾〉變成〈小畜〉、〈坤〉變成〈復〉；然後〈小畜〉上卦再與〈復〉下卦相錯而成為〈益〉，〈小畜〉下卦則與〈復〉上卦相錯成為〈泰〉。如下圖所示：

小畜 ䷈　　復 ䷗
益 ䷩　　泰 ䷊

圖中進行相錯的〈小畜〉和〈復〉，係先由〈乾〉四和〈坤〉初旁通交易而來；惟「初四先行」非如「二五先行」之有上、下應，所以是屬於「失道」的「不當位」者。另外「三上先行」者亦類此。

此外，先之以爻動的「相錯」，還另有兩爻動者。此指兩旁通卦先經二爻與五爻互易，再繼之以四爻與初爻互易、或上爻與三爻互易後，其所形成的兩新卦間之相錯。譬如〈乾〉二爻先與〈坤〉五爻互易，〈乾〉變成〈同人〉、〈坤〉變成〈比〉，已如前例圖示，之後〈同人〉四爻又與〈比〉初爻互易，於是〈同人〉又變成〈家人〉、〈比〉則變成〈屯〉，然後〈家人〉的上卦始與〈屯〉的下卦相錯成為〈益〉，〈家人〉的下卦則與〈屯〉的上卦相錯而成為〈既濟〉。如下圖所示：

家人 ䷤　　屯 ䷂
益 ䷩　　既濟 ䷾

故相錯者，必涉一組四卦之上下卦旁通互易關係；其爻則有既行動、未行動之別，又有一爻動、二爻動，以及爻動之「當位」與「失道」之別。於此可見旁通、相錯等易之變動，極盡變化而錯綜參伍，此焦循之所以強調惟能會通全易者，始爲知易。

㈢時行

焦循「時行」之說，主要說明在易動有「當位」與「失道」情形下，必須及時變通以應之，吉始能免於變成凶，凶亦能化成吉。故「時行」也者，主要即強調易之「趨時變通」。

焦循說易之變動不外乎兩種情形，「非當位、即失道，兩者而已。」（〈當位失道圖第二〉）爻之變動，當位則吉、失道則凶，故「吉凶利害，視乎爻之所至。」（〈與朱椒堂兵部書〉）凡爻之動，二五先行而上、下應之，此爲「當位」而變通不窮者；此蓋由於「凡二五先行，初四應之爲下應、三上應之爲上應；二五得中而上下應之，乃爲元亨。」（《易圖略・時行圖第三》）至於爻動之初四先行、或三上先行者，以其上下不能應，故爲「失道」；但此時如果能夠變而通之，則可以「仍大中而上下應。」是故吉可以變凶，凶亦可以化吉，易道惟在「變通」而已——「惟凶可以變吉，則示人以失道變通之法；惟吉可以變凶，則示人以當位變通之法。易之大旨，不外此二者而已。」（《易圖略・當位失道圖第二》）若此，皆焦循之謂「時行」。

焦循說明易主「變通」的「時行」之道，所謂「吉可變凶」者，他舉例道：

〈乾〉二先之〈坤〉五、四之〈坤〉初應之，〈乾〉成〈家人〉、〈坤〉成〈屯〉，是當位而吉者也；若不知變通而以〈家

人〉上之〈屯〉三，成兩〈既濟〉，其道窮矣！此亢龍所以爲窮之災也。此吉變凶也。　——〈當位失道圖第二〉

其言本來是二五先行、初四應之的「當位」之吉，如果不能及時變通而又繼之以三上之爻動，則〈屯〉䷂和〈家人〉䷤就都變成了〈既濟〉䷾；〈既濟〉以其六爻皆定，不具旁通互易條件，爻動遂止，悖於「生生之謂易」原則，是爲吉變凶。

至於如何使凶化成吉？焦循舉例「〈乾〉二不之〈坤〉五，而四先之〈坤〉初，〈乾〉成〈小畜〉、〈坤〉成〈復〉，是失道而凶者也。」於此〈乾〉失道而動，其先以四爻與〈坤〉初爻互易，〈乾〉變〈小畜〉䷈、〈坤〉變〈復〉䷗，接著〈小畜〉二爻與〈復〉五爻互易以應之，〈小畜〉變成〈家人〉䷤、〈復〉變成〈屯〉䷂，然後〈屯〉又繼之以三爻與〈家人〉上爻互易以應之，於是〈屯〉和〈家人〉如前所述、就都變成了爻動終止的〈既濟〉，是失道而凶者；但其實此時仍然可以「變通」而加以補救。其曰：

若能變通，以〈小畜〉通〈豫〉，以〈復〉通〈姤〉；〈小畜〉、〈復〉初四雖先行，而〈豫〉、〈姤〉初四則未行，以〈豫〉、〈姤〉補救〈小畜〉、〈復〉之非，此「不遠復」所以修身也。此凶變吉也。　——〈當位失道圖第二〉

〈小畜〉之失在四，通於〈豫〉以補之；〈復〉之失在初，通於〈姤〉以補之。……〈姤〉二之〈復〉五，〈復〉初不能應，〈姤〉初則能應也；〈小畜〉二之〈豫〉五，〈小畜〉四不能應，〈豫〉四則能應也。　——〈時行圖第三〉

例中，當〈乾〉變爲〈小畜〉☴，〈小畜〉又旁通於〈豫〉☳，〈小畜〉二爻與〈豫〉五爻互易（二五先行）後，本應繼以四爻與初爻互易，但〈小畜〉四爻與〈豫〉初爻皆陰爻，不具互易條件，故〈豫〉四爻與其初爻互易以補救之，爻動便又可以繼續了，故爲凶化成吉。是以苟能變而通之，則不僅「當位」可以變通無窮，「失道」亦可以仍大中而上下應。由是，焦循《易圖略》之〈時行圖〉，包括「二五先行當位，變通不窮」與「初四先行不當位，變而通之仍大中而上下應」、「三上先行不當位，變而通之仍大中而上下應」等類別。要之，他強調只要能變通，便皆能在現實中得利。

在焦循通貫全易而說以「變通」之旨後，他體悟到「《易》之一書，聖人教人改過之書也。」是以他釋「時行」之義，即藉《傳》云變通爲「趣時」，以說「能變通即爲時行。時行者，元亨利貞也。」能時行便能在現實中得利，故他認爲此即孔子之所以云「假我數年，五十以學易，可以無大過矣！」焦循並由此總結道「能變通則可久，可久則無大過。……變通者，改過之謂也。」（〈時行圖第三〉）惟能變通，爲能長久；而變通之道，在於改過，是以他又推此理及於人生，強調凡欲求「無大過」而「可久」者，其要皆在於「變通」、「改過」之應世大法，所以在道德實踐上，他主張趨利變通。可見焦循也如戴震之「由詞通道」，「從考據進求理義」，其好易並非徒爲紙墨講誦而已，而是要將數十年研易所得心法，切實落實在現實人生上。故焦循在心服戴震《疏證》之作，稱爲戴震「生平所得力，而精魄所屬」（《雕菰集·申戴》）之餘，其《論語通釋》亦仿《疏證》而作，並且還提出了諸多義理學上重要的理論建設，像是「能知故善」、「趨時行權」、「趨利故義」等。而焦循之發揚戴震義理，也被認爲是歷數洪榜、程瑤田、段玉裁以及以「釋戴」自許的黃式三等清儒中，最能讀懂戴氏書之第一人；他與戴震並皆爲「乾嘉新義理學」之代表人物。

二、以易入道的新義理學建設

焦循雖然在經學考據上得到了高度成就，但他與戴震同皆不願爲考據學所囿限，他立足在易道之變通思想上，借易理以闡發人生哲學；他以易理最重要的核心概念——變通觀，結合義理學上突出人之主體能動性的「重智」思想，提出「乾嘉新義理學」重要理論建設的「能知故善」說以及「趨時行權」的變通實踐觀，其工夫論亦強調「情之旁通」與「變而之乎宜」，要求道德實踐須能變通得利，並由此形成他整體思想的指導理論。

(一)「以情論性」的自然人性論

焦循論性，深受易學影響而強調現實，同時他也與戴震同調，皆屬自然人性論立場，看重情氣在道德學中的作用，他說「性無他，食色而已，飲食男女，人與物同之。」（《雕菰集．性善解一》）他從人、物所「同之」的一面切入論性，進路迥別於理學凸顯人、物所「別之」的立場。如此論性，很自然地會落到重視情性之主張上，故其性論範疇亦與荀子有若干近似處——不過清儒從戴震、淩廷堪、焦循、阮元、劉寶楠到晚清康有爲等人之性論思想，另與荀子有關鍵殊別處，即他們都持價值內在的「善性固有」說，以此別於荀子「性惡」說之善爲外在——焦循論性亦同於戴、淩等人以「情」論性，戴震嘗曰「理者，存乎欲者也。」「理義之悅心，猶味之悅口、聲之悅耳、色之悅目之爲性。」「其好是懿德也，心知之自然。……心知之自然，未有不悅理義者。」（〈理十〉、〈理六〉、〈理十五〉《孟子字義疏證》）戴震以人情自然好悅理義，說明情、欲、理同趨；淩廷堪亦突出「理原諸情」，有曰「性者，好惡二端而已。」「好惡者，先王制禮之大原。」「好惡生於聲色與味，爲先王制禮節性之大原。」（《校禮堂文集．好惡說上》）

焦循則謂「禮義之悅心，猶芻豢之悅口。悅心悅口，皆性之善。」（《雕菰集·性善解五》）所論皆突出人情好悅理義，這是一種「情、理同趨」的義理主張。於此亦可見清代新義理學家論性，多由發揮《孟子》「理義之悅我心，猶芻豢之悅我口」而來，亦皆自詡爲知孟；故清代思想之突破傳統義理窠臼，只能針對宋明理學而言；清儒「以情論性」的自然人性論，迥別於理學強調性理之凸顯價值形上面以及超越意義。是故不論理學或清代新義理學，都是立足在傳統思想上，只是部分清儒對於「性／情／欲」具有截然不同於理學模式的義理主張，並成爲清學在儒學史上的思想特色。

在「以情論性」原則下，焦循對性、情、才的看法自是別出宋明理學「尊性黜情」之獨尊性理外，其《易通釋》言，標舉性理只能用於「成己」；如欲進至「成物」，必須倚重人我相感通的自然情氣，發揮「以己之情，度人之情」的「情之旁通」精神，始能在現實中得利，也才能達到己立立人、己達達人的道德境界。所以他又說「平天下之道，不過絜矩。」（《易通釋·性情才》）其論曰：

以血氣心知之性，爲喜怒哀樂之情，則有欲；欲本乎性，則欲立立人、欲達達人，己所不欲勿施於人，有以通神明之德、類萬物之情。類猶似也，以己之情度人之情，人己之情通，而人欲不窮、天理不滅，所爲善矣。

性爲「人生而靜」，其與人通者則情也、欲也。《傳》云「六爻發揮，旁通情也。」成己在性之各正，成物在情之旁通，非通乎情，無以正乎性。情屬利，性屬貞，故利貞兼言性情，而旁通則專言情。旁通以利言也。 ——〈性情才〉

焦循言惟有以「人己之情通」爲基礎，才能兼顧「人欲不窮」與

「天理不滅」，所以「人己之情通」正是「人、我」以及「天理、人欲」皆獲俱全的依據，是實現善的必要條件。所論亦同於戴震論「理」之謂「以我之情，絜人之情，而無不得其平。」「未有情不得而理得者也。」（《孟子字義疏證．理二》）是以對焦循而言，在道德實踐中具有積極性作用的是情、不是性；焦循根據「性靜情動」原則，認爲情正是以其能動、能「旁通」於人，所以能實現「利貞」的現實之「利」。他說：「伏羲作八卦以類萬物之情，所以窮則變、變則通、通則久者，惟此旁通情而已矣！」易之爲道，正因以萬物之情爲基礎，故能「旁通情」地變通不已，是以能夠生生無窮；否則，如果只知有己之性、不知有人之欲，則「情不通而欲窮矣」，又如何得善？因此惟能以己之情通乎人之情，始能「因有以正人之情，即有以正人之性。」故道德實踐要從「成己」進至「成物」之理性社會實現，須有賴於「情之旁通」的必要條件。以此，焦循認爲成就理性社會的關鍵因素，在情也、欲也，不在性也；而清代新義理學家如戴震、焦循、劉寶楠……等，也就是在強調現實得利的「以利爲善」原則下，從個人修身的心性視域中跨出，成爲18世紀粗具由「己」到「群」之社會倫理的儒者。

至於「才」者何？則焦循又發揮孟子之言：「乃若其情，則可以爲善矣；若夫爲不善，非才之罪也。」歷來對於「非才之罪」具有諸多異解，譬如或謂其意非言人之稟性有別，即非「才」之過、而是人不能「盡才」之過，且證之以孟子又言「或相倍蓰而無算者，不能盡其才者也。」但是焦循別出蹊徑地將「非才」視爲名詞「不才子」之謂，其曰「云非才之罪，則無才之罪也。」他並區別才、不才，曰「通其情可以爲善者，才也；不通情而爲不善者，無才也。」（〈性情才〉）他並不是就「才」的普遍本質言其善惡，蓋清儒多持「性善，則才亦善」之觀點；他是以「道德主體能否完成旁通情之行爲實踐？」做爲判準，故所謂「才者」，指「能達其情於天下者」，而「不以己之欲不欲，通乎人之欲不欲，是無情；無情是不近乎情」，則是其所謂「無才以盡之」者。故焦循論「才」，已兼具道德主體之道德意願與行爲實踐在其中了。因此雖然焦循以氣、且以情論性，但清代新義理家皆持「理氣合一」立場，強調「理在氣中」，意欲建構「非形上學而強調道德創生義」的義理系統；是以焦循整體學說體系，從「旁通其情」到「變通得利」，都突出對人的主體能動性強調。故其說迥異於理學家如程子之區別理與氣、性與才，且曰「性即理也，理則堯舜至於塗人，一也；才稟於氣，氣有輕濁；稟其清者爲賢，稟其濁者爲愚。」對此，雖然宋儒趙順孫《孟子纂疏》也曾指出「程子此說才字與孟子本文小異。蓋孟子專指其發於性者言之，故以爲才無不善。」（《孟子纂疏》）趙說指出孟子、程子論「才」有別，他認爲孟子專以性論才，才未涵氣稟，故無不善；至於程子論「才」則「兼指其稟於氣者言」——在理學主流「性／情」二分架構下，趙說雖然指出孟、程之說有異，但他認爲其所以致異的關鍵，在於才是否涵氣稟而言；其意識形態仍歸理學區別「理／氣」爲「形上／形下」不同價值位階、並將氣歸諸形下駁雜的思維模式，是以清代新義理學家與之迥然異趨。焦循論曰：

才者，能達其情於天下者也。才能達其情，而情乃可旁通，性命乃可各正。情不旁通，故人欲窮；性不各正，故天理滅。不以己之欲不欲，通乎人之欲不欲，是無情；無情是不近乎情。《傳》云「凡易之情近而不相得，則凶。」近乎情則相得，不相得則不近乎情；雖有善性，而無才以盡之，則情不能通，欲不能窒矣。……舍情而言善，舍欲而求仁，舍才以明道，所以昧乎義文孔孟之傳者也。

——〈性情才〉

焦循「以氣論性」地以一己之情欲爲出發，並突出絜矩之道，強調

「以己之欲不欲，通乎人之欲不欲」，此亦同於戴震所主張，道德之善在於使人皆能「通情遂欲」；此外焦循又引《易傳》言：情有不相得、或不近情者則凶，以證明易道強調惟旁通情、始能得利。故焦循立足在自然人性基礎上，突出強調經驗界切實實踐的旁通、變通等德性行為，以批判理學獨尊性理而突出形上進路的義理架構；他認為如果捨棄實在界的經驗進路，譬如舍情、舍欲、舍才，而欲言善、求仁、行道，則皆不可得，且悖於聖賢之道。

㈡「能知故善」的重智道德觀

在過去儒學長期視「德性之知」為第一義下，儒者對「知」的理解，往往被狹隘化成為「知行觀」下對道德認知和道德實踐的關係討論。故傳統儒學之論「知」、「理」、「致知」、「格物窮理」等，很自然地多自道德角度立說，具有以道德範疇化約知識範疇的傾向，「知」亦遂成為對道德觀、善之內容與道德價值等「德性之知」的認識；至於客觀的理智認識方面、屬於知識論之「智」的範疇者，如「聞見之知」、或博學多能等，在傳統儒學中向被視為第二義，譬如朱子便言「讀書乃學者第二事。」（《朱子語類・學四・讀書法上》）而程朱等理學主流對「理」的概念，亦自「性即理」之性理、德理等角度立言，於是「心知」知「理」的認識活動，主要落在對主體的「德性之知」、而非「物交而知」的「聞見之知」上言。從張載區別「德性之知／見聞之知」，說以「誠明所知，乃天德良知，非聞見小知而已。」「見聞之知，乃物交而知，非德性所知。德性所知，不萌於見聞。」（《張子正蒙・誠明・大心》）到程頤簡捷地論「德性之知，不假見聞。」（《二程遺書・伊川先生語十一》）以至於陽明謂「《四書》、《五經》不過說這心體。」「夫學、問、思、辨、篤行之功，……亦不過致吾心之良知而已。」（《傳習錄》）皆呈現出理學家不僅以仁為最高價值，並且具有以「德」之範疇化約「智」之範疇的思想傾向。

故理學家論「知」，多就「道德範疇」內關乎主體之德理、道德認知而言，是一種既屬倫理、而又超越倫理道德，對於本體世界或精神境界的討論；並不是對於客體世界的理智認識與強調。所以宋明理學的認識論從屬於倫理學，不是哲學上獨立的知識論、或「智」之範疇；歷來儒者之「知行觀」，其「知」也不是通過語言文字等知解系統，對知識本質、內容或知識種類……等客體知識之建構與探求。換個角度說，我國傳統舊學除墨家、名家曾經建立起探索知識的系統方法論外，儒家其實罕有眞正涉及知識論範疇的討論，其所謂「知」，多是屬於道德範疇內的德理探討。例諸以陽明「知行合一」主張，其「致知」便自「致良知」立論，謂能「致」吾心之「良知」，則既是「行」、也就是「知」了；其所著眼是同一道德範疇內的德理與落實實踐之「體用一如」，屬於對「德」的追求；而並不是對分屬不同領域的知識與道德、即「德」與「智」的追求。所以理學不僅對傳統儒教「行有餘力，則以學文」之知識居次看法，以「先尊德性，後道問學」的理論建構加以實踐；其於哲學範疇內領域分屬的道德與知識，亦以「良知」化約「知」地取消了其中界限。

不過儘管做爲我國道德形上學代表的理學，其哲學視域、論域都集中在「德性之知」上，其實理學並無輕「智」、或反對知識見聞之意；對理學之「道德哲學／人生全學」，應該予以區別看待——理學誠然尊「德」而以「智」爲第二義，並且在「內向存養」的涵養進路強調下，認爲客觀見聞的「智」之事與德性無涉，但此是「尊德性」系統內的討論，並不是對人生整體學習之輕智態度或主張，後儒之自理學論「德／智」關係進論其「反智」傾向者，實屬誤解。理學家在設教時，爲了呈現「道」之隨機顯發，雖然有時也會運用遮撥手法以解消執著、逼顯眞理——譬如陳白沙嘗言：「學勞擾，則無由見道，故觀書博識，不如靜坐。」「欲聞道也，求之書籍而弗得，則求之吾心可也，惡累於外哉？……詩文末習，著述等路頭，一齊塞斷，一齊掃去，毋令半點芥蒂於胸中，然後善端可養。」（黃宗羲：《明儒學案．白沙學案》）但我國學術發展除道家帶有反智色彩外，包括理學在內的儒學，都未嘗「反智」。因此理學論「智」（見聞之知），是針對「德」之範疇論「德、智」關係，他們主張「德／智」分趨而不相干，持論客觀知識與主體之善並無交涉，外在的客觀知識不能觀照內在的無限德性，人之「存心」不能經由客觀理智活動以增進；但若就人生之整體學習言，則理學家亦多強調泛觀博覽、究心典籍而重視讀書法，如程頤何嘗不有《易傳》？朱子更重視文義訓詁之詮釋基礎，且嫻熟於《四書》、《五經》。

至於我國學術發展繼墨辯和名家之後，比較重視知識論傳統與方法論建構的，是清儒。他們在經史考據範疇內，稍具規模地建立起「如何從事知識探求」的方法論體系，譬如戴震「四體二用」、「轉語」理論等訓詁學方法論；但針對哲學範疇言，則即如戴震強調「德性資於學問」、焦循說「能知故善」，都還是屬於道德學之「德／智」關係討論，即前述從「尊德性」角度、論「智」是否有助於「德」？是故針對道德學範疇之論「智」，清儒所與理學區別者，在於理學主張「德／智」殊途，而清儒則已經轉向認同知識對道德具有涵養與助成之功，並且表現出「重智」傾向的道德觀。要之，皆須扣緊道德哲學的範疇來說。

對於從理學到清代新義理學，關於「德／智」關係的理論轉變，試證之以宋儒中相對重視讀書的朱子爲例：朱子論「致知」雖亦重視文義訓詁基礎，但他其實未賦予客觀知識獨立地位，他是要從經典中求「德性之知」以與己心相印證——「須是存心與讀書惟一，方得。」（《朱子語類．學五．讀書法下》）他認爲讀書不可獨立於存心之目的外，故他曾批評「秦漢以來聖學不傳，儒者惟知章句訓詁之爲事，而不知復求聖人之意，以明夫性命道德之歸。」（〈中庸集解序〉）他論讀書、格物窮理，更明言「專心去玩味義理」，「學者須常存此心，漸將義理只管去灌溉。」（〈學四．讀書法上〉、〈學三．論知行〉）要皆以「德」之追求爲目的，並非看重其爲「智」之事。其論曰：

> 窮理，如性中有箇仁義禮智，其發則爲惻隱、羞惡、辭遜、是非。只是這四者，任是世間萬事萬物，皆不出此四者之內。
>
> ——〈學三．論知行〉

> 且如讀書：《三禮》、《春秋》有制度之難明、本末之難見，且放下未要理會，亦得；如《書》、《詩》，直是不可不先理會。又如《詩》之名數，《書》之〈盤〉、〈誥〉，恐難理會，且先讀〈典〉、〈謨〉之書，〈雅〉、〈頌〉之詩，何嘗一言一句不說道理？……只是人不曾子細看。若子細看，裡面有多少倫序，須是子細參研方得。此便是格物窮理。
>
> ——〈學二．總論爲學之方〉

> 讀書已是第二義。……而今讀書，只是要見得許多道理，及理會得了，又皆是自家合下元有底，不是外面旋添得來。
>
> ——〈學四．讀書法上〉

朱子一再強調讀書的目的，在於「使道理與自家心相肯，方得。讀書要自家道理浹洽透徹。」「今讀書緊要，是要看聖人教人做工夫處是如何？」「讀書以觀聖賢之意。」（〈學四．讀書法上〉）顯見朱子所論「格物」、「致知」、「窮理」等，皆是關乎第一義的「德性之知」，而不是對客觀「見聞之知」的「智」之追求。

逮及清儒，則立足在自明以來漸被看重的知識地位，及試圖綰合德、智的理論基礎上，譬如明儒王廷相嘗曰：「神性雖靈，必藉見聞思慮而知。……聖賢之所以為知者，不過思與見聞之會而已。」（《王廷相集．雅述上》）王夫之亦言「人於所未見未聞者不能生其心。」（《張子正蒙注．乾稱下》）逮及清代新義理學家則更突出「主智重學」的立場，他們認為德、智關係密切，至謂智性是成德的必要條件。譬如戴震強調「分理」、並要求「條理」，其所論「理」，是「天下事情條分縷晰，以仁且智當之。」「明理者，明其區分也；精義者，精其裁斷也。」（《孟子字義疏證．理一．理四》）其理涵德理、情理、事理……而言，舉凡天地間一切人倫庶物皆涵蓋乎其中，這就不是理學言「一心具萬理」、「心包萬理，萬理具於一心」（《朱子語類．學三．論知行》），所能夠完全涵蓋的。故戴震治經，凡天象、地理、古今地名沿革、宮室服裝、工藝制器、鳥獸蟲魚草木等，即一器物之微都翔實審知之，無論鉅細本末皆躬親涉獵之，他說「誦〈堯典〉數行，至『乃命羲和』，不知恆星七政所以運行，則掩卷不能卒業；誦〈周南〉、〈召南〉，自『關雎』而往，不知古音，徒強以協韻，則齟齬失讀；誦古《禮經》先〈士冠禮〉，不知古者宮室衣服等制，則迷於其方、莫辨其用；不知古今地名沿革，則〈禹貢〉職方失其處所；……不知鳥獸蟲魚草木之狀類名號，則比興之意乖；而字學、音聲、故訓未始相離。」（《東原集．與是仲明論學書》）因此他從「重問學、貴擴充」的重智道德觀出發，另外提出「德性資於學問」之迥異於宋儒「德、智不相干」的新命題，他強調「德性始乎蒙昧，終乎聖智。」至於如何達到聖智？——「惟學可以增益其不足，而進於智。」「昔者闇昧而今也明察，是心知之得其養也。」（〈理十四〉、〈理六〉、〈理九〉，《孟子字義疏證》）戴震強調「以學養智」，以使心知「得其養」而能辨察事理。另外焦循《孟子正義》也批判不好經傳注疏而未能落實於經典的心性論者穿鑿用智，曰「乃無所依據，憑已之空見以爲仁，憑已之空見以爲義，極精微奧妙之論，而不本讀書好古之實，是鑿也，是智小也。」（《孟子正義》）他並認爲孟子之言「所惡於智者，爲其鑿也」，正爲此輩而發。他並嘗借言胡煦的《篝燈約旨》，以論人之初生雖然固有良知，但是欲加精進則端賴學習致之，其《孟子正義》曰：

> 壯年知識，便與孩提較進矣；老年知識，便與壯年較進矣；同焉此人，一讀書，一不讀書，其知識明昧又大相懸絕矣。……則明之與昧，因習而殊。……聖人言此，所以指明學者達天，徑路端在學習，有以變化之耳。 ——《孟子正義》

焦循以實在界的客觀學習說聖門之「下學上達」。他指出吾人欲上達天道，須俟下學，故知識之明昧是爲關乎道德實踐能否完成的重要因素；而孩提、壯年、老年之知識有別，又顯見人之明昧可以藉由客觀學習而精進。這是一種主張透過「學習」以「達天」的道德觀；也是一種綰合德、智，而強調外在學習對於德性具有「有以變化」之進德作用的重智說。其說主張道德可以經由客觀學習以及擴充智性、增進心知判斷，而獲得實踐，是清代義理學立異於宋儒很重要的一端。

因此焦循立足於易道思想的義理觀，其中一個很重要的理論建設，便是繼戴震之強調「人莫大乎智足以擇善」的重智道德觀後，他亦以凸顯智性的「能知故善」說——「性何以善？能知故善」（〈性善解三〉），發揚人之主體能動性，進一步深化了清人的重智思想。在焦循體系嚴密且環環相扣的整體思想中，其「能知故善」說的重智觀又與「以利爲善」思想的「趨利變通」、「趨時行權」等義理主張，構成一渾然不可分割的整全體系；他強調「智性」是人能趨利、變通、行權的必要條件，而變通得利才是道德之「善」的經驗實踐與完成。因此對於孟子所說「人禽之別」的「幾希」關鍵，焦循說以人之智性遠甚於禽獸，才是人能擴充其德並完成道德實踐的根本原因，以此扭轉了宋明理學長期來認定的：人以「四端」之仁、義、禮、智等「德性」與禽獸別之。其論曰：

> 世有伏羲，不能使鳥獸知有夫婦之別；雖有神農燧人，不能使鳥獸知有耕稼火化之利。——〈性善解三〉

焦循強調人所獨具的智性，才是從事一切客觀學習，譬如禮教、飲食、宮室等等所憑藉，此為人禽所別處；否則試以人倫大義、禮節儀則示之禽獸，禽獸不能知，示之於人，則人能有所變通，可見禽獸正是以其缺少智性而不能為善，人則以其神明之靈而能為善，故焦循強調「智性」才是「善」獲得實現的不可或缺條件，其曰「善之言靈也，性善猶言性靈，惟靈則能通。」（〈性善解四〉）人就是以其神明之知，在知孝弟忠信、禮義廉恥之餘，還能衡量客觀現實，知其宜不宜、且變而之乎宜，故能現實得利。

是故在焦循學說中，「善」能實現是結果，「心知之明」則是據以實現善的依據，可見「智性」才是完成道德實踐的首要條件。故其論又曰：

> 人之所以異於禽獸者，在此利不利之間。利不利即義不義，義不義即宜不宜。能知宜不宜則智也，不能知宜不宜則不智也。智，人也；不智，禽獸也。幾希之間，一利而已矣，即一義而已矣，即一智而已矣。——《孟子正義．天下之言性也則故而已矣》

如此一來，不僅人禽之別的關鍵原因，從理學所持論的「德性」善端轉移到焦循突出「智性」判斷；即自結果言，人之所以異於禽獸，也在於人能趨利變通。故焦循不但將傳統儒學「嚴辨義利」的義、利對立關係，改寫成爲「義利合趨」的「即利即義」；他同時也凸顯人之變通精神，亦是據以實現道德之善的憑藉。

不過要從人之所以爲人的關鍵因素——智性判斷，到經驗結果的現實得利，其間還涉及實踐歷程的經驗行爲之「變通」實踐，故焦循又曰「人之性可引而爲善，亦可引而惡。」「惟其可引，故性善也。」「惟人能移，則可以爲善矣。」（〈性善解一〉）一方面固然人因有此智性，而能行道德判斷；另方面也由於人有此智性，故能接受引導，即「引而爲善」、「遷善改過」或「變而之乎宜。」所以焦循強調「善」必須以行爲結果爲判準，要能落實在經驗層面上加以驗證，亦戴震之所謂「乃語其至，非原其本。」此與焦循的易道思想亦如出一轍，是以焦循所持乃是「以利爲善」的思維模式，強調道德價值與道德作用，皆在於使人能夠現實得利。而既然現實之利才是人所當爲、即義（宜）也，則變通其行爲的「審其時之所宜而損之、益之」，「隨物之輕重以轉移之，得其平而止。」（詳〈說權〉八篇）——「趨利變通」之變通實踐觀，亦遂成爲焦循建構理論的重要環節，故焦循又緣智性而進論「趨時行權」（詳下文）。焦循之「權」論，也有所繼承於戴震——戴震也曾批判「執理無權」是「以意見爲理」、「以理殺人」，有曰「權，所以別輕重也。」「變，則非智之盡、能辨察事情而準，不足以知之。」（《孟子字義疏證・權一》）要之，清儒從戴震到焦循、再到晚清康有爲等，都主張智性才是使性善獲得充足實現的根本要素。

因此焦循在《雕菰集》五篇〈性善解〉中反覆闡述了人能「見利而就，避害而去」的道理，在其理論系統中，凡一切「內聖」修身的仁義之道與「外王」治國平天下之道，皆由於人之「變通」實踐；而如果無其智，人便不能趨利變通，善也不能被實現。所以在焦循代表性的「能知故善」說中，他打破了儒學長期的道德獨尊局面，不僅為清代考據學興盛提供重視知識的理論依據；也扭轉了理學性體自足之說——焦循所持自然人性論，固然也涵蓋價值內在吾人心中的德理而言；但他如情理、事理等兼亦涉及人際、社會倫理範疇的道德標準，則必須經由落實經驗途徑的旁通、變通等檢驗，始能在現實中如理，進而得利。故善之具現必須倚重智性為必要條件；智性乃是善的實現依據。而自後，我國亦遂進入了以「智性」為強調的歷史階段。

既然能行道德判斷的智性才是性善獲得實現的關鍵，那麼，焦循在戴震已提出的「學以養其智」、「以學養其良」基礎上，有什麼具體主張？焦循認為「人之性不能自覺，必待先覺者覺之。」（〈性善解二〉）所以「智」須由「因」與「習」而來；「心知」必須藉由「以學養智」的外向知識、見聞思慮以增進識斷，焦循並以此闡釋「性相近，習相遠」之理。這是一種主張「善」可以經由汲取、累積前人經驗與客觀學習而得之的看法，也頗與智識主義強調知識訓練同趨，是一種道德學上的重智觀。至此，理學對「知」的認識——其所聚焦於不假見聞的「德性之知」，遂被焦循轉化成為涵攝「物交而知」等客觀理則在其中的成己成物之學了。是故「習」是焦循所認為使心知能知、能移的助成因素。至於其所「習」者何？其曰：

> 習先聖之道，行先王之道，必誦其《詩》、讀其《書》，博學而詳說之，所謂「因」也。……惟其因，乃有所變通。……先王之道，載在《六經》，非好古敏求，何以因？即何以通變神化？何以損益？故非習則莫知所因。
>
> ——《孟子正義‧離婁章句條》

焦循強調《六經》是先賢智慧與經驗的載體，通過「因」、「習」

古聖賢之道，可以增進「通變神化」的心知之明。雖然朱子等理學家也都主張讀書窮理，但宋儒所凸顯者在其「存心」，目的在於內向存養性理，是對「德」之涵養；清儒戴震、焦循等則強調道德實踐必須能通過客觀途徑的經驗檢驗，道德的終極目標在於現實世界的及物潤物，讀書的目的在於涵養智性以擴充其「智」，乃以增廣見聞來增進心知與外向世界的聯繫能力，使能行正確的道德判斷，此爲清代新義理學和理學之根本殊異。是以焦循批判明人講學「徒以心覺爲宗，盡屏聞見」，正坐「不以先王之道，則心無所憑」之病，導致「強者持其理以與世競，不復顧尊卑上下之分」，「弱者恃其心以爲道存，不復求詩書禮樂之術。」（《孟子正義．離婁章句條》）亟反對心性論者從「學」到道德踐履，都未能通過客觀途徑的經驗驗證，不免流於一己之主觀意見，有落入戴震所深恐的「以意見爲理」之陷阱危機。

乾嘉之後對於智性發揚有所理論繼承的，譬如晚清康有爲，他也論以禽獸皆有仁、義、禮等愛惡之情，可見人禽之別不在善之「端」；而在人之智性可以推廣擴充之，使臻於極致，故他說「其智愈推而愈廣，則其愛惡愈大而愈有節」，是以「政教禮樂文章生焉。」因此他總結以「人道之異於禽獸者全在智。」（《康子內外篇．愛惡篇》）其論曰：

> 物皆有仁義禮，非獨人也。烏之反哺、羊之跪乳，仁也。即牛馬之大，未嘗噬人，亦仁也。鹿之相呼、蟻之行列，禮也。犬之衛主，義也。惟無智，故安於禽獸耳。人惟有智，能造作飲食宮室衣服，飾之以禮樂政事文章，條之以倫常，精之以義理，皆智來也。……故惟智能生萬理。　　——《康子內外篇．仁智篇》

康有爲以經驗法則說明了禽獸亦有諸多合於仁、義、禮之行，可見禽獸亦有善端，只因其智不足，不能爲進一步之推擴而飾之以禮樂、政事、文章、道德倫理等，此其所以爲禽獸。是故他亦同聲反對儒學長期來的、以德性說人禽之別。

從宋明到清近千年的學術思想演變軌跡，很顯然地，已自宋儒突出個人心性之學而獨尊道德、轉變到清儒肯定客觀知識對道德實踐的正面意義。清儒認爲涵養智性，可以避免道德主體在與經驗世界進行外向聯繫時，落入一己成見之「意見」、或種種不符人情與事理的道德壓迫；焦循思想體系一貫的「能知故善」說與「趨時行權」實踐觀，則是清儒重新釐定「德、智」關係的理論代表。他認爲人之智性得到擴充後，可使人因心知靈明而不斷修正自我行爲，則在經驗驗證下德性更能得到貞定——惟「智」爲能使人「變而之乎宜」地變通以至於善。

(三)「趨利變通」的實踐觀

最能表現焦循受易學影響的思想，就是他在道德實踐上主張「趨利變通」的變通實踐觀。焦循以現實之利爲著眼，反對不能衡量現實條件與個別差異、「執一無權」的絕對道德標準。對此，戴震也曾批判理學將性理推到天理高度，尤其當道德的絕對標準結合了階級的尊卑貴賤時，尊者貴者往往自恃天理而謂放諸四海皆準，致強人以絕難達到的曠世高節——「其責以理也，不難舉曠世之高節，著於義而罪之。」（《孟子字義疏證・理十》）這就可能導致「人死於法，猶有憐之者；死於理，其誰憐之」的道德壓迫了。至於焦循則更發揮易理之「窮則變、變則通、通則久」精神，持論現實世界無有長久不變之事象，則吾人亦應應之以「變通」精神，所以他主張落實道德實踐時，必須切合實際地「審其時之所宜」而「變而通之」，始能得乎現實之利。那麼要如何變通呢？則焦循又以易理之「趨利避害」做爲指導原則，是以其整體思想便是以「趨利變通」爲其核心宗旨的。

1. 仁義由「能變通」而來

從孟子說德性內在到理學凸顯性理，主要皆在挺立人之道德自主性，是爲強調價值根源內在心中、道德判斷由人內在良知作主的義理主張。逮及戴震，則他雖然也同樣抱持「理之爲性」的「性善」立場，認同價值根源內在人心；不過在其自然人性論之持論下，其「性」論範疇不僅是「心性論」者所突出的內在性理——儘管戴震的自然人性論也肯定性涵理義、理義內在性中，並且就此端而言，他確實趨近孟子的性善論、而區別於荀子；但是戴震的性論範疇大於性理範疇，其「性」除內具德性外，還同時兼具自然情氣之血氣、心知、情欲等等，其「理」亦兼涵主觀德理和客觀條理爲言，故在德理、性理外，也兼涵情理、事理、物理等涉外之客觀理則。此外戴震並反對從先驗預設的「形而上」角度說「理」，反對視「理」爲「超越」的「所以然之理」；其所論「理」，涵攝從「形而下」經驗角度出發的一切實物實跡，包括陰陽氣化之「天道」和人倫日用之「人道」等，故其「理」在主觀性理外，還必須呈現出客觀經驗的「條理無爽失」狀態，即「有物有則」的「生生而條理」（《緒言》），所以也就包括必須用「心知」去認識、去辨明的客觀事理，故其言又曰：「理義在事情之條分縷析，接於我之心知，能辨之而悅之。」（〈理六〉）——則其義理視域，已經跨越個人心性之學的性理範疇而略涉社會倫理範疇了。因此出現在18世紀的「乾嘉新義理學」思想轉化，對於19世紀後期的儒學與世界性現代化潮流相接軌，具有重要的銜接與過渡意義。清末，我國義理學發展能順利轉進社會倫理的群學視域、並順利銜接西學而中西合流，則在戴震提煉自民間而眞實反映清代社會思想變遷的義理轉型中，已經可以窺見思想演進之蛛絲馬跡了。

至於焦循，則是戴震在乾嘉時期罕見的義理知音，而焦循所提出的「能知故善」說，除了凸顯人之智性，並強調「善」之實現必須借重

「智性」裁斷以外；關於智性如何在道德實踐中具體落實其道德判斷，以彰顯心知之明？即其經驗落實的途徑爲何？變通的原則爲何？對此，則焦循又結合他長期精研易理的「變通」心得，提出強調「情之旁通」與「通於時變」的「趨利通變」等義理學理論建構。其論曰：

> 人性所以有仁義者，正以其能變通，異乎物之性也。以己之心通乎人之心，則仁也；知其不宜，變而之乎宜，則義也，仁義由於能變通。人能變通，故性善；物不能變通，故性不善。
>
> ——《孟子正義．性猶杞柳下》

焦循先說明「仁」之產生，是由「以己之情推諸他人，故知他人亦有是情」，即「情之旁通」而來，「義」則是「知其不宜，變而之乎宜」之「通於時變」；然後說明此一變通精神之展現，也就是「人／物」之所以殊別。又前述焦循亦曾以「能知故善」說，具論了人以「智性」而與禽獸別之，是故發揮變通精神的仁義之行之能獲得具體實現，就是由智性所主導的；「智性」亦即藉由展現「旁通」與「變通」精神的仁義之行，來落實實踐其道德理想的。

於此，焦循所突破傳統的是，他並未對「仁義」內涵做一絕對標準之規定，他認爲仁義是由智性發揮人之「變通」精神的結果——「仁」是以旁通人情的絜矩之道爲出發，然後由人之智性自行決定其如何作爲；「義」亦是在事宜考量下，其「智」能變通其作爲的結果。所以仁義之行，是一種不固持己見，願意推擴恕道以及改過遷善的變通精神具體實現，亦智性「變通得利」之實踐成果。因此焦循反對以先驗、超越的道德內涵賦予「仁義」，他強調所有關於道德實踐的實際作爲及其具體內容，都應由道德主體的智性自行判斷，即由人自決。所論既見焦循凸顯智性之重要，亦兼及落實實踐時的客觀條件差異，以此避免了「執一無權」的道德壓迫。

再說到智性之「宜不宜」判斷——「宜不宜」是一種涉及人我以及社會關係的考量，其所著眼在於及物潤物；則在焦循認為道德之「善」應以「現實之利」方式呈現下，「宜」便能在現實中得利，反之，苟為不利就要變通。所以焦循乃以「利」做為「宜」、即「善」的判準，也就是說，經驗行為之「合義（宜）否？」正是以事實結果之「得利否？」為其判準的，也可以說「趨利故義」，故焦循又說以「利在天下，即利即義。」（〈君子喻於義小人喻於利解〉）焦循在《孟子正義》中的孟子詮解，並結合了易道之變通思想，他援易理以說「利以能變化。」其論曰：

〈繫辭傳〉云「變而通之以盡利。」……「利以能變化。」……「利者，義之和。」《禮記．表記》云「道者，義也。」注云「謂斷以事宜。」《春秋繁露．仁義法》云「義者，謂宜在我者。」其性能知事宜之在我，故能變通。

——《孟子正義》

焦循亟突出人必須具有其性「能知事宜」、即智性之判斷，始能變通其行為；而惟能變通，始能盡乎利。是以「善」正是由人能變通得宜而來的，此亦戴震之所謂「踐履之止於無失無憾。」所以在焦循的思想體系中，仁義就是「能變通」行為的實踐結果；而能知所變通，也就是焦循從易學思想到義理學理論建構，貫串其整體學術體系的核心旨要。

2. 私、利、欲的「不害義」層次

焦循以「情之旁通」和「通於時變」的「趨利變通」思想，顛覆了儒學長時期「非功利」傳統的「嚴辨義利」思想；但是他要如何既變通得利，又防制人心流於縱情肆欲之道德對立面？此一課題亦「乾嘉新義理學」之共同課題。不過持新義理觀的清儒，普遍認爲道德課題不在無情無欲、或如何「存理滅欲」？而在如何使義利同趨、並行不悖？以新思想代表的戴震爲例，他便以肯定「我情」的「以情絜情」主張，改寫了理學不重人情的「尊性黜情」觀。戴震論絜矩之道，先肯定「我情」，曰：「欲者，有生則願遂其生，而備其休嘉者也。」（《東原集·答彭進士允初書》）戴震認爲先要正視我情願生、願現實生活休嘉美好，然後以「我情」做爲理解「他情」的基礎，才能進論古聖王以「通情遂欲」做爲道德目標；因爲一個無情無欲之人，又如何能夠體諒他人之有是情、有是欲？是故從戴震到焦循，清代新義理學對傳統義理一個很大的理論突破處，就是在理、欲之間取得平衡點，其具體的理論建設，是在私、利、欲之間復區別出一個「不害義」的層次，這是對我國兩千年來「重義輕利」、「貴義賤利」的「恥言利」傳統之重要突破。故清儒以賦予追求個人利益合法性的「求利而不害義」新義利觀，改寫了傳統思想一向認爲「求利害義」的義、利對立觀；此義理變趨與價值轉型，眞實反映了18世紀工商繁榮、人心趨利的社會普遍現象，並爲儒學融入世界性現代化進程中傳統與現代的過渡思想。

清儒沿襲明儒重情之風，對人情人欲採取正視態度，尤其肯定人情人欲在道德學中的積極作用，如顧炎武曰：「天下之人各懷其家，各私其子，其常情也。」陳確亦曰：「有私所以爲君子」，故有孝子之私其父、忠臣私其君、賢友私其友、恭弟私其兄等德性行爲。再者，清儒對「趨利避害」的肯定態度，則如劉寶楠有曰：「人未有知其不利而爲之，則亦豈有知其利，而避之弗爲哉？」對人情利欲的合理性肯定，則如戴震曰：「生養之道，存乎欲者也；感通之道，存乎情者也。」陳確亦曰：「天理正從人欲中見，人欲恰好處，即天理也。」「欲即是人心生意，百善皆從此生。」（《亭林文集·郡縣論五》、《論語正義》、

《原善·卷上》、《陳確集·私說·無欲作聖辨》）皆可以顯見已採取正面之肯定立場了。是故清代新義理學一個很重要的突破，便是以理論建設的高度，正視「利己」思想之價值；此蓋由於部分清儒從推擴自然人情的「惟其懷生畏死，故人有怵惕惻隱之心」出發，肯定理、欲同趨，故能自「君子食無求飽，居無求安」之「安貧樂道」保守氛圍中脫出，不再侷限於「非功利」傳統的「諱言利」思想框架，此亦清儒針對明清以來「假道學」流弊的改革理論。是故清儒在正視情欲之餘，也因能對情欲加以正面規範，避免了過去因「諱言利」而出現的「口談道德而志在穿窬」等言行相違之道德異化現象。

除建構理論新說外，清儒在經典詮釋上也獲得傑出的斐然成就，而藉由對聖學傳統的經典注疏，更能有效建立起新思想典範之權威性。試以清儒的四書學爲例，劉寶楠的《論語正義》和焦循的《孟子正義》，並稱爲四書學史上難得的佳作；而對於儒學中重要的「君子喻於義，小人喻於利」思想議題，二書皆提出迥異於理學「嚴辨義利」、「貴義賤利」之義利對立模式的詮釋主張。焦循《孟子正義》曰：「卿士大夫，君子也；庶人，小人也。貴賤以禮義分，故君子、小人以貴賤言。」劉寶楠《論語正義》則引證焦循之言，並論以「論語此章，蓋爲卿大夫之專利者而發，君子、小人以位言。」（《雕菰集·君子喻於義小人喻於利解》，《論語正義·里仁》）他們都將君子、小人之判準，導向清儒禮論中指「禮秩」而言的「定親疏、決嫌疑、別同異、明是非」，「貴賤有等、長幼有差」，即傳統階級與宗法社會下的個人貴賤地位而言。劉寶楠並將該思想溯源至鄭箋與皇侃《論語義疏》，以示說有所本。如此一來遂擺脫理學以道德價值爲判準的「君子／小人」之辨了，庶民「求利」也在道德意義上獲得肯定，不再被視爲道德負面義的小人；反之，卿士大夫不言利，亦非出自個人高尚情操的「無欲」選擇，而是相應於所處位階的政治道德，不被容許與民爭利。於是在清儒新疏中，

「義利之辨」不再是個人的道德判準，而是名位與職分之辨明，長期來「重義輕利」的價值崇拜也就一併被破除了。

焦循在《雕菰集》中對於「君子喻於義，小人喻於利」一章，並論以執政者必先以恆產與貨利安百姓心之後，才能趨使爲善；劉寶楠《論語正義》也舉證董子對策所言「夫皇皇求利，惟恐匱乏者，庶人之意也；常恐不能化民者，卿大夫之意也」，以說庶民皇皇求利，其義符合〈堯曰〉孔子回答子張問政的「因民之所利而利之。」以及孟子所論「若民則無恆產，因無恆心。」要皆肯定庶民求利之正當性。焦循之論曰：

> 惟小人喻於利，則治小人者，必因民之所利而利之。……此教必本於富，趨而之善，必先使仰足事父母，俯足畜妻子。儒者知義利之辨，而舍利不言，可以守己、而不可以治天下；天下不能皆爲君子，則舍利不可以治天下之小人。小人利而後可義，君子以利天下爲義。　　——《雕菰集．君子喻於義小人喻於利解》

焦循所論「舍利不言，不可以治天下」，正是清儒對於「義利之辨」的普遍性看法。故劉寶楠亦引焦循之言總結道：此乃孔子爲針砭執政者而發——「正欲君子之治小人者，知小人喻於利。」經《孟子正義》與《論語正義》之重新疏解後，利欲之求已被清儒從經典高度賦予追求之正當性了，肯定利欲亦遂成爲清代新義理學的另一個重要標幟。

不過必須補充說明：在理學「存理滅欲」主張中，所謂「去人欲」，並未涵基本生養之道在內，理學對於生養之道當然也是加以肯定的；朱子立足在孟子的「仰事俯畜」上，亦曰：「飢而欲食，渴而欲飲。」故其所謂「人欲者，正天理之反」，必須限定在朱熹的理、欲定義下——朱子嘗明確說以「飲食者，天理也；要求美味，人欲也。」

「合道理底是天理，徇情欲底是人欲。」（《朱子文集．答何叔京》、《朱子語類》）故譬如清儒毛奇齡批評理學，曰「耳目口體，與生俱來，無去之理。」陳確亦謂「忠孝節義，獨非人之所欲乎？」「眞無欲者，除是死人。」（《西河集．折客辨學文》、《陳確集．近言集．與劉伯繩書》）皆屬扭曲或誤解之過爲責難。實則「義、利對立」下的傳統義利觀，以「利他／利己」區別「義／利」，凡利他、公利與個人生養之道等，都不在「利」之「人欲」歸屬中，當然也不在要求排除之列；在「義／利」兩橛對立下、理學所要排除的，是指超出個人基本生理所需，譬如甘食美服與富貴利達等種種情欲或私利的追求。因此學界凡自孟子亦肯定「公利」、朱子亦言「飲食者，天理也」，以辯「彼何嘗不言利」者，皆屬範疇混淆，是未能仔細區別傳統「義利觀」之義、利涵攝內容。因此首先必須釐清：在傳統「義／利」對立思想中所稱爲「利」者，專指「利己」之私利而言；凡「利他」之公利與個人之「養生送死」等，皆歸屬於具有正當性的「義」或「天理」範疇。立足在此一基本認識上，始可進論清代新義理學之突破前人理論。

故上論焦循所說「舍利不言，不可以治天下」，其所謂「利」，是指未被理學賦予追求正當性的「利己」之私利；清代新義理學之突破，正是在理學所認爲要除滅的私、利、欲中，復就其「是否害義？」另外區別出一塊「求利而不害義」的合法區塊。戴震所言，人莫不欲「備其休嘉者也」，亦是針對超出自然材質、基本生養以外，但是既無害無他人、也無妨於公義，則在此範圍內，人莫不欲進求現實生活之富貴利達而言。是故當希冀生活美好的期望並不需要以「害義」爲必要條件時，義利不必然存在排他性，不必然如程朱所言「欲利於己，必害於人。」（《論語集註．里仁》，朱熹引述）苟能義利同趨，則義利是爲和諧一致之關係。因此清代新義理學肯定「不害義」之「私利」，並賦予個人追求合理私欲的合法性；而如何使義利同趨？才是清儒認爲道德學應該努力的課題與方向。

身為揚州學派對戴震義理最大繼承者的焦循，他繼戴震之「通情遂欲」主張後，亦以「我情」為出發，並強調絜矩他人之情的「旁通其情」，致力推闡「利不利即義不義」的「義利合趨」思想。而由我情「旁通」他人之情——如戴震之言「一人遂其生，推之而與天下共遂其生，仁也。」（《孟子字義疏證‧仁義禮智一》）便是從個人自然人情好生惡死的「欲遂其生」，提昇到超越自然生命的「亦遂人之生」之「仁」的層次了（《孟子字義疏證‧理十》），此也即焦循所言能在現實得利的「即利即義」、「義利合趨」之德性行為。故焦循注孟子言「天下之言性也，則故而已矣。故者以利為本」，亦論曰：

〈繫辭傳〉云「感而遂通天下之故。」又云「是以明於天之道，而察於民之故。」……通者，通其故之利也。察者，察其故之利也。明者，明其故之利也。……明人之所以異於禽獸者，在此利不利之間。　——〈天下之言性也，則故而已矣〉，《孟子正義》

焦循強調人之智性所要感通、明察並變通實踐的，就是現實之「利」；從天道到一切人事現象，皆莫不以「利」為目標，是以人之為靈，就在人能「趨利變通」。因此他對《易‧文言》之言「利者，義之和」，便強調以「利不利？」做為行為「宜不宜？」的判準。則於此，義利同趨是很顯然的。繼焦循之後，同為揚州學者的劉寶楠，其《論語正義》也與焦循所論若合一轍。劉寶楠亦曰：「君子明於義利，當趨而趨，當避而避。其趨者，利也，即義也；其避者，不利也，即不義也。」若此皆與朱熹「理欲對立」下的「義者，天理之所宜；利者，人情之所欲」（《論語集註‧里仁》），淵壤而別。故焦循等清儒就是以義利同趨、求利而不害義的「即利即義」和「趨利故義」等主張，扭轉了儒學兩千年來「嚴辨義利」的思想基調及義利緊張對立的關係；至此，「兼重義利」成爲清人的新價值選擇，並爲清代新義理學之重要表徵。

但是儘管清儒肯定甘食美服、富貴利達等利己追求，並不意味清儒放縱情欲；事實上，屬於「失理」層次的求利害義等「欲之失」，正是清代新義理學立論之重心所在，亦其工夫論所要努力防檢的課題。是以在肯定求利正當性後，他們又進一步處理「如何義利合一？」的問題。而利欲要具備正當性與合法性的大前提，是「不害義」，所以譬如戴震，便在「尊情」之「未有情不得而理得」之外，又強調在血氣、心知、情欲等自然人性中還必須加以「去蔽」與「去私」的工夫涵養——惟戴震之謂「去私」，專指導致失德害義的偏私而言，如溺、黨、慝、悖、欺等，所謂「私也者，生於其心曰溺，發於政爲黨，成於行爲慝，見於事爲悖、爲欺。」（《原善》）而並非對利己、私利之否定，此亦須加以辨明者——因此針對種種不當行爲，譬如欲遂其生，卻「至於戕人之生而不顧」之「欲之失」，則正是戴震等清代新義理學家所要對治的課題；因此戴震主張「以情絜情」，以避免不自覺的「意見爲理」之陷溺。至於焦循，則他亦突破性地提出了「能推，則欲由欲寡」的思想主張。

焦循的工夫論重心，主要在「絜矩」之道之「能推」精神，此亦其推闡易道「六爻發揮旁通情」之精神，故他強調道德實踐、其要亦在能「推」諸他人的「情之旁通」。焦循將被理學視如洪水猛獸、避之惟恐不及的「人欲」，轉換角色成爲道德實踐所不可或缺的基礎；《雕菰集》中他嘗以「人有玉而吾愛之」爲例，說明「若推夫人之愛玉，亦如己之愛玉，則攘奪之心息矣。」（〈格物解三〉）他說惟有以「人欲」做爲感通人我的基礎，「知己有所欲，人亦各有所欲」（〈一以貫之解〉），才能在感知他人之情亦如我之情下，不奪乎人之情，而己欲可窒。此亦其《易通釋》所論：「有以通人之情，則有以窒己之欲。」「性與情孚，而有以窒其欲，則情不失乎正而情善。」故他批判理學「去欲」主張，認爲眞除滅己欲者、其不能感通天下之情，固可知矣！其曰：「知有己之性，不知有人之欲，情不通而欲窮矣。」（上詳《易通釋．性情才》）是故以我之情、通乎他人之情，以我好利之心、通乎他人好利之心，然後其「義」可得。焦循之論曰：

> 格物者何？絜矩也。……何爲通？反乎己以求之也。己所不欲，勿施於人，則足以格人之所惡；己欲立而立人，己欲達而達人，則足以格人之所好。
>
> 以我之所欲所惡，推之於彼，彼亦必以彼之所欲所惡，推之於我；各行其恕，自相讓而不相爭，相愛而不相害，平天下所以在絜矩之道也。
>
> ——〈格物解〉一、二

焦循強調絜矩之道須有「人欲」之共通基礎，個人才能感同身受，而願意及物潤物地推擴德性行爲，故他突出人我共通的自然人情——「人欲」，強調「舍欲，則不可以感通乎人。惟本乎欲以爲感通之具，而欲乃可窒。」（〈格物解〉）對焦循而言，工夫論的重心在於「能推」之「旁通情」，而不在「去欲」；於是乎理學「天理／人欲」對立下的「去人欲」主張，遂被焦循以突出「能推」的「欲由欲寡」理論顚覆了——惟有從己欲出發，在顧念「人亦各有所欲」下，己欲可窒。是以焦循正是以「旁通情」的絜矩之道，取代理學重視內省的「逆覺體證」、「默坐澄心」等「主靜」工夫論；並將理學突出心性之學的「內向存養」之道，轉化成爲重視社會聯繫的「成己成物」之學。是故理學側重內向思辨、良知證悟的「形上學」模式，到了焦循等清儒，就被改換頭面成爲必須以客觀途徑落實於現象界的經驗踐履了。

在過去長時期儒教影響下，儒者對於被視爲一體聯繫的私、利、欲等「利己」思想，不但諱莫如深、也消極被動，早已養成安貧而知足認命的價值觀了。從孔子的「義利之辨」、孟子的「何必曰利？」董仲舒的「正其誼不謀其利」，到象山的「名利如錦覆陷阱，使人貪而墮其中」，再到陽明的「功利之毒淪浹於人之心髓。」「良知只在聲色貨利上用功」（《象山語錄，陽明傳習錄》），固然他們主要是強調人之純粹存心——傳統儒學認爲求天下大利之心應該純粹，須是認爲義之所在，而不是以功利來衡量道德價值，更不是出自功利心所驅使；但畢竟在工夫修爲上，皆要求以「天理之公」壓抑「人欲之私」，表現出「崇公抑私」、「求利害道」、「貴義賤利」之保守傾向。然而隨著明清社會價值轉型、情欲覺醒等思想基調轉換，清儒在私、利、欲中復區別出一個「不害義」的層次，「利」終被賦予追求正當性了。於是「求利而不害道」、「兼重義利」等社會新價值蔚爲趨勢：從顏元《四書正誤》的「正其誼以謀其利，明其道而計其功。」顧炎武「天下之人各懷其家，各私其子，其常情也。」陳確「爲學亦當治生」、「治生尤切於讀書」，到焦循《孟子正義》的「利不利即義不義。」劉寶楠《論語正義》的「人未有知其不利而爲之，則亦豈有知其利，而避之弗爲哉？」（《四書正誤》、《亭林文集·郡縣論五》、《陳確集·學者以治生爲本論》、《孟子正義·天下之言性也則故而已矣》、《論語正義》）則推闡「利者，義之和」的「趨利故義」、「即利即義」等新價值觀，已逐漸蔚爲共識，並銜接後來深受西學影響、堪稱晚清現代化代表的嚴復之「善功」思想——「義利合，民樂從善。」（《原富》按語）於是自後要求利己又利群，在「求利」同時也能兼及正誼明道，以使功利、道義並行不悖的「義利合一」思想和「善功」追求，遂取代長期來「求利害義」的「恥言利」舊傳統了。

故19世紀後期儒學從「存公滅私」、「存理滅欲」的傳統價值，轉進崇尚個人主義、自由主義之尊重「私領域」的現代化思維，居間折衝傳統與現代化思想的，正是乾嘉新義理學；儘管囿於時代思想高度，乾嘉學者並未觸及區別公、私領域的現代化觀念，但其所賦予「不害義」的「利己」等私利合法性，是爲國人價值轉型的重要先行理論。是故嚴復即自區別「涉己／涉人」的角度，倡論「使所行之事，利害無涉於他人，則不必謀於其群；而其權亦非其群所得與。」他主張如果其欲利只關乎一己、無涉於人且無害於物，那麼「凡其人所喜好嗜欲與其所追趨而勤求者，內省其才、外制爲行，禍福榮辱彼自當之，此亦非他人所得與也。」（譯《群己權界論》按語）他強調在私領域內，個人量力而爲的嗜欲好尚與自我追求，應該被肯定並獲得尊重。所論正是銜接居間轉換理學「道德形上學」與現代化思維之價值型態的乾嘉新思想典範而來。

3.「趨時行權」的時行之道

焦循的哲學思想深受易理之「變通」觀影響，而就其落實成爲道德實踐的指導思想言，最顯然的，就是焦循主張「行權」的實踐觀。所謂「權」，可以分從動詞和形容詞的角度理解如下：做爲動詞使用者，主要凸顯道德主體能行「道德判斷」之「能思」作用，如權衡事理；做爲形容詞，則指其爲「反經」或「遭變用權」之特殊狀況，以言其所行雖然不合常道、但卻是兩害相權取其輕的做法，故雖「反經」而「經正」。焦循哲學則因持論「能知故善」，突出「智性」之主體能動性，故所論兼有人能權衡事理之「能思」，以及「趨利變通」、「通權達變」之「用權」二義。

道德實踐有時不免出現「理念／現實」衝突的兩難處境，例如《孟子》載，有人問屋廬子「禮與食孰重？」並難之以「以禮食，則飢而死；不以禮食，則得食，必以禮乎？」孟子則反問以「紾兄之臂而奪之食，……則將紾之乎？」該難題雖在孟子點出不應「取食之重者與禮之輕者，而比之」之後，順利解除了困境，但同時也顯示了要在現實中完成道德實踐殊非易事。此例之外，儒學論道德實踐兩難處境的例子尚多，其中有些理念必須堅持到底，但也有些必須向現實妥協而被放棄。譬如《論語》載葉公語孔子「吾黨有直躬者，其父攘羊，而子證之。」孔子說：「吾黨之直者異於是。父爲子隱，子爲父隱，直在其中矣！」又如《孟子》亦載一假設性問題：桃應問「舜爲天子，皋陶爲士，瞽瞍殺人，則如之何？」孟子曰「舜視棄天下，猶棄敝蹝也。竊負而逃，遵海濱而處，終身訢然，樂而忘天下。」例中孔、孟都強調禮先法後、德主刑輔，因此在堅持孝道原則下，兩難處境中的法律公平性被妥協於現實地放棄了。可見道德實踐在難以兩全的特殊情況下，確實需要智性判斷，以通權達變。

清代新義理學家繼理學之後，在義理學發展趨向上，持「以利爲善」立場地要求「善」之客觀實踐與「利」之落實實現；他們以能成就事功的踐履結果——「終善」強調，取代理學雖有良善動機而未必能夠落實的「始善」，譬如戴震論「善」而曰：「乃要其後，非原其先」、「乃語其至，非原其本。」嚴復亦謂：「趙宋之道學、朱明之氣節，皆有善志，而無善功。」（譯《法意》，按語）便頗有對理學「復初」說之反命題意味。故清代新義理學家對於道德的兩難思考，無疑地在經驗層面、善的客觀事實上，投注了更多關注，繼戴震《孟子字義疏證》之批判宋儒「執理無權」極有可能落入「自信之理，非理也」、「以意見爲理」之陷阱後；焦循亦自「趨利故義」角度，強調「趨時行權」、「以權用法」等現實得利的道德實踐原則。晚清嚴復也論以「人莫切於自爲謀，而各有其所當之時、位；是以故訓成規有合不合者，凡此必聽其自擇，而斷非他人所能旁貸者也。」（譯《群己權界論》，按語）皆是強調道德實踐必須聽由個人自行權衡「其所當之時、位」之客觀條件，並「自爲謀」地「自擇」之，他人不得妄加置喙。

故焦循在挺立主體之「智性」判斷與「通權達變」的「行權」強調下，嘗以「權」之「反於經然後有善者也」（《雕菰集·説權三》），以論《論語》之「無適也、無莫也，義之與比。」以及《孟子》言「大人者，言不必信，行不必果，惟義所在。」他強調行爲之「宜」必須落在現實經驗、客觀條件上加以檢驗，這樣一來確有可能出現所行與「理」相悖之「不信不果」、但卻「合義」的判斷，此即「反經以合道。」（《雕菰集·説權八》）亦所謂「大人之行，行其重者。」（《孟子正義》）焦循又借《論語·子罕》之「可與共學，未可與適道；可與適道，未可與立；可與立，未可與權。」以說「學未至於權，未善也。」（〈説權五〉）他以「行權」爲道德實踐中之尤難者也，蓋人之立身處世，從學道、自立、再到行權，可見「權」之爲用，大矣哉！「權」者乃關乎「常道／變道」之變通爲用，故焦循謂「經」者雖可以爲「法」，但「法久不變，則弊生，故反其法以通之。不變則不善，故反而後有善；不變則道不順，故反而後至於大順。」是以「反經所以爲權也。」（〈説權〉）以此，焦循亟稱美孔子之「無可、無不可，聖人之權也。」所謂「無可、無不可」並非依違道德的鄉愿；而是「毋必、毋固」地心中不預執定見，凡事但依現實條件而爲最有利、即「義者，宜也」之判斷，因此雖然遭變而用權，卻「反乎經而不枉乎道。」（〈説權六〉）故焦循即以「趨時行權」爲其道德實踐之最高指導思想。而焦循所倚爲指導原則的「行權」實踐觀，也頗有卦爻示人以吉凶、人則應之以「趨吉避凶」之易道色彩。

不過焦循雖然強調行權，卻並非漫無限制或原則；「權」固然是變通法則，但是其於道德是非之價値判斷、即其所依據之「理」，必須以「義」爲斷。故焦循又引《公羊傳》「行權有道，自貶損以行權，不害人以行權」（《孟子正義》），以論「權」雖然「反經」，但必須「不枉乎道。」故清代新義理學和理學精神不同，主要係就立教之大本而言——理學凸顯價值之形上面與超越性，堅持天命性理之普遍性，強調道德價值超越現實事功，涵道德養必須「培壅本根，正本清源」（《晦庵集．答陳同甫第四書》），故以「內聖」修身爲關懷重心；清代新義理學則凸顯實踐理性，著眼於形而下經驗落實的踐履結果，希望突出禮教「制禮緣情」的現實精神，落實在經驗事實上以言「理」，故以「外王」事功爲所強調。亦即兩者建構理論的側重面有所不同，而並非清儒在道德操守或對道德尺度上有所鬆動。

再回到焦循之論「權」，其曰：「權也者，變而通之之謂也。」「權而後經正。」「隨物之輕重以轉移之，得其平而止。」（〈說權一、四〉）在不斷變化的事象中，他認爲沒有一種法的標準能一成不變，也沒有任何一種法是放諸四海皆準的，惟「趨時」爲能得利。「趨時」者，亦如「裘葛袷皆藏之於篋」，至於用冬裘或夏葛？則「各依時而用之。」因此惟有聰明睿智者能做到「時行」之「審其時之所宜而損之益之，以成一代之典章度數；而所以維持此典章度數者，猶必時時變化之。」如此才能「通其變，使民不倦；神而化之，使民宜之。」（〈攻乎異端解下〉、〈群經補疏自序——禮記鄭氏注〉）此中焦循所強調隨時損益、神而化之的「時行」之道，正是他從易道到人生哲學所一以貫之者。易之爲道，參伍錯綜而皆能條貫，一義之立，必能貫串全易，故焦循不但以「比例其義」的方法論說易，又撰爲《易通釋》以疏釋全易重要概念；不過易道儘管錯綜變化，要皆以「變通得利」爲變化之目的，此是全易之核心宗旨及立義。是以焦循就是發揮易之「變而通之，以歸乎元亨利貞」宗旨，以論哲學範疇「仁義」之由「情之旁通」與「變而之乎宜」——「能變通」而來。其曰：

> 循按：易首元亨利貞，次則吉凶悔吝。傳云「吉凶者，失得之象也。」……蓋人性皆善，失可變而爲得；始雖凶，一經悔吝，凶仍化而爲吉。《易》之爲書也，聖人教人遷善改過，故吉多於凶，悔吝亦吉也。
>
> 惟明乎元亨利貞，而後明乎悔吝。悔吝者不能元亨利貞，而變而通之以歸乎元亨利貞者也；能悔吝，則不致有大過，故〈震〉无咎者，存乎悔。悔吝者，言乎其小疵也。
>
> ——《易通釋．吉凶》

焦循嫻熟於卦爻「迭用柔剛」，以及「失可變而爲得」、「凶仍化而爲吉」之變動不已；深明變動的關鍵，正在能「悔吝」——「能悔吝，則不致有大過。」所以焦循《易通釋》即以「悔吝」之變通改過以說「吉凶」；而此亦是焦循要求在經驗行爲上落實「遷善改過」的道德實踐原則。蓋能悔吝改過，即不致偏離善道；故易道之「遷善改過」，即是內在焦循哲學的核心概念。因此焦循從易學到道德學的中心意識，都主要在於突出「趨利變通」的變而通之、變通得利等「旁通」與「改過」要求。

緣自強調「能變通」的中心意識，焦循對於「執一」之不知變通，自是亟加反對。其《易通釋》論「得喪」亦自「變通」角度，以論「徒守所已得而不知變通，則不能日新，而其道窮；向之所得者幾何，仍歸於无得而已。」（《易通釋．得喪存亡》）他說如果不知變通，則雖得之、終將喪之。故他對於易道之「窮則變，變則通，通則久」，即自「未有不變通而能久者也」、「亦未有久而不變化者也」的變化、變通角度看待。所以他對《論語》孔子言「吾道一以貫之」，也提出了截然不同他人的看法；他反對「事事欲出乎己」之「執一」，他批評何晏顛倒《易傳》之言「天下同歸而殊途，一致而百慮」，反以「殊途而同歸，百慮而一致」以說「一以貫之」，以及韓康伯注《易》而曰：「少則得，多則惑。塗雖殊，其歸則同；慮雖百，其致不二。苟識其要，不在博求；一以貫之，不慮而盡矣。」焦循借言孟子曰「物之不齊，物之情也」，以論：「不得以己之性情，例諸天下之性情」，「不得執己之所習所學所知所能，例諸天下之所習所學所知所能。」並說：「己所不知，人豈舍諸？」聖人亦有其所不知不能，而人知之能之者。因此他主張「克己無我」──「無我則有容天下之量。」而能夠舍己從善，也就是易之「遷善改過」之教，亦焦循所強調的「旁通」、「變通」了。

故焦循批判「執一」並非「一貫」，反將落入「執一而不博」之困境，他並指出「執一」係出莊子引述「通其一而萬事畢」之言；至於孔子之謂子貢「女以予爲多學而識之者與？」曰「然。非與？」曰「非也。吾一以貫之。」究應做何詮解？則焦循證諸曾子論「一貫」曰「忠恕而已矣！」又舉孔子曰「舜其大知也與！」以及孟子說舜之「善與人同，舍己從人，樂取於人以爲善。」所以他說：「舜於天下之善，無不從之，是眞『一以貫之』。」他正是以「舍己克己，善與人同」的角度，以說舜之「大知」；並以舍己從善之「一心而容萬善」、「能通天下之志」，以釋所謂「一貫」之道，因爲「貫則不執矣，執則不貫矣。」因此焦循亟言不可誤以「執一」爲「一貫」；惟能「舍己以從人，於是集千萬人之知，以成吾一人之知，此『一以貫之』。」反之，「不多學，則蔽於一曲。」故焦循言「孔子非不多學而識；多學而識，不足以盡。」他說孔子當然「多學而識」，只是「多學而識」尙不足以盡發孔子所蘊；孔子乃「多學」而又「一以貫之」者──「多識於己，而又思以通之於人，此忠恕也，此一貫之學也。」（以上詳〈一以貫之解〉）焦循認爲孔子正是在「多學而識」之外，復能以「忠恕」之絜矩爲出發，「通之於人」地舍己以從善；猶乎孔子自言其以「忠恕」爲其「一貫」之做法，故「忠恕」才是孔子所憑藉的「一以貫之」內容，是孔子通往道德境界的方法論。所以焦循釋「一以貫之」，是在突出「忠恕」絜矩之道下，主張人各依「智性」判斷，舍己從善地因時制宜；而不是針對德性內容從事具體之標準訂定，故絕不能有「同歸」的「一致」要求。

以「變通」之義落實於道德實踐上，具體言之，就是現實界經驗行爲之能「行權」，使「變化之道，出於時行。」（〈易圖略自序〉）他對《中庸》之以「庸」名書者，亦釋之以「非變通不可以趣時。」「非變通不可以利用。」（〈說權四〉）因此強調趨時、變通的「行權」，就是焦循學說的處世之道；他強調現實世界補偏救弊之法，在於「以權用法，猶因病用藥。」他復將「權」區別爲王者、霸者、君子、小人之權——「王者以權平天下，霸者以權富其國，君子以權修身，小人以權詐人。」（〈說權八〉）他說「小人之權宜隱，君子之權不可離。」並認爲孟子所批評「爲機變之巧者」，即針對「小人之權」而言，此爲應當克去者；至於「君子之權」，則是具正面價値與道德作用之通於時變、變而之於宜，故云「權然後知輕重，非權則不知所立之是非。」（〈說權六〉）要皆以實現現實之利爲道德目標。故焦循又言「法不能無弊，有權則法無弊。……法無良，當其時則良。」（〈說權一〉）就歷史軌跡而言，凡一切斟酌損益之變化運用，譬如政治上之以寬濟猛、以猛濟寬、文質嬗遞等，皆爲「行權」之運用。故《論語》亦謂仁、知、信、直、勇、剛、恭、愼、……等美德倘使少了「禮時爲大」的「禮」之權衡，或少了「學」之度量裁成，將會產生愚、蕩、賊、勞、葸、亂、絞……等種種德之弊；而聖人教人，亦採「兼人則退之，退則進之」之權量；王者化俗，則採「國奢示之以儉，國儉示之以禮。」故惟其能行權達變、損益互濟者，始能在現實中得利。是以對於孔子言「五十以學《易》，可以無大過」，焦循亦論以「學《易》何以無大過？以其能變通也。」而荀子之言「人無動而不可不與權俱」，更是焦循主張「聖人以權運世，君子以權治身」之最佳註腳（〈說權八〉）。因此在焦循的理論系統中，他正是以落實易道現實精神的「以權用法」，做爲從天子至於庶人，從聖王以「權」治天下、可運諸掌上，到個人立身處世之不二法門。

變通既是一種從「人」到「法」都適用的通則，則學術發展自亦不能外此，故焦循對「學」也提出了「執兩用中」的看法。焦循所處乾嘉學風頗標舉考據方法論，但是就一種學風言，當形成獨尊地位以後，其發展便亦往往執一而偏，清學繼理學之後主盟學壇，變理學之形上思辨爲徵實務博之「崇實黜虛」；不過誠如《四庫提要》所批評：「其弊也瑣」，於時確有諸多學者出現罕言義理的「物而不化」缺失。故焦循論曰：

> 國初，經學萌芽，以漸而大備。近時數十年來，江南千餘里中，雖幼學鄙儒，無不知有許鄭者，所患習爲虛聲，不能深造而有得。蓋古學未興，道在存其學；古學大興，道在求其通。前之弊，患乎不學；後之弊，患乎不思。證之以實，而運之於虛，庶幾學經之道也。
>
> ——〈與劉端臨教諭書〉

焦循說古學未興之際，確如清儒譏評明儒末流的「束書不觀，游談無根」，清學有「存古學」之功；但是當古學大興以後，則清儒亦復出現「學而不思」的學術流弊了，可見任何一種「執一」的態度與發展趨向，都不能免於流弊發生。是故焦循主張清學應在名物度數之博證——「證之以實」外，復進求「運之於虛」之通核全經，以求取隱微經義，因此他主張以「考據不廢義理」之「學思並重」，補救考據學風之流於襞績補苴。此亦焦循對「通於時變」的「審其時之所宜，而損之、益之」之理論落實運用。

三、結語

總論清代新義理學最主要的學術宗旨：建構「非形上學」而強調道德主體具有道德創造性的思想體系，是其所異於理學處；然而學界一向頗以「性善／性惡」區別發揚孟子精神的理學和清代新義理學——此實爲一大誤解。清代新義理學之自然人性論，雖然承認性中涵有自然材質的血氣情欲等；但是其所持理義內具的「性善」立場，卻迥非荀子認爲善由外鑠的「性惡」路數，故有戴震《孟子字義疏證》之作、且以孟子解人自居。蓋清代新義理學雖然以其肯定「義利合一」之利欲追求，而與主張「存理滅欲」之理學異趨；但因其認同性中內涵理義、價值根源內在心中，是以儘管和理學的形上途轍立異、而突出形下經驗進路，然其所意欲建構者，仍是凸顯道德主體具有道德創造性的思想系統，因此清代新義理學既有別於理學，亦復殊異於荀子。而清代新義理學和理學的最大不同，顯然在其義理模式之「形下／形上」殊異以及涵養工夫之「客觀事爲／內向存養」進路殊異；不在理義內具之「性善」立場——此爲雙方所共有之同一立場。

乾嘉新義理學家中，戴震、淩廷堪是由禮學以進論道德學者，焦循則由易學以進論道德，他們都以翔實博證的考據學爲基礎，綰合精微的理性思考，並皆爲「乾嘉新義理學」之代表性學者。在他們結合考據與義理爲一體的學風中，同時呈現了學術史上清儒特具的方法論成就和轉趨經驗視域的義理學轉型。焦循所建構的「能知故善」、「趨利變通」等代表性命題，強調人能「旁通」與「變通」的「智性」，正是其能具備主體能動性的關鍵所在；而焦循之道德思想亦與其易學思想同一取徑，故焦循論「善」，皆指實落在經驗領域內的現實之利。其道德觀是一種「以利爲善」且具「崇智」傾向的主張；其所突出的智性，兼涵理念層次「能知變通」之道德判斷、行爲層次「趨時行權」之道德實踐，是綰合德理與經驗踐履爲一的「知行合一」，惟其如此，道德實踐始有「變而之乎宜」的可能。是故乾嘉新義理學肯定「義利合一」的「利己」思想以及正視情欲的新義理觀，爲傳統儒學注入了新生命與活力；其做爲新義理學內在條件的「求利而不害義」思想，在儒學現代化轉型進程中，更擔綱銜接傳統與現代過渡思想的角色，是爲清儒在儒學史上突破前人思維之理論創新處。

拾伍

乾嘉學術中堅的揚州學派(三)：阮元的經學之功暨仁學重建

在乾嘉學術中，和吳派、皖派鼎足而立的揚州學派，除了被時人目爲「通儒」的易學名家焦循以外，和他具有姻親關係的阮元，也以經學名臣的顯宦身分從事於文化推動，而廣受學界稱譽；並且由戴震集大成的乾嘉新義理學，就是在揚州學派獲得最大迴響與繼承發揚的。通過考察揚州學派與乾嘉學術的共同學風、卻未必是當時的普遍學風，可知揚州學派和乾嘉學術有其密切聯繫，不論在經學考據、或義理學，揚州學派都是乾嘉學術的傑出表現，是爲乾嘉學術的後勁；阮元則在這兩個範疇都有建樹——於其名物典制、考證、校勘、訓詁學理論補充等，可見揚州學派共同學風；於其新義理觀，可見揚州學派是清代極少數能繼承戴震新義理學者；而於其所特具、對於乾嘉經學的文獻之功，尤見歷史文化意義，能保存並彰顯清代經學的輝煌成就。故以下以阮元做爲觀察線索，通過考察阮元學術，能夠具現揚州學派的博通、創新精神，也能窺見揚州學派之爲乾嘉學術後勁。

阮元，江蘇儀徵人，但他實際上定居在揚州郡城九龍岡，他和家住黃玨橋而專擅《易》學、著有《雕菰樓易學三書》的族姐夫焦循，僅一湖之隔，兩人自幼便是同學，經常往來湖中，同爲揚州學派重要人物、且同爲新義理學的發揚者。阮元生於乾隆二十九年，卒於道光二十九年，歷仕乾隆、嘉慶、道光三朝，正當清朝世運變遷之際，《清史稿》稱其「主持風會數十年，海內學者奉爲山斗焉！」錢穆《中國近三百年學術史》亦盛推爲「領袖一世」的「清代經學名臣最後一重鎮。」近世學者並論以「乾嘉上下百年的考據學潮流，出而從正面加以理論指導的，前爲戴震、後爲阮元。」（王茂等《清代哲學》）阮元從二十六歲登進士第、次年授翰林院編修起，到道光十八年以體仁閣大學士致仕，綜計在官五十年，是儒學史上極難得的、集封疆大吏與學術成就於一身的經學名臣。晚節自重，著述以終。

阮元一生清廉勤政，所到皆有惠聲；但不同於一般顯吏的是，他在服官之餘更不廢學術，其被稱爲乾嘉學術最後強有力的殿軍，洵非虛譽。他曾歷任山東、浙江學政以及兵部、禮部、戶部等侍郎，浙江、江西、河南三省巡撫和湖廣、兩廣、雲貴等總督以及國史館總裁、太子太傅、體仁閣大學士等要職，恩寵至極；然而他著述宏富，編撰書籍不計其數。在表章學術方面，他所編刻而爲世盛稱的曠世要籍，主要有：主持大規模詳細校勘且重刻宋本的《十三經注疏》並附《校勘記》，阮刻迄今仍爲最佳版本；他又輯刻清代學術精華總匯之《皇清經解》；還主持編纂集傳注大成、規模極宏大的古漢語訓詁資料總匯：《經籍纂詁》，至今仍是古漢語詞義訓詁及辭書類重要的工具書。阮元幾乎輯刻了我國所有重要經學成就及訓詁工具書的文獻鉅編，澤溉後學，功在不滅。此外，他還刻印了由他輯佚並親自讎校的《太平御覽》，曰「存《御覽》一書即存秦、漢以來佚書千餘種矣！洵宇宙間不可少之古籍也。」（〈重刻宋本《太平御覽》敘〉）他又編刻我國第一部天文數學及科技史的《疇人傳》，輯錄我國天算家243人、附西人37，共280人，和戴震所輯之《算經十書》，共同爲我國古代天算史奠定了資料基礎；他並重視地方方志與文物，纂有《廣東通志》、《雲南通志》和徵存時人詩文的《兩浙輶軒錄》、《淮海英靈集》等；他復看重「證經辨史」、「補經傳所未備」的金石學，曾編纂《山左金石志》、《兩浙金石志》、《積古齋鐘鼎彝器款識》等，身邊經常圍繞著一批沉迷碑石版刻、鐘鼎彝器的「石醉金迷」朋友；他還選刻《文選樓叢書》，集揚州

「文選樓」古書善本三十二種。再者，他曾主持增補《四庫全書》所闕遺、宋元以前圖籍之《四庫未收書目提要》百七十五種，奏進後，仁宗皇帝收藏於養心殿並賜名《宛委別藏》，同時編入《揅經室外集》中。阮元所致力輯刻的圖籍之多，歷來罕有過之者，他曾自述「役志在書史，刻書卷三千。」（《揅經室續集・和香山知非篇》）誠非虛言！

至於阮元之學，則他在「封疆九省，揚歷中外」的仕宦生涯外，仍學兼多方地兼擅輯佚、校勘、考據、義理等專門之學。除揅經外，他並兼通史、文、哲、曆算、金石、譜牒、輿地、文字、音韻、訓詁等涵蓋面向極廣的各學，撰有《十三經注疏校勘記》、《國史儒林傳稿》、《三家詩補遺》、《考工記車制圖解》、《曾子注釋》、《詩書古訓》、《小滄浪筆談》以及詩文雜著《揅經室集》……等。阮元之有功學術，還有值得一書的：他亟好獎掖人才，受他資助刊印著作的，包括焦循、淩廷堪、汪中、錢大昕、錢塘、劉台拱、孔廣森、張惠言等各家遺作；他又致力於興建書院以教育後進，曾建「詁經精舍」於杭州西湖白沙堤、「安瀾書院」於海寧、「學海堂」及「三水行台書院」於廣州，皆當時國內重要書院，一時學者多出其中，孫星衍有〈詁經精舍題名碑記〉記其事。阮元所領導的揚州學風及教學理念，譬如「詁經精舍」之提倡經學、實學等精神，亦因此流傳而影響及廣東、湖南等地學堂，既孕育了近代思想改革，也成爲晚清維新思想之傳播重鎮，影響可謂深遠。

一、從「經學復盛」到經部文獻之整理與保存——纂輯《皇清經解》、編刻《十三經注疏》及《校勘記》

清代是我國經學復盛的時代——在儒學漫長的演進歷程中，《五經》傳統與《四書》傳統是各領時代風騷的兩大脈絡；在宋明清近千年的學術發展中，緊接著宋明理學後的清學，就是以回歸經學傳統宣示其於儒學統緒之繼承。是故清代學術最重要的特徵，就是回歸《五經》傳統，並以此樹異於宋明理學所側重的《四書》傳統。

考據學對理學的學術典範取代，是在清初到乾嘉的形上學式微背景下，逐漸完成新舊典範交替的。此時儒者的關心議題，已經抽離程朱、陸王對立下的認識論或工夫論探討，轉趨經學主軸下、對詮釋經典所依賴的考據基礎關注，如名物度數、音韻訓詁等。在轉變歷程中，首先揭櫫「漢學」典範並標舉「漢學解經」進路的惠棟，以及建立起「由詞通道」訓詁學方法論的戴震，皆關鍵性代表人物。此外，清廷也從康熙敕纂《朱子全書》、《性理精義》，極力「尊朱」的理學興趣，逐漸轉移到乾隆之好尚經術——高宗在乾隆元年即位初即諭開「三禮館」，命儒臣纂修《三禮義疏》；乾隆15年開「經學特科」，薦舉經術之士；[1]乾隆38年又開「四庫館」，儼然爲漢學家大本營。並且高宗在乾隆中葉後也一改早年的推闡朱學態度，多次對於《中庸章句》、《朱子語類》以及朱子說法等提出異議和辯駁。清廷由「尊理學→尊經學」的官方意識形態變遷，對乾嘉經學興盛也有推波之功。

自從惠棟等樹立「尊漢抑宋」旗幟並重回經學傳統以來，清儒開始對《五經正義》之魏晉以降群經義疏以及《十三經注疏》展開全面檢覈。乾隆到嘉道間，有諸多儒者在「漢學」典範下、從事於輯存漢儒「古義」並據以解經，並有直祧兩漢經師、或可以稱爲「十三經新注」的群經新疏出現。譬如邵晉涵《爾雅正義》、孫星衍《尚書今古

1　康熙雖也重視經學，也曾重修諸經，如御纂《易經解義》、《書經解義》等；但大抵未脫胡廣《五經大全》底色，康熙朝的學術好尚主要是提倡理學、崇獎朱學。高宗時雖亦曾舉「博學鴻詞」科，但虛應故事而已，意義不大，不若康熙17年舉「博學鴻詞」科，雖然大儒如顧炎武、黃宗羲、李顒等皆堅辭不出，但所舉而授以《明史》編修的朱彝尊、汪琬、潘耒、施閏章、湯斌、毛奇齡等則確然相應於博學鴻儒之稱；反倒是乾隆15年所開「經學特科」，顯然具有呈現清初學術風趨之意義。

文注疏》、焦循《孟子正義》、郝懿行《爾雅義疏》、劉寶楠《論語正義》……等，故梁啓超稱清學最有功經學者，在於「諸經殆皆有新疏。」學者張素卿亦以「從『古義』到『新疏』」稱此脈絡，是爲清代經學之復盛——而清儒此一重要經學成就，就是藉阮元纂輯《皇清經解》加以保存的。並且阮元之有功儒家經部文獻，不僅對於清代經學成果之輯存；對薈萃歷代經學成就的《十三經注疏》，他也重加整理並刊刻，且撰爲《十三經注疏校勘記》。所以就我國整體經學言，阮元既有保存舊文獻之功，也以新編叢書的高度肯定清代經學成果，使我國經學成就得以通過《十三經注疏》→《通志堂經解》、《經義考》、《四庫全書》經部要籍→《皇清經解》、《皇清經解續編》，而獲得全面保存。

以下即依阮元的舊文獻之功和新編清代經學叢書，以爲敘述脈絡：

我國經學匯刻本始於後唐長興三年（931）之《九經》印版；逮及兩宋，刻本漸多，存世以南宋所刻、附有釋音注疏的十行本《十三經》最古；其後明嘉靖有用十行本重刻之「閩版」，萬曆間又有用閩本重刻之「監版」，崇禎時也有用監本重刻之汲古閣「毛氏版」；清則書坊通行惟汲古閣毛本，然輾轉翻刻，訛謬百出，且多漫漶不可識讀，雖經後人重修，又滋更多訛舛。是以阮元之前，清儒已有陸續從事於諸經之考校注釋者，譬如惠棟《周易述》、戴震《毛鄭詩考證》、段玉裁《周禮漢讀考》、盧文弨《儀禮詳校》和《群書拾補》……等，然尚未有總匯《十三經注疏》之校刻本。至於阮元則家藏有宋十行本，只缺《儀禮》和《爾雅》，但有北宋所刻賈公彥、邢昺單疏本，此二經更在十行本以前；因此阮元早年即立志匯校群經，並依宋十行本和單疏本，從事於「校理注疏，綜核經義」，只是尚未成書。其後阮元出任外省，又聚得漢、唐、宋石刻以及各宋、元版本等，且得段玉裁、臧庸、顧廣圻等當世校勘名家襄助，於是更悉心精校、辨證訛誤，終於完成我國校勘學上極其重要的《十三經注疏校勘記》。阮元曾自述因慕唐陸德明「慮舊籍散失，撰《經典釋文》一書，凡漢晉以來各本之異同、師承之源委，莫不兼收並載。凡唐以前諸經舊本賴以不墜。」（〈恭進《十三經注疏校勘記》摺子〉）故他亦仿其意，而以「此我大清朝之《經典釋文》」自期。

除校勘學上撰有243卷之《十三經注疏校勘記》重要成就外，阮元於嘉慶20年任江西巡撫時，因感於毛本之朽，又以所藏宋本十一經並所購得可補藏本殘缺之諸經，復借校藏書家黃丕烈所藏單疏本二經，在南昌學堂重刻宋本《十三經注疏》，共460卷，並附錄《校勘記》於其後，歷19月刻成，宋本注疏終得以復行於世。阮元在〈江西校刻宋本《十三經注疏》書後〉，書及他對重刻宋本一事「慎之至也！」他說「刻書者最患以臆見改古書」，故對於即使明知宋版之誤字，亦不輕改，只加圈於誤字旁，別據《校勘記》擇說附載於卷末。不過刻版尚未完竣，阮元又已移撫河南，後來的校書者不如阮元精細，以致重刻本錯字仍多，甚至有監本、毛本不錯而今反錯者，對《校勘記》的去取也未盡善，阮元對此刻本仍不滿意，故道光6年江西書局又據學者校勘，修改其中訛誤而重新印版，自後該版即廣泛流傳，至今仍為學者治經所必備。

清代匯刻群經叢書，在阮元重刻《十三經注疏》之前，尚有康熙中葉署名納蘭性德、實由徐乾學編纂的《通志堂經解》之宋元經學匯編；該叢書係依經書類次輯錄宋元解經百四十餘種，雖亦間有漢唐和明人經注，但僅存一二，主要是宋元經學總匯。此外，康熙間還有朱彝尊纂輯的《經義考》，他遍考歷代經籍存亡佚闕，從目錄學的角度對清初經學史做了總結，凡參與校書者皆當時之經學名儒如惠棟等。再後來加以著錄歷代經部要籍的，便是博及群書、貫通古今的《四庫全書》；凡歷代經籍、包括迄於乾隆初葉的清儒經學著述，都兼容並蓄地包乎其中，是一部空前的通古經學叢書——故清學沿著《通志堂經解》、《經義考》所開闢的路徑，到乾隆時已是古學復興而經學昌明、大行於天下了，若此皆阮元匯編清代新經學叢書之基礎。因此若以編纂《四庫全書》，做爲拔宋幟、立漢幟的乾嘉學術主盟學壇標誌，則此時新典範的局面已經形成；但欲進至匯聚清儒群經新疏於一堂，能夠標幟並總結清代經學成就者，則有待於阮元主持編纂的《皇清經解》。

《皇清經解》是阮元踵武《十三經注疏校勘記》之晚年重大學術編纂活動；該叢書匯集了從清初到乾嘉時期共73位經學家的解經著作183種，是清代考據學極盛時期的經學總匯，意義特別重大。其纂修體例不同於《通志堂經解》，也有別於《四庫全書》；全書乃以作者爲綱，依人著錄，或載其經著、或錄其文集和筆記。上起自清初顧炎武、閻若璩、胡渭等，下迄於道光宋翔鳳、凌曙，而終以嚴杰《經義叢鈔》，總計一千四百卷。由於書在廣東「學海堂」輯刻完成，並庋藏於堂側之文瀾閣，故又名《學海堂經解》。阮元纂修《皇清經解》，係經《經郛》→《大清經解》→《皇清經解》歷程始得以完成；其間並歷從嘉慶6年阮元創「詁經精舍」於杭州，到嘉慶25年興建「學海堂」於廣州，長時期培養人才及創編義例、實際從事，最後才在道光9年於「學海堂」完成全書刊刻。

「詁經精舍」之創建，溯源自嘉慶2年阮元34歲督學浙江時纂輯《經籍纂詁》——阮元因乾嘉漢學在輯校、或注解古書上，都必須倚重漢唐舊注訓詁，所以選兩浙經古之士33人分別抄錄散見於唐前群籍中的所有注釋性文字，包含經史子集正文中的訓詁以及先秦漢唐的傳箋注釋，並及於歷代訓詁專書，譬如《爾雅》、《方言》、《釋名》、《廣雅》、《經典釋文》、《文選注》等，還輾轉鉤稽輯佚所得之古注，如賈逵、服虔之《左傳》注採自《史記》裴駰集解，子夏《易》傳、馬融《易》注則採自《經典釋文》等；全書以韻繫字，幾將唐以前所有的文字訓詁皆網羅其中，共106卷，收錄資料近十六萬條，集諸經訓詁之大成，爲大型的訓詁工具書；後世重要的辭書編纂，如《中華大字典》、臺灣的《中文大辭典》和日本的《大漢和辭典》，以及後來的《漢語大字典》、《漢語大詞典》等，都借重於其所輯錄。書成之後，阮元亦已陞任浙江巡撫，遂將五十間往日修書用屋建爲「詁經精舍」，遴選兩浙諸生有志於經史古學者讀書其間。「精舍」係漢代生徒講學之所的稱名，阮元又奉祀許慎、鄭玄等漢代經師，且名曰「詁經」，其崇獎漢學的學術宗旨昭然可見。精舍延聘王昶、孫星衍等名儒主持講席，課以解經考史、兼及詩詞古文。其後佐助阮元實際編纂《皇清經解》的嚴杰，即當時精舍所培養的高徒。再後來嘉慶22年阮元改任兩廣總督時，爲倡經史實學，他又沿用杭州「詁經精舍」規制另創「學海堂」，仍以經史詩文課學子，《皇清經解》就是此時在「學海堂」修纂完成的。

不過《皇清經解》係根基於以陳壽祺爲首功以及精舍諸弟子合力完成之《經郛》初稿上——《經郛》取意自揚雄《法言．問神》「大哉！天地之爲萬物郭，五經之爲眾說郛。」阮元經解謀始於道光元年，初名《經郛》，囑之陳壽祺。該著主要匯集唐前諸儒詁經之經說，網羅眾家而鉤稽古說於九經傳注外；自周秦以迄於隋唐，對漢魏以前典籍搜採尤勤。後因陳氏北去，阮元也因事牽連左遷翰林院編修，事遂擱置；其後雖曾再加董理並改訂舊稿，但以規模浩大、採輯未全，書終未付刻。旋阮元去粵，不得已而委之嚴杰；杰以壽祺所原條列者不易著手，於是沿用《經郛》體例但改爲叢書式之專輯清人經學著作，題曰《大清經解》。從經書彙解到清儒經學叢書，實非阮元初意；惟這就隱然可見《皇清經解》之規模粗具了。

其初，阮元屬意由名儒江藩、顧廣圻主其事，但二人或遠在三吳、或他務纏身，皆未能膺此重任，最後始終其事者，爲阮元昔日精舍弟子嚴杰。嚴杰嘗從段玉裁問學，並於阮元督學浙江時助修《經籍纂詁》；

其後「學海堂」創設，嚴杰來粵，並留在阮元幕署，受命總理《皇清經解》輯刻之事。後來阮元又奉調雲貴總督，遂將刻書事託付廣東督糧道夏修恕，編輯重任仍委由嚴杰主持。道光九年，全書告成，修恕爲撰序曰：

《皇清經解》之刻，乃聚本朝解經之書，以繼《十三經注疏》之迹也。自《十三經注疏》成，而唐宋解經諸家大義多括於其中。此後，李鼎祚書及宋元以來經解，則有康熙時《通志堂》之刻。我大清開國以來……經學昌明，軼於前代。……國初如顧亭林、閻百詩、毛西河諸家之書，已收入《四庫全書》；乾隆以來，惠定宇、戴東原等書，亦已久行宇內，惟未能如《通志堂》總匯成書，久之恐有散佚。……於是宮保（阮元）盡出所藏，選其應刻者付之梓人，以惠士林。

是《皇清經解》繼《十三經注疏》之後，爲我國經學史上前後輝映之兩大鉅編，而阮元或校勘重刻、或編纂成書，皆與有功焉！存古學之功，世罕有其匹，故侯外廬稱「阮元是在匯刻編纂上結束漢學的成績。」（《中國思想通史》）瞿林東〈阮元和歷史文獻學〉、黃愛平〈阮元學術述論〉，並皆對其纂輯有相關論述。

《皇清經解》選輯精嚴，書將清代前期自順治到道光近二百年間、由顧炎武諸儒發端到惠棟、戴震等名家風騷於一時，長時間經學發展及其重要成就，匯編於一堂；全書以人之先後爲序、不論書之次序，凡見於雜家、小說家及文集者，皆依次編錄之。虞萬里嘗有〈正續清經解編纂考〉，對《經解》之編纂去取、版本流傳及得失，述之甚詳；文中並指出阮元收錄原則，「非實事求是者不錄，武斷附會者亦不錄。」故於閻若璩《尚書古文疏證》、胡渭《易圖明辨》，二書雖有功於《書》、

《易》，然皆不收，以其或有矯偏過激之論也；而阮元雖然推崇毛奇齡，爲序全集，然亦未收《古文尚書冤辭》，亦以其強辭掎摭太過；又，收莊存與《春秋正辭》而略其《周官說》，收惠棟《周易述》而略其《易漢學》，收任大椿《弁服釋例》而略其《深衣釋例》，其書亦不免遭致去取未公、收錄失當以及割裂原書、任意刪節之議（參〈正續清經解編纂考〉，《學術集林》，第4卷）。是編雖名爲《經解》，其所輯錄實未侷限於經說經解的經學範疇，間亦旁及可以補正經學的小學、文集等作。故其所收錄在如顧炎武《左傳杜解補正》，惠棟《春秋左傳補注》、《周易述》、《九經古義》，邵晉涵《爾雅正義》，金榜《禮箋》，戴震《毛鄭詩考正》，孔廣森《大戴禮記補注》，孫星衍《尚書今古文注疏》，焦循《易章句》、《易通釋》、《孟子正義》，郝懿行《爾雅義疏》，劉逢祿《春秋公羊經何氏釋例》，凌曙《公羊禮說》，阮福《孝經義疏》……外；還收錄了天算曆法、音韻字書與集部之有功經學者，如顧炎武《音論》、《詩本音》、《日知錄》，全祖望《經史問答》，錢大昕《十駕齋養新錄》、《潛研堂文集》，段玉裁《說文解字注》、《六書音均表》、《經韻樓集》，王念孫《廣雅疏證》，阮元《揅經室集》，臧庸《拜經文集》……等；但是對於黃宗羲、顏元、李塨、李光地、孫奇逢等理學著作，則一概摒棄，於此可以見出阮元的經學旨趣及其去取標準。

書成，阮元數十年宿願之苦心孤詣獲得實現，此一匯輯清代經師經解叢書的文獻鉅編，亦成爲解經圭臬，不論在復興古學、發揚儒家經典上，或在彰顯清儒特有的經學成就與彙總清代學術精華上，皆有無可取代之崇高地位與價值。《皇清經解》在後來的兵燹中因戰火多有燬損，咸豐間賴兩廣總督勞崇光爲之重刻並增補；繼《皇清經解》後，光緒間又有王先謙以江蘇學政而踵繼遺風，亦從事於纂輯《皇清經解續編》，以補《皇清經解》遺漏及其後之經學成果，總數凡209種，共320冊。

二、對訓詁學方法論之補充

建立訓詁學方法論，是乾嘉考據學重要成就之一，戴、段、二王並皆有功，如戴震立足在「考據治經」之「漢學」典範，結合了知識論、義理觀與方法論，建立起「由詞通道」方法論，倡論「所以明道者，其詞也；所以成詞者，未有能外小學文字者也。」（〈古經解鉤沈序〉）是以主張「字學、故訓、音聲，未始相離。」「故訓、音聲，相為表裡。」（〈與是仲明論學書〉、〈六書音均表序〉）又自音、義之「一音數義」或「一字數音」關係，建立起「因聲求義」、「聲義互求」等訓詁條例，以說六書「假借」之「義由聲出」、「聲同義別」以及「聲義各別」；復重新釐定古韻為25部，提出古韻分部之「陰、陽、入三分」及「轉語」理論。[2]此外，如段玉裁主張「凡同聲多同義」（《說文解字注・斯》），王念孫言「詁訓之旨，本於聲音。……就古音以求古義，引申觸類，不限形體」（《廣雅疏證・自序》），亦皆對於訓詁理論多所開拓，解決了許多前人未能解釋的問題。對此，阮元在宏揚經典文獻、發揮澤溉後學的影響力外，也以個人學術旨趣反映了此一存古學、復興經學的清代特殊學風。

經學是清儒特識所在，不論群經新疏或纂輯、校勘，都獲得前所未有的成就；阮元則學術興趣多方，有撰述、也有編輯，義理學外，其學術興趣主要在經學考據，除編刻經解叢書外，其集部作品亦不欲稱為文集，而以「揅經」之室名名之，其所創辦書院也稱「詁經」精舍。阮元不僅在詁經上有得，他在乾嘉諸儒所建立的訓詁學理論外，亦有所補充與開拓。他嘗以「語源」說補充了「聲訓」理論，從探求語源的角度說明本字本義之「義從音生」，以此突出於學界已有的「隨文釋義」理

2　不過必須加以說明：戴震雖然提出古韻「陰、陽、入三分」及「轉語」等理論，其時卻僅有「有入」、「無入」之說，須俟孔廣森始首倡陰陽對轉之說。

論；他並出自個人的金石愛好，以金石實物考經證史，亦獲得相當成績。於此也能照見揚州學派之能「創」與能「通」。

阮元立足在「尊經崇漢」的考據立場和取徑上，突出「聖賢之道存於經，經非詁不明」的「詁經」重要性；他繼惠棟標舉「漢學」典範、戴震強調「故訓明則古經明，古經明則賢人聖人之理義明」之後，亦謂「漢人之詁多得其實。」「漢人之詁，去聖賢爲尤近。」（〈詁經精舍策問〉、〈西湖詁經精舍記〉）因此他亟強調漢儒經義，主張欲彰明聖賢理義，首先必須講明聖賢經傳。其論曰：

竊謂士人讀書當從經學始，經學當從注疏始。空疏之士、高明之徒，讀注疏不終卷而思臥者，是不能潛心揅索，終身不知有聖賢諸儒經傳之學矣。——〈江西校刻宋本十三經注疏書後〉

阮元推崇經學是聖賢所傳，注疏則是經學的敲門磚；他批評「不能潛心注疏」的空疏之士，雖自詡爲「高明」，其實終身不知聖賢經傳之學。其《揅經室集》亦自述以「余三十餘年以來，說經記事，不能不筆之於書。然求其如《文選》序所謂『事出沈思，義歸翰藻』者甚鮮，是不得稱之爲『文』也。」其集仍以說經記事爲主，不但撰作旨趣與一般「文集」之「事出沈思，義歸翰藻」者旨歸不同，其意甚至欲「擬於賈、邢義疏」，故他追求一種「言之無文，惟紀其事，達其意而已」的學術境界。以下述阮元揅經之功及其訓詁學理論補充。

㈠語源學角度的「義從音生」說

「聲訓」是先秦已有的訓釋法，漢《釋名》一書略有發揮，但尚未稱善，清儒加以繼承並進一步發展，將譬如「同聲多同義」、「凡從某聲多有某義」等聲訓理論，成功運用在訓詁、校勘、考證等各個方面；

清儒在訓詁學上最大的突破與貢獻，便在他們從「文字」記錄「語言」的角度，溝通了「語言」和「文字」的密切關係，並建立起系統理論。乾嘉儒者沿清初顧炎武「讀九經自考文始，考文自知音始」之波，在訓詁字義上更突出以聲音明訓詁，如戴震有曰「音聲失而假借之意何以得？」段玉裁亦曰「言者，文字之聲也；詞者，文字形聲之合也。……有義而後有聲，有聲而後有形，造字之本也。形在而聲在焉，形聲在而義在焉。」「學者之考字，因形以得其音，因音以得其義。治經莫重於得義，得義莫切於得音。」（《說文解字注・詞》、〈廣雅疏證序〉）王念孫也說「訓詁之旨，存乎聲音。字之聲同聲近者，經傳往往假借。」（〈經義述聞序〉轉述）要皆主張訓詁字義必須借重音義關係來判斷。故清代著名的訓詁學家如戴震、段玉裁、王念孫、王引之等，都能純熟運用音義關係，以從事古學之詞義研究；至於阮元，則在多數清儒均將聲訓理論運用在校釋詞義與名物典章的訓釋、即「釋義」外，另外運用在探求語源的「推源」上，提出了當時著名的「義生於音」——「義從音生也，字從音義造也」之說。

阮元認爲造字的本源乃從音得義，故字隨音生、義從音出；音對於字義具有本源關係，音才是字義所起之所由，故謂「古人造字，字出乎音義，而義皆本乎音也。」（〈釋矢〉）以爲凡「同音相假」、「音訓相兼」者皆本乎此。論曰：

> 古人字從音出。喉舌之間，音之所通者簡；天下之大，言之所異者繁。……言由音聯，音在字前，聯音以爲言，造字以赴音。音簡而字繁，得其簡者以通之，此聲韻文字訓詁之要也。
>
> ——〈與郝蘭皋户部論《爾雅》書〉

他強調「以聲音爲主而通其訓詁」，正是訓詁學上執簡以御繁的

「得其簡」要訣；雖然戴震爲段玉裁書〈六書音均表序〉也曾提到故訓、音聲的表裡關係，注意到音、義的密切關係，而主張「因聲求義」；段玉裁《說文解字注》據此而論「有義而後有聲，有聲而後有形，造字之本也。」但是阮元所論與段玉裁不同，阮元持論「義生於音」、「此義即此音」，說與段氏「義先乎音」、「聲由義發」異；雖然同皆「聲義同源」、「音近義通」立場，但對於音先、或義先？兩人持論不同。

阮元具有語源學特色的「推源」主張，和王念孫、王引之父子《廣雅疏證》、《讀書雜志》、《經義述聞》突出訓詁學「釋義」的「因聲求義」，重心亦不相同。學者劉文清嘗指出二王雖然強調由聲音以通乎訓詁，但「不求本字本義而說以義通」，重在「會通諸經」、「隨文釋義」之「義通」，主張根據文本語境對詞語做動態性解釋，故其「因聲求義」涵同字、同源字、轉注、轉語和純粹借音的假借而言；莊雅州亦謂二王強調「引申觸類，不限形體」，其「因聲求義」的理論實踐運用廣泛，除「語源學」的同源字外還包括「語義學」的古音通假，並用在校訛誤、破叚借、明連語、考物名、求語源、通轉語等諸多方向。至於阮元之強調「義從音生」，其目的聚焦在探求語源上，要從源流認識語義，所以強調本字本義，以推求聲、義結合關係之所由來，其曰「古聖人造一字，必有一字之本義，本義最精確無弊。」（〈釋敬〉阮元並舉「佞」字爲例，以說明探求本義之重要性：他根據《爾雅》「允、任、壬，佞也。」《說文》「佞，巧、諂、高材也。」以說「佞」與「仁」本義相近——蓋「佞」爲「乃定切」，聲類爲舌音「泥」紐、「徑」（古通「震」）韻，「仁」爲「如鄰切」，其半舌半齒的聲類「日」紐在古音中亦屬舌音「泥」紐，[3]其「眞」韻則與「震」韻並屬段玉

3　「日」紐在「守溫三十六字母分類表」和黃侃「《廣韻》四十一聲類表」中為半齒音。但有關古

裁〈今韻古分十七部表〉之第十二部，故「仁」、「佞」本義近似。因此《論語》有「仁而不佞」之說，古人亦多謙稱「不佞」；而《國語．魯語》「寡君不佞」、《晉語》「吾不佞」……等，「佞」皆訓爲「才」，所以阮元說「解文字者，當以虞夏商周初、周末分別觀之。」認爲周初、周末時間點不同，字義亦遂有別；佞字原具美、巧、高材之義，逮及周末始轉爲惡義。故他據此而論「漢人說《尚書》者一概以周末之佞義，釋虞、夏、周初之『壬』、『任』字，恐非也。」（〈釋佞〉）所以阮元再三備述「此義即此音也」、「古字義隨音生」、「但言其音，而意即在其中」（〈釋矢〉、〈釋郵表畷〉、〈釋易象意〉），以爲字不究其源則每誤。後來章太炎受阮元啓發，亦謂：「語言者，不憑虛起。呼馬而馬、呼牛而牛，此必非恣意妄稱也，諸言語皆有根。……故同一聲類，其義往往相似，如阮元說『从古聲者有枯藁、苦窳、沽薄諸義』，此已發其端矣！」（《國故論衡．語言緣起說》）是阮元乃倡爲「義本乎音」之權輿。

爲證明「義本乎音」，阮元在《揅經室集》中引經據典、旁徵博引了許多實例，如〈釋矢〉中他具論施、矢、舍、尸、陳、水……等字音雖有輕重讀之別——「施」重讀曰「矢」，「舍」爲「施」之重音；[4] 但不論輕重讀，其音義皆同也，皆具「自此直施而去之彼」之「平陳」

聲紐之研究，則章炳麟曾證明「古音娘、日二紐歸泥」說，謂古聲無半舌「日」及舌上「娘」，於古皆「泥」紐也；其弟子黃侃復在考察整個古音系統後，提出四十一聲紐有正聲、變聲之別，並釐定古聲紐為十九紐。在古正聲十九紐中，屬於後世變聲二十二紐之一、半舌半齒的「日」紐，不是古本聲，其在「四十一紐正聲變聲表」中，是由舌音變聲而來（詳陳新雄：《音略證補》）。

4 依《廣韻》，「施」式支切，「審」紐「寘」韻；「矢」式視切，「審」紐「旨」韻；「舍」書冶切，「審」紐「馬」韻；「尸」式脂切，「審」紐「脂」韻；「陳」直珍切，「澄」紐「真」韻；「水」式軌切，「審」紐「旨」韻。此中，依段玉裁〈今韻古分十七部表〉，「脂」、「旨」同屬古韻第十五部；而「式」、「書」同屬聲類「審」紐；「澄」、「審」依黃侃所考定古聲十九紐，則同屬舌音變聲，故皆同紐雙聲、或同部疊韻。

義，此即造用此字之本源命意及用法。其曰：

> 義從音生也，字從音義造也。試開口直發其聲曰「施」，重讀之曰「矢」。「施」、「矢」之音皆有自此直施而去之彼之義。……《說文》「施，旗貌」，旗有自此斜平而去之貌。「尸」與「施」同音，故《禮記》「在床曰尸」，人死平陳也。《左傳》「荊尸而舉。」……「矢」爲弓弩之矢，象形字，而義生於音。凡人引弓發矢，未有不平引延陳而去止於彼者，此義即此音也。《左傳》「公矢魚於棠」、《詩》「矢於牧野」、「無矢我陵」、「以矢其音」、「矢詩不多」，「矢」皆訓「陳」。又人之所遺曰「矢」，亦取施舍而去之義，故《史記．廉頗藺相如傳》「三遺矢矣。」……「水」音近「矢」，《說文》「水，準也。」水之流也，平引而去，義與「矢」、「雉」相同。……明乎此，可知古人造字，字出乎音義，而義皆本乎音也。

阮元分別考證了《說文》、《史記》、《詩經》、《禮記》、《中庸》、《左傳》、《爾雅》……等古籍，洋洋灑灑臚列出許多證據，以證明古人造字「此義即此音」之理，所以「音」才是決定字義以及用字之法的根本因素。

此例之外，阮元利用音韻訓詁的論證尚多，例如他又曾根據「音同義同」原則，舉證翔實地會通凡與「門」同紐雙聲或同部疊韻而輾轉相假者，謂皆自「門」之「有間可進，進而靡已」得義，因爲「凡物中有間隙可進者莫首於門。」他並由此進論「進而靡已之義、之音則爲『勉』；『勉』轉音爲『每』。」蓋依《廣韻》，「門」莫奔切、「勉」亡辯切、「每」莫佩切，故從「勉」到「每」，聲類是從「亡」之「微」紐→「莫」之「明」紐，即「輕重相轉」地由次濁輕唇音→重脣音。故凡免、每、敏、孟、夢、盟、黽、沒、密、懋、勱、勖、冒、邁……等，皆此音即此義，即皆「黽勉」之謂。如此一來，學界長期不解之惑，如《方言》曰「侔莫，強也。」《論語》曰「文莫吾猶人也。」其所謂「侔莫」、「文莫」，實即由同紐雙聲的「黽勉」轉音而來——「侔」莫浮切，「明」紐／「文」無分切，「微」紐／「黽」彌鄰切，「明」紐、或武幸切，「微」紐——則長期之爲惑遂渙然冰釋矣！且阮元所考辨，亦可以釐正後人在「文莫」後斷句的誤解。斯亦阮元之謂「訓詁不明則聖賢之語必誤；語尚誤，遑言其理乎！」（〈釋門〉）再如〈釋且〉，阮元亦依據古義「『且』，古『祖』字」，而會通凡從「且」得聲或同音假借者，謂皆具「始」、「粗」、「疏」與「包含大多」之意，例如祖、殂、苴、租、助、徂、粗、咀、苦、沽、姑……等。其例尚多，玆不枚舉。要之，阮元認爲通過「義從音生」之以音韻訓詁解決文字本義問題後，可以釐清若干經典疑惑，並正傳注之誤。

㈡從名物考證到古籍辨正

強調禮制，是乾嘉時期從清廷到學界的一致趨向——乾隆開三禮館，命儒臣纂修《三禮義疏》，希望通過重修禮書、重訂禮典，能使冠婚喪祭等各種禮儀酌古準今、繁簡合度地被切實施行，化民成俗；清儒則亦強調「以禮經世」，期望通過「考禮」，提供百姓「習禮」之具體憑藉。正是在這樣的學術氛圍中，名物典制考成爲乾嘉經學特色之一；清儒希望通過學習三代之治的王道楷模，實現禮治理想，故尊經崇古地考證諸如明堂、辟雍、封禪一類的聖賢遺制。阮元立足在此基礎上，對此議題亦頗涉藩籬地展開考證，並一一參驗古籍，將考據成果推向古籍辨正，釐正若干歷來傳注之誤。皮錫瑞曾稱讚：「古禮有聚訟千年，至今日而始明者，明堂、辟雍、封禪是也。……今得阮氏之通識，可以破前儒之幽冥矣！」（《經學通論．論明堂辟雍封禪當從阮元之言爲定論》）他認爲阮元冰釋千古之疑地釐清了上述禮制。

我國宮室制度繁盛時期的秦、漢時代，阿房之恢弘、建章之繁複，皆空前絕後；而古代禮制研究中居重要地位的明堂制度，則是宮室制度中最重要、最核心的一部分。歷來之明堂考究，除了有關明堂原始文獻資料，像是對《左傳》或《周禮．考工記》一類的注釋外，尚有考其起源、名義、功能、堂數、形制、禮儀制度、職官、明堂與路寢關係……等議題，不一而足。[5]清儒繼惠棟《明堂大道錄》考訂明堂禮制後，又有戴震、程瑤田、汪中、孫星衍、淩廷堪、焦循、阮元等多人迭加辨析。清儒之明堂著作及《皇清經解》所著錄者，如任啓運《宮室考》、《廟堂宮室考》，嚴杰補、洪頤煊注《禮經宮室答問》，孫星衍《明堂考》，焦循《群經宮室圖》，戴震《考工記圖》……等，另外，如《欽定周官義疏》、《欽定禮記義疏》、汪中《述學》、孔廣森《禮學卮言》、俞樾《群經平議》、黃以周《禮書通故》、曹元弼《禮經學》……，亦有若干辨析。在明堂形制和度數方面，如堂基、階、室、九室、太室、梁、檐、柱、屋蓋、堂、門、辟雍、殿垣、重楣、連栱、方衡、椽、飛檐椽……等，清儒皆有突破前人成果的研究佳績。

關於明堂，阮元亦立足在前賢考據基礎上，並以〈明堂論〉、〈明堂圖說〉踵事增華之。他遍考古籍，詳考神農、黃帝、堯、舜、夏、商、周、魯、泰山下與漢明堂之謂，區分古籍之「古明堂」、「郊外明堂」等稱謂，謂以「古明堂」是始於上古神農氏「始爲帝宮」的有蓋無四方簡陋結構，爲「天子所居之初名」，「天子寢食恆於是。」凡天子

5　蔡邕〈明堂月令論〉言「明堂者，天子太廟。」凡祭祀、饗功、養老、教學、養士，皆在其中；其名則「取其宗祀之貌，則曰清廟；取其正室之貌，則曰太廟；取其尊崇，則曰太室；取其堂，則曰明堂，取其四門之學，則曰大學；取其四面周水圜如璧，則曰辟廱。異名而同事，其實一也。」

祀上帝、祭祖先、朝會諸侯、養老尊賢、教國子、饗射獻俘馘（古代作戰，割取敵人左耳以計戰功）、治天文與行告朔等，並皆在此。其後明堂功能進一步分化，遂於邦畿王城別建僅有南向堂的「路寢」以爲王平日所居聽政，祭昊天上帝則另有「圜丘」、祭祖考有「宗廟」、朝諸侯有「朝廷」、養老尊賢教國子及獻俘馘有「辟雍」（又有「靈臺」、「太學」異名）；然爲示「禮不忘本」，故復於城東南郊另建明堂以存古制，此即有五室的「郊外明堂」，亦〈月令〉所稱「有四室、八个（同介，即東西廂、東西夾）、重屋、五室」者，非城內之廟寢。所以阮元論以邦畿王城內並無「明堂」，僅有南向堂的「路寢」，非如郊外明堂之有四面堂，凡〈洛誥〉周公之明堂、《考工記．匠人》所記明堂、《逸周書》之明堂四阿、《左氏傳》之清廟茅屋等，其「顯有屋室，皆在郊外，不能指爲城內廟寢。」另外，因天子行封禪禮於泰山，故泰山下亦有明堂，此明堂即壇也，與他處明堂異制，如《史記．封禪書》云「初，天子封泰山，泰山東北址古時有明堂處。」《漢書．武帝紀》曰「元封元年夏四月癸卯，登封泰山，降坐明堂。」即皆指泰山明堂之壇。

惟後人因宮中路寢乃準式於郊外明堂四方之一，且仍襲用「明堂」之稱，致每將古籍王平日聽政的「路寢」和「郊外明堂」誤爲一談，故阮元遍考《詩經》、《春秋》、《禮記》、《逸周書》、《淮南子》、《新論》、《文選》、《管子》、《國語》、《尚書》、《史記》、《漢書》……，釐正歷來傳注之誤。其所考證，如《尸子》有言「欲觀黃帝之行於合宮。」《文選．東京賦》言「則是皇帝合宮。」《考工記．匠人》言「夏后氏世室，五室。」「殷人重屋，……四阿重屋。」《尚書．堯典》言「賓于四門，四門穆穆。」《尸子》言「昔武王崩，成王少，周公踐東宮，宗祀明堂。明堂在左，故謂之東宮。」〈樂記〉云「武王伐殷，薦俘馘於京大室。」……阮元謂皆指郊外明堂，並曰

「〈匠人〉言三代明堂之制，皆郊外明堂也。」「確爲王都郊外之明堂，未可以城內廟寢當之。」因「城中朝、寢無四門之制。」阮元並據此以正鄭玄注錯將城內廟寢當明堂之誤。對此，戴震〈明堂考〉也有相同看法，亦曰「夏曰世室，殷曰重屋，周曰明堂，三代相因，異名同實與，明堂在國之陽。」（《戴東原集・明堂考》）皆主明堂不在王城而在國郊之說，阮元所考則更加詳。另外，阮元也據此辨正汪中《述學》之圖說和金榜《禮箋》之所誤，並清楚圖繪了明堂圖，明堂之制由此而明。不過類此上古遺制之啓兩千年聚訟，正因載籍闕如，清儒雖懷抱禮學理想，欲通過考禮以復見聖人之心與制禮之意、或復行古禮，如顏元欲行「堯舜周孔三事、六府、六德、六行、六藝之道」（《存學編・上太倉陸桴亭先生書》），淩廷堪亦強調「習禮」；然非但禮制考證眾說紛紜，縱禮制可考，也已時移事異、不合時義而難俱現於後世。

再如「封泰山」之禮——泰山在齊州，居天下之中，有王者起，得於山下朝諸侯，於山上刻石紀號，行封禪之禮，阮元曰「七十二代易姓而王，祭天刻石，以紀號也。」亦同於「著一代之史也。」此蓋由於上古質樸，未有史冊之文和朝覲之禮，七十二代之興，合諸侯於泰山下以定天位、刻石其上以紀其號，亦猶後世之修史也。故阮元論「古者開創之帝王，雖功德有醇駁，而皆得行之。」他並由此具論後世如秦始皇、晉武帝、隋文帝、唐太宗等之議封禪，或行或不行，曰「非也。」因爲「此皆易姓一天下之君，當刻石紀號者也。」但是譬如漢武帝、魏明帝、北齊文宣帝、唐高宗、玄宗、宋眞宗、明成祖等之議封禪，雖或行或不行，則其曰「亦非也。」因爲「此非易姓一天下之君，不當刻石紀號者也。」（〈封泰山論〉）後世學者以爲的論。

此外，阮元考釋之古代禮制尚多，如〈考工記車制圖解〉論車制；〈古戟圖考〉、〈匕圖考〉、〈璧羨考〉……釋古器物；釋宮室建築者，則如〈棟梁考〉；釋古樂器者，如〈銅和考〉、〈鐘枚說〉……

等，其所考釋，種類繁多、並皆引證眾說，考辨翔實。

㈢以金石實物證經辨史、校勘古籍

重視金石學，也是清學特色之一；細數我國兩千多年來的金石學發展，可以上推到《墨子·兼愛》所說「書于竹帛，鏤於金石，琢于盤盂，傳遺後世子孫者知之。」宋歐陽脩自稱「六一居士」，六物中也包涵了他所收藏的三代以來金石遺文一千卷；趙明誠《金石錄》曰「歲月、地理、世次、官爵，以金石刻考之，其抵牾十常三、四。蓋史牒出于後人之手，不能無失；而刻辭當時所立，可信不疑。」此則已經觸及金石碑刻對於古籍考證的重要性強調了；不過宋世以前，金石古物多被披上一層祥瑞外衣，宋世以後因金石文物出土漸多，祥瑞表徵始漸褪去，金石學終得以獨立成學。清儒顧炎武、閻若璩、錢大昕、桂馥、嚴可均、全祖望、章學誠……等皆重金石之學，也都曾經徵引金石銘文以考經證史。阮元在此風氣下，也有「金石十事」之卓越成績，如：

◎**裒輯山左金石數千種爲《山左金石志》**。

◎**裒輯兩浙金石千餘種爲《兩浙金石志》**。

◎**積吉金拓本五百餘種爲《積古齋鐘鼎款識》**。

◎**模鑄東南重寶之西周青銅器散氏盤**。阮元模鑄二盤，自云「極肖之。」一盤藏揚州府學、一盤藏文選樓。

◎**摹刻天一閣所藏秦獻公刻石的北宋石鼓拓本**——天一閣北宋石鼓拓本是唐初陝西寶雞出土秦獻公刻石的最古拓本，錢大昕視爲稀世之寶；阮元依此拓本而摹刻爲十石置之杭州，後來又摹刻十石置於揚州。

◎**摹刻漢延熹〈西嶽華山廟碑〉**——此碑自唐以來即有著錄，清人題跋及詩文甚多，惟碑毀於明嘉靖間，阮元蒐得各方拓本，齊聚於京師，並摹爲石刻流傳。

◎**摹刻秦「泰山石刻」殘字**——秦始皇統一天下後，於國中選七處刻碑頌德，明以前僅存泰山及琅邪台石刻，泰山殘字石又於乾隆間燬於火；阮元以舊拓重刻，而與重摹漢〈西嶽華山廟碑〉同置於北湖祠塾。

◎**摹刻三國吳〈天發神讖碑〉**——此碑字體合篆、隸而取方折之勢，阮元謂「疑即八分書也。」「八分書」起於隸字後，筆法篆多於隸、以存古法，北朝碑額往往有酷似此者。蓋北朝書家「長於碑榜」，頗不同於南朝二王（羲之、獻之）之「圓潤妍渾，不多圭角。」（〈北碑南帖論〉、〈王右軍蘭亭詩序帖二跋〉）隋、唐後歐、褚諸體實即魏、齊諸碑之苗裔也，而神讖之體開其先也；惟碑燬於嘉慶十年火，故阮元以家藏舊拓刻石，以昭明絕學、存古鄉賢矩矱。

◎**摹搨所獲之二西漢石以及秦石刻所獨存的「琅邪台石刻」**。

……

阮元所模鑄、摹刻、摹搨以及收藏，皆極珍貴，而他之重視金石學，除了時風和個人興趣外，更有出自考據學和義理學的雙重理由：在考據學上，他認爲古器銘文可以證經辨史、校勘古籍，曰「前賢事蹟，史所不能盡載者，每於文章碑版得之。」「稽考古籍國邑大夫之名，有可補經傳所未備者；偏旁篆籀之字，有可補《說文》所未及者。」「所可以資經史篆隸證據者甚多。」（〈漢延熹華嶽廟碑跋〉、〈積古齋鐘鼎彝器款識序〉、〈山左金石志序〉）在義理思想上，則阮元肯定「器者所以藏禮」，他認爲凡鐘、鼎、尊、彝、椠、戈、劍……一切制器，都是聖人「教天下習禮博文之學」，都是藉以實現朝覲聘射、冠昏喪祭、子弟臣友、帝王治法以及性與天道等人生諸「禮」的憑藉——此一精神，與戴震強調禮俗文化，而企圖結合經學考據和道德實踐，寓落實道德實踐於客觀禮制之理想，亦皆一貫。

阮元之實際從事於以金石實物辨正禮制，譬如他曾根據焦山定陶鼎的銘文考證漢制——定陶故城在今山東曹州府定陶縣西南，共王康葬於此，共王爲漢元帝子、哀帝之父；定陶共王陵廚鼎蓋及鼎身所鑄銘文，除了載明重量外，還刻有「隃麋、陶陵共廚銅鼎一。」所云「陶陵」即定陶共王陵也，故阮元即依定陶鼎稽考《史記》、《漢書．地理志》、《後漢書》、《續漢書．郡國志》、《水經注》等古籍之地理記載，又佐以漢好畤鼎銘、汾陰宮鼎銘、上林鼎銘，發現其銘文皆有「共廚」、「共官銅鼎」等字樣說明二邑共廚銅鼎，他由此推論「漢陵廟皆有廚」、「漢器體制如是。」（〈焦山定陶鼎考〉）阮元類此運用鐘鼎彝器、金石銘文以考證禮制者尚多，茲不複舉。

此外，阮元也看重以碑刻校勘古書的考據價值。當他任山東學政時，曾率官士修繕頹沒的鄭玄祠墓，在侵沒祠宇的積沙中掘得了〈鄭玄碑〉，其碑在漢碑曾著錄，其後則求之不得；是碑爲金承安5年（1199）重刻唐萬歲通天元年（696）史承節所撰碑；但因唐刻亦不傳，故〈鄭玄碑〉賴此金刻傳世。阮元即據此一因襲唐舊的金刻碑文，借校范曄《後漢書》之〈鄭玄傳〉，他發現其中有范曄書「使事蹟先後倒置」、「范書遺之」或「與司農本意相反」者，譬如「爲父母群弟所容」句，言他徒學、不能爲吏以益生產，幸得父母群弟包容；然范書以其父嘗因事「怒之」，故妄加「不」字其上，遂成爲相反之「不容」意。不過金刻也有「唐碑本行書，石或剝落，金時不省而誤」者，故阮元曰：「凡此異同，比而核之，可釋學者積疑。」此碑正以其文字異同而「與范書可互校正。」（〈金承安重刻唐萬歲通天史承節撰後漢大司農鄭公碑跋〉）另外，阮元還曾借助余靖〈平蠻京觀碑〉、〈平蠻三將題名碑〉，辨正沈括《夢溪筆談》之謬誤，故他說「此碑之所以勝於史也。」（〈由賓州至邕州過崑崙關觀狄武襄進兵處〉）惟運用碑刻亦須仔細辨正，不宜過度輕信，因碑傳文字也時有美詞，或刻意刪削、隱瞞事實者。要之，阮元已從事於實物校勘，以金石碑刻考經辨史了；其所示範的考證門徑，頗有後來「新史學」通過金石實物以研究古史的先驅意味，王國維提倡結合「紙上」、「地下」之多重材料互證的「二重證據法」，也頗有阮元上述研究法的影子，故日本學者貝塚茂樹以「清代金文學之祖」看待阮元。

三、對乾嘉新義理學之推進

論乾嘉考據學必須結合乾嘉義理學以言，因爲考據學是在治學典範上對理學的「學術典範」取代；乾嘉新義理學才是對理學的思想體系即「義理學典範」、或「思想典範」之取代。倘使偏落任一邊，便會造成認爲考據學缺乏思想性、或清儒義理不合儒學傳統的誤解；然而這正是過去學界長期來對乾嘉學術的認識不足。

理學被考據學取代主流地位的「學術典範」轉移以及理學的「義理學典範」危機，實是二事，應該區別看待。理學被取代「學術典範」，是我國學術史發展歷經清初辨僞學興盛，在陳確《大學辨》、黃宗羲《易學象數論》、閻若璩《尚書古文疏證》、萬斯大《周官辨非》……等所引領的群經辨僞之後，由於清儒經典實證之風方興未艾，其於經典辨僞、校正、補注、訓詁、音韻等種種考據興趣，日益淩駕、超越了對道德講論的追求；反之，理學圭臬經典的《易》圖、《大學》、《古文尚書》等並被證立爲非經或僞作，理學失去經典權威，被撼動立論根基，致其在宋明高峰發展後，走上難再賡續突破的學術危機及沒落之路，因此被考據學取代其學術主流的地位，兩種學術間出現「學術典範」轉移之治學型態嬗遞。但是當論及理學的「義理學典範」危機時，則那必須聚焦在義理學範疇內的思想體系上來討論，必須正視清儒對理學的義理質疑，而純粹從義理學的角度來看待理學的信仰危機，此時就不能再和考據學對理學的學術典範取代混爲一談。然而由於明、清間

「學術典範」和「義理學典範」兩種轉移的起點都是理學，造成過去學界往往未加細辨，徑取清代主流學術型態之考據學而說其思想性缺乏；實則從明到清，清儒除了在治學途轍上，以考據學之實證方法論取代了理學的形上思辨，同時也以經驗取向之義理學新範式，取代理學形上學趨向的舊典範。這是今日重新審視清學所亟要注意的。

阮元湛精於經學，固是不錯；但他論學也與戴震「從故訓進求理義」之「由詞通道」同一主張，他未嘗偏廢義理，強調考據應與義理結合，缺一不可，曰：「聖人之道，譬若宮牆，文字訓詁，其門徑也。門徑苟誤，跬步皆歧，安能升堂入室乎？……或者但求名物，不論聖道，又若終年寢饋於門廡之間，無復知有堂室矣！」所以他除喜好擘經外，也兼重義理，主張「崇宋學之性道，而以漢儒經義實之。」（〈擬國史儒林傳序〉）不過他雖愛好性道之學，卻不喜形上學取向；他是揚州學派發揚經驗取向新義理學的代表學者之一，胡適稱他「是戴學的一個最有力的護法。」並認爲其哲學，「成績在淩廷堪與焦循之上。」（《戴東原的哲學》）揚州學者阮元、焦循、淩廷堪等，對於戴震領軍的「乾嘉新義理學」各有一隅側重之義理繼承與發揚；阮元所最突出的思想，在於他反對視「性／情」爲「形上／形下」不同存有層，以及由此衍生的「愛自是情，仁自是性」等說，他揄揚「仁必須爲」的經驗取向。其義理觀主要爲：重視形下之「器」的「道器觀」、「節性」主張的自然人性論、「相人偶」仁論的踐仁主張等。

(一)「器以藏禮」的文化史視角及「道、器觀」

有別於理學對《易繫辭》「形而上者謂之道，形而下者謂之器」之形上學角度，暨其「道／器」、「理／氣」二分架構；阮元轉從文化史角度看待「道」與「器」，對清人之重禮、推展禮俗文化、發揚禮治理想，有進一步之理論推展。

阮元以正面的肯定態度，把「形上謂道，形下謂器」落實在漫長的文化歷程，他認爲後人所歆羨的三代之治應該涵蓋「道」、「器」兩重傳承與發展──「商、周二代之『道』存於今者，有《九經》焉；若『器』則罕有存者，所存者，銅器鐘鼎之屬耳。」他說從生活世界的文化積澱言，除聖賢用以「載道」的古經籍外，聖人所用以「藏禮」的「制器」，如銅器、鐘鼎等實體形器，並皆爲實現王道政治、禮治理想的具體憑藉，都是做爲傳承三代之治的載器；而且「器」以其「罕有存者」，其寶貴性有時更甚於載籍。是以阮元〈商周銅器說〉，謂鐘鼎彝器等皆「古王侯大夫賢者所爲，其重與《九經》同之。」都是「先王所以馴天下尊王敬祖之心，教天下習禮博文之學。」因此，「商祚六百，周祚八百，道與器皆不墜也！」則後人欲觀三代以上，「《九經》之外，舍鐘鼎之屬，曷由觀之？」（〈商周銅器說上〉）如此一來，凡一切朝覲燕饗、祭祀飲射的「禮器」等，阮元都肯定其所內蘊的道德價值與意義，認爲都深有「禮意」蘊藏乎其中；所論與戴震推重禮俗文化，肯定「禮」是「仁之顯」、天道之「藏諸用」者，在精神上並皆同趨。亦可以見清儒看重聖人包藏於典章制度中的「禮意」，強調藉諸現實生活的種種禮制和禮俗以實現道德理想。

因此阮元重視金石學，除了辨經證史的考據價值和個人「石醉金迷」的興趣外；在思想內涵上，也具備肯定其內蘊道德價值的理論基礎。他認爲不論《九經》等經籍、或鐘鼎彝器之屬，同皆聖賢傳道之載體，只不過各有分工功能罷了──經籍從「道」寓乎文字的「載理」角度，以存聖人之道；金石制器則從實用的「禮器」角度，以存聖人之道。所以阮元又說「先王使用其才與力與禮與文於器之中，禮明而文達，位定而王尊。」「先王之制器也，齊其度量，同其文字，別其尊卑。……非有德位，保其富貴，則不能制其器；非有問學，通其文詞，則不能銘其器。」（〈商周銅器說上〉）他認爲禮器乃有德與位的聖王，用以別尊卑、宣教化的憑藉，所以他說孔子言「惟器與名，不可以假人」，正是惟王者能制「器」、能制禮作樂之意，可見「鐘鼎彝器，三代之所寶貴」，那麼對於「器」，如何以其經驗形器而輕之乎？

阮元此一切入點，經驗形器不僅以其「藏禮」而不能被輕忽；即對於在理學「道是經之推高一層」模式下被輕忽的經注經說，亦是一大扭轉。對「重道輕器」的理學而言，章句訓詁、名物典制等皆被視為形下言詮；然而在阮元「道器兼重」立場下，他以「禮器」為「器」，文字訓詁則被提昇為「聖人之道，譬若宮牆；文字訓詁，其門徑」之求道門徑，皆為「道」之載體，是以他研經特重「詁經」。阮元所論對於清學扭轉長期的形上學根本型態，有極大推動力量，他和戴震前後輝映，反映了宋明到清近千年的學術思想變遷。以此清代不但經學鼎盛，清儒並多愛好辨證古制，凡禮制、宮室、名物等皆在考辨之列，如井田、明堂、宗法、祭祀、車制、戟、匕、棟樑、磬、劍鋏、兵器……等實物形制與制度之考證，皆為清儒所熱衷。

(二)以「節性」說代「復性」說的自然人性論

清代新義理學和宋明理學工夫論的最大分歧處，在於對形上、形下進路之各有側重。由於立言訴求的不同，以成聖成德為目標的理學，突出內向存養的「復性」說而要求「人心」復歸「道心」；以化民成俗為目標的清儒，則為解決晚明以來儒學所面臨的客觀化困境，轉向強調經驗取向的道德學模式，並凸顯經驗進路的「擴充」說而主張「節性」思想。

從周敦頤言「性焉安焉之謂聖，復焉執焉之謂賢。」到程頤曰：「天下之害，無不由『末』之勝也。峻宇雕牆，本於宮室；酒池肉林，本於飲食。……先王制其本者，天理也；後人流於末者，人欲也。損之義，損人欲以復天理而已。」（《通書．誠幾德》、《易程傳．釋損卦象辭》）再到朱熹注《大學》「在明明德」，曰：「明德者，人之所得乎天而虛靈不昧，以具眾理而應萬事者也。但爲氣稟所拘，人欲所蔽，則有時而昏；然其本體之明，則有未嘗息者，故學者當因其所發而遂明之，以『復其初』也。」注《論語》「學而時習之」，亦曰：「人性皆善而覺有先後，後覺者必效先覺之所爲，乃可以明善而『復其初』也。」以及陽明論性之謂「集義是『復』其心之本體。」「至善者性也，性元無一毫之惡，故曰至善。止之，是『復』其本然而已。」「學者學聖人，不過是去人欲而存天理耳。……減得一分人欲，便是『復』得一分天理。」（《傳習錄》）要求「人心」復歸「道心」的「復性」說，始終是宋明理學論性的重要主張。

但是清儒爲解決晚明以來儒學所面對的客觀化困境，諸如假道學、空疏學風等，於是轉爲強調經驗進路的義理模式。因此繼清初梨洲等人考辨易圖，指〈太極圖〉、〈先天圖〉爲「援道入儒」後；阮元也運用考據法，窮本溯源地指「復性」思想是釋、道思想，並且借用莊子語。他企圖從歷史源流的角度，推翻形上學模式的復性說。他說：

（《莊子·繕性篇》曰）「堯、舜始爲天下，興治化之流，……然後附之以文，益之以博。文滅質，博溺心，然後民始惑亂，無以反其性情而復其初。」元讀《莊子》，未嘗不歎其說爲堯舜孔顏之變局也。彼所謂性，即「馬蹄天放」也，即所謂「初」也。以「天放」爲「初」而復之，此老莊之學也。唐李翶〈復性〉之書即本之於此，而反飾爲孔顏之學，外孔顏而內老莊也。內莊已不可矣，況又由莊入禪乎？——〈復性辨〉

阮元〈復性辨〉中考證了《莊子·馬蹄篇》藉「伯樂治馬」以批判「治天下者之過」，猶乎伯樂治馬以燒之、剔之、刻之、餓之、渴之、馳之、整之、齊之……等滅馬性方法，以使中於千里馬要求，故莊子主張善治天下者應該順民之性，使「織而衣、耕而食」、「任天自在」，即「天放」是也；因此阮元從儒、道思想本質不同，指出「文」與「博」是堯舜孔顏之學，反之，李翺強調「情不作」的「復性」說，即祖述莊子以逐外爲喪失本眞，將造成「文滅質，博溺心」之「無以反其性情而復其初」，故謂李翺乃以「天放」爲「初」。阮元正是以此批判理學形而上模式的「性即理」及「尊性黜情」、「復其初」等思想，指爲借用道家「無爲自化，清靜自正」、「馬蹄天放」、「任天無爲」之思想內涵，反飾爲孔孟心性之學，故謂「復性」說有悖於孔孟禮樂之教。

阮元藉〈性命古訓〉、〈塔性說〉、〈復性辨〉等數文以立論，通過考據學推窮本義的方法，廣採先秦古書之言性命者，以證明聖人論性皆主「節性」說，以「制禮節性」節制性中之不當情欲；非如李翺「復性」說之滅情、或理學之「存理滅欲」主張。阮元在〈性命古訓〉中旁徵博引《尙書》、《詩》、《周易》、《春秋左氏傳》、《禮記》、《穀梁傳》、《孝經》、《論語》、《孟子》……等諸多古說，取譬如《尙書．召誥》之「節性，惟日其邁」，《詩．卷阿》之「彌爾性」，《孟子．盡心》之「君子不謂性」等，以證成其所持論「聖人作禮樂以節之，修道以教之。」「古人但言『節性』，不言『復性』。」並謂：「〈樂記〉曰『好惡無節』、〈王制〉曰『節民性』，皆式《尙書》『節性』之古訓也。」以此力闢「復其初」之形上進路。不過學者岑溢成指出阮元文中借論〈西伯勘黎〉之「不虞天性」，實則古訓多以「度知」釋「虞」、並非「節度」之意，故阮元對相關典籍的「性」字字義亦有不恰當之「概括化」，其所突出做爲先秦性論的「節性說」，並不違反儒家思想，但只能視爲先秦的「一種」人性觀，而不能說是先秦「惟一」的人性觀。

雖然，阮元〈性命古訓〉在考據學中提出追究語源以釋義的方法，不是完全沒有風險，一個觀念很難古今意義完全不變，古訓不一定代表後代的意義；但要之，阮元對於儒學的核心概念——性與命，他持論「周時人所語之性，非李習之所復之性。」而強調周以前的聖賢立言「皆質實，無高妙之旨。」「雖言性而有命在內，故鄭箋兼性命言之。」所以他也採取戴震的自然人性論立場，也以「性中有味、色、聲、臭、安佚之欲」等自然情性，爲其性論內涵及其理論之內在結構。阮元論「節性」曰：

「性」字從心，即血氣心知也。有血氣、無心知，非性也；有心知、無血氣，非性也。血氣心知皆天所命，人所受也。人既有血氣心知之性，即有九德、五典、五禮、七情、十義，故聖人作禮樂以節之，修道以教之。……是以周以前聖經古訓，皆言勤威儀以保定性命，未聞如李習之之說，以寂明通照復性也。

欲生於情，在性之內，不能言性內無欲。欲不是善惡之惡。天既生人以血氣心知，則不能無欲。……欲在有節，不可縱，不可窮。

——〈性命古訓〉

阮元從肯定情性、情欲的角度論性，承認情、欲皆內在性中，反對排除氣質之性的「性即理」架構，他說「不能言性內無欲。」因此他對人欲的主張是「有節」、「不可縱，不可窮」，反映了清人重視實在界，既反對過度抑遏人欲、但也反對縱欲的社會普遍心理。

在《孟子．盡心下》嘗以性、命對舉，於耳目口鼻之欲求等，說以「性也，有命焉，君子不謂性也。」針對此一經文詮釋，宋明儒以人所獨具的道德理性、即人與物別的「人性」爲性論著眼，偏重形而上的超越義，多據張載區別「天地之性／氣質之性」爲說，於經驗形氣等說以

「君子不謂性」，而於凡物皆然的經驗形氣，則視爲天所定「命」，故死生窮達等「祿命」、「命限」，皆歸諸「命」；然而清儒之持論新義理觀者異乎是，從戴震、阮元到晚清康有爲等，其性論思想都持自然人性論立場，乃以自然材質論性。戴震《原善》以「存乎材質」的耳目口鼻等欲求爲「性」，以「如或限之」的仁義禮智等爲「命」，曰：「存乎材質所自爲謂之『性』，如或限之謂之『命』。」《孟子字義疏證》也說：「仁義禮智之懿，不能異人如一者，限於生初，所謂『命』也。」（〈性九〉）焦循《孟子正義》亦突出「食色，性也」，說：「飲食男女，人之大欲存焉。欲在是，性即在是。」劉寶楠《論語正義》則援《韓詩外傳》以論「命」，曰：「言天之所生，皆有仁義禮智順善之心；不知天之所以命生，則無仁義禮智順善之心，謂之小人。」他以人所稟命於天的「德命」、「仁義禮智順善之心」以釋「命」，亦猶〈大雅〉之言「民之秉彝，好是懿德。」涵形上、超越的精神面而言，不同於理學形下形氣的命限、祿命說。如此一來，宋儒長期的「德性／祿命」性命觀，到了清儒就被轉回漢儒「情性／德命」之思想理路了。

故阮元立足在此性論基礎上，他以肯定實在界、強調經驗形氣的義理傾向，撰爲〈性命古訓〉，他根據東漢趙岐注之以味色聲臭安佚爲「性」、仁義禮智聖爲「命」，以論「君子」係指能「節性」而不以性欲苟求之，復能「敬德」以修命者。其論曰：

趙岐注曰：「（味色聲臭安佚）此皆人性之所欲也。……凡人則任情從欲而求可樂；君子之道，則以仁義爲先，禮節爲制，不以性欲而苟求之也，故君子不謂之性也。……（仁義禮知）此皆命祿，遭遇乃得居而行之。……凡人則歸之命祿，任天而已，不復治性；以君子之道，則修仁行義、修禮學知，庶幾聖人，亹亹不倦，不但坐而聽命，故曰『君子不謂命也。』」……惟其味色聲臭安佚爲性，所以性必須節，不節則性中之情欲縱矣；惟其仁義禮知聖爲命，所以命必須敬德。

很顯然地，在阮元的性命觀中，「性」從「存乎材質」的味、色、聲、臭、安佚等欲求出發，因此對於情性所「好惡」，譬如口甘美味、目好美色、耳樂音聲、鼻喜芬香、四體思安佚等，阮元都認爲應採取正視之肯定立場，並由此得出道德實踐在「節性」，即要能合理而適度地節制情性，而不在「復性」；至於「命」，則他也肯定漢儒趙岐指能實踐父子恩愛、君臣義理、賓主禮敬、明智達善、王道天下之「德命」說，認同其言「不但坐而聽命」、毋「任天」而歸諸「命祿」，故阮元也說「命必須敬德。」對此，揚州學者焦循並皆與之同調。

㈢強調經驗進路的「相人偶」仁論

「仁」是中國古代涵義極廣的道德範疇，也是儒學的核心概念。孔子之前已有關於「仁」的觀念，[6]如《詩經》中《鄭風．叔于田》的「洵美且仁」、《齊風．盧令》的「其人美且仁」以及《尚書．金縢》的「予仁若考」，多指親愛、慈愛而言；孔子則擴大了「仁」義內涵，以「仁」做爲最高道德原則、道德標準與道德境界。「仁」字小篆寫法從人從二，許慎《說文解字》釋「仁」曰：「親也。從人二。忎，古

6　殷墟出土的甲骨文中可能已有「仁」字，金文中也有仁字，但其時已屆戰國中期。據商承祚《殷墟文字類編》卷八有一「仁」字，但董作賓〈古文字中之仁字〉對此僅有一見的甲骨「仁」字，論以「甲骨文中之仁字由於誤讀。」「商書作於民國12年頃，當時對於甲骨文字，僅有初步認識，每多斷章取義，據形附會。」（《董作賓先生全集》乙編冊四，頁727-728）。

文仁，從千心作。」[7]或謂外「尸」內「二」的古文仁字，「二」是重文，即「人人」之謂，第一字做動詞用。要之，「仁」後來成爲儒學涵蓋個人道德、家族倫理和宗法制度等「三綱五倫」的全德總歸、最高價值；而道德之「踐仁」歷程，也包涵了德性自主、終身實踐以及恕道推擴之理性社會終極實現等無限歷程。逮及理學，理學家又賦予「仁」以「生生之理」、「本體化」的「道體」高度。如程頤曰：「萬物之生意最可觀，此元者善之長也，斯所謂仁也。」張載曰：「天體物不遺，猶仁體事而無不在也。……無一物而非仁也。」（《二程遺書》、《正蒙．天道篇》）是以「仁」猶天理，百理畢具乎其中。因此對宋儒而言，「仁」除了是道德目標外，也是兼該體用、兼攝形上形下而一體圓融的萬物之生理。故程朱即連韓愈〈原道〉云「博愛之謂仁」，並皆不取——程頤曰：「仁者固博愛；然便以博愛爲仁，則不可。」他區別「形上／形下」地說「愛自是情，仁自是性；豈可專以愛爲仁？」「心譬如穀種，生之性便是仁也。」（《二程遺書．伊川先生語四》）朱子高足陳淳撰《北溪字義》亦言「自孔門後，人都不識仁，漢人只把做恩惠說，是又太泥了愛。」（〈仁義禮智信〉）皆反對著於形下、未識「仁」之形而上及超越義的仁說。

然而以戴震爲首的乾嘉新義理學，主要針對當時的儒學客觀化困境立說，爲了針砭蹈空時弊與空疏學風的異質化發展，戴震改絃易轍地突出形下實在界，轉從「理」的下層建築——禮制、禮儀、禮俗等向度建構其理論，而要求道德實踐的經驗與客觀進路。他以萬物尚未成形的陰陽五行之「氣」爲形而上，其謂「形以前」，而以氣化成形後的有形之物爲形而下，其謂「形以後」；他認爲道德實踐應該落實在「陰陽五行

7　據杜忠誥教授指出《說文解字》之「千心（忎）」實為「人心」之訛寫。其曰：「戰國楚文字『人』字多訛為『千』。蓋古文字凡遇豎筆，每於中豎加點，復展點為橫，遂成為千。如『年』从人負禾，豐年之象，今隸、楷書亦作禾千（秊）。」

—道之實體、血氣心知—性之實體」之相通氣層上，故涵「人道」之人倫日用、身之所行與「天道」之氣化流行在內的，凡「人物」生生所有事，即皆戴震所欲強調者。因此萬物所「同然」者，即能通「情」遂「欲」的社群意識、而非徒事於個人內向存養之德性，才是戴震所欲凸顯者。至於阮元，則亦呼應戴震、焦循的義理新說，亦著力發揚實證精神，除論性的〈性命古訓〉外，他並撰有〈論語論仁論〉、〈孟子論仁論〉，重新詮釋儒家仁學概念，企圖重構儒家強調現實意義的仁學體系。阮元利用清儒所擅長的訓詁考證，在方法論上，他以借助古訓的方式，引經據典地溯源儒學歷史源流；在核心價值上，則他轉換價值地、將仁學思想拉回實在界的經驗視域，強調社會實踐與現實精神。所以道德進路之「形上→形下」轉趨，是「理學→乾嘉新義理學」的最根本轉變，而揚州學者焦、阮、凌等人則皆有理論建構的羽翼之功。

阮元仁論的核心要義，主要在於強調「仁必須為」的客觀實踐；他反對理學對仁的形而上意義凸顯，他說：「一介之士，仁具於心；然具心者，仁之端也，必擴而充之，著於行事，始可稱仁。」此其對於戴震突出「擴充」說之進一步發揮——戴震之自居《孟子》正解，就在他認為《孟子》言「凡有四端於我者，知皆擴而充之」才是性善說的核心旨要，故曰「人則能擴充其知，至於神明，仁義禮智無不全。」他說仁義禮智即「心之明之所止也，知之極其量也」，以為仁義由「知之極其量」、「擴充」其智而得，故「於其知惻隱，則擴而充之，仁無不盡；於其知羞惡，則擴而充之，義無不盡。」（《孟子字義疏證・性二》）此外，他又說：「一人遂其生，推之而與天下共遂其生，仁也。」（〈仁義禮智〉）亦著眼於心知之明經過「擴充」後，人能推一己之欲求使「與天下共遂」之經驗事實。而阮元之仁論，也就是發揮戴震上述以「擴充」及經驗事實為強調的觀點，阮元仁論亦著眼於「具於心」只是「仁之端」，須是「仁之實事」始可謂之「仁」，猶乎戴震區別「性善／善」，並將理論重心置放在「乃語其至，非原其本」之「性善→善」的歷程實踐，即「善」的經驗實現，而非對「性善」的「證體」。故阮元借《孟子》言「仁之實，事親是也」，以進論：

> 實者，對「端」字而言。蓋惻隱爲仁之端，充此端以行仁則孝。……「實」者，實事也。聖賢講學，不在空言，實而已矣。故孔子曰「吾道一以貫之。」貫者，行之於實事，非通悟也。
>
> ——〈孟子論仁論〉

阮元仁論主要就在反對「通悟」而強調「行之於實事」，他之取證孔孟「壹是皆身體力行，見諸實行實事」，「其事皆歸實踐，非高言頓悟所可掩襲而得者也」（〈石刻孝經論語記〉），皆以闡明傳統儒學乃看重「實行實事」之經驗實踐。

由於強調「仁必須爲」的客觀實踐，阮元復結合乾嘉考據學成果——對仁之「相人偶」古訓抉發，援引鄭玄對《中庸》「仁者，人也，親親爲大」，注曰「人也，讀如『相人偶』之人，以人意相存問之言。」對〈聘禮〉「每曲揖」，亦注曰「每門輒揖者，以相人偶爲敬也」……，而將「仁」轉向到「以此一人與彼一人相人偶，而盡其敬禮忠恕等事」之經驗事實，所論亦可視爲對戴震重視「人情」與「我情」的「以情絜情」說之推進，並皆成爲乾嘉新義理學表現經驗取向的重要理論建設。阮元取譬一人閉戶獨居，瞑目靜坐，則雖德理在心，終不能指爲聖門之「仁」；他強調聖門行仁之方，必須「偶」於人而後得見，力主「仁」應從平易的人事現象出發，應自經驗實踐的角度以言。其曰：

> 元竊謂詮解「仁」字，不必煩稱遠引，但舉曾子〈制言篇〉「人之相與也，譬如舟車，然相濟達也。人非人不濟，馬非馬不走，水非水不流。」及〈中庸篇〉「仁者，人也」，鄭康成注「讀如相人偶之人」，數語足以明之矣。……相人偶者，謂人之偶之也。凡仁，必於身所行者驗之而始見，亦必有二人而仁乃見。
>
> ——〈論語論仁論〉

如此一來，理學「形上學」模式的內省默識途徑，就被阮元以「相人偶」轉成凸顯經驗進路，落實在社會倫理、人際相對待關係以言的「爾我親愛」了。淩廷堪對阮元以「相人偶」說仁，稱以「不刊之識。」並言「即以《論語》克己章而論，下文云『爲仁由己，而由人乎哉！』人、己對稱，正是鄭氏『相人偶』之說。」（《校禮堂文集・與阮中丞論克己書》）要皆宏揚乾嘉新義理學之現實價值。

阮元強調「著於行事」、「仁之實事」的仁論思想，在反映部分清人重視經驗意義的新義理觀之餘，亦不可免地招致了如宋學派方東樹等人之反對意見，方東樹強烈批判阮元，並舉例譬如孔子有言「回也，其心三月不違仁，其餘則日月至焉而已矣」，其謂若依阮說，難道顏回「三月之後忽不與人偶」？（《漢學商兌》）惟阮元亦曾指出「顏子三月不違仁，而孔子向內指之曰『其心不違』。可見心與仁究不能使之渾而爲一曰『即仁即心也。』」（〈論語論仁論〉）阮元區分「心」之不違和經驗實踐之「仁」有別，故於此他並未落入方東樹所批判的矛盾中。逮及晚清，則康有爲、梁啓超、譚嗣同、嚴復、章炳麟……等，在順應現代化潮流的儒學理論轉型以及「社群」倫理強調中，並皆對於阮元「相人偶」仁論，及其「仁必須爲，非端坐靜觀即可曰仁也」，「聖賢之仁，必偶於人而始可見」等理論，有所借用與發揮。

四、結語

一生備極帝寵的阮元，曾獲賜紫禁城內可以騎馬；遠宦滇南時，並獲賜御筆春聯：「出門見喜」，阮元亦曾賦詩「我君令臣喜，喜氣盈鬚眉。春明門外路，豈是天之涯。」（《揅經室續集．秋祭東園齋居詩四十韻》）不過阮元之所名世者，更在他一代顯宦身分之外而極其難得的：特有功於儒學；其功並涵蓋保存經部文獻、研經與新義理學等數方面而言。阮元以個人力量推動了《皇清經解》、《十三經注疏》附《校勘記》、《經籍籑詁》等鉅編之籑輯、校勘與刻印，儒學史上罕有能出其右者。阮元精於校勘，嘗曰：「世人每矜『一目十行』之才，余哂之；夫必『十目一行』，始是眞能讀書也。」（《揅經室續集．題嚴厚民杰書福樓圖》）他致力於弘揚學術，曾刊刻諸多當世著名學者之遺著，並廣設書院，獎掖後進。阮元好經，其經學主張，謂「聖人之道譬若宮牆，文字訓詁其門徑也」、「士人讀書當從經學始，經學當從注疏始」、「漢人之詁多得其實」，皆推明古訓、闡揚實事求是精神，以彰顯「漢學」典範並標幟清學特長。其經學考證，如《揅經室集》中以音韻考釋文字、以訓詁辨析名物典制、或以金石碑刻證經辨史者，並有〈釋矢〉、〈釋且〉、〈釋門〉、〈釋順〉、〈釋達〉、〈釋相〉、〈明堂考〉、〈棟樑考〉、〈銅和考〉、〈鐘枚說〉、〈璧羨考〉、〈考工記車制圖解〉、〈商周銅器說〉……等諸多篇章，皆旁徵博辨地融貫經傳、參驗古今。其義理主張，在道器觀與理氣論上，他肯定氣化流行而強調社群倫理，看重禮制禮俗而重視鐘鼎彝器等實體實物；在人性論上，他持自然人性論，要求以「節性」思想代「復性」主張；在工夫論上，他發揚「仁之實事」精神，持論「仁必須爲」，以凸顯現實取向。其〈論語論仁論〉、〈孟子論仁論〉、〈性命古訓〉、〈塔性說〉、〈復性辨〉、〈論語一貫說〉、〈大學格致說〉、〈釋敬〉……等，皆自立於理學門庭外，而與乾嘉新義理學集大成的戴震思想互相輝映，並皆爲清儒持論新義理學的代表人物，能自立於理學形上學模式外，故爲胡適目爲「從經學走上哲學路上去」的儒者。綜觀阮元一生，早膺顯達，年又老壽，悉心力於振興文教、表章學術，並究心於學術，終清世罕有與之匹敵者；其學衣被天下，學者奉爲「山斗」，於時且有「阮元學圈」之稱。

至於本文所稱「乾嘉新義理學」：在儒學的長期發展中，由於宋明理學在義理學範疇的高峰發展，使得後世學者習慣於在義理學和宋明理學間劃上等號；這一來，遂使得學者很難再有理學以外的其他義理型態視野。因此當清儒如戴震另外建構起自立於理學道德形上學門庭外，轉而推崇道德價值之經驗面──「非形上學但仍強調道德創造性」的其他型態義理學時，普遍來說，不是被誤解就是被漠視，並未獲得應有之正視。以強烈捍衛程朱理學的方東樹而言，他面對戴震所領軍的乾嘉新義理學，即言：「古今天下義理一而已矣，何得戴氏別有一種義理乎？」（《漢學商兌》）而即連在治學門徑上，站在理學凸顯邏輯思辨對立面的考據學領袖：朱筠，亦言：「程朱大賢，立身制行卓絕，其所立說，不得復有異同。」（《國朝漢學師承記．洪榜傳》轉述）他認爲在義理學範疇內，程朱言論就是普世「不得復有異同」的最終定論版。可見義理學範疇內的理學獨尊地位及其義理模式，入清以後仍然一枝獨秀，並未動搖。故學界過去慣言乾嘉儒者「尊漢抑宋」，其實只能從經注經義之經學考據一方面言，並未涵蓋義理學範疇。處在清代前中葉，上層學界仍然普遍抱持「漢人經術，宋人理學」之「義理學最高典範在理學」的觀點；宋明理學的義理體系，斯時仍居不可動搖之思想指導地位。故總結清代前中葉義理學的發展走勢主要有二：一是理學陣營之「由王返朱」，這是當時的大勢以及清廷的官學立場；另一則是部分漢學家結合了考據學與義理學，以考據爲方法、義理爲目的，「從故訓進求理義」，並繼承十六、七世紀起日漸興盛的「氣本論」，轉以「形下之器」的「實在界」做為理論倡論推倒程朱理學的新義理主張漸趨成熟並受到部分士人接受以後，如章學誠曰：「趨其風者，未有不以攻朱爲能事也。」「誹聖排賢，毫無顧忌，流風大可懼也！」（《文史通義．朱陸．書朱陸篇後》）方東樹亦曰：「近世有爲漢學考證者，箸書以辟宋儒攻朱子爲本。……海內名卿巨公、高才碩學，數十家遞相祖述。」斯亦即錢穆所論：「蓋乾嘉以往，詆宋之風，自東原起而益甚。」（方東樹〈漢學商兑序例〉；錢穆《中國近三百年學術史．戴東原》）——即理學在義理學領域內的長期獨尊地位開始鬆動並且風氣轉變；須是至此，才可以說是理學的「義理學典範」危機和乾嘉新義理學之意識型態取代。

阮元是乾嘉後期的學者，乾嘉學術則是學界盛稱的清代學術顛峰發展；惟乾嘉考據學人所共知，乾嘉新義理學之光芒，則長期爲考據學所掩沒——該看法既迥異梁啓超《清代學術概論》之持論「清代學派之運動，乃『研究法的運動』，非『主義的運動』」（《清代學術概論》）；也殊異於錢穆《中國近三百年學術史》強調清儒義理爲「理學餘緒」看法。筆者雖也認同清初孫奇逢、李顒、黃宗羲等人以經世實務修正了王學末流；但認爲眞正能夠代表清人思想特色的，應爲眞實流動在生活世界與大眾階層之間，能夠眞實反映清人肯定實在界、具經驗取向的義理新趨。故清代的思想變遷暨理論轉型，表現了現實社會對理學極端道德主義反動，以及長期束縛人心的崇高道德標準出現鬆動；尤其乾嘉新義理學對儒學核心概念之價值重估，更顯示其爲儒學在邁向現代化進程中，居間銜接宋明理學和清末民初現代化思想的過渡橋樑，在中國邁向早期現代化進程上具有義理學轉型的重要意義。故本文之書寫立場，頗異於多數學者所標舉的揚州學派對乾嘉學術之考據學發揚；本文對於揚州學術的博通、創新精神，係採取兼重其文字、聲韻、訓詁領域之辨、正、校、補成就，以及揚州學術對於乾嘉新義理學之深化發展。即筆者以爲兼具義理與考據之長，是爲揚州學術所最難能可貴者。

拾陸

全祖望獨立時風的浙東史學精神

歷經明末動亂，清初相對呈現安定；在清廷的強勢統治下，此時無論政治、經濟、社會、學術……各方面都已逐漸收編，儒者便有緬懷故國的情懷，也只能發爲學術反思、儒學改革了。譬如咎理學以亡國大罪——顧炎武撰爲《日知錄》、《天下郡國利病書》，曰：「以一人而易天下，其流風至於百有餘年之久者，古有之矣！王宜甫（衍）之清談，王介甫（安石）之新說，其在於今則王伯安（守仁）之良知是也。」「不習六藝之文，不考百王之典，不綜當代之務……以明心見性之空言，代修己治人之實學，股肱惰而萬事荒，爪牙亡而四國亂，神州蕩覆，宗社丘墟。」（《日知錄．朱子晚年定論．夫子之言性與天道》）黃宗羲也撰爲《明夷待訪錄》、《南雷文定》等，責「明人講學，襲語錄之糟粕，不以六經爲根柢，束書不觀而從事於遊談。」「天崩地解，落然無與吾事，猶且說同道異，自附於所謂道學者。」（《南雷文定．留別海昌同學序》，《鮚埼亭集．梨洲先生神道碑文》）另外在清廷一方面採密佈文網、阻止士人非議朝政的文化高壓，一方面又大規模纂修叢書、類書等，以實現「以道統爲治統後盾」的「崇儒重道」基本國策下，部分儒者也採取消極的不合作態度。例如黃宗羲雖自任以一代文獻卻拒絕受命《明史》館，僅由弟子萬斯同銜師命而出，以布衣修《明史》；而也有自放山林，隱遯如王夫之者。要之，對於已經鋪天蓋地、穩如泰山的清政權，儒者只能望而興嘆，徒發遺民悲慨了。

不過儘管政權上無力對抗，苦心積思以保全文化的努力卻未嘗稍懈。黃宗羲出身浙東餘姚；浙東地區在明覆亡以後的南明政權一線之傳中，敢於拔虎鬚、批逆鱗，追隨南明小朝廷對清廷所採取的軍事對抗，爲正史外驚泣鬼神之一章。而面對如此拒命抗清與南明書寫，清廷自是格外憤怒地必要加以消滅的。但是曾經親隨魯王從亡海上，又曾經結寨浙江四明山扶明滅清的黃宗羲並沒有因此卻步，反之，軍事行動失敗以後，梨洲一部部徵存文獻、表章忠烈，轉向保存明文化的著作相繼出現了——《南雷文定》、《明夷待訪錄》以外，《明文案》、《明文海》、《南雷文約》、《海外慟哭記》、《隆武紀年》、《魯紀年》、《永曆紀年》……等皆寓一代文獻於其中；《明儒學案》、《宋元學案》，尤其有功於宋明學術史。如此自任以國史的氣節情操，撼動了生晚梨洲近百年的同鄉後勁全祖望（號謝山，1705-1755年），雖然來不及參與那個大時代，文化事業卻是不言遲的。因此雖然時代隔閡導致蒐羅資料倍增難度，謝山卻堅定地步趨梨洲——梨洲嘗悲「二十年來，乘桴之事，若滅若沒；停筆追思，不知流涕之覆面也。」（《南雷文定後集．錢忠介公傳》）謝山也嘆「此非予表而出之，其誰更表而出之？」（《鮚埼亭集．提督貴州學政翰林院編修九沙萬公神道碑銘》）因此謝山同樣地以奮不顧身的南明書寫來徵存文獻。而除了撰作保存桑海遺聞、發明幽隱的《鮚埼亭集》外，全祖望更續成了梨洲所致力而未及完成的《宋元學案》。

梨洲、南雷，皆四明山峰，梨洲以「南雷」名其集；謝山、鮚埼，亦皆浙江山名，鮚埼山在浙江省奉化縣東南，山下有鮚埼亭，《漢書．地理志》載會稽郡鄞縣有鮚埼亭，注曰：「鮚，蚌也，長一寸，廣二分；埼，曲岸也。其中多鮚，故以名亭。」故謝山亦以「鮚埼」名其集，而其胸中盤旋鬱結之鄉土深情亦不言而喻。況夫南明書寫是必須以豁出了生命、無視於刀鋸鼎鑊的勇氣，始足以承擔的史學纂著。謝山生在康熙四十四年、卒於乾隆二十年，時當清帝國承平之世暨文化宰制之最高峰，莊廷鑨明史獄、戴名世文集獄、查嗣廷試題獄、陸生柟論史獄、謝濟世著書案……層出不窮；並且對於當年曾經激烈抗清的浙江地區，清廷更怒斥其風俗澆漓、人懷不逞，一度停止浙江會試，箝制尤勝各方，則在此「偶表前朝，輒罹殺身之殃」的嚴密網羅下，全祖望究竟是如何完成不徇流俗、表章氣節之史學職志的？此即由黃宗羲所領導開宗，萬斯同、全祖望、章學誠、邵晉涵等人所繼之於後的浙東史學特色。

全祖望之史學，主要是將他深情灌注的浙東意識以及浙東史學獨立於考據時風外的崇文獻、重當代、貴專家等精神，凝鍊成爲《鮚埼亭集》的忠義存心、表章氣節的南明書寫，並以續修《宋元學案》來展現他的學術史視野以及對於學術史的特識。這在一片考據成風的學術氛圍中，是頗爲獨立不群的。

一、全祖望繾綣情深的浙東意識

《鮚埼亭集》主要記魯王監國於舟山，以彈丸小島，繫殘明一緒之事。其書特詳於浙東一帶死事悲壯的慘烈抗清過程，讀之令人動容淚下。清廷之於浙東，殆亦可謂深惡痛絕矣！雖然東南半壁如浙、閩、粵、桂、滇……等各地皆有抗清義旅，但都不及浙東地區來得駢聚集中——自杭州經紹興、餘姚到鄞縣，以及綿亙八百里山寨鱗次的四明山、從錢塘江到天目山枵腹枕戈的百餘民寨等，到處都樹反清之旗幟，義旗林立。且其軍隊紀律嚴明，屯田而耕，自給自足，不擾民，不橫征於民；四明四面二百八十峰，民心亦皆向之，訟事詣之，歲賦納之，耳目消息至之。無怪乎清廷於全國底定後，憤以「人心大逆」停止浙江春秋貢士，並設觀風整俗吏以訓之（事詳〈明故兵部右侍郎兼都察院右僉都御史王公墓碑〉、〈署湖北承宣布政司使武威孫公誄〉），又嘗假借江南奏銷案名目，牽連萬三千餘人，縉紳之家，幾無倖免。關於浙東死事之壯烈，試舉《鮚埼亭集》一例，已足見當日駭神奪目之悲壯淋漓於一斑，〈明太傅吏部尚書文淵閣大學士華亭張公神道碑銘〉載曰：

> 順治八年辛卯九月，大兵破翁州，大傅閣部留守華亭張公，闔門死之。大兵入其家，至所謂雪交亭下，見遺骸二十有七，有懸梁間者；亦有絕環而墜者。其中珥貂束帶佩玉者，則公也。廡下亦有冠服儼然者，則公之門下儀部吳江蘇君兆人也。有以兵死者，則諸部將也；亦有浮尸水面者。大兵爲之驚愕卻步，歎息遷延而退，命扃其門。

明亡，梨洲師事的蕺山絕粒殉國，九死瀕亡的梨洲則在認清孤臣無力回天事實後，體會到政治途徑以外另一條更有力的文化途徑，曰：「乾坤未毀，所賴吾黨清議猶有存者。……余老矣！可不及其未死，披發白日乎？」（《南雷文定前集・翰林院庶吉士子一魏先生墓誌銘》）出身浙江鄞縣的全祖望，對於鄉先賢這樣追隨南明小朝廷、死生以之的精神，是深感驕傲的。他認爲「惟忠與孝，歷百世而不可泯。」「忠孝者，天地之元氣旁魄而不朽者也。」（〈祭甲申三忠記〉、〈明婁秀才叜石志〉）故《鮚埼亭集》屢屢述及「桑海之際，吾鄉號稱節義之區。」「吾鄉當改步之時，足稱忠義之區。其幸而不死者，皆不媿於古之逸民。」「昔日夷齊以餓死，今日夷齊以飽死。只有吾鄉夷齊猶昔日，何怪枵腹死今日。」（〈貞愍李先生傳〉、〈朋鶴草堂集序〉、〈錢蟄菴徵君述〉）惓惓之情，溢於言表！是故對於桑梓故里這樣「與有榮焉！」的累唏長嘆、深情不可自拔，也就是構成全祖望撰作《鮚埼亭集》的潛藏心理、深層結構。他並曾與同人定約，每歲要「殷勤雞黍展微忱」，以爲領導南明烈士抗清的故兵部尚書張煌言設祭（其女爲謝山伯母張孺人）。故謝山自述著作緣由，謂其所拳拳服膺而不能坐視的，就是故鄉先賢之萇弘碧血遭到後世長埋，他屢屢述及：

嗚呼！故國喬木，日以陵夷，而遺文與之俱剝落。徵文徵獻，將於何所？此予之所以累唏長歎而不能自已也。

——〈雪交亭集序〉

嗚呼！乙酉而後，吾浙東諸公，蓋亦厓山三丞相之流。……今已百年，杞宋之文獻，日不足徵，而都督家門已絕，莫可搜索，恐遂無知者，聊據所聞以述之，使因國之史有參考焉。

——〈明故都督張公行狀〉

忠臣義士之志，竭海水不足較其淺深者此也。百年以來，遺事凋殘，公魂耿耿，諒猶在丹山赤水之間，而荒城埋骨之區，莫有知者，是後死者之責也。

——〈胡故兵部右侍郎兼都察院右僉都御史王公墓碑〉

謝山深懼由於忌諱沉淪致使潛德不彰；他認為人代累更，志乘脫落，徵文徵獻漸以無稽，是掌故之羞也，因此立意搜討山海遺事，網羅舊聞，以補綴舊史。故定海北郊墳起壘壘的殉難臣民萬八千餘，以及梨洲、謝山等人之南明書寫，亦屢受到史學家標榜為歷史眞精神之所寄，如近世史學者杜維運便據此以論：「歷史決不能屬於勝利者的戰利品。」「天地的元氣，歷史的眞精神，往往存在於失敗者與少數人間。」（《史學方法論．史學上的純眞精神》）而除了尋訪舊事以供國史取裁，並慰乘桴蹈海者之英靈以外；謝山還積極訪求遺文，曰：「予於前輩之負大節者，樂觀其遺文，蓋欲從其語言以想見其生平風格。」（〈姜貞文先生集序〉）他嘗賦詩嘆息「諸公之作竟沉埋，長虹不克振死灰。」又自述「我嘗求之二十年，魂祈夢祝有無間」、「祇愁闕篋泯前聞」的「癡心長繾綣。」他甚至曾因訪求遺文不獲，有感於「洛社耆英多聚散，浦江人物幾興衰。」歸途上深覺「十里西風動八哀。」（《鮚埼亭詩集》）因此，熱烈澎湃的浙東意識，就是構成全祖望網羅浙東遺軼、表章浙東忠烈、徵存浙東文獻，也即《鮚埼亭集》全書主旨之深層心理與情感結構。

二、《鮚埼亭集》忠義存心的南明書寫

《鮚埼亭集》嘗借言《歲寒集》：「國有以一人存者，其人亡而國不可亡，故商亡而〈易暴〉之歌不亡，則商不亡；漢亡而〈出師〉之表不亡，則漢不亡；宋亡而〈正氣〉丹心之什不亡，則宋不亡。千百年而下而讀之者應爲張目。」（〈跋吳稚山歲寒集〉）以論新王改步之際，板蕩忠貞，國以一人存者——譬諸浙東義旅足與日月爭輝之大節、忠肝義膽之奇行，即皆天地元氣所以不朽者也；然而載籍闕略，所見乎史者，惟大兵南下所向皆披靡，故謝山痛夫豈果無撐拒大局者乎？豈無見危授命、志圖恢復，如諸軍之從亡海上、風帆浪楫者乎？——其論：「亡國之際，不可謂無人也；《明史》開局以來，忌諱沈淪。」（〈尚書前浙東兵道同安盧公祠堂碑文〉）他認爲因觸犯忌諱而導致潛德不彰者所在多有。雖然浙東名家萬斯同以布衣參贊史局而義不食清祿；但是《明史》畢竟官修，又在王鴻緒、張廷玉等人總任其事下，對於南明事蹟畢竟載籍疏陋——「乙酉以後起兵之事甚略，蓋有所諱而不敢言。」故謝山論以「乙酉而後，吾浙東諸公，蓋亦厓山三丞相之流。」（〈明大學士熊公行狀跋〉、〈明故都督張公行狀〉）對於鄉賢遺事，謝山極力發揚之，曰：「桑海之際，吾鄉以書生見者，最多奇節，如所云六狂生、五君子、三義士，皆布衣也，當時多以嫌諱弗敢傳。」（〈明婁秀才窆石志〉）因此《鮚埼亭集》就是謝山庶幾史實不至消磨於鼠牙魚腹之中、〈采薇〉之音得不爲忌諱所湮沒，亦其自任「以補史闕」之所憑藉。

謝山嘗嘆：「古今賢愚，總隨大化以俱盡！」惟有「殉國之大節，閔忠之古道，天荒地老，終於不朽！」（〈楊氏葬錄序〉）他亦曾轉述南明義師在城陷殉節前所描述的守城慘狀——「吾兵猶利，足以一戰；但枵腹枕戈，勢焉能久？城中望援，以刻爲歲。南向望草飛塵起，謂此援兵來也。聞風聲鶴唳，謂此援兵來也。如此又有日矣！而卒寂然。吾惟以一死待之而已！」（〈明翰林院簡討兼兵科給事中箕仲錢公些詞〉）悲夫！揆諸當時，天下已定，海隅窮山，負隅之抗，非果有恢復之望；天柱不可一木撐，地維不可一絲擎，豈不知不可？亦聊抒其丹誠而已！清廷僅以四十日即攻破北京，卻費時四十年始消滅南明義旅；[1] 然而如此奇節卓行，後世卻未能言之。因此空山投骨、重泉相隨的先烈昭昭耿耿之心，也就是全祖望所欲汲汲表章者。實齋嘗曰：「《史記》好俠，多寫刺客畸流，猶足令人輕生增氣；況天地間大節大義，綱常賴以扶持，世教賴以撐柱者乎！」（《方志略例．答甄秀才論修志第一書》）若謝山般凜然直書的史筆及史學精神，也即梁啓超《新史學》所論「以悲壯淋漓之筆，寫古人之性行事業，使百世之下，聞其風者，贊歎舞蹈，頑廉懦立，刺激其精神血淚，以養成活氣之人物。」（〈論書法〉）因此梁啓超《中國近三百年學術史》說他一生中所最愛讀的古今人文集，就是《鮚埼亭集》了。

謝山有云：「理義以爲雨露，名節以爲風霜。」（〈紫清觀蓮花塘

1　福王弘光政府首先成立於南京，惟權臣阮大鋮、馬士英把持朝政，未及一年，有「揚州十日」、「嘉定三屠」之劫，弘光朝亡。清師於是渡江。鄭芝龍兄弟與從子鄭彩率閩軍數十萬，在福州擁立唐王，年號隆武。此時魯王亦監國於浙江，張蒼水、錢忠介、孫嘉績……等人輔佐之。然義師前仆後繼，隆武帝后遇害；浙東江上軍潰，魯王乘桴浮於海。南明最後一朝為桂王永曆政府，瞿式耜佐之。永曆十五年桂王君臣轉戰滇西，為緬人所執，獻給吳三桂，帝死。惟鄭成功奉永曆朔不輟，雄據金門、廈門，縱橫海上，又與張蒼水兩軍聯合而有「鎮江之捷」，得四府、三州、二十四縣，下游維揚、蘇常各地皆待時而降，東南半壁震動，清廷稱為「窺江之役」。功敗後成功退取臺灣長期抗清。其後，鄭經嗣立，猶奉南明正朔，至康熙二十二年清將施琅入臺，鄭克塽降為止。總此，南明抗清長達四十年，奉永曆朔至三十七年（1683）。

記〉）——忠義氣節就是全祖望對於歷史人物的判準，亦其撰史所自我秉持的理念與態度；《鮚埼亭集》就是以發揚史學之鑑戒作用和經世教化爲其書寫及意識結構，凡所立碑銘、傳、表、記等，皆忠臣義士、奇行負大節者。歐陽脩曾以五代少全節之士爲嘆，並謂由於「白馬清流」之禍——《新五代史》載唐末，梁王欲以孌吏張廷範爲太常卿，宰相裴樞諫以「太常卿唐常以清流爲之。」清流眾臣於是被賜死於白馬驛——導致士氣喪而人心壞；謝山則以爲「是時天下崩裂，文獻脫落，蓋亦或有其人，而世竟泯然未之知者。如……，皆不媿爲唐之貞士，而史臣失載。」（〈遐追山二廟碑〉）是以謝山之所深懼，就是大節大義卻以嫌諱故弗敢傳，聽其消磨腐滅，世莫之知者。王應麟曾以班固不敘殺身成仁之美，欲補撰西漢節義傳未果，僅發其略於《困學紀聞》；何焯箋《困學紀聞》則曰「史臣表節義亦不在立傳與否？」故謝山譏以：「頗爲班史佞臣！」論曰：「果爾，則史臣所當立傳者，是何等人也？」（〈西漢節義傳題詞〉）因此對於譬如鄞縣王節愍公之死於甲申闖賊，清廷以爲忠而恤之；其子駕部以死於丙戌抗清故，遂以爲逆而棄之，世亦多諱不敢言，謝山則亟言其非。謝山以爲節愍父子再世死國，世所稀也，故爲極力發明沉屈，勿使文網忌諱掩其大德。其曰：

> 夫死忠一也。……駕部必不負故國，而後不負其父，必不負其父，而後不負聖朝。……伏念聖朝之脩《明史》，自丙戌以前死者皆得錄，則駕部固應登於節愍附傳。——〈王節愍公祠堂碑〉

他甚至採取一種迂迴的方式做爲掩護，委婉進言：

> 夫所以加恩於異代死節之臣者，以教忠耳！
>
> ——〈王節愍公祠堂碑〉

周之頑民，皆商之義士也。……易地以觀，其揆一矣！死者可生，生者可媿！
——〈明故張侍御哀詞〉

於時，戴名世以《南山集》多述南明史且語多悖逆，「法至寸礫，族皆棄世。」（詳〈江浙兩大獄〉）謝山此爲則亦可謂冒死進言矣！緣於官修《明史》對死丙戌後之抗清者皆不登錄，故謝山秉史家嚴正態度，爲爭史學正義，有時雖刀鋸在前、斧鉞在後，亦有所不顧。

也因此謝山在《鮚埼亭集》中極嚴辨忠奸，他一方面揄揚「忠義者聖賢家法，其氣浩然長留天地間。」（〈梅花嶺記〉）另方面亦「誅奸諛於既死」，以發揮《春秋》懼亂臣賊子的精神，他並自述以：「予之詳錄而不諱也，殆以爲百世之戒。雖或觸孝子慈孫之恨，而不恤也。」要之，務使「天下爲父兄者，弗爲敗行，以貽子孫之戚。」（〈跋明崇禎十七年進士錄〉、〈七賢傳〉）是以謝山分別列敘忠奸後代的殊遇，他寫甬句一帶的節義之士，桑海波沉、家門蕩盡，其子弟仍然堅守先人氣節，忠義家風、不求榮顯，「三旬九食，十年一冠，故國公相家之子弟，豈敢望繡衣肉食？而零丁寒餓，出門輒礙，不得不委蛇於塵俗之中，寓清於濁，寓醒於醉。皇天后土，可以諒其艱貞之志！」反之，當易姓間不能仗節的臣子，其後世子孫就只能神色黯然、自慚形穢，「絕口不敢白其家門之事，而但力爲君子以蓋之，是則可悲也已。」（〈贈錢公子二池展墓閩中序〉）甚至，「遇故國忠義子弟，則深墨其色，曲躬自卑，不敢均茵，以示屈抑。」（〈七賢傳〉）以此可見他發幽闡微、鑑今戒後的史學理念。

不過謝山也非昧於現實、徒務名教標榜，他並未嘗概以一死或窮餓終老以期遺民。謝山認爲臨難而能勵死節者，固歲寒之松柏也；然亦有未嘗受命，未嘗與謀軍國之事者，輒未必期以一死。則彼抗節不仕之遺民，「獨以痲衣苴履，章皇草澤之閒，則西臺之血，何必不與萇弘同碧？晞髮白石之吟，何必不與〈采薇〉同哀？」是故「倘謂非殺身不可以言忠，則是伯夷、商容，亦尚有慙德也。」（〈移明史館帖子五〉）他論以：

布衣報國，自有分限，但當就其出處之大者論之，必謂當窮餓而死，不交一人，則持論太過，天下無完節矣。

——〈春酒堂文集序〉

何況，事有非人力所能及之者，未必皆要揮魯陽之戈，以返西崦之日，以相從於濡首沒頂。因此謝山又據《歲寒集》吳鍾巒之言以論：

事去矣！是非其力所能及也。存吾志焉耳！志在恢復，環堵之中，不汙異命，居一室，是一室之恢復也；此身不死，此志不移，生一日，是一日之恢復也。尺地莫非其有，吾方寸之地，終非其有也；一民莫非其臣，吾先朝之老，終非其臣也。

——〈明禮部尚書仍兼通政使武進吳公事狀〉

故當此之時，「見危授命，是天下第一等事。……避世深山，亦天下第一等事。」其能抗志高蹈、苦心亮節，以較偷生事仇、奉身鼠竄、高爵厚祿者，已爲公忠直亮矣！因此謝山曾經移書以致《明史》館，力言：「若概以忠義之例言之，則凡不仕二姓者，皆其人也。」並主張「忠義列傳，宜列抗節不仕者於後。」（〈移明史館帖子五〉、〈移明史館帖子六〉）其不徇流俗之膽識、史裁，可見一斑。

戴名世論史嘗曰：「夫史者，所以紀政治典章因革損益之故，與夫事之成敗得失、人之邪正，用以彰善癉惡，而爲法戒於萬世。」（《戴南山文鈔・史論》）潘耒，其兄潘檉章也以纂史死，但他仍不改史家正義地說：「史家大端，在善善惡惡，所謂誅奸諛於既死，發潛德之幽光者，其權至重。」（《遂初堂文集．修明史議》）那麼浙東史學家若此履虎尾而不顧的精神，亦可謂史家氣節之具體實現了。浙東史論家章學誠嘗論曰：「文章經世之業，立言亦期有補於世，否則古人著述已厭其多，豈容更益簡編，撐牀疊架爲哉！」「夫立言於不朽之三，苟大義不在君父，推闡不爲世教，則雖斐如貝錦，絢若朝霞，亦何取乎？」（《文史通義．與史餘村．與邵二雲論文》）謝山除躬行實踐外，也論曰：「所貴乎聖賢者，植天經、扶地義。」其過澤山書院嘗有感而發，曰：「顏何人哉？希之則是。吾願過斯堂者，其勿自棄也！」（〈與友人絕交書〉、〈澤山書院記〉）是以謝山所刻刻存心的，就是以史教忠、表章氣節，凡所撰文，一皆以明道教化。要之，謝山以其深具的史學特長——謹於史法、善於史裁、長於史論、富於史識，撰爲《鮚埼亭集》，以期於闡人倫、勵風俗也；至於個人利害，未遑顧也。

三、崇文獻、重當代、貴專家的浙東史學精神

記注、撰述、考據、衡評，皆史學也；《鮚埼亭集》兼記注與撰述之長，而深具徵實考據與衡論基礎。孔子論「學」、「思」，未嘗有所偏廢；盛清，則就學術風趨言，正當考據學如日中天的鼎盛時期，即史學也多走向歷史考據學，然其言言有據、每有立論輒援引群籍的考據風尙，對「學」的重視程度是遠超過「思」的。所以後來的焦循對此學風批評曰：「所患習爲虛聲，不能深造而有得。……（古學未興）前之弊，患乎不學；後之弊，患乎不思。」（《雕菰集．與劉端臨教諭書》）不過清前中葉屬於非主流學派的浙東史學，卻能在一片務博、尙考據的學風中，在在表現出與之不類的史學趨向來。譬如謝山雖也重徵實精神，講求客觀證據，並強調歷史眞實之追求——其曰：「不覈其實，則徒使其書之不足取信於世。」「一言之失，遂貽枌社千古之

誤。」「郢書燕說，不幸而傳，則文獻之禍也已！」（〈辨大夫種非鄞產〉、〈周雙堂事辨誣〉）並且著有《經史問答》、《七校水經注》、《困學紀聞三箋》、《漢書地理志稽疑》……等根基在豐碩考據成果上的著作，即《鮚埼亭集》中也不乏辨誣、糾謬之作，他更自述凡所撰論必參伍考稽，「文於參稽頗詳審。」但是他並未把史學重心放在考證古籍上。他自任以一代文獻之傳，嘗謂：「後死者之不能廣其傳，於誰是問？則予之罪也。」（〈稚山先生殘集序〉）因此在一片尚博、稽古的史學風趨中，謝山始終堅持當代文獻之保存與專家著述之從事。固然著述者亦不能無藉乎纂類記注之學，猶旨酒之不離乎糟粕也，是以博聞強識、輯逸搜遺，亦未容輕議；但是博而不約，便無以成家，便未足以當夫學也，是故浙東史學能在時儒普遍「重考據、輕義理」的考證風氣中顯其卓然不群，以此之故。故謝山論學曰：

夫藏書必期於讀書；然所謂讀書者，將僅充漁獵之資耶？抑將以穿穴而自得耶？夫誠研精得所依歸，而後不負讀書。

——〈叢書樓書目序〉

謝山認為學貴博而能約——讀書貴在「自得」，也即「得所依歸」；泛觀博覽以後，更重要的，還要自成一家。對此，章學誠也曾論以「學必求其心得，業必貴於專精。」因此對於時儒所稱博雅君子，實則「疲精勞神於經傳子史，而終身無得於學者」，實齋喻為「是猶指秫黍以謂酒也。」「但知聚銅，不解鑄釜。」並謂學者「貴其著述成家，不取方圓求備。」（《文史通義・家書三・博約中、下・與邵二雲書》）是以貴約的專家著述精神，正是清初浙東之學從理學走向史學所重視並要求的精神內涵，故實齋有「浙東貴專家，浙西尚博雅」的學風大分。

故以浙東史家黃宗羲、全祖望等之撰爲《南雷文定》、《結埼亭集》，皆旨在決斷去取、各自成家，對照《四庫全書總目．經部總敘》之對於考據學「其學徵實不誣，及其弊也瑣」評價，則實齋所說整輯排比、參互搜討之史纂與史考，「皆非史學」；梁啓超之謂移經學考證法以治史，只是考證學，「殆不可謂之史學。」皆可見浙東史學在一片籠罩學界的經史考證聲中，就是以其能傳一代文獻的專家精神，卓然特立於時的。浙東史學家要求「即事言理」，「史學所以經世，固非空言著述」之落實在具體人事上，發爲秉筆直書、表章氣節之史裁、史法，以備他日國史之取材，正所謂「言性命者必究於史」，亦史學經世精神之充分展現。故梁啓超盛讚「黃宗羲、萬斯同以一代文獻自任，實爲史學嫡派。……乾隆以後，傳此派者，全祖望最著。」謝山弟子董秉純也稱謝山之作，「皆枌榆掌故、舊史所關，無一不有補於文獻。」（《結埼亭集外編．題詞》）因此謝山論史學，亟強調吾人生當今日所最急務者，便是對於當身之史的保存，其曰：

> 生乎百年之後，以言舊事，所見異詞，所聞異詞，所傳聞又異詞，不及今考正之，將何所待哉？
>
> ——〈明户部右侍郎都察院右僉都御史贈户部尚書崇明沈公神道碑銘〉

職此之故，謝山對於《明史》之諱言南明事，坐令文獻散逸、史實失載，亟致不滿，曰：「明末紀述，自甲申以後，螢光爝火，其時著述者捉影捕風，爲失益多。兼之各家秉筆，不無所左右袒，雖正人君子亦有不免者，後學讀之，如棼絲之不可理。」（〈與史雪汀論行朝錄書〉）而爲了保存文獻，謝山苦心網羅山海遺聞，恐有遺漏，即於金石碑碣，也認爲雖殘碑斷碣，亦非徒以詞翰之工供取玩研席耳，皆足以與紀傳、校闕謬，曰「殘編斷簡，亦有足以補史氏之闕。」「蒐金石之遺文，足以證史傳；訪池臺亭榭之舊事，足以補志乘。」（〈天一閣碑目記〉、〈厲太鴻湖船錄序〉）所以《鮚埼亭集》所撰金石碑跋、廟碑、祠堂碑、碑銘等，亦篇帙浩繁，網羅極富。此外謝山還以鄉詩社極盛，然「鄉先輩之遺事缺多」，因此纂輯同社諸公觴詠詩賦爲《句餘土音》，「以志其爲里社之言也。」亦以補志乘之缺。曰：

雖未能該備，然頗有補志乘之所未及者，其敢謂得與於斯文？亦聊以志枌社之掌故，亦未必無助乎爾！——〈句餘土音序〉

謝山並且對於家乘、年譜、親表族譜等譜牒之學，都未嘗輕忽之。他論年譜以「別爲一家！要以巨公魁儒事蹟繁多，大而國史，小而家傳墓文，容不能無舛繆，所藉年譜以正之。」（〈愚山施先生年譜序〉）因此他在撰作《歷朝人物世表》之後，又以「中原喪亂，譜牒遺軼」，爲了收拾遺佚，復仿前人之例撰爲《歷朝人物親表錄》。另外他也撰作了《四明族望表》，凡各姓之來鄞者，始於何時？其節行位望、學術源流、詩文世業等，均爲之載及。謝山此篇既出，實齋復鼓吹之，於是譜牒之學再受重視，同光以後各地方志，遂多載有氏族表矣！

四、續成《宋元學案》之學術史纂輯

梁啓超嘗論專史之作應有橫斷與縱斷，惟中國向來重視以時代爲界域的橫斷專史，卻罕有縱斷專史，勉強地說，《通典》、《資治通鑑》等可算是縱斷的政治史，而學術史一門則在清代才終於有了比較完備的發展。清代，學術史一門，繼朱熹《伊洛淵源錄》、周汝登《聖學宗傳》、孫奇逢《理學宗傳》、熊賜履《學統》等意欲爲理學和理學家做總結的著述之後，《明儒學案》與《宋元學案》兩部學案體的學術史著作，更系統論述了宋明理學發展的全過程，堪稱清初總結性學術史之集大成，梁啓超至譽爲「清代史學之光！」而全祖望之續修《宋元學案》，也不無自豪地說朱熹《伊洛淵源錄》是「晦翁未成之書。」「愚從五百年之後，爬梳而得其一二，稍足爲朱陸門牆補亡拾佚，以正《宋史》之謬。」（《宋元學案‧周許諸儒學案序錄》，《鮚埼亭集‧奉荅臨川先生序三湯學統源流札子》）學案體學術史是以人物爲綱，因人立傳，言行並載地廣擇博採其言論及著述旨要，著重在爲傳主確立道統傳承的歷史統緒，並客觀呈現出各學派的學術特色來，是一種重在記言、並體現學統傳承關係的學術史形式。從歷史編纂學的角度看，它比先前的傳統學術史，更具有完備的型態和嚴密的體例結構。《宋元學案》是黃宗羲繼《明儒學案》完成以後所復致力纂輯的心血之作，未成而卒，後來在私淑全祖望的續修之下得以完成。

謝山著述經營之專且久者，無過於修補《宋元學案》，從乾隆十一年到十九年，直至謝山死前一年，其所補撰的書稿皆未曾暫離。全書雖由梨洲所創始，其後梨洲之子黃百家也曾秉遺命而致力爲之，但百家旋卒，故完成之功應歸諸謝山。後來謝山也在草創方就後遽歸道山，致稿本散落，直到道光年間由王梓材、馮雲濠加以整編，全書始得以面世刊行。謝山對於該著用力極深，嘗賦詩道：「黃竹門牆尺五天，瓣香此日尚依然。千秋兀自綿薪火，三逕勞君盼渡船。酌酒消寒欣永日，挑燈講學憶當年。宋元學案多宗旨，肯令遺書嘆失傳？」又自述以：「予續南雷宋儒學案，旁搜不遺餘力，蓋有六百年來儒林所不及知，而予表而出之者。」（〈蕺山相韓舊塾記〉）則謝山勤懇的希賢之心，和他立異於同時代史學家所獨具學術史視野的眼光，並其功在儒林，概皆可見。

謝山不獨對《鮚埼亭集》有著極高的自許與自視，曰：「他年補史者，其視我碑銘」（〈明故權兵部尚書兼翰林院侍講學士鄞張公神道碑銘〉），其於《宋元學案》，亦同樣有著補苴《宋史》之史學雄心在——「微特學案所關，他日有重修《宋史》者，亦將有所采也。」

（《宋元學案・廣平定川學案》）謝山之有志於補《宋史》之缺，其存心由來已久矣！他亟不滿《宋史》對於南渡師儒之載籍闕略，「俱不能詳其事，以爲後世勸懲，不知其所排纂者爲何事也？」「有此忠義，獨不得豫表揚之列，然則潛德之不彰者，恐尚多也。」他自述：「某少讀《宋史》，歎其自建炎南遷，荒謬滿紙，欲得臨川書以爲藍本，或更爲拾遺補闕於其間。荏苒風塵，此志未遂。」（〈答臨川先生問湯氏宋史帖子〉、〈跋宋史趙雄列傳〉、〈答趙徵軍谷林問南宋雷樞密遺事帖子〉）是以謝山之續修《宋元學案》，移治史之法以從事學術史之纂輯，「合理學、氣節、文章而一之，使學者曉然於九流百家之可以返於一貫。」（〈二老閣藏書記〉）絕非僅爲賡續梨洲之舊而已。

清儒於史表頗爲重視，例如萬斯同嘗有《歷代史表》、洪飴孫有《三國職官表》、錢大昭有《後漢書補表》……等，謝山之於史學，亦強調「表」之爲用大矣哉！以爲提綱挈領、件附事繫者也，「與正史相輔而行」者。是以他讀《二十一史》，即先取諸表諦視之，稱爲「固全史之經緯，如肉貫串，非徒取充口耳。」他讚美班氏〈百官公卿表〉，「勛階資格，一一詳列，而後備及其人之遷除，是表中有志也。」嘆乎：「唐有〈宰相世系表〉，則雖瑣瑣任子，皆得附名汗簡；而宋之脫略至此，不可謂非不幸矣！」（〈讀史通表序〉、〈跋宋史趙雄列傳〉）是以他總論「表」曰：

> 夫立乎百世之下，執遺文墜簡，以觀往事，蛛絲馬綫，正於原委棼錯之中求其要領；然苟得一表，以標舉之，則展卷歷歷在目矣！
>
> ——〈移明史館帖子三〉

因此謝山除續葺、補闕萬斯同的《歷代史表》，撰爲《讀史通表》以外，他又別作《歷朝人物世表》、《歷朝人物親表錄》，以充讀史者之目錄——謝山便是以這樣的史學理念以治《宋元學案》的。所以他在《宋元學案》每學案的案首，仿史書表志之例創設了〈學案傳授表〉，以具體呈現出各學派的學統暨師承關係，其後並附以同調、家學、門人、學侶、講友、續傳、別傳等，於是宋元各家，凡所有傳承脈絡、歷史統緒等，皆釐然分明矣！故梁啓超亟稱美謝山續《宋元學案》所具備的「爲史學而治史學」精神，認爲「有宋各派學術，面目皆見焉！洵初期學史之模範矣！」《宋元學案》全書共百卷，九十一案，謝山所增補者約居全書十之六七，所以錢穆說：「我們今天說來，只說是『全祖望的《宋元學案》』，不能稱『黃梨洲、黃百家的《宋元學案》』，也不能稱『王梓材、馮雲濠的《宋元學案》』。」（黃梨洲的《明儒學案》，全謝山的《宋元學案》〉，《文藝復興月刊》第三十期）有關《宋元學案》之謝山增補及修定情形，述之如下：

㈠經謝山修定者。梨洲原本所有，經謝山增損修定之學案共三十一案，三十一卷。計有：安定、泰山、百源、濂溪、明道、伊川、橫渠、上蔡、龜山、薦山、和靖、武夷、豫章、橫浦、艾軒、晦翁、南軒、東萊、梭山復齋、象山、勉齋、潛庵、木鍾、北溪、鶴山、西山眞氏、北山四先生、雙峰、介軒、魯齋、草廬等學案。

㈡由謝山新增者。梨洲原本所無，爲謝山所補立之學案有三十二案，三十三卷，計有：高平、盧陵、古靈四先生、士劉諸儒、涑水、范呂諸儒、元城、華陽、景迂、兼山、震澤、陳鄒諸儒、漢上、默堂、趙張諸儒、范許諸儒、玉山、清江、說齋、徐陳諸儒、二江諸儒、張祝諸儒、丘劉諸儒、存齋晦靜息庵、巽齋、師山、蕭同諸儒等學案，另外還有元祐、慶元二黨案和荊公新學、蘇氏蜀學、屛山鳴道集說等三學略亦屬之。

㈢由謝山補立者。梨洲原本所有，但被打併歸一地附屬在其他學案中，例如周許諸儒、艮齋和止齋，梨洲編修時均歸爲永嘉學案，但謝山認為彼其各具獨立的學術特色與成就，所以復區別為上述學案。又如呂本中曾游於楊、游、尹之門，而在尹焞門下最久，故梨洲歸為〈和靖學案〉；但謝山溯其學術源流，認為他雖歷諸門，所篤守者實乃世傳家學重視文獻之傳也，故將呂本中別立為〈紫微學案〉。全書類此分立、補定學案者共二十八案，三十卷，計有：滎陽、劉李諸儒、呂范諸儒、周許諸儒、王張諸儒、紫微、衡麓、五峰、劉胡諸儒、艮齋、止齋、水心、龍川、西山蔡氏、南湖、九峰、滄州諸儒、嶽麓諸儒、麗澤諸儒、慈湖、絜齋、廣平定川、槐堂諸儒、深寧、東發、靜清、靜修、靜明寶峰等學案。此類學案，人物雖屬梨洲舊稿所有，但從體例到內容均出自謝山之手，實際上也等於謝山之所增立。

㈣經謝山次定者。梨洲原有百源、濂溪、明道、伊川、橫渠、晦翁等六學案，各為一卷，謝山依其內容將之別為上、下卷，共計增立六卷。

㈤由謝山創獲體例者。全書深具創獲性的〈學案傳授表〉和足補《宋史》不足、洞中窾綮之序錄及傳狀、附錄等，皆謝山之所獨任。

《宋元學案》一書規模龐大、材料翔實、體例嚴整，是謝山對史學所特具的史識——別具學術史視野的史學理想之具體實現；它不但全面綜合了宋元時期各學術派別的思想發展，也難能可貴地完整呈現了一代學術思想。

五、結語

浙東之學近承姚江性命之教，遠紹兩宋儒哲之傳。兩宋之間，浙東各地儒哲輩出，永嘉、金華等先哲，講學躬行，導揚先路，蔚為文教之邦。風流所被，故於明清鼎移之際，浙東義旅甘於湛族之禍、敢於逆天而弗顧，以延翁洲之祚，以求無愧於君臣大義，匡復之志炳耀日星！梨洲曾以孤臣之淚、言有餘痛的心情，對此歷百世而不泯的其氣浩然，獨任一代文獻之傳；謝山也對此南疆逸史、鄉先賢的耿耿昭昭，至再至三地寄以繾綣深情，因此他繼梨洲之後，同樣死生以之地撰為《鮚埼亭集》，復續修《宋元學案》，既力存南明史，也保存一代學術思想，在一片望風披靡的考據聲中，斐然有成，別傳文獻之學。

狷介的謝山，因得第後不赴時相之召，致得罪首輔張廷玉而遭左遷外補，他於是辭歸，並從此絕意仕進。詩集中他嘗賦詩明志：「埜（野）人家住鄞江上，但見山清而水寒。一行作吏少佳趣，十年讀書多古歡。」「自分不求五鼎食，何妨平揖大將軍。」他又自述：「生平性地枯槁，泊然寡營。其穿穴顛倒而不厭者，不過故紙陳函而已。……篷窗驛肆，不能一日無此君。」故自後即閉戶讀書，樂在其中——「鮚埼亭下對蒼葭，讀易忙時且下簾。」「鮚埼亭下戶長扃，未死心猶在《六經》。」「此中樂處眞不少，飢可忘食寒忘衣。」即使師友再三為勸——「星齋速我出山，且盛夸我用世之才以相歆動，其意為我貧也」，他也堅不復出。其「家居十載，故人誚讓蝟集」，他仍堅持〈奉方望溪先生辭薦書〉以辭薦。他的用心惟在編纂著述、網羅遺編——「昨我搜羅遍里社，殘編叢說證榆枌。」「桑田軼事紛綸出，枌社遺文子細察。」雖然貧病交迫，饔飧或至不給，他仍然熱腸地想要濟助老友卻未能——「孤負諸公緩急需，而今我亦嘆枯魚。」但他始終不為貧窶而動心——「三旬九食古人事，此是儒生分所甘。」眞正讓他刻刻存心的，就只有「零落誰成未竟書」一事了。如此謝山，無怪乎曾經稱他為「深寧東發以後一人也」的李紱（《年譜》二十八歲條），在病甚之際仍時刻以他為念——「客自江上來者，為予言臨川先生心疾如故，健忘更甚，獨有昕夕不置者，予之近況也。」謝山四十四歲曾主蕺山講席，四十八歲又應聘度嶺，任廣東端溪書院山長，其曰：「辭謝不得，齒髮日衰，乃為五千里之行，非予志也。」「此去特謀食，投荒作遠遊。」（《鮚埼亭詩集》）不過他對於浙學、嶺學的交融和粵省學風的影響很深。總其學，凡史學、經學、理學、文學等，幾無不該；其著述除了前論犖犖大端者以外，尚有《公車徵士小錄》、《讀易別錄》、《困學紀聞三箋》、《句餘土音》、《續甬上耆舊詩集》、《漢書地理志稽疑》、《鮚埼亭外編》、《鮚埼亭詩集》、《七校水經注》、《經史問答》、《甬上族望表》、《孔子弟子姓名表》等，另外還有佚書《讀史通表》、《歷朝人物世表》、《詞科摭言》……等多種，皆可見其淵博浩瀚於一斑。

謝山偏好浙東學術，尤其致力南明史，對於鄉賢義旅，嘗爲之銘曰：「肝腦塗地，逆天堪痛五百人，……國殤毅魄，至今累唏！死者可生，生者可媿。死殉其軍，生埋其蛻。我作誄文，唾壺欲碎。」（〈明故張侍御哀辭〉）可見他深藏心中的浙東意識，就是激勵他奮力爲之的活水源頭。《史記．伯夷列傳》嘗贊曰：「伯夷、叔齊雖賢，得夫子而名益彰；顏淵雖篤學，附驥尾而行益顯。……閭巷之人，欲砥行立名者，非附青雲之士，惡能施於後世哉！」然而青雲驥尾之附，豈在易爲？豈皆有是幸？梨洲撰《南雷文定》，曾悲夫「天地之所以不毀，名教之所以僅存者，多在亡國人物。」嘆其血心流注，與朝露同晞，文獻脫落，後世泯然未有知之者；痛乎「江東草創，……一時同事之人，殊多賢者，其事亦多卓犖可書；二十年以來，風霜銷鑠，日就蕪沒。」斯眞志士之痛也！因此他化黍離之悲爲網羅遺軼，爲躍然紙上之潛德幽光，嘗曰：「家國之恨，集於筆端，不覺失聲痛哭，棲鳥驚起，後之覽者，亦將有感於斯文！」（《南雷文定前集．萬履安先生詩序．明司馬澹若張公傳．次公董公墓誌銘》）後世讀者孰不爲之動容！是故謝山緬懷前賢，接手梨洲文化偉業，亦曰：「桑海諸公，其以用世之才，而槁項黃馘，齎志以死。庸耳淺目，誰爲收拾？其逸多矣！」「此非予表而出之，其誰更表而出之？」是以他寧偃蹇終身，矢志要爲故國遺臣、鄉邦文獻收拾散佚，「庶前輩一生肝血，不與塵草同歸澌沒」，以慰先烈重泉之恨。因此終其一生，無懼乎鼎鑊之誅，皆極力於發明沉屈，「碧梧翠竹，以類相從，庶潛德不終湮。」（〈明太常寺卿晉秩右副督御史繭菴林公逸事狀〉、〈奉九沙先生論刻南雷全集書〉、〈跋宋史史浩傳後〉）而南明烈士、浙東義旅與夫梨洲等，並皆可以告慰矣！

拾柒

章學誠強調「專門」、「成家」的史學核心意識

中國古有史官制度，更有《二十五史》之輝煌成績傲視各國古文明，固是不錯；但是欲綜紀一朝、綜理天下事以勒成定史，必須有特殊因緣際會，並非獨抱史家之才、學、識，便皆得以從事。因此縱觀我國學術史發展，先秦子學、兩漢經學、宋明理學以及各代文學皆能各領時代風騷；史學之部則除了歷代正史之記載以外，其間罕有能以史學名家或以史論名世者。況且歷代之史書撰作，又經常「文、史不分」地以文士從事，罕能樹立起史學之「專門」、「成家」標準。章學誠所處的乾嘉時期，更因考證風氣籠罩學界，史學亦汲其流地趨向歷史考據學派，然而章學誠亟強調經學、史學、文學流別不同，他撰爲《文史通義》，即以考鏡源流、辨章學術做爲宗旨，欲釐析經學、史學、文學兩千年來的錯綜複雜關係。他既以「文史分趨」針砭歷來文士撰史之風，要求建立起史學專門之專家從事；又以「六經皆史」批判乾嘉儒者只知尊經考經，而不知六經本爲三代之史，致貶低了史學價値，同時亦照見時儒盲從時風之競趨考訂不當。

惟歷來的研究者往往過度集中焦點在實齋的「六經皆史」說；而「六經皆史」說固然堪稱實齋的代表性思想之一，想要由此認識實齋的整體史學思想，卻一開始便落入了偏於一隅的侷限性。實齋論史之核心宗旨，固然是要建立起史學之專門絕業，但他所針砭的對象，卻絕非僅僅針對乾嘉考據時風；他曾自言《文史通義》之作，「實有不得已而發揮，爲千古史學闢其蓁蕪」（《文史通義・與汪龍莊書》），即是宏觀

地針對中國兩千年來史學發展的流弊而發。所以必須以中國全程之史學發展爲範疇，始能得乎實齋史學思想之旨要。是故通過《文史通義》爲何而作之著作宗旨——既包括實齋針砭學風的寫作動機、也包括其史學理論之建構，即通過考察實齋專業精到的學術切面觀察及其史論提出、乃至其修志之自我理論實踐，正可以對我國二千多史學發展做一宏觀檢視與反思。

章學誠是梁啓超和王國維揭開我國新史學序幕之前、傳統史學發展後期最傑出的史學思想家。章學誠，字實齋，生於乾隆三年（1738），卒於嘉慶六年（1801），正當乾嘉考據學風最鼎盛之際，他卻不投時好地獨以史學名世，固然這也就是實齋所自豪的不徇時趨，然其落落寡合、不爲人知，亦不難想見，故他嘗嘆「僕屬草未成，書未外見一字，而如沸之口已譁議其書之不合」、「吾最爲一時通人所棄置而弗道」（《方志略例．與陳觀民工部論史學》、《文史通義．家書二》），而當時之風趨亦可見一斑。至於我國清代以前史學成就，可以分就撰史與論史兩端言之：撰史如編年和紀傳，論史則如劉知幾《史通》創之於前、章學誠《文史通義》繼之於後者；《文史通義》則被公認爲我國傳統史學後期最傑出之史論。是作在嘉慶元年（1796），由實齋選取其中少數篇章刊刻出版，爲《文史通義》自刻本、也是最早刻本；其後之流通則有兩種版本：一是其次子華紱所編輯，於道光年間刊刻、世稱「大梁本」者，爲後來通行諸本所祖；一是實齋付簀前，以全稿託付其友王宗炎校定，時未付梓、而於民國十一年由劉承幹刻入《章氏遺書》者。然實齋嘗在游古大梁地時遇匪人，盡失篋中所攜文墨，四十四歲以前所撰著，蕩然無存；其後雖然借鈔於故舊家中所存錄別本，但未能得其全本，且如《校讎通義》，經參照鈔存數本之後，實齋發現「則互有異同，難以懸斷，余亦自忘眞稿果何如矣。」遂只好「仍訛襲舛，一併鈔之。」不但其失稿後之重訂有異同，友朋間傳抄亦有異同，故在實齋已不免產生「嗟呼！書有異同，不待著書人之身後」之嘆！兼以王宗炎之校定、章華紱之刊刻，並多己意刪削，是以後世流傳實齋之作雖多，卻編次不定、文字不定，復有遺文佚篇，後人亦難定其是非。除了《文史通義》外，實齋還有《史籍考》、《方志略例》、《校讎通義》、《湖北通志》、《亳州志》、《和州志》、《永清縣志》……等作，後來編爲《章氏遺書》。

以下依《文史通義》著作動機、史論建構及其落實理論實踐的方志纂修等思想理路，次序闡明實齋史學所一以貫之的思想宗旨，就是凸顯史學「專門」、「成家」之「別識心裁」、「專家獨斷」，以「成其家言」，期能由此勾勒出實齋整體史學思想之樣貌。

一、以「專門」、「成家」突出於乾嘉時風外

實齋爲何突出於傳統史學後期？——以其「史學專門」與「成其家言」之境界故也。在以考證盛稱的乾嘉時期，他不但逆於時趨地獨以史學名世，並且他是極有自覺地走上史學之路的。雖然實齋在乾隆31年（1766）往訪休寧會館初識戴震時，也曾經深爲戴震湛精博雅的義理和考據絕學所震懾（論詳《論戴震與章學誠》）；但繼之，則他發現了人各有志的興趣與專長都是勉強不來的，學問途徑必須循天性所近、專一途轍，而不可隨波逐流、盲目追逐時趨。故他深切體會出「戴氏深通訓詁，長於制數，又得古人之所以然，故因考索而成學問，其言是也；然以此概人，謂必如其所舉，始許誦經。……將遂古今無誦《五經》之人。」實齋認爲對戴震而言，他確實能得考索之「專門」」；但對他人而言，則多數只是徇時趨而已。是以儘管實齋認同戴震論學要求「必先識字」，是出自戴氏「實有見於古人大體，非徒矜考訂而求博雅也」；但卻認爲倘使必如戴震所言「誦〈堯典〉數行，至『乃命羲和』，不知恆星七政所以運行，則掩卷不能卒業；誦〈周南〉、〈召南〉，自『關

雎』而往，不知古音，徒強以協韻，則齟齬失讀；誦古《禮經》先〈士冠禮〉，不知古者宮室衣服等制，則迷於其方」，以此責於學者，則恐怕眾人皆不得與於學了。是以有關「博／約」之辨，實齋曰：「《爾雅》注蟲魚，固可求學問；讀書觀大意，亦未始不可求學問，但要中有自得之實耳。」（《文史通義·又與正甫論文》）他主張爲學途轍殊多，不必一概期以考據學之專門絕業，或必以搜羅詳備的考據標準來檢驗；只要依其性情深造自得，使「中有自得之實」，則雖從入之途或疏或密，要皆可得其「專門」。是故實齋乃以循一己質性所長，專一途轍地加以深造，而能得其門徑，以爲「專門」之謂。此既是實齋之自我表述，同時也是他之「論學」理論核心基礎。

因此實齋舉例孟子之「言井田、封建，但云大略；孟獻子之友五人，忘者過半，諸侯之禮，則云未學；爵祿之詳，則云不可得而聞。」而謂「使孟子生後世，戴氏必謂未能誦《五經》矣！」（〈又與正甫論文〉）實齋以孟子爲例，謂孟子能夠傳承道統而仍不免考據荒疏，況乎他人？於此，實齋或受有邵廷采之影響，廷采也嘗論以「昔孟子論井田、封建，止述大畧，此之謂善於師古，知時務之要；後此，荀淑不爲章句，淵明不求甚解，外期經世、內養性情，兩賢雖未達聖功，要爲窺見體用。」（《思復堂文集·答蠡吾李恕谷書》）是以儘管實齋能夠理解時代各有風趨，學者祈嚮往往囿於時趨；但他更重視個人學術旨歸必須本乎根器，既不待勉強、亦勉強不來，曰：「世之所尚，未必即我性之所安；時之所趨，何必即吾質之所近？」「不得其趨，則不可以強爲，當求資之所近而力能勉者。」（〈又與正甫論文〉、〈與朱滄湄中翰論學書〉）是其突出個人之情性所趨，且謂「因天質之所良，則事半而功倍；強其力之所不能，則鮮不躓矣！」（〈與周永清論文〉）實齋並自此一角度理解陽明之「良知」遺意，認爲人各有所能、所不能，雖途轍有異而同期於道，「豈可執定格以相強歟？」（〈博約下〉）故君子藉以明道的學術之「器」，則「聖門如顏、曾、賜、商，未能一轍。」（〈又與正甫論文〉）對於爲學門徑，不必一概期以時趨。實齋又論曰：

> 世之所重而非吾意所期與，雖大如泰山，不遑顧也；世之所忽而苟爲吾意之所期與，雖細如秋毫，不敢略也。趨向專，故成功也易；毀譽淡，故自得也深。……所謂途轍不同而同期於道也。
>
> ——〈與朱滄湄中翰論學書〉

實齋強調「吾意所期與」之專一趨向，認爲這是學者能夠自立的成功要素。因此他將學者大分成爲「高明」與「沉潛」兩類——「高明者多獨斷之學，沈潛者尚考索之功。」（〈答客問中〉）他並自我剖析：「吾讀古人文字，高明有餘，沉潛不足，故於訓詁考質，多所忽略；而神解精識，乃能窺及前人所未到處。」這一番深到的自我省視，使他決意拋棄世俗風尚，不追逐時趨，「不爲訓詁牢籠」（〈家書三〉），一任向著自己質性所近的史學方向邁往。

此外，實齋之史學定趨與專門成家，還有一段家學淵源：蓋實齋之父極爲看重鄉先輩邵廷采之《思復堂集》，而廷采一生僻居浙東，聲名不出於鄉里；然而其能如此深孚章父之崇敬與愛好，正可以印證個人學術「貴其著述成家」，只要能夠做到專家裁斷，即使走一條不迎合世俗利祿之路，仍然可以藉以名世。因此實齋自言：「吾由是定所趨向。」「吾實景仰邵氏而媿未能及者也。」並自言其史學專門，「根底則出邵氏，亦庭訓也。」（〈家書三〉）既承自庭訓，而亦受有邵廷采能以史學自立之影響。另外實齋亦頗自期以「因弊以救其偏」，自期能夠救正考據學風之偏頗。故他一方面自知不耐沈潛，曰：「時人以補苴襞績見長，考訂名物爲務，小學音畫爲名；吾於數者皆非所長，而甚知愛重，咨於善者而取法之，不強其所不能。」另方面且亦深負他對於史學莫逆於心的「資之所近」、「吾之所爲，則舉世所不能爲者也」，「吾於史學，蓋有天授。」（〈家書二〉）所以他不願追逐時風，並突出貴專家、重自得的「專門」與「成家」，以矯正時弊。雖然有時他也不免感到知己落落，「從而鄙且笑者十之四五，怒且罵者且倍焉」（〈與中滄湄中翰論學書〉）；但他對於「今吾不爲世人所知」，則「吾於心未嘗有憾」，他深知古人開闢之境，總在「歿身之後，歷若干世而道始大行。」（〈家書二〉）是以他之定趨史學，屹立不搖。

二、以「史學專門」針砭學風的《文史通義》

實齋強調學者當定趨於一己情性所近而趨向專一的「專門」之學，此爲實齋針砭當時學風之理論重心；至於如何呈現其學果異乎眾人呢？則這就有賴於其學能夠「成家」了。因此實齋又強調「成其家言」所必須憑藉的個人獨具「史識」，即其專門特識、「神明自得」而善裁斷的一家之言；此爲實齋《文史通義》所建構史論之核心要義。是故《文史通義》之著述宗旨，可以分從針砭時風以及建構史論兩個面向來考察，此兩個面向又是環環相扣、緊密聯繫。先說《文史通義》之針砭學風——包括實齋以「文史分趨」針砭傳統史學之文士撰史流弊，以及以「六經皆史」針砭乾嘉學風之過度尊經、博而不約的考據風氣，而這亦正是實齋所最感到自豪的史學「專門」與「成家」之處；但是論及史家如何才能達到「成家」境界？則還必須益之以實齋史論中所最強調的「史識」——實齋亟重「史家著作之微旨」，有曰：「作史貴知其意」（〈爲張吉甫司馬撰大名縣志序〉、〈言公上〉），惟「非識無以斷其義」（〈史德〉），故他突出史家必須具備專家裁斷之「史識」，始能秉善善惡惡之「史義」而決斷去取存乎一心，此方爲史學之最上乘。是以結合實齋之針砭學風及其所建構史論，則《文史通義》的大旨已經呼之而出了，即欲藉「史識」以針砭二千年來史學傳統中史學未能「專門成學」，以及撰史者之不知史義、欠缺專家裁斷，就是《文史通義》之所以作的根本原因。

㈠以「文史分趨」針砭傳統史學之文士撰史現象

我國史官制度，據班彪言，唐虞三代，「世有史官，以司典籍」（《後漢書．班彪傳》）；《周禮》則載「周制五史」，古之左史記言即《周禮》之內史，右史記事即《周禮》之大史；秦漢援古制而改稱爲「太史」，但古之史官、歷官不分，是以太史令兼掌星歷天事與文史人事，其職合大史、大卜、大祝而一之。惟古代史官世守之制，至漢已革；後漢靈、獻之世，天下大亂，史官更失常守；逮及魏晉南北朝則私史繁多，金靜庵《中國史學史》形容以「人人以擬孔、左，家家自況馬、班。」其原因則或由於魏晉玄風，經術日微，「學士大夫有志撰述者，無可發抒其蘊蓄，乃寄情乙部，壹意造史。」以及「博達之士，愍其廢絕，各紀見聞，以備遺亡；後則群才景慕，作者甚眾。」於是自後私家撰史之風盛，唐太宗詔修《晉書》時，有「前後晉史十八家」之語，如謝靈運、沈約等皆嘗撰爲《晉書》，江淹等亦嘗撰作《齊史》（上據金靜庵《中國史學史．古代史官概述》）。然而章學誠對此一存在我國傳統史學中極其普遍之「文史不分」、文士撰史現象，非常不滿，故欲藉《文史通義》以針砭之。

實齋針對我國傳統史學長期「文史不分」之未能專門現象，在《文史通義》倡論「文史分趨」之史筆、文士分趨概念。雖然劉知幾和鄭樵也曾反對文人修史，劉知幾嘗論「文之與史，較（皎）然易轍」，但他頗寄寓個人「取擯當時」而退出史局之不遇悲慨於其中，《史通》全書亦總結以〈忤時〉篇，以申其志。故他批評時風：「世重文藻，詞宗麗淫，於是沮誦失路，靈均當軸。」蓋劉氏忤俗而斥棄駢儷史風，其嘆

「沮誦失路」，借言沮誦雖與倉頡共創文字，然世知倉頡而不知沮誦，以申古筆之不行，又借「靈均當軸」譏刺詞人騷客主宰史局，其言文人之筆於史不宜，相當程度寄寓了一己「懷獨見之明，負不刊之業」，卻「披褐懷玉，無由自陳」、「取窘於流俗，見嗤於朋黨」（《史通通釋・覈才》），主要針對時風而發。至於實齋之論「文史分趨」，則目的在對於二千年史學傳統之文士撰史流弊做一檢討，他並認爲劉知幾「得史法而不得史意」（《方志略例・和州志志隅自敘》），頗自負識見不同於劉氏。故實齋和劉知幾、鄭樵雖然同持反對文人修史之說，但實齋具專門史識地提出一般文人大都不注重「令史案牘」，此其認爲「文人不可與修志」的重要原因之一；以此，他深刻批評了「文士之見」，認爲文人「史識」不足，欠缺史學「專門成家」之重要條件，因此主張「文史分趨」，以建立「史學專門」之地位。

實齋首先批判辭章家舒其文采、記誦家精其考核，雖然對史學似有小補；然其「循流忘源，不知大體，用功愈勤，而識解所至，亦去古愈遠而愈無所當。」（〈申鄭〉）是以實齋對於正史如歐陽修等文學士而載筆撰史者，加以指陳其缺乏史學專門之史學素養，尤其未能具備專門獨斷、成其家言的「史識」，而「史識」正是實齋史論所最看重，他認爲惟具史識者，爲能得夫史意。實齋嘗譬之以「蓋有大鵬千里之身，而後可以運垂天之翼，他若鷹隼羽毛，即非燕雀所能假借。文章各有裁識，豈因襲成文所能掩耶？……是人之才識，絲毫不容勉強，其明驗矣！」（《方志略例・與陳觀民工部論史學》）再者，亦惟獨具史識者，爲能「筆削獨斷」──「專門之學未有不孤行其意，雖使同儕爭之而不疑，舉世非之而不顧。」（〈答客問中〉）實齋正是以如此自信，爲史學之專門絕業；他認爲如此史家裁斷，非文士所能臻至，更非因襲成文所能達到。是以他對於歐陽修步趨韓愈之後，雖能認同「昌黎道德文辭，並足泰山北斗」；但是對其史學，則認爲未足與論。其曰：

昌黎之於史學，實無所解。即其敘事之文，亦出辭章之善；而非有「比事屬辭」、「心知其意」之遺法也。其列敘古人，若屈、孟、馬、揚之流，直以太史百三十篇與相如、揚雄辭賦同觀，以至規矩方圓如孟堅、卓識別裁如承祚（陳壽），而不屑一顧盼焉，安在可以言史學哉？歐陽步趨昌黎，故《唐書》與《五代史》，雖有佳篇，不越文士學究之見，其於史學，未可言也。……噫！此殆難以與文學士言也。　——〈上朱大司馬論文〉

實齋指出文士撰史如韓、歐等人，皆移辭章之法以治史；實則對於史學之史義、史法，並皆不知。故良史如班固、陳壽者流，在韓愈的辭賦標準下，竟亦不得其一顧盼焉，如之何可與論史學？歐公諸史則雖有文學佳篇，但亦不過文士之見而未可與言史學。是以實齋謂彼文史之儒，只得「《詩》教流爲辭章辭命」者，未得「《春秋》流爲史學」者。故實齋之自言《文史通義》「爲千古史學闢其蓁蕪」，其中欲破「文史合一」之史學傳統，是很重要的一端。邵晉涵也很認同實齋所論「韓、歐之文不可與論馬、班之史，判若天淵。」他也說：「昔人論劉勰知文不知史，劉知幾知史不知文；必如此書，而文、史可以各識職矣！」故他認爲區分文、史，「斯爲《文史通義》之宗旨爾。」（〈與陳觀民工部論史學〉）因此對於中國兩千多年的史學發展而言，實齋「文史分趨」之撥去迷霧、指陳缺失，殆可謂鏜鞳鉅音，震人耳目！

實齋所批判的「文士之見」，如其謂文史之儒往往「溺於文辭以爲觀美之具焉，而不知其不可也。」（〈史德〉）他說文人撰史每好「市菜求增」地畫蛇添足，譬如私署頭銜、無端影附……等，甚至「優伶演劇」——「蓋優伶歌曲，雖耕氓役隸，矢口皆叶宮商，是以謂之戲也；而記傳之筆，從而效之，又文人之通弊也。」其謂文士在辭章觀美之審美要求下，往往有過度文飾、文失其實的記言記事，遂使如農民、僕役徒隸等亦皆如雅儒般開口便叶宮商，其實只如優伶演戲。所以實齋論史著載筆，「但須據事直書，不可無故妄加雕飾。」「期於適如其人之言，非作者所能自主也。」「夫傳人者，文如其人；述事者，文如其事，足矣！」（〈古文十弊〉）他要求史筆但須如實記載，不可妄加雕飾。於此，實齋已經觸及文學、史學各有專門的素養要求了。他反對以文學的審美意識、審美判斷，加諸歷史事實之上，要求史家挺立客觀眞實的史學標準，以此他嘆「千古多文人而少良史！」「唐後史學絕而著作無專業。」（〈史德〉、〈答客問上〉）所以實齋又嘗另撰〈古文十弊〉，以針砭歷來文士撰史之「以文害道」缺失，於此不再縷述。

而除了泥於辭章以外，實齋並認爲史著要能徵諸實事、發揚現實精神，對於當世所有經濟實務、官司掌故等專門之學，皆必須具備專門能力；然而歷來文人撰史，往往對於經綸世務欠缺專門史裁，甚至以爲瑣瑣而不屑具論。故實齋又批評道：

> 令史案牘，文學之儒不屑道也；而經綸政教，未有舍是而別出者也。後世專以史事責之於文學，而官司掌故不爲史氏備其法制焉，斯則三代以後，離質言文，史事所以難言也。
>
> ——《方志略例・州縣請立志科議》

實齋批評後世每以史撰責乎文學之儒，然而文士對於官司典守、賦稅獄訟等令史案牘一類瑣務，往往不耐，導致史書「離質言文」地徒逞辭章，史事遂益發難明。

實齋也嘗藉孟子說《春秋》涵蓋的「其事、其文、其義」三個層面，以譬喻人身，曰「事者其骨，文者其膚，義者其精神也。」其中他所最強調的，是能夠呈現出史學「精神」的「史義」，他並認爲「史識」專斷就是爲了凸顯「史義」，「斷之以義而書始成家。」以爲如此

「乃能傳世而行遠。」（〈方志立三書議〉）是故實齋又借用孟子在「其事則齊桓晉文，其文則史」之外，獨標孔子之謂「其義則丘竊取之矣！」而進論道「夫事即後世考據家之所尚也，文即後世詞章家之所重也；然夫子所取，不在彼而在此。則史家著述之道，豈可不求義意所歸乎！」所以他說：「作史貴知其意，非同於掌故，僅求事、文之末也。」（〈申鄭〉、〈言公中〉）他認為「史學」著述之與「掌故」記注不同，就在史撰必須強調史義、史識；惟縱觀史學載籍，則「自遷、固而後，史家既無別識心裁，所求者徒在其事、其文。」（〈申鄭〉）他批評文士之儒所記，其文、其事多為空逞辭章與考據罷了。故實齋曰：「載筆之士，有志《春秋》之業，固將惟『義』是求；其事與文，所以藉為存義之資也。」（〈言公上〉）他並反求諸已地，以一己實際從事修志之經驗，對照出文士撰史之未得史學專門。其論曰：

每見文人修志，凡景物流連，可騁文筆，典故考訂，可誇博雅之處，無不津津累牘；一至孝子忠臣、義夫節婦，則寥寥數筆，甚而空存姓氏，行述一字不詳，使觀者若閱縣令署役卯簿，又何取焉？

今世志藝文者，多取長吏及邑紳所為詩賦記序雜文，依類相附；甚而風雲月露之無關懲創，生祠碑頌之全無實徵，亦胥入焉。此姑無論是非，即使文俱典則、詩必雅馴，而銓次類錄，諸體務臻；此亦選文之例，非復志乘之體矣。

——《方志略例．答甄秀才論修志第一書》

他批評文學士徒以「選文之例」從事史業，甚至附入風雲月露之無關懲創、或無實徵者，未得《春秋》「筆削」精神所意欲呈現的「史義」。故謂能文之士徒以辭命議論為史，其「有似於史而非史，有似於學而非學爾。」又說「至唐而史學絕矣！」（《方志略例・和州志志隅自敘》）因此實齋一方面嘆「當今之世，安得知『意』之人而與論作述之旨哉？」（〈答客問上〉）另方面也頗自得於「發凡起例，多爲後世開山」、「史學義例、校讎心法等，則皆前人從未言及。」（〈家書二〉）是故能爲實齋所推崇的史家，必是能敘事、能決斷者，如劉知幾、曾鞏、鄭樵等人，實齋便稱以「皆良史才，生史學廢絕之後，能推古人大體，非六朝、唐、宋諸儒所能測識。」不過實齋自許甚高，他對此數君仍未盡滿意，又曰：「然鄭樵有史識而未有史學，曾鞏具史學而不具史法，劉知幾得史法而不得史意，此予《文史通義》所爲作也。」（〈和州志志隅自敘〉）是其極自負於史學，故欲藉《文史通義》以修正歷來史學發展之未能結合史識、史義、史裁、史法等專門之業，即《文史通義》之所以作的核心宗旨。

㈡以「六經皆史」針砭乾嘉學風之「博而不約」

考據學繼理學之後主盟學壇，清儒祛虛務實地欲藉尊經崇漢、徵實博證，以矯理學之空疏；但是當進入顛峰發展以後，伴隨考據學「徵實不誣」而來的「其弊也瑣」（《四庫全書總目・經部總敘》），遂也被相當程度地顯露出來了，現代學者余英時稱之爲「儒家的智識主義（intellectualism）逐漸流爲文獻主義（textualism）。」（《論戴震與章學誠・自序》）乾嘉後期的焦循亦曾論以「國初，經學萌芽，以漸而大備。近時數十年來，江南千餘里中，雖幼學鄙儒，無不知有許、鄭者，所患習爲虛聲，不能深造而有得。蓋古學未興，道在存其學；古學大興，道在求其通。前之弊，患乎不學。後之弊，患乎不思。」（《雕菰集・與劉端臨教諭書》）是其強調學、思不能流於一偏，實證之後還要益之以深造有得。而實齋亦一方面通過自我返視，體悟了「時之所趨」與「性之所安」間必須有平衡點，而決心不徇時趨；另方面則他以史家知幾察變的特有敏銳觀察，對於一味追求博雅考訂的乾嘉學風感到不安，並悟出「風尚所在，有利即有其弊；著書宗旨，自當因弊以救其偏」（〈爲畢制軍與錢辛楣宮詹論續鑑書〉），因此他亦提出「貴約」以針砭乾嘉學風之博而不專，他並以「持風氣」、而非「徇風氣」（〈博約上〉），自立於時風眾勢之外。

惟實齋並非一味反對時趨；他所批判者，主要針對兩種情形：一是針砭時儒逢迎時趨。實齋強調學術趨向必須誠於己，倘若徒以「毀譽之勢眩其外」，則落於「同逐時趨而非出於中之不得已，乃人之無所得而勉強言學問者。」故實齋所論「專門成家」，必是能夠博學而通乎性情，不離乎自身之心性而能「下學而上達」者，即能「深造自得」、自得於一心者，是以不論治經、治史，或爲義理、辭章、考據，皆不能自外於此。另一則是爲了救弊，蓋「古今學術，循環盛衰互爲其端；以一時風尚言之，有所近者必有所偏。」（〈與朱滄湄中翰論學書〉）故實齋針對乾嘉偏頗在文獻考據的學風，批評「徵實太多，發揮太少，有如桑蠶食葉而不能抽絲。」（〈與汪龍莊書〉）他所突出「別識心裁」和「筆削獨斷」的史識強調，也寓有和戴震「訓詁明而後義理明」的主張相分庭之意。是故實齋言「多聞而有所擇，博學而要於約。其所取者有以自命，而不可概以成說相拘也。」（〈答客問中〉）此其以貴約、重自得，爲針砭時風之藥石。

實齋所論，先以「六經皆史」說爲下手處，然後再逐步建構起強調「專門成家」之史學理論；他以「六經皆史也。古人不著書，古人未嘗離事而言理，《六經》皆先王之政典也」（〈易教上〉），做爲《文史通義》全書開篇。他從歷史進化的角度說「道」之變動發展，又從廣泛的史學與史料角度，說「盈天地間，凡涉著作之林，皆是史學。」認爲《六經》乃是聖人選擇的六種垂訓典制，所以說「夫子未刪之《詩》、《書》，未定之《易》、《禮》、《春秋》，皆先王之舊典也。」

（〈答客問下〉、〈報孫淵如書〉）是故實齋正是以「六經皆史」做爲將學風從「通經明道」扭轉成爲「以史見道」的憑藉，希望藉此擺脫經學附庸，而賦予史學專門成學暨首出之重要地位。故他批評時風道：

> 今之學者，以謂天下之道，在乎較量名數之異同、辨別音訓之當否，如斯而已矣；是何異觀坐井之天、測坳堂之水，而遂欲窮六合之運度、量四海之波濤，以謂可盡哉！ ——〈答客問下〉

他反對時風斤斤於名物度數，認爲「道」猶六合運度、四海波濤般廣大無窮，彼考據學者卻有如觀井天、測坳堂水之狹隘。實齋如此悖逆時趨，當然也明知「風氣所在，毀譽隨之」，但是「得失是非，豈有定哉？」「學問之道又不可以同於世之毀譽。」學術盛衰轉移固有一時之風氣，惟「風氣縱有循環，而君子之所以自樹，則固毀譽不能傾，而盛衰之運不足爲勞瘁矣！」（〈答沈風墀論學〉、〈與朱滄湄中翰論學書〉）而此亦是他所期於學者的深造自得，不隨風尚轉移途轍。

實齋對時弊之針砭及其史論建構，首先自「博、約之辨」開展。此蓋由於乾嘉學風自惠棟標竿「漢學」典範、戴震繼之以訓詁學體系建構以來，學界步趨於競博；因此實齋緣「即器明道」、「以史見道」理念而強調「六經皆史」，既說明《六經》之本質乃以事繫理，亦借重史學「切於人事」、「見諸行事」之務實精神，以闡明「義理不可空言。」（〈原道下〉）爲了闡述《六經》之「理」、「事」關係，實齋又嘗譬之以「水」與「器」，他說理如水，理在事上猶水在器中，能在政教倫常等事上落實言理者，亦猶以水注器，「器有大小淺深，水如量以注之，無盈缺也。」故其理非徒事空談；反之，如果舍人事而空言理，則如「欲以水注器者，姑置其器而論水之挹注盈虛。」（〈朱陸〉）是故考據之「博」、倘若不能落實在事上檢驗，亦猶不能「約」之於器者，則其理徒爲虛理而已。

至於實齋「六經皆史」有何突破前人處？譬如陽明亦嘗謂「五經亦史。」——「以事言謂之史，以道言謂之經。事即道，道即事。《春秋》亦經，《五經》亦史。《易》是包犧氏之史；《書》是堯舜以下史；《禮》、《樂》是三代史。」（《傳習錄．答徐愛問》）近代學者錢鍾書也指出王元美《藝苑卮言》有曰：「天地無非史而已。《六經》，史之言理者也。」胡元瑞《少室山房筆叢》亦曰：「夏商以前，經即史也；周秦之際，子即集也。」顧炎武《日知錄》也說：「孟子曰『其文則史』，不獨《春秋》，《六經》皆然。」此就「經」之內容爲「事」、「史」而言；另外，如《莊子．天運》記老子言：「《六經》，先王之陳迹也，豈其所以迹哉！」是老子亦已區別「陳迹」不是「所以迹」之「理」；輪扁則說書乃古人糟粕，「道之精微，不可得傳。」荀粲也說：「孔子言性與天道，不可得聞；六籍雖存，固聖人糠秕。」（《三國志．荀彧傳》）此亦皆就「經」之爲「迹」、或「器」言，故錢鍾書認爲「以《六經》爲存迹之書，乃道家之常言，『六經皆史』之旨實肇端於此。」（《談藝錄．附說二十二》）——實則實齋「六經皆史」之命意有別於前賢，他既不是如陽明「道在經中」之肯定「以道言謂之經」，也不是如道家貶視名言之「文字糟粕」之謂。

實齋「六經皆史」說雖也兼有上述「事」與「器」之義，但卻有所轉化——他雖然也從「經」之內容爲「史」出發，也強調《六經》皆政教實錄，是「器」也，曰「事有實據而理無定形，故夫子之述《六經》，皆取先王典章，未嘗離事而著理。」（〈經解中〉）但是有別於眾說的，是他從「道」的變動觀切入，強調歷史之進化發展；余英時亦嘗謂齋論道，「存乎具體的歷史實際中。」「乃自人類歷史文化發展之全程而言。」（《論戴震與章學誠》）故在實齋的變動發展觀下，道非《六經》所能範疇；《六經》所即器而明之「理」，只能代表長程歷史中部份進程的義理觀。實齋此論雖有違傳統「天不變，道亦不變」之「道在經中」觀念，但所論《六經》不能盡包後世之理，則若干程度反映了清代思想之重視經驗取向；且夫當他強調「道」必須即「器」而明時，「經」與「史」各自獨立的地位遂被凸顯而出，他期於學者「知有經、史專門之學，各自理會大本領。」（〈與汪龍莊書〉）所以正面地說，實齋之「六經皆史」先突出「以事繫理」的「器」的重要性；再以《六經》之有限性，映襯史學「以史見道」之不受時空拘限；復通過「經」、「史」之各自獨立，以建立起史學「專門」成學的地位。再從反面來說，則當實齋說《六經》是「史」、是「器」之同時，長期被學者獨尊的《六經》地位遂被下拉，《六經》的神聖性被瓦解，並照見時儒趨附時風之盲從性。

再從另一角度來說，實齋的「六經皆史」說既以《六經》爲「器」，那麼「道」者何？此又涉及實齋史論的「博古／通今」之辨和徵存當代文獻的史學主張。實齋從歷史進化的角度以說「道」之變動不居；他反對「道」是聖人所創制立教，他認爲聖人只能「體道」、「合乎道」——「言聖人體道，可也；言聖人與道同體，不可也。」「聖人所以合乎道，非可即以爲道也。」（〈原道上〉）故即連孔子也必須「即事言理」、「因事立教」。是以實齋論「道」，曰：「道者，非聖人智力之所能爲，皆其事勢自然，漸形漸著。」他認爲「道」是隨著歷史、文化、人類眞實生活情形……等一切實在界的萬變事象，「漸形漸著」自然形成的。其「道」論是一種強調歷史形塑的動態進化觀，「道」有由乎「勢成之」之一面，有其自然形成之理，迴非聖人所能造作，此亦「禮時爲大」之精神所在。是故「道」不能脫離歷史現實，「道」之「所以然」之理，係由經驗變化產生，「事變之出於後者，《六經》不能言。」於此，皆有賴於史家「專門獨斷」之史識，始能得其史意。是以實齋推於著述之道，主張崇當代、重現實，他強調「隨時撰述以究大道」，「述事而理以昭焉，言理而事以範焉。」（〈原道下〉）其論曰：

> 夫子述《六經》以訓後世，亦謂先聖先王之道不可見，《六經》即其器之可見者也。後人不見先王，當據可守之器，而思不可見之道，故表章先王政教與夫官司典守以示人，而不自著爲說，以致離器言道也。……則政教典章、人倫日用之外，更無別出著述之道。
>
> ——〈原道中〉

實齋強調著述之精神，正在「據可守之器，而思不可見之道」，所以作者應該「求當代典章以切於人倫日用。」（〈史釋〉）因爲「道」存在於人倫日用中，不是存在《六經》僵化固定之理中，「舍天下事物人倫日用，而守六籍以言道，則固不可與言夫道矣！」（〈原道中〉）因此「求道必於一陰一陽之迹也。」「《尚書》無一空言，有言必措諸事也。」（〈原道上〉、〈書教中〉）是故他之批判乾嘉學風，正因「學者昧今而博古，荒掌故而通經術。」他所強調的，是能夠及時徵存文獻、重視當代的現實精神。所以在乾嘉一片考據聲中，實齋除了《文史通義》之史論建構以外，他還撰有表述其史志觀點的《方志略例》，以及自我實踐理論的《亳州志》、《和州志》、《永清縣志》等實際修志之作，而此也即實齋之能自立於「務博」時風中的「約守」精神。

不過儘管實齋批判時學，謂：「不知當代而言好古，不通掌故而言經術，則鞶帨之文、射覆之學，雖極精能，其無當於實用也，審矣！」「苟大義不在君父，推闡不爲世教，則雖斐如貝錦、絢若朝霞，亦何取乎？」（〈史釋〉、〈與邵二雲論文〉）是其責言乾嘉之學，通經博古但只知考訂、不切人倫，只能做爲裝點門面以供人炫耀的無用之學；但因其志在矯俗，並持念「學業將以經世，當視世所忽者而施挽救焉，亦輕重相權之義也」，故他正是以救正俗弊爲得「權」之義；所以實齋到底還是認同「今之學者，雖趨風氣，競尙考訂，多非心得；然知求實而不蹈於虛，猶愈於掉虛文而不復知實學也。」（〈答沈楓墀論學〉）因此就清人在我國學術史上獨樹一幟的「崇實」精神而言，則實齋之強調史學經世精神，主張學術必須以現實人生爲依歸，「道」必須自眞實社會提煉得之，亦是在不同的學術向度上，以雖然有別於考據學強調「實證」方法論，而轉向史學經世價值的方式立說，但同樣都是對清人「崇實黜虛」之重視經驗取向的深刻反映。

三、以「專門」、「成家」爲核心意識的史學理論

實齋史論的重心，主要在於突出「史學專門」（即「專門」）與「專門成家」（即「成家」、「專家」）。「專門」是說由情性出發的專一途轍肆力，涵蓋了「性之所近」的個人所專擅強調，以及依其情性定趨後的專門從事及其專業要求；故亦可以擴及各種門類劃分下的專一趨向與專門能力強調。至於如何才能「成家」？則此正是《文史通義》中實齋所據以針砭時風的深層理論建構。以「史學專門」來說，史家對於其所從事，還必須表現出「史識」之「專門獨斷」、「別識心裁」，如此始能「成其家言」，如曰：「既爲著作，自命『專家』，則列傳去取，必有別識心裁，成其家言。」（《方志略例．亳州志人物表例議上》）故要達到史學極致境界的「成家」地步，除了要求史學專門以外，還必須進求具備決斷去取、成其家言的特識，始足以膺之——《文史通義》之核心要義及史論建構即扣緊此一意識而發。因此實齋在針砭文士撰史之不當傳統以及偏頗之考據時風上，正面建構了著名的「學問／功力」之辨、「記注／撰述」之分，以及凸顯史家「博而能約」精神之「史識」強調等史學理論。述論如下：

㈠「學問／功力」之辨與「記注／撰述」之分

在實齋主張不趨時風、不爲訓詁牢籠，並以「學貴專門」、「著述成家」之專家獨斷爲衡量史學成就的標準下，他提出了在其史學體系中極其重要的兩個命題：「功力／學問」之辨、「記注／撰述」之分。而實齋論史的終極目標，在於專門成家的撰述之學，是以其區分「記注／撰述」，又是根基在其區分「功力／學問」上，故以下先論功力與學問之別。

實齋說古人學問、文章本爲一事，但在其別爲二途之後，「近人則不解文章，但言學問；而所謂學問者，乃是功力，非學問也。」那麼「學問」者何？實齋強調須是「博而能約」，並說以「非專門成學不可也，故未有不專而可成學者也。」他說學問固然以博學爲基礎，但欲「成家」則還必須具備能「約取」的專家之能。故實齋之史論建構，部分理論便是緣「博、約之辨」而展開，以寄寓其對乾嘉學風「博而不約」之不滿。實齋將乾嘉博考之風歸爲「功力」，並曰：「今人誤執古人功力以爲學問。」其意「功力」只是「學問」所憑藉的基礎功夫，「功力」不能「自成其學」、而可以「有功後人」，故曰：「學不可以驟幾，人當致攻乎功力則可耳！」但於此亦可以見出如欲以「功力」論學，則猶有一間未達。是以實齋對於譬如王應麟致力於「搜羅摘抉，窮幽極微」的纂輯之作，曰：「如王氏《玉海》之類，亦止功力而非學問也。」「王氏諸書，謂之纂輯可也，謂之著述則不可也；謂之學者求知之功力可也，謂之成家之學術則未可也。」（以上皆詳〈又與正甫論文〉、〈博約中〉）是實齋有意藉功力之辨以貶抑講求博證的考據學地位，貶爲未足以稱「學」、未可進言於「學問」，所以他又說：「今之博雅君子，疲精勞神於經傳子史，而終身無得於學者。」對於競趨時風而只知考經證史、卻不能約取其意者，亟致批判之意。故實齋論學曰：

夫學貴專門，識須堅定，皆是卓然自立，不可稍有游移者也。……功力屢變無方，而學識堅定不易，亦猶行遠路者，施折惟其所便；而所至之方，則未出門而先定者矣。　——〈家書四〉

功力與學問，實相似而不同。記誦名數、搜剔遺逸、排纂門類、考訂異同，途轍多端，實皆學者求知所用之功力爾；即於數者之中，能得其所以然，因而上闚古人精微、下啓後人津逮，其中隱微可獨喻而難爲他人言者，乃學問也。今人誤執古人功力以爲學問，毋怪學問之紛紛矣。　——〈又與正甫論文〉

實齋認爲學者要能卓然自立，則在功力基礎之外，還必須做到「博而能約」地約取「上闚古人精微、下啓後人津逮」之學問隱微、精微之意。是故其人苟不能約守，縱極通博，實齋也不稱之以「學」，且嘗譬喻以「指功力以謂學，是猶指秫黍以謂酒也。」「但知聚銅，不解鑄釜；其下焉者，則沙礫糞土，亦曰聚之而已。」（〈博約中〉、〈與邵二雲書〉）其謂秫黍可以釀酒、聚銅可以鑄釜，但不能指秫黍與銅逕稱爲酒與釜，況乎其等而下者、甚至就只是沙礫糞土罷了，故學者不可逕以「功力」爲「學」。是故實齋正是以「誤執功力爲學問者，但趨風氣，本無心得」，貶視乾嘉那些只知考證而以「掇拾」之功爲「學問」的儒者。因此對於史學，實齋強調「貴其著述成家，不取方圓求備，有同類纂。」（〈家書三〉）對於方圓求備的類纂之作，他並取譬於「操賈求貨」，以說商人買賣貨物必須能知取舍，否則必欲盡其各類，雖陶朱、猗頓之富，亦有所不能。是故實齋所看重的是能夠別出心識、成其家言的獨斷史學；而非徒務博雅考訂、移考據之法以治史學的比次纂輯或史考等作。

接著可以進論在實齋「學貴博而能約」、「患己不能自成家耳」

（〈博約中〉）之說下，其所欲突出強調的「專門、成家」以及「記注／撰述」之分了。金靜庵在《中國史學史》曾經指出「記注、撰述之分，初申其旨於劉知幾」，他說劉知幾區分「書事記言出自當時之簡，勒成刪定歸於後來之筆。」以及鄭樵之言「有史，有書。……史者官籍也，書者書生之所作也。自司馬以來，凡作史者皆是書，不是史。」亦皆是此意。不過實齋不僅止於區別史料與撰作而已，他還由此進一步要求史書撰述必須具備「成其家言」的高度。至於如何臻至？此則又涉下文所另外專論的，實齋史論中他所最看重的「史識」凸顯；這裡先說他將天下之學、古今載籍，區分成爲「有比次之書，有獨斷之學，有考索之功」（〈答客問中〉），或大分爲「記注」和「撰述」兩大類，並言「記注欲往事之不忘，撰述欲來者之興起。」他說記注屬於「藏往」，所以「欲其賅備無遺」，因此講求博考詳訂；撰述屬於「知來」，所以「欲其決擇去取」（〈書教下〉），以此史家必須善於裁斷。至於實齋所看重的，則是後者之能「運以別識心裁」而「決斷去取」、能自成家的專門獨斷之體。是以對於歷來史學載籍，他嘗論以「子長、孟堅氏不作，而專門之史學衰；陳、范而下，或得或失，粗足名家；至唐人開局設監，……不復辨正其體，於是古人著書之旨晦而不明。」惟他獨稱鄭樵「慨然有見於古人著述之源，而知作者之旨，不徒以詞采爲文，考據爲學也，……而獨取三千年來遺文故冊，運以別識心裁，……成一家言者也。」（〈申鄭〉）實齋批評從《四史》以後的史家，或以詞采爲文、或以考據爲學，實皆「誤承流別」而昧於史學之體。此或由於過去諸史皆掌記注，並無專職撰述之官，然而「史爲記事之書，事萬變而不齊；史文屈曲而適如其事，則必因事命篇，不爲常例所拘，而後能起訖自如。」（〈書教下〉）其言從史料之採輯考證，要進到史書撰著，其中最尤爲難能的，就是史家必須具備不拘常例的「因事命篇」能力，即能據以斷「義」的「史識」。是以實齋之獨取鄭樵，便是肯定他能「有志乎求義。」「鄭樵無考索之功，而《通志》足以明獨斷之學。君子於斯有取焉。」（〈答客問中〉）故實齋又嘗撰〈申鄭〉以「申鄭屈馬」──黜馬端臨「比類纂輯」的《文獻通考》，申鄭樵「立論高遠」的《通志》。則很顯然地，實齋所看重的史學，在於能獨斷以申明史義的「撰述」之學，此亦其所謂「學問」者。

是以實齋之論史，強調以「義之所歸」爲鴻綱，小學等專門考據之學爲其小節；其心中所認定崇高地位的史學，並不在考索、比次之詳贍賅備，而在必須「能成家而可以傳世行遠也。」（〈書教下〉）其論曰：

> 整輯排比，謂之「史纂」；參互搜討，謂之「史考」，皆非「史學」。
>
> ──〈浙東學術〉

> 世士以博稽言史，則史考也；以文筆言史，則史選也；以故實言史，則史纂也；以議論言史，則史評也；以體裁言史，則史例也。唐宋至今，積學之士，不過史纂、史考、史例，能文之士，不過史選、史評，古人所爲史學，則未之聞矣。……蓋文辭以敘事爲難，今古人才，騁其學力所至，辭命議論，恢恢有餘；至於敘事，汲汲形其不足，以是爲最難也。
>
> ──〈上朱大司馬論文〉

論中實齋除了以「史學」區別於史纂、史考等以外，他並指出史學之難，難在「敘事」，此顯然針對「撰述」而言。惟其所謂「敘事爲難」，非指馳騁學力與辭章之謂；其言今古人才所「汲汲形其不足」者，係指史識裁斷之爲難。蓋實齋強調敘事源出《春秋》「比事屬辭」之義，撰史者在面對眾多雜沓紛亂之事件時，必須具備「比事屬辭」的通裁之能，始能決斷去取地「因事命篇」，以呈現出史撰之「史義」。因此他嘆「唐後史學絕而著作無專家。」（〈答客問上〉）但是實齋也並非輕忽記注之學；獨斷之學也須要取裁、按據，「記注」與「考索」皆爲撰史之基礎，故他也曾說：「如旨酒之不離乎糟粕，嘉禾之不離乎糞土；是以職官故事、案牘圖牒之書，不可輕議也。」（〈答客問中〉）實齋並推此記注之法於爲學之劄記運用上，且嘗在家書中告誡其子「神解超悟」雖然重要，但「劄記之功，必不可少。如不劄記，則無窮妙緒，皆如雨珠落大海矣。」（〈家書一〉）只不過實齋所要強調的是「博而能約」的精神，故他要求學者立足在「記注」上，但還必須益之以「史識」裁斷，否則終是「猶未及泉」之未底於成。

因此若以浙東、浙西來說明清代前中期史學發展的話，「浙東貴專家，浙西尚博雅」，則實齋在精神趨向上確是近於浙東史學的，他也自認歸趨於浙東史學。他服膺孔子所說：「我欲託之空言，不如見諸行事之深切著明。」故他亦強調：「天人性命之學，不可以空言講也。」「善言天人性命，未有不切於人事者。」（〈浙東學術〉）以此他批評近儒談經脫離現實，「似於人事之外別有所謂義理矣。」而讚美浙東之學「言性命者必究於史，此其所以卓也！」所以實齋論史之強調切近人事、突出專門獨斷，反對尚博務考的考據學風，並致力於徵存當代文獻的方志從事，在在都印證、實踐了浙東「貴專家」的精神。是故對於講尚歷史考據的浙西史學而言，實齋在精神上確是與之遠離的。

㈡凸顯聯繫「史義」、「史德」的「史識」

實齋嘗借論於劉知幾論史家之「才、學、識」，以說史家「得一不易，而兼三尤難」；三者之外，他並益之以辨史家心術的「史德」，而「史德」尤密切相關於實齋之論「史識」。其中實齋所最強調的是「史識」。此蓋由於「史所貴者義也」，而「非識無以斷其義」，因此史家除了洞悉「史義」以外，還必須具備善於決斷去取的「史識」，始能因其所燭照之「史義」，而進行「因事命篇」之史撰。固然實齋也看重史撰的「其事、其文」，也曾說「良史莫不工文」；但是他認為能文之士未必能為良史，譬如文學士便往往陷溺於詞章觀美，故其言：「記誦以為『學』也，辭采以為『才』也，擊斷以為『識』也，非良史之才、學、識也。」「文士之識，非史識也。」他強調良史必能依乎「史義」以為斷，並輔以「史德」之史學素養純粹、不以情害意，此其所謂「別識心裁」之「史識」。故實齋又言：「能具史識者，必知史德。」（〈史德〉）可知實齋所用以檢視史書的「大義何由得明？心術何由得正乎？」實際上皆依善裁斷之「史識」為最高準則。故「史識」才是據以實現「史義」，使史書「據事直書，善否自見」、「善惡懲創，自不可廢」之所憑藉。實齋之論曰：

> 史之大原本乎《春秋》，《春秋》之義昭乎筆削。筆削之義，不僅事具始末、文成規矩已也；以夫子「義則竊取」之旨觀之，固將綱紀天人，推明大道，所以通古今之變而成一家之言者，必有詳人之所略，異人之所同，重人之所輕，而忽人之所謹，繩墨之所不可得而拘，類例之所不可得而泥，而後微茫杪忽之際有以獨斷於一心。——〈答客問上〉

於此，實齋所突出的「史識」，即是所謂「《春秋》之義昭乎筆削」者；但是要能彰明此一筆削獨斷精神，除了內具「史所貴者義也」、「史家著作之微旨」之「史義」外，還必須「綱紀天人，推明大道，所以通古今之變。」即能深明「漸形漸著」之由「勢成之」的歷史演變之「所以然」、也即能明道。所以在歷史事變中，既能知夫不變的常道、也能知夫致變的動因。另外在決斷去取上，還要進求不拘繩墨與類例之「別識心裁」，能在錯綜紛雜之人事中，依乎史義而在詳略異同與輕重謹忽上，「獨斷於一心」。這才是實齋凸顯「非識無以斷其義」之「史識」強調。

是故在實齋所建構的史論中，緊密聯繫著「史義」、「史德」的「史識」，才是能夠「成其家言」的核心要素。因此實齋對於文士撰史所往往陷溺的浮誇風氣，如「纂述之家，喜炫己長」之文人飾筆、或請託作傳之「漫爲浮譽，悅人耳目」等，其所不滿便皆在於只爲「選文之例，非復志乘之體也。」（〈答甄秀才論修志第一書〉）也就是說其所去取未能呈現出「史學專門」所要求的「史義」、善善惡惡的史學精神，故其未得《春秋》決斷去取的「昭乎筆削」之「史識」。所以實齋說陳、范以來，如果律之以孔子《春秋》大旨的「筆削之義」，則「不敢謂無失矣！」（〈答客問上〉）此亦《文史通義》之所以作。

至於在實齋突出「史識」之裁斷下，其所要求必須呈現的「史義」，亦溯自「史之大原本乎《春秋》」的「《春秋》之義」，蓋實齋認爲「史家之書，非徒紀事，亦以明道也。」（〈永清縣志前志列傳序例〉）而明道之要，就是突出《春秋》大義；故其所謂「史義」，是說在史家「別識心裁」的「史識」專斷下，史書能夠呈現出根柢於《春秋》大義的史家「著作之微旨」。是以實齋又言：「史志之書，有裨風教者」，他期藉史學立教，以「庶乎善善欲長之意。」（〈答甄秀才論修志第一書〉）故他強調要能彰顯史學的道德鑑戒作用，斯即我國傳統史學之一大特徵。以此他對於世人每以他擬於劉知幾，深覺不愜於心，有言：「自信發凡起例，多爲後世開山，而人乃擬吾於劉知幾；不知劉言史法，吾言史意。」可見實齋對於「史義」之看重，正是他所自認具備「史識」的重要一端，他並認爲劉知幾猶有一間未達。現代學者杜維運也說：「劉氏爲史籍體例批評家，章氏則史學思想家也。」（《清代史學與史家》）因此實齋極自負於凡所撰作，不論史學義例、或校讎心法等，「皆前人從未言及，亦未有可以標著之名。」（〈家書二〉）此其所以不與時風流俗同趨，而欲對中國史籍之文史傳統以及乾嘉學風之博而不專，痛下針砭。

此外，實齋又論「史德」，以補劉氏所未及。至於「史德」者何？衡諸實齋所言：「魏收之矯誣、沈約之陰惡，讀其書者先不信其人，其患未至於甚也。」是實齋雖然批判魏收《後魏書》、沈約《宋書》，但他「以人廢言」地認為彼等於德有憾，故「讀其書者先不信其人」，因此「其患未至於甚也。」——則是實齋所論史德，並非依字面直解為著述者之德性；反之，其下文接著說「所患夫心術者，謂其有君子之心而所養未底於粹也。」可知「史德」者，乃指撰作者雖有君子之心而卻未達史學專門素養。至於「史德」之具體內容，則實齋曰：「蓋欲為良史者，當慎辨於天、人之際，盡其天而不益以人也。……而文史之儒，競言才、學、識而不知辨心術，以議史德，烏乎可哉？」實齋並說明「史之義出於天，而史之文不能不藉人力以成之」，所以要慎辨天、人之分，力求做到「盡其天而不益以人。」那麼天、人如何區別呢？實齋乃以史義為「天」，所以史義是必須發揚的天經地義，即所謂要「盡其天」者；但「以情汨性」則是「人」，所以須自辨心術是否以情害義？此要力戒之，即其所言「不益以人」者。不過史文畢竟有賴人力以成之，所以實齋亦言「以天與人參，其端甚微」，因此「好善惡惡之心，懼其似之而非，故貴平日有所養也。」（〈史德〉）實齋說要避免似是而非的以「情」為「理」，則「貴平日有所養」，此便歸趨到實齋史論所強調的專門、成家之「史識」等等史學理論了。

落實來說，實齋所倡「史德」，亦《文史通義》所欲針砭我國長期來文士撰史的著作宗旨之一。故實齋批評文史之儒在面對歷史是非得失時，往往因事生感，「奮摩不已而氣積焉！……往復憑弔生流連矣，流連不已而情生焉！」如此則其所裁斷容易流於激、驕、溺、偏等差失判斷，「其中默運潛移，似公而實逞於私，似『天』而實蔽於『人』，發為文辭，至於害義而違道，其人猶不自知也。」是實齋批判文史之儒，其情深意摯感人至深而史文競姸以逞私情，對史學之大公而言是捨本逐末，「以此為史，豈可與聞古人大體乎？」（〈史德〉）故實齋所論「史德」，乃是針對撰史者未能自辨心術而落入一種不自覺的陷溺而發，是對撰史者史學素養未底於粹的批判。更具體地說，是實齋批評文史之儒往往未能排除一己之感而為客觀公正之書寫立場，致有私情害道等判斷差失。是故實齋之「史德」又與其所強調「史義」緊密聯繫；倘使未得史義、或以情害義，又如何能稱「史識」？如何能「專門成家」？是故實齋之強調「史德」，有很大的程度是針對傳統史學文士撰史之未能建立史學專門而發。

於此頗要留意的，是實齋一方面以「史德」要求史家必須審慎地自我檢視，自我要求不奮私情以褒貶予奪、不可私情害道，是對史家客觀態度的要求；然在另方面則他又主張發揚《春秋》「筆削」精神、「別識心裁」的主觀決斷，而此二者在其史論建構中則是並行不悖的。此蓋由於實齋認為「史之義出於天」，此為我國長期來傳統史學之根柢觀念；至其「史德」要求，則強調撰史者要在實現「史識」裁斷之「筆削」精神同時，復能返視自我心術，不可陷溺於私情感憤，必須秉筆客觀。綜論之，實齋史論所最突出強調的「史識」，就是史家必須具備能夠洞悉「史義」的史學專門素養，並且是出自客觀心術下、合於「史德」的不害義出發，故能在「據事直書，善否自見」外，還能推明大道地「通古今之變，而成一家之言。」這才是實齋強調專門獨斷以呈現「史義」、又具備「史德」與「史識」的史家極致境界——「專門成家」。

不過近百年來國人在政經、思想與社會各方面皆受西方文化與現代化思潮之洗禮，而歷經了傳統價值解構與重建之歷程，甚至連學術分科都受西方知識論的影響。因此實齋史論一方面指出文學的審美判斷對於史學事實判斷之障蔽，並從劃分文學、史學界域的角度來反對文士撰史；但是另方面他之強調史義、史識，要求史家必須具備道德判斷，以及發揚《春秋》「善善惡惡，賢賢賤不肖」之褒貶精神——關於前者所涉之「以文害義」，實齋認爲是史學非「專門、成家」的表現；但是對於史書寄寓道德判斷之「以史見意」，則實齋認爲是實現史學鑑戒教化作用的最高境界與成家表現——則若自現代「歷史學」或實證科學的角度出發，那麼實齋強調「《春秋》之義昭乎筆削」之道德教化觀，當被置放在當代史學強調客觀歷史之認知下，便也頗具爭議性；史書中的道德判斷，也頗受到來自區別倫理家與史學家、人文學與自然科學、道德判斷與事實判斷者之質疑。是故有關實齋之史學思想，必須以中國「傳統史學」爲其視角，其與近代歷史學概念絕不相同；而我國二千年來傳統史學則溯源自孔子《春秋》大義。如此始能相應於傳統史學之道德判斷、鑑戒史觀以及實齋之爲傳統史學後期傑出史學思想家，有一適切之認識。

四、以修志自我實踐史學理論

實齋身爲盛清史學家，對於一個處在承平之世的史家而言，苟其不得因緣際會地與修國史，不得綜紀一朝、天下之史，以勒成正史，那麼做爲國史之具體而微，且能及時徵存文獻、撰述當身之史的方志纂修，便是撰史的不二選擇。是以在實齋自期欲爲二千年史學闢蓁蕪的史論建構下，他務實地選擇修志，以做爲具體實現其史學理想的憑藉。他嘗撰有《亳州志》、《和州志》、《永清縣志》等。

方志學歷來多不爲史學所重，實齋之選擇方志以做爲理論實踐的對象，蓋由於他認爲史纂、史考等均不足以稱爲「史學」；他所看重的史學，是能夠發揚現實精神而切於人倫日用，是既能呈現「史義」、又能展現「史識」，能「專門獨斷」而「成其家言」的專家之學。而「志乘爲一縣之書，即古者一國之史也。」「部府州縣之志，乃國史之分體。」「家有譜，州縣有志，國有史，其義一也。」（《方志略例‧永清縣志前志列傳序例‧亳州志掌故例議下‧爲張吉甫司馬撰大名縣志序》）且夫「制度由上而下，采摭由下而上」，「朝廷修史，必將於方志取其裁」，是故「史事責成，亦當始於州縣之志。」（《方志略例‧州縣請立志科議》）因此方志不僅爲國史之所取裁，更是國史之具體而微，是故實齋之史論建構，遂藉其所實際從事的方志纂修，而獲得一縮影之實現。

實齋正是通過修志，以自我實現其史學理論與史學理想，因此其所用以建構史論的《文史通義》和他論修志體例的《方志略例》，不但相互呼應，並且皆能貫徹實踐於其修志從事上。例如在《文史通義》中實齋用以針砭時風的「六經皆史」命題，係從歷史變動的角度以凸顯史學之現實意義，以做爲反對空說義理而轉向突出史學「即器明道」、「見諸行事」的憑藉；而其理論建構，則曰：「史才不世出，而時世變易不可常；及時纂輯所聞見，而不用標別家學；決斷去取爲急務」（〈答客問上〉），亦主於輯存當代文獻；而其修志從事，也就是因爲方志乃是及時徵存文獻的史纂之作，不但爲國史取裁、修史肇始，並且修志有二便：「地近則易覈，時近則迹眞。」「地近而易於質實，時近而不能託於傳聞」（《方志略例‧修志十議‧州縣請立志科議》），兼具了史學之現實意義、客觀眞實與切近人倫等價值。所以從針砭之動機、到史論建構、再到落實實踐，方志纂修皆能一以貫之地落實實現實齋之史學理想。且夫實齋也曾自言「《通義》示人而人猶疑信參之，蓋空言不及徵諸實事也。」（《方志略例‧和州志志隅自敘》）所以結合《文史通義》之史論與實齋所實際從事的州縣方志纂修，則其史學理論可以獲得具體實現，亦足證其所論並非徒務空言。因此實齋不但以「志者，史之一隅」之擬於國史標準從事於修志，並且極力建議州縣皆當設立「志科」以專職從事之。

又，史家是否具備實齋所強調的「史識」？其判準之一端，便在於能否呈現「史義」？此蓋由於實齋認爲「史所貴者義也」，「史義」正是表現「史學專門」之重要條件，亦是《文史通義》主張史筆與文士異轍之所憑藉。而在《方志略例》中，實齋亦呼應此一對於史家著作微旨之「史義」要求。其論曰：

> 史志之書，有裨風教者，原因傳述忠孝節義，凜凜烈烈，有聲有色，使百世而下，怯者勇生，貪者廉立。《史記》好俠，多寫刺客畸流，猶足令人輕生增氣；況天地間大節大義，綱常賴以扶持，世教賴以撐柱者乎！……竊謂邑志，搜羅不過數十年，采訪不過百十里，聞見自有眞據，宜加意采輯，廣爲傳述，使觀者有所興起，宿草秋原之下，必有拜彤管而泣秋雨者矣！……以備采風者觀覽，庶乎善善欲長之意。　——〈答甄秀才論修志第一書〉

實齋強調史學的經世作用，而其所謂「史義」，乃本乎《春秋》善善惡惡之褒貶大義；故其於方志纂輯，亦要求必須蒐羅能夠有助於綱常世教的節義精神，希冀以史學的鑑戒作用，「庶乎善善欲長之意。」所以從理論到實踐，實齋都繼承並發揚了我國傳統史學自《春秋》以來的道德教化傳統，而特別看重史學之鑑戒作用與教化功能。

是故在實齋視修志爲實現史學理想之門徑下，其於方志之期許甚高，嘗曰：「擬於周制，猶晉《乘》、楚《檮杌》與魯《春秋》也。」（《方志略例．亳州志人物表例議下》）實齋乃以古國史如晉《乘》、楚《杌》、魯《春秋》之高度來看待方志學，因此他對於歷來學界多視方志爲地理書的傳統觀念，極表不滿而加以批判。其論曰：

方志如古國史，本非地理專門。……考沿革者，取資載籍；載籍具在，人人得而考之；雖我今日有失，後人猶得而更正也。若夫一方文獻，及時不與搜羅，編次不得其法，去取或失其宜，則他日將有放失難稽，湮沒無聞者矣。

——《方志略例．記與戴東原論修志》

他首先澄清方志如古國史、並非地理書；並說明考證地理沿革可以取資載籍，然而一方文獻一旦湮沒，則後世便難再加稽考，以此突出及時徵存文獻是爲史家急務。而此亦是實齋在《文史通義》建構起針砭乾嘉通經博古學風「徵實太多，發揮太少，有如桑蠶食葉而不能抽絲」之外，同時以自我實踐的具體從事方式，既發揚了史學的現實精神，復實踐了他所要求的「博而能約」之「史學專門」精神。

故實齋《方志略例》所要求的方志義例，迴非傳統偏重地理沿革的方志學觀念——蓋自隋唐以來，諸史之〈經籍志〉或〈藝文志〉，皆以方志之書入於史部地理類；直至實齋出，始辨明方志與圖經之別。他說方志應如《吳越春秋》、《華陽國志》等古國史，爲別史之一種；而非如《禹貢》、《山海經》等圖經之爲志輿地的地理書。爲此，他曾與戴震展開激辯，他主張「無寧重文獻而輕沿革。」且曰：「戴君經術淹貫，名久著於公卿間，而不解史學。」（《方志略例．記與戴東原論修志》）故實齋倡論方志應如正史設有「列傳」之例，曰：「今以正史通裁，特標『列傳』，旁推互證，勒爲專家；上裨古史遺文，下備後人採錄，庶有作者得以考求。」（〈和州志列傳總論〉）是實齋準之以國史標準，期於方志亦能補裨遺文、供後人採錄，故他批評「今之所謂方志，非方志也」（〈方志立三書議〉），即以歷來方志多重地理而輕當代文獻，是以實齋立意要爲方志纂修樹立新典範，以爲後世史家遵循。

且非惟設以「列傳」之例而已，即在方志之「列傳」人物取舍上，實齋亦要求必須擬以國史列傳的標準。因此在《文史通義》中最被強調的「史識」，和他以「史學」區別於史纂、史考、史例、史選、史評等作，並要求史家必須達到「著述成家，不取方圓求備，有同類纂」的「史學」高度等等，都被具體運用在方志纂修上。其論曰：

既爲著作，自命專家，則列傳去取，必有別識心裁，成其家言；而不能盡類以收，同於排纂。　——〈亳州志人物表例議上〉

夫志者，志也，人物列傳，必取別識心裁，法《春秋》之謹嚴，含詩人之比興，離合取舍，將以成其家言。雖曰一方之志，亦國史之具體而微矣。　——〈亳州志人物表例議下〉

可見實齋正是以「別識心裁，成其家言」的「專家」高度，要求對於方志立傳對象之揀擇及從事的。故實齋《方志略例》中亦屢屢言及「夫志者，志也。其事、其文之外，蓋有『義』焉。所謂操約之道者，此也。」「志者，志也。欲其經久而可記也。」（〈亳州志人物表例議下〉、〈方志立三書議〉）他有意以「志」來闡釋其所凸顯的「史義」，謂即史家能「操約」而呈現出著作之微旨，並以此做爲「方志」之「志」的本義，同時也是史家欲「成其家言」的門檻。

而除了以國史高度要求方志列傳以外，有關具體從事修志的方志體例，實齋還提出了許多堪稱開山的義例設立。包括上述「列傳」在內，實齋還進論方志義例應該具備如下之「三書」內容，曰：

倣紀傳正史之體而作「志」，倣律令典例之體而作「掌故」，倣文選文苑之體而作「文徵」。……紀傳正史，《春秋》

之流別也；掌故典要，《官禮》之流別也；文徵諸選，《風詩》之流別也。
——〈方志立三書議〉

如此一來，方志便可以詳盡地網羅當代文獻了，從人物、典制、到文徵諸選，皆賅備無遺。是故通過實齋之修志工作，其史學理想終得以落實實踐於方志學中。因此對於所撰作《亳州志》，實齋極其滿意，並嘗自矜所得地與友人書曰：「近日撰《亳州志》，頗有新得。……此志擬之於史，當與陳、范抗行，義例之精，則又《文史通義》中之最上乘也。」實齋自負於創例完善，期能與陳壽、范曄相分庭，並且自認《亳州志》正是《文史通義》史論之充分展開與最佳實踐代表。其躊躇滿志亦可自下文窺之，曰：「如有良史才出，讀《亳志》而心知其意，不特方志奉爲開山之祖，即史家得其一二精義，亦當尊爲不祧之宗。」對於如此自美之辭，實齋恐人之不信，故又說以「此中自信頗真，言大，實非誇也。」（〈又與永清論文〉）其所溢於言表的，正是實齋滿懷之史學熱誠及其深造自得。實則對於實齋的方志之作，現代學者杜維運亦稱以「不獨爲方志之聖，亦罕見之史學佳著也。」（《清代史學與史家》）而除了實齋所最自豪的《亳州志》以外，他將《永清全志》舊稿刪定成爲《永清新志》，且曰：「雖不得與《亳志》並論，在宋人諸方志中，固有過之而無不及者。」（〈又與永清論文〉）凡此皆可見實齋經營方志之深刻用心，及其對於及時撰述之切身實踐，以力求保存當代文獻。

五、結語

章學誠是梁啓超和王國維揭開我國新史學序幕以前，傳統史學發展後期傑出的史學思想家之一；歷來的研究者多將焦點集中在《文史通義》的「六經皆史」說，但「六經皆史」雖是《文史通義》用以針砭乾嘉學風的傑出命題，卻不是《文史通義》惟一的著述宗旨，且自「六經皆史」來認識實齋的史學思想，容易陷溺在討論清代經、史關係的狹隘範疇中，而忽略實齋另一重要的著述宗旨——針砭兩千年來傳統史學之文士撰史流弊，並釐析文學、史學流別。是以本著強調以全程的史學歷程、而不僅是清代的學術環境，做為探討實齋史學思想的對照背景，認為突出史學之「專門成學」與「專門成家」，才是貫串實齋著作動機、史論建構及其修志實踐之整體史學思想的核心意識。

獨立於乾嘉考據學風外的章學誠，他也如戴震之倡為新義理學一般，其史學思想並未能得到時人重視，而有「獨抱千古意，不可以雜居」之嘆（《章氏遺書．詠史六首》）！不過戴震的義理知音，有待於百年之後，實齋之史學知音，亦有待於後世，兩人儘管學術殊途，而所遇一如。在實齋心目中，史學具有極崇高之地位，「史志經世之業」，故他以「造化鑪錘之妙用」以論史家強調言有所本的「運用之功」；惟其能夠具備史筆之專家所長，且能以專門成家之史學判斷，「如大將之善用驍將也」，始能擺脫「文士之見」之「欲其言自己出」，如此方能得乎與文士之儒若有相似而「實相天淵」的史學撰述精神，故其又曰：「史家點竄古今文字，必具天地為鑪、萬物為銅、陰陽為炭、造化為工之意，而後可與言作述之妙。」史家之貴得史義以及著述大旨之難求，亦於此可見一斑。然而實齋以質性所近而沉浸於史學，樂之而不疲，並嘗自喻以「當其得心應手，實有東海揚帆，瞬息千里，乘風馭雲，鞭霆掣電之奇；及遇根節蟠錯，亦有五丁開山，咫尺險巇，左顧右睨，椎鑿難施之困。非親嘗其境，難以喻此中之甘苦也。」（〈與陳觀民工部論史學〉）實齋是我國傳統史學後期傑出的史學思想家、理論家，其精采史論，恰似對我國二千多年傳統史學之綿長歷程饗以總結，以迎接另一個新史學局面的來臨。

不過實齋立論也不能無失，如他有時亦不免妄自高大、標新立異、考辨未明；而他推崇《尚書》之史學體裁，至掩《左傳》、《史記》而上，也受到批評；此外，他對於女性議題，更與同時代凸顯女性自覺意識的袁枚出現極大反差——實齋《文史通義》之〈婦學〉，主要即針對當時袁枚所代表的文化意涵、女子禮教束縛逐漸被鬆動的時代風氣而發；他憂心女子「因詩而敗禮」，故對於當時的閨閣詩風，以及被蔣士銓稱爲「四、五百年來第一作手」（方浚《蕉軒續錄．蔣太史答隨園書二首》），且於乾隆時和趙翼、蔣士銓並稱爲「江左三大家」的袁枚，皆亟加訕謗，詆以「江湖輕薄號斯文」、「一時風氣尙俳優」、「春風花樹多蜂蝶，都是隨園蠱變成。」（〈題隨園詩話〉）此蓋由於實齋囿於二千多年宗法社會與傳統倫理之「男尊女卑」意識形態，而持禮教大防的「婦德」觀念，以謂扶持綱常名教，因此他強烈反對「閨閣之詩」、「壼內文風」，曰「牽於茅黃葦白，轉覺惡紫奪朱矣。」（〈詩話〉）然而實齋該明顯卑視女性的觀點，不僅被批判、也未具思想突破性，聊備爲反映十八世紀新舊思想衝突之一隅可也。

第三篇

中葉以降從論學到議政的今文學流行與異調

拾捌
常州學派與清代今文學

凡學術風會變遷，殆如淩廷堪所言：「閱數百年而必變。其將變也，必有一二人開其端，而千百人譁然攻之；其既變也，又必有一二人集其成，而千百人靡然從之。」（《校禮堂文集．與胡敬仲書》）戴震在一片考據風中，撰作了義理學上梁啓超稱許爲「三百年間最有價値之奇書」的《孟子字義疏證》，在當時卻被時人譏爲「可以無作」、「害教傷義」。弟子段玉裁欲加付梓時，還曾忖度「雖下士必大笑之，無傷也。」（《經韻樓集．答程易田丈書》）莊存與則也在望風披靡的考據聲中著爲《春秋正辭》，但「與當時講論或枘鑿不相入，故秘不示人。」「未嘗以經學自鳴，成書又不刊板行世，世是以無聞焉。」（阮元：〈莊方耕宗伯經說序〉，董士錫：〈易說序〉）故通其學者，僅門人邵晉涵、孔廣森與子孫數人而已。因此梁啓超曾經讚美清初王門學者李紱等抗時忤俗的獨立學者，「凡豪傑之士，往往反抗時代潮流，終身挫折而不悔；若一味揣摩風氣，隨人毀譽，還有什麼學問的獨立？」（《中國近三百年學術史》）而察夫清代學術，今、古文經學之盛衰嬗遞是反映學風變遷的重要線索之一；清代今文學興盛，則是從乾嘉伏流逐漸演爲晚清主流的。在清代以實證方法論異軍突起的經學考據，其「尊漢」、「考據治經」的治經圭臬，係由惠棟標舉考據治經進路——「尚家法而信古訓」所樹立的，江聲、余蕭客、王鳴盛、錢大昕……等繼之，其後並有戴震建立訓詁學系統方法論，而段玉裁、王念孫、王引之父子……等發揚光大之，乃使清代經學之「漢學」典範寖寖然蔚爲主流的；其時以微言進路殊別於訓詁進路的西漢今文學，則爲乾嘉支流。至於清代今文學的復興歷程，則要分就乾嘉常州學派和晚清今文經學以言之：講尚微言大義而援經議政的今文學，其開花結果蔚爲流行固在晚清；但是溯流探源，則始於江蘇武進莊存與《春秋正辭》之取《公羊傳》以發揮《春秋》微旨。[1]惟其時常州學派尚未標榜家法、不拘漢宋，也未區分今古，不但並未反對古文，對古文也多所採擷；逮及晚清，則因內憂外患重重摧逼，今文家據經論政，始以今文經學做爲打擊守舊派的變法憑藉，至此才固守家派壁壘，而高張反古與疑古大纛。是故常州學派雖然突出公羊學，但其與晚清康有爲之視今、古畛域如冰炭，有絕大殊異。

惟由於公羊學主要乃以闡發微言大義爲特色，而乾嘉主流的考據派，則在「崇實黜虛」的回歸經典聲中，多循「古訓」以及由音聲訓詁以通經義的「考據治經」進路，並因此形成常州學派和考據派對於經學存在「微言大義／名物訓詁」的經學價值異見，故學界向來多著墨於常州學派、乃至晚清今文家對考據進路的反對立場；然實際上考據學即使在晚清今文學興盛之下也並未消失，劉逢祿、康有爲等對於經典的「考辨眞僞」便都是一種考據方法論的運用，學者林慶彰也指出「民國時期」的考據學更是在乾嘉考據學突出的「輯佚」之外，轉以「箋釋」、「講疏」鄭玄著作爲重心。蓋就一種學術典範而言，如兩漢經學、魏晉玄學、宋明理學、清代考據學等，其內涵必然都包括學者所提出的「學說成果」，以及獲取該學術成果的「方法論」和居學者核心關懷的「價值觀」等。準此以觀，則在清代的今、古文經學發展中，包含名物訓詁以及辨、正、校、補等等取證經典的考據法，可以視爲今、古文家的「共法」；而清代今、古文所區以別之的關鍵，主要在於學者對「經學價值」、或「經典價値」的認定不同——其初，乾嘉常州學派發揚微言大義並強調「論經」的經學模式，由重「義」而上復西漢今文經學，考

---

1 常州在雍正4年改制後，領轄武進、陽湖、無錫、金匱、宜興、荊溪、江陰、靖江八縣。

據派則重視經注經義之正確性而強調名物訓詁，是爲東漢章句訓詁之解經路數，因此常州學派和考據學派存在對於「經學價值」的「微言大義／名物訓詁」、「論經／注經」之形式異見；其後，則由於晚清今文家爭經典之正統地位而樹立今文門戶，於是今古文之爭指向「經典價值」的門戶之爭，如對於《左傳》的「經／史」之辨以及辨僞《周官》等。是以乾嘉學術做爲清代學術的高峰發展，其學術內涵具有相當複雜性，雖然大體言之，「崇實黜虛」、「尊漢抑宋」的「考據治經」是主流趨勢，故或稱爲乾嘉漢學；但是考據法在清儒復興東漢古文學的意義之外，同時也是清儒建立起考據學系統方法論後，清儒所普遍認同的經學圭臬與方法門徑。換言之，考證法後來上升到經學方法論的高度，成爲貫穿清代經學的共法，清儒治經幾皆不能自外於考證運用——包括清代公羊學代表作的劉逢祿《春秋公羊經何氏釋例》借重歸納和「屬辭比事」等考據法，也包括晚清今文學代表的康有爲《新學僞經考》等系列攻訐古文經之作。因此清代今、古文之爭不宜籠統地說是今文家反對東漢的小學考據法；考據治經雖非今文家目的，卻也是其借重的方法門徑。

再者，乾嘉常州學術並未以今文經學爲限，今文經學也並未以公羊學爲限。從學術史角度來說，除了做爲本文主軸的，圍繞著莊存與的親族與門生外，其他常州學者也有諸多古文學之作，並不能以公羊學或今文學侷限地看待常州學派，譬如李兆洛、洪亮吉、孫星衍等著名文家，便都也是經學家、史學家；但是如果從思想史角度來說，則常州公羊學對於晚清今文學以及中國的現代化轉進，確實有重要影響力。故清代的今文經學復興，始於乾嘉而盛於道光；在翕然從風的乾嘉考據潮流中，發揚微言大義的常州學派，成爲有別於名物訓詁等主流的另一道潛流。

在乾嘉考據主流外發揚公羊微言的莊存與，在一片考據聲中另撰根據公羊義法以解經的《春秋正辭》，因此就清代春秋學而言，他是公羊學的開創者。此著之外，他還著有《春秋舉例》、《春秋要指》，並皆宣揚陰陽災異以及公羊「大一統」和「三統」、「三世」之「義」等「非常異義可怪之論」。不過莊氏雖多引述董子、何休等今文家言，他其實並未侷限在今文經解，也未排斥古文，他亦兼重《周官》、《左傳》，且撰有《毛詩說》、《周官記》等屬於古文經學範疇的著作。繼莊存與而起的，則有曾經問學於莊氏、又從戴震受古文學的孔廣森，他主要循訓詁考證門徑以治《春秋》，著有《春秋公羊通義》，亦為清代公羊學先驅。至於繼承莊氏家學的，有莊氏從子莊述祖亦論《左氏》不傳《春秋》，謂為劉歆所「逞臆虛造」；其外孫劉逢祿則撰作《春秋公羊經何氏釋例》、《申何難鄭》、《左氏春秋考證》等作以發揚「何休學」並抬高《公羊》傳經地位，而貶《左傳》為史，宣稱《左傳》是記事、非《春秋》經解，還以《論語述何》貫通公羊學和《論語》說解；莊存與另一外孫宋翔鳳，也撰有《論語說義》、《大學古義說》等發揮何休義旨的系列專著，樹起清代今文學之旗幟、擴大今文學之陣地，且影響及晚清諸多經典的釋義「公羊化」現象。

逮及龔自珍和魏源，則因目睹時局衰亂，故又以經世改革思想深化了公羊義旨。他們推演異內外、大一統、存三統、張三世等理念於變法、革命和大同理想之倡導上，使得公羊學成為「譏切時政」與宣導維新變法的憑藉，並促成晚清公羊學盛行之歷史性變化。龔自珍撰有《左氏決疣》，他以公羊「變易」哲學抨擊腐朽的專制制度；魏源則以凸顯今文意識的《詩古微》、《書古微》攻擊《毛傳》、〈詩序〉和馬、鄭《尚書》，對晚清之今、古文壁壘形成有重要影響；另外邵懿辰《禮經通論》也斥《周官》、辨《禮》三十九篇為劉歆偽造，至此群經今文說出焉！繼之更有晚清今文經名家皮錫瑞、廖平、康有為、梁啓超等踵繼增華，今文學極稱盛況。因此清代中晚期在今文學家寄託改革意識於公羊理論的推波下，公羊學因「非常異義可怪之論」而導致「自魏晉以還，莫敢道焉」的沉寂情況，終在晚清一掃且蔚爲大盛。不過常州學派儘管重視經學政治觀，其經學關注及以經師角色自期，不同於晚清今文家援經議政之好爲經世政論且深於政治色彩，清代今文學復興是走一條「論學→論政」的發揚學術致用精神之路。

一、以漢學家法證成聖王理想的常州學派

儘管清代今文學復盛溯自乾嘉常州之學，尤其劉逢祿使得今文學概念明朗化，宋翔鳳對今文學傳布有功，但是常州學派和今文學概念二者有別，常州學派不同於標榜今文價值而對立於古文經學的晚清今文學。乾嘉常州學派所長者在於經術文章，頗以科舉制藝的時文詞章殊異於乾嘉蔚爲主流範式的訓詁考證；而乾嘉間如日中天的考據學派，亦對空談性命、空發議論以及帖括之學多加批評，章學誠即曾敘述此學風變趨，曰：「投卷於公卿間者，多易其詩賦舉子藝業，而爲名物攷訂與夫聲音文字之標，蓋駸駸乎移風俗矣！」（《章學誠遺書．周書昌別傳》）章太炎也說「天下視文士漸輕，文士與經儒始交惡。」（《訄書．清儒》）故錢穆言乾嘉考據起於「八股反動」（《中國近三百年學術史》）。以此，或有學者認爲乾嘉公羊學係出常州學派和考據學者的科舉範式之爭，謂莊存與撰作《春秋正辭》，是「常州學派回應考據風潮對科舉文章之學的批判。」（蔡長林：〈論清中葉常州學者對考據學的不同態度及其意義〉）以爲常州學派與考據主流具有「制藝詞章／章句訓詁」之取向殊異，以及別立經教、辨正學術範式於考據時風的意義。

不過儘管常州學派不願循東漢名物訓詁路數，他們更無意步趨飽受空談之譏的理學形上學路線與邏輯思辨，因此常州學派用以闡發聖王理想的經術文章，主要乃以闡發經典義例之漢學家法做爲進路。即他們係結合經學與文學，以「文士說經」方式兼取考據以證成聖王理想。所以他們一方面走向有別於章句訓詁的西漢今文學路向；另方面則其探求經

典與聖王微言大義的尊西漢路線，亦不同於桐城派尊程朱及唐宋古文的路線，更非理學的形上學興趣及趨向。因此常州學派之義理好尚，不應囿於學界一向的「漢學－考據／宋學－義理」劃分而動輒稱以「宋學」——如大陸學者路新生曰：「方耕之所發揮，遠不能達宋學之將形下之用安頓於形上之思基礎上之博大精深。……（劉逢祿、宋翔鳳、魏源、康有為輩）由漢宋兼採而偏向於宋學，漸次於採宋而斥漢（考據學）。」（〈莊存與的治學與清代今文經學之興起〉）臺灣學者蔡長林亦強調常州學派和科舉的密切關係暨其「庸俗理學」，謂以「脫胎於宋學之論述」，「宋學幽靈，始終貫穿在常州學派的血脈中。」（〈論常州學派的學術淵源——以錢穆《中國近三百年學術史》的評論為起點〉、〈論常州學派研究之新方向〉）同時也不宜以章句訓詁和宋明理學做為學術絕對標準，如錢穆曰：「莊氏為學，既不屑屑於考據，故不能如乾嘉之篤實，又不能效宋明先儒尋求義理於語言文字之表，而徒牽綴古經籍以為說，又往往比附以漢儒之迂恠，……不足為達道。」（《中國近三百年學術史》）實則不僅乾嘉漢學包羅廣泛，未必盡以考據為限，譬如戴震也在理學外另建新義理學；尤有要者，儒家義理學絕非理學之道德形上學模式所能得而專之，形上學並非義理學惟一類型及標準，儒學義理未可全歸「宋學」，「宋學」不能被視為「義理學」代稱。

是故儘管常州學派發揮公羊「異義可怪之論」之經解容許存在討論空間，但其祖尚西漢微言並兼取訓詁考證以證成聖王之道的學術宗旨，既未悖離漢學路數，其義理亦非理學「形而上學」模式，這不僅在莊存與、莊培因之以策論發揮經義上如此，在運用考據語言論學的莊述祖、莊綬甲、劉逢祿、宋翔鳳等人身上更無不然。身為清代今文學開創者的莊存與，他曾為《周官》、《毛詩》作「說」；常州學術重鎮的劉逢祿之於家法、條例看重，正是對考據學方法論之運用，他之撰為《春秋公羊解詁箋》，亦是持信《春秋》乃「經之可以條例求者」；師從莊存與的孔廣森撰有訓詁傳注的《春秋公羊通義》；陳立亦沿襲漢唐以來的注疏體，以《公羊義疏》大量彙整漢、清注疏，並務力於版本異同、文字校勘、字詞音義等。此外，常州名家洪亮吉也有《春秋左傳詁》、《漢魏音》、《補三國疆域志》、《十六國疆域志》……等考證之作；孫星衍有《尚書今古文注疏》；張惠言則有備受讚譽的《周易虞氏易》；臧庸更堪稱乾嘉旗手，嘗佐助阮元校理《十三經校勘記》的《周禮》、《公羊》、《爾雅》，並任《經籍纂詁》總纂等，若此，都是立足在古文經學考證路數上的常州經學成就，也都足以說明乾嘉時期常州學派和經學考據間的密切關係。故常州學派宜視爲清代漢學流派而不應稱爲「宋學」，魏源序莊存與《味經齋遺書》也說：「公所爲眞漢學者，庶其在是！所異於世之漢學者，庶其在是！」（〈武進莊少宗伯遺書敘〉）董士錫撰序亦言：「不知者以爲乾隆間經學之別流，而知者以爲乾隆間經學之巨匯也。」（〈易說序〉）都強調常州微言進路的經學本質，既不失漢學、又能立異東漢重訓詁的考據學風。而錢穆則雖然同情宋學，但其《中國近三百年學術史》也以「清代漢學考據之旁衍歧趨」來看待常州學派。

惟由於常州學派論學趨向或與科舉有關，而我國千年來由科舉所形塑的儒學意識型態曾在清初受到強烈批判，如顧炎武批評：「八股之害等於焚書，而敗壞人才，有甚於咸陽之郊。」「今之經義論策，其名雖正，而最便於空疏不學之人。」（《日知錄．擬題．經義論策》）紀昀也批評：「章註凡以明聖學也。至元延祐中用以取士，而闡明理道之書遂漸爲弋取功名之路。……蓋自高頭講章一行，非惟孔曾思孟之本旨亡，並朱子之《四書》亦亡矣！」（《四書類存目》總論）於時抨擊八股的言論可謂俯拾皆是。民初以來則在五四的反傳統思維中，八股文更被視爲腐敗的文化象徵，科舉儒學長期來遂在備受鄙棄的氛圍中難以翻身，常州學派也頗受忽視。但其實針對千年來功令所繫的科舉儒學，儒者何嘗未曾寄寓改革理想？學者何冠彪便認為清初八股文改革是「清初經世思想被忽略的一面。」（《明末清初思想研究・戴名世與八股文》）例之以清初同具民族之義、同罹文字之禍，也都同以科舉文名世而致力改革時文的呂留良和戴名世：針對經義八股所造成的空疏淺陋學風，呂留良批評：「講章制藝，世間最腐爛不堪之具。」（《呂晚村先生文集・答吳晴巖書》）認為制科不足以取士；戴名世也批評：「《四書》、《五經》之蟊賊，莫過於時文。」並斥舉業士子，「識不足以知天下之變，才不足以應天下之用」，「於古今之因革損益，與夫歷代治亂廢興之故，無所用心於其間」，至言：「必罷去場屋之文，而後可與語讀書也。」「欲天下之平，必自廢舉業之文始。」（〈四家詩義合刻序〉、〈汪武曹稿序〉、〈狄向濤稿序〉、〈吳七雲制義序〉，《南山集》）然而在八股文未廢而天下讀書人皆醉心舉業的現實中，既然望讀書必於秀才，秀才則非時文選本不讀，他們遂只好通過正視及改良八股文來挽救敗壞學風。故呂留良倡程朱之學，欲使經義返於朱注而精詳點勘八股文字，以「分別邪正，講求指歸」；戴名世亦通過寫作、評點八股文及選書、閱卷等，以時文上溯《六經》本旨及「聖人之大經大法」。是以錢穆言：「清初如呂晚村、陸稼書盛唱尊朱，其實只為求八股者一字一句反之朱注，與亭林諸人之求反之漢唐注疏者，取術雖不同，其為針對當時時文八股之風尚習俗而發則一也。」認為：「一字一句反之朱注」的八股文改革，儘管取術與亭林等人回歸傳注的考據取徑有別，但改革學術的用心與理想則無二致。因此久居廟堂、侍講皇冑的莊存與，其西漢聖王理想亦未嘗不是致君堯舜之所寄託；常州文士李兆洛也嘗說：「有明一代以制藝取士，而制藝即以見人品。」（《養一齋文集・許忠愍公遺稿序》）亦看重八股制藝的世俗化價值，認為明代多氣節之士正要歸功於八股文章廣泛傳播。故常州莊氏學儘管在乾嘉考據潮流中被邊緣化了，其藉闡發經典義例以代聖人立言的經世理想和修正學風的經教努力，實不應被忽視；常州學派的學術價值也不止在晚清百年學術之運的歷史脈絡中才顯現意義，後人不宜將常州學派和凸顯家法派別的晚清今文學一體化地、並皆置於近代中國維新改革的歷史視野下，而採取一種自流溯源的歷史目的論方式、或是過度誇大地看待《春秋正辭》之公羊精神及今文意識。

二、常州學派的今文學意識萌芽

向被視爲清代今文經學開山的莊存與（1719-1788年），其《春秋正辭》普遍被認爲是清代今文經意識的萌芽；不過這是後世從思想史角度尋根溯源的說法，以及從公羊學強調微言大義，東漢古文家如許慎、鄭玄等則側重章句訓詁的解經角度所做的分殊，其說表明了莊存與《春秋正辭》多言公羊之義的論經形式，殊異於乾嘉主流「考據治經」之疏釋字義模式。但是若自今、古文家法與家派而言，則莊存與其實未必認同西漢十四今文博士之說，他相信《周官》、〈書序〉以及《史記》記載《尚書》是眞古文的說法，而且他遍說群經，並未以《春秋》爲限；尤其若自晚清今文家出於政治目的的今古文之爭、或具有排他性的「尊今廢古」之今文意識言，則莊氏著作中並未有此今文家法的派別意識，其與晚清今文學宜加以區別。此外，也有以清代今文學芽蘗歸諸孔廣森者。述之如下：

㈠莊存與闡發微言大義的《春秋正辭》

莊存與久處禁近，他通籍後在上書房授成親王經史十餘年，所著多爲宮中授讀講義；他在欲對君主陳善匡失的教化目標下，另外還撰作了同樣用以闡發王道思想和微言大義的《周官記》、《周官說》、《毛詩說》、《尚書說》、《尚書既見》、《易說》、《四書說》等群經說解，其孫綬甲於道光七年刻爲《味經齋遺書》，其中相當多數屬於古文範疇。他並推重在當時幾已成爲定論的僞古文《尚書》，蓋古文眞僞問題並非其所關懷，其所關懷者在於經書蘊涵的聖王理想，故他說：「自分文析字，繁言碎辭，日以益滋，聖人大訓，若存若亡。」（《尚書既見》）他批判章句小儒不足以言聖王之道。因此阮元說他：「不專專爲漢宋箋注之學，而獨得先聖微言大義于語言文字之外。」（〈莊方耕宗伯經說序〉）身爲莊存與外孫並樹起常州學派今文學旗幟的劉逢祿，也未將清代今文學的萌蘖溯源於莊存與，他認爲孔廣森才是清代公羊學的肇始——「皇清漢學昌明，通儒輩出，于是武進張氏始治虞氏《易》、曲阜孔氏治《公羊春秋》，今文之學萌芽漸復。」（《劉禮部集·詩古微序》）故莊氏論學及其擇就《公羊傳》以爲立言寄託，不是出於「經典價值」之爭，不是今、古文對立意識下的欲立今文門戶；而是在方法論上，認爲「分文析字」不能闡發經典微言。以此，常州學派後來儘管融入考據方法論，但其欲結合心術、治道與經道的根本精神，其欲扭轉考據派「由詞通道」之於名物訓詁側重，實與專門漢學有別；他們借重經術制藝，主要是認爲聖王微言寄託在經文中，非聲音訓詁所能得之，既是在治經法上、也是在「經學價值」上之與考據派立異。

溯自惠棟推崇漢代經師經注而標舉「漢學」典範後，乾嘉學風在一片「崇實黜虛」的回歸經典聲中，由古訓、家法、音聲訓詁以通經義的「考據治經」進路已經成爲主流。在惠棟的「經之義存乎訓」強調下，時儒多從事於輯佚漢儒古訓，重視「經、義、訓」之內在聯繫與一貫性，並推尊兩漢經師賈逵、馬融、服虔、鄭玄等經說古義；惠氏春秋學也以「古義」治「三傳」，除撰作針砭杜預《春秋經傳集解》的《春秋左傳補注》外，其《九經古義》中還有堪稱清代復興公羊學與穀梁學先驅的〈公羊古義〉和〈穀梁古義〉，亦皆擺脫歷來治《公》、《穀》的書法義例門徑，依漢儒舊注和「識字審音」的訓詁原則校釋典章制度，而未謹遵何休、范甯之說。然而如此突出章句訓詁與名物度數的治經模式，正是莊存與所不能認同的——莊氏《春秋正辭》強調《春秋》是孔子筆削之書、約文以示義者，是爲萬世制法的經世之書而非記事之史，無須爲經中史事一一索引，而應該探求微言大義，故莊氏著作多爲「論」經的講章形式而非「注」經；其所用以發揚《春秋》精神的《春秋正辭》，主要並不在抱持今文家法或立場，而在以「論經」闡發微言的模式殊別於主流範式的小學訓詁法。如此一來，遂使《春秋》由史學性格轉向義理性格，春秋學亦由側重經注經義轉向探求微言；莊氏之論經形式，則可以視爲乾嘉間有別於漢儒古訓和考釋禮制路徑的另一種經解模式。

在莊氏主張「《春秋》非記事之史也，所以約文而示義」（《春秋要指》）的微言強調下，其《春秋正辭》雖然面對《春秋》發言，其釋義則多借重公羊義法；蓋莊氏認爲《春秋》是「以辭成象，以象垂法，示天下後世以聖心之極」者，因此「觀其辭，必以聖人之心存之。」然而聖人之心爲何？斯即「史不能究，游夏不能主」者，其《春秋要指》亦說以「善說《春秋》者，止諸至聖之法而已矣。」他認爲孔子正是藉「至聖之法」以存其心；至於其法爲何？則莊氏又據孔子之言：「其義則丘竊取之矣！」「屬辭比事，《春秋》教也。」「我欲託之空言，不如載之行事之深切著明也。」故《春秋正辭》即通過「屬辭比事」之「條列其目，屬比其詞」，歸納《春秋》記事之事類，在異同繁殺間因其端而發其微，以此進求孔子藉「載之行事」所闡明的《春秋》之「義」。此即莊氏不滿於考據派「守文持論」的訓詁治經路數，謂以昧於聖人大訓，因此他另遵屬辭比事法以求微言大義，既是對清儒在學術史上具有突出成就的條例歸納法之運用，一如淩廷堪之歸納《禮》例、焦循之歸納《易》例；同時也即是莊氏所擅長的、以「論」經爲經說的形式，亦朱珪之謂「說經之文」（〈春秋正辭序〉）。

惟《春秋正辭》雖係直接面對《春秋》發言，其旨趣則在於歸納義例事類並逐一發微經義，是將孔子記事分別門類後，再就各項事類逐條論述《春秋》記事之微旨；而非如《公羊傳》總論孔子撰作《春秋》之書法義例、亦非如焦循之提煉易學理例。莊氏之總論《春秋》書法義例者，多見於《春秋要指》，如曰：「《春秋》詳內畧外，詳尊畧卑，詳重畧輕，詳近畧遠、詳大畧小，詳變畧常，詳正畧否。」「《春秋》之辭，文有不再襲，事有不再見，明之至也。事若可類，以類索其別，文若可貫，以貫異其條」，其篇幅僅一卷。另外他又嘗書爲《春秋舉例》一卷，書中列舉《公羊傳》十例而爲之申說，如以事例闡明《公羊傳》之謂「《春秋》貴賤不嫌同號，美惡不嫌同辭。」《春秋正辭》全書十一卷總計分成「奉天辭、天子辭、內辭（上、中、下）、二伯（霸）辭、諸夏辭、外辭、禁暴辭、誅亂辭、傳疑辭」等類別。以〈奉天辭〉爲例：「奉天」者復分爲十義，曰「建五始、宗文王、大一統、通三統、備四時、正日月、審天命廢興、察五行祥異、張三世、俟後聖。」譬以〈察五行祥異〉，該義所歸納羅列的《春秋》紀事最多，又分爲「木不曲直（如御廩災、宣榭火、亳社災、無麥苗、饑、大水等）、稼穡不成、水不潤下、恆雨、雷（如不雨、大旱、大雩等）、恆暘（如無冰）、恆燠（如大雨雪、大雨雹）、恆寒、恆風、草妖華孽、毛蟲之孽（如螟、螽）、贏蟲之孽（如蜮、蜚）、眚、祥、下人伐上之痾（如世室屋壞）、金沴木（如地震、山崩）、金木水火沴土」等項類。另外，〈天子辭〉則記王伐、王崩葬、王后、王使、王師一類事；〈內辭上〉列述公繼世、公繼故、夫人、夫人薨葬、子生等事；〈內辭中〉記宗廟、雩、土功、蒐狩、公會諸侯、再會矣、三會矣、公適諸侯、有禮矣、公以非事舉、戰、取國邑、滅國、來朝、來聘等事；〈內辭下〉記大夫盟會、大夫將、大夫執、大夫卒、邦賊等事；〈二伯辭〉載記齊桓盟會、齊桓侵伐、晉文盟會事；〈諸夏辭〉如特盟會、參盟會、合諸侯、大夫會、侵伐、諸侯卒葬等；〈外辭〉記楚、戎、狄、徐、秦等國；〈禁暴辭〉述滅國、國亡、失地、伐國取邑、戰等事；〈誅亂辭〉記弒、篡、誅絕、逐世子母弟、殺大夫、大夫奔等事；〈傳疑辭〉如闕文等，此其類例之要。

莊存與在屬比《春秋》全經之紀事後，便依上述門類劃分，在各項類下分別列敘《春秋》所書事，並加以申說他所體會的經典微言和傳注大義，其中多有發揮公羊之義者。書如：〈草妖華孽〉項下列敘《春秋．莊公十七年》「冬多麋」一事，莊氏說以「公羊子曰『何以書？記異也。』劉向以爲莊公將取齊女，其象先見天戒，若曰勿取齊女，淫而迷國。莊公不寤，幾亡社稷。」他引述劉向說法，以說麋之爲言「迷」也，象魯爲鄭瞻所迷之意，他以爲這正是孔子書是年「冬多麋」的隱微寓意。又如〈金沴木〉項下《春秋．昭公二十三年》「八月乙未地震」事，莊氏亦借言何休，曰：「何休以爲猛朝更起，與王爭入。晉陵周竟，吳敗六國，季氏逐昭公，吳光弒僚，滅徐，故地爲再動。」又，〈毛蟲之孽〉項下《春秋．哀公十二年》孔子書「冬十有二月，螽」一事，莊氏復借《前漢書》董仲舒語以表述一己對於「災異之變」和天道、人情的密切聯繫看法。他以董子代言，道：

董仲舒曰：「孔子作《春秋》，上揆之天道，下質諸人情，參之於古，考之於今，故《春秋》之所譏，災害之所加也；《春秋》之所惡，怪異之所施也。書邦家之過，兼災異之變，以此見人之所爲，其美惡之極，乃與天地流通而往來相應。此亦言天之一端也。」

於此可以略見莊氏《春秋正辭》頗認同董仲舒、劉向和何休等人理論的立場；同時莊氏對於災異符應所抱持的摭取與信守態度，亦其所以被認爲是清代今文學意識萌芽的一個重要因素，即其經說多祖述公羊讖告之說。

至於莊氏闡發其一己所得之《春秋》微旨，如《春秋正辭．諸夏辭．母弟母兄》項下，莊氏在《春秋．桓公十七年》「秋八月，蔡季自陳歸于蔡」之後，復加以申說，道：

何以字？賢也。何賢乎蔡季？其出以義，其歸以仁。不求爲後，義也；終兄弟之恩，仁也，以取貴乎《春秋》。

對於《春秋》所記桓公十七年蔡侯封人卒，蔡季自陳歸蔡一事，莊氏立足在何休所闡發的微言大義上——注曰：「稱字者，蔡侯封人無子，季次當立，封人欲立獻舞而疾害季，季辟之陳。封人死，歸反奔喪，思慕三年，卒無怨心。故賢而字之。」（《春秋公羊傳注疏》）於此，則莊氏特爲揭出何休所謂「賢而字之」者，係指《春秋》貴蔡季能夠「不求爲後」地遜讓而出，是「出以義」；又能「終兄弟之恩」地奔喪歸蔡，是「歸以仁」，正因有此賢德，故《春秋》書其字以美之。類此，即是莊氏自認《春秋正辭》之能夠闡發經典微言者。

莊存與因強調《春秋》微旨而有取於《公羊傳》及董仲舒、何休等今文家言，其與長期來儒者側重《左傳》記事的傳統頗有殊別。《公羊傳》主要乃以平衡王臣上下關係、實施內外一統爲要義，體現了《春秋》居正統、嚴華夷、別內外、復國仇、明經權等大義；然自西漢以來，公羊學在董仲舒《春秋繁露》以天人宇宙論圖式爲出發而發揮天人同構之義理模式下，藉陰陽讖緯、災異譴告以議政言事的風氣盛極一時；何休又體現公羊家的變動歷史觀，自總結以往歷史的高度說「變」，概括出歷史發展由低而高的階段發展史觀，以《春秋公羊解詁》在東漢古文經興盛的大勢中總結公羊家法，發揮所謂「非常異義可怪之論」而力守今文矩矱。因此古文家認爲離奇無稽的「張三世」、「通三統」和「絀周王魯」、「受命改制」等異義之論，正是公羊家所倚爲闡發變易歷史哲學的經典依據及理論基礎——若此一類的公羊之「義」，即是突出《春秋》「重義不重事」的莊存與所肯定的經教價值，亦其思想體系所強調的政治教化功能。不過莊氏在持論《春秋》乃「以辭成象，以象垂法」並多借重公羊義法以釋義之餘，其學未必即以《春秋正辭》爲代表，《春秋正辭》也未必盡依公羊學爲指歸，其中也有諸多取材《穀梁》者，李兆洛便曾說以「取資三傳，會通群儒。」（〈禮部劉君傳〉）朱珪撰序也說以「義例一宗《公羊》，起應寔述何氏，事亦兼資《左氏》，義或拾補《穀梁》。」而且《春秋正辭》常例往往先敘《左傳》，對於《公》、《穀》則互有先後，然後再述董仲舒、何休等人所闡發的微言大義。故是著除闡明莊氏所得的聖人微言外，對於「三傳」並皆有所採摭。要之，莊氏說經對於後來的今文學利用附會經義、臆斷史事以議政干政，從方法論上開闢了一條可行的路徑；而他對於以天道臨君主的「大一統」、強調王權更化的「通三統」、以災異符瑞制約王權……等討論，也爲晚清今文學家以公羊大義附會歷史的運動開闢了想像空間，爲康有爲等人之發議論、干時政、主變法，提供了可利用的思想芽蘖。

㈡孔廣森兼重考據與微言的《春秋公羊通義》

在清代公羊學復興中，繼莊存與後起的，尚有一相當值得注意之人物：曲阜孔廣森（1751-1786年）。他是孔子第68代孫，襲封衍聖公，他和常州學派關係密切，曾經師事莊存與；劉逢祿、宋翔鳳都亟推尊之，目爲清代今文學之萌芽。對於也曾經師事著名考據家戴震的孔廣森，或亦可以自常州學術氛圍的角度來看待其公羊學。

孔廣森撰有針對《公羊傳》發言的《春秋公羊通義》，亦清代今文學先驅之一；他運用訓詁傳注的方式來闡發公羊微言，並參酌《左傳》、《穀梁傳》以校訂文字、審音釋義。但由於公羊學自東漢以來沉寂千年，其間雖有唐徐彥爲之疏注，大抵仍循何休義例而少有發明，是以治公羊學者捨何休《春秋公羊解詁》而無由；以此，孔氏《公羊通義》仍據何休《解詁》爲底本，不過他對何休有幾達十之四五的補苴與詮訂。頗爲特殊的是，孔廣森係依訓詁考證路數，對《公羊傳》採取隨文夾注的訓釋傳文方式，其「由傳通經」地以箋注傳文來考求聖人本旨大義，有別於後來的公羊學主流，也與晚清突出政治目的、變易哲學的「通三統／張三世／異內外」等微言進路迥然而異。因此阮元序〈儒林傳〉稱他「專家孤學」，而他在晚清今文潮流中也往往被摒除於公羊主流外，皮錫瑞說他「雖有篳路藍縷之功，不無買櫝還珠之憾。」（《經學通論．春秋》）亦有學者稱其「陷入誤區」，「抹殺今、古文界限。」（陳其泰《清代公羊學》）。然「公羊學」未嘗以「何休學」爲限；孔廣森志在由傳通聖，其所服膺者惟孔、孟與《公羊傳》而已，凡悖於孔孟之旨、或未能考實於本傳者皆在其所斥絕，且夫乾嘉學風和晚清「尊今黜古」之政治與社會改革思潮本自殊異，乾嘉儒者既未拘守今文家法、亦無晚清般今文學意識，學者不宜以一尊之見或後來的主流發展繩之，亦不宜以歸納文例做爲公羊學者詮釋《春秋》大義的惟一途徑。

而相對於今文家突出孔廣森公羊學的態度，乾嘉漢學陣營則多以考據學者劃歸孔氏，學界歷來也多稱述孔氏古韻分部的貢獻。譬如江藩傳述清儒而遵東漢賈、服、許、鄭進路的《國朝漢學師承記》，書稱孔氏「受經於東原氏，爲三禮及公羊春秋之學」，但僅說他「深於戴氏之學，故能義探其原，言則於古也」反之，對於他和常州學派莊存與等人的密切關係，及其自述「座主莊侍郎爲廣森說此經，……廣森三復斯言，誠《春秋》之微旨」，且與古文學異趣地認爲公羊精義殊勝

《左》、《穀》，曰「《左氏》馳騁於文辨，《穀梁》圈囿於詞例，此聖人制作之精義，二家未有言焉。知《春秋》者，其惟公羊子乎！」（《公羊通義．文公十年．哀公十四年》）江藩則皆未有論及。故有關孔氏公羊學，實不宜自狹義的今、古文意識或今、古文之爭來看待，也不宜將之任意劃歸一方，只能說他和莊存與都是清代今文學意識的肇始源頭。

孔廣森和後來公羊學主流的最主要差異，在其《公羊通義》對「三科九旨」的說法不同上。「三科九旨」一詞最早出現於徐彥《公羊義疏》——徐疏言何休《春秋文謚例》（佚）嘗有「新周、故宋、以《春秋》當新王／所見異辭、所聞異辭、所傳聞異辭／內其國而外諸夏、內諸夏而外夷狄」的「三科九旨」之說。但其時還另有宋衷注緯書《春秋說》的「存三統／張三世／異外內」爲「三科」，而「時、月、日／王、天王、天子／譏、貶、絕」爲「九旨」之不同說法。此中，何休「新周、故宋、以《春秋》當新王」係出董仲舒《春秋繁露》論「文質嬗遞」、「三王之道若循環」的「三統」循環觀；以三世遠近比附「據亂世、升平世、太平世」的「所見異辭、所聞異辭、所傳聞異辭」，則與「內其國而外諸夏、內諸夏而外夷狄」同出《公羊傳》傳文。又，宋氏「三科」與何休相應，但「九旨」說異——何休「九旨」寓於「三科」中，「三科、九旨」同一所指，謂三科段內寓有九意；宋氏「三科」、「九旨」則所指不同。惟孔廣森反對何休之說，他認同《春秋》假天子之事，但是反對何休「黜周、王魯」之云。他認爲何休雖變化董仲舒的「王魯」說，然董子乃就新朝之應天改制而言，絕異於何休「王魯」之「託隱公以爲始受命王。」他說孔子「未嘗尊魯爲王，黜周爲公侯。」他批判何休鑿空說經而承訛率臆，謂何休所言，「皆絕不見本傳，重自誣其師」，「志通《公羊》，而往往還爲《公羊》疾病者也。」（〈公羊通義敘〉、《公羊通義．宣公十六年》）故孔廣森一方面受宋氏注影響，同時亦立足在董子所言「孔子作《春秋》，上揆之天道，下質諸人情，參之於古，考之於今」，而另說以「《春秋》之爲書也，上本天道，中用王法，而下理人情」（《公羊通義・敘》），並自立「天道：時、月、日／王法：譏、貶、絕／人情：尊、親、賢」之「三科九旨」說法。於是公羊家藉以宣傳變法的「通三統」改制之說，遂被孔廣森改爲「建子、建丑、建寅」的三種曆法循環演變，以彰顯《春秋》義例「繫時、繫月、繫日，繁殺之不相襲」之皆寓裁斷書法，而對「尊、親、賢」的諱筆運用，也都寓有褒貶大義在其中。

孔說「三科九旨」主要是以突出道德價值、建立社會秩序典範來發微孔子的褒貶大義；他之推重《春秋》是「經學」而非「史學」，即他所持《春秋》價值在「義」而不在「事」的原因，就在他認爲孔子是通過「九旨」之繫時、繫月、繫日等屬於「天道」範疇以及對「尊、親、賢」諱筆等屬於「人情」範疇的諸多書法義例，來寄託「譏、貶、絕」之「王法」褒貶裁斷。所以「三科」賴於「九旨」完成；《春秋》大義對「天道」、「王法」和「人情」的具體表現，就在藉以實現王化的「譏、貶、絕」等書法上，故孔廣森曰：「撥亂之術，譏與貶、絕，備矣！」以此，孔廣森亟強調孔子記事之繁殺有別，如書日或不日、月或不月，認爲皆寓褒貶深義，曰：「其明析有不啻若史傳之論贊者。」他並指出：「史之所書，或文同事異、事同文異者，則皆假日月以明其變，決其疑」（《公羊通義・敘》），所以欲求《春秋》大義，還要從「事同辭異」處下手，而不僅僅只是歸納相同之文辭，在經文「凡例」之外，還要進求「或達於經、或達於變」之「事同辭異」者。如《春秋・宣公五年》「叔孫得臣卒。」何休注曰：「不日者，知公子遂欲弒君，爲人臣知賊而不言，明當誅。」於此可知孔子「不日」之書法寓有「王法」之誅絕義在。是以孔廣森繼承董仲舒「《春秋》無達辭」、「《春秋》無通辭，從變而移」、「不任其辭，然後可與適道」之云

（〈精華〉、〈竹林〉），亦謂《春秋》文隨事變，「夫惟有例，而又有不囿於例者，乃足起事同辭異之端，以互發其蘊，記曰『屬辭比事，春秋之教也。』此之謂也。」（《公羊通義・敘》）以此，孔氏並未遵信何休歸納文例的解經途徑並多稱引董說。至於《春秋》諱筆——《公羊傳》曰：「《春秋》爲尊者諱、爲親者諱、爲賢者諱」，則他指出此中深寓孔子兼顧人情與道德教化的雙重考量。曰：

> 「爲尊者諱」，諱所屈也，內不言敗、盟大夫不稱公之類是也；「爲親者諱」，諱所痛也，弒而曰薨、奔而曰孫之類是也；「爲賢者諱」，諱所過也。諱與譏之爲用一也，其事在譏之限，其人在尊、親、賢者之科，然後從而諱之。……凡《春秋》之諱，必使文不沒實。
>
> ——《公羊通義・閔公元年》

孔廣森論《春秋》固然基於對尊尊、親親、賢賢的人情重視而有「諱筆」運用；但在「尊者有過，是不敢譏；親者有過，是不可譏；賢者有過，是不忍譏」之外，他更指出孔子寄託於諱筆的微旨，實際上在於「諱與譏之爲用一也。」即《春秋》儘管存在對尊、親、賢「不敢譏」、「不可譏」與「不忍譏」的諱筆情形，但諱筆的運用並不在於隱過——「惡如可諱，何以癉惡？」而在於「爰變其文而爲之諱，諱猶譏也。」故《春秋》諱筆正是「假諱而立義」者（《公羊通義・敘》）。因此孔廣森又言「《春秋》之諱，必使文不沒實」，運用諱筆的目的仍然在於譏刺。於此可知孔廣森意在彰顯孔子強調道德價值與社會秩序的教化意義。

孔廣森和樹起清代今文學旗幟的劉逢祿等主流公羊學之差異，除《春秋公羊通義》所採取的注經體形式外，主要在其公羊學並未定趨於何休說解。孔廣森係直接面對《公羊傳》傳文發言，其「由傳通經」之由傳注上溯《春秋》所獲得的微言大義，頗殊異於何休的「非常異義可怪之論」，因此發揚「何休學」的劉逢祿曾批評孔廣森強調天道、人情與道德價值的「三科九旨」，謂「如是則《公羊》與《穀梁》奚異？奚大義之與有？」（《劉禮部集・春秋論下》）此外，其於《左傳》的兼取態度，也頗與樹立門戶的今文學者有間——雖然孔氏也曾說「《左氏》之事詳，《公羊》之義長。《春秋》重義不重事，斯《公羊傳》尤不可廢。」但他對於《左》、《穀》有取有辨，仍時有採納以闡明經義，故與篤守公羊的劉逢祿等亦復有別。不過孔廣森所標舉的「《春秋》重義」之說——「經主義，史主事；事故繁，義故文少而用廣。世俗莫知求《春秋》之義，徒知求《春秋》之事，其視聖經竟似左氏記事之標目，名存而實亡矣」，則對清代今文家貶《左傳》為史而謂以非《春秋》經傳，具有啓發作用。另外，由於孔氏認為「公羊家學獨有合於孟子」者，而「孟子最善言《春秋》」（《公羊通義・敘》），故他往往又以公羊義例說他經；雖然孔氏35歲早逝而未及推擴此一「經典釋義公羊化」的意旨，但斯義為劉逢祿、宋翔鳳繼承並推至他經之釋義上，有《論語述何》、《論語說義》等，晚清更衍成從《論語》釋義公羊化開始，漸至《五經》及子學釋義公羊化的學術風氣。要之，孔廣森公羊學以審音釋義、校訂文字、集解眾說的方式說《公羊傳》並糾謬何休，在學界長期獨尊何休解詁之外，呈現出另一種公羊學的面目，同時亦可見乾嘉公羊學發展並未如晚清之定於一尊。

三、樹起清代今文學旗幟的劉逢祿

繼莊存與而起的常州學者，劉逢祿堪稱支柱。其春秋學乃以何休義法說《公羊傳》、以《公羊傳》說《春秋》。他上承董、何，下開龔、魏。清代公羊學在劉逢祿之前，雖然已有莊存與《春秋正辭》和孔廣森《公羊通義》等，但是直至標舉「何休學」的劉逢祿出，公羊學局面始爲之一變，自後直至晚清，公羊學皆以何休說解爲學界主流價值。

劉逢祿是莊存與的外孫，嘗問業於其舅莊述祖，述祖稱以「劉甥可師。」其相關著述，除爲清代公羊學奠基的《春秋公羊經何氏釋例》外，還有《公羊春秋何氏解詁箋》、《箴膏肓評》、《發墨守評》、《穀梁廢疾申何》、《左氏春秋考證》、《論語述何》等。劉逢祿使得沉寂近兩千年的公羊學再次繁榮，他除確立自後春秋學以何休公羊義法爲主流的發展方向外，並將公羊大義擴展到群經，開啓了晚清的今、古文之爭，在奠定常州公羊學學術地位之餘，也爲近代維新變法備妥了理論武器；他將常州學派推向在清代今文學發展中舉足輕重的地位，對於晚清學術和政治皆有重要影響。

有關「三傳」，自司馬遷、桓譚、劉知幾、啖助諸家以來，皆推崇《左傳》和《春秋》的「相互表裡」關係，《四庫全書總目》也強調治《春秋》當據《左氏》記事，否則「刪除事跡，何由知其是非？無案而斷，是《春秋》爲射覆矣。」（《四庫全書總目・春秋類一》）然而劉逢祿卻對公羊學有著天生的愛好，嘗曰：「余年十二，讀《左氏春秋》，疑其書法是非多失大義，繼讀《公羊》及董子書，乃恍然於《春秋》非記事之書，不必待《左氏》而明。」（《左氏春秋考證》）至於公羊，則他「善董生、何氏之書，若合符節」，自言：「余自童子時癖嗜二君之書，若出天性。」（〈春秋公羊釋例序〉、〈春秋公羊解詁箋序〉）因此他雖推孔廣森爲清代公羊學肇始，但卻與之批判何休「三科九旨」迴異其趨。他在「家家許鄭，人人賈馬」的乾嘉考據學風中，撰作《左氏春秋考證》和《箴膏肓評》以批駁《左傳》暨劉歆造僞，復以《春秋公羊經何氏釋例》歸納何休義例；何休春秋學係面對《春秋》和《公羊傳》發言，劉逢祿則面對何休說解發言，其代表作《春秋公羊經何氏釋例》正是依何休「三科九旨」以爲微言大義準據。

劉逢祿一方面認爲夫子所傳述《詩》、《書》、《禮》、《樂》

等，乃「文詞有可與人共者，不獨有也」，惟獨《春秋》之「筆則筆，削則削」，才是孔子自陳「莫我知也」以及「知我者其惟《春秋》」的原因（《論語述何》），孔子即以此「不可顯言」者屬之子夏，後經口授公羊氏以及公羊五世傳經而著爲竹帛，所以《公羊傳》就是孔子微言之所寄；另方面則他反對《左傳》傳經之說，他繼承外祖莊存與之言「《春秋》非記事之史」，認爲《左傳》是記事之作，是「良史之材，博聞多識，未嘗求坿於《春秋》之義。」故謂治《春秋》無須如考據學者之亦步亦趨於《左傳》史事考索。至於《左傳》附稱經傳之冒曰《春秋左氏傳》，他說是「東漢以後之以訛傳訛者矣。」（《左氏春秋考證》）是爲「後人增設條例，推衍事蹟，強以爲傳《春秋》。」故他將《左傳》和《春秋》加以切割，稱之以《左氏春秋》，曰：「《左氏春秋》猶《晏子春秋》、《呂氏春秋》。」主張「以《春秋》歸之《春秋》，《左氏》歸之《左氏》。」（《劉禮部集・申左氏膏肓序》）他則以傳承公羊絕學自期，並曾賦詩「經神絕業如相待，一瓣心香奉董、何。」（〈閏六月，三十重度，時《春秋釋例》成，題四章示諸生〉）只不過何休固然以《春秋公羊解詁》集成公羊義例並建構起公羊學理論體系，但《解詁》之作乃採取隨文夾注的傳統「注經體」方式，義例皆散見於注文中，而後世對何休說解也並無系統論著，加上何休的《春秋文謚例》又已失傳，所以劉逢祿欲以清儒所擅長的「釋例」法提挈綱領何休條例，亦如淩廷堪之以《禮經釋例》歸納《儀禮》禮例，他說「經之可以條例求者，惟《禮・喪服》及《春秋》而已；經之有師傳者，惟《禮・喪服》有子夏氏、《春秋》有公羊氏而已。」（〈春秋公羊解詁箋序〉）所以他秉《公羊傳》之「制《春秋》之『義』，以俟後聖」精神，而其所著《何氏釋例》亦成爲清代運用釋例法說經的重要著作。在常州學派的推波下，《春秋》遂由重考據的史學性格，轉爲重經世的今文性格和義理性格了。

至於何休「三科九旨」中最爲人詬病的「以《春秋》當新王」之「王魯」說——如孔廣森便強烈反對，則劉逢祿另說以：

> 夫子受命制作，以爲託諸空言，不如行事博深切明，故引史記而加乎王心焉！孟子曰「《春秋》，天子之事也。」夫制新王之法以俟後聖，何以必乎魯？曰：因魯史之文，避制作之僭。祖之所逮聞，惟魯爲近，故據以爲京師，張治本也。
>
> ——《春秋公羊經何氏釋例》

上說對「王魯」的詮釋，認爲只是孔子做爲一種張法的工具罷了，既非史實亦非孔子眞欲以魯繼周；「王魯」只如「薪蒸」——「《春秋》者，火也；魯與天王、諸侯皆薪蒸之屬，可以宣火之明，而無與于火之德也。」（《春秋公羊經何氏釋例》）故「王魯」一說雖爲《春秋》所借用，卻只如用以宣火之明的薪柴般，《春秋》之義才是「火之德」、「火之明」，即「王心」所寄、孔子所欲傳諸後世而爲萬世制法者。後來撰作《公羊義疏》的陳立即繼承斯義以及包愼言的「筌蹄」之喻，主張《春秋》十二公只是做爲「假事以託義，得其義則事可略」的筌蹄，實則《春秋》之隱桓非魯國之隱桓，乃孔子「假魯以張治本，非隱眞爲受命王也。」所以他批判杜預、范甯「以孔子之《春秋》牽泥於魯之《春秋》，以故動輒荊棘」（《公羊義疏》），是不識七十子微言大義，復不知《春秋》、《孟子》者。如此一來，「王魯」之說不但被清代公羊學者予以合理與合法化，劉逢祿也確立了以《春秋》做爲「五經之筦鑰」的諸經最高指導地位。

劉逢祿以《春秋公羊經何氏釋例》一書樹立起清代今文學旗幟，其思想主要就是圍繞著何休「三科九旨」以展開一己之理論建構。他依《春秋》「屬辭比事」之教，將何休《春秋公羊解詁》所有因夾注在

《公羊傳》傳文下，分散在全書各處的闡釋孔子微言之義例，皆加以歸納分類。全書依義例類別而區分爲：張三世、通三統、內外、時月日、名、褒、譏、貶、誅絕、律意輕重、王魯、建始、不書、諱、朝聘會盟、崩薨卒葬、公終始、娶歸終始、致公、大夫卒、侵伐戰圍入滅取邑、地、郊禘、闕疑、主書、災異等總共二十六例，並立〈大國卒葬表〉、〈小國進黜表〉、〈秦楚吳進黜表〉、〈公大夫世系表〉等四表。劉氏在每例中，皆先之以《春秋》經、傳，然後是何休解詁，最後殿以一己所釋。試舉例如下：

張三世例第一：

隱元年。【註】所傳聞之世，外小惡不書。書者，來接內也。

【傳】所見異辭，所聞異辭，所傳聞異辭。【註】所見者，謂昭、定、哀，已與父時事也；所聞者，謂文、宣、成、襄，王父時事也；所傳聞者，謂隱、桓、莊、閔、僖，高祖曾祖時事也。異辭者，見恩有厚薄，義有深淺。……於所傳聞之世，見治起於衰亂之中，用心尚麤角，故內其國而外諸夏，先詳內而後治外，錄大畧小，內小惡書，外小惡不書；大國有大夫，小國畧稱人；內離會書，外離會不書是也。於所聞之世，見治升平，內諸夏而外夷狄，書外離會，小國有大夫，宣十一年，「秋，晉侯會狄於欑函」、襄二十三年，「邾婁鼻我來奔」是也。至所見之世，著治太平，夷狄進至於爵，天下遠近大小若一，用心尤深而詳，故崇仁義、譏二名，「晉魏曼多」、「仲孫何忌」是也。……

二年，公會戎於潛。【註】所傳聞之世，外離會不書，書內離會者。《春秋》王魯，明當先自詳正，躬自厚而薄責於人，故略外也。

桓二年，【傳】所見異辭，所聞異辭，所傳聞異辭。【註】復發傳者，益師以臣見恩，此以君見恩嫌義異也。所見之世，臣子恩其君父尤厚，故多微詞是也；所聞之世，恩王父少殺，故立煬宮不日，武宮日是也；所傳聞之世，恩高祖曾祖又少殺，故子赤卒不日，子般卒日是也。……

【釋】曰：傳曰「親親之殺，尊賢之等，禮所生也。」《春秋》緣禮義以致太平，用坤乾之義以述殷道；用夏時之等以觀夏道。等之不著，義將安放？故分十二世以爲三等，有見三世、有聞四世、有傳聞五世。於所見，微其詞；於所聞，痛其禍；於所傳聞，殺其恩。由是辨內外之治，明王化之漸，施詳略之文，……。　——《春秋公羊經何氏釋例．張三世例第一》

上例可見劉逢祿綜理何休《春秋公羊解詁》全書，彙歸何休注釋《公羊傳》所有關乎「所見之世、所聞之世、所傳聞之世」的義例，於是何書中凡有關「張三世」的思想，都被系統羅列而得以比觀。至於劉逢祿之釋例，則如上文中他借董仲舒區分《春秋》十二世爲三等及其言「於所見，微其詞；於所聞，痛其禍；於傳聞，殺其恩」（《春秋繁露．楚莊王》），以證立何休以「三世」遠近結合孔子「以君見恩嫌義異」的書法，如「日不日」、「異內外」所蘊之微旨等。

再者，劉逢祿闡發何休公羊要義的「三科」中，「內其國而外諸夏，內諸夏而外夷狄」的「異內外」，是一種先自近者始，由內及外、舉內包外的撥亂步驟與過程，也即「《春秋》欲攘蠻荊，先正諸夏；欲正諸夏，先正京師。欲正士庶，先正大夫；欲正大夫，先正諸侯；欲正諸侯，先正天子」的觀念（《春秋公羊經何氏釋例．誅絕例第九》）。

公羊學強調隨著「三世」進程，可以不斷擴大王化範圍，最後終得以「合內外之道」地實現天下「一統」。此外，「內外」問題還涉及華夷之辨；惟公羊學乃以文化、而非種族或地域來區分諸夏與夷狄，中國可以退爲夷狄，夷狄也可以進爲中國，亦何休說「所見世」之「著治太平，夷狄進至於爵，天下遠近小大若一。」蓋公羊學強調隨著「三世」進程，可以不斷擴大王化範圍，最後終得以「合內外之道」地實現天下「一統」理想。

劉逢祿除撰爲《何氏釋例》外，他又認爲魯《論》諸子亦皆曾經與聞《春秋》微言大義，即「子游、子思、孟子著其綱」者（《論語述何・敘》），而且「《論語》總六經之大義，闡《春秋》之微言，固非安國、康成治古文者所能盡。」（《劉禮部集・論語述何篇》）所以他又撰作《論語述何》，以推擴《春秋》微言於《論語》釋義。如其闡釋《論語》「君子務本，本立而道生，孝弟也者，其爲仁之本與」，即曰：「本立道生，謂『始元終麟』，仁道備矣！堯舜之行，本乎孝弟，夫子『志在《春秋》，行在《孝經》。』二經相表裡也。」他正是以《春秋》載筆始於魯隱公元年、終於魯哀公14年之「西狩獲麟」，以說儒家仁道備述於孔子記事中。又如他解釋孔子自言「五十而知天命」，亦突出強調公羊家「三科九旨」核心命義的「以《春秋》當新王」，說以：「謂受命制作，垂教萬世。《書》曰『文王受命惟中身。』子曰『文王既沒，文不在茲乎！』」他除引述孔子自承肩負文王既沒以後的文化重責，對於孔子之「五十而知天命」，更取義文王受命嗣位在四七歲中身之時，[2]以說孔子五十受天命，年與之亦相若。尤其他據何休「通三統」之義以說子曰「其或繼周者，雖百世可知也」，曰：

---

2 周文王九十七而終，他中身即位時年四十七，言「中身」係舉其全數。

繼周者，「新周、故宋、以《春秋》當新王。」損周之文，益夏之忠；變周之文，從殷之質，百世以俟聖人而不惑者也。

其欲光大何休「以《春秋》當新王」之意，極爲昭然。而除了「三統」說外，劉逢祿對於「三世」說也多所推擴，如《論語》孔子回答子張「學干祿」，有曰「多見闕殆」，他亦以「張三世」做爲詮釋的內在理路，曰：

謂「所見世」也。殆，危也。《春秋》定、哀多微辭，上以諱尊隆恩，下以避害容身，愼之至也。——《論語述何》

劉逢祿取《公羊傳》「爲尊者諱」之書法義例，以「所見世」釋「見」，並以《春秋》微辭說「闕」，是其以公羊「三世」說做爲《論語》的義理模式與思想框架，以《春秋》諱筆之「諱尊」及「避害」思想做爲《論語》子曰「多見闕殆」之微旨。而其書名亦已表明，欲藉何休說解以溝通《春秋》、《論語》二經，故類似上說者，《論語述何》比比皆是，可以備爲清代經典詮釋之一家言，亦可以反映清代蔚起的今文學風。

再者，劉逢祿認同董仲舒之言「《春秋》辨是非，故長於治人」，「《春秋》之所譏，災害之所加也；春秋之所惡，怪異之所施也」（《前漢書．司馬遷傳．董仲舒傳》），並肯定西漢今文學能以公羊之義決天下疑，因此他一方面發揮何休「三科九旨」以闡揚公羊變動哲學，謂「推此以應變，是謂求病而用藥」（《春秋公羊經何氏釋例》），認爲社會不斷變化，歷史進程有其階段性，惟通過因時改制之因革損益，爲可以撥亂反正、由亂而治，並擴大王化範圍以實現天下一統，所以他也說「天下無久而不敝之道，窮則必變，變則必反其本。」

（《劉禮部集．釋三科例中》）而在另方面，則他也批判東漢古文學流行——「西漢專門傳受之學，至東京而漸決藩籬。」並批評鄭玄，「於《禮》深；於《易》、《書》、《詩》、《春秋》淺。故注《禮》用今文、采韓說，及解《易》、《詩》、《書》、《春秋》，乃皆舍今學而從古文。」（《劉禮部集．詩古微序》）他不滿鄭玄在《禮》之外，對其餘各經皆採取古文經說的做法，致使今文學長期見棄。其論曰：

嘗怪西京立十四博士，……皆今文家學；而晚出之號古文者，十不與一。夫何家法區別之嚴若是？豈非今學之師承遠勝古學之鑿空，非若《左氏》不傳《春秋》，逸《書》、逸《禮》絕無師說，費氏《易》無章句，《毛詩》晚出，自言出自子夏，而〈序〉多空言，傳罕大義，非親見古序有師法之言與！

——〈詩古微序〉

劉逢祿亟貶斥古文經學晚出，去孔聖遠，既無師說又不明大義，故他從批判劉歆造僞《左傳》開始，復接續千年前的何休與鄭玄爭論，繼何休撰作肯定公羊獨傳《春秋》的《公羊墨守》，以及批評《左》、《穀》的《左氏膏肓》、《穀梁廢疾》，鄭玄則入室操戈地另撰《發墨守》、《箴膏肓》、《起廢疾》之後，他又撰爲《發墨守評》和《箴膏肓評》、《穀梁癈疾申何》，以駁斥鄭說。不過劉逢祿在極力闡揚何休公羊學之餘，他其實對何休也是有若干駁正，並對《穀梁傳》和《左傳》間有所取的。另外，對於古文經學重要典籍的《周禮》，劉逢祿亦如清初辨僞名家萬斯大《周官辨非》之否定《周禮》經典性質，謂以：「《周官》、《左氏》同出劉歆」，故稱爲《周官》，且說以：「戰國陰謀瀆亂不驗之書。」（《箴膏肓評．文公》）在劉逢祿以公羊學統攝群經，倡論「不明《春秋》，不可與言五經；《春秋》者，五經之筦鑰也」（《劉禮部集・釋三科例中》），以及一連串非《左傳》、貶《周禮》、斥劉歆和鄭玄的非難中，樹立門戶的清代今、古文之爭被開啓了，並影響及古文經學權威地位逐漸動搖，反之，晚清今文經學則蓬勃興盛。故梁啓超認爲劉逢祿是晚清今文學蔚起的關鍵，曰：「自劉書出而《左傳》眞僞成問題，自魏書出而《毛詩》眞僞成問題，自邵書出而逸《禮》眞僞成問題。……初時諸家不過各取一書爲局部的研究而已，既而尋其系統。……於是將兩漢今、古文之全案重提覆勘，則康有爲其人也。」（《清代學術概論》）劉逢祿對於晚清之學術影響可謂甚鉅。

四、擴大清代今文學陣地的宋翔鳳

常州學派另一健將：宋翔鳳，他和劉逢祿同爲莊存與外孫，其舅氏莊述祖嘗稱「宋甥可友」。宋翔鳳在繼承外家之莊氏學外，也與當代考據學者如錢大昕、段玉裁、王念孫父子、孫星衍、阮元等人遊，而他所出身的長洲縣又隸屬於考據學大本營蘇州府，所以他在隨母親歸寧常州從學述祖以前，正是從考據學入手的。因此宋氏固然是常州今文學營壘中人，但他同時也精擅小學而重視考據，他並且有意地將常州經說融入考據學語境中，企圖整合東漢典名物度數和西漢微言大義。除張之洞《書目答問》將之劃歸爲漢學家行列外；龔自珍初就學於外祖段玉裁時，亦出於對小學的重視而亟引翔鳳爲同志，歷二十年皆未變地稱他「樸學奇材」，且曾賦詩「萬人叢中一握手，使我衣袖三年香」（〈己亥雜詩〉、〈投宋于庭〉），對之極爲傾倒。

宋翔鳳從小學入門而又秉受外家莊氏之學，其學在表現常州公羊學風外，還同時兼具考據派色彩，所著《小爾雅訓纂》和《周易考異》皆訓詁校勘之作。雖然《小爾雅》是僞書《孔叢子》之一篇，但畢竟是《爾雅》流別且成書年代早於鄭玄注經，其中有不少漢人訓詁材料，故梁啓超稱《小爾雅訓纂》，「算是走偏鋒而能成家的。」（《中國近三百年學術史》）宋氏並無公羊學專著，但其《大學古義說》、《論語說義》等對孔門義理及今文學多所發揚；其晚年彙刻平生讀書札記的《過庭錄》，則頗具樸學風格地考證了經、史、子以及詩文、天文地理、服飾車制等三百餘條，他並以「樸學齋」名其書齋及文集。因此未受今文學囿限的宋翔鳳，他在諸多繼承自表兄劉逢祿的公羊學觀點之外，其所異於外家莊、劉之學者，正在寓今文義法於樸學的特色，故他能夠反映從乾嘉考證學風轉趨晚清今文學的部份學術變遷線索。

就乾嘉考據學言，「訓詁明則義理明」的「由詞通道」是其指導思想及理論基礎；立足在名物考證基礎以闡發公羊義理的宋翔鳳，其由西漢進求聖人微言的路數，儘管和清儒之意欲建構有別於理學「形上學」模式的戴震等人新義理學異趨，但他亦不外於「由訓詁進求義理」一路，所以他也反對宋明儒說經模式，主張讀書當問途北宋以前。其曰：

> 不通於訓詁名物象數，即無以得聖賢立言之所在；不熟於往古制度損益，即無以見斯世待治之所資。……吾非敢與宋儒者之書背而馳也，將使知古今之說有如是之不同也；亦非敢謂經傳之文可傳以私臆也，將使知周秦兩漢之學皆孔孟之支裔也。
>
> ——《大學注疏集證．四書纂言序》

翔鳳指點名物訓詁、制度象數等是求得聖人立言的重要路徑，他並以「古今之說不同」，說宋儒輕傳注而闡義理之不足，顯見他重視訓詁考據的學術路數，迥然殊異於理學學風取向；其欲上復「周秦兩漢之學」的義理主張及微言闡發，亦復殊異理學的形上學模式，故他終歸乎漢學流派，而不宜如學界之或稱爲宋學學風。

翔鳳春秋學的微言觀及其經說，主要是秉常州外家學並繼承表兄劉逢祿的何休進路，接受後來成爲公羊學主流的何休說解，並依何休「三科九旨」的公羊學模式，以「孔子受命之事顯然可知」的角度論群經。因此其在清代今文學發展中的作用，是一種壯大今文學陣容的推擴作用，擴大了今文家的說經陣地，而不是面對《春秋》或《公羊傳》文本發言。他繼劉逢祿《論語述何》後，又以何休義法說《論語》，撰爲《論語說義》。他認爲《論語》一書，「皆聖人微言之所存」、「太平之治，素王之業備焉！」（《論語說義》十、〈論語說義序〉）因此他亟強調孔門弟子傳述的《論語》與《春秋》間，其義能夠相貫通且互爲發明。其曰：

> 仲尼沒而微言未絕，七十子喪而大義未乖，蓋其命意備於傳記，千百世而不泯者，是固好學深思者之所任也。
>
> ——《論語說義》十

> 先王既沒，明堂之政湮，太學之教廢，孝弟忠信不脩，孔子受命作《春秋》，其微言備於《論語》。
>
> ——《論語說義》一

翔鳳認爲孔子以微言告弟子，七十子雖喪而其義已經備載於傳記中，是以《論語》一書備具孔子《春秋》之微言。即於《論語》之篇章次第安排，翔鳳也認爲都寓有深意在。如「〈學而〉、〈爲政〉二篇，既明太學明堂之法，〈八佾〉一篇，遂明宗廟之禮。」（《論語說義》二）故他既以《春秋》說《論語》，復以《論語》證成《春秋》，亟致力於綰合二經。

翔鳳論微言，或自義理角度之子貢言「不可得而聞」的「夫子之言性與天道」，而指《易》、《春秋》、《論語》是「微言」；《詩》、《書》、《禮》、《樂》是「大義」。此其據〈孔子世家〉謂孔子晚而喜《易》，和〈天官書〉之「孔子論六經紀異而說不書，至天道命不傳。傳其人不待告，告非其人，雖言不著。」以及《漢書．李尋傳》贊曰：「幽贊神明，通合天人之道者，莫著乎《易》、《春秋》」，故他說以「《易》明天道以通人事，故本隱以之顯；《春秋》紀人事以成天道，故推見至隱。」「君子所謂仲尼微言，即性與天道之言，求微言者在《論語》。」（《論語說義》三）惟在此說之外，翔鳳又嘗因《漢書．藝文志》有言「昔仲尼沒而微言絕，七十子喪而大義乖」，故也說「經者常也，恆久而不已，終古而不變，謂之曰常。故聖人之言曰微言，傳記所述曰大義。」（《文錄二．經問自序》）據此則其意或亦以爲經書是「微言」，說解經書的傳注和今古文家法等是「大義」。

要之，翔鳳以爲《春秋》、《論語》皆孔子微言所寄，而孔子又嘗言：「天何言哉？四時行焉，百物生焉。天何言哉？」「予欲無言」，所以他說斯即孔子「自明微言之所在。」（《論語說義》十）他將孔子的「無言」和所「罕言」皆附會爲微言，雖然不免主觀臆測而未必服人；但他循何休公羊義法的《春秋》之義以說《論語》，則其路數顯然可見。故如孔子說：「人而不仁，如禮何？人而不仁，如樂何？」翔鳳即指實地說是針對文公而發。其曰：

《春秋》家以隱、桓、莊、閔、僖爲所傳聞之世，見治起衰亂。然僖公世當桓、文之霸，王政猶明、制度猶在，大夫不敢僭，四裔不敢陵；至文公之世，霸迹已微，文公先壞喪祭宗廟之禮，……文公敢薄先王之制，敢亂繼統之法，荒謬惑亂而爲君，是之謂「不仁」。故曰「人而不仁，如禮何？人而不仁，如樂何？」蓋爲文公言之也。季氏於是時出而僭天子之禮樂，所謂「禮樂征伐自大夫出」者，由季文子始而起於文公之世，《論語》顯斥季氏而深沒文公，是《春秋》之微言也。

——《論語說義》二

翔鳳立足在公羊「三世說」之隱、桓、莊、閔、僖爲「所傳聞世」，文、宣、成、襄爲「所聞世」之基礎，論以儘管僖公處在衰亂世，但賴於齊桓、晉文之霸，宗廟之法猶得以維持；至於文公則「以親親害尊尊」——他因僖公爲閔公之庶兄，而「先禰後祖」、「失先後之義」地置僖公於閔公上，故「魯自文公始亂宗廟之法，其失禮鬼神尤重。」翔鳳並借穀梁子譏斥「文無天」之語，以說文公逆祀之「既無天無祖，則安能有仁？」惟於此，他係認爲「文無天」之語「當是七十子所傳，而穀梁子述之」（《論語說義》二），此一內在思路正是基於他認爲《論語》能夠彰顯《春秋》微言的指導思想，是以其《論語說義》多以弟子所記之《論語》比附孔子之《春秋》記事；然其所臆測是否能孚學界共識？則仍有疑義。

此外，《論語說義》又以公羊家的「三統」、「三世」及「文質嬗遞」說結合孔子之禮論，以做爲「禮不可以空言治」之見諸行事具體內容。其曰：

商家主質，質之過，流爲貴賤無等；周家主文，文之過，流爲以下僭上。由於孝弟忠信之不明，相與舍本崇末，以致有流失敗壞，如魯君臣之事。是必知禮之本，則能通文質之變以救世運，是禮不可以空言治也。〈禮器〉云：「先王之立禮也，有本有文。忠信，禮之本也；義理，禮之文也。無本不立，無文不行。」蓋忠信起於孝弟，孝弟爲仁之本，故曰「一日克己復禮，天下歸仁焉！」……禮去奢而覲儉，則忠信之道存，喪去易而覲戚，則孝弟之心出，斯爲禮之本；而後主文主質，可以變通而無弊。

又曰：

孔子言「禮之本」，曰「與其奢也，寧儉。」儉者，本之所在，能知本者，是謂知禮；王者有德有位而作禮樂，所謂有三重以寡過，得其本也。……孔子於《春秋》，「張三世」至「所見世」而可致太平，於是明「禮之本」，使先王之禮樂可行於今。

——《論語說義》二

翔鳳以公羊家論「文質嬗遞」之「通文質之變以救世運」，以說禮之「不可以空言治」，並認爲孔子正是「因乎世運而斟酌損益，以成《春秋》『去文從質』之禮。」然而要如何才能通文質之變？則他又結合《禮記．禮器》之「有本、有文」以說禮，認爲禮治須以孝弟忠信爲禮之本，如此始爲「知禮」，故能去奢觀儉、去易觀戚，使既不致流於「貴賤無等」的「質之過」，又不致流於「以下僭上」的「文之過」，於此顯見他以公羊說《論語》的模式。此外他復藉《中庸》「王天下有三重焉，其寡過矣」，以說惟能充禮樂之美而「知本」，爲能進於「所見世」，而使先王禮樂行於今而進致太平。惟斯義若能成立，何以《論語》一書絕未有公羊家從質之云？則翔鳳又說以「竟《論語》二十篇皆言仁、言孝弟、言忠信，而不言從質」者，蓋「言儉言戚，以見孝弟忠信之實；主文主質，皆莫能外此也。」（《論語說義》二）他認爲孔子以言儉言戚說孝弟忠信等「禮之本」，已足以涵蓋文質嬗遞而變通無弊了。

再者，《論語》子張問：「十世可知也？」孔子答以：「殷因於夏禮，所損益可知也；周因於殷禮，所損益可知也；其或繼周者，雖百世可知也。」對此，宋翔鳳更明說斯即孔子闡明「通三統」之義。其曰：

> 此明「通三統」之義，故舉夏、殷、周而不及虞。……其或繼周者，孔子之《春秋》也，故成《春秋》之法，而不合於周禮；禮，今文家所傳具在。惟知禮而後可以作《春秋》，以爲後世有天下者之則，故聖人所以爲百世之師也。——《論語說義》十

若此之類皆可以見翔鳳說《論語》而發揮何休「以《春秋》當新王」之公羊義法。他認爲孔子所言「其或繼周者」，正是表現爲「黜周、王魯」的《春秋》之法，故他說《春秋》法式與周禮不合，而其禮則由今文家所獨傳。

至於翔鳳對待古文家尊奉的《左傳》態度，其立場固然據西漢太常博士言：「《左傳》爲不傳《春秋》」，而亦主張「求《春秋》之義則在《公羊》、《穀梁》兩家之學」；但他也說：「考當時諸侯卿大夫之事莫備於《左氏》，其人質直有恥，孔子引與相同，故其書宜爲良史，終不可廢；但當辨其古字古言，而芟夷其竄亂。」（《論語說義》三）則是他雖然主張刪去劉歆所竄亂的古文家言，但仍多采證《左傳》者。另外，他對《周禮》、《毛詩》等古文經典，也並非一味否定，只是在比較時有所去取而已。而翔鳳之推公羊大義及於群籍，除《論語說義》外，還另著有《大學古義說》，亦多發揮公羊大義，如他釋「在止於至善」，說以「《春秋》始元終麟。……於元，見善之至；於麟，見至善之止。夫脩身、齊家、治國、平天下之道，其功皆基於至善。」（《大學古義說・上》）此外，他復據今文學以說《中庸》、《孝經》，而謂：「〈禮運〉一篇，皆發明『志在《春秋》』之義。」（《論語說義》二）他甚至還擴大到以儒說老，強調易、老同源於黃帝，而認爲

《史記》所載老子爲「周守藏室之史」和《漢書》「老子爲柱下史」可以互通，即守藏與柱下可以互稱，爲黃帝以來流傳的殷易《歸藏》典守者。[3]所以他又繼承莊述祖《歸藏》之學，以《歸藏》和「君人南面之術」統攝孔、老，說以「老子所述，皆黃帝之說，《歸藏》之說也；又觀《十翼》之文，則孔子贊《易》亦多取於《歸藏》。」「老子之說，通乎《易》與《論語》。」（《論語說義》四、二）於此並皆可見從乾嘉到晚清的今文學發展概況，可以備爲思想史演變線索之一端。

五、結語

伴隨著清帝國由盛轉衰的乾嘉後期到晚清，今文學躍上了學術與政治檯面。清代今文學興盛是從公羊學開始；清代公羊學則是由常州學派莊存與肇始，孔廣森、劉逢祿、宋翔鳳等人推波，並以微言大義說《論語》，擴大了公羊學陣地；再到嘉道間龔自珍、魏源等又推微言大義於各經，並樹立《詩》、《書》今文門戶，而後有晚清擴及今文各經之全面復興，終至今文學蔚爲大盛的。故自乾嘉考據學極盛到嘉道經世思潮再起，居間過渡並穿針引線的常州學派及其對於公羊微言的闡發，正是影響晚清學術發展的重要關鍵。

惟乾嘉間肇始發端公羊學的莊存與雖然著有《春秋正辭》，他其實並未著力發揚公羊學與今文學，只是備爲眾多宮中講義之一，是在其從子莊述祖、孫莊綬甲以及外孫劉逢祿、宋翔鳳等人推波下，常州公羊學才釐然成家的；在常州學派突出「《春秋》非記事之史」、「《春秋》重義不重事」的公羊義法強調下，清代春秋學的發展重心始自重考據的《左傳》轉向重經世的《公羊傳》，並對後來今文家藉附會經義來議政干政，開闢了一條可行的路徑。康有爲之發議論、主變法，其《新學僞

3　古《易經》有三：以〈艮〉為首的夏易《連山》、以〈坤〉為首的殷易《歸藏》以及〈乾〉為首的《周易》，惟今獨存《周易》。

經考》和《孔子改制考》就是以公羊學結合了晚清政潮與思潮，以今文學「三統」、「三世」之說做爲政治變革之理論依據的。故乾嘉時期常州學術雖非主流，但從無心插柳的莊存與、經孔廣森，再到樹立今文門戶的劉逢祿等，常州學派在清代學術史及晚清思想史上具有不可抹殺的承先啓後作用，清代今文學復興則兼有學術史與思想史的意義；從劉逢祿尊公羊家法並亟辨「《左氏》不傳《春秋》」，到魏源將今文學立場擴及《詩》、《書》並抨擊古文「鑿空無師傳」，誠然是對晚清高樹今文門戶具有關鍵性影響的重要發展。不過乾嘉時期以常州學派爲主軸的公羊學發展，仍以經學旨趣之論學爲主，主要是一種典籍功夫；逮及嘉道之世，始由於日益加劇的社會危機突出了改革的必要與迫切性，而有倡言改革的龔、魏等人立足在「援經議政」之公羊傳統上，由論學而論政地發揮經義於針砭時弊，其後更有康有爲之汲流而援引公羊思想以爲變法基礎。由是，在乾嘉時期本非學術主流的常州學派，遂以其對公羊學的慧眼獨具而益受學界重視。

拾玖

嘉道經世思潮下的今文學發展(一)：龔自珍譏切時政的改革評言

清代由乾隆間陸燿（1723-1785年）《切問齋文鈔》首開風氣，並在賀長齡（1785-1848年）之後成爲風潮的纂輯「經世文編」之風，具體呈現了儒者經世濟民之改革弊政、創籌良策、致天下於太平等理想。但是長期以來，儒者所有的經世志行，都只能在傳統政體的六部制度下改革，並無法在政體結構上從事根本變革或創新；全面改革政體的契機，是在戊戌變法以後始展露出來的，而此一契機，又溯自嘉道間龔自珍（1792-1841年）與魏源（1794-1857年）之倡言改革、疾呼變法。因此龔、魏向被視爲變動時代中的前驅性代表思想家。

原出司徒官守的儒家在連緜不斷的歷史進程裡，不斷地擴大內涵與變化；但是親民治化、經國治術與淑世理想，始終是儒學的根本思想。儒者面對其當代的「時代課題」，試圖以其所認爲最有效的學術方式解決之，並逐漸形成當時具體共識的「學術課題」，遂成就了每一歷史階段能夠反映其時代意識的學術和思想典範，並構成歷史上持續演進的學術動態化發展。19世紀的嘉道經世思潮和17、18世紀清初的經世思潮相比，最大的區別就在突出社會變革的主題要求——清初經世觀比較偏重建設理想社會；19世紀的經世改革則以挽救清朝日益嚴重的社會危機爲目標，落實現實改革的經世實學，才是嘉道時期的經世訴求及核心思想。龔、魏所處的時代，正是清王朝由盛轉衰、內憂外患開始相逼的中葉向近代過渡時期。於時內有白蓮教之亂、外有鴉片輸入。鴉片貿易使得白銀外流，銀荒不但使得政府財政陷於困境，財源枯竭、國庫空虛，銀價暴漲也迫使人民負擔更重的賦稅；尤其威脅國家生存命脈的，是上自親王貴族、下至八旗兵丁紛紛染上的煙癮，不務農、不做工、不經商的結果造成了富戶變貧戶、貧戶變餓戶，國力民力日衰。重以吏治敗壞、奢侈腐化；土地買賣加劇，過多的佃戶和流民平添了社會動盪，皆加深了社會的衰敗危機。值此之際，龔自珍敏感地察覺所謂嘉道「治世」下的眞相，是「衰世」面相與「亂世」危機；他充分感受到「山雨欲來」的危疑不安而具憂患感，於是他揭露了清王朝「天命不猶，俱艸木死；日之將夕，悲風驟至」的狀況，並提出諸多改革建言。至於和龔自珍、林則徐友好的魏源，亦親見亂後災荒遍地、饑民流離，故潛心經世之學，纂輯《皇朝經世文編》，並撰作《聖武記》、《海國圖志》。《海國圖志》立足在林則徐《四洲志》上，是我國近代第一部系統介紹世界歷史地理與政經文化的巨著，對國人認識西方有極大的推進作用；魏源並在鴉片戰爭後提出「師夷長技以制夷」之具影響力改革思想。斯時復有洪亮吉、李兆洛、管同、包世臣等人，亦皆共起譏評時政。故自龔、魏等人推波後，康熙中葉以後一度沉寂的經世思潮又在嘉道間興盛，並在鴉片戰爭前後趨向高漲。所以梁啓超以維新思想的萌櫱推諸龔、魏，並言「晚清思想之解放，自珍確與有功焉！光緒間所謂新學家者，大率人人皆經過崇拜龔氏之一時期。」（《清代學術概論》）龔、魏站在歷史變動的時點上，其所發揚的儒學經世精神，及其結合公羊議政傳統的改革理論等，對於當時沉睡的國人有極大的撼動性。因此欲論晚清思想之「變」，宜自龔、魏始。

本文以龔自珍爲探論對象，主要欲藉爲觀察學晚清術變遷中今文學風的轉變線索，同時亦欲釐析存在龔氏學術中的若干分歧觀點。譬如龔氏向被劃歸今文家，他曾受公羊學於劉逢祿，並著力發揚「援經議政」之今文精神；但他其實並未著意區分今、古，他在外祖段玉裁的教導下，亦深契小學訓詁而有考據之作。又如龔氏論經，推闡公羊「三世」

說之「由亂而治」階段發展觀，並以此說群經大義；然他對於宇宙觀，另持「由治而亂」之「三時」變動說，惟學界對此罕能區分其邏輯範疇而時有矛盾說法。再者，龔氏之「賓賓」說是否寄寓等待新朝與革命思想？學界從錢穆到張壽安等，都持說：「其所待乃在後起之新王」、「自珍述史之意，兼含『以待後王』，……『革命』思想亦暗蘊矣！」但是筆者卻有不同的看法（詳下文）。除上述爭議性論題外，本文兼欲綜理龔氏整體學術思想，欲探索其主張尊人才、尊心、尊史、尊子等理論之軸心線索，以見其非如梁啓超言：「初讀《定庵文集》，若受電然；稍進，乃厭其淺薄。」筆者肯定龔自珍活用公羊學「援經議政」精神，從借公羊「三世說」以論《五經》治道、到採取「三時」變動觀來突出更法變制主張；復藉論孔子以《春秋》行「賓法」，以建構其「尊史」、「尊子」之系列理論，誠爲嘉道間圍繞「何以救弊」核心意識展開的整體學術思想縮影，可謂爲嘉道經世思潮下自成體系的代表理論。

一、清代公羊學發揚微言大義的「經例闡發／援經議政」兩種途徑

清代前期的承平與物阜民豐，推波助瀾了「書本子學問」的乾嘉考據學興盛；清代公羊學立足在常州學派基礎上，在後來的學術發展中，開出了一片迥不同於乾嘉主流考據名物而另主闡發微言大義的天地。乾嘉間常州學派由莊存與肇始、劉逢祿確立學風——莊氏主要發揚西漢策論文及聖王理想；其外孫劉逢祿則光大董仲舒、何休之公羊義法，並突出今、古文對立意識下之今文家法。其後從乾嘉常州學派過渡到嘉道、再到晚清的今文學發展，則清儒用以闡揚微言大義的方式，可以分就典籍工夫、政事發用兩種不同途徑加以考察。

就大體而言，儘管常州學派重視闡發經學「微言大義」的進路，和乾嘉主流價值強調經義的「章句訓詁」有別；但其終不外乎考據學發

用，而罕有如嘉道經世學者龔自珍、魏源之針對社會現實以及具體政務的落實改革理論。以代表常州公羊學的莊存與《春秋正辭》和劉逢祿《春秋公羊經何氏釋例》爲例：莊氏《春秋正辭》主要是歸納《春秋》書法義例；劉氏公羊學用以闡發經書微言的方式，亦是《春秋》「屬辭比事」之教，其學主要爲分析、歸納何休義例的「何休學」。他將何休《春秋公羊解詁》分散在全書各處並夾注在《公羊傳》傳文下的義例，皆加以歸納、分類，並圍繞著何休「三科九旨」展開一己之理論建構——這些都是典籍功夫，都是以經典義例做爲治經進路，其學術旨趣在於經學，且多不外對考據學「釋例」法之運用。是故儘管常州學派發揮微言大義的內容訴求親近西漢今文學，而與乾嘉主流偏好章句訓詁、名物考據之親近東漢古文學有間；但是就論學對象和方法論之運用而言，則不獨莊、劉，即常州學派其他學者如宋翔鳳等，也多是落實在經典文獻上，發揮乾嘉儒者所擅用的「釋例」法，而以「屬辭比事」對經典進行整理歸納與闡發。斯爲面對傳統經典以發言。

逮及國勢逐漸中衰的嘉道之世，在加劇的世亂以及鴉片戰爭的經濟侵略、武力威逼中，今文學的發展則逐漸從論學轉向議政，並自公羊學出發而擴及群經，將經義發揮在除弊的論政要求上，從面對經書發言轉向面對社會、面對政事發言。自龔自珍、魏源以迄於晚清康有爲、梁啓超等，皆屬於「以經論政」的政事發用路線，亦如西漢時董仲舒之據《春秋》來論政斷案，是爲對今文經「援經議政」精神的具體落實。因此龔、魏等人固然以今文家名，他們在學術上也都各有建樹，如龔自珍有《左氏決疣》、《左氏服杜補義》、《春秋決事比》（皆佚），魏源有《詩古微》、《書古微》、《老子本義》等；但是針對經典的證成家法、闡發義例等，並非其學術旨趣，他們主要是將微言大義發揮在建構社會上，是走一條經術經世、通經致用的發揮公羊經義於實際政事之路。是故他們在常州學派的經書旨趣以及劉逢祿、宋翔鳳等人據何休義法以說《論語》之外；龔自珍主要是將公羊大義推向《五經》，而以「三世」說闡明終始治道，魏源則在論學強調三家《詩》和伏生今文《尚書》外，復藉《詩》義以諫世。龔、魏之今文學立場及其闡發公羊變易哲學，主要是一種融入社會視野的結合經義、政事方式，故能落實爲具體的社會改革和興利除弊主張。以此，自珍雖然借用「三世」說以說群經，但其治經以及援經議政，主要都是在發揮大義，是借公羊歷史哲學之變易觀以及階段發展觀，以做爲社會變革的理論基礎；不是追求《春秋》書法義例。

是故晚清今文學大盛及其被倚爲變法維新之理論依據，以及晚清變法思想與今文學產生聯繫等，正是溯自龔、魏等人以經書做爲變法更制之所本，據以對現實問題展開批判並提出具體改革主張。易言之，龔、魏等人在傳統經典中融入社會視野，是很重要的因素。所以梁啓超言「後之治今文學者，喜以經術作政論，則龔、魏之遺風也。」（《清代學術概論》）因此龔、魏所代表的嘉道經世思潮和援經議政的嘉道今文學發展，深刻影響了康有爲「託古改制」之藉公羊義法以爲變法張軍，以及集政治、經學、哲學於一身的晚清今文學走向，是爲居間聯繫常州公羊學和晚清維新變法思想的學術變遷重要關鍵。

二、龔自珍的古文興趣和以經論政的今文發揮

龔自珍，浙江仁和（今杭州）人，素以今文學及詩文名世——錢穆亟稱其文集：「文絕瑰麗，如怨如慕，極動宕之致」、「文絕冷雋，如泣如訴，極淒婉之致」（《中國近三百年學術史》）；不過其家學實際上有很深的樸學淵源，他是戴震著名弟子段玉裁的外孫。其父龔麗正爲段玉裁門生及女婿，著有《國語補注》、《楚辭名物考》等；段氏亦嘗親授以《說文解字注》，期望他成爲「以經說字，以字說經」的學者。自珍在23歲時撰有〈明良論〉四篇，深獲段氏喜愛，評曰：「四論皆

古方也，而中今病。」並言：「耄矣！猶見此才而死，吾不恨矣。」（《龔自珍全集．明良論四》附見）但是身處嘉道間國家走向動盪不安之際，自珍儘管一方面「深契乎金壇高郵之小學訓詁」；然他在接觸劉逢祿今文學後，其〈己亥雜詩〉即賦詩道：「昨日相逢劉禮部，高言大句快無加。從君燒盡蟲魚學，甘作東京賣餅家。」（〈雜詩．己卯自春徂夏，在京師作，得十有四首〉）表明他走出傳統舊學而轉事於結合經義、政事的今文學決心。在劉逢祿卒後十年，他撰作完成《春秋決事比》之後，並有詩道：「端門受命有雲礽，一脈微言我敬承。宿草敢祧劉禮部，東南絕學在毘陵（武進縣）。」（第59首）說明他以遙遠徒孫繼承公羊絕學和劉氏學的自期。所以他亟以特有的敏銳眼光，對於腐敗的政治與社會現狀加以揭露和批判。其發揮經義於除弊的時政要求，聚焦呈現了其爲今文家的身分，已如前述；而其以詩文指摘時弊並抨擊朝政，並開當時以詩文評論政治社會及要求變革的文學新風。尤其315首的〈己亥雜詩〉，更奠定了他在中國近代文學史上文學改革先鋒的地位，且贏得南社詩人柳亞子「三百年來第一流」之美譽（〈定庵有三別好詩，余仿其意作論詩三截句〉）。故自珍後來雖因「動與世忤」的「狂士」、「狂言」風格，得罪權貴而辭官還鄉；但其宕跌不檢細行的性情、浪漫豐富的情感，以及結合經史百家、小學輿地和當代典章制度以譏評時政的激切論見，在當時頗造成振聾發聵的作用，即反對戊戌變法的守舊派葉德輝也說：「曩者光緒中葉，海內風尚公羊之學，後生晚進，莫不手先生文一編。」（《郋園北遊文存．龔定庵年譜外紀序》）其鼓動晚清今文學風的影響力，於此可見一斑。

㈠反對據守今文之不廢古文立場

雖然自珍向被稱爲清中葉後的今文學代表，梁啓超亦言「今文學之健者，必推龔、魏」（《清代學術概論》）；但他並非恪守今文傳統的學者。他在28歲已經從受公羊學於劉逢祿，後仍於48歲的〈己亥雜詩〉中說到「張杜西京說外家，斯文吾述段金沙。導河積石歸東海，一字源流奠萬譁。」（〈己亥雜詩〉第58首）認同小學訓詁以其實證能夠平息眾議，如此態度頗與魏源等今文家視乾嘉考據學為「錮天下聰明智慧於無用」者不同。而且在治經上，他雖重公羊大義，卻刊落條例，並未以師承家法為取捨，其與據守今文而貶斥古文的劉逢祿、魏源等人，有鴻溝之別。他所錄寫的〈尚書古文序〉，更祖承其外祖段玉裁訓示，曰：「偽孔氏《尚書》，視馬、鄭本文字無大異也。枚賾及偽孔罪雖大，未嘗竄改文字，又非別經師相承能異文字者也。《尚書》如此，〈書序〉亦然。自珍今寫定〈書序〉，即用偽孔氏本。」可知他不似一般今文家之峻拒古文《尚書》。他甚至倡論「今文、古文同出孔子之手」；只不過「一為伏生之徒讀之，一為孔安國讀之」，殆如「源一流二，漸至源一流百。此如後世翻譯，一語言也，而兩譯之、三譯之，或至七譯之。」（〈最錄尚書古文序寫定本〉、〈大誓答問第二四：總論漢代今文古文名實〉）所以他不獨對於《尚書》，即於他經，亦表明不廢古文的立場。其自述曰：「予說《詩》以涵泳經文為主，於古文《毛》、今文《三家》，無所尊，無所廢。」（〈己亥雜詩〉第63首自注）便清楚說明他對今、古文無所尊廢的學術態度。

再者，在學風上，龔自珍也不贊成今文學者素來所好言的災異讖緯說，更反對推擴《春秋》災異說及於他經。他批評劉向在《尚書大傳》中放入〈五行傳〉，是「誣伏生」，他說：「〈洪範〉，箕子以庶徵配五事，不以五行配五事。」認為五行本來不具災異義；欲以災異現象說之，只能稱為〈洪範庶徵傳〉，不能稱為〈五行傳〉。所以對於莊存與《春秋正辭．察五行祥異》之歸納《春秋》眾多災異說，如火不炎上、水不潤下、木不曲直、土不稼穡……等五行失性之例，他皆自區別陰陽五行和災異的角度加以反對，強調「五行未嘗失其性也。」他持論

「《易》自《易》，〈範〉自〈範〉，《春秋》自《春秋》；《易》言陰陽，〈洪範〉言五行，《春秋》言災異」，並且主張「以《易》還《易》，〈範〉還〈範〉，《春秋》還《春秋》。」（〈非五行傳〉及其案語）顯見其與一般今文學者喜言災異有別。

此外，對於常州學派莊存與，一般今文家多肯定其爲清代公羊學首倡；龔自珍之著眼卻大不同於此。他之看重莊存與，並認爲是莊氏門徒所「不能宣其道」的地方，正在莊氏維護古文《尚書》，自珍認爲這是莊氏爲保存聖人之言而行權的做法。自珍說自從閻若璩以《尚書古文疏證》辨明僞《古文》後，莊氏認爲已毋須再致辨於《古文》的眞僞問題了，蓋「辨古籍眞僞，爲術淺且近者也，且天下學僮盡明之矣，魁碩當弗復言。」是以莊氏《尚書既見》屢稱〈禹謨〉、〈虺誥〉、〈伊訓〉，並反對朝廷廢《古文》學官，不是由於他不知《古文》之僞；而是認爲「今數言幸而存，皆聖人之眞言，言尤疴癢關後世。」（〈資政大夫禮部侍郎武進莊公神道碑銘〉）自珍指出莊氏爲維護聖教，「爲有所『權』以求濟天下」，故「自韜汚受不學之名」，寧受學者之詬，最後終使《古文》仍得以保留學官——斯即自珍之稱美莊氏爲「史之大隱」者。於此可見自珍之肯定莊存與，其與今文家著眼的復興公羊學角度，實大相逕庭。就《尚書》而言，他之讚美莊氏維護古文《尚書》，其實是站在今文學之對立面。而自珍之引宋翔鳳爲同志，稱以「樸學奇材」，並賦詩道「萬人叢中一握手，使我衣袖三年香」（〈己亥雜詩〉第139首自注、〈投宋于庭〉），也正由於翔鳳雖受外家莊氏學，卻自小學入門，在常州公羊學外復兼有考據之長。是故自珍論學儘管不乏繼承公羊學的一面，但他並未完全以今文學爲依歸；他另有緣自政治現實，以及承外祖之教和尊史爲經的乾嘉風尚與一己所見，不可純粹以今文家看待之。因此曾對龔自珍和劉逢祿、魏源一視同仁而痛加貶斥的古文派章太炎，也在民國建立後，對支偉成的《清代樸學大師列傳》提出商榷，認爲龔自珍和清代今文學家宜乎有所區別。

㈡以進步的公羊「三世說」論《五經》終始治道

身爲清代考據學大師戴震高弟段玉裁外孫的龔自珍，儘管段氏曾經親授《說文解字注》，自珍亦有《西漢君臣稱春秋之義考》和商榷《禮經》的《丙子論禮》、抉摘劉歆竄亂的《左氏決疣》等考證之作；但他同時卻也是學界所盛稱的，清中葉以降之今文學代表。其重要原因之一，便是他相當程度地倚重公羊學理論以建構學說。自珍接受何休「三世」說，依「據亂世→升平世→太平世」之歷史階段以說春秋242年間事，復據此「三世」觀以說《五經》大義及其終始治道。不過自珍雖然從受公羊學於劉逢祿，他和劉逢祿之區別「經／史」而尊《公羊》、黜《左傳》學術立場不同；他主要是接受「三世」發展觀做爲「援經議政」的理論基礎，而不是如劉氏在經論或治經方法上區別今、古文經。以此，自珍與魏源「由典章制度以進於西漢微言大義」之上復西漢今文主張，亦復有別。自珍之春秋學，摒棄經史之爭和今古文之爭；其於公羊思想的發揚，也不是循著劉氏強調解經義例途徑，而是落實實踐孔子所謂「載諸行事之深切著明」者，以「援經議政」發揮《春秋》微言於時政操作上。

在春秋學上，自珍著有《左氏決疣》、《左氏服杜補義》、《春秋決事比》等，惜皆不傳；其《春秋決事比》「獨喜效董氏例，張後世事以設問之」，他效爲董仲舒以公羊決獄及「漢廷臣援《春秋》決賞罰」的做法，發揮《春秋》「明是非，長於治人」之「長於斷獄」精神。全書部爲十一篇，得百二十事，如論君道、君守、臣守、不應重律、不應輕律、不定律、不屑教律、人倫之變……等，所論多在微言闡發；至於《春秋》書法文例之「文直義簡，不俟推求而明」者——如書弒、書篡、書叛、書專命、書僭、書滅人國……等，則不深論，就其未深究文例而多發揚董說一端言之，頗與孔廣森同趨。其書雖佚，然其文集中有〈春秋決事比自序〉及其目錄、答問等。自珍自述其撰作精神爲「三傳」並用，但在《春秋》大義上，他乃以《公羊》爲依歸；考究事實，則輔以《左傳》，同時兼採《穀梁》爲論斷。其曰：

乃獨好刺取其微者，稍稍迂迴贅詞說者，大迂迴者。凡建五始、張三世、存三統、異內外、當興王，及別月日時、區名字氏，純用公羊氏；求事實，間采《左氏》；求雜論斷，間采穀梁氏，下采漢師，總得一百二十事。獨喜效董氏例，張後世事以設問之。……七十子大義，何邵公所謂非常異義可怪，惻惻乎權之肺肝而皆平也。嚮所謂出沒隱顯於若存若亡也者，朗朗乎日月之運大圜也，四宮二十八宿之攝四序也。——〈春秋決事比自序〉

自珍效董子據《春秋》以決事的精神，自言所撰《春秋決事比》能「權之肺肝而皆平」地體證七十子大義及何休公羊義法，故儘管其春秋學並未定趨於今文學，對《春秋》之記事論斷，他也間採《左傳》、《穀梁》，但就其發揚微言大義及何休義法的進路而言，他確是親近《公羊》之今文經學的。

自珍在要求革除時弊與更法變制的中心關懷下，他將何休義法和《五經》加以結合，以「三世」說闡明《五經》之終始治道，並論以聖人治道「始乎飲食，中乎制作，終乎聞性與天道」（〈五經大義終始論〉），即由「飲食→制作→道德教化」循序漸進之。故其說《詩》，以后稷爲「據亂世」，公劉（后稷曾孫）爲「升平世」，武王巡守而祀四嶽河海的〈般〉和封禪以告太平〈我將〉等樂歌爲「太平世」；說《尚書》，以〈洪範〉之食、貨爲據亂而作，祀、司徒、司寇、司空爲治升平之事，賓、師爲文致太平之事。曰：

若夫徵之《詩》，后稷舂揄肇祀，據亂者也；公劉筵几而立宗，升平也；《周頌》有〈般〉有〈我將〉，〈般〉主封禪，〈我將〉言宗祀，太平也。　　——〈五經大義終始答問二〉

食、貨者，據亂而作；祀也，司徒、司寇、司空也，治升平之事；賓、師，乃文致太平之事，孔子之法，箕子之法也。

——〈五經大義終始答問一〉

自珍論《詩經》，謂周自后稷播種百穀，黎民阻飢；到公劉教民，而豳國之民無不尊其宗且上下有章、財用不乏；再到文武加以禮樂文飾，於是《風》有〈周南〉、〈召南〉，《雅》有〈鹿鳴〉，成王周公更以制禮作樂致太平而《頌》聲興焉，是爲《詩經》之「三世」漸進。至於《書》，則他亦以〈洪範〉「八政」與公羊「三世」說相配合，謂致力於百姓民生的食、貨爲「據亂世」之法；事死之「祀」以及負責掌教之「司徒」、司法之「司寇」、掌土木水利等邦政之「司空」，即順民情以立制者爲治「升平世」之法；接著「太平世」所致力者，依漢儒之說，爲禮諸侯遠人的「賓」和以兵除暴的「師」，即後世外交部和軍政部之所事，但是自珍並未採取此說，其賓、師之論另寓有「存三統」和強調師儒教化之義（詳下文），是爲「太平世」擴大王化之法。

自珍之以「三世」說《五經》，其路數並非其外祖段玉裁期望他的考據治經、以字說經；而是具有今文學色彩之以何休義法說《五經》。其論又曰：

謹求之《書》曰「天聰明，自我民聰明。」言民之耳目，本乎天也。民之耳目，不能皆肖天；肖者，聰明之大者也，帝者之始也。聰明孰為大？能始飲食民者也。其在〈序卦〉之文曰「物稺不可不養也。」〈屯〉、〈蒙〉而受以〈需〉，飲食之道也；其在《雅詩》，歌神靈之德，曰「民之質矣，日用飲食。」是故飲食繼天地；又求諸《禮》，曰「夫禮之初，始諸飲食。」……謹求之《書》，臯陶為士，其職也，後王謂之兵……。其在〈洪範〉，八政有司寇，後王有司馬。……謹求之《易》，曰「聖人以此洗心，退藏於密，吉凶與民同患，神以知來，知以藏往……。」極之矣！極之矣！夫如是則謂之能天。

——〈五經大義終始論〉

自珍縷縷舉證《詩》、《書》、《禮》、《易》，以證明《五經》治道皆先之以「飲食」之道，然後才及於「制作」之道。必使民之飲食、祭祀、城廓、宮室得安，民之訟獄與國之兵刑得當後，即食貨已具、制作已備之後，然後再以「性與天道」等道德教化加以文飾。而自珍之所以被視為今文家，在相當程度上，正因他以「三世說」說《五經》。

有相當程度正因他以此「三世說」說《五經》。

除發揮「三世」之義對《五經》進行「終始治道」之詮釋外；自珍復將「三世」之邏輯範疇擴大到對一切事物的終始形容之謂。以此，「三世」說不復侷限於通古今而為說，凡事物在一個時期內的演進歷史，亦皆可藉「三世」為其終始喻稱。其言曰：

通古今可以為三世，春秋首尾，亦為三世；大橈（黃帝命以干支紀年）作甲子，一日亦用之，一歲亦用之，一章一蔀亦用之。

——〈五經大義終始答問八〉

如此一來，「三世」不徒可以通古今，即日、月、歲、時、事，亦皆可以用之，故可做爲所有事物的階段演進之謂。

此外，自珍又由此進論八政各有三世，曰：「三世，非徒《春秋》法也，〈洪範〉八政配三世，八政又各有三世。」（〈五經大義終始答問一〉）此義且影響及康有爲後來提出的「三世三重」說——康氏曰：「一世之中有三世，故可推爲九世，又可推爲八十一世，以至於無窮。」「據亂之中有升平、太平；升平之中有據亂、太平；而太平之中有升平、據亂。蓋一世之中又有三世，三重而爲八十一世，皆有義可推。」（《孟子微》、〈刊布春秋筆削大義微言考題詞〉）其論顯然受到自珍啓導或影響。自珍之謂「八政」各有「三世」者，他曾以〈五經大義終始答問〉九篇加以深論。其中如他回答問「司寇之三世」者，他以《春秋・昭公十九年》「夏五月戊辰，許世子止弒其君買」一事爲例，以闡明「教」與「刑」應循「據亂→升平→太平」——「由亂而治」的「三世」次第漸進。其言曰：

> 周法，刑新邦用輕典，據亂故。《春秋》於所見世，法爲太平矣。世子有進藥於君，君死者，書曰「弒其君。」蓋施教也久，用心也精，責忠孝也密。假如在所傳聞世，人倫未明，刑不若是重；在所聞世，人倫甫明，刑亦不若是重。
>
> ——〈五經大義終始答問三〉

昭公19年許世子止進藥而悼公飲藥死，止本欲癒父病，並無害父之意，然而悼公畢竟因止進藥而藥殺，故孔子加「弒」焉。自珍說明此蓋由於依何休之「三世」區分，「所見世」的昭公已進於「太平世」，則就人倫教化言，斯時當爲施教久而用心精的時期了，因此孔子對於道德標準必須採取一種「責忠孝也密」的高尺度要求。可見就刑、教言，其施教與量刑之輕重，必須依「所見世／所聞世／所傳聞世」之「三世」次第不同而有階段性標準，此即自珍「八政又各有三世」所寄寓的聖人治道「由亂而治」之歷史發展觀。自珍之推擴「三世」以及於事事物物，所論既有立足在何休「三世」說的一面，也有進一步發揮與擴大引申之一己所見，而皆深具今文經學特色。

㈢以退化觀的「三時說」論「更法」之必要

在進步觀的「三世」階段發展外；自珍又持宇宙萬象「由盛而衰」的變動發展觀，並由此日漸趨敗的角度，說朝廷變法革新之必要性。

自珍的歷史觀和宇宙變動觀是兩個不同範疇的思考：其言：「民之醜生，一縱一橫。旦暮爲縱，居處爲橫；百世爲縱，一世爲橫。」（〈尊隱〉）自「縱」者之歷史（百世）演進言，如前論歷史意識與歷史哲學，他接受何休「據亂→升平→太平」的「三世」發展說，持「由亂而治」的進步看法；但在「橫」者之「一世」現象變化上，則他立足於公羊變動哲學和《易》之「窮則變，變則通，通則久」精神上，強調變動的、「由盛而衰」的宇宙循環往復規律——「三時」說，由此突出「弊何以救？廢何以修？窮何以革？」之變革思想。故在自珍「尊史」的「尊隱」思想中有「縱之隱」與「橫之隱」之別。他肯定「縱之隱」之能肩負歷史責任而掌握大道、傳承文化，但同時亦肯定「橫之隱」之能肩負時代責任而從事於政治社會改革。在進步發展的歷史哲學外，他又從萬有現象之自然變化與相反相成的運動規律出發，曰：「萬物之數括於三：初異中，中異終，終不異初。……哀樂愛憎相承，人之反也；寒暑晝夜相承，天之反也。萬物一而立，再而反，三而如初。」（〈壬癸之際胎觀第五〉）他並從現象界不斷變化發展的「萌發→茁長→衰亡」歷程中提煉出「早→午→昏」之「三時」說，曰：「歲有三時：一曰發時，二曰怒時，三曰威時；日有三時：一曰蚤時，二曰午時，三曰昏時。」（〈尊隱〉）此蓋由於自珍在史載借鏡中，深刻體悟了一世之法、事、勢與風氣皆無有不變遷者——「自珍少讀歷代史書及國朝掌故，自古及今，法無不改，勢無不積，事例無不變遷，風氣無不移易」（〈上大學士書〉），故他面對清中葉以降的日衰世運與日益加劇的社會危機，欲有所警惕於朝廷而呼籲變制除弊，他強調：「君子所大者，生也；所大乎其生者，時也」，「能大其生以察『三時』，以寵靈史氏，將不謂之橫天地之隱歟？」（〈尊隱〉）因此自珍在當時頗具前瞻性的「更法」變制主張，便是根基於「初→盛→衰」之自然變動觀，而將重心放在「衰世」之救正衰亂現象上；即他乃以此一「由治而亂」、「由盛而衰」的「三時」說，做爲要求執政者變革除弊的理論基礎。而自珍之歷史觀與宇宙變動觀雖然存在著殊異性看法，但因其所關涉的邏輯範疇與對象不同，兩者之間並無矛盾。

再就自珍之經典落實來說，則他之發揚《春秋》精神，主要是通過「援經議政」方式，以使學術和現實政治、社會問題等「當今之務」相聯繫。是以他除撰有《春秋決事比》之光大董仲舒以公羊學經世的著作外；更重要的是，他發揮公羊變動哲學於針砭時弊和批判腐朽社會上，並提出各種更法變制的建言，此其與劉逢祿等經書旨趣的常州學派之殊異處。自珍所關懷的時政議題，有滿蒙民族問題、土地分配問題、人口過剩問題、邊疆防衛議題、東南海防議題、鴉片與經濟貿易問題、東南水利問題、君臣議題、胥吏議題、科舉、人才、考核、禮律等等。以下略舉例自珍之以「三時」變動觀論社會問題，以見其思想落實之一斑：

在〈乙丙之際箸議第一〉中，自珍述及辛酉歲近畿大水，越七年又水，東南河工屢災，財空民窮，當時有客言「物極將返」，「天生物，命官理之，有所潰、有所鬱。鬱之也久，發之也必暴。」甚至預言「不十年其懼或煩兵事。」越六年，果然「兗、豫役並起，四越月平。」對此，自珍即以「氣」之積「漸」、尚「動」與成「勢」以說民氣，曰：

「其潰者，其縱之者咎也；其鬱者，其鑰之者咎也。是以古之大人，謹持其原而善導之氣。」他認爲民怨鬱之久而發之暴，其咎正在朝廷漠視民瘼而不能爲之疏源導流以通其氣；他更憂心若此以往，則將難免至於「昏時」之衰敗，而「日之將夕，悲風驟至。」故他屢發鏜鞳之音警示朝廷而呼籲變法。曰：

履霜之屩，寒於堅冰；未雨之鳥，戚於飄搖；痺痨之疾，殆於癰疽；將萎之華，慘於槁木。三代神聖，不忍薄譎。士勇夫，而厚豢駑羸，探世變也，聖之至也。——〈乙丙之際箸議第九〉

自珍亟言當處在履霜、未雨的將變未變之時，執政者就要趁早綢繆，防範未來堅冰和風雨飄搖的對應措施，以使長治久安，切勿等到其變一旦猝然發生，而已如癰疽潰爛、草木枯槁之不可爲治，而徒呼負負。故他大聲疾呼朝廷要能「探世變」，在世變之前預爲防範。

又如自珍觀察到地權不均、貧富懸殊的現象，正是造成當時社會動盪與危機四起的禍源，他亦說以氣之積鬱而致變。曰：

不祥之氣，鬱於天地之間，鬱之久乃必發爲兵燹、爲疫癘，生民噍類，靡有孑遺，人畜悲痛，鬼神思變置。其始，不過貧富不相齊之爲之爾。小不相齊，漸至大不相齊；大不相齊，即至喪天下。嗚呼！此貴乎操其本源，與隨其時而劑調之。

——〈平均篇〉

自珍亟言物事之「變」皆有其「漸」，並非一夕形成；以「喪天下」之遽變爲言，從社會經濟發展的角度來說，勢之所起，初時亦不過是「貧富不相齊」之小不平而已，然而不平之氣由小而大，遂至「喪天下」之勢不可爲，可不愼乎？於此並可見自珍所諄諄再三、極力呼籲者，在於欲使「操其本原」的執政者，能「隨其時而劑調之」，及早更法變制以預爲防範，毋使魚爛而至於喪天下。

以此，自珍亟斥守舊派之不知變通，謂以：「拘一祖之法，憚千夫之議。」「天下無巨細，一束之於不可破之例。」他大聲疾呼：「奈之何不思更法？」「一祖之法無不敝。……與其贈來者以勁改革，孰若自改革？」（〈乙丙之際箸議第七〉、〈明良論四〉）要之，自珍藉「三時」說以闡明世運變化並要求更法變制，力求避免「昏時」而「天命不猶」、「朝士寡助失親」之將至；他甚至帶有恫嚇意味地大膽推論，若不能早從事於此，則必將有取而代之的「勁改革」出現，所論無異在保守的國人心靈中投下了巨石，在當時極具震撼性和啓蒙作用。

三、龔自珍突出人才思想的尊史主張

龔自珍的思想主張皆緣革除時弊的核心意識展開，並提出補偏救弊的良方；故他雖借西漢今文學援經議政的做法，發揮今文經世精神於針砭時政上，實則他是基於論政訴求，不是由於經學興趣。其借經論政，殆亦同於劉逢祿論孔子「王魯」只爲張法之工具──「《春秋》者，火也；魯與天王諸侯皆薪蒸之屬，可以宣火之明，而無與于火之德也。」（《春秋公羊經何氏釋例》）凡今文經學、或公羊思想等亦只是做爲自珍論政更法的「薪蒸」，即宣火之明的薪柴、工具而已。所以包括藉公羊「三世」說以闡明「太平世」的師法王教重要性、立足在「三時」說上呼籲的變法改革，以及由於經世變革需要人才而主張「尊史」之培養人才等，才是他拯時救弊的核心關懷。

自珍深感專制統治者摧鋤士氣、扼殺人才；他病士風萎靡、世人樂爲鄉愿，故謂「士氣申則朝廷益尊」（〈乙丙之際塾議第二十五〉），亟務力於尊人才以提振人心；至於他個人，則傲岸不群地寧願「猖狂乞食過江淮」，不肯與「僥倖故人」同流（〈己亥雜詩〉第94首）。而他在要求士人挺立起自我價值之同時，亦正告統治者：變則存，不變則亡，亟以變法更制爲訴求。自珍圍繞著「尊人才」展開系列對於個人主體性的「尊心」理論建設，如〈尊隱〉、〈尊史〉、〈賓賓〉、〈尊任〉、〈尊命〉……等，於此包含要求朝廷應「尊其心」地尊士、養士，以及個人應「自尊其心」之雙重層次；此外，他又在文化與學術途轍上，揭示出尊史、尊子等藉以建立個人主體價值的學術門徑。

㈠尊人才與尊心

自珍立足在公羊學強調變動思想以及他對事物變動本質的深刻體認上，強烈主張更法變制；而更法有待於人才——「所恃者，人材必不絕於世而已。」（〈上大學士書〉）他嘗賦詩「九州生氣恃風雷，萬馬齊瘖究可哀；我勸天公重抖擻，不拘一格降人材」之名篇（〈己亥雜詩〉第125首），指出只有眞正的人才，能令九州生氣。故他不滿朝廷未能重視及重用人才，他在強調因時變革的「三時」說外，又相應於宇宙變動觀之「由治而亂」而提出「治世、衰世、亂世」之「世有三等」說，他依其世之有無人才？人才等差？人才是否爲世所用？以判定世之「三等」。他抨擊衰世之棄才摒智、人才見黜，並揭露嘉道治世表相下之「不才者以紫奪朱」現象，亟批判衰世與治世貌似而實非的衰敗本質。其言曰：

才之差，治世爲一等，亂世爲一等，衰世別爲一等。衰世者，文類治世，名類治世，聲音笑貌類治世。黑白雜而五色可廢也，似治世之太素；宮羽淆而五聲可鑠也，似治世之希聲；道路荒而畔岸隳也，似治世之蕩蕩便便；人心混混而無口過也，似治世之不議。

自珍指陳衰世之流，其文、其名、其聲音笑貌皆貌似治世；然而究其內容，卻是廢五色而冒爲治世之素，雜音聲而冒爲治世之音，荒隳畔岸而冒爲治世大道，人心混逐而冒爲治世靜謐。他甚至嘗以滿眼「縛草爲形，實以腐肉，教之拜起，以充滿於朝市，風且起，一旦荒忽飛揚，化而爲泥砂」（〈與人箋五〉），以譏刺不才之人。故衰世之與治世別，正在人才、不才之相去不可以道里計。

然而尤可怖懼者，還在人才遭嫉、晉用無門，負大才者往往被壓抑而志不能伸。自珍曾撰〈捕蜮第一〉、〈捕熊羆鴟鴞豺狼第二〉、〈捕狗蠅螞蟻蚤蝨蚊虻第三〉等文，藉其「性善忌，人衣裳略有文采者輒忌，……能含沙射人影」、「性善愎，必噬有恩者及仁柔者」、「無性，聚散皆適然也，而朋嚼人，使人憒秏」、「無肺腸」，以狀寫其害人之甚。他並嘗致論曰：

當彼其世也，而才士與才民出，則百不才督之縛之，以至於戮之。戮之非刀、非鋸、非水火；文亦戮之、名亦戮之、聲音笑貌亦戮之。……徒戮其心，戮其能憂心、能憤心、能思慮心、能作爲心、能有廉恥心、能無渣滓心。又非一日而戮之，乃以漸，或三歲而戮之，十年而戮之，百年而戮之。才者自度將見戮，則蚤夜號以求治，求治而不得，悖悍者則蚤夜號以求亂。……然而起視其世，亂亦竟不遠矣。　——〈乙丙之際箸議第九〉

自珍痛心衰亂世之人才每爲不才者所督之縛之，他以才士之「能憂心、能憤心、能思慮心、能作爲心、能有廉恥心、能無渣滓心」，對比朝士之「孱焉偷息，簡焉偷活，側焉徨徨商去留。」故他大膽預言，如此則必將有悖悍者轉而求亂，他甚至說亂亦不遠矣！另外，自珍亦在〈尊隱〉文中反覆申說此義。他說負大才者仕進無門，亦猶「古先冊書，聖智心肝，人功精英，百工魁桀所成，如京師，京師弗受也；非但不受，又裂而磔之」；反之，詐僞不材者「是輦是任」，故「百寶咸怨，怨則反其野矣。」如此則必將肇致山中豪傑起的嚴重後果。其言曰：

> 不樂守先人之所予重器，則窶人子篡之，則京師之氣洩；京師之氣洩，則府於野矣。如是則京師貧；京師貧，則四山實矣。古先冊書，聖智心肝，不留京師，……則京師賤；賤，則山中之民，有自公侯者矣。如是則豪傑輕量京師；輕量京師，則山中之勢重矣。如是則京師如鼠壤；如鼠壤，則山中之壁壘堅矣。京師之日短，山中之日長矣。……則山中之民有大音聲起，天地爲之鐘鼓，神人爲之波濤矣！
>
> ——〈尊隱〉

如論，在自珍一向力陳的更法變制之外，更謂「京師之日短，山中之日長」，「有大音聲起」，「有自公侯者」，「山中之歲月定矣！」似是警示了革命將至。故自珍除因倡議變法而成爲維新先驅外，更以大膽宣說將有反專制革命發生，而發出驚醒了國人沉睡的鉅音。雖然自珍本人未必有革命想法，所論或用以寄託懷才見絀、久困閒曹的激憤悲嘆；但他不顧自身安危而不諱言革命，其思想膽識與前瞻性，實不待言。

至於造成朝廷不重人才的原因，自珍接著勇敢地把矛頭指向獨尊之帝王。他認爲人才之不受重視，尤以帝王獨尊之未能尊士爲最，並謂由此造成了天下士不能自尊其心、去廉去恥之嚴重後果。他痛言：

> 霸天下之氏，稱祖之廟，其力彊、其志武、其聰明上、其財多，未嘗不仇天下之士，去人之廉以快號令，去人之恥以嵩高其身。一人爲剛，萬夫爲柔，以大便其有力彊武。
>
> ——〈古史鉤沉論一〉

其言士人長期處在帝王集權獨尊而刻意突出「一人爲剛」之有力彊武威勢下，造成了「今政要之官，知車馬服飾、言詞捷給而已」，「官益久則氣愈媮，望愈崇則諂愈固，地益近則媚亦益工」的「萬夫爲柔」結果。對此，梁啓超亦曾加以繼承，他亦批判「一人剛而萬夫皆柔，一人強而天下皆弱，此霸有天下者之恆情也。」（《新民說．論尚武》）要之，自珍雖處專制帝制下，但卻勇敢批判帝王之獨尊正是造成士夫寡廉鮮恥的禍害根源。然則欲臣節之盛，應當如何？曰：「以教之恥爲先。」——自珍正是由此開出涵蓋勸諫君主尊士和要求士夫自尊的「尊心」說。

在勸諫朝廷與君主必須尊士、養士上，自珍藉《禮記．中庸》云「敬大臣則不眩」，《戰國策》郭隗說燕王「帝者與師處」、「亡者與役處」，而「憑几其杖，顧盼指使，則徒隸之人至；恣睢奮擊，呴籍叱咄，則廝役之人至。」以及賈誼諫漢文帝「主上之遇大臣如遇犬馬，彼將犬馬自爲」等賢哲故訓以爲說；復藉「唐宋盛時，大臣講官，不輟賜坐、賜茶之舉，從容乎便殿之下」，以對比後世「朝見長跪，夕見長跪」之殿陛禮儀。闡明盛世君主必是能夠親近賢士且能尊之者，而要求君主親近師儒並保持平行對待的關係。所以「尊其心」其實也就是「尊其人」。要之，自珍認爲朝廷不能尊士和士夫希冀寵眷，是造成官僚腐化墮落，終至巧取豪奪的根源，故曰「士不知恥，爲國之大恥。」

「士無恥，則名之曰辱國；卿大夫無恥，名之曰辱社稷。」（〈明良論二〉）他亟要求朝廷必須以尊士、養士，尊其心以勵其節。

除站在對立面批判朝廷不重人才、不能尊士外；針對士大夫，自珍亦提出「自尊其心」的要求。他首先挺立一己之心的地位，曰「雖天地之久定位，亦心審而後許其然。苟心察而弗許，我安能頷彼久定之云？」（〈文體箴〉）他要求凡對於一切物事的思考判斷，都必須是一種驗之於心的「心審而後許」狀態，而不能是「察而弗許」的俯仰隨人、從人腳跟。為使人人皆能自尊其心，自珍說明了「我」以及「心之力」所能產生的巨大作用力。其言曰：

天地，人所造，眾人自造，非聖人所造。……眾人之宰，非道非極，自名曰「我」。我光造日月，我力造山川，我變造毛羽肖翹，我理造文字言語，我氣造天地，我天地又造人，我分別造倫紀。……有眾人巳，有日月；有日月巳，有旦晝。日月旦晝，人所造，眾人自造，非聖人所造。 ——〈壬癸之際胎觀第一〉

心無力者，謂之庸人。報大仇、醫大病、解大難、謀大事、學大道，皆以心之力。 ——〈壬癸之際胎觀第四〉

自珍高調論「我」，認為天地間凡一切物事種種，皆由「我」、即人所造；然而「我」如何造之？曰「心之力」，因此他高度看重人之心力，認為人以有「心之力」而能成就一切事。自珍如此充滿活力、熱情且深具感染力的語言，對於維新變法深具鼓動力量，不僅譚嗣同的《仁學》也強調「以心挽劫」，筆鋒同樣常帶感情的梁啓超更受到鼓舞，嘗言「初讀《定庵文集》，若受電然。」其「心力」說亦與自珍如出一轍——曰：「蓋心力渙散，勇者亦怯；心力專凝，弱者亦強。是故報大仇、雪大恥、舉大難、定大計、任大事，智者所不能謀，鬼神之所不能通者，莫不成於至人之心力。」（《新民說．論尚武》）自珍對於晚清思想的解放，確實與有功焉！

從自珍的尊人、尊心力，很容易又會導向「尊情」之反對種種違拗人情行為，以此自珍又有「尊情」說。不過這是在自珍歷經了一段長時間切身反省後所得的體認。蓋自宋至清，雖然清儒對情的態度，已不像理學家那般嚴格區別性情而主張「尊性黜情」、「性其情」了，但是自珍確曾致力於「鋤情」之除滅我情努力；惟他在經過「十五年鋤之，而卒不克」之後，他改以「宥情」的寬宥態度對待之，然而他仍感不能安頓自我，最後他遂「尊情」地改為尊其情的態度，至此始安。其言曰：

> 情之為物也，亦嘗有意乎鋤之矣；鋤之不能，而反宥之；宥之不已，而反尊之。——〈長短言自序〉

自珍之尊情，緣尊心強調誠意以及忠於自我感受而產生。故他對於自己所撰長短句，亦謂「其殆尊情者耶！」（〈長短言自序〉）要之，自珍雙管齊下地，既呼籲朝廷尊士、重才，同時也要求人人自尊、善用其力；並由於突出人才主體性，而建構起系列彰顯主體價值的尊史、尊子等思想理論。

㈡由尊人才而尊史

由於自珍尊人才、尊心力，進而影響其學術觀之尊史思想。蓋「智者受三千年史氏之書，則能以良史之憂憂天下。」（〈乙丙之際箸議第九〉）惟有能夠挺立個人主體價值的學術作為，才足以彰顯人才之可貴！故自珍尊史，不是斤斤於史官「職語言、司謗譽」之職務或學術專業；而是以「人」為著眼，要求史官必須能夠「自尊其心」。蓋惟能

「自尊其心」，始能「善入」與「善出」，復能「大出入」地「出乎史，入乎道。」故其尊史，係推重史家由能「尊心」而能超越，能以宏闊之視野與格局，對於政治社會和歷史為一綜觀及客觀之載記；亦如「堂上觀者」，其能觀乎「優人在堂下號咷舞歌、哀樂萬千。」故良史對於天下之山川形勢、人心風氣、土所宜、姓所繫、禮、兵、獄、政、掌故、文章、人之賢否……等，要皆能「如其言家事」般地瞭若指掌，又能「眄睞而指點焉」地超越群倫。所以自珍言：「周之世官大者史，史之外無有語言焉，史之外無有文字焉，史之外無人倫品目焉。史存而周存，史亡而周亡。」（〈古史鉤沉論二〉）以此，筆者在學者鄭吉雄突出自珍「尊史」思想強調打破經史鴻溝的「大掌故」，認為自珍觀念中的「史」，「作為一個職位，掌握了一切的文化知識」（《龔自珍「尊史」思想研究》），以凸顯長時期累積的歷史文化傳統之外；另外持論自珍之「尊史」，兼涵尊「人」之尊史氏、史心，以及尊「事」之尊史學、史籍等而言。[1]筆者認為自珍固然強調良史要能「大出入」地打破經史鴻溝，即鄭氏所稱掌握「大掌故」之一切文化知識；但「尊史」思想實際上仍突出「人才」意識，即自珍言「聞之史氏」、「待後史氏」、「以寵靈史氏」之「史之大隱」者（〈尊隱〉）。筆者並且認為自珍著名的「賓賓」說，有相當成分正是緣此而發。因此自珍「尊史」除尊史學之文化知識等客體對象外，兼涵他欲推崇主體之「人」的意義。所以他在「良史之憂憂天下」的尊史思想下，他所看重史學者，更在其「心」——史家那活潑躍動在史籍中，既能「自尊其心」又能

1 不過筆者非謂鄭文未涉尊人才、尊心等討論；而是鄭文在論自珍之「尊史」思想及「釋『尊史』」時，主要係就其經史一體、反疑經、天人關係等史學概念立論，以突出自珍對「史」的「大掌故」看法，至於自珍之尊人才、尊心等概念，則鄭文另置諸自珍「以改革為目標」之網絡下加以討論（如頁65-74，「二、以改革為目標的『尊心』思想」）。故鄭文雖也強調「心」與「史」的密切關係，但其論尊史、尊心、尊隱、尊賓等，脈絡不同；而本文所論自珍之「尊史」思想，乃就兼涵客體對象的史學、史籍與主體的史氏、史心等意義為言。

「憂天下」的赤誠而高貴的心。是以其言曰：「心尊則其官尊矣！心尊則其言尊矣！官尊、言尊則其人亦尊矣！」「欲知大道，必先爲史。」（〈尊史〉）於此可見自珍之尊史、尊心等理論，尊人才堪稱軸心意識。

以下先就做爲客體對象的史學、史籍而言：在自珍之尊史意識下，他雖然也具備考據根基，但他不滿乾嘉漢學流行以來的重經輕史之風，他繼章學誠之突出史學「專門」、「成家」暨以「六經皆史」針砭乾嘉學風的「博而不約」後，與之同持重史立場。自珍亦辨章經、史源流，鉤沉史統，以批判當時過度重經的風氣，其言曰：「不以孔子之所憑藉者憑藉，此失其器也；三尺童子、瞀儒小生，稱爲儒者流則憙，稱爲羣流則慍，此失其情也；號爲治經則道尊，號爲學史則道詘，此失其名也。」他批評徇風氣而一味從風的學者既失器、失情，又失名；反之，他「以經爲史」地抬高史學地位，其論曰：

> 夫《六經》者，周史之宗子也。《易》也者，卜筮之史也。《書》也者，記言之史也。《春秋》也者，記動之史也。《風》也者，史所采於民，而編之竹帛，付之司樂者也。《雅》、《頌》也者，史所采於士大夫也。《禮》也者，一代之律令，史職藏之故府，而時以詔王者也。小學也者，外史達之四方，瞽史諭之賓客之所爲也。今夫宗伯雖掌禮，禮不可以口舌存，儒者得之史，非得之宗伯。樂雖司樂掌之，樂不可以口耳存，儒者得之史，非得之司樂。故曰《五經》者，周史之大宗也。
>
> ——〈古史鉤沉論二〉

於此，自珍將《六經》悉納入史學範疇，倡論儒家一切經典都不過是對卜、言、事、詩、樂、律令……之載記罷了，頗同於實齋以發明王官之掌故者爲「史」的看法。不過自珍之「尊史」，實際上與實齋強調「文、史分趨」而欲建立起史學「專門」有所區別。自珍「尊史」係綜觀史學對社會的影響價值，並從挺立主體價值的「尊心」以及經世意圖出發，意欲將儒學發展成爲應變之學，故「史」負有導引社會風氣之大任，自珍之「尊史」與其「尊人才」的意識是相一貫的。至於實齋，則他自「史」爲王官制度的一項工具以及「文／史」專業不同的角度出發，欲建立起史學學統之「專門」與「專家」從事，故他亟突出「非識無以斷其義」的史學「專門絕業」、「專家獨斷」。但要之，從實齋到自珍，從乾嘉到嘉道，史學確實出現了地位提昇，經、史從事亦有所消長。

而除上述自珍強調史籍所蘊涵的歷史文化傳統、師儒之見及對於社會的影響，以建立他「尊史」之於史的內涵看法外；他又建立起以「尊命」、「尊任」、「尊情」、「尊隱」、「賓分」、「賓法」等思想爲基礎而強調「賓賓」之尊「史材」之另一重「尊史」涵義。即自珍又以「賓籍」爲出發，指點出凡「在賓」之處賓籍者，可以憑藉史學做爲建立個人及文化價值的途徑；而王者亦由尊史學而尊史才，必須禮敬爲「賓」者。其曰：

> 王者，正朔用三代，樂備六代，禮備四代，書體載籍備百代，夫是以賓「賓」。賓也者，三代共尊之而不遺也。
>
> 史之材，識其大掌故，主其記載，不吝其情，上不欺其所委贄，下不鄙夷其貴游；不自卑所聞，不自易所守，不自反所學；以榮其國家，以華其祖宗，以教訓其王公大人，下亦以崇高其身，眞「賓」之所處矣。　——〈古史鉤沉論四〉

自珍論王者之所以「賓賓」，由於治國要備數代禮樂以供隨時救弊之用，而書體載籍正是可備爲百代之用者；王者之所尊，實際上就是「異名而同實」的「史也，獻也，逸民」等舊朝禮樂與禮制，故王者由尊史學而尊處賓籍的史才。於此可見自珍的「尊史」思想，兼涵尊「事」之尊史學、史籍與尊「人」之尊史氏，且二者密不可分。

那麼，自珍尊史的「賓賓」說是否內蘊革命思想？則還必須結合自珍論賓、師是完成「八政」最終實踐的「純太平之言」，以爲觀察。考夫《尚書．洪範》之「八政」有關賓、師的說法：孔傳以「禮賓客無不敬」說「賓」，以「簡師所任必良，士卒必練」說「師」；孔穎達則疏以：「教民以禮待賓客，相往來也。」「立師防寇賊以安保民也。」（《尚書注疏》）是其皆以禮待賓客說「賓」、以軍士兵政說「師」；然而自珍不採此義。自珍之論「賓」：其〈明良論二〉嘗借郭隗勸燕王以「帝者與師處」，來要求朝廷要能尊士。〈五經大義終始答問九〉亦論以：「《禮》古經之於節文也詳，尤詳於賓！夫賓、師，八政之最後者也。〈士禮〉十七篇，純太平之言也。」（〈五經大義終始答問九〉）自珍係自王教師儒與異姓卿的角度說「賓」、「師」，且以爲斯即今文家所論「太平世」之能擴大王化範圍、「合內外之道」而天下「一統」的終極實現。準此，則「八政」之最後實踐且爲「純太平之言」的賓、師等說和「賓賓」說之間，如何建立起義涵一貫的理解？此中尚有數重曲折。

先說「賓」之取義及其身分定位。自珍從孟子論「異姓之卿」異乎「貴戚之卿」的角度，以「賓籍」的異姓卿說「賓」。他在補編中另題爲〈賓賓〉的〈古史鉤沉論四〉一文中，正是以有別於本朝貴戚的異姓卿角度定義「賓」。曰：

賓也者，三代共尊之而不遺也。夫五行不再當令，一姓不再產聖，興王聖智矣，其開國同姓魁傑壽者易盡也。賓也者，異姓之聖智魁傑壽耇也。……故夫賓也者，生乎本朝，仕乎本朝，上天有不專為其本朝而生。是人者在也，是故人主不敢驕。……孔子述《六經》則本之史。史也，獻也，逸民也，皆於周為賓也，異名而同實者也。

自珍以「史也，獻也，逸民也」即舊朝之聖智魁傑壽耇者為「賓」，以見「賓」雖異姓，但本朝亟應禮敬之，斯即「尊賓」。並認為正因有此「不專為其本朝而生」的「賓」，才使得人主不敢過驕，而嬴秦、劉漢之主之驕於三代者，正是因為其「賓籍闕也」。

接著自珍從另方面的「處賓籍」角度指出「賓」所應謹守的「賓分」——「在賓則當避疑忌。」其言處賓位不能僭越強求，畢竟人主對於「祖宗之兵謀，有不盡欲賓知者矣；燕私之祿，有不盡欲與賓共者矣；宿衛之武勇，有不欲受賓之節制者矣；一姓之家法，有不欲受賓之論議者矣。」自珍且以史聃之訓為說，謂：「『知足不辱，知止不殆。』知所以自位，則不辱矣；知所以不論議，則不殆矣。不辱不殆，則不顛頓悲憂矣。」他說處賓位當自知其「賓分」而自為節制，他並舉孔、孟之訓以為說，曰：「孔子曰『非天子不議禮，不制度，不考文，吾從周。』從周，賓法也。」「又曰『出則事公卿。』事公卿，賓分也。」他指出本為殷民宋人的孔子，其「事公卿」與「從周」，其不議禮、不制度與不考文，正是在「賓籍」下謹守其「賓分」以行不僭越的「賓法」。而孟子亦主異姓卿有所異夫貴戚之卿，賓籍的異姓卿不可以強諫——「反覆之而不聽，則去。」自珍認同地說到「夫異姓之卿固賓籍也，故諫而不行則去。」是以自珍論「賓」，由賓籍→賓分→賓法，在明確定義「賓」之身分後，又說其所應遵守的分際，然後再論其安頓自我暨建立文化價值的途徑，由此聯繫其尊史思想。

自珍是承認人各有分位與命的，他嘗言：「古之世，有抱祭器而降者矣，有抱樂器而降者矣，有抱國之圖籍而降者矣。無籍其道以降者，道不可以籍也。」此所以處「賓籍」而不可恣意強諫、議論干政。那麼，賓應該如何建立自我價值？則自珍正是從「自尊其心」以建立文化價值的角度，指出爲賓之道的最佳歸趨就在存史。蓋「禮樂三而遷，文質再而復」，禮樂有不專爲其一代而設者，「微夫儲而抱之者乎，則弊何以救？廢何以修？窮何以革？」（〈古史鉤沉論四〉）故以良史備百代之用，即「賓」之大用，亦賓之最佳自處之道。對此，學者戴景賢說自珍：「欲藉所謂『賓籍』之史，將智識份子之地位認同，抽離於『政治結構』外，將之詮釋爲乃是具有『獨立身份與人格』之『文化菁英』。……將智識份子之學術承擔，描繪爲乃是肩負『歷史知識之延續』與『治術思惟之反省』兩項使命之召喚。」（〈論清中以迄清晚期學術發展之變局與其中所蘊含之思想脈絡〉）至於處賓籍者，則在自珍「無籍其道以降者，道不可以籍」之指點不可僭越、應順勢作爲下，以「史之材」自居，書爲載籍以備百代之用、以供後王救弊之用，即在賓之最佳歸趨。

故筆者視自珍之「賓賓」說，係面向本朝和「賓籍」的異姓卿雙方面發言，不同於若干學者認爲自珍意在等待新王、新朝，或暗蘊「革命」思想，如錢穆言「其所待，乃在後起之新王」（《中國近三百年學術史》）。自珍之「更法」主張，有曰「可以慮，可以更，不可以驟」（〈平均篇〉），亦指出朝廷改革應漸進從事，不宜驟變而導致社會動盪，並未有意於新朝。而在「賓賓」說中，自珍針對本朝所要求的「尊賓」，則以其要求朝廷要能禮敬舊朝聖智魁傑壽考，而爲公羊學「存三統」之實現，斯義並遂可以貫通其〈五經大義終始答問九〉所言，賓、師是「八政之最後者也」、「純太平之言」，如此一來，本朝通過「賓賓」便可以完成「太平世」之擴大王化範圍、天下一統之目標了。至於面對仕乎本朝的「賓籍」，則自珍亦指點出「尊史」的存史路徑。在「賓賓」說中，能以史材自居、存史自任，就是自珍所認爲「生乎本朝，仕乎本朝」的異姓卿能「自尊其心」、又能行師儒教化於天下的不二「賓法」。如此一來，賓既不會降格取容地落入「廁於僕妾俳優狗馬之倫」之「而僕妾色以求容，而俳優狗馬行以求祿，小者喪其儀，次者喪其學，大者喪其祖」，又可以憑藉「載籍備百代」以實現其淑世理想。

㈢由尊史而尊子

儘管自珍論經有公羊之風，並以「三世說」與「三時」變動觀論《五經》大義，但他同時也在外祖段玉裁的傳授下，深契小學訓詁而不分今、古文並尊史，已如前述；而史學強調辨章學術、考鏡源流，所以其心中不滿清代學風普遍重經輕史，反對「以子爲經」之紊亂經、子統緒。他另建諸子皆「一師之自言」、「其名反高于傳記」（〈六經正名〉）之尊子理論。

在自珍的「尊史」意識下，他繼「以經爲史」之謂「五經者，周史之大宗」後，又說「孔子歿，七十子不見用。衰世著書之徒蠭出泉流，漢氏校錄最爲諸子。諸子也者，周史之小宗也。」認爲諸子也都是史官支流，舉凡道家、墨家、農家、雜家、陰陽家、兵家、術數、方技等，都是神農黃帝之書、周史之所職藏，所謂「三皇五帝之書者是也。」（〈古史鉤沉論二〉）曾經有人問自珍：「曷不寫定《易》、《書》、《詩》、《春秋》？」他回答以：「方讀百家，好雜家之言，未暇也。」（〈古史鉤沉論三〉）其尊子之態度顯然可知。故他以「諸子皆史」爲出發，反對「以子附經」，而「諸子皆史」亦遂成爲自珍學術思想中頗爲突出的一個環節。此外，自珍並認爲諸子者，皆能自成其一家之言，迴非講求師承家法以傳述師門的傳記所能比，故其「尊子」復自

「諸子之名高於傳記」的角度以立說。然不論「諸子皆史」、或諸子高於傳記，並皆立足在他從史學角度出發的辨章學術、考鏡源流基礎上，他在鉤沉古史的〈古史鉤沉論〉外，復藉批判《十三經》「以傳爲經，以記爲經，以羣書爲經，以子爲經」之紊亂學統，以建立其尊子理論。

先自經學學統言，自珍亟批判《十三經》之「亂聖人之例，淆聖人之名實。」他首論傳記不應列經，並依班固六藝著錄，曰：「〈藝文志〉序六藝爲九種，有經、有傳、有記、有羣書。傳則附于經，記則附于經，羣書頗關經，則附于經。」他認同〈藝文志〉雖以傳記、羣書附經，但並未名之以「經」。故稱許劉向、班固「博學、明辨、慎思之君子者哉！」（〈六經正名〉）反之，他駁斥後儒「以傳爲經」之以師門傳記，或以師法、家法傳述者立爲經典，如《公羊》、《穀梁》、《左氏》之立經，導致有七經、九經、十經、十二經、十三經、十四經之喋喋者，此其所亟欲破除的紊亂學統一端。其論曰：

> 審如是，是則韓亦一經，齊亦一經，魯亦一經，毛亦一經，可乎？歐陽一經，兩夏侯各一經，可乎？《易》三家，《禮》分慶、戴，《春秋》又有鄒、夾，漢世總古今文爲經，當十有八，何止十三？如其可也，則後世名一家說經之言甚眾，經當以百數。
>
> ——〈六經正名〉

繼此批判「以傳爲經」之紊亂經統後，自珍又論《十三經》之其他不應立經者，如《孝經》、《論語》與《爾雅》。其謂七十子以來，世儒因尊《論語》而重《孝經》，於是在不敢夷《論語》於記或羣書，但又非傳的情形下，遂使《論語》、《孝經》列經。然而尊經且自陳「述而不作」的孔子，當「仲尼未生，先有《六經》；仲尼既生，自明不作。仲尼曷嘗率弟子使筆其言以自制一經哉？」後人又豈得任意撰爲他經？何況「曾子以後支流苗裔之書，平易汎濫無大疵，無閎意眇指」，其言倘置之二戴所錄，亦僅堪與〈坊記〉、〈緇衣〉、〈孔子閒居〉相比，殊非〈中庸〉、〈禮運〉之倫，故「假使《論語》、《孝經》可名經，則向早名之」，何俟後儒？此外，自珍復批判《十三經》之《爾雅》列經。此蓋由於世儒因小學乃經之 樞而使與群經並列，然「《爾雅》者，釋《詩》、《書》之書，所釋又《詩》、《書》之膚末；乃使之與《詩》、《書》抗，是尸祝輿儓之鬼配食昊天上帝也。」（〈六經正名〉）他認爲這些都屬後儒妄列。

接著，便可以論及尤其令自珍不滿者，更在《十三經》之「以子爲經」現象了，如《孟子》列經。其曰：「今出《孟子》於諸子，而夷之於二戴所記之間，名爲尊之，反卑之矣！」自珍並於此建立起極具個人特色的理論，他說經、子本來居於同等地位與價值，豈可以子爲經？反使諸子淪爲與傳記同等？是爲欲尊之，而反卑之。其論曰：

> 經自經，子自子，傳記可配經，子不可配經。
>
> ——〈六經正名答問五〉

> 漢有傳記博士，無諸子博士。且夫「子」也者，其術或醇或疵，其名反高于傳記。傳記也者，弟子傳其師，記其師之言也；諸子也者，一師之自言也。傳記，猶天子畿內卿大夫也；諸子，猶公侯各君其國，各子其民，不專事天子者也。——〈六經正名〉

自珍以居君之位、能君其國的公侯來譬喻諸子，以天子畿內的卿大夫來譬喻傳記，謂傳記只是備記其師之言而已，譬如《書》之大小夏侯與歐陽，《詩》之齊、魯、韓、毛，《春秋》之公羊、穀梁、左氏，以及大、小戴氏之記等，概皆用以傳述《六經》之內容，並非如諸子之爲一師之言。所以他要求「以經還經，以記還記，以傳還傳，以羣書還羣書，以子還子」之釐清學術源流、辨析學統（〈六經正名答問五〉），以使經、子、傳、記互不相亂而皆得正名。如此則子學亦將因「經自經，子自子」而獲得其所應有之獨立與崇高地位。

自珍之尊子可知矣！而在其「諸子皆史」的主張下，其所尊之對象，自然不會侷限在傳統儒家思維中。清學自從汪中開風氣之先地將所關注之諸子對象，擴及儒家主流外的墨子，逮及自珍，其尊子亦復擺脫儒家視野牢籠，並皆可以視爲晚清諸子學興盛的權輿。

自珍不是從傳統尊儒的尊孔孟角度來尊諸子，他是從「諸子也者，周史之小宗也」── 其心中最崇高的史官地位及其流衍來看待諸子思想，所以他能破除長期以來狹隘的儒家本位意識，而與傳統儒者一向所採取的非楊、非墨、非道、非釋立場不同，對於歷來被儒者視爲異端的列子、告子、墨子、楊朱等各家，他都能採取肯定的兼容廣包態度。自珍論諸子思想，曰：

老於禍福，熟於成敗，絜萬事之盈虛，窺至人之無競，名曰任照之史，宜爲道家祖。綜於天時，明於大政，考夏時之等，以定民天，名曰任天之史，宜爲農家祖。左執繩墨，右執規矩，……名曰任約劑之史，宜爲法家祖。博觀羣言，既迹其所終始，又迹其所 入，……名曰任名之史，宜爲名家祖。臚引羣術，愛古聚道，……名曰任文之史，宜爲雜家祖。窺於道之大原，識於吉凶之端，……宜爲陰陽家祖。近文章，妙語言，……宜爲縱橫家祖。抱大禹之訓，矯周文之偏，……，宜爲墨家祖。……宜爲小說家祖。 ──〈古史鉤沉論二〉

自珍係自史官流裔的角度看待諸子思想，因此對於劉向雖言「道家及術數家出於史」，但卻未及於其他各家，他以爲仍有所未足，並說以：「此知五緯二十八宿異度，而不知其皆繫於天也；知江河異味，而不知皆麗於地也。」他明確指出：「諸子也者，周史之支孽小宗也。」（〈古史鉤沉論二〉）謂諸子概出周史分支，而發展成爲各種不同的思想流別。

以下試以自珍推闡告子性論，認同告子性無善惡之說爲例，以見其別出傳統儒家思想外之一斑。其曰：

> 龔氏之言性也，則宗無善無不善而已矣，善惡皆後起者。夫無善也，則可以爲桀矣；無不善也，則可以爲堯矣。知堯之本不異桀，荀卿氏之言起矣；知桀之本不異堯，孟氏之辯興矣。……爲堯矣，性之桀不亡走；爲桀矣，性之堯不亡走。……是故堯與桀互爲主客，互相伏也，而莫相偏。——〈闡告子〉

自珍認爲人性無善惡之定向，善惡同時具在人性中，故可以爲善、亦可以爲惡——則雖然他自言祖述告子「無善無不善」之說；實則其意與告子「生之謂性」之就生之自然之資而論有間，而頗近於《孟子》文中所引「性可以爲善，可以爲不善」一支以及揚雄「善惡混」之後天教化強調。故自珍亦謂揚雄「竊言」，告子則雖知性但「發端未竟」。要之，上論可見自珍不採取儒學主流價値的性善說，且有「堯之本不異桀」、「爲堯矣，性之桀不亡走」之謂。又，自珍27歲撰爲此篇，越十五年讀天台宗書，喜少作與之闇合道，故他削剔斯文蕪蔓而存是文，有會通儒、佛之想。不過須加說明的是，天台雖主諸佛心體兼具染、淨二性而無差別相，但其就「緣起性空」之「無自性空」而言，實與儒家自道德心言性、或自情氣言性具根本殊異。

自珍因受彭紹升弟子江沅之影響而好佛，深信輪迴果報之說，喜讀佛書並嘗出資助刊。他自述46歲時曾夜不寐，聞茶沸聲，披衣起，菊影在扉，忽證《法華》三昧，作詩云：「狂禪闢盡禮天台，掉臂琉璃屏上回。不是瓶笙花影夕，鳩摩枉譯此經來。」他亦曾賦〈黃犢謠〉（一名〈佛前謠〉），曰：「歸實阻我，求佛其可。念佛夢醒，佛前涕零。」「噫嘻！噫嘻！歸苟樂矣，兒出辱矣。夢中人知之，佛知之夙矣。」（〈己亥雜詩〉第78首、〈黃犢謠〉）皆可見其信佛之深。他在意欲會通儒、佛外，又以莊、列與佛學會觀比論，也有會通佛、道之意。其言曰：

> 列與莊異趣。莊子知生之無足樂，而未有術以勝生死也。……列子知內觀矣。莊子欲陶鑄堯、舜，而託言神人。列子知西方有聖人矣，其曰「以耳視，以目聽。」曰「視聽不以耳目」，於聖人六根互用之法，六識之相，庶近似之，皆非莊周所知者。求之莊，未可以措手足；求之列，手有搰而足有藉也。莊子見道十三四，列子見道十七八，丁大法之未東，皆未脫離三界。惜哉！
>
> ——〈最錄列子〉

自珍從列子親近西方佛聖的角度，說：「莊子見道十三四，列子見道十七八」，以爲列子勝莊而可以安頓身心；其個人好惡之見，雖未符列子僞書不及莊之公論，但於此，主要是備爲自珍不受儒學限制之一端線索，以見自珍在乾嘉考據以及外家之學外，對於當世學術與思想之支流，譬如公羊學、諸子學與佛學思想、經世之學等，並皆有所採摭，而自後的今文學家也多好佛，自珍之學往往能開風氣之先。

四、結語

集思想力量與文字魅力於一身的龔自珍，他被時人目爲「狂言」的激切論政與時政諍言，使他成爲宣告清朝衰世到來的舊制度批判者。他少負奇才，不拘一格的橫溢才華，兼之深諳時勢又喜談兵、議邊事的性格，使他無法被外祖段玉裁傳授的訓詁考據學羈勒，故多方涉獵地出入諸多學術流派，如公羊學、諸子學、經世之學與佛學等，這也使得其學術思想體系極爲博雜。就總體而言，雖然自珍也有若干古文考據之作，但其論學，在經學立場上特重今文公羊，喜以今文學理論釋經，推重「三世」大義及於群經。此蓋由於他主要欲借重今文學做爲訴求變法更制的工具，實則他反對據守今文而不廢古文；不過對於今文學「援經議政」精神之發揮，到底是他普遍被劃歸今文學家的重要原因。另外在致用之學與學術思想方面，則自珍突出人才思想，並圍繞「尊人才」之軸心線索建立起「尊史」之系列理論；而在強調史學對於政治、社會的作用與價值外，他復推重諸子學，建立起反對「以子爲經」的尊子學理論。以下撮要敘述之。

就歷史觀以及經學思想而言，自珍依據公羊「三世」階段發展史觀以論《五經》之「終始治道」，認爲《五經》皆內蘊「由亂而治」的「三世」治道於其中，如《尚書》「八政」之治道，即循序漸進地由食貨之「據亂世」、進步到立制掌教的「生平世」、再進到以賓師文致太平的「太平世」。而在宇宙變動觀上，則他持說「三時」變動觀，強調萬有皆循「由治而亂」軌跡，從萌芽、茁壯到衰亡，無時無刻不在變動之中，所以爲防範不斷變動而導致的日趨衰亡，在政治上就必須以更法變制來對應。自珍正是藉「三世」、「三時」說以做爲「更法」主張之理論基礎，此其最具今文色彩者。

至於自珍之「尊史」，亦是一種以史學經世的學術致用思想。他以尊人才與尊心爲出發，挺立起個人的主體價值，闡明史學具有以百代禮樂備社會救弊之社會價值。故自珍雖與實齋同持「六經皆史」立場；但其尊「人」之核心思維，有別於實齋尊「事」而強調「文、史分趨」之側重史學「專家」與「專門」從事。自珍主要推崇史官要能「自尊其心」，故其尊史，兼涵尊「人」之尊史氏、史心以及尊「事」之尊史學、史籍而言。此外，自珍又從公羊學「存三統」的角度，指點異姓「賓籍」可以藉存史之「自尊其心」，在避免降格取容的同時，復藉以實現淑世理想。因此自珍之「賓賓」說，即以賓、師爲太平之言即「太平世」之實現。

再說到自珍在經學外之尊子思想，他對於告子、列子、墨子、楊朱等諸子思想，都能兼容廣包，對於佛學亦極愛重之。他從史官支流的角度看待諸子思想，通過辨析與反對《十三經》攙入「以傳爲經」、「以子爲經」之紊亂學統現象，闡明諸子實出「一師之自言」，其地位高於諸經傳記之弟子或後儒撰作。故他反對諸子與傳記並列爲經，如《孟子》之列經；他並由此建立起「經自經，子自子」，而強調諸子與諸經地位同等之尊子學理論。

生當嘉道間清廷由盛轉衰之際的自珍，自言：「頹波難挽挽頹心，壯歲曾爲九牧箴。鐘簴蒼涼行色晚，狂言重起廿年瘖。」（〈己亥雜詩〉第14首）他以「狂士」性格而見微知著地敏銳覺察衰世將臨，提出諸多可徵時變的激切論政與變法更制主張，誠爲維新變法之先聲。他也曾以「山中有大音聲起」警告朝廷，預言革命之將屆；但這並不表示自珍暗萌革命意識，對他而言，只是敏感悲秋與防微杜漸地提出警告，希望朝廷能重視人才，並正視人才流失的問題嚴重性，兼寓一己抑鬱之悲憤於其中。故自珍實際上乃以一介儒生爲出發，學界並毋須以後來歷史進程的變法、革命皆與自珍所論合轍，而過度誇大其危言高論的進步意識；反之，也不應依據後來的實際歷史發展，批判尚處嘉道間的自珍未免仕進求售——「不能隱終，且如京師。」「乃知有乾嘉，不知有順康，故止於言〈賓賓〉，而不敢言革命。」（錢穆語）若此皆非客觀允論。另外，自珍除學術思想理論建構外，在經世治術的實務方面也有諸多建言，譬如他對清廷開闢疆土，稱道不已；他留心邊政，主張西域建省，和對蒙古採行宗教統治策略等，而其經營新疆的建議，也即是左宗棠和劉錦堂等人於十九世紀末、二十世紀初在新疆所推行的內地化政策。餘如他和林則徐同樣都力主嚴禁鴉片輸入，以因應西力入侵，經濟則要求重農求富以及齊貧富……等，並皆能夠切中時弊肯綮。要之，以龔自珍備為一端線索，可以見嘉道經世思潮下的今文學發展，已自乾嘉間莊存與撰為《春秋正辭》暨劉逢祿樹立今文學旗幟、宋翔鳳擴大今文學陣地等對於經典義例的闡發，轉向到嘉道間的時政關懷。龔自珍正是落實孔子以「載諸行事之深切著明」彰顯《春秋》大義之精神。

此外，頗為特殊的，是自珍之批判途徑還包括以詩作方式道出對時局的不滿及其內心悲痛。詩歌體裁在自珍的創作觀中亦與「史」緊密聯繫，他並以315首的《己亥雜詩》，在中國近代文學史上奠定了文學改革先鋒的地位及美譽。其詩作如「浩蕩離愁白日斜，吟鞭東指即天涯。落紅不是無情物，化作春泥更護花」（〈己亥雜詩〉第5首）……等，都是令人慨然生氣、而又深情纏綿的膾炙人口佳作。而其憂憤時局、痛心社會沉淪的心情，也可通過「百臟發酸淚，夜湧如原泉」（〈戒詩五章〉），而一斑概見。自珍之詩文俱佳，其性多情而哀樂過人，他曾有廢園救花之舉——城北一廢園將建新屋，當楣之雜花將悉數剷除；自珍與馮舍人（啓蓁）過而哀之，主人遂以桃予馮、以海棠予自珍，自珍且賦〈救花偈〉，曰「門外閒停油壁車，門中雙玉降臣家。因緣指點當如是，救得人間薄命花。」（〈城北廢園將起屋，雜花當楣，施斧斤焉。與馮舍人過而哀之，主人諾，馮得桃，余得海棠，作救花偈示舍人〉）不過自珍不願以文士自居，曰「縱使文章驚海內，紙上蒼生而已。」又說「但開風氣不為師。」（〈金縷曲．我又南行矣〉、〈己亥雜詩〉第104首）明言他不願徒作驚世文章；但願學術致用，眞正發學術鉅音以救衰起敝。

貳拾

嘉道經世思潮下的今文學發展(二)：魏源突破儒學傳統經典視野的維新思想

十九世紀，包世臣、龔自珍、林則徐、魏源等，皆嘉道經世之學的代表人物；由賀長齡所標竿並延及民初政學集錄的「經世文編」，實際上正是魏源所編纂並發凡起例的。斯時，經世思潮突出社會變革主題，多留意及邊事和地理學，特別是邊疆和西洋諸國地志等，如龔自珍精於西北地理，其《蒙古圖志》（未成）有圖、表、志，他在國史館時亦曾上書總裁，論西北塞外部落源流、山川形勢，訂《一統志》疏漏，並主張西域建省，撰有〈蒙古水地志〉、〈蒙古臺卡志〉、〈青海志〉、〈蒙古聲類表〉、〈蒙古字類表〉、〈蒙古氏族表〉……等；徐松亦有《新疆識略》、《西域水道記》、《新疆賦》；梁廷枏則有《海國四說》；魏源也有《聖武記》、《海國圖志》等強調治術層面的經世實學。

魏源（1794-1857年）頗同於龔自珍，兼通考據但喜以今文學理論釋經，雖有考訂古經的癖好，所強調者卻在今文學理論，學界每以龔、魏並稱。魏源嘗編著《大學古本》附《孝經集傳》、《曾子章句》，又有《默觚》之讀書雜記類作品，還有《書古微》、《詩古微》等今文之作。《清史》稱他「發明西漢人之誼，於《書》則專申《史記》、伏生《大傳》及《漢書》所載歐陽、夏侯、劉向遺說，以難馬、鄭。」此外，他也頗以史學名。魏源幼年時正是白蓮教活動勢力遍及鄂、豫、川、陝、甘各省的動盪時代，後來他隨父親入京，沿途所見又皆不堪。在京，鴉片之禍遍及中國，他與林則徐、龔自珍常憂憤議政。魏源較自珍壽長，又先後爲賀長齡、陶澍、林則徐、陳鑾、裕謙、李星沅……等人幕僚，既目睹許多官僚弊政，也有機會直接接觸社會中下階層的生計問題；尤其鴉片戰爭（道光20年，1840）開啓了魏源望向世界和感受亡國危機的窗口——鴉片戰爭期間，魏源曾隨兩江總督裕謙在浙江抗戰，後來裕謙戰死、林則徐被撤職查辦充軍伊犁。正是這些背景，使得魏源在漕糧、海運、鹽務、幣制、河工等實務方面有實際參與及獻謀策劃的機會；憂患意識及其經世理想更使他得以發揮史學識見、治史長才，除改造元史的《元史新編》外，復有經世文編纂輯、清代軍事史的《聖武記》、鴉片戰爭史的《夷艘入寇記》、世界史地的《海國圖志》以及邊疆史的《元代西北疆域沿革考》、《北印度以外疆域考》……等。魏源並在當時提出口號極其響亮的「師夷制夷」變革之道，是爲後來洋務運動的先驅理論、思想根源。

魏源極以博學名噪京城，時諺嘗云「記不深，問默深（魏源字）；記不全，問魏源。」其史地纂輯，更以其傑出軍事思想家的身分與實際從事，在傳統儒者中頗爲突出，尤以國際視野突破了國人長期沉浸的「天朝上國」蒙昧氛圍。《海國圖志》載地圖75幅、西洋船炮器械圖式42頁，並介紹世界五大洲數十國家的地理分布和歷史政情，是當時國人瞭解西方的經典著作；該著與徐繼畬的《瀛環志略》，並爲國人編著的兩部最早世界地理著作，對國人「開眼看世界」大有功焉！魏源著作宏富，但佚書亦不少，如《春秋繁露注》、《墨子注》、《大戴禮記微》……等；另外，僅存序文者，有《董子春秋發微》、《兩漢經師今古文家法考》、《明代兵食二政錄》……等。臺北中研院近史所曾於1967年出版王家儉所撰《魏源年譜》，長沙岳麓書社則於2004年曾按經、史、子、集四部爲序，出版共20冊的《魏源全集》，是爲魏源逝世後最大規模的編纂工程。

一、融入社會視野的「微言大義」與今文學門戶樹立

梁啓超稱爲「今文學之健者」的魏源，他繼劉逢祿之春秋學獨尊公羊後，在《詩》、《書》上亦尊今抑古地樹起今文大纛，其後並有邵懿辰之《禮經通論》，於是晚清今文學自春秋學擴及各經而勢如燎原，對晚清學術的走向影響甚鉅。魏源的中心關懷是社會改革與學術致用，梁啓超稱他「以經術作政論」，其經學思想係由董子以申《公羊春秋》，由《春秋》以申西漢今文家法；而他在「微言大義」中融入理想社會的社會視野，正是西漢「援經議政」的經術致用精神之發揚，並由此一線索與晚清變法思想具有聯繫關係。

在春秋學上，魏源嘗著有《公羊春秋古微》和《董子春秋發微》，其書已佚，但其文集中有《董子春秋發微》序文，猶得一窺梗概。其論曰：

> 《董子春秋發微》七卷，爲何而作也？曰：所以發揮《公羊》之微言大誼，而補胡母生《條例》、何邵公《解詁》所未備也。《漢書．儒林傳》言董生與胡母生同業治《春秋》，而何氏注但依胡母生《條例》，於董生無一言及之；近日曲阜孔氏、武進劉氏，皆《公羊》專家，亦止爲何氏拾遺補缺，而董生之書未之詳焉。若謂董生疏通大詣，不列經文，不足頡頏何氏，則其書三科九旨燦然大備，且弘通精渺，內聖而外王，蟠天而際地，遠在胡母生、何邵公章句之上。蓋彼猶泥文，此則優柔而饜飫矣；彼專析例，此則曲暢而旁通矣。故抉經之心、執聖之權、冒天下之道者，莫如董生。
>
> ——〈董子春秋發微序〉

魏源序論何休《解詁》揚胡母生而抑董仲舒，然他認爲董子「三科

九旨」疏通大義、抉摘《春秋》微旨，猶在胡母生和何休之上，故爲表而出之。他並爲董書正名，他辨後人因董書首篇〈繁露〉兼攝全書冠冕的「三科九旨」之義，遂妄移首篇爲書名而改以〈楚莊王〉爲篇首，因此魏源復以《董子春秋》稱董書。全書以董子本書爲主，以劉逢祿《春秋公羊經何氏釋例》通論大義而近乎董子者附後，期爲春秋公羊學別開闔域。

魏源論經除側重公羊學外，復強調「語徵實，則東漢不如西漢，西漢不如周秦；語知道，則眾人之見不可以測賢人，賢人之事不可以論聖人」，所以主張「先明秦漢《尚書》家之言，而後申西漢三家《詩》之義。」（《詩古微・豳風三家詩發微中》）他繼常州學派劉逢祿、宋翔鳳等人之發揚何休義法並推及《論語》說解後，又撰爲《書古微》、《詩古微》，在《書》、《詩》論說上發揚伏生、歐陽、夏侯之《今文尚書》和三家《詩》的微言大義，並以《默觚》之轉化《詩》義來針砭時弊、藉《詩》諫世，期以此「援經議政」方式發揚西漢今文學的致用精神，並爲倡導社會改革的理論基礎。

對於《尚書》，儘管清初閻若璩等亦曾致力辨僞古文《尚書》，不過閻氏《尚書古文疏證》雖辨魏晉晚出孔傳之僞，但採信杜林漆書之說，以馬、鄭所注本於杜林者爲孔壁眞《古文》；清儒之攻擊古文《尚書》最力者——不論對孔氏經傳、馬鄭注本或晚出的逸十六篇，並皆認爲非眞《古文》者，當推魏源《書古微》。魏源自述《書古微》倚重《史記》、《漢書》和伏生《尚書大傳》殘本爲之命脈，同時亦立足在明黃道周以及清惲敬、莊存與、莊述祖、劉逢祿、孫星衍、段玉裁、江聲、王鳴盛等諸家基礎上，「或借以發難、或引申其未備」，以爲「西漢今古文專門起墜掘幽。」（〈例言下〉）魏源《書古微》高樹今文旗幟並數稱董說，謂：「此七十子所口受於夫子，微言大誼傳之董生」，「此《尚書》微言大誼，西漢惟伏、孔、董生得聞之，豈東漢馬、鄭諸儒所聞乎？」他批評：「王莽《周官》假託經義，更無足道。」（〈堯典釋經〉）而馬、鄭等東漢古文家，則「務碎義」、「教輒旁歧」、「肊造矯誣，使微言大誼盡變爲膚淺」、「說〈堯典〉二字之文至十餘萬言，說『若稽古』三萬餘言，後進彌以馳逐」，致「僞孔傳亦乘馬、鄭支離臆說之極弊而乘虛以入者，使今、古文兩敗俱傷。」（〈例言上〉）其自序曰：

《書古微》何爲而作也？所以發明西漢《尚書》今、古文之微言大誼，而闢東漢馬、鄭古文之鑿空無師傳也。自伏生得《尚書》二十九篇於屋壁，而歐陽、夏侯傳之，後人謂之《今文尚書》；孔安國復得古文《尚書》四十五篇於孔壁，校伏生本多佚書十六篇。而安國從歐陽生受業，嘗以今文讀古文，又以古文考今文，司馬遷亦嘗從安國問故，是西漢今、古文本即一家，大同小異不過什一，初非判然二家。……國朝諸儒知攻東晉晚出《古文》之僞，遂以馬、鄭本爲眞孔安國本，以馬、鄭說爲眞孔安國說，而不知馬牛、冰炭之不可入。

魏源強調西漢時《尚書》並無今、古文之稱——「其稱伏生所授，但謂之歐陽、夏侯《尚書》，從無稱爲今文者也。」即孔安國所得，其與今文之大同小異亦「不過什一」，且今、古文可以互相讀校，是其未嘗別自成家；《尚書》之區分今、古，是在杜林稱得漆書而賈逵、馬融、鄭玄爲傳注訓解後，始有判然二分之名。後來因古文家動輒輕詆今文歐陽、夏侯爲俗儒，致今文反爲古文制壓。然孔安國從歐陽生受業，史遷則嘗問故於安國，其說卻與馬、鄭古文異——「史遷爲安國眞古文之傳，皎如天日。今馬、鄭〈堯典〉、〈皐陶謨〉、〈微子〉、〈金縢〉、〈無逸〉諸篇，無一說不與史遷相反。」此所以魏源質疑馬、鄭並非眞古文，曰：「豈史遷所傳安國壁中之古文，反不如馬、鄭杜撰肊造之古文乎？」「後儒動以史遷之異馬、鄭者，擠之爲今文學，豈孔安國亦今文，非古文乎？」（〈序〉）魏源認爲傳述孔安國眞古文的遷書之與馬、鄭注本異，足證傳世古文之僞。

故魏源對《尚書》採取尊今抑古立場，總論以：「西漢之古文與今文同，東漢之古文與今文異。」「西漢今、古文皆出伏生。凡伏生《大傳》所言者，歐陽必同之，大小夏侯必同之，史遷所載安國說必同之，猶《詩》齊、魯、韓三家實同一家。」（《書古微・序》）他不僅反對東晉梅賾晚出之僞古文，即於馬、鄭注本及逸十六篇也並皆不信，主張一併黜之，至言「學校不許以晚出十六篇出題考試，不許文章稱引，且燬僞孔傳、僞孔疏，別頒新傳新疏。」（《書古微・例言上》）其後，晚清經學家如皮錫瑞也稱晚出的孔傳爲「僞中作僞」，「孔壁古文久已不傳，其餘眞僞難明，或且僞中作僞。」不過對於劉逢祿、魏源等人之解《尚書》，皮氏也認爲臆說不可信，謂：「莊、劉、魏皆議論太暢，……皆立論太果。此宋儒武斷之習，非漢儒矜愼之意也。」（《經學通論・書經通論》）至於辨僞古文《尚書》的結果，則張霸之僞，其事已經《漢書》辨明；梅賾晚出孔書之僞，閻若璩等已經辨明；惟馬、鄭注本出於杜林者，是否即孔壁眞古文？學界說仍紛紜，未有定論；然魏源《書古微》之樹立今文門戶，誠爲影響晚清今文學走向的重要關鍵之一。

論《詩》，則魏源亦高舉反《毛》大纛而標舉今文三家《詩》。溯自《史記・儒林傳》述漢初經師，謂《詩》之立於學官者有《齊》、《魯》、《韓》三家而未及《毛詩》；《漢書・藝文志》始本劉歆，列有《毛詩》與《毛詩故訓傳》，但今文家多斥其僞，以爲不可信。然《齊》、《魯》自東漢鄭玄箋《毛》以來次第而亡，韓《詩》則在北宋猶存而亡於汴京之亂。朱熹〈詩序辨說〉時采《魯》、《韓》以抑

《毛》，《朱子語錄》亦曰嘗因《漢書》、《文選注》及漢魏諸子多引韓《詩》而欲加采輯但未果；宋末，王應麟始撰爲《詩考》，草創三家輯遺；明何楷《詩經世本古義》、清范家相《三家詩拾遺》及徐璈《詩經廣詁》，皆廣爲輯遺《春秋》內外詩及漢初諸儒所稱引，於是三家《詩》幾備。惟所輯遺案而不斷，三家大義之待引申者概未及之，故魏源《詩古微》復立足在范、徐輯本基礎上，加以系統整理並引申其義。魏源自述其著述之意，曰：

> 《詩古微》何以名？曰：所以發揮《齊》、《魯》、《韓》三家《詩》之微言大誼，補苴其罅漏，張皇其幽渺，以豁除《毛詩》美、刺、正、變之滯例，而揭周公、孔子制禮正樂之用心於來世也。
>
> ——〈詩古微序〉

魏源反對《毛詩》美、刺、正、變之說，認爲正變之例不破，則孔子自衛反魯，然後「樂正，《雅》、《頌》各得其所」之義不著，禮樂爲無用；美刺之例不破，則《風》之「無邪」不彰，《春秋》可以不作。故他尊今文，多用《齊》、《魯》、《韓》之義以破《毛詩》例說，欲宏揚古義而昌明絕學。

魏源《詩古微》先考《齊》、《魯》、《韓》、《毛》各家詩法，次論異同，次述各《風》之〈詩序〉集義、義例以及《大雅》、《小雅》各詩古義等等。他認爲三家《詩》多與諸子相合，西漢諸子著書作注也多用三家，他歷舉司馬遷、賈誼、劉向、班固、賈逵、服虔、鄭玄、許慎等人之引詩、論詩，謂彼多用三家，故言馬、鄭雖欲立古文門戶，實際上則以今文經義爲殊勝。其曰：

太史公本《左氏》、《國語》以作《史記》，何以宗《魯詩》而不宗《毛》？賈誼、劉向博極群書，何以《新書》、《說苑》、《列女傳》宗《魯》而不宗《毛》？謂東漢諸儒得諸書證合，乃知宗《毛》而舍三家，則班固評論四家詩，何以獨許《魯》近？《左傳》由賈逵得立，服虔作解，而逵撰《齊魯韓毛詩異同》、服虔注《左氏》、鄭君注《禮》，皆顯用《韓詩》；即鄭箋《毛》，亦多陰用《韓》義；許君《說文．敘》自言《詩》稱毛氏，皆古文家言，而《說文》引詩什九皆三家。……豈非鄭、許之用《毛》者，特欲專立古文門户，而意實以《魯》、《韓》爲勝乎？ ——《詩古微．齊魯韓毛異同論上》

對魏源〈齊魯韓毛異同論〉，清儒皮錫瑞亟加讚賞並稱：「一掃俗儒之陋」，「三家亡而毛傳孤行，人多信毛疑三家，魏源駁辨明快，可爲定論。」（《經學通論．詩經》）不過也有學者指出魏源論《詩》亦不無偏頗處，如：說〈序〉尊今抑古之捨本逐末、評述美刺說之自我矛盾、二南義例之牽強附會等等（趙制陽：〈魏源詩古微評介〉）。

再說到「援經議政」之落實實踐，則魏源藉《詩》諫世是極顯然的一端。魏源除以《詩古微》辨駁毛〈序〉鄭《箋》之不當外，其《默觚》更幾乎每論皆引《詩經》作結以證成己意。魏源論《詩》，主要是以「用《詩》」的實用觀點爲出發。其曰：

可不計采詩之世也。……是不必問作詩之事也。……是引《詩》者與詩人之意，可以違反乖制也。……是賦詩者之心，不必用作詩者之本意也。 ——《詩古微．毛詩義例篇中》

魏源「用《詩》」之論《詩》態度與立場，不計采詩之世、不問作詩之事、不用作詩者之本意，係出經世理想與致用目的，正是對「微言大義」之融入社會視野，並以建設理想社會爲訴求，頗別出於一般論《詩》者之外。以下藉《默觚》之借《詩》論事以見其一斑：

> 國家有一讜議，則必有數庸議以持之；有一偉略，則必有數庸略以格之，故聖人惡似是而非之人，國家忌似是而非之論。……漢成帝因天變，言者多攻王氏，就決於張禹，此西漢存亡一大機，而張禹以「天道不可得聞」解之，王氏遂不可復動。晉孝武欲廢會稽王道子，此東晉存亡一大機，而徐邈以恐傷太后阻之，道子遂復柄用而不可救。……宋夏元昊死，子幼，國內亂，邊臣請乘釁，而宋臣以《春秋》「不伐喪」格其謀。論卑而易行，苟安而不犯難，其迹何嘗不近忠厚長者？其稱引比附何嘗不託於《六藝》？夫孰知其誤人家國，壹至此哉！《詩》曰：「維號斯言，有倫有脊。」
>
> ——〈治篇六〉

魏源舉證昭昭史實，以見才智之士、讜議偉略往往見絀於庸議庸略；尤其在歷史存亡之秋，那些假借聖賢經典之名、卻似是而非的言論——如彼託言子貢曰「夫子之言性與天道，不可得而聞」、《春秋》言「軍禮不伐喪」等，以做爲消極不作爲之藉口者，往往導致錯失良機，而使國家魚爛不可收拾。魏源對此泥古不知變通之庸議眾行深感痛心，認爲誤人家國，故他借言《詩》曰「維號斯言，有倫有脊」，[1]

1　《詩．節南山》曰：「謂天蓋　，不敢不局；謂地蓋厚，不敢不蹐。維號斯言，有倫有脊。哀今之人，胡為虺蜴。」毛亨傳：「局：曲也。蹐，累足也。倫，道。脊，理也。」謂天雖　而不敢不跼，地雖厚而不敢不蹐，此蓋由於小人工為訛言而王又聽信之，故君子欲從上依世則道廢，欲違上離俗則身危，其上下畏罪而無所自容，因嘆今之人胡為肆毒害人而自同於虺蜴！另，何楷《詩經世本古義》曰：「倫，《說文》云：輩也，猶類也；脊，當依《繁露》通作迹，《說文》云：步處也。謂人行事之可據者。」

以說志士雖跼蹐於訛言所害，但仍號呼為此訛言者告之曰：「理之彰著一如倫輩灼然，難混附於其事，亦如人之行步昭然可數，是非無所容於訛言。」於此可見魏源論《詩》之採西漢今文經進路，意在發揮《詩》之大義使及於言事議政，而不在章句訓詁之講論詩義。要之，魏源以《書古微》、《詩古微》激烈辨偽古文《尚書》並批判《毛詩》，在《詩》、《書》上標示性地樹起今文旗幟及門戶，對晚清之學術思想發展有重要作用。。

二、開啓國際視野的史地編纂與改革主張

在長期標榜道德作用的儒學史上，魏源以其特有的實務經驗而落實在經世實學上的史地編纂，顯得極其突出；尤其他開啓了國際視野，當頭棒喝地一舉打破國人自我沉醉的中國中心主義，對於中國以及儒學之邁向現代化，具有劃時代的重要影響。其著作除改造元史的《元史新編》、鴉片戰爭史的《夷艘入寇記》、邊疆史的《元代西北疆域沿革考》、《北印度以外疆域考》……外，尚有極受後世稱道的：總結清代前期戰爭史並論戰備、邊疆問題的《聖武記》以及突出「師夷制夷」變革主張的《海國圖志》等。

㈠總結清代前期戰爭史並論戰備、邊疆問題的《聖武記》

《聖武記》是紀事本末體的清代軍事史，是清人所修當代史中重要的著作，也是談海防者所必宗。該著係魏源以一「積感之民」大量討論清廷從開闢以來兩百多年間的邊疆民族問題、一系列為鞏固政權而戰的軍事事件和武功事蹟，以及兼論海防、戰守、練兵、籌餉等戰備之作；既開晚清以公羊學說議論政事之先河，並且流傳日本，有諸多版本風行，為東洋學者所重。全書分為：開創、藩鎮、外藩、土司苗瑤回民、海寇民變兵變、教匪等六個專題概述武功事跡，復記載和軍事相關之制

度、掌故等。敘述上則因地、因類、因時而分列先後，譬如〈國初東南靖海記〉因論東南軍事，故繼以康熙、乾隆三次平定臺灣及嘉慶東南靖海之事；再記康熙武昌兵變，又因兵變而記嘉慶寧陝兵變；最後則以〈乾隆臨清靖賊記〉殿後。如此編排，使得讀者能夠集中了解某地過去所曾經發生的戰事，因而在地形地利上獲得一系統認識，而得以在往後的利用地形、地利以克敵制勝上，獲得詳備的相關材料。

《聖武記》立足在豐富的取材上，兼有各種官方記載和私人著作，尤其是書係出經世實用目的，爲備採摭而作，欲做爲軍情與軍事武備研判依據之用，故無論在方略的地理沿革方面、或撰作史書的據實直書上，皆要求務必做到明確、精確。他復持論「所見之世，尤倍詳於所聞之世」（〈武事餘記．掌故考證〉），主張詳今略古，以期切於實用。所論粗具現代歷史意識地立足在批判史料之基礎上，批判過去、懷疑傳統，並且早於梁啓超1902年發表的《新史學》，就此端而言，堪稱現代歷史意識在中國之先聲。以此，他對長期來儒者籠統載記及夸飾不實的書寫方式嚴加批判，他根據實際的軍事實務經驗，指出史書每好誇言大軍、動言數十萬軍出塞之不合理，因爲「出塞之師，首重運餉」，「荒外之地，不能因糧於敵」，要如何才能使「一軍飽騰」地不因乏食而敗？——「籌運之事，則視乎其人。」（〈武事餘記．兵制兵餉〉）這是極其考驗主事者的難題。他對史載失實的批判，如曰：

興師莫難於轉餉，而出塞尤甚。《明史》張輔征安南八十萬，成祖征阿魯台五十萬，皆必無之事。無論永樂英主、張輔名將，必不若隋煬高麗之師，且以漢武時衛、霍度漠之役，亦惟各五萬騎及負私步從十餘萬而已，談何容易動言數十萬出塞乎？乾隆間征安南、滇粵，兩路共兵二萬餘，亦聲稱大兵三十萬；準噶爾入寇實兵三萬，號十餘萬；鄭成功入寇兵十七萬，號稱百萬；安南黎季犛阻兵富良江號七百萬，皆是類也。

——《聖武記．武事餘記：掌故考證》

魏源正是從塞外轉餉困難的角度，批判史家誇誕不實的史書記載。他說史載中屢屢可見的，動輒輕言數十萬、乃至數百萬大軍，審其實，皆不過數萬軍而已；若是，非惟載記不實，一旦猝然有警，更不能做爲調度軍隊以及正確研判軍情所據依。

魏源本身是一極爲傑出的軍事思想家，立足在實務從事上，他突出傳統儒者地提出了許多具體可行的戰略和守備之道，像是「以守爲戰」、「以逸待勞」、「誘其深入」、「堅壁清野」、「出奇設伏」、「水陸夾攻」、「草木皆兵」……等策略。這些以弱勝強的戰術，不但適用於近代中國的反侵略戰爭，也適用於同樣遭受西方殖民主義侵略的其他國家，此其著作之所以風行日本。而論戰，魏源首先突出強調防守之道，其《海國圖志》開篇即曰：「不能守，何以戰？」（〈籌海篇一〉）《聖武記》中，魏源也出自對兵餉籌運重要性的深入認識，針對守備的實際操作層面，提出了著名有見的「堅壁清野」戰略，曰：

兵法曰：「軍無糧食則亡。」敵人深入，後無輜重，將斷其乳哺以創之乎？抑聽其虜掠以齎盜糧乎？欲籌堅壁必先清野。清野之法五：一曰清五穀。秦人芟麥桓溫潰，趙犨徙糧黃巢躓，寇準瘞穀敵兵畏。……二曰清牧畜。凡虜掠之便，無若牧畜，不煩運載，驅之而足，未交一兵，已飽敵欲。……三曰清芻草。馬恃草以糧，敵恃馬以強，故守邊之將，高秋草黃輒出近塞，縱火燒荒。……若夫元昊誘遼，則每退一舍，其地輒赭，遂勝敵以寡矣。……四曰清水泉。敵所資者，非草即水。秦毒涇之上流以餒晉，隋藥境內之泉以病虜。……五曰清廬舍、清郊場。……凡濠外里許皆宜曠野，有村落則敵得而據之，有臺塔則敵得而瞰之，有土阜則得而填濠而礙炮，有豐草溝渠則敵可潛伏……五者行而清野矣。我能害敵，敵不我害。　——〈武事餘記．議武五篇〉

魏源論守備上如何制勝之道，他立足在嫻熟的歷史故事上，對歷史上諸多著名戰爭皆瞭然地指點出雙方勝、敗的關鍵，在於是否能夠獲得足夠的糧食？以此證明當敵軍深入後，必須採行「堅壁清野」政策以斷其輜重的重要性及有效性。以魏源所論，置諸今日時空仍未見絲毫減色，遑論其在當時之難能可貴！

此外，魏源對於攻防的策略運用，也有深入的實務經驗，他深知制勝在人，故在安撫我軍軍心以及對敵軍採行心理戰上，也都提出了獨到的深刻看法。魏源首先指出制勝之本，在於自治其軍，其曰：

勝無定在，制勝在人；援不可恃，守不可恒。凡破軍禽敵之道，先在自治：弔死問傷，所以恤士；積薪誓死，所以厲士；鬻財犒軍，所以勸士；詫神設誓，所以固士；設像朝闕，所以激忠；誅除反仄，所以威士；聲言援至，所以安士；開門出擊，所以壯士，此制勝之本也。

對於軍士心理的掌握，魏源強調可以利用恤士、厲士、勸士、固士、激忠、威士、安士、壯士等治軍法，以使全軍一心，奮力克敵；至於致勝之術，則他在《聖武記》中也提出多至不勝枚舉而且變化多端、不可執定的戰術。如曰：

出如脫兔，動如發機，此制勝之術也。其術如之何？曰：邀其歸路而截之，誘其近城而取之；佚能勞之，飽能飢之。……夜鼓嚴隊，若將出擊，及旦乃寢，伺息忽出。備夕攻晝，備晝乘夕。更迭衝突，不令休息，此之謂明擾。……此之謂暗擾。

——〈武事餘記．議武五篇〉

魏源能夠提出並將其所擅長的戰略書之於文、傳遺後世，在兩千年儒者中實屬罕見。

再者，魏源又緣兵制兵餉以論軍政軍律首重養廉除弊。他取鑑於周世宗「懲宿衛之驕驁，簡閱壯怯，召募饒勇，遂以南征北伐而無敵」，以論乾隆征緬之役——當時朝廷軫念民艱，對所徵調的滿州索倫兵馬倍給雇價，然多爲有司移用，而應差者未必得。又，黔苗應徭役，一家出夫則數家助之；然軍需告峻後，其吏不肯減省追加之費，遂沿爲成例而逐年徵收。故魏源曰：

盛世屯膏尚如此，況前代加賦派餉之日乎？且節制紀律之師，不惟制勝，並可節餉；令不嚴，禁不止，其糜餉愈有餘者，其制勝愈不足。故兵過境而秋毫無犯，其將領必能破賊；兵過境而民不知役，其督撫必能治軍。　　——〈武事餘記．兵制兵餉〉

於此，魏源指出軍政之長期積弊正在不能以廉養律，有司不僅屯朝廷之膏，更奪民之脂，故他力言惟廉吏爲能治軍，惟嚴紀不擾民爲能破敵制勝。

此外，魏源深知熟悉敵情在兩軍交戰上的重要性，故他強調「習苗情」、「明地利」等制敵必要基礎，並擴大到論一切邊防，曰：「豈惟苗疆？西南同此防。……撫苗如撫子，備苗如備疾。」（《聖武記．坊苗篇》）他要求不論對西北或西南，在蠻苗獞傜之禦邊警、備寇盜等事上，皆要能夠做到「兵猶水也，因地而制變。」其論：「同一禦敵而知其形與不知其形，利害相百焉；同一款敵而知其情與不知其情，利害相百焉。」（《海國圖志‧海國圖志原敘》）因此魏源以其文武兼備的史學長才，在戰爭的實務經驗外，除撰著《元史新編》、《海國圖志》、《聖武記》等史部專書外，還針對可備爲戰情之資的方略、地志等史書纂輯，提出編纂體例的一己識見；並批判過去史地載記對邊荒朔漠、外藩疆域等事，因「天朝上國」的妄自尊大心理，導致諸多「顚倒舛錯，於地勢、賊情、軍事，無一相應」（〈武事餘記‧掌故考證〉）的誤謬現象。

魏源亟言史書載記須能符合眞實的重要性，其《海國圖志》亦頗自得於「何以異於昔人海圖之書？曰：彼皆以中土人譚西洋，此則以西洋人譚西洋也。」（《海國圖志‧海國圖志原敘》）在《聖武記》中，針對過去儒者著書所習常的未能虛心、客觀看待荒漠態度，魏源加以指摘道：

> 儒者著書，惟知九州以內，至塞外諸藩，則若疑若昧，荒外諸服，則若有若無。故趙氏翼謂噶爾丹敗於土臘河馬賽爾，不於歸化城邀其歸路；俞氏燮謂西藏即古佛國、即中印度，已皆差歧數千里。至聲教不通之國，則道聽臆譚，尤易鑿空。
>
> ——〈武事餘記‧掌故考證〉

對於載籍存在諸多有關塞外藩服的鑿空臆談、地理錯謬之「差歧數千里」事，魏源力陳當一旦邊事告警，在採行軍事行動之際，如何據爲研判敵情的制敵之資？《海國圖志》對於儒者長期的傲慢心態亦嘗提及：當利瑪竇《坤輿圖說》、艾儒略《職方外紀》等世界地理書初入中國時，「人多謂鄒衍之談天。」（〈海國圖志後敘〉）《四庫全書總目》史部地理類亦對之述評以：「疑其東來以後得見中國古書，因依仿而變幻其說，不必皆有實跡。」「所述多奇異不可究詰，似不免多所夸飾。」若此之見，頗能具現國人心理之一斑。

故魏源批判過去方略編纂之體例失當與疏漏處，他不滿地志「分門各纂」的纂輯原則，以及由於分纂所導致的各門「兩不收」現象。因爲如此一來遂有許多互不隸屬的要塞之地，或重軍駐所、邊地員額編制等重要問題，皆荒疏闕略地未有載及。其論曰：

> 官書之弊，莫患於兩不收。蓋分門各纂，互不相應。如……是三地爲屢朝築城屯兵，控制西北重地，《一統志》成於乾隆平定新疆之後，乃於此三地一字不及。……遂以兩朝親王大將軍重兵之所，竟莫知所在。此其疏一也。《一統志》於外藩疆域末附云，盛京東北濱海有……皆隸屬於寧古塔黑龍江將軍，地雖極邊，人則內屬，故不列於外藩云云；夫既不列於外藩，則東三省邊域中諒必及矣，乃又一字不及。《皇清通典．邊防門》亦沿此數語，甚至《盛京通志》於此數部之疆域四至户口沿革，亦一字不及。則此各部者既不獲列於外藩，又不獲列於內地。……而地在何方？人爲何等？茫如絕域。此又兩不收之一失也。至於……等兵均爲東三省駐防勁旅，其人既非滿州，自當詳其部落，乃《盛京通志》、《八旗通志》與夫《一統志》、《會典》皆不及之。……以本朝之人譚本朝之掌故，銁稽不易如此，又何論遠古？何論荒外？
>
> ——〈武事餘記〉

文中，魏源並翔實地提及數重要軍事重地、部落種族以及駐防軍旅，在方略體例之「分門各纂」原則下，竟皆淪爲「茫如絕域」的「一字不及」與不知所在——「圖伊犁者，既以科布之東屬喀部，非伊犁將軍所轄；及圖喀部又以此三地駐官軍，非蒙古汗王所轄，故兩不收。」如此者不一而足，而此即魏源所力言方略應予改進的「互不相應」纂輯方式。

(二)以「師夷制夷」突出變革思想的《海國圖志》

魏源《聖武記》和《海國圖志》皆鴉片戰爭刺激發憤之作，先後成書於道光22年；道光30年傳入日本，並有英人威妥瑪（Thomas F. Wade，1818-1895年）、德國傳教士郭實獵（Charles F. A. Gutzlaff）分將《海國圖志》加以選譯；咸豐二年，《海國圖志》復增補四十卷，與前編合爲百卷付梓。《聖武記》主要以中國爲視域，總結清代前中期戰史，立足其上以謀劃戰略；《海國圖志》則跨出傳統儒學畛域，開眼看世界地以「師夷長技以制夷」挑戰中國中心主義，冀爲時局困境找尋出路。王韜、馮桂芬、左宗棠、郭嵩燾等皆受是作影響、或加以讚美。魏源堪稱爲嘉道間最能展現一介儒者經世高度暨識見的代表。

在經世關懷下，魏源欲爲除弊興利的改革思想求一根據，故在歷史哲學上，他也和龔自珍一樣抱持歷史變動觀。他立足在「天下無數百年不弊之法，無窮極不變之法」之看法上，突出「三代以上，天皆不同今日之天，地皆不同今日之地，人皆不同今日之人，物皆不同今日之物」的思想（《古微堂外集．籌鹺篇》、《默觚．治篇五》），要求變古改革以便民用，他並舉例：「王變而霸，道德變而功利，此運會所趨，即祖宗亦不能聽其不自變。」「以人治不復以天治，雖天地亦不能不聽其自變。」（《書古微．甫刑篇發微》）因此施政上必須能變、而非一成不變，才能符合時趨以因應現實。魏源《默觚》論治，亦曰：

莊生喜言上古；上古之風必不可復，徒使晉人糠粃禮法而禍世教。宋儒專言三代；三代井田、封建、選舉必不可復，徒使功利之徒以迂疏病儒術。君子之爲治也，無三代以上之心則必俗，不知三代以下之情勢則必迂。讀父書者不可與言兵，守陳案者不可與言律，好剿襲者不可與言文。善琴奕者不視譜，善相馬者不按圖，善治民者不泥法，無他，親歷諸身而已。……《詩》曰：「園有樹檀，其下維籜。」君子學古之道，猶食筍而去其籜也。

——《默觚・治篇五》

魏源反對儒者一味好古，他認爲就政制、禮法而言，世變則情勢亦隨之而變，因此必須因時改革，他並引《詩》「樂彼之園，爰有樹檀，其下維籜」，以說明變古之道猶乎食筍去籜之去蕪存菁；但在落實改革之際，他同時也強調親歷諸身的重要，因善治民者必在躬親從事各種實務後，才能以切身深刻的體認，亦猶善琴奕者不視譜、善馬者不按圖地不拘成法以事於改革。魏源的變革思想，即嘉道經世思潮之核心思想，亦嘉道經世思潮代表人物龔、魏對晚清維新變法的最重要影響。

此外，由於強調變革，魏源對於人才極其看重，曰：「國家之有人材，猶山川之有草木。」（《默觚・治篇九》）又曰：「官無不材，則國楨富。」「人材進則軍政修。」（〈聖武記敘〉）他所強調者，尤其是能「用法之人」——「不汲汲求立法，而惟求用法之人，得其人自能立法矣。」（〈治篇四〉）此蓋由於「臨大事然後見才之難，何以見其難？曰難其敏，難其周，難其暇（案：安）也。事變之來，機不容髮，事後追悟與不悟同。……天下無事，庸人不庸人；天下非多難，豪傑不豪傑。九死之病，可以試醫；萬變之乘，可以試智。」（〈治篇七〉）人才之難能可貴，於此可見。他甚至認爲以人才與財用相比，人才的重要性更甚於財用，故曰：「財用不足，國非貧；人才不競，之謂貧。」

「不患財用而惟亟人材。」（〈聖武記敘〉）所論亦頗與龔自珍之重視人才同。至於治人與治法的關係，則魏源嘗取譬於「醫之活人，方也，殺人亦方也；人君治天下，法也，害天下亦法也。不難於得方，而難得用方之醫；不難於立法，而難得行法之人」，以說明「用法之人」與「法」之間的靈活運用關係。蓋法之良窳，不是放諸四海而一成不變的，「秦以盡壞古制敗，莽以動襲古制敗」（〈治篇四〉），不論是「盡壞古制」之變古、或「動襲古制」之用古，皆不足以保證成敗——惟能用法者爲難能。再者，魏源所要求的人才，還必須是能「兼黃老、申韓之所長，而去其所短，斯治國之庖丁」的（〈治篇三〉），主張在嚴明的申韓法治之外，還要同時輔以黃老的綏遠懷柔之術，以使國之治術既不太輕亦不太峻。此一則與魏源重視黃老道術之深層思想有關，另則亦與其「不輕爲變法之議，而惟去法外之弊」之思想密切相關。

魏源所倡議的變革之道，可以分就治內、治外兩方面以言。先就治內的內政改革言：魏源亟突出便民的重要性，故他雖然倡言變革，但其所要求的變，主要是一種「去法外之弊」的精神，其曰：「天下無興利之法，去其弊則利自興矣。」「君子不輕爲變法之議，而惟去法外之弊，弊去而法仍復其初矣。」（《古微堂外集・籌鹺篇》、《默觚・治篇四》）他並不是以變制、或變道爲訴求，此蓋由於魏源的變革思想係立足在「勢變道不變」、「勢異而道同」的理論基礎上；他認爲「氣化無一息不變」，故「勢」乃是「日變而不可復」的，但是做爲「體」的「道」則是不變的，故其所謂「變」，僅能指事勢之發展而言（〈治篇五〉）。是故魏源固然主張去弊；但他一方面反對「強人之所不能」、「禁人之所必犯」，另方面則即使立能行之法、禁能革之事，他也還是反對「求治太速，疾惡太嚴，革弊太盡」的，因爲如此，「亦有激而反之者矣。」（〈治篇三〉）所以魏源在從事鹽政改革時，主要是革除一些額課、場價、壩工捆工、各岸浮費等流弊，對票鹽、漕運、水利等，亦是從事一些如「衣垢必澣，身垢必浴」的除弊工作；至於制度層面之建立，或中、西學體用之辨的議題討論等問題，則他未有理論論述。是以魏源的變革思想，多被視爲嘉道到晚清的過渡性思想，主要是表現學術的致用精神。魏源所論如：

> 租庸調變而兩稅，兩稅變而條編。變古愈盡，便民愈甚。雖聖王復作，必不舍條編而復兩稅，舍兩稅而復租庸調也。……天下事人情所不便者，變可復；人情所群便者，變則不可復。……履不必同，期於適足；治不必同，期於利民。是以忠質文異尚，子丑寅異建，五帝不襲禮，三王不沿樂。……「禮，時爲大，順次之，體次之，宜次之。」《周頌・勺篇》美成王能酌先祖之道以養天下也。《詩》曰「物其有矣，維其時矣。」——〈治篇五〉

魏源舉例我國稅法從「租庸調→兩稅→一條編」，以見「人情所群便」的便民要求，即是政治革新的目的，故「五帝不襲禮，三王不沿樂。」於此，學者或稱魏源爲「獨創以儒家民本論爲基礎之制度進化史觀。」（劉廣京：〈魏源之哲學與經世思想〉）要之，魏源突出民生的重要及革新便民的可能性。

再說到魏源立足在深刻的實際政務、軍務體驗上，他在盱衡時政及時弊後，針對治外策略提出了什麼樣的突破性見解？則魏源在堪稱代表著作的《海國圖志》中，提出了極其著名的「師夷長技以制夷」具體改革之道。

何以要向西洋學習長技？魏源論曰：

> 英夷船炮在中國視爲絕技，在西洋各國視爲尋常。廣東互市

二百年，始則奇技淫巧受之，繼則邪教毒煙受之；獨於行軍利器，則不一師其長技，是但肯受害，不肯受益也。……今西洋船炮，借風力、水力、火力，奪造化，通神明，無非竭耳目心思之力，以前民用。因其所長而用之，即因其所長而制之。

——〈籌海篇三．議戰〉

塞其害、師其長，彼且爲我富強；舍其長、甘其害，我烏制彼勝敗？奮之！奮之！……善師四夷者，能制四夷；不善師外夷者，外夷制之。　——〈大西洋歐羅巴洲各國總敘〉

魏源指出西洋長技正在船炮、器械等「行軍利器」，如果國人不能「師其長技」地奮力學習，如何能夠制敵制勝並進求富強？故他自敘此書之作，曰：

是書何以作？曰：爲以夷攻夷而作，爲以夷款夷而作，爲師夷長技以制夷而作。　——〈海國圖志原敘〉

是故《海國圖志》正是爲了使國人能夠深入熟習夷情、了解西學，爲使國人向西方學習船堅炮利及其背後之良善制度而作。

至於何謂「以夷攻夷」、「以夷款夷」？則魏源在論「戰」與「款」之前，又先提出以「能守」做爲「戰」與「款」即備戰和通商外交基礎的主張。他痛言「自夷變以來，帷幄所擘劃，疆埸所經營，非戰即款，非款即戰，未有專主守者，未有善言守者。」並批判「其戰也，不戰於可戰之日，而偏戰於不可戰之日。其款也，不款於可款之時，而專款於必不可款之時。其守也，又不守於可守之地，而皆守於不可守不必守之地。」（〈籌海篇一．議守〉、〈道光洋艘征撫記下〉）是以魏源強調備戰首重「自守」、「籌守」，他在《海國圖志》卷一的〈籌海篇〉，開宗明義即先「議守」，然後進論「以夷攻夷」、「以夷款夷」。其曰：

> 不能守，何以戰？不能守，何以款？以守爲戰，而後外夷服我調度，是謂「以夷攻夷」；以守爲款，而後外夷範我馳驅，是謂「以夷款夷」。
>
> 自守之策二：一曰守外洋不如守海口，守海口不如守內河；二曰調客兵不如練土兵，調水師不如練水勇。「攻夷」之策二：曰調夷之仇國以攻夷，師夷之長技以制夷。「款夷」之策二：曰聽互市各國以款夷，持鴉片初約以通市。今請先言守。
>
> ——〈籌海篇一．議守〉

魏源盱衡時局，當時中國處在極弱勢的軍事現實下，故他提出先「自守」，然後「以守爲戰」、「以守爲款」，以換取「師夷長技」時間的策略，故曰：「擇地利，守內河，堅垣壘，練精卒，備火攻，設奇伏……以守爲戰，以守爲款。」（〈道光洋艘征撫記下〉）蓋西人皆貪我利，故魏源欲利用其利益衝突以爲制衡其彼此的秘密武器——「我患夷之強，夷貪我之利，兩相牽制，倖可無事，非今日主款者之秘略乎？」（〈籌海篇四．議款〉）他主張一方面和洋人通商互市，另方面亦借重其力而以夷攻夷、以夷款夷，使外夷基於利益原則願意服我調度、馳驅，以「聯其所忌之國，居間折服。」如此一來，遂可以通過「自守」之守海口、守內河、練土兵、練水勇等「以守養戰」策略，換取國人「師夷長技」之積極學習西人船堅炮利的備戰時間。

對於「以夷款夷」，魏源又嘗剖析失利的鴉片戰爭，以及使我紋銀日貴、財富日竭而漕務、鹽務、邊務等皆困的鴉片輸入，以說明其重要性。他論事變前，英夷不過旨在貿易，並非必欲毒中國以鴉片；然在中國既錯失機先，復遲疑於彌利堅（美）、佛蘭西（法）之折衝調停後，最終才發展爲中英款議較諸初時彌利堅原議有天淵殊別之劣勢的。其初，美國曾經出面調停代款，英人義律遂只求「照例通商」，倘帶違禁貨物願以船貨充公，並允退出虎門；惟清廷未明利害，且誤殺彌利堅數人，致使英夷敗盟。又，是冬，「佛蘭西兵帥復以兵艘至粵，求面見將軍密陳軍事，請代款，請助兵」，也願助造兵船——魏源曰：「以夷攻夷，以夷款夷，在此一舉」；然清廷又以叵測而遲疑，終於致敗，故魏源痛言「不款於可款之時，而皆款於必不可款之時，此機會可乘不乘者。」（〈籌海篇四·議款〉）他復舉例清初俄羅斯爭黑龍江地，構兵連年，於是聖祖命荷蘭寄書，而俄羅斯獻城歸地；喀爾喀亦嘗兩部爭釁構兵，詔命達賴喇嘛遣使往諭，而喀部來庭；緬甸不貢，聞暹羅受封而立貢；廓爾喀未降，聞英吉利助兵而即降……，若此皆善用外交牽制力量迫使對方屈服之事例。

那麼，既「款」之後當如何？則曰：「武備之當振，不係乎夷之款與不款？既款以後，夷瞰我虛實，藐我廢弛，其所以嚴武備、絕狡啓者，尤當倍急於未款之時。……未款之前，則宜以夷攻夷；既款之後，則宜師夷長技以制夷。」（〈籌海篇三·議戰〉）——魏源強調既款之後，便當「嚴武備」，求「師夷長技以制夷」地積極備戰。

魏源是我國最早創議興辦近代工業者之一，他主張在廣東虎門外建造船廠、火器局，以造軍艦炮械，亦可用以生產民生用品。他對於盲目排外的頑固派，及妄自尊大地將西方科技視爲「奇技淫巧」者，駁斥以「有用之物，即奇技而非淫巧。」而「師夷制夷」思想所突出的「盡收外國之羽翼爲中國之羽翼，盡轉外國之長技爲中國之長技。」（〈道光洋艘征撫記下〉）及所主張學習的，「夷之長技三，一戰艦、二火器、三養兵練兵之法」（〈籌海篇三·議戰〉），即是後來洋務運動的核心綱領。

尤有進者，魏源所欲「師」於「夷」者，還不只是「形器之末」的「長技」而已；他更指出「人但知船炮爲西夷之長技，而不知西夷之所長不徒船炮也。」他點出西夷之長更在完善的制度建立——「贍之厚，故選之精；練之勤，故御之整。」他舉例英軍駐澳門僅二百餘兵，然刀械晝夜不離，訓練風雨無阻；當英軍攻海口時，以小舟渡兵平地，輒去其舟以絕反顧，登岸後魚貫肩隨，行列整齊，故其曰：「豈專恃船堅炮利哉？無其節制，即僅有其船械，猶無有也。無其養贍，而欲效其選練亦不能也。故欲選兵、練兵，先籌養兵。」他建言，如欲「以精兵駕堅艦，晝夜千里，朝發夕至」，就要裁汰冗濫，選其精銳並給予厚贍，如此始能「用力少而收效廣。」（〈籌海篇三〉）於此，魏源深刻地指點出中國長期的軍政積弊，他觀察到西人嚴明軍紀軍心背後的建軍養軍、政經素養等，皆是國人所長期忽略的，則欲學西方長技，非徒器械而已，更要積極變革人心。所以魏源說「令不行於海外，國非羸；令不行於境內，之謂羸。」（〈聖武記敘〉）他要求從官僚積弊到頹廢風氣都必須加以整頓，而且財、人、材（材料）三者缺一不可——「天下有不可強者三：有其人，無其財，一難也；有其財，無其人，二難也；有其人，有其財，無其材，三難也。」（〈籌海篇三〉）則欲使中國富強以洗戰敗之辱，凡選練精銳、武備所需、充足財用與人才培養等，皆不可少。以此，魏源亦自言《海國圖志》之不足恃，其曰：

然則執此書即可馭外夷乎？曰惟惟否否！此兵機也，非兵本也；有形之兵也，非無形之兵也。明臣有言：『欲平海上之倭患，先平人心之積患。』人心之積患如之何？非水、非火、非刃、非金，非沿海之奸民、非吸煙販煙之莠民，……憤與憂：天道所以傾否而之泰也，人心所以違寐而之覺也，人才所以革虛而之實也。
——〈海國圖志敘〉

對於中西學的體用問題，魏源雖未有明確的理論探討，其議政也主要在具體除弊措施之提出；但他深知如欲深一層進至「變道」的「無形之兵」層次，欲使「天道傾否而之泰」、「人心違寐而之覺」、「人才革虛而之實」，則人心變革才是社會改革的終極目標。就此一突破泛道德主義的文化本位主義而言，魏源的思想高度實已在後來部分徒務船堅炮利的洋務派之上了。

另外，有鑒於華夏中心思想長期輕視異文化所造成的顢頇無知與隔閡，迂陋腐敗的朝廷甚至屢次上演歷史性笑話，譬如在外交、軍事緊急之際，詢以英國和俄國國都相距遠近、英國何路可通回部？……故魏源在「師夷技」外，復強烈批判官僚固陋及狂妄無知的中國中心主義，而亟言世界史地以及「悉夷情」、「繙夷書」的重要性和必要性。其論曰：

今日之事，苟有議徵用西洋兵舶者，則必曰藉助外夷，恐示弱，及一旦示弱數倍於此，則甘心而不辭。使有議置造船械、師夷長技者，則曰糜費，及一旦糜費十倍於此，則又謂權宜救急而不足惜；苟有議繙夷書、刺夷事者，則必曰多事，則一旦有事，則或詢英夷國都與俄羅斯國都相去遠近？或詢英夷何路可通回部？甚至廓夷效順、請攻印度，而拒之；佛蘭西、彌利堅願助戰艦願代請款，而疑之。以通世二百年之國，竟莫知其方向，莫析其離合，尚可謂留心邊事者乎？……然則欲制外夷者，必先悉夷情始；欲悉夷情者，必先立譯館繙夷書始；欲造就邊才者，必先用留心邊事之督撫始。
——〈籌海篇三・議戰〉

魏源痛心朝廷緣於無知，以致時局尚有可爲時眼睜睜坐失良機，終至衍生出諸多不可救之困境及挫敗，才導致魚爛不可收拾。因此出於期望國人能夠深入認識西學的目的，魏源《海國圖志》亦歷記各國民情風俗，以見其與中國殊俗。如書記英吉利國：

君民皆無妾媵，無鬻子女者。男二十四歲以上，自度有俯畜之業方議娶。娶妻不用媒妁，與女子自訂可否，諾則告其父母而聘定焉。聘後往來以知其情性，乃集兩家親朋，赴禮拜堂，請教師，祈上帝，遂爲夫婦。婦將已有產業財帛俱歸其夫，終身無貳。生子數日，攜至禮拜堂，教師浸於水內曰施浸禮。男女五歲入學，習天道聖經及國史等書，十四五歲後，各擇士農醫匠商賈爲終身之業。——〈英吉利國廣述上〉

魏源歷爲國人說明英人從婚姻、宗教到職業等頗殊異於國人見聞與生活習俗者。對於西人之一夫一妻制、自由戀愛以及教堂結婚、牧師福證，以至於嬰兒受洗到求學、再到長大成人的自由選擇職業等等，他自期以能爲國人導覽說解並剖析其間之殊異民風。

魏源撰作於鴉片戰爭前而成書於鴉片戰爭後的百卷《海國圖志》，其內容包羅廣泛，書雖立足在林則徐交付的譯作《四洲志》上，但他又依據歷代史志、明以來島志以及近代夷圖夷語等，鉤稽貫串而成。其內容規模，在東南洋、西南洋上較原書增十之八；大小西洋、北洋、外大西洋上，增於原書十之六；復以圖爲經、以表爲緯，博參群議以發揮之，魏源亦自言「創榛闢莽，前驅先路。」（〈海國圖志敘〉）全書除詳製地圖、論述策略外，並有諸多備及四海而涵蓋其宗教、紀年、戰艦、火器、貨幣……，以及述其職官、軍伍、政事、王宮歲用……等政情風俗，甚至還有譬如〈火輪船圖說〉、〈火輪舟車圖說〉等各種機械製造之說明與圖繪，使人大開眼界。至其撰作動機，則魏源於〈後敘〉中自述以：

譚西洋輿地者，始於明萬曆中泰西人利瑪竇之《坤輿圖說》、艾儒略之《職方外紀》；……其在京師欽天監供職者，則有南懷仁、蔣友仁之《地球全圖》；在粵東譯出者，則有鈔本之《四洲志》、《外國史略》，刊本之《萬國圖書》、《集平安通書》、《每月統紀傳》，燦若星羅，瞭如指掌，始知不披海圖海志，不知宇宙之大，南北極上下之渾圓也。惟是諸志多出洋商，或詳於島岸土產之繁、埠市貨船之數、天時寒暑之節，而各國沿革之始末、建置之永促，能以各國史書誌富媼山川，縱橫九萬里、上下數千年者，惜乎未之聞焉。 ——〈海國圖志後敘〉

魏源後敘簡略述說當時國人所能接觸到的西方海圖、海志以及抄本、刊本，多半出自洋商之手，彼所著眼的土產、貨船數、季節寒暑等頗別於魏源之關懷重心；魏源所關懷者，在於各國歷史發展與地理沿革始末、建置久暫與夫山川形勢等。魏源撰爲是書及其「師夷制夷」主張，早於胡林翼，更早於曾國藩、左宗棠、李鴻章等人之主張設立機器局、造船廠等，其識見堪稱我國主張學習西方火器兵船之先驅。

要之，魏源空前突出了學習西方的時代課題，《海國圖志》重要的歷史作用，在於能夠打破當時猶自沉醉的天朝上國蒙昧自大文化氛圍、和「不必仰求於人」的虛驕神話；「師夷長技」更在後來的洋務運動中成爲指導思想，洋務運動的健將如左宗棠、張之洞等，都對魏源極爲欽佩。梁啓超曾經感慨地說：「其書在今日，不過東閣覆瓿之價値，然日本之平象山、吉田松陰、西鄉隆盛輩，皆爲此書所激刺，間接以演尊攘維新之活劇。不龜手之藥一也，或以霸、或不免於洴澼絖，豈不然哉？」（《中國學術思想變遷之大勢》）誠然，魏源在嘉道間所倡議的革新未受當局所重，也未能有效地發揮振衰起敝作用，然日本明治維新深受啓發與影響，魏源識見終不湮沒。

三、兼重諸子之跨出儒家思想涯岸

對於人生哲學或義理思想，魏源兼容廣包地並未定於一尊，並未狹隘地從儒家意識形態出發，其言：「甘酸辛苦味不同，蘄於適口。藥無偏勝，對症爲功。在人用之而已。」（《老子本義・論老子》）蓋他認爲大人者，其途雖殊，其歸則「百慮一致，無不代行而錯明乎」，他強調：「孔、老異學而相敬，夷、惠異端而同聖，箕、比異跡而同仁。」故對於墨子、管子、道家……等各家思想，他都能夠正視並予以肯定，且儘管孟子曾經嚴辭批判楊朱和墨子，他卻說：「使孟子而用世，必用楊、墨不用儀、秦也。」（《默觚中・學篇十一》）此即由於楊、墨能以道德性命之學相砥礪並爲之根基，而非如蘇秦、張儀之純任功利術數。魏源之論諸子，曰：

> 柳下，聖之和，和之極爲不恭，其敝也鄰於老；伯夷，聖之清，清之極爲隘，其敝也鄰於楊；伊尹，聖之任，任極而殉身，救民太過亦可鄰於墨。……柳下、伯夷、伊尹，方以內之聖也；老聃、墨翟，方以外之聖也。惟聖人時乘六龍以御天，潛龍飛躍無有定在，時惠、時夷、時尹，而非惠、夷、尹也；有時似老、似墨、似楊，而非老、墨、楊也。……若夫學者循焉而得其性之所近，即偏至一詣焉，或狷而隘、或狂而不恭，能祛利欲而未能化其氣質，已超鄉愿倍蓰矣。
>
> ——《默觚中・學篇十一》

儘管魏源也認同惟孔子爲「聖之時者」，爲能兼具方內之聖的柳下惠、伯夷、伊尹與方外之聖的老、墨、楊等人之眾美，能夠「潛龍飛躍，無有定在」地不流於一偏；但他也肯定學者順著性之所近，只要能夠做到「偏至一詣」，則即使其仍存在氣質猶有未化的狷、隘、狂、不恭等種種缺失，到底已經勝過鄉愿不可以倍計了。

故魏源論墨子，不因其非儒、非禮、非樂而遂詆譏之；反之，他能夠認同墨子明鬼、非樂、節用、非攻等若干主張。其論曰：

> 墨子非樂，異乎先王；然後儒亦未聞以樂化天下，是儒即不非樂，而樂同歸於廢矣！墨子明鬼，後儒遂主無鬼；無鬼非聖人宗廟祭祀之教，徒使小人爲惡無忌憚，則異端之言反長於儒者矣！孟子闢墨，止闢其薄葬短喪、愛無差等，而未嘗一言及於明鬼、非樂、節用、止攻。
>
> ——《默觚上》

魏源深具經世之想並重視民生，思考問題頗自百姓立場出發，能爲百姓著想，故他看重社會經濟、實際教化的歷史眞實，對墨子若干反映社會眞實樣貌的思想能夠予以肯定，所以他說儘管墨子與儒家存在著殊異而對立的「非樂」、「明鬼」等主張，但其實儒家並未眞能達到以樂化天下的理想，且儒家無鬼思想不能用以憚小人，亦非宗廟祭祀之教，故魏源認爲儒家徒爲高言大論，反不如墨子平實、切實。

此外，魏源也看重老子，但他不是從發揚莊子心靈哲學的「老莊」之學出發，他主要是從「《老子》救世書也」——肯定老子用世哲學的「黃老」之學角度，指出「西漢、西晉燕越」之「黃老／老莊」殊別性，強調《老子》無爲清靜、慈救慈衛、後身外身的政治運用，以闡明文景之治、曹參之學絕不同於嵇、阮、王、何等學，並謂「晉人以莊爲老，而漢人以老爲老。」他也慨然於二千年來不可勝數的解《老》之作，卻罕有能夠發揚斯義者，他說：「解《老》自韓非下千百家，《老子》不復生，誰定之？彼皆執其一言，而閡諸五千言者也。」他認為眾多解《老》者，多「泥其一而誣其全，則五千言如耳目口鼻之不能相通。」「徒尋聲逐景於其末。」（《老子本義·論老子》）此也即魏源《老子本義》之所以作，暨其所謂《老子》「本義」之所在。倘以魏源所論，參照以西元1973年湖南長沙馬王堆出土埋藏於漢墓兩千年的黃老帛書，以及後來學界公認的：代表稷下黃老之學的帛書《黃帝四經》、《慎子》、《尹文子》和《管子》部分篇章，正是戰國中期的流行學說與思潮；其將《老子》形上之道落實成為形下的用世之道與治術的實際操作，成為統治者治世御民的方法策略，是為戰國中晚期百家爭鳴中的顯學——則魏源學術思想中有關長期來因文獻不足而未獲彰顯的黃老之學，其識見可謂具有前瞻性。

魏源強調的老學，是《老子》「治人事天莫若嗇」的用世哲學，他說：「《老子》之書，上之可以明道，中之可以治身，推之可以治人。」他借陸佃之言「去甚，慈也；去奢，儉也；去泰，不敢為天下先也，三者，聖人之所以有天下也」，並強調「知道者常以謙下為宜矣，意謂強者須能弱，有者須能無，始為知道也。全書多此旨。」（《老子本義》第51、25、53章）他復釐清《老子》所謂「是謂玄德」之「古之善為道者，非以明民，將以愚之。民之難治，以其智多」，蓋物情莫不貴智，而有德者獨賤之，故「智故日去，樸日全。其政悶悶，其民淳淳。……德謂之玄，則深遠與俗相反……雖反於世俗，乃順於大道也。順於道非玄德而何？而知之者何少哉？」（《老子本義》第56章）要之，魏源肯定老子哲學強烈關懷政治社會，而以自然之道做為一切法的度量與標準。其論《老子》之「無為」，曰：

其輒言天下無為者，非枯坐拱手而化行若馳也。靜制動，牝勝壯，先自勝而後能制天下之勝。……故堯稱無名，舜稱無爲，夫子以仲弓居敬行簡，可使南面，其贊《易》惟以乾坤易簡爲言，此中世之無爲也。　——《老子本義．序》

魏源認同易簡政治所能帶給百姓的自在安適，認同「聖人去甚、去奢、去泰，惟因其自然而已。」他並讚美堯、舜、孔子等皆能實際體認「無爲」之「易簡」政治哲學者；而他認爲聖人所謂甚、奢、泰者，「非謂後世夸淫踰侈之事，凡增有爲於易簡之外者，皆是也。」（《老子本義．第25章》）正是在如此見解下，他認爲道家乃出「藏室柱史，多識擇取，……皆深知禮意」，且能「吏隱靜觀，深疾末世用禮之失」，所以「欲以忠質救文勝，是老子淳樸忠信之教，不可謂非其時，而啓西漢先機也。」（〈論老子〉）他說老學乃深知禮意而針對末世「文勝質」之禮之失，故倡爲淳樸忠信之教。因此他從「西漢承周末文勝，七國嬴秦湯火之後，當天下生民大災患、大痌瘝」的政治及社會角度，肯定漢初用黃老休養生息之道，故能「化嬴秦酷烈爲文景刑措」，給予百姓重生之機，「如遇大寒暑、大病苦之後，則惟診治調息，以養復其元，而未可施以肥濃朘削之劑」，此其所以謂《老子》是救世之書，亦其所以言「黃老無爲可治天下。」（〈序〉、〈論老子〉）而他亦同時指出《漢書．黃霸傳》之謂「凡治道，去其太甚者耳」，雖其言本於《老子》，但其意不同。他說：「物有固然，不可強爲；事有適當，不可復過，此《老子》之本意也。」即要順物物之自然、不可強爲，而並不是「事有太過者，去之；小而無害，則不必改作。」（《老子本義．第25章》）他並舉「宋太祖聞『佳兵不祥』之戒而動色」，己亦「貪其對治而三復也」爲說（〈論老子〉），以闡明百姓深望「居敬行簡」之調息養復。

惟魏源在論「治」與論「教」上，持不同看法：他雖肯定《老子》

之「無爲」治術，但在論教的另一方面，則他自比較儒、釋、道三家思想對綱維世教作用與影響的角度，提出治教仍以剛建中正的儒家思想爲宜、而不宜用道家思想的看法，蓋以其容易流入「不善學」之操弄權術陷阱之故。其論曰：

聖人之道恆以扶陽抑陰爲事，其學無欲則剛，是以乾道純陽，剛建中正，而後足以綱維三才，主張皇極。《老子》主柔賓剛，而取牝、取雌、取母、取水之善下，其體用皆出於陰。陰之道雖柔，而其機則殺，故學之而善者則清淨慈祥；不善者則深刻堅忍，而兵謀權術宗之，雖非其本眞，而亦勢所必至也。

——〈論老子〉

其言《老子》思想以牝、雌、母、下之主柔爲「主」，而以剛爲「賓」；然而此一由「體」貫「用」皆出於用「陰」的道家思想，善學者固然可以臻至清靜無爲之境，不善學者卻不免流入「深刻堅忍」之陰謀權詐，以此不宜於教。至於老與佛，則他指出「老明生而釋明死也，老用世而佛出世也。」故謂後人不論援老入佛、或援佛入老，概屬「尊老誣老，援佛謗佛」，雖意欲尊之，實則誣之、謗之，故他反對混同思想的說法。

魏源論教既持儒家「乾道純陽，剛建中正」之教，則他對於君子之學，自亦肯定奮起有功，他期許志士仁人努力進取，相信人可以掌握、創造命運，此亦與其強烈的經世關懷與改革思想相一貫。他稱美聖賢志士夙興夜寐的用心，曰：「溺心於邪，久必有鬼憑之；潛心於道，久必有神相之。」他並舉戰國稷下道家代表的《管子》之言：「思之，思之，又重思之；思之不通，鬼神將告之。非鬼神之力也，精誠之極也。」以及《周易參同契》言：「千周燦彬彬兮，萬遍將可覩，神明或告人兮，靈魂忽自悟」，以說學者之潛心於學，至誠不怠，則或感神明告人、或得心靈自悟，自然能探其端倪得其門戶，而「技可進乎道，藝可通乎神。」斯亦所謂「用志不分，乃凝於神。」（《默觚·學篇一》）所以魏源肯定「天人之參」、「人定勝天」的思想，其論曰：

敏者與魯者共學，敏不獲而魯反獲之。敏者日魯，魯者日敏。豈天人之相易耶？曰：是天人之參也。……是故人能與造化相通，則可自造自化。——〈學篇一〉

人定勝天，既可轉貴富壽爲貧賤夭，則貧賤夭亦可轉爲貴富壽。……祈天永命，造化自我，此造命之君子，豈天所拘者乎？——〈學篇七〉

魏源生當嘉道之世政經及社會日衰之際，面對時局之變，究應如何因應變局並思變革之道，是其中心關懷，故他強調「人能與造化相通，則可自造自化。……聖賢志士未有不夙興者也。清明在躬，志氣如神，求道則易悟，爲事則易成。」（《默觚·學篇一》）以此，他主張除弊興利、師夷長技以變革圖強，斯即造命之君子，如此便可不爲天所拘地自造自化以救此頹勢。至於魏源的變通觀念，除受《周易》二元變化、物極必反哲學之影響外，《老子》的禍福相倚、正反相成，《孫子》的善用生剋，以及佛家的諸行無常、諸法無我之萬化遷流等，並皆是其思想根源。要之，魏源對於諸子思想的肯定，在學術史上，可以見出他一方面表現了清中葉以來學者逐漸脫出儒家單一意識形態的風趨，同時也顯示了其與晚清諸子學興起的密切聯繫關係。

四、結語

道光間著名的經世學者魏源，立足在變易史觀上，既以編輯《皇朝經世文編》開清末「經世文」的編纂之風，其後講求經濟者無不奉爲矩矱；鴉片戰爭失敗後，他更以「自強」和「富國強兵」主張，而堪稱晚清自強運動之嚆矢。其《聖武記》、《海國圖志》和《道光洋艘征撫記》的「師夷長技以制夷」系列主張，是爲近代改良運動先驅。《魏源年譜》嘗綜論魏源一生，便說他「倡經世以謀富強，講掌故以明國是，崇今文以談變法，究輿地以圖邊防，策海防以言戰守。」在1858年《天津條約》訂立後，侍郎王茂蔭曾向咸豐帝推薦《海國圖志》；姚瑩則謂其數十年所欲究者，得是書，「可以釋然無憾矣。」馮桂芬在《校邠廬抗議》中也提出「採西學」、「製洋器」主張，並稱魏源「『師夷長技以制夷』一語爲得之。」洋務運動展開後，左宗棠亦稱魏源所擬方略可行，雖今昔異勢，然大端不能加之，其序《海國圖志》也說他在同光間的造砲製船，受到魏源啓迪；郭嵩燾則謂是書所論，「歷十餘年，而其言皆驗。」（詳《魏源年譜》）以此，在二次鴉片戰爭後的更強烈衝擊中，魏源「喜以經術作政論」和「自強」、「師夷」等主張，終在由洋務運動向維新變法演進的過程中，破繭而出地演成一股「變法自強」之歷史潮流，廣爲改革派所承襲。宜乎以魏源爲近代中國社會變革暨民族覺醒之前驅先路；《海國圖志》則不僅做爲地理書，對於國人之因是書而略知世界，尤其功在不小，其於近代中國之民族覺醒有著重要貢獻。而魏源論學及其經學之雅好今文家言並融入社會視野，意欲發揚西漢「援經議政」的經術致用精神，既在《春秋》學上，以發揚《公羊》微言大義及董仲舒之抉摘《春秋》微旨名其學；在《詩》、《書》上，復以《詩古微》、《書古微》樹起今文學標誌，亦是影響晚清學風之重要關鍵；再者，其於諸子的兼容態度，也與晚清諸子學之復盛有著內在聯繫關係，魏源誠爲影響嘉道到晚清學風的重要關鍵人物之一。

貳拾壹

清代的崇禮思想與晚清「禮、理合一」的經世禮學

清代禮學在我國學術史上獲有重要成就，崇禮思想則是清儒致力於發展禮學的深層意識。禮學不僅是清代經學復盛中重要的學術標的，《皇清經解》所著錄的研究成果以禮學佔最大篇幅；禮學思想更是我國兩千多年儒學義理的重要成分，孔子王道政治藉禮治以臻至，個人修身亦賴「克己復禮」之「非禮勿視，非禮勿聽，非禮勿言，非禮勿動」以爲仁。易言之，從「內聖」到「外王」、從一己之德性涵養到治國平天下，「禮」就是儒家倚爲不二途徑的淑世濟民依據。因此在走過宋明理學執學界與思想界五、六百年牛耳之盛況後，在走到了明清易鼎的歷史關口時，清儒不僅復興經學、更重振禮學，崇禮思想是爲貫串整個清代的學術心理與義理學深層意識。

清代禮學超佚前代，是清代「漢學」的重要內容。從清初到乾嘉、再到晚清，清禮學正如爲山覆簣而先河後海般，逐步擴大研禮內容、考證層面並擴大到諸禮上。本文係自學術思想史的角度切入，著眼於清禮學從清初顧炎武言「經學即理學」及三禮學復興後，歷乾嘉「以禮代理」之漢宋門戶，再到晚清會通理禮之「禮學即理學」，清代尊經崇禮的思想已經完成了和理學「正、反、合」的辯證發展歷程。全文主要聚焦在清代禮學思想的變遷以及晚清經世禮學的發展，並自其間代表性禮家、禮論與發展特色中，抽繹出其所蘊涵的禮學觀、崇禮意識、或禮學與道德實踐的關係等關涉清儒代表性禮學思想的看法，以呈現清代禮學在我國學術與思想發展上獨具的意義與價值。

一、清代禮學在我國禮學史的基調與演變

「禮」之意涵，包涵最初由「行禮之器」[1]發展出來的「事神祈福」儀節，以及緣之而來具有「道德」價值的莊敬之德等道德行爲，暨被擴大內涵爲國家社會法制規範的典制、禮制等諸義。如孟子言仁義禮智四端，以及《論語》子曰：「生，事之以禮；死，葬之以禮，祭之以禮。」《左傳》言：「禮者：經國家，定社稷，序民人，利後嗣」者，分別屬之。故凡禮儀、禮德、禮意、禮俗、典章制度、禮書、禮器與議禮、考禮、論禮、禮教等，概皆屬於禮學範疇。我國學術史上的歷代禮學發展及對「禮」之取義，往往因時代不同而有不同的側重層面。

清禮學是學術與思想結合發展下的產物。在學術上，清儒重視《三禮》學的「經禮」傳統，斯爲明、清禮學大別；在思想上，清儒講尙客觀實踐如禮制規範對德性的形塑與內化作用，是爲清代義理學與宋明理學區別；再加上中國傳統思想推崇精英主義，持信王權的神聖地位可藉「政教合一」領導社會思想，是以清廷「崇儒重道」地欲透過修禮以實現一道同風，如乾隆諭開「三禮館」纂修《三禮義疏》、修訂《大清通禮》，也都推波了清代禮學之盛況。清代禮學奠基在前述基礎上，崇禮思想正是做爲清儒一切「考禮」、「習禮」之德教與學術活動的深層結構，是其賴以實現「以禮經世」之經世旨趣，並將禮學發展推向歷史高峰的內在基礎。

在思想史歷程上，清儒突出強調主、客合一的禮治精神，批判理學側重內在的主觀性理與形上學思維及進路；重視客觀禮制和禮俗文化對德性涵養的形塑作用，認爲禮制的具體規範和秩然有序，可以做爲化民成俗、實現禮教內化的依據。如持論「以禮代理」的淩廷堪曰：「聖學，禮也；不云理也。」「冠昏飲射，有事可循也。揖讓升降，有儀可

---

1 「豊」由「豐」之祭品與祭器象形字簡化而來。

按也。豆籩鼎俎，有物可稽也。」（《校禮堂文集·復禮下》）焦循也認爲「理足以啓爭，而禮足以止爭。」因爲「理」常憑於虛，造成此亦一是非、彼亦一是非，不能人人共信的結果。故當眾人嘵嘵各持其理時，「若直論其是非，彼此必皆不服；說以名份，勸以孫順，置酒相揖，往往和解。」（《雕菰集·理說》）因此清儒在學術史上的特殊表現之一，就是結合義理學、考據學地融合了禮學思想和禮制典章、名物等考證。試以集義理、考據於一身的戴震爲例：戴震曾撰《尚書義考》（未成）；而《尚書·皋陶謨》有曰：「天敘有典，勑我五典五惇哉！天秩有禮，自我五禮有庸哉！」——戴震正是持論實在界的典制禮儀乃「天敘」、「天致」之客觀實踐。他自天所降命的天命角度理解生活世界中的禮儀、禮俗等。故「禮」即「天則」之落實於「人倫庶物」上者；禮制即聖人有見於天地條理，而制定爲天下萬世法的儀文度數。因此對戴震而言，禮制是「稽於古而不可易」的天命條理（《毛鄭詩考正·日月首章》），既是天道條理之客觀落實在人道上者，也是聖人之理義，「賢人聖人之理義非它，存乎典章制度者是也。」（《戴東原集·題惠定宇先生授經圖》）這也就是爲什麼戴震等人反對理學的形上學模式及其邏輯思辨？轉向追求禮學的客觀規範，要求以禮秩做爲道德理性融入社會生活的憑據、經驗途徑。

緣自清儒義理與宋明儒強調形上學進路、發揚性理思想之立異，他們重視禮學客觀規範對德性的涵養與助成作用，故皮錫瑞說「漢儒多言禮，宋儒多言理。」錢穆也說淩廷堪、焦循、阮元等人繼戴震之後，亦「分樹理、禮，爲漢、宋之門戶焉！」「一若以理、禮之別，爲漢、宋之鴻溝。」（《中國近三百年學術史》）後人多沿用此說。不過，對於理、禮之分別看重，雖然可以若干程度地反映乾隆間漢、宋學派重心不同；理、禮卻非對立關係，譬如戴震便肯定理義存乎典章制度，「理」寓諸「禮」。嘉道以降則因世亂緣故，清初後一度沉寂的經世學風再度趨向高漲，晚清學者多強調經世禮學，並出現「理、禮並重」的漢宋門戶調融現象。如晚清積極提倡理學的曾國藩，他在理學之養心養性外復積極倡禮，以禮學做爲合「義理」與「經濟」爲一的修己治人、經緯萬端之經世治術。羅澤南、胡林翼、左宗棠、劉蓉、郭嵩燾、張之洞等，亦前後接踵地發揚禮學，頗使宋學派轉向經世一路。至於在清學中佔有重要席地的江浙學者黃以周、孫詒讓等，也都以經世禮學著稱。黃以周曰：「禮秩自天，故好禮即以樂天。」（《儆季雜著·文鈔一·顏子見大說》）亦是戴震「禮制即天秩」之禮學一貫思想。要之，清學重心雖然有別於理學長期所側重的性理思想；但他們在強調禮學之客觀規範價值，樹起禮學大纛，彰顯禮制之「天秩」意義外，實際上亦皆強調「理、禮合一」之理義寓乎禮中。這是清人崇禮思想、復禮思潮以及禮學蓬勃發展的底層意識結構。

再從學術發展史上言，清代禮學發展超佚前代，清儒對於《周禮》、《儀禮》、《禮記》之文獻辨證以及包涵禮意、禮儀、禮制、禮俗等多層面探討的三禮學，是清代漢學的重要內容，也是清代經學復興之中堅。禮學不但在《皇清經解》、《皇清經解續編》的著錄中佔最大宗，三禮學和崇禮、復禮思潮在清代的發展盛況，也是緜延不絕有如康莊大衢。從清初到乾嘉、再到晚清，清禮學正如爲山覆簣而先河後海，其發展不但逐步擴大考證層面，也逐漸擴大到諸禮。自從清初三禮學復興後，乾嘉到晚清的禮學成就及研禮途轍，主要有：㈠禮書會通，㈡禮例彙整，㈢禮書注疏。會通諸禮如江永《禮書綱目》和秦蕙田合吉、嘉、賓、軍、凶五禮而言的《五禮通考》，黃以周旁及圖、田制、學校、職官等等的《禮書通故》亦屬之；歸納和闡釋禮例，如江永完成〈釋服〉類之《儀禮釋例》，杭世駿結合《周禮》、《儀禮》之《道古堂集·禮例序》亦屬之，尤其淩廷堪專爲《儀禮》揭例釋義的《禮經釋例》最稱巨擘；成注疏家言，則如師事淩廷堪的胡培翬《儀禮正義》、孫詒讓《周禮正義》屬之。故清禮學最重要的特色就是突出「經禮」傳統，而與明禮學側重冠、婚、喪、祭等「家禮」傳統顯然異轍；不過明儒對於家禮學的落實實踐，倒也爲三禮學之議禮、考禮開啓了一條「經典→經世」的具體淑世途徑。

至於清禮學的階段特色、研禮主題以及禮學家：清初禮學發展，具有博通精神以及創闢之功，如由徐乾學署名而萬斯同撰著的《讀禮通考》、秦蕙田署名而諸儒助修的《五禮通考》，以及萬斯大《經學五書》、李光坡《三禮述注》、方苞撰《三禮析疑》並主修《三禮義疏》、江永《禮書綱目》……等，皆會通三禮且博通諸經。逮及中葉，則輩出之禮家頗突出章句訓詁、典章制度之專精考證，除乾隆間敕纂《三禮義疏》、《大清通禮》之結合疏注與考證外，杭世駿《禮記集說》、戴震《考工記圖》、程瑤田《喪服足徵錄》、金榜《禮箋》、段玉裁《周禮儀禮漢讀考》、孫希旦《禮記集解》、任大椿《深衣釋例》、孔廣森《禮學巵言》、朱彬《禮記訓纂》、淩廷堪《禮經釋例》、張惠言《儀禮圖》、焦循《群經宮室圖》、胡匡衷《儀禮釋宮》、胡承珙《儀禮今古文疏義》、胡培翬《儀禮正義》……等，皆能具體呈現乾嘉考據學風之特色與發展。迄於晚清，由於世變影響學術走向，禮學一方面延續乾嘉考證專精之風，另方面亦突出禮制變革之經世訴求。該時期之發皇禮學者，如綰合考據與義理的黃以周《禮書通故》、疏注精詳的孫詒讓《周禮正義》……等。再者，關於禮書選擇和研禮內容，則清儒的經禮學係自清初突出《周官》及周代禮制考辨，然後逐步擴大層面到三禮學、諸禮書以及章句訓詁、典章制度等多方面考證。清初爲諸儒所好尚的《周官》辨僞，其證僞僞經的立場有悖於尊經趨向，在乾嘉考據高峰期漸爲鵲起的專深考據所取代；而考證典制者，如沈彤《周官祿田考》、王鳴盛《周禮軍賦說》；考究製作者，如戴震《考工記圖》、阮元《車制考》；彙整禮例者，如淩廷堪《禮經釋例》；新疏古經者，如孫詒讓《周禮正義》等。上述禮學成就在在顯示了清儒對於《三禮》學的濃厚興趣，及其反對經典外的空憑胸臆、主觀臆斷，趨向經典實證與祛虛務實的學風好尚。

由於清代禮學復盛的一個重要特徵就是重回儒學之「經禮」傳統已如前述，故清學界如張廷玉《明史》、顧炎武《日知錄》、皮錫瑞《經學歷史》等多自經典角度認爲明代經學積衰；然劉師培、章太炎等持反對意見，認爲清禮學有賴於明學植基。日人小島毅亦指出明代禮學重心，在以冠、婚、喪、祭等四禮爲中心的「家禮」實踐；雖然《四庫全書》將之列入「雜禮書」而未受重視，但實際上，「明代禮學，至少有關禮經的注釋書，其數量足以誇示明代比得上宋代之禮學。」「明代並非沒有禮學、或者並非蕭條；只不過是沒有清朝考證學定義下的《儀禮》之學罷了。」（《明代經學國際研討會論文集．導言．明代禮學研究的特點》）另外，學者張壽安以「明清禮學轉型」來看待明清自「家禮」到「經禮」的禮學發展——「清儒的禮學考證已從移風易俗之四禮轉向國朝典制之大禮。」並借言毛奇齡，謂清學標示了「禮有定制，不容輕議」之「以古禮正今俗」趨向（《十八世紀禮學考證的思想活力——禮教論爭與禮秩重省》）。不過對此也有學者持不同看法，認爲乾嘉考證古禮是一種封閉性的社會性格，誠如戴震所言「君子行禮，不求變俗，要歸於無所苟而已矣！」（《戴東原集．與朱方伯書》）凸顯學者爲考據而考據的學術性格，指出清儒存古禮、求禮之先型，不必盡歸於「正今俗」或「變俗」之目的。蓋古禮（經典古義、先王之禮、「道」）非「盡可用於今」者；其與俗禮（禮時爲大）之「判然爲二」，反而能爲「道」保留一個相對超越、很難被君主完全收編的獨立空間（張循：〈「君子行禮，不求變俗」：清代考據學的社會性格〉，《清史研究》）。儘管學者對於考證古禮是否爲了「以禮變俗」的看法有別；但清禮學最重要的特色，就是重回儒家經典並由此促成三禮學興盛，則無疑義。

總說清代禮學，從清初顧炎武主張「經學即理學」，以及三禮學復興後，歷乾嘉「以禮代理」之漢、宋門戶樹立，再到晚清突出經世禮學而會通理、禮之「禮學即理學」，清儒之尊經崇禮及「理／禮」關係辯證，終得一完整之發展歷程。關於清代禮學，學界已經多所探論；惟多集中在個別禮家、禮書或禮學主題，如辨僞周官、欽定三禮義疏、辨定嘉靖大禮議、理禮之辨……等議題研究上。本文則基於禮學爲清代經學大宗，清人對於「理原則和禮規範孰輕孰重」的禮、理之爭以及崇禮思想，又有一從畸輕畸重、此消彼長，到最後圓融互攝的完整發展結果，故希望以清代崇禮思想爲主軸，從思想史而非學術史的角度加以討論。雖然全文亦密切關係到清代禮制、禮學家與禮書文獻等，不過關於禮書疏注與纂輯、禮制考辨、禮儀禮例、禮書辨僞等學術活動並非本文重心；本文主要欲自各階段之禮學發展及其代表性禮家與禮論，抽繹出其中所蘊涵的禮學觀念、崇禮意識、或禮學和道德實踐的關係等關涉清儒代表性禮學思想的看法，以探論清儒「尊經崇禮」在中國禮學發展史中所特具的思想意義。

二、清代禮學蓬勃發展的歷史情境及顯題化

禮學在清代的蓬勃發展，有其歷史脈絡與時代意義，舉凡清初和清中葉以降的經世思潮，經學復盛，朝廷政策對三禮學的推波，禮學和仁學的密切關係等，都是構成明、清易鼎後對清代禮學發展具有影響力的文化史、思想史、學術史與社會史各方面的歷史情境及社會底蘊。

㈠從經學復盛到復禮思潮

入清，清儒的學術興趣定調在經學上有諸多複雜因素；而爲解決明學末流蹈空問題——如萬斯同言「解義理可就一己之見，解制度則當考

古人之言。」（《群書辨疑・附廟》）及《四庫提要》批評明學「諸儒註疏皆庋閣不觀。」（《周易大全》提要）——故轉向「崇實黜虛」的學術路徑，是其中心意識。因此涵蓋時代價值觀以及方法論在內的崇實取向，就是清學的一大轉向；而融攝道德倫理、典章制度、禮意、禮儀、禮書等層面的禮學，就是最能充分展現清人重視經驗現實、客觀規範以及經典實證的學術載體。

先從清學要求實證精神和回歸經典的治學方法來說：清初因義理學之「朱王之爭」而要求義理的是非取證於經典，於是由群經辨僞學——辨僞易圖、古文《尚書》及《大學》版本等揭開序幕的考據學新典範，其回歸經典的治學途轍已經成爲儒者接受的主流形式了。惠棟等又樹起「尊漢抑宋」的經學旗幟，持論「經之義存乎訓」而要求「漢學解經」進路（《松崖文鈔・九經古義述首》）；嗣後清儒針對《五經正義》等魏晉以降的群經義疏及《十三經注疏》展開全面檢覈，並完成了據「漢學」典範通經釋義的清人新十三經注疏，具體標示了由考據學領軍的清代學風。因此講求證據的經典實證法，成爲貫串整個清學的不二門徑。而在經學復盛的學術氛圍中，禮學又是如何在眾多經學中被顯題化？如何脫穎而出蔚成一代復禮思潮的？這一方面固然由於禮學兼具「內在／外在」、「形上／形下」而涵德性、規範、禮經等諸多崇實趨向的內涵；一個時代的禮制與社會禮教，可以據爲觀察德盛政修的政治指標，故緊接元明經學積衰之後，清廷亟思「以禮經世」地藉禮學來整頓社會風氣。而推行禮教在相當程度上必須倚重禮書提供百姓經典依據暨日用倫常的「習禮」憑藉，所以乾隆敕纂《三禮義疏》、《大清通禮》，要求冠婚喪祭等各種禮制與儀節皆能酌古準今、繁簡合度地切合民用，以移風易俗。另方面也由於在考禮、議禮過程中，自會觸及經典詮釋及諸多對禮學思想的不同詮解。即有學者指出清儒質疑明代「大禮議」事件，因明儒錯論禮學而演成篡統發展，故重省禮秩就是清學重回經禮進行考禮、議禮的導火線（張壽安：〈「為人後」：清儒論君統之獨立〉）。由此可見禮學考證與義理思想間的密切關聯性。

那麼明、清儒者對於明世宗嗣位的議禮過程，存在著什麼不同的看法？即對於禮學內部的義理詮釋，明清儒有何不同視角的議禮之爭？這是涉及十六、十七世紀明清義理學轉型的重要問題。儘管明儒普遍認為「大禮議」事件中結合皇權而強調「親親」之義的張璁為非義一方，[2] 輿論傾向持「濮議」之「尊尊」大義，[3]及捍衛道統的仗義死節者；但是以毛奇齡為代表的清儒卻持不同看法。他們質疑並批判理學流行以來的「禮學理學化」，及其要求世宗須依「皇位過繼」之「繼統必先繼嗣」、「為人後者為之子」禮制，以孝宗嗣子身分放棄和本生父母間的關係，以本生父為叔。清儒認為正是這樣違逆禮學「緣情制禮」根本精神的禮學詮釋，才造成了朝臣傾軋奪權、皇權血腥鎮壓，以及世宗在「孝宗→武宗」外另立「睿宗→世宗」新帝統的結果。即清儒固然撻伐世宗以睿宗入祀太廟之篡亂帝統；但是認為明儒曲解禮意、錯論禮學，以理學「尊尊」之義要求棄絕親情的主張，才是造成篡亂源頭。

是故明、清儒者對於明大禮議事件背後的禮意，包涵禮制禮儀與人

2　孝宗子武宗亡，無子嗣且無兄弟，皇位虛懸近四十日。世宗朱厚熜依《皇明祖訓》「兄終弟及」原則，以興獻王（孝宗同母弟）長子、武宗從弟身分繼統。大學士楊廷和等堅持「繼統必先繼嗣」之「為人後者為之子」原則，主張世宗必須依「皇位過繼」禮則，以孝宗嗣子身分踐位，即以孝宗為父、本生父興獻王為叔。世宗不從，質疑父可改乎？寧「避位歸藩」。於是另派明臣張璁迎合上意地主張「嗣、統二分」，並據《儀禮》「長子不得為人後」為說，使世宗終得尊本生父為「興獻帝」。後來在楊廷和致仕以後，朝臣伏跪爭禮而世宗血腥鎮壓。世宗在嚴嵩支持下，復「嗣、統合一」地進一步追尊興獻帝為「睿宗」，入祀太廟。至此，「大禮議」事件成為朝廷派系傾軋奪權的政治事件，並演成世宗在「孝宗→武宗」帝統外另立「睿宗→世宗」新帝統之篡統，且頒《明倫大典》以昭孝義。

3　宋仁宗以濮王之子（英宗）為後；司馬光、程頤等理學家凸顯「尊尊」之義而自「天理」角度詮釋君臣大義，要求入繼主必須斷絕私親、先繼嗣後繼統。此一強調政治關係而貶抑血緣關係的「濮議」，在當時曾與韓琦、歐陽修等人的「尊親」主張形成爭論。

倫關係、德性實踐等做爲「理」原則的綱紀禮法看法不同，才是清儒依據經書闡明古禮，援明儒論禮之歷史事件，展開純粹考經辨禮的關鍵。清儒欲辨明儒禮論有無禮意錯謬？並省視「禮學理學化」之以「尊尊」的「君統」淩駕「親親」的「親統」是否合經合義？學者張壽安即指出乾嘉學者從禮秩考辨出發，其禮學思想與後來雍正廢嗣及同、光、宣三朝皇位過繼之典制有直接關係；並肯定清儒自毛奇齡釐清「世統」、「廟統」，析分生倫之序與廟次昭穆爲二（《辨定嘉靖大禮議》），到段玉裁闡明「立後禮」之「禮身分」雖在稱考、服斬衰三年、序昭穆上一如爲子，但親不奪統、統不奪親，此一兼顧「繼統」與「尊親」的禮論建設，終清之世，從任啓運、方苞、程瑤田、淩廷堪、胡培翬到晚清郭嵩燾、王闓運等幾皆無異議。故明儒之家禮重視，實際上也爲清儒突出實證精神與經禮傳統的議禮、考禮、論禮等學術活動，開啓一條將學術成果具體實踐在經驗世界的客觀途徑。

嗣後，清學在經學與考據雙重好尚皆已開啓的情形下，謹於「考禮」而詳究名物度數的三禮之學，以其符合清儒經典興趣、客觀實踐和「以禮經世」禮治理想等多重因素，形成了結合「考禮」與「習禮」爲尙的清代禮學發展特徵，並蓬勃興盛地蔚爲一代崇禮、復禮思潮。相關乎禮儀、禮制、禮論、禮學思想之考論闡釋等禮學關懷，益發受到清儒青睞而浮上檯面，且發展成爲正、續《皇清經解》所著錄經學成果之最大宗與清代顯學。不過清初的禮學成就如張爾岐《儀禮鄭注句讀》，毛奇齡《辨定嘉靖大禮議》、《郊社禘祫問》、《辨定祭禮通俗譜》，萬斯大《周官辨非》，李光坡《三禮述注》，方苞《周官辨》、《周官集注》、《三禮析疑》、《喪禮或問》……等，多在「考禮」之禮典與禮書考辨、疏注上；義理學領域內，結合「習禮」強調的道德學理論建設，則有待於乾嘉時期的戴震以及有「一代禮宗」之稱的揚州學者淩廷堪等。他們在突出道德價值的經驗面之義理學趨向下，著力強調禮學對道德實踐的客觀規範意義，建構起要求經驗路徑的實踐理論，淩廷堪並有「以禮代理」之主張；再到晚清世變與學風變遷下，晚清經學尤其禮學更是突出經世訴求，以禮制改革結合變法維新，堪稱整體儒學變遷之縮影。

㈡清代義理學的經驗取向與禮治理想

繼晚明王學之後，清代義理學一個很重要的轉變，在於「崇實黜虛」而重視氣化流行與形下之器。故清儒強調現實精神，突出經驗取向，迥異於理學凸顯形上之道、貶視形下氣化，及其「道／器」分屬「形上／形下」之不同價值位階。從船山「理在氣中」之「天下惟器」論（《周易外傳・繫辭上》），到戴震言：「語道於天地，舉其實體實事而道自見」（《孟子字義疏證・道一》），皆突出「道藏於器」之「理、氣合一」精神，而轉從實在界、經驗取向論「道」。[4]清學兼重「博文」與「約禮」傳統的復禮思潮，亦可以視爲清人在「器以藏道」新道器觀下的思想產物。蓋禮兼涵「內聖」修身之道與「外王」治術、治平之道，兼賅仁義之「本」與儀文之「末」。其在一切客觀規範如典禮、儀節、禮教、禮制，乃至其載體的禮書、禮器……等之外，也包涵了道德範疇的內在德性，做爲外在禮儀內在根本的仁、或禮意。因此一個時代的禮學發達否？密切關係到個人道德與社會、政治秩序；自孔子以來，即推崇「道之以德，齊之以禮」的禮治途徑，以實現王道政治的仁政理想。而清儒之崇禮意識與復禮思潮，亦是希望通過禮學以治世濟民，是爲對於孔子禮治理想之落實與回歸。

相較於宋明理學著力發揚內聖修身的仁學傳統，清儒顯然更傾向發

4　如戴震言：「謂之道者，指其流行之名。道有天道人道。天道以天地之化言也，人道以人倫日用言也。是故在天地，則氣化流行，生生不息，是謂道；在人物，則人倫日用，凡生生所有事，亦如氣化之不可已，是謂道。」（《孟子私淑錄・上》）

揚禮學傳統；但是對於禮規範的價值強調，並不意味著就是對於理原則的輕忽。禮依於仁而成立，禮乃以道德根源、倫理基礎為其深層結構，仁即是禮之內涵義理。故孔子言：「人而不仁如禮何？人而不仁如樂何？」《禮記》亦曰：「禮之所尊，尊其義也；失其義陳其數，祝史之事也。……知其義而敬守之，天子之所以治天下也。」（《禮記．郊特牲》）皆要求仁、禮兼備，不可徒具禮儀形式而缺乏內在理義。因此雖然乾嘉時期在經學考證與義理學趨向上，都出現「以禮代理」的復禮思潮；但是清儒之「以禮代理」並非意味著禮、理在義理歸趨上有所衝突，禮與理並非對立關係。而是相較於宋明儒，他們更重「緣情制禮」之情、禮關係，認為人情所好，才能維持禮教於不墜。故淩廷堪曰：「好惡者，先王制禮之大原。」（《校禮堂文集．復禮上》）斯亦林放之問「禮之本？」而孔子答以「喪，與其易也，寧戚。」寧重禮儀背後的禮意，內在的眞實情感。

清儒崇禮，多認為制禮是緣自人情與秩序需要，其所謂禮，正是《左傳》之謂「經國家，定社稷，序民人，利後嗣者也。」《禮記．曲禮》之言「禮者，所以定親疏、決嫌疑、別同異、明是非也。」客觀禮規範乃是立足在道德價值與倫理基礎上，所以淩廷堪曰：「因父子之道而制為士冠之禮，因君臣之道而制為聘覲之禮，因夫婦之道而制為士昏之禮，因長幼之道而制為鄉飲酒之禮，因朋友之道而制為士相見之禮。」（《校禮堂文集．復禮上》）焦循也憂心如果言理不言禮，恐將導致「強者恃其理以與世競，不復顧尊卑上下之分。」（《孟子正義．〈離婁章句條〉下》）因此對於禮制，清儒「尊情」地要求應有更多人情考量。此一重視形下氣化與情性的義理趨向，與其「道不離器」、「理氣合一」的去階級化道器觀彼此一貫；殊別於理學以不同價值位階論形上之道、形下情氣，及其對於形下情氣未能正面肯定的「性其情」、「以性約情」、「性體情用」等「尊性黜情」主張。因此清儒與宋儒，以及清儒中戴震一系持論新義理觀而與宋學系方東樹等人對於「禮／理」之分別看重，雖然若干程度反映出清儒之漢、宋學派重心不同；但是清儒普遍重禮的學術典範轉移，是「禮、理合一」而絕非不言「理」的，一如《禮記》之言「禮也者，理也。」（《禮記・仲尼燕居》）戴震持論聖人之理義存在典章制度中；而人性與理義的關係，則他是認同孟子性善說並持論「理之爲性」的。[5]其論聖人理義藉典章制度以顯即「禮」；當自然人性在禮制引導下歸趨於生生條理之天德禮秩時，也就是「與天地合其德」之「歸於必然，適完其自然」了。因爲人性是自然悅禮義的，人能學習並接受禮教，「人能明於必然，此人、物之異」，所以其歸趨於天德禮秩是一種必然。故其曰：「性之欲，其自然也；性之德，其必然也。」（《緒言・上》）於此可見戴震所論，理爲人性內涵；禮，是人性所悅及必然歸趨；禮儀、禮制、禮俗、禮書、禮器等禮之載體非徒爲形式，而是誠如船山言：「未有弓矢而無射道，未有車馬而無御道，未有牢醴、璧幣、鐘磬、管絃而無禮樂之道；則未有子而無父道，未有弟而無兄道，道之可有而且無者多矣，故無其器則無其道。」（《周易外傳・繫辭上》）故禮之載體乃以經驗界可供驗證的禮儀形式涵攝理義於其中，是「理在氣中」、「道器合一」之一體俱顯的。斯即理、禮合一。

時代色彩、學術興趣皆崇實黜虛的清儒，既思弘揚經驗界秩序，又具濃厚經學興趣，欲以徵實的「傳信闕疑」學風，修正晚明的鑿空之蔽；而「一器數之微，一儀節之細，莫不各有精義彌綸於其間」的禮學（《校禮堂文集・復禮中》），就是最能彰顯禮治、禮教精神，並有效

5　戴震論性認同孟子性善思想，其《緒言》曰：「理之為性，非言性之為理。」他反對理學「性之為理」（即「性即理」）之以「性」為喜怒哀樂未發之未有形氣雜染、純乎天理者；其言「理之為性」，則「性」的哲學範疇大於「理」。理雖為性中所涵，但只是性的一部分；性除了「理義」，還包涵血氣心知情欲等其他「非理義」的「氣質之性」。

提供落實個人道德實踐和理性社會的憑藉與學術標的。故淩廷堪曰：「使天下之人少而習焉，長而安焉。其秀者有所憑而入於善，頑者有所檢束而不敢為惡；上者陶淑而底於成，下者亦漸漬而可以勉而至。」（《校禮堂文集・復禮下》）期望透過禮教漸漬的內化作用，實現化民成俗的理性社會。是以禮學所涵蓋，從名物、典章制度，到天象、地理、古今地名沿革、宮室服裝、工藝制器、鳥獸蟲魚草木，甚至金石學等，都是強調「道、器合一」的清儒所欲翔實審知的學術範疇，並在我國學術史上少見地興盛。像顧炎武、閻若璩、全祖望、錢大昕、桂馥、章學誠、嚴可均、阮元……等，都重金石之學，也都曾徵引金石銘文考經證史。以阮元為例，他從「器以藏道」到「器以藏禮」，常以金石實物證經辨史、校勘古籍，並突出鐘鼎彝器等經驗形器。他認為鐘、鼎、尊、彝、槃、戈、劍……，乃至朝覲燕饗、祭祀飲射等形下制器，都是「先王所以馴天下尊王敬祖之心，教天下習禮博文之學」；古器銘文，更是「古王侯大夫賢者所為，其重與《九經》同之。」其自習禮、博文以及無異《九經》的高度，看待典制彝器與金石銘文，甚至還說：「商祚六百、周祚八百，道與器皆不墜。」（《揅經室三集・商周銅器說上》）認為藉諸彝器以顯的禮教亦是維繫政治修明、國祚緜長的關鍵。因此身為清代著名金石學家的阮元，其金石學好尚的一個面向，就是從義理學的「習禮」角度來論「器」之重要性，在考據學外還兼有義理學之雙重理由。

故以考據大家戴震為首所建構的，重視形下經驗世界的義理學趨向，以及包含淩廷堪、焦循、阮元……等具有考據學重要成就的揚州學者之重禮，暨《皇清經解》、《續皇清經解》中三禮學所佔的大宗篇幅，在在顯示了清人「文化—心理」結構，強調「無徵不信」的方法論、重視實在界與客觀實用價值。且其崇禮，未嘗偏廢理義而「仁、禮合一」。故宋、清儒者雖有道德進路之「形而上／形而下」側重不同；

但清儒所進行的禮、理對話暨思想重構，不能被簡單化成「禮／理」對立、或不言「理」，並且正因其內蘊理義，而得以藉禮學理想，以爲實現孔子王道政治、禮治社會的有力依據。

㈢清廷從《三禮義疏》到《四庫全書》的「尊經信古」禮學意識

在清廷「道統在是，治統亦在是」之以文化道統做爲治權後盾（《康熙帝御製文集》第一集，卷19），以及採行「誕敷文教」、「崇聖重道」的基本國策下（《清世祖實錄·順治10年閏六月戊辰條》、《清高宗實錄·乾隆元年二月戊辰條》），清初到乾嘉的朝廷文化政策，亦與學界「以義理之是非取證於經典」之經學好尚，出現同步的「尊理學→尊經學」調整發展現象。清初，康熙對理學具有高度興趣，但以尊朱示別於明代的王學流行，並敕纂《朱子全書》、《性理精義》，舉「博學鴻詞」科；逮及乾隆，則雖初年曾言「至今《朱子全書》未嘗釋手」（《清高宗實錄·乾隆6年七月癸亥條》），後來卻已逐漸轉移興趣到經學上，並除在乾隆元年開「三禮館」修《三禮義疏》外，又在乾隆15年詔舉「經學特科」，[6]更在38年開設儼然漢學家大本營的「四庫館」，修纂《四庫全書》及《四庫全書總目》。朝廷制科之「博學鴻詞→經學特科」轉變，呈現了「理學→經學」之「宋學→漢學」官學轉向；而「三禮館」之設立以及日益趨向的「尊經崇漢」學術轉向，更對三禮學蓬勃發展具有直接的影響力。

愛好理學、崇獎朱學的康熙，雖然也重視經學並曾重修諸經，如御纂《易經解義》、《書經解義》等，但大抵未脫明胡廣《五經大全》

---

6 據林存陽《清初三禮學·清廷決策與三禮學》指出：康熙17年舉「博學鴻詞」科，雖然大儒如顧炎武、黃宗羲、李顒等皆堅辭不出；但所舉而授以《明史》編修的朱彝尊、汪琬、潘耒、施閏章、湯斌、毛奇齡等則確然相應於博學鴻儒之稱。高宗時雖亦曾舉「博學鴻詞」科，但虛應故事而已，意義不大；倒是乾隆15年所開「經學特科」，顯然具有呈現清初學術風趨之意義。

底色。反觀乾隆，他一方面在中葉以後改變了早年對朱子理學的推闡態度——據學者陳祖武指出，乾隆21年後的經筵講學，其於《中庸章句》和《朱子語類》的辯駁或異議，達十七次之多（《清代學術源流·從經筵講論看乾隆時期的朱子學》）；另方面的經學發展，則隨著滿、漢禮儀衝突以及儒教禮俗雜入佛道儀式等問題浮現，他欲藉訂禮來扶植綱常，使治統、道統同體一貫，又鑒於其祖已修四經義疏、獨三禮未就，故即位之初即諭開「三禮館」，命纂《三禮義疏》及修《大清通禮》。而重修禮書、重訂禮典的過程，如何使冠、婚、喪、祭等禮制儀節酌古準今、繁簡合度，以切於民用、化民成俗？自會觸及議禮、考制、考文等禮學考證問題；加上同時間儒者稽古窮經與江南研經風氣已經寖盛，朝廷纂修禮書及其後詔開「經學特科」與「四庫館」，不但具有文化史、學術史雙重意義，更表現了政教一統的領銜之意。從惠棟辭薦曰：「國家兩舉制科，猶是詞章之選；近乃專及經術，此漢魏六朝、唐宋以來所未行之曠典」（《松崖文鈔·上制軍尹元長先生書》），便可以看出朝廷專設經術制科，對於清代以經學名世及清初學風導向的影響重大，以及當時的經學盛況。

相應於上述朝廷階段性作爲的，是清初到乾嘉的朝廷禮學意識反映在《三禮義疏》、《四庫全書》暨《提要》之修書立場上；並可以尋繹出其中可相印證的繼承性思想，以及可相對照的變遷性思想。故通過比較《三禮義疏》和《四庫全書》所錄存的禮部典籍，暨《提要》的存廢去取說明，可以一窺清代前期禮學思想變遷，以及乾隆中葉以後官學意識更趨「尊經崇漢」對於禮學發展的影響。

自乾隆十三年完成的《三禮義疏》對職官、制度、儀節等專門考訂之重視，可以看出惠棟所樹立的「宗鄭」與「尊經崇漢」考證學風，已經在清廷禮學意識上發生顯然的影響了；不過相較於後來的《四庫全書》，則後者尊經、宗鄭的漢學立場，益發堅定明確。清初，朝廷獨尊朱學，乾隆中葉後則尊經意識高漲，已如前述；但是理學和考據學何以此消彼長？乾隆何以一改早年的尊朱態度？以及當初三禮館修《三禮義疏》時，其纂修條例係依副總裁方苞所撰〈擬定纂修三禮條例劄子〉做爲指導思想，《欽定周官義疏》也由方苞主修，書成且經乾隆御覽而「一無所更」；[7]但是當編纂《四庫全書》時，何以館臣對方苞同一論調的《周官辨》和《周官析疑》，卻僅加存目而不予錄存？這些都可據爲乾隆早年到中葉學趨轉變的觀察線索。

清初考據學勝出，是由義理立場各擁朱、王的群經辨僞學開端並引領風潮的。時有黃宗羲辨易圖、陳確辨《大學》、萬斯大辨《周禮》、閻若璩辨古文《尚書》……等。但是當辨僞推倒了神聖經典的權威性以後，不但理學走向式微；其所造成的非聖疑經、動搖聖學道統，甚至緜及晚清的疑古影響，對於清儒欲回歸經典、重回五經傳統的本衷，卻是一種悖離。如對古文《尚書》之眞僞，立場和閻若璩相左的毛奇齡即曰：「夫儒者釋經，原欲衛經，今乃以誤釋之故，將併古經而廢之，所謂衛經者安在？」（《古文尚書冤詞》）故乾嘉時期蓬勃發展的考據學，雖然繼承了清初「考據治經」的研經法，但未延續其「疑經」路向；而是轉向訓詁章句、考證名物、歸納義例、闡發經義……的「尊經」路線。是以四庫館臣對於凡涉疑經、非經或駁鄭太過者，幾皆加以斥棄。例以《四庫全書》未收明儒郝敬的《儀禮節解》和《禮記通解》，《提要》曰：「好爲議論，輕詆先儒。……謂《儀禮》不可爲經，尤其乖謬。」（《儀禮節解》提要）萬斯大被黃宗羲譽爲「當今無與絕塵」的疑禮之作（《南雷文定前集．答萬充宗質疑書》），則《四庫全書》雖著錄其考辨古禮的《學禮質疑》，卻未著錄他疑經而負盛名

7　據沈廷芳〈方望溪先生傳〉言，《欽定周官義疏》於乾隆6年完成後上呈高宗，「上留閱兼旬，命發刻，一無所更。」（《隱拙齋集》，《四庫全書存目叢書補編》）

的《周官辨非》，《提要》曰：「非毀古經，其事則終不可訓。」《提要》又論毛奇齡《周禮問》，曰：「以爲戰國人作，則仍用何休六國陰謀之說。……好爲異論，不足據也。」尤其耐人尋味的，是館臣對於方苞與其主修《欽定周官義疏》同一持論的《周官辨》、《周官析疑》等，[8]並皆未收。然方苞雖曾辨正《周禮》攙入劉歆竄亂及鄭注有誤；實際上他仍然持信《周禮》是周公遺典，曰：「其經緯萬端以盡人物之性，乃周公夜以繼日窮思而後得之者。」「萬物本末兼貫，非聖人不能作哉！」「世儒之疑《周官》爲僞者，豈不甚蔽矣哉！」（〈周官集注序〉、〈周官析疑序〉、〈讀周官〉，《方望溪全集》）只因他將《周官》中「荒誕而不經」之「決不可信者」，歸爲「莽與歆所竄入。」又說「鄭氏以漢法及莽事詁《周官》，多失其本指。」（〈周官辨僞一〉、〈周官辨序〉，《方望溪全集》）致所著書爲四庫館臣所棄。[9]反觀《四庫全書》所收方苞僅涉經解疑義而未涉疑經的《儀禮析疑》、《禮記析疑》，以及博采諸家以釋《周禮》的《周官集注》等作；儘管館臣對之亦不無評騭，[10]但還是肯定其「具有所見，足備禮家之一

8　由方苞主修的《欽定周官義疏》，其〈擬《周官》總辨八條〉有云：「《周官》晚出，東漢以後儒者多排擊謂劉歆附益以佐莽，至宋胡氏安國父子則直以為歆所偽為；自程、朱二子斷為非聖人不能作，其論始定。而其間決不可信者，實有數事焉。……以是數者，按之莽之亂政則一一相符，皆若為之前兆，必歆承莽意而增竄之，非其舊也。」「注釋三禮，康成鄭氏之功甚鉅，而其過亦不細。蓋王安石所以襲迹於新莽而禍宋者，多依於鄭氏之說也。」（《欽定周官義疏．擬周官總辨八條》）所論與其《周官辨》、《周官析疑》之將《周禮》可疑者，則「以竄亂歸之劉歆」（《周官辨》提要），並無二致。

9　四庫館臣不認同方苞辨偽《周官》，如在所收錄方苞《周官集注》提要中，曰：「苞別著《周官辨》十卷，指《周官》之文為劉歆竄改以媚王莽，證以《漢書》莽傳事蹟，歷指某節某句為歆所增，言之鑿鑿如目睹。其筆削者自以為學力既深，鑑別真偽發千古之所未言。……持論太高，頗難依據，轉不及此書之謹嚴矣！」（《周官集注》提要）

10　《禮記析疑》提要批評方苞之改經，曰：「凡斯之類，未免武斷，然無傷於宏旨，其最不可訓者莫如……。刪定六經，惟聖人能之。孟子疑武成不可信，然未聞奮筆刪削也。朱子改《大學》、刊《孝經》，後儒且有異同……苞在近時號為學者，此書亦頗有可採；惟此一節，則不師宋儒之

解。」故於此反映了乾隆後期官學益趨堅定的尊經、宗鄭立場，對於一些非毀古經、肆詆先儒的動搖經典作爲，皆加以斥棄與批駁。

以此，《四庫全書》對於清初重要辨僞成就的《周禮》辨僞名篇幾皆不錄；至於《提要》在評論朝廷敕纂而由方苞主修，並質疑其有若干竄亂的《欽定周官義疏》時，則以「流傳既久，不免有所竄亂」爲之辯護，對於鄭注亦以「訓詁既繁，不免有所出入」加以維護。故四庫館乃以小瑕不掩大瑜的態度，整體以觀地堅持《周禮》與鄭注的聖經賢傳地位。其《提要》明曰：

> 大抵《周官》六典，其源確出周公。……說《周官》者，以鄭氏爲專門。

《提要》一則正面宣示了四庫館臣持信《周禮》「其源確出周公」，以及維護鄭注的立場主張；再則亦藉由不錄方苞、萬斯大、毛奇齡等禮學名家堪稱代表作的辨僞諸作以及批判性評論，清楚表明官學維護聖經的立場。如曰：

> 體會經文，頗得大義；然於說有難通者，輒指爲後人所竄，因力詆康成之註。……蓋苞徒見王莽、王安石之假借經文以行私，故鰓鰓然預杜其源。其立意不爲不善，而不知弊在後人之依託，不在聖人之制作。 ——方苞《周官析疑》

> 力攻《周禮》之僞，歷引諸經之相牴牾者，以相詰難，……

所長，而效其所短，殊病乖方。今錄存其書，而辨其謬于此，為後來之炯戒焉！」《儀禮析疑》提要也說方苞「頗勇於自信」，「鄭之此註大可依據。……敖繼公說猶有未詳，苞則去敖氏更遠矣！」（《禮記析疑》提要、《儀禮析疑》提要）

竟條舉《周禮》而詆斥之，其意未始不善，而懲羹吹虀至於非毀古經，其事則終不可訓也。 ——萬斯大《周官辨非》

辨周禮出戰國之末，不出劉歆；……然以為戰國人作，則仍用何休六國陰謀之說，與指為劉歆所作者亦相去無幾。……好為異論，不足據也。 ——毛奇齡《周禮問》

上述《提要》說明，照見館臣對於凡疑《周禮》非聖人制作，不論是說劉歆僞造、或如何休六之國陰謀說法，皆抱持斥棄態度。至於將《周禮》正名爲《周官》，以修正唐宋以來沿用賈公彥《周禮疏》改《周官》爲《周禮》的「實非本名」舛誤，則因其未涉疑經，並未動搖朝廷尊經護經的根本立場，故予以認同地採用該一辨正成果。

以上係就三禮學的經典部分，說朝廷歸宗於尊經信古的官學立場；接著再述其於三禮傳注，亦擺脫長期來的朱學獨尊，而趨向「宗鄭」的學風特色。

乾隆朝是清代漢學發展的最高峰，儒者推尊專門考訂、言有實據的漢注，斥棄虛懸臆揣的宋說，殆可謂「家家許、鄭，人人賈、馬。」（梁啓超：《清代學術概論》）四庫館的最高指導思想，就是崇漢、宗鄭的學術取向，四庫館更儼若漢學家大本營。從《三禮義疏》到《四庫全書》，館臣在禮學思想上的最重要變化與發展，就是尊經尊鄭的漢學路線確立。因此四庫館除以《周官》學的反對疑經態度，和三禮館以及清初辨僞學具有差異觀點外；其在《儀禮》和《禮記》學暨三禮傳注的選擇上，則自三禮館到四庫館，都共同呈現了反對獨尊朱學，以及推尊鄭注而博採各家趨勢。

在清儒振興《儀禮》學以前，由於《儀禮》極其難讀而向爲講學家所避談。《提要》即曰：「《儀禮》至爲難讀，鄭注文字古奧亦不易解，又全爲名物度數之學，不可以空言騁辯，故宋儒多避之不講。」（《欽定儀禮義疏》提要）清初則張爾岐撰《儀禮鄭注句讀》，先行開啓了清儒治《儀禮》學及宗鄭的漢學先聲；三禮館復在《儀禮》經文經注上，改採元儒敖繼公能疏通並糾正鄭注而號爲善本的《儀禮集說》，不用朱熹「割裂古經」、「咸非舊次」的《儀禮經傳通解》。[11]對此，《提要》亦肯定三禮館，並讚美《欽定儀禮義疏》之「考證之功，實較他經爲倍蓰。」至於在《禮記》學上，《欽定禮記義疏》亦不用明初以來胡廣編《五經大全》採元儒陳澔《雲莊禮記集說》而廢鄭注的科舉定式。蓋澔學承朱學而來；澔父大猷師饒魯，魯師黃榦，榦爲朱子壻，所以澔注以朱子餘蔭獨列學官。然陳澔《集說》以朱子已將〈大學〉、〈中庸〉編入《四書》，遂在《禮記》中刪除不載，致遭清儒「妄削古經」之譏。因此三禮館所纂《欽定禮記義疏》，不尊澔注地「仍錄前文，以存舊本」，並「博採漢唐遺文，以考證先王制作之旨，併退澔說於諸家之中。」（《欽定禮記義疏》提要、《雲莊禮記集說》提要）這其實也與時儒尊五經而要求「〈大學〉廢經」，「〈學〉、〈庸〉駁歸戴記」的義理主張相合。[12]對此，《提要》一方面亦批評澔注「略度數而推義理，疎於考證，舛誤相仍」（《禮記大全》提要）；另方面則肯定三禮館摒退陳澔刪削古經、多憑臆說的《禮記集說》，及其改採另一宋儒衛湜的《禮記集說》。此則由於《禮記》兼言禮制、禮意；禮意當以義理推求，故《提要》亦能認同《欽定禮記義疏》之「採宋儒以補鄭注所未備。」《提要》並比較陳、衛二注，曰：

---

11 《四庫提要》評論《儀禮經傳通解》，曰：「所載《儀禮》諸篇咸非舊次，亦頗有所釐析，如〈士冠禮〉三屨本在辭後，乃移入前陳器服章；戒、宿、加、冠等辭，本總記在後，乃分入前各章之下；末取雜記女子十五許嫁笄之文續經，立女子笄一目，如斯者不一而足。」

12 陳確曰：「〈大學〉首章，非聖經也；其傳十章，非賢傳也。」「〈大學〉廢則聖道自明。」「駁歸戴記，猶是以〈大學〉還〈大學〉，未失《六經》之一也。」（《陳確集．大學辨一．辨迹補》）

於度數品節，擇焉不精，語焉不詳，後人病之。蓋自漢以來，治戴記者百數十家，惟衛湜集說徵引極審，頗爲學者所推許，澔是書雖襲其名，而用意不侔，博約亦異觀。

——陳澔《禮記集說》

採摭群言，最爲賅博，去取亦最爲精審。……朱彝尊《經義考》採摭最爲繁富，而不知其書與不知其人者凡四十九家，皆賴此書以傳，亦可云禮家之淵海矣！……非惟其書可貴！其用心之原，亦殆非諸家所及矣！

——衛湜《禮記集說》

《提要》經比較衛湜、陳澔二人之《禮記集說》後，總結以澔書雖然襲用衛書名，但其用意不侔、博約異觀、相去甚遠，「用爲蒙訓則有餘，求以經術則不足」（《雲莊禮記集說》提要）；反之，衛書徵引極審，極具存古學之功！至言「《欽定禮記義疏》取於湜書者特多，豈非是非之公，久必論定乎！」（《禮記集說》提要）直以《欽定禮記義疏》能夠擺脫朱學長期來的獨尊地位及學術網絡而表彰衛書，是爲還衛湜以是非之公！

乾嘉儒者與四庫館臣除擺脫朱學的經解牢籠外，並亟推尊鄭注，故館臣對於詆鄭太過者多加以駁斥，前述方苞《周官析疑》之見棄，「力詆康成之註」，亦是原因一端。《提要》之明言標榜鄭玄三禮注，有曰：

三禮以鄭氏爲專門；王肅亦一代通儒，博觀典籍，百計難之，弗勝也。後儒所見曾不逮肅之棄餘，乃以一知半解譁然詆鄭氏，不聞道韓愈所謂不自量者，其是類歟！

——《欽定禮記義疏》提要

言《禮記》者當以鄭注爲宗。雖朱子掊擊漢儒不遺餘力，而亦不能不取其禮注。蓋他經可推求文句，據理而談；《三禮》則非有授受淵源，不能臆揣也。……大抵鄭氏之學，其間附會讖文以及牽合古義者，誠不能無所出入；而大致則貫穿群籍，所得爲多。魏王肅之學百倍於（郝）敬，竭一生之力與鄭氏爲難，至於僞造《家語》以助申己說，然日久論定，迄不能奪康成之席也。

——《禮記通解》提要

所論明示三禮學以鄭氏爲專門，並舉例王肅嘗竭一生之力與鄭氏相難，終不能奪其席；即連喜好掊擊漢儒的朱子，也不能不服鄭玄之禮注。要之，四庫館對於批評鄭注太過者，多不認同且無好評。

顯然可見地，從《欽定三禮義疏》到《四庫全書》及《提要》所代表的清代前、中期官方禮學意識，與時儒從辨僞學逐漸轉趨專門考訂的尊經崇漢路數，以及「崇實黜虛」的實證方法論，呈現了同步發展的趨勢，那麼高宗後期之經學好尚以及不再推闡朱學，也就不難理解了。

㈣晚清救亡課題激發的禮制變革意識

19世紀初的白蓮教之亂（1796-1804年）與鴉片輸入等，以一種內憂外患相逼而來的方式，預示了清廷即將結束17世紀末以來相對承平的盛世局面，以及往後國庫空虛、銀價暴漲、賦稅增加、社會動亂的江河日下。生當嘉道間清廷由盛轉衰的龔自珍（1792-1841年），曾以「天命不猶，俱艸木死；日之將夕，悲風驟至」（《龔自珍全集·尊隱》），反映了此一盛世假象下的衰世面相與亂世危機。身爲考據名家段玉裁外孫的他，並以「昨日相逢劉禮部（逢祿），高言大句快無加。從君燒盡蟲魚學，甘作東京賣餅家。」（〈雜詩・己卯自春徂夏，在京師作，得十有四首〉）表明從傳統舊學出走，轉從事於結合經義與政事、發揮經義於除弊救時的今文學決心。關於清代中、晚期的學風轉變，於此可以一葉知秋。

走過了18世紀考據高峰，以「實學」方法論之經典實證譏斥理學空憑胸臆的考據學，同樣遭到了要求「實學」但以經世實務內容爲訴求的譏彈。實則18世紀當考據高峰時，在經史考據的學術主流下，除有章學誠（1738-1801年）以「史學專門」與「成其家言」名世，以「六經皆史」批判乾嘉時儒競趨考訂，而與時風異調外；亦有常州學派莊存與（1719-1788年）不願遵循東漢名物訓詁路數，但也無意步趨飽受空談之譏的理學形上學路線與邏輯思辨，以發揚微言大義並強調「論經」的經學模式，而由重「義」上復西漢今文經學。後來其從子莊述祖（1750-1816年）與外孫劉逢祿（1776-1829年）、宋翔鳳（1777-1860年）等更光大之。常州公羊學乃以闡發經典義例的漢學家法——歸納和「屬辭比事」等考據法爲門徑、以發揚聖王理想爲目的，並且確立了後來春秋學以何休公羊義法爲主流的發展方向；不過乾嘉常州學派並未以今文經爲限，也有古文學之作且其文風極盛，如有李兆洛、洪亮吉、孫星衍等著名文家與經、史學家；即就今文經而言，常州學派也並未以公羊學爲限，如劉逢祿《論語述何》及宋翔鳳《論語說義》、《大學古義說》等，便皆推此微言以說他經，將公羊大義擴展到群經。逮及龔自珍（1792-1841年）和魏源（1794-1859年），則因目睹時亂，更以經世改革思想深化了公羊義旨——龔自珍借公羊學譏刺時政，撰《左氏決疣》，以公羊「變易」觀點抨擊腐朽的專制制度，期以經典論政做爲倡導社會改革的理論基礎；魏源曾應賀長齡之邀，編纂《皇朝經世文編》，他尤其強調「師夷制夷」的變革之道，並且尊今抑古地樹起今文大纛，以凸顯今文意識的《詩古微》和《書古微》攻擊《毛傳》、〈詩序〉及馬、鄭《尚書》等古文學，對形成晚清今、古文壁壘有重要影響。此外，邵懿辰（1810-1861年）《禮經通論》亦斥《周官》、辨《禮》三十九篇爲劉歆僞造，至此群經今文說出焉！

嗣後，19世紀中葉的道光20年鴉片戰爭（1840-1842年）、31年太平天國之亂（1851-1865年）以及咸豐3年捻亂（1853-1868年），更是揭開了一系列晚清深陷存亡絕續關頭的序幕。隨之而來的，是帝國傾頹的數千年未有之變局：清季五十年間，從江南學術共同體被太平天國及列強戰火毀滅殆盡，到重要港埠紛向列強開放通商口岸；從咸豐8年英法聯軍的二次鴉片戰爭（1858-1860年），到光緒間的中法、中日、中俄戰爭……以及義和團之亂、八國聯軍等遍地戰火；從中國沿海重要港灣——旅順、大連、威海衛、膠州灣、九龍、廣州灣樹起俄、英、德、法等列強旗幟，到重要鐵路幹線的修築權盡入列強攫奪囊中……國人淪入了無盡的簽約議和、割地賠款以及借款、租借地、租界、租界港口等被瓜分豆剖和恣肆侵凌的次殖民地悲情、亡國危機。

其間，光緒20年（1894）爆發的中日甲午戰爭與北洋艦隊完全覆滅，證明了被動啓動的三十年洋務運動（1861-1895年）徹底失敗；由奕訢、張之洞、曾國藩、李鴻章、左宗棠等人領導的自強運動不敵蕞爾小國，剝落殆盡了中國人所有的自尊與自信。至此，數千年祖宗成法焉能還不變？故有光緒24年（1898）康有爲之維新變法，有從洋務運動「中體西用」下的學習西方船堅炮利、奇技淫巧，到要求變制、變思想的新學新思潮興起。回到禮學上，緣自政治、社會危機之不得不然，長期來始終是爲儒學根本即做爲「體」的儒家禮教，如三綱五倫等，亦面臨了嚴峻的改革挑戰與責難；18世紀清學高峰的考據學除了做爲一種學術方法論以外，已經不敷晚清變動社會的需求，經史考據也難再維繫儒者的安身立命了，何況那支撐考據學研究的江南學術共同體已經無法再恢復。故經世思潮與維新變革，成爲晚清儒者欲拯時救弊之必須且迫切從事；從倫理綱常、到禮制與政制，晚清儒者絡繹於途地不斷呼籲著改革。

今文學本即有發揮微言大義於實際政事的「援經議政」特色，晚清今文學之復興更與要求變革的經世思潮密切關聯——18世紀的常州今文學，正是通過了嘉道間「譏切時政」的龔自珍、魏源等經世學說，而與19世紀後期繼起的今文經名家皮錫瑞（1850-1908年）、廖平（1852-1932年）、康有爲（1858-1927年）、梁啓超（1873-1929年）等人相互呼應，使得今文學在晚清極稱盛況！不過乾嘉常州學者儘管重視經學政治觀，其經學關注及經師自期的學術興趣卻不同於晚清今文家之援經議政、經世政論及深於政治色彩；乾嘉道從常州學派、到龔魏、再到晚清康梁等今文學大盛，其發展軌跡是從論學到論政的。而這一股由救亡意識所激發的變革思想，從先前的被壓抑到終於躍居爲檯面上的新主流，既是晚清禮制變革的動力，也是使得保守儒學從傳統邁向現代化的轉型契機。

三、晚清的經世禮學及家派

學術發展與政治、社會等時代背景不但關係密切，且往往呈現出與之不斷進行對話的發展軌跡。清初經學復盛，後來禮學被顯題化成爲一代顯學；而當禮學被放在「順、康、雍／乾、嘉／道、咸、同、光、宣」之清代前、中、末政治分期以及學術發展脈絡下，亦將發現禮學與整體經學及政治社會間的對應性發展關係，即初期表現博通，乾嘉時期要求專精，後期突出經世改革的特色。晚清禮學，在已歷清初的「家禮→經禮」轉型及博通發展、乾嘉的專門考證及「以禮代理」的漢宋門戶後，隨著清季日益擴大的政治、外交、社會危機，除有部分維新改革家標舉「援經議政」的今文學旗幟外，多數學者已經脫出「漢／宋」、

「禮／理」之爭的藩籬，趨向「禮、理合一」的「禮學即理學」，完成了禮與理長期來的辯證發展。而清代各階段禮學，由於整體禮學蓬勃發展的緣故，除各階段突出的代表性成就外，也幾乎都表現出對「經禮」學的多重興趣，如禮經疏釋、禮意闡釋、禮制探求與禮學考證等並駕發展的現象，並且始終貫穿其間的，是對於儒學淑世理想的「以禮經世」強調。此外，三禮學的《周禮》學在清代，復因古、今文經學之升降發展，而受到不同對待態度：當乾嘉考據學寖盛而尊經信古的崇漢路線大勝時，對於清初重要辨僞成果的辨僞《周禮》之作多不重視，做爲朝廷官學代表的《四庫全書》多未收錄，《提要》也多加批判；然而隨著晚清今文學復興，學者對於《周禮》古文經又採取質疑的態度，如邵懿辰《禮經通論》、康有爲《新學僞經考》之證僞《周官》等，並皆可見禮學發展及走向受整體學術氛圍與政治、社會的影響。故清代各階段禮學，在完整體現了清禮學所共有的共性之外復展現了其殊性，共成共榮地爲清代禮學寫下蓬勃發展的輝煌一頁。

以下先簡述清初、乾嘉禮學的發展大勢，以爲晚清禮學與之異同比較的參照觀察：

清初禮學：清初，禮學表現了「家禮」到「經禮」的經典回歸即三禮學復興的清代禮學最重要特色，並往往具備博大之風。率先登場的清初禮學肩負承先啓後的明清禮學轉型，以及奠定清代三禮學發展的基礎作用；其在殊別於理學思辨精神的實證方法論之外，復表現了集前代三禮學大成的博通精神和依據禮書探討禮義的特色。清初集禮學大成的盛稱鉅著，有諸儒助修的徐乾學《讀禮通考》和秦蕙田《五禮通考》；著名的禮學家則如毛奇齡、萬斯大、萬斯同、李光坡、方苞、江永等並皆博通三禮，對於於清代禮學之經禮、漢學路數確立，以及後來高峰發展的精深考證，具有先驅引導之功。

清初，先是張爾岐以《儀禮鄭注句讀》開啓了清代漢學治經及治

《儀禮》學之先聲；以顧炎武於人少有稱許者，獨於張爾岐極其推重。張氏是作係因「句讀」爲講經先務，而《儀禮》文字古奧難通，故以己意爲之句讀，且加案語。《儀禮》學在長期不彰之後，因該作而復受學界重視；該著距離後來惠棟樹立清代「漢學」典範以及標榜專門漢學的治經路徑，猶近百年之久。故張氏極重要的學術作用，就在繼宋明理學長期以「理」解經之後，重回到鄭注的漢說傳統，開啓了此後清儒「漢學治經」的路數，並以孤明先發的特識弘揚《儀禮》學。毛奇齡則縱橫博辨，博通經典且善考證，在清初之禮制考證及禮義探析上有著重要席次。《四庫提要》稱以「著述之富，甲於近代。」並肯定「自明以來，申明漢儒之學，使儒者不敢以空言說經，實奇齡開其先路。」（《西河文集》提要、《易小帖》提要）毛氏於康熙間以博學鴻儒徵，授翰林院檢討，參與修撰《明史》，負責孝宗弘治、武宗正德兩朝紀傳，故其於明代「大禮議」事件極爲措意。在他博贍豐富的著述中，關於禮學，他著有包含禮說、禮制、考證等多重禮學興趣的《辨定嘉靖大禮議》、《郊社禘祫問》、《辨定祭禮通俗譜》、《喪禮吾說》、《曾子問講錄》、《昏禮辨正》、《廟制折衷》、《大小宗通釋》、《學校問》、《明堂問》等。他以考證爲基礎，立足在經典上說禮，以發揚禮之時代精神及辨正禮意。其《辨定嘉靖大禮議》，駁斥宋明禮說之結合理學思想及以公義絕私恩，既打破了程頤、楊廷和的經典依據，批判強調政治關係而貶抑血緣關係的宋明儒禮意錯謬；復辨正《明倫大典》之興獻王稱睿宗及奉祀入廟是爲篡亂。其說使得儒家禮教得以擺脫「禮學理學化」之束縛，並導揚清儒對於儒家禮秩之全面重省。後來如方苞、程瑤田、淩廷堪、段玉裁、胡培翬、黃式三……等，並皆對於相關議題或儒家禮秩提出精闢論見，使儒家禮制獲得更進一步的澄清。

又，三禮學在歷經唐宋式微、元明積衰而幾成絕學後，在清代經學復盛中尤稱顯學的三禮考辨，萬斯大亦開其端緒者。萬氏專精禮學且博通三禮，其《經學五書》除了《學春秋隨筆》外，《學禮質疑》、《禮記偶箋》、《儀禮商》、《周官辨非》等皆禮學之作。斯大研經重視經典，反對世儒過信傳注反致疑經，其治禮與宋明儒的最大差異，就在禮學方法論之根柢於三禮學的「經禮」強調；而且他還進求須以禮學與諸經「血脈貫通」，提出了清代考據學上極其重要的「會通諸經」方法論，曰「禮教弘深，學者務使禮經與諸經傳逐節關通。」其自我實踐，除以《周官辨非》開清儒專書考辨《周禮》之風，爲梁啓超《中國近三百年學術史》稱以「（清代）禮學蓋萌芽於此時了。」其《學禮質疑》亦取曆法、祭法、宗法、喪禮、嘉禮之有疑者，以會通諸經的經典實證法條而說之——「首取《戴記》諸篇相對，次取《儀禮》與《戴記》對，次取《易》、《書》、《詩》、《春秋》及《左》、《國》、《公》、《穀》與二《禮》對。」（《經學五書．學禮質疑自序》）斯大之研經考證，都是爲了經世理想；其禮儀、禮俗關懷等，都是爲了「考用」三代帝王典制，意在使「帝王制度約略可考用。」他曾經根基在上述經典實證法上，進行對世次、昭穆與廟制等問題的「常」與「變」思考；針對處「變」之例如「以兄繼弟、以叔繼兄子」，提出了禮制史上極具里程碑意義的「兄弟同昭穆」說——他指出「昭穆」之義生於「太廟中祫祭位鄉」，除太祖東鄉外，子孫皆南北鄉而南向爲昭、北鄉爲穆，子孫以此定其世次，故「父子異昭穆，而兄弟則昭穆同。」不能因「變」例而泥於天子之尊，反使「非父子而以爲父子，本兄弟而不以爲兄弟。」（《學禮質疑．兄弟同昭穆》）在斯大結合禮學考證的禮意詮釋中，可以具見清儒在研經、考證外，更以博洽、會通的禮意辨正爲目的之一斑。

再者，康熙間李光坡對三禮之學亦卓然有成者，所撰《三禮述注》：《周禮述注》、《儀禮述注》、《禮記述注》巨帙，《四庫全書》皆予以著錄。光坡善於疏釋義理，《三禮述注》主要強調以義貫通。他一方面重在義通，但未如講學家之空言；另方面他亦旁采諸家注疏、溯訓詁之源，而與後來學風定趨漢學注疏同一趨向。《四庫提要》說他：「不及漢學之博奧，亦不至如宋學之蔓衍。」「雖於鄭、賈名物度數之文多所刊削，而析理明通，措詞簡要，頗足爲初學之津梁。」（《周禮述注》提要）《提要》對於光坡之學風述評，除可見光坡學術旨趣，亦可照見康熙間學風逐漸由「宋學」轉趨「漢學」，從重視義理逐漸轉向到詁訓強調的轉變之跡，以及乾隆時期的官方意識和四庫館臣的學術立場，已經反對宋學議論過盛而經義不明了。是以《提要》在《周禮述注》外，復對光坡之《儀禮述注》評價以：「《周禮》猶可談王、談霸；《禮記》猶可言敬、言誠；《儀禮》則全爲度數節文，非空辭所可敷演。……（光坡此編）足爲說禮之初津矣！」另外對於《禮記述注》，也同樣站在學風漸變的立場和角度，評價：「其論可謂持是非之公心，埽門戶之私見，雖義取簡明，不及鄭、孔之賅博，至其精要，則亦略備矣！」（《儀禮述注》提要、《禮記述注》提要）並皆可見光坡博采諸家訓詁、善於疏釋義理而強調義通的博洽禮學，正是從清初到乾嘉的學風過渡時期，以及朝廷官學自崇獎理學漸趨弘揚漢學的轉變代表。

此外，曾受戴名世史獄案牽連，在獄中專注禮學，後來出任三禮館副總裁的方苞，亦清代前期經學家，尤爲禮學名家。清廷敕修《三禮義疏》之條例：分正義、辨正、通論、餘論、存疑、存異、總論等七類，並在每節經文後列敘從漢到明的諸家詮解，即依方苞〈擬定纂修三禮條例劄子〉而制定。在三禮學上，方苞除主修《三禮義疏》的《周禮》、《儀禮》等部外；並著有《周官辨》、《周官集注》、《周官析疑》、《儀禮析疑》、《禮記析疑》、《喪禮或問》等禮學諸作，多數爲《四庫全書》所錄存。此外，他還兼通諸經地兼治《詩經》與《春秋》，著有《朱子詩義補正》、《春秋通論》、《春秋直解》、《春秋比事目錄》等，頗出後世對其桐城名家的認識之外。

雍、乾之際的徽州江永亦以治禮名；永善考證，長於步算、鍾律、聲韻，而博通三禮。其著作宏富，禮學著作則有《周禮疑義舉要》、《儀禮釋宮增注》、《禮記訓義擇言》、《深衣考誤》、《鄉黨圖考》等，尤以《禮書綱目》85卷最負盛名。是作因朱子晚年纂《儀禮經傳通解》未成而歿，雖經弟子續纂，仍多闕漏，故江永「爲之廣摭博討，一從《周官經‧大宗伯》吉、凶、軍、嘉、賓五禮舊次，使三代禮儀之盛，大綱細目井然可覩於今。」（《東原集‧江愼修先生事略狀》）永亦自言「蓋欲卒朱子晚年惓惓之志，兼備他時採擇。」（《禮書綱目‧序》）由於徽歙爲朱熹故里，而朱熹晚年亟致力於編纂《儀禮經傳通解》，流風所及，故皮錫瑞說朱子《儀禮經傳通解》，「爲江永《禮書綱目》、秦蕙田《五禮通考》所自出。」（《經學歷史‧經學變古時代》）錢穆亦言「徽學原於述朱而爲格物，其精在《三禮》。」（《中國近三百年學術史‧戴東原》）都以江永爲朱子禮學之繼起有功者。

尊漢且尊朱的江永禮學，其精密考證與經典基礎，既符合後來乾嘉學風與四庫館臣的尊漢宗鄭要求；其尊朱也與清初的朝廷尊朱立場並行不悖。江永《禮書綱目》除繼承朱子《儀禮經傳通解》外，他特重《儀禮》的精神亦取義朱子〈乞修三禮劄子〉之言：「《周官》一書，固爲禮之綱領，至其儀法度數，則《儀禮》乃其本經；而《禮記》〈郊特牲〉、〈冠義〉等篇，乃其義說耳。」故江永對於三禮學，特重以儀法度數表現「郁郁乎文」的禮之本經即《儀禮》，倚爲考辨禮書之理想所寄。清初從張爾岐到江永之於《儀禮》看重，對於後來清儒復興《儀禮》學大有功焉！自朱子《儀禮經傳通解》到江永《禮書綱要》，「經禮三百，曲禮三千」之禮書載籍的儀法度數，以及「三代以前，禮樂制度散見經傳雜書者」，皆得蒐羅備至而釐然有序，成爲清儒弘揚禮治理想、落實禮學實踐於日常生活之所憑藉。《四庫提要》對江永禮學高度評價，稱其：「考證精核，勝前人多矣！」「其中若深衣、車制及宮室制度，尤爲專門，非諸家之所及。」並譽爲「可謂窺於三禮者矣！」（《深衣考誤》提要、《鄉黨圖考》提要）江藩也在《國朝漢學師承記》稱其：「一代通儒」，並謂戴震在江永行狀中說「自漢經師康成後，罕其儔匹！」誠非溢美。後來秦蕙田延戴震助修《五禮通考》，戴震在「觀象授時」類即全篇載入江永的《推步法解》。而《四庫全書》對江永的禮學諸作也幾皆收錄，且都賦予好評；即連草創未成的《儀禮釋例》亦獲得存目，足見館臣對其著作之珍若珙璧。

諸清初禮學名家之禮學成就，除可具見清學從「家禮」到「經禮」的三禮學復興外，可以並見清初禮學之博大與會通，集前代禮學之大成。而清初禮學除前述諸禮家博通諸禮，以三禮學參互印證、相互貫通外；尚有通貫諸經、不主一經的博學鴻儒如徐乾學「蒐羅富有」的《讀禮通考》，秦蕙田「網羅眾說」、「博而有要」的《五禮通考》等鉅製（《讀禮通考》提要、《五禮通考》提要）。徐乾學成《讀禮通考》120卷，係鑒於明末動亂以來禮學文獻散佚，喪禮闕而不講，故他於居喪期間委請萬斯同纂輯喪禮一門，以備喪禮依循。斯同博採《儀禮．喪服》等篇、大小《戴記》與歷代典制，對於歷代喪禮異同，皆條理秩然地考證詳備；凡於喪期、喪服、喪儀節、葬考、喪具、變禮、喪制、廟制等，皆立綱統目而時有圖表，堪稱一代政典，亦是清代第一部通貫群經的禮學著作，古今言喪禮者莫備於是。不過另據書序云，當時學者如朱彝尊、閻若璩等亦曾參與其事，故紀昀《提要》稱是書「合眾力以爲之。」至於秦蕙田《五禮通考》，則因《讀禮通考》惟詳喪禮一門，而《周官》五禮之目，古經散亡，鮮能尋端竟委，故因徐氏體例，網羅眾說以成此書。書分70類、261卷，卷帙極其浩繁，舉凡國之典制，無不盡賅；對於禮經作述源流、歷代禮制沿革，並皆詳備考證。如吉禮部分：四代告祭、郊壇、配帝、日月從祀、服冕、車旗、告廟卜、歷朝各代之圜丘祀天與封禪禮……；嘉禮之部：聽朔、臣將適君所、臣入門、君出視朝、揖、正位、聽治、退朝、飲食通義、經傳飲食禮、漢至明飲食之禮……；凶禮則如備荒之政、檢勘災傷、遣使存恤……等。晚清曾國藩盛稱是書，美其能夠「舉天下古今幽明萬事，而一經之以禮。」（《曾文正公文集》）雖然該二禮學名作存在作者之議，但要之，清初禮學反映了一種學風或學術發展歷程在初期所往往具現的博大之風，而緊接著的乾嘉時期，也就宜乎後出轉精地展現專精、精審與精深的清代考據學代表性學風了。

乾嘉禮學：乾嘉時期是清代尊經崇漢的古學發展高峰期，禮學亦走向專門考據。在宋明理學長期主導學界暨清初極力「尊朱」的理學典範之後，四世傳經的惠棟（1697-1758年），在經義、經解上首先揭櫫「尊漢抑宋」的漢學進路，爲乾嘉考據學立下了獲得普遍遵循的解經規範。同時間學者如沈彤、江聲、王鳴盛、錢大昕、余蕭客等並皆恪遵尊漢的「考據治經」經學圭臬，專門考據逐漸發展成學術共識與主流，學者競爲古籍之章句訓詁、辨正考訂，「乾嘉考據學」亦遂成爲清代學術典範新標竿，且由此開啓了對明代所彙刻《十三經注疏》展開全面檢覈、清儒於各經皆有新疏的一代學術高峰。故江藩《國朝漢學師承記》稱「漢學之絕者千有五百餘年，至是而粲然復章矣！」焦循亦云「國初，經學萌芽，以漸而大備；近時數十年來，江南千餘里中，雖幼學鄙儒，無不知有許、鄭者。」（《雕菰集．與劉端臨教諭書》）因此博雅考證的經史考據之學，以及重回漢儒經說古訓、「由訓詁進求理義」的新義理學，是爲乾嘉學風大勢。故乾嘉禮學發展，呼應考據學風大盛以及朝廷尊經信古，趨向運用系統歸納法以尋例釋義，在禮學專門考據上獲有佳績。

乾嘉考據風盛，儒者深受考據法濡浸，非獨治古文爲然，即治今文經學亦不能自外於考證法運用。以兼治禮學和公羊學的孔廣森（1751-

1786年）爲例，他被視爲清代公羊學先驅的《春秋公羊通義》也以考據治經之古文樣貌呈現，最能照見此一時風。孔氏從戴震受古文學，又嘗問學於撰有《春秋正辭》以闡發公羊微言的莊存與。他深於算學、禮學，撰有《大戴禮記補注》、《禮學卮言》等古禮與典制考論，其陰陽、刑德、性命等禮論，及「明堂」、「廟」、「寢」或禮服、尺規、兵制……等古制考辨，還有「禘」、「郊」、「喪」、「袝」、「聘」……等祭禮、喪禮與嘉禮之釋論，皆與惠棟《明堂大道錄》、戴震《考工記圖》、毛奇齡《明堂問》和《明堂考》、孫星衍《明堂考》、洪頤煊《禮經宮室答問》……等考禮與論禮同趨。因此他雖然撰有針對《公羊傳》發言的《春秋公羊通義》而爲清代今文學先驅之一；[13]但該著卻是遵從「考據治經」的乾嘉主流方式，採取「由傳通經」的訓詁考證門徑，以箋注傳文的方式考求聖人本旨大義，並參酌《左傳》、《穀梁傳》以校訂文字、審音釋義。該途轍既殊別於後來圍繞著何休義例以證成家法的公羊學主流；也迥異晚清今文家「援經議政」的變革主題，以及「尊今黜古」的「通三統／張三世／異內外」等微言進路，故考據陣營一方多以古文學者看待孔氏，多稱其古學。[14]再以撰作清代公羊學代表作《春秋公羊解詁箋》的劉逢祿爲例：他在尊信今文外，也說《春秋》乃「可以條例求者」（《劉禮部集·春秋公羊解詁箋序》）；而他所用以探賾微言的方式，也是「屬辭比事」的《春秋》之教，係以漢學家法區分類例並歸納條例。[15]若此皆可見乾嘉儒者

13 譬如身為莊存與外孫並樹起常州學派今文學旗幟的劉逢祿，便認為孔廣森是清代公羊學肇始，而未視莊存與為清代今文學萌蘖，其曰：「皇清漢學昌明，通儒輩出，于是武進張氏始治虞氏《易》、曲阜孔氏治《公羊春秋》，今文之學萌芽漸復。」（《劉禮部集·詩古微序》）

14 譬如建立起清代考據學者譜系而遵東漢賈、服、許、鄭路線的江藩《國朝漢學師承記》，書雖兼述孔廣森禮學和公羊學，謂其「受經於東原氏，為三禮及公羊春秋之學」，並未偏廢其公羊學；但實際上獨稱其「深於戴氏之學，故能義探其原，言則於古也。」

15 清儒治經幾皆不能自外於考證運用；亟以今文名世的劉逢祿《春秋公羊經何氏釋例》，亦借重歸

倚重考據門徑以爲治經共法之一斑。

接著聚焦禮學研究上，其時除吳學惠棟《九經古義》及《禘說》、《明堂大道錄》等禮學考證外；皖學領袖戴震（1723-1777年）亦強調「誦古《禮經》先〈士冠禮〉，不知古者宮室衣服等制，則迷於其方、莫辨其用。」（《戴東原集・與是仲明論學書》）戴震認爲講述禮儀儀軌的禮書涉及諸多宮室服制等細節，倘未能審知，則不知所云，所以主張先務力於禮制禮器等考證。並在此徵實學風下，撰有《考工記圖》和〈明堂考〉、〈三朝三門考〉、〈釋車〉、〈樂器考〉、〈記冕服〉、〈記皮弁服〉、〈記爵弁服〉、〈記朝服〉、〈記深衣〉……等考證之作。此外，乾嘉禮學家在梳理禮例、闡明禮義、注疏禮書或禮圖上也都成績斐然。如歸納並闡釋禮例的淩廷堪及其盛名的《禮經釋例》，以及孫希旦《禮記集解》、孔廣森《大戴禮記補注》及《禮學卮言》、朱彬《禮記訓纂》、張惠言《儀禮圖》、胡承珙《儀禮今古文疏義》……等，並皆卓然。乾嘉禮學考證、訓詁名物等，解惑了西漢以來儒者對於傳統禮制如明堂、路寢、封禪、巡狩之禮……等莫知其原的困境。同時乾嘉儒者在義理學領域內，還同步建立起德與禮密切關聯、主張通過禮儀制度來落實內在德性的思想理論。如倡言「理」寓諸「禮」的戴震、淩廷堪等人，揚棄理學形上思辨的內向進路，持信秩然有序的禮制和禮俗文化可以涵養德性；揚州學者焦循、阮元等人，亦皆強調形下「器」的世界而重視經驗取向，突出客觀規範對於道德實踐的作用。由此，乾嘉時期不論在經學考證或義理學趨向上，都形成了一股「以禮代理」的復禮思潮。

在乾嘉禮論方面：當時最稱考據大家而集考據與義理學於一身的戴

納法及「屬辭比事」等考據法。他以闡發經典義例為治經進路，將何休《春秋公羊解詁》夾注在《公羊傳》傳文下而分散在全書各處的義例，予以歸納、分類，是為通過「釋例」法而獲得之考據研經成果。

震，他以新建道德學體系爲職志，曰：「余以訓詁、聲韻、天象、地理四者，如肩輿之隸也；余所明道，則乘輿之大人也。」（《文史通義．書朱陸篇後》，章學誠轉述）志在建構殊別於理學形上學路線的「非形上學」思想理論。而戴震從「善如何被客觀實踐？」出發之道德學重省與理論新構，正是從結合了個人道德實踐、社會關懷與經學考據的禮俗文化入手，以聯繫客觀條理與聖人制禮間的關係。他持「一本論」地認爲人之血氣心知等情欲與禮義同歸一本；但要如何使情欲必然地歸趨於理義？這就有賴於禮制實踐了。他以「禮」爲聖人有見於天地條理，而以儀文度數定制爲天下萬世法者。是以藏諸典制中的「禮意」，就是聖人藉禮以顯的理義；亦聖人用以治天下之情，裁其過而勉不及者。因此聖人制禮，就是爲使「理」藉「禮」以顯，使「理」能經由客觀的「禮制」實踐，落實在現實生活中；而當禮制被充分實踐，也就是條理秩然的理性社會了——「條理之秩然，禮至著也。」（《原善．上》）故戴震論學曰：「爲學須先讀禮，讀禮要知得聖人禮意。」（段玉裁：《戴氏年譜》書後）其意能知聖人禮意，便能知「理」，道德之善便也能被實踐了。

是故清儒重視經禮之《三禮》學考據，從義理學角度言，正是爲了從《六經》遺文的典章制度中，探求並復見聖人之心與制禮之意；然欲求聖賢之道於古今懸絕的遺經，則「非從事於字義、制度、名物，無由以通其語言。」（段玉裁：《戴氏年譜》書後）所以戴震用以建構一己學術體系的方法論，是循序「離詞→辨言→聞道」的「由詞通道」法。他乃以章句訓詁爲基礎、明道爲目的，依「故訓→禮制→禮意→理義」之階徑，由「經義→賢人聖人之理義→我心之所同然」，[16] 以完成結合

16 戴震曰：「經之至者，道也；所以明道者，其詞也；所以成詞者，字也。由字以通其詞，由詞以通其道，必有漸求。」「故訓明則古經明，古經明則賢人聖人之理義明，而我心之所同然者乃因之而明。」（〈與是仲明論學書〉、〈題惠定宇先生授經圖〉，《戴東原集》）

經學考據、儒家哲學之鎔義理與考據於一爐的整體目標。

繼戴震禮學觀後，在清代有「一代禮宗」之稱的淩廷堪（1755-1809年），亦自結合禮學考據與「緣情制禮」的禮論出發，並具體實踐於梳理禮例的禮學名著：《禮經釋例》。由於《儀禮》名物繁複，素以難讀聞名，其同一儀節往往前後重複出現，瑣屑繁複有如治絲益棼；尤其宋代王安石廢《儀禮》、改試《三經新義》，更直接影響及《儀禮》學衰微。乾嘉復禮思潮代表人物淩廷堪，深知讀《儀禮》而「不得其經緯塗徑，雖上哲亦苦其難。」（《禮經釋例·序》）倘使僅注釋其名物度數，就一名一物加以考證、解說或箋注，而不能會通其例、使一以貫之的話，學者對於繁複的禮儀將厭其膠葛重複。故淩廷堪正是以指示《儀禮》之經緯塗徑自許。他認爲治《儀禮》學，「有非詁訓名物所能賅者」，「其宏綱細目必以『例』爲主。」他仿杜預《春秋釋例》之「以『例』見義」方式，對該經採取會通其義的「釋例」法，加以區別門類、演繹塗徑，並歸納各禮之異同與詳略隆殺，期使學者據《禮經釋例》而能得《儀禮》之鑰。

雖然「揭例見義」的方式本爲經學家尤其禮學家所常用，如賈公彥也常揭例，清儒江永《儀禮釋例》、杭世駿《道古堂集·禮例序》，亦曾爲之；但江永僅成〈釋服〉類寥寥數頁，杭世駿雖欲結合《周禮》、《儀禮》，卻「於《禮經》尚疏」——《國朝漢學師承記》曰：「江氏、杭氏皆有志而未之逮也。」故眞正能爲禮儀棼繁的《儀禮》會通禮例者，以淩廷堪《禮經釋例》最爲巨擘。該著完成之後，錢大昕即贊曰：「學者得指南車矣！」（〈錢辛楣先生書〉，附於《校禮堂文集》書首）堪稱爲乾嘉考證治禮代表作。

《禮經釋例》先自《儀禮》全經歸納出可相會通的諸儀條例即所謂「例」，然後進行各禮儀節、禮意、用禮對象及其隆殺異同等比較。以〈飲食之例〉爲例：淩廷堪在比對各儀節後，發現「酒事／醴事」

具有「尚文／尚質」之精神不同與酬酢儀節之別——「尚文」而「祭畢飲酒」的酒事，如〈鄉飲〉、〈鄉射〉、〈燕禮〉、〈大射〉、〈特牲〉、〈少牢〉等皆「有獻、有酢、有酬」；尚「質」的醴事如〈昏禮〉、〈聘禮〉等則「無酬、無酢」。（《禮經釋例．飲食之例下》）。因此他先將酒事各禮歸納成爲〈飲食之例〉，然後進行「釋名」及各禮之隆殺異同比較。釋名及禮儀章法如：主人進賓之酒謂之「獻」，賓報主人之酒謂之「酢」，主人先飲以勸賓之酒謂之「酬」，正獻既畢之酒謂之「旅酬」，旅酬既畢之酒謂之「無算爵」……。又，獻酒皆有薦，禮盛者設俎；酬酒奠而不舉，禮殺者則用爲旅酬、無算爵始……；旅酬皆以尊酬卑，謂之旅酬，則下爲上；無算爵則必先徹俎、降階；無算爵不拜，惟受爵於君者拜……。至於比較用禮對象、禮儀之異同隆殺，如行「士」禮的〈鄉飲酒禮〉、〈鄉射禮〉、〈燕禮〉、〈大射〉、〈士冠禮〉、〈特牲饋食禮〉等，和行「大夫」禮的〈有司徹禮〉相比，可知行大夫禮的〈有司徹禮〉其儀較隆——在獻尸（賓）上，「士禮一獻，卿大夫三獻。」在主人獻尸和主人受尸酢的薦設上，大夫禮設五事，「有豆籩、牢俎、匕湇、肉湇、燔從諸節」；士禮之獻賓、獻介及酢主人，則「但薦與俎而已。」此外，淩氏復會通諸禮，如：「（〈有司徹〉）尸即〈鄉飲酒〉之賓也，侑即〈鄉飲酒〉之介也；主人獻尸、主人獻侑、主人受尸酢，即〈鄉飲酒〉之主人獻賓、主人獻介、賓酢主人也。」（《禮經釋例．序》）類此，對於《儀禮》散見各處的繁複名義，大有撥雲見日之功。故《禮經釋例》正是通過歸納條例、釋名辨義、比較會通等考據治經法，使得歷來苦難的《儀禮》一經不再被束諸高閣，後人之爲惑也亦能煥然冰釋。

尤有進者，淩廷堪對於各禮之繁複儀式，皆以結合禮意、禮儀的方式加以闡釋，期使知而後行。以燕飲禮何以須至「旅酬」、「無算爵」時所有堂上堂下執事始得共飲爲例，其釋論曰：

凡飲酒之禮，有獻、有酢、有酬、有旅酬、有無算爵，此一定之節次也，雖祭畢之飲酒亦然。……獻酒，賤者不與；至旅酬、無算爵，則凡執事者無不與。……蓋獻、酢、酬，所以申敬；旅酬、無算爵，所以為歡也。　——《禮經釋例．飲食之例上》

其論主人獻酒乃針對執事之大者，賤者不與；必須等到眾人共歡的「旅酬」、「無算爵」時，所有眾賓始得參與。另外他又釋論主人獻賓須分階、獻介則共階；在薦設上，也有獻賓肩俎、獻介肫胳、獻眾賓之無算爵則降階撤俎之別，正可見聖人制禮，欲藉由禮之隆殺以彰顯「其賓，賢也；其介則次之；其眾賓又次之」之「尊賢之等也。」（《校禮堂文集．復禮中》）於此亦可見清儒欲自繁複儀節中探求禮意；而識得禮意，禮儀便能成為易知易行的理所當然了。故淩廷堪曰：「性至隱也，而禮則見焉者也；性至微也，而禮則顯焉者也。」（〈復禮上〉）藉由一些儀文度數以使人人共見賢者之尊，藉此可以砥礪眾人之道德心性。

淩廷堪除透過「以『例』見義」之考據法，梳理《儀禮》棼繁複雜的儀節外；復以名物度數結合禮學思想，提出清代義理學上著名的「以禮代理」之說。所謂「以禮代理」，非謂理、禮衝突，已如前論；而做為《禮經釋例》考據治經背後的深層意識結構，正是淩氏「以禮代理」、「學禮復性」、「以禮節性」等結合道德心性與禮教的禮學思想與主張。故江藩序淩氏《校禮堂文集》曰：「著《禮經釋例》一書，上紹康成、下接公彥；而〈復禮〉三篇，則由禮而推之於德性，闢蹈空之蔽，探天命之原，豈非一代之禮宗乎！」淩廷堪繼戴震之強調禮俗文化後，亦結合天道與人道、禮意與理義而為言。他用「禮」來涵攝一切政教體系，將所有政教倫理都收攝於禮，既以禮來矩範個人身心，也以禮做為一切涉及個人與國家社會關係如政治、社會與風俗習慣的最高價值與典範；並突出禮者乃是聖人緣情而制定——「親親之殺、尊賢之等，禮所生也。」是以「禮儀三百，威儀三千」，禮不限於〈士冠〉、〈聘〉、〈覲〉、〈士昏〉、〈鄉飲酒〉……等定制；禮是凡「百行舉不外乎是矣。」（《校禮堂文集・復禮上》）其可以用爲一切行爲規範與倫理準則。故他以「學禮」做爲個人涵養德性之進路，主張經由反覆練習禮儀，使人人「少而習焉，長而安焉」地將外鑠的禮儀內化成爲內在的道德價值。

除戴震、淩廷堪外，乾嘉時期對於禮學思想重加省思而有所建樹的，又如與淩廷堪同爲揚州學者的汪中（1745-1794年），他亦由音韻訓詁、名物象數而研精大義，並對禮制禮俗中一些不合理的、過度桎梏女性的要求，展開重新檢討與批判。他因有感於錢塘名士袁枚（1716-1798年）有妹明知所遇不淑，但「其蔽也愚」地囿於傳統女道，「自謂守禮」地執志不移、堅持嫁與，致備受箠楚且被轉賣，故疾呼「禮不可過也。」尤其對於一些違拗人性的過度禮教，像是標榜貞潔烈女而要求女子許嫁則婿死從死、或守志不嫁等，他力陳「女子許嫁而婿死，從而死之，與適婿之家事其父母，爲之立後而不嫁者，非禮也。」「今也生不同室，而死則同穴；存爲貞女，沒稱先妣，其非禮孰甚焉！」「苟未嘗以身事之，而以身殉之，則不仁矣！」（《汪中集・女子許嫁而婿死從死及守志議》）所論對於中國近世女權思想、禮俗改良有所啓發，並與戴震反對以「意見」爲理，而主張「通情遂欲」的新義理觀，前後呼應地在清代發展成爲不同於理學模式的新道德觀。

薈萃了清代經學最重要成就的清儒各經新疏，其立足在考據基礎上的禮學思想，亦以現實取向而與理學形上思辨展現了極其不同的一番樣貌。例以《論語・八佾》孔子說管仲「器小」之「不知禮」：朱熹《論語集注》從管仲未行王道的角度，曰：「蓋非王佐之才，雖能合諸侯、正天下，其器不足稱也。道學不明，而王、霸之略，混爲一途。」清儒劉寶楠（1791-1855年）《論語正義》則回歸禮制基本面地說「不知禮」是指管仲「三歸反坫、官事不攝」之僭越禮制，「蓋自同於諸侯，與三歸同為宗廟僭侈之事。」故「器小」係指管仲「越禮犯分，以驕其功。」「驕矜失禮為器小，無與於桓公稱霸之是非也。」再如《論語》子曰「約之以禮」、「立於禮」：劉寶楠亦自「禮也者，履也，言人所可履行」之客觀踐行角度，謂「約禮即復禮之教也。」並認同李塨言：「恭敬辭讓，禮之實也；動容周旋，禮之文也；冠昏喪祭射鄉相見，禮之事也，……學之而德性以定」，而亦強調恭敬辭讓、冠昏喪祭等「可執可行」的禮之實事與具體準則，且主張以學禮為修身，曰：「學禮可以立身，立身即脩身也。」（《論語正義．雍也．泰伯》）以視於朱熹禮論之謂「禮者，天理之節文。」且引程子言「非禮處便是私意」，而曰：「為仁者必有以勝私欲而復於禮。」顯然宋儒多將「合禮」導向「反求諸己」的無私欲狀態，及「內聖」、「我固有之」的天理與善性；至於清儒，則多偏重「外王」角度的客觀事為。兩者之殊異性極為昭著。

晚清禮學：對照論述了清代前、中期禮學發展及特識後，以下可以進論晚清之禮制改革及其經世禮學發展。晚清學風具有經世取向；其經世化既反映在禮學家發揮時用精神而要求禮制改革上，同時也表現為理學的經世化取向。斯時禮學氣象蓬勃且門派眾多，並多「禮、理並重」地跨越漢宋學門戶，出現禮學和理學的調融現象，具有總結清代禮學的況味。而清禮學的變遷發展，亦可以視為晚清整體學術演變的縮影，為民國以後的經學和禮學發展奠下基礎。

晚清禮學家在面對外侮日甚的政治危機和救亡圖存的時代課題時，除繼承清代中葉以來的考禮與說禮傳統，延續「緣情制禮」的禮、欲合一觀，以及「禮、理合一」的禮論建設外；還要因應西方文化衝擊，從學理上結合傳統儒學與西學，以回應清初後一度趨向沉寂的經世學風之再起。斯時禮學發展以徽歙、江浙一帶爲重心。此蓋由於長江下游及東南沿海等江浙地區歷經道、咸、同鴉片戰爭、太平天國之動盪後，在政治、社會、經濟、文化等方面皆首當其衝地成爲各種衝突之焦點區域，包括學術中心也由乾嘉漢學興盛的皖南、蘇州，轉移到了揚州、浙東、常州等地。故當時儒者對於章句訓詁的繁瑣批判，在反映了清儒的學術與現實反思外，也使江浙地區出現了一批重要的禮學家與禮學成就，如朱彬、邵懿辰、黃以周、孫詒讓、劉師培、章太炎等。尤其具代表性的黃以周《禮書通故》和孫詒讓《周禮正義》，在會通諸禮、精審禮注外；更突出禮制改革議題，關注起禮俗改良，批判壓迫女性的禮教，主張婚、喪、葬、祭各儀簡化，表現了晚清講求禮制改革、禮俗改良的學術活力與時代意義。而隨著張之洞（1837-1909年）自湖北到四川以及王闓運掌教尊經書院後，川、湘等地考證經術文獻的講習之風也受到鼓勵，也有爲數不少的禮學家與著述。此外，晚清還有格致學發達的現象。從清初到乾嘉，梅文鼎、閻若璩、江永、戴震……等對於中西算學，多能兼采或會通；乾隆前期雖因防範外夷曾拒斥西學，致中西交流中斷，但19世紀中葉後的中西接觸，則不論洋務派或維新派、革命派，多立足在「西學中源」說上——是說在過去，係出恐懼「用夷變夏」的心理與文化自尊，帶有拒斥心態；現在則反過來希望利用中國「古已有之」的心理，來增進西學合法性與國人接受的可能性，如鄒伯奇（1819-1869年）、王韜（1828-1897年）、薛福成（1838-1894年）、鄭觀應（1842-1922年）、黃遵憲（1848-1905年）等皆持說之。另外還有張之洞的「中體西用」說，以及嚴復（1854-1921年）等人之要求中西學會通等，一時間也頗有格致之學蓬勃發達的現象。晚清禮學各系如下：

㈠宋學派禮學——曾國藩、郭嵩燾「理、禮合一」的經世關懷

晚清理學復興，其始是以道、咸間京師理學社群爲主的；他們崇奉程朱理學，強調明體達用。於時，唐鑑（1778-1861年）講學京城而撰有捍衛程朱理學正宗地位的《國朝學案小識》，且有方東樹（1772-1851年）、吳廷棟（1793-1873年）、倭仁（1804-1871年）、羅澤南（1807-1856年）、曾國藩（1811-1872年）、何桂珍（1817-1855年）……等人聚集講道問業。並且隨著這些京城理學社群的政治權力擴大、會課活動進行以及著書立說，如方東樹撰作《漢學商兌》、曾國藩弭亂立功、殉節太平天國亂事的何桂珍纂述《續理學正宗》以宗奉程朱道統、倭仁擔任同治帝師等，而推波了晚清理學之復興。儘管對於晚清理學，章太炎謂「竭而無餘華」，認爲弗逮宋明遠甚（《訄書重訂本．清儒》）；錢穆評價亦曰：「既無主峰可指，如明儒之有姚江；亦無大脈絡大理路可尋，如宋儒之有程朱與朱陸。」（《中國學術思想史論叢（八）》）然晚清理學復興呈現了時代意義，即面對日漸加劇的外患，清儒之宋儒派從宋明儒的形上證體興趣轉趨經驗面的踐履看重，而強調成己成物的淑世面向。故晚清宋學派之禮學發展，主要亦表現爲理學的經世化現象。譬如不喜戴、阮、淩及黃式三性理、復禮之論，亟維護三綱思想的當塗夏氏——夏鑾及其子夏炘、夏炯、夏燮等，都極重視理學的社會作用，且有義倉、育嬰堂（防溺女嬰）、恤親睦族等義舉；宗宋而不廢漢學的曾國藩，亦在理學養心養性之外復積極倡禮，亟以禮學做爲修己治人、經緯萬物、合「義理」與「經濟」爲一的經世治術；郭嵩燾也在49卷《禮記質疑》中融合了重情的漢學派義理觀，強調人情人欲和禮制的關係，突出現實關懷與禮學的社會價值；再如羅澤南、胡林翼（1812-1861年）、左宗棠（1812-1885年）、劉蓉（1816-1873年）等，也都前後接踵地發揚禮學、並重心性事功。由此，頗使晚清宋學派從心性修養轉向經世一路。以下主要以曾國藩、郭嵩燾爲觀察線索。

曾國藩是學界盛稱的晚清理學復興以及提倡禮學的重要人物。曾國藩的《日記》與《家書》多據切身體驗而書，是從修身到齊家的敦品之作，用以實踐、自警與告誡子弟。其禮學著作，雖僅收入《皇朝經解續編》中的《讀儀禮錄》，但其文集與信札每每流露的經世禮學主張，使他成爲晚清提倡禮學的代表人物之一。即連錢穆在學術趨向上素尊理學的《中國近三百年學術史》，也自清季振興禮教的角度，認爲「滌生論學態度，以當時漢、宋畛域言，毋寧謂較近於漢學」，肯定曾氏「歸其要於禮家」的扶植禮教之功，而不是強調他對晚清理學的復興。

曾氏論學將義理學置之首要，認爲是實現淑世理想的憑藉，曰：「義理與經濟，初無兩術之可分。」「苟通義理之學，而經濟該乎其中矣！」（《曾文正公全集．勸學篇示直隸士子》）以義理學爲切乎社會民生的首要之學。他曾校刻劉傳瑩自金履祥《孟子集注考證》中輯出之朱子所編纂但已亡佚的《孟子要略》，並親爲其弟國荃重刻《王船山遺書》校閱其中的《禮記章句》、《張子正蒙注》、《讀通鑑論》、《宋論》、《四書、易、詩、春秋諸經稗疏考異》，並撰〈王船山遺書序〉。其致諸弟書亦言「義理之學最大。義理明則躬行有要，而經濟有本，詞章之學亦所以發揮義理者也。」（《家書．道光二十三年正月十七日》）其〈勸學篇示直隸士子〉中也說「君子貴慎其所擇而先其所急，擇其切於吾身心不可造次離者，則莫急於義理之學。」其所謂義理學，係涵蓋理學與禮學等凡涉義理思想、或道德學層面者而爲言。不過他之提倡理學，乃以理學做爲一己思想與精神的基底層，主要是強調理學「致用」的實踐面；而不是繼承或發揮理學從形上學角度或本體論範疇討論的性理思想，如探論「理」爲宇宙本體、萬有存在依據等學說理論。是以所謂曾國藩之於晚清復興理學，偏重在理學家論道德實踐之存心養性涵養進路言，而未涵蓋理學的學理層面。如道光22年其在京日記之〈課程十二條〉，便自我要求以「敬」：無事時須是心在腔子裡，應事時專一不雜、清明在躬如日之升；以及「靜坐」：體驗來復之仁心，正位凝命如鼎之鎮；又，「養氣」：無不可對人言之事……等。再如同治10年，其晚歲在金陵節署中用以自課的〈日課四條〉，仍未改斯旨地以「愼獨則心安、主敬則身強、求仁則人悅、習勞則神欽」爲自我惕勵。在居官上，他也自我惕勵：治署內以端本、重農事以厚生、崇儉樸以養廉……；且以諸德諭其弟，曰：清、儉、明、愼、恕、靜等（〈勸誡淺語十六條〉、〈書贈弟六則〉，《雜著》）。若此皆可見其欲成己成物，純是一派理學家言。不過曾氏固然在涵養心性、閑邪存誠上提倡理學，強調：「存心則緝熙光明，如日之升，……內外交養，敬義夾持」，「我輩但宜繼繼續續，求其時習而說」（《求闕齋日記類鈔》卷上）；但在經世之術上，則他另外突出可以臻斯民於治世而「本末兼賅，源流畢貫」的禮學爲首務，並對於發皇禮學具有獨到見解。

曾國藩除在理學上強調實踐意義外，其禮學觀亦突出實用價值，主要在藉禮學扶植綱常名教、維護統治秩序。故身爲晚清提倡禮學代表人物之一的曾國藩，並未延續清代前中葉側重三禮學的經禮傳統，以及考據治經的疏注禮書、或闡發義例的經學路線；其禮學思想一方面是轉向和理學合趨的德性涵養強調，另方面則發揮「禮，時爲大」精神而重視典章制度等客觀禮制，故他強調歷朝典制、政書、律法、當世掌故與文獻等禮學實務。其曰：「古之君子所以盡其心養其性者，不可得而見；其修身、齊家、治國、平天下，則一秉乎禮。自內焉者言之，舍禮無所謂道德；自外焉者言之，舍禮無所謂政事。」（《曾文正公全集．筆記二十七則．禮》）所論在結合道德心性以言禮即所謂「理、禮合一」外；也與揚州諸儒如淩廷堪言：「道無跡也，必緣禮而著見。」（《校禮堂文集．復禮中》）焦循言：「治天下則以禮，不以理也」，「理足以啓爭，而禮足以止爭。」（《雕菰集．理說》）阮元曰：「古今所以治天下者，禮也。」「理必附乎禮以行。」（《揅經室集．書東莞陳氏

〈學蔀通辨〉後》）並皆強調禮之客觀、經驗性，而突出其做爲修、齊、治、平具體準則及國家政教根本的經世價值。且其結合本身鉅大政治影響力而看重政制政事層面的禮學思想，也可視爲後來要求禮制改革的孫詒讓禮論之先行理論。其論曰：

乾嘉以來，士大夫爲訓詁之學者，薄宋儒爲空疏；爲性理之學者，又薄漢儒爲支離。鄙意由博乃能返約，格物乃能正心，必從事於禮經，考覈於三千三百之詳，博稽乎一名一物之細，然後本末兼該，源流畢貫。雖極軍旅戰爭食貨淩雜，皆禮家所應討論之事。故嘗謂江氏《禮書綱目》、秦氏《五禮通考》，可以通漢、宋二家之結，而息頓諸說之爭。

——《曾文正公全集．書札．覆夏弢甫》

曾氏禮論係以禮學做爲統攝訓詁考據與道德心性的最高學術範疇。他一方面肯定乾嘉的博稽名物之學，同時也重視宋儒誠意正心的性理之談；但他認爲惟禮學爲能融通漢、宋與清學，惟涵蓋軍旅、戰爭、食貨等淩雜事在內的經世禮學，爲能包融各家而將本末源流概括其中的歸宗之學。是以曾國藩心目中，江永《禮書綱目》和秦蕙田《五禮通考》，才是博通廣綜、扶植禮教，而能融會經傳史志與禮之實務，避免學術門戶的學術典範。

曾國藩時值晚清而從經禮傳統轉向以禮經世的禮學觀，影響了他之論學與對歷來學者的評價，所書〈孫芝房侍講芻論序〉與〈聖哲畫像記〉是爲具體線索。他論學特標：「古之學者，無所謂經世之術也，學禮焉而已！」「先王之道，所謂修己治人、經緯萬彙者，何歸乎？亦曰禮而已矣！」（《曾文正公文集．聖哲畫像記》）並批判自從司馬遷以〈禮書〉和〈封禪書〉、〈平準書〉並列以來，其後班固、范曄等皆相沿不察，未能尊高禮學；他推崇杜佑《通典》始以泰半言禮，是其識能夠跨越八代而得先王經世遺意。至於清初，則顧炎武、江永、秦蕙田等人亦皆重視以禮經世而足爲賢者（〈孫芝房侍講芻論序〉）。故他正是以禮學做爲一切學術歸宗，並以禮學成就判分人才高下。其〈畫像記〉所論聖哲，以清儒顧炎武居首、[17]秦蕙田次之；以博通典制、政書而能「辨後世因革」的杜佑、馬端臨，與「考先王制作之源」之考據古學有成者許慎、鄭玄並列；復以諸葛亮、陸贄、范仲淹、司馬光等操持政務而具實績之以禮經世者，[18]與講論道德心性的理學家並列。於此顯見曾氏論學，並重理學的道德心性與經典考證時風；不過值得留意的，是他在乾嘉考據學獨尊許、鄭之古學考證外，特標杜佑《通典》和馬端臨《文獻通考》，以見能詳禮制因革以提供歷史殷鑑的學術重要性。再者，他以經世之儒與理學家並列，在孜孜矻矻的學者之外，更特別標出能夠淑世育民的事功之儒，一改學界素來「重學輕術」之習，並充分顯現了他對於禮學實務的重視。

此外還要說明的，是曾國藩雖肯定清儒戴震「尤以禮爲先務」，然以戴震身爲乾嘉兼通義理、考據之碩儒，〈畫像記〉卻未取，反而極力推崇秦蕙田及其《五禮通考》；於此，又可藉以汲流溯源曾氏之禮學觀：察夫《五禮通考》之特識，在能「融匯三禮，《儀禮》、《周禮》並重」、「兼采經傳、史志、紀傳、儀制、會典、實錄、類書等各類載籍，搭建龐大的禮學知識系統」、「打通禮經（經典）和儀制（操作）的界隔，創擬『五禮』新體系。」（楊志剛：〈秦蕙田《五禮通考》撰

---

[17] 顧炎武篤志於經世實學，刻刻以救弊為懷，暮年並大量撰作具強烈社會關懷的文論與書札，嘗撰〈郡縣論〉九篇、〈錢糧論〉二篇、〈生員論〉三篇以及「乙酉四論」之〈軍制論〉、〈形勢論〉、〈田功論〉、〈錢法論〉等疾呼革除時弊之經世之論。

[18] 其謂諸葛亮「當擾攘之世，被服儒者，從容中道。」陸贄「事多疑之主，馭難馴之將，……譬若御駑馬，登峻阪，縱橫險阻而不失其馳。」司馬光、范仲淹則「遭時差隆，然堅卓誠信，各有孤詣，其以道自持，蔚成風俗。」（〈孫芝房侍講芻論序〉）

作特點析論〉）其所涵蓋如衣服宮室之度、冠婚喪祭之儀、軍賦官祿之制、天文地理之說等，既考古義又集禮家大成，其體系博通廣綜，巨帙篇幅並爲《四庫全書》經部第一。是以曾國藩宗仰秦氏之博涉，對其書之以樂律附於「吉禮宗廟制度」，復以天文推步、勾股割圓等「觀象授時」與古今州國、都邑、山川、地名等「體國經野」者，皆總賅於「嘉禮」之中，高度讚美以「自天文、地理、軍政、官制，都萃其中，旁綜九流，細破無內。國藩私獨宗之。」（〈孫芝房侍講芻論序〉）因此他在四庫館臣對是書之微辭批評——「事屬旁涉，非五禮所應該，不免有炫博之意」外（《五禮通考》提要），反而還惜秦書「食貨稍缺」，有意爲之補輯「鹽漕、賦稅」等「國用之經」，傅於秦書之次，以闡明「先聖制禮之體，無所不賅。」其後雖因世變多故而未成，但曾氏主張「萬物皆備於我」的禮學觀，[19]以禮總括天地間一切事項，強調君子將欲育民淑世，所涉禮教須涵朝廷一切典制措施與百姓所有日用、民生事項，凡天下所有物事皆本末綜貫、無所不包。

是故高度尊禮而以禮學通貫眾學、復在太平天國之亂中銜命領戰的曾國藩，當他面對太平軍時，正是以「理禮合一」、綜貫本末的禮學精神爲號召。在他和洪秀全「維護傳統文化／反傳統文化」的爭戰中，他「內仁外禮」地結合了理學之養心養性與禮之實務，以內在的理學信仰和外在的綱常名教來維繫士人心理，做爲對抗太平天國肆虐破壞、毀棄傳統文化的最有力武器。曾氏論人才之養成，嘗曰：「人無不出於學，學無不衷於禮。……孟子言無禮無學，賊民斯興。」又曰：「聖王所以平物我之情而息天下之爭，內之莫大於仁，外之莫急於禮。」（〈江甯

---

19 曾國藩又曰：「天生斯民，予以健順五常之性，豈以自淑而已？將使育民淑世而彌縫天地之缺憾，其於天下之物，無所不當究。二儀之奠、日月星辰之紀、氓庶之生成、鬼神之情狀、草木鳥獸之咸若、灑埽應對進退之瑣，皆吾性分之所有事，故曰『萬物皆備於我』。」（《曾文正公文集．書學案小識後》）

府學記〉、〈王船山遺書序〉）是以面對太平軍之「焚郴州之學宮，毀宣聖之木主，十哲兩廡狼藉滿地」，其用以昭告天下的〈討粵匪檄〉，疾呼：「自唐虞三代以來，歷世聖人扶持名教，敦敘人倫，君臣父子，上下尊卑秩然，如冠履之不可倒置。」故其領導湘軍力抗宗奉西方宗教、破壞倫常的太平軍，[20]就是秉持「赫然奮怒以衛吾道」的精神為一殊死之戰。對曾國藩及湘軍而言，這是一場保衛傳統綱常名教與儒家思想的文化保衛戰；其文化與宗教意義，更高於政治與種族意義（李黃昌岳：〈馮友蘭哲學史觀中的曾國藩經世禮學〉）。馮友蘭《中國哲學史新編》便亟稱讚曾國藩能提倡經世禮學，以彌縫太平天國對中國傳統文化的毀壞。

另外，晚清宋學派禮學家還有值得一表者：著有《禮記質疑》的郭嵩燾。[21]郭氏禮學觀融合了部分乾嘉漢學派的義理觀——由戴震領軍，淩廷堪、焦循等揚州學者共同推波的「尊情」、「通情遂欲」義理觀。

重情思想早在先秦儒學中已經涉論。1993年湖北荊門出土的《郭店楚墓竹簡》，便在我國學術主流的思、孟、《學》、《庸》、宋明理

20 洪秀全太平天國雜揉基督教與傳統宗教而對西方基督教和上帝進行改造的神權政治，除了藉「神道設教」頒布的《天條書》、《太平詔書》、《太平救世歌》、《天父詩》、《醒世文》……外，對於一切儒、釋、道等思想皆唾棄為妖，對於孔孟諸子百家等典籍皆訾毀為妖書邪說，而號令斬邪留正、殺妖與焚除妖書。他們在廣西時曾鞭撻孔子像，把儒書丟到糞坑。雖然他們也制定了平均供給的理想國：《天朝田畝制度》，描繪出一幅貧苦農民所希冀的、消除貧富差距之理想社會藍圖，如「所有婚娶彌月喜事，具用國庫」、鰥寡孤獨廢疾者「皆頒國庫以養」，因此有別於當時到處起義卻旋起旋滅的天地會徒眾；但是舊秩序被破壞後，並不能保證足以替代的新制度能被建立，當太平天國隨之並不能成功地管理農村和城市，其過激的反傳統文化政策，復激起士紳階層之普遍反彈，士紳們既憂喪邦也憂失道，擔心一旦斬斷儒教道統後，其害恐更甚於滿清政權。（詳胡繩：《從鴉片戰爭到五四運動》、羅爾綱：《太平天國史．序論》、李澤厚：《中國近代思想史論》）

21 郭嵩燾推崇理學，嘗言：「嵩燾於朱子之書，沉潛有年。」又曰：「謂朱子之言理，後人無能有易也。」不過他也認為朱子「求之過密，析之過紛，可以言學而不可以釋《經》（《大學》）。」（〈《大學章句質疑》序〉，《郭嵩燾詩文集》）

學思想體系以外，以文獻證據補充了早期儒家性命說之「重情」一系思想。如〈性自命出〉曰：「禮作於情」，「道始於情，情生於性。始者近情，終者近義。」「凡人雖有性，心無定志，待物而後作，待悅而後行。」該系儒家重情的自然人性論，肯定「情」在道德實踐中的正面助益與推動力量；殊別於理學強調天命性理、壓抑情性，及「以性之理節其情」的「性其情」主張。[22]其後歷經理學長期主流後，清儒戴震在乾嘉時期仍尊理學的學術氛圍中，[23]強烈批判理學「存理滅欲」之蔑視情欲、舍情求理；他以「在己之『意見』，不可以『理』名」（〈理五〉）駁斥理學性理之說，大聲疾呼「未有情不得而理得者也。」（〈理二〉）至言「酷吏以法殺人，後儒以理殺人」《戴東原集．與某書》，以此亦遭強烈攻訐。但他認爲情欲並非一絲不能有，「道德之盛，使人之欲無不遂，人之情無不達，斯已矣！」（〈才二〉）道德學應該立足於人情而反求諸己，故提出「以情絜情」之實踐法（〈理二〉）。淩廷堪則突出聖人「緣情制禮」之禮制與情性關係，謂：「好惡者，先王制禮之大原也。」「好惡生於聲色與味，爲先王制禮節性之大原。」（《校禮堂文集．好惡說上》）肯定聲色味等人情好惡，正是

---

22 案：〈性自命出〉言「道始於『情』，情生於性。」有別於〈中庸〉言：「天命之謂性，率『性』之謂道。」前者重視情與道的關係，認為情是道的肇源始基；反之，後者略情而逕言性，且謂性由「天命」之即天理是也。後來宋儒正是立足在〈中庸〉思想基礎上，提出「復性」主張。故思、孟、學、庸體系尊性而黜情，要求「以性之理節其情」之「性其情」──程頤曰：「喜怒哀樂愛惡欲，情既熾而益蕩，其性鑿矣！是故覺者約其情使合於中。正其心，養其性，故曰『性其情』。」（《二程文集．顏子所好何學論》）

23 自康熙至乾隆早中期，皆抱持「尊朱」的尊理學態度，故即使四世傳經且為乾嘉考據學立下「漢學解經」之普遍規範的惠氏家族，惠士奇手書楹聯，曰：「《六經》尊服鄭，百行法程朱。」（江藩：《國朝宋學淵源記》）惠棟也說：「宋儒談心性，直接孔孟，漢以後皆不能及。」（《九曜齋筆記．趨庭錄》）此外，與戴震同為漢學陣營的朱筠亦言：「程朱大賢，立身制行卓絕，其所立說，不得復有異同。」（《國朝漢學師承記．洪榜傳》）皆可見當時程朱義理仍為獨尊。

禮制所緣以生的基礎。乾嘉漢學派之義理觀除焦循、阮元、劉寶楠等人並皆有所發揚外，在晚清亦頗獲迴響，如章太炎、嚴復、康有爲、梁啓超……等。至於崇奉理學、關懷現實而爲封疆大吏的郭嵩燾，他也融合了漢學派重情思想，在《禮記質疑》中將理學壓抑情性的「尊性黜情」思想，一轉而爲肯定情性在道德實踐中的正面力量。

郭嵩燾《禮記質疑》從考求禮經立言本旨出發，書中主要針對鄭注、孔疏之禮說加以商榷與修正。譬如鄭玄注《禮記》「君子樂得其道，小人樂得其欲」，曰：「道，謂仁義也；欲，謂淫辟也。」但郭氏認同清儒漢學派「君子、小人以位言」的說法（焦循：《雕菰集·君子喻於義小人喻於利解》、劉寶楠：《論語正義·里仁》），認爲：「小人樂得其欲，則天下寧而萬物各得其所。合天下而皆得所欲，此樂之所以爲樂也。」他設身處地站在百姓樂得其欲、萬物得所而天下寧的立場，所論與戴震主張「通情遂欲」同路。故雖然郭氏也持說「以道制欲」，但他係自肯定人情人欲合理性出發，強調：「聖人制禮，達人事之變而使各致其情。」並自人秉五行之秀以生，口自知味、耳自審聲、目自辨色的角度，倡論：「味也聲也色也，人欲之所附以行者也，而天命之精聚焉。」「天理之流行，依乎人心之感應以爲之則。」肯定天理天則依乎人之自然情性，天命天理與人欲實爲並行不悖關係。緣此，既然「人之生，生於味聲色之各有其情」；那麼禮教自然不能外乎人情，所以「禮者，治人情者也，非能絕遠人情以爲禮者也。」（《禮記質疑》）因此他反對長期來思想主流的道、欲對立關係，尤其對於禮教「理學化」而絕遠人情的現象，他益之以情地加以理論修正。

郭氏對於婚、喪、祭諸禮的看法，和當時另一親近宋學而偏重「尊尊」大義的夏炘、夏炯等相比，顯然更重人情基礎的「親親」之義。他認爲仁之至、義之盡，「一準乎人之情爲之。」強調道德仁義本於人情而生。所以對於「喪服有二義，親親也，尊尊也」，他主張未嘗必須以尊絕親。在有關明代大禮議事件之皇位過繼問題上，前論毛奇齡等清儒質疑明儒曲解禮意以及「禮學理學化」現象，才是演成世宗篡統的關鍵；對此，郭嵩燾提出了頗具總結性意義的「君臣倫非父子倫」觀點。他將範疇不同、不必相假的這兩倫予以二分，曰「王者有承統，無承嗣；統所系，即昭穆所系也。」其謂政治意義的「君統」無涉「承嗣」問題；對承統者而言，雖然「其始奉之爲君，而後承其統，則固有子道焉」，但是承統者在盡「子道」責任外，實則「子道」非「子」，「爲後」並不是爲「子」（〈書《經韻樓集．明世宗非禮九論》後〉，《郭嵩燾詩文集》）。如此一來，君臣關係、父子關係就不必混爲一談，也就不至有父子改稱之悖逆「親親」之義的不合禮要求了。學者張壽安亟稱郭氏此一禮論建樹，「眞正一掃千軍爲傳統宗法倫理開一生天。」而長期以來的君位過繼、統嗣問題，也爲之渙然而解了。

㈡浙東派禮學——黃以周父子結合「博文」、「約禮」的崇禮思想

譚廷獻言：「江東稱經師者，必曰黃氏。」（《半广叢書．黃先生傳》，收入《續碑傳集》）浙東學者黃式三、黃以周父子是清代中後期的經學大家，他們秉承浙東學術「經、史並治」的特色，黃式三繼承浙東先賢之於史學推重，並以考據學結合史學，撰有《讀通考》、《周季編略》，在晚清以能傳浙東史學堂廡及識斷精審獨樹一幟。式三晚年篤志禮學；以周更是心中存著考證古禮、發明禮義的大關懷，以禮學融合道德心性與經義考證，使得清代皖學自江永、戴震以來的重禮傳統，在晚清獲得了提昇與圓滿總結，並以《禮書通故》而爲晚清浙東禮學代表。

晚清禮學具有「理、禮並重」的理、禮合一特色，是爲晚清禮學特徵；除前述曾國藩等外，浙東黃氏父子亦強調義理、考據不可偏廢，兼

重考禮、議禮、禮論等禮學考證與禮義闡發。不過有別於宋學派禮學家推崇理學的態度，黃氏父子「以禮論理」地，有意將理學之「窮理」導向禮學方向。他們重禮的學術取向，一方面繼承浙學萬斯大《周官辨非》以來的三禮考辨之風；另方面則可以推原乾嘉皖派突出考據治經的禮學發展。清代的皖學重禮，溯自江永因朱子晚年修《儀禮經傳通解》未成而歿，故矢志撰作《禮書綱目》以竟其業；流風所及，有戴震師承其學亦特重禮學，撰為《考工記圖》，復有金榜《禮箋》、程瑤田《通藝錄》等，並皆考據精密、詳究名物度數。其後戴學流風又影響淩廷堪翼輔《儀禮》而撰為《禮經釋例》，以及段玉裁考音聲的《周禮漢讀考》和《儀禮漢讀考》、任大椿究經例的《弁服釋例》與《釋繒》、孔廣森釋疑解棼的《禮學卮言》，還有淩廷堪弟子胡培翬注疏精審的《儀禮正義》……等，可見皖學影響清代禮學發展極大。故學界普遍認為承風的黃以周父子，能使得浙東學術與皖學相交通。

撰有《禮書通故》而為晚清浙東禮學代表的黃以周，他在「約之以禮」之以禮學做為學術宗旨外，其學術風貌亦相當程度體現了清學「博我以文」的回歸經典及訓詁考據特色。蓋自惠棟秉家學「經之義存乎訓」理念，標舉「尚家法而信古訓」的「漢學解經」進路，到戴震建立起「由詞通道」的訓詁學系統方法論以來，從乾嘉到晚清，雖有今古文好尚之殊異；但是強調經典與訓詁解經，始終是貫穿清學的一代學風。故在黃以周擔任「南菁書院」山長期間，皆兼重發揚「博文」之學與心性義理。這一方面由於其本身之學趨：他既秉兼重義理、考據的家學——黃式三亟反對以考據歸漢學、義理歸宋學，曰：「經無漢、宋，何為學分漢、宋也乎？」「夫理義者，經學之本原；考據訓詁者，經學之枝葉、之流委也。削其枝葉而榦將枯，滯其流委而原將絕。」（《儆居集·漢宋學辯·〈漢鄭君粹言〉敘》）並在《儆居集》中撰有〈申戴氏「氣」說〉、〈申戴氏「理」說〉、〈申戴氏「性」說〉等文，以發揚皖學戴震講求「訓詁明則義理明」的融合義理、考據精神；而另方面亦可以溯自阮元撫浙時結合經學與實學教育的經史講尙精神：嘉慶間阮元將位於杭州西湖白沙堤原用以纂輯《經籍纂詁》的屋舍改建爲「詁經精舍」，奉祀許愼、鄭玄等漢代經師，遴選兩浙諸生有志經史古學者讀書其間，以此頗殊別於敷文、崇文、紫陽等科舉導向而側重應試時文的書院。[24]其後創設於廣東的學海堂仍沿續此一方針，對清代研經閱史的養士教育具有劃時代的影響。因此當光緒5年寧波知府宗源瀚設「辨志精舍」而請以周定名設制時，以周即效此精神，以兼重經史與結合義理、考據的學趨在精舍專課經史；後來光緒10年以周出任江蘇學政黃體芳創立的「南菁書院」山長，在他主講南菁書院的15年間更是發揚此一精神，皆立足在乾嘉學術由音聲訓詁通經義的基礎上，兼重治經基礎的「博文」之學如音聲訓詁，以及造乎聖賢之道的道德性命學。江南諸多禮學高才如張錫恭、曹元忠、元弼兄弟等皆出其門；著名的《皇清經解續編》（即《南菁書院經解》）亦王先謙（1842-1917年）講學於此時所纂輯。以周論學曰：

> 今去古已遠矣，學者欲求孔聖之微言大義，必先通經；經義難明，必求諸訓詁聲音，而後古人之語言文字乃能瞭然於心目。不先博文，能治經乎？既治經矣，又當約之以禮。
>
> ——《文鈔．南菁講社論學記》

24 雖然課士以場屋應試時文之書院亦有所兼及經解，然據俞樾《詁經精舍五集．序》，曰：「有場屋中之經解，有著述家之經解。……句梳字櫛，旁徵博引，羅列前人成說，以眩閱者之目，而在己實未始有獨得之見，此場屋中之經解也。著述家則不然。每遇一題，必有獨得之見。其引前人成說，或數百言、或千餘言，要皆以證成吾說。合吾說者我從之，不合吾說者吾辨之駁之，而非徒襲前人之說以為說也。」

> 經者，聖賢所以傳道也；經之有訓詁，所以明經而造乎道也。……顧或者辨聲音、定章句，專求乎訓詁之通，而性命之精、仁義之大，一若有所諱而不言。言之者，或又離訓詁以談經而經晦，離經以談道而道晦。　　——《經訓比義．敘目》

以周肯定經學是聖賢藉以傳道的憑藉，訓詁章句則是通經的明道階徑。故他批評未能落實經典，徒騖高遠而離訓詁談經、或離經論道者；同時也反對未能約於禮、專求訓詁音聲而遺性命仁義者，以爲皆不能得聖賢之道。

是故「博文」與「約禮」，是以周教人之兩端。他嘗論南菁書院命意出自朱子所撰〈平江府常熟縣學吳公祠記〉，朱子用李延壽《北史》言「南人約簡，得其英華；北學深蕪，窮其枝葉」，以讚美子游開吳會之學，而「敏於聞道，不滯於形器」；但是以周不贊成李延壽「扶南抑北」之詆北學以徒事枝葉。他說「英華者，歛其全物之精氣而發於枝葉間者也；去其枝葉，有何英華？」他復借孔穎達疏言「北方之學，枝葉中時有英華發見；南方英華，實空疏之學」，（《文鈔．南菁講社論學記》）要求學者必須無所偏廢地兼備博與約、沉潛與高明的爲學態度，一如「子夏謹守禮文，而不奪其倫；子游深知禮意，而不滯於迹。」（《文鈔．子游子夏文學說》）既勿拘墟而不達，也勿流於博大識見而泛濫無歸。以周又以「木有枝葉」喻爲學先以博文；以「木有菁華」喻爲學必須繼以約禮；他誡學者切勿空談玄妙，輕枝葉反致華而不實，「欲求菁華而先剪其枝葉，菁華終不可得也」；但也不能孜孜辭章故訓，仍須進窺大道，「誤以枝葉當菁華，又不知枝葉之未可恃也。」是以惟其兼重義理與考據，亦猶乎「藝無道，其藝疏；道無藝，其道虛」（《文鈔．南菁講社論學記》），須是道藝合一，始能條達倡發而「枝葉」、「菁華」皆得。

黃氏父子說經，折衷漢、宋觀點而無預設立場。蓋宋儒強調性理，清儒淩廷堪主張「以禮代理」，他們則雖「以禮論理」地將理學的「窮理」導向禮學方向，但是他們並不輕「理」。黃式三言：「格物不外於窮理，窮理不外於學禮。……《大學》一篇本《禮》書，以格物爲《禮經》之實學，學不流於支離。」（《儆居集一・經說二・絜矩說》）黃以周亦自「經以載道，經學即是理學」出發（《文鈔・南菁書院立主議》），曰：「禮即天理之秩然者也。」「節文度數有至理寓焉。故考禮之學即窮理之學。」（《文鈔・曾子論禮說》）而在此「崇禮」的「治禮即窮理」觀點下，他們是採取「禮、理合一」立場的。他們在清儒所普遍持說的節文度數內蘊理義外，復著力強調禮學與德性的密切關係，發揚「能窮典禮則能盡其德性」的窮理盡性思想。就此一端而言，亦頗與宋儒同趨。以周嘗撰有《經訓比義》一書，用以比次羅列前賢對於命、性、才、情、欲、心、意、道、理、仁、禮、智、義、忠、恕、誠、靜、敬……等儒學核心概念之釋義。儘管是作相當程度立足在清儒義理基礎上，但書中顯示其義理立場未侷限在漢、宋經說之一端；其中有襲用戴震，[25]亦不乏批判戴震者，同時既有採用理學，但也有不惜違異理學之說者。以周對是作頗爲自得，秘藏家塾四十年不肯示人；後來付梓時自題：「讀陳北溪書者，將謂我違異師說；讀東原《疏證》者，將謂我調停宋儒。」並轉述諸生之言，謂：「可以發陳氏之墨守，可以砭戴氏之狂囂。」（《經訓比義・弁言》）他不喜陳淳《北溪字義》之

---

25 如《經訓比義》中以周借言《左傳》「民受天地之中以生，所謂命也，是以有動作禮義威儀之則，以定命也」，以批評荀子性論外禮義，曰：「禮義可以定命，是不在性之外矣。……明于其必然所以制其性之自然也，不知必然乃自然之極則……荀子重禮義而輕言性，失之。」所論便襲用戴震言「荀子知禮義為聖人之教，而不知禮義亦出於性。知禮義，為明於其必然，而不知必然乃自然之極則，適以完其自然也。」（《孟子字義疏證・性七》）

固守成說；[26]但對於戴震一手推倒宋儒，也頗有微詞，[27]曰：「《孟子字義疏證》鑿矣！而更失之於囂。」（唐文治：《茹經堂文集・黃元同先生學案》）他乃以無偏無黨於漢、宋自詡。另外，其《禮書通故》對於歷來禮家所推宗的鄭注，也是或申或駁；對待其他歷代數十百家經師學者亦是如此，要皆採擇精言，發揮勝解，以匡補不逮。

黃氏父子折衷漢宋、自出其意，試以下列理、禮之論為例：

對於「理」，黃以周繼承部分戴震肯定吾人內在德理以外的、客觀條理強調——戴震人性論主性善立場，持論道德理性內在人心的「理之為性」，承認性理之普遍意義；但因其思想理論很重要的一個面向，在以「通情遂欲」修正理學的「存理滅欲」，故儘管他並未完全以理義為外在，然其「人禽之別」在智性不在德性，及通過「以學養智」之「去蔽」以取代理學之「去欲」等說，皆在「理之為性」外同時倡論理義在事——「理義在事情之條分縷析，接於我之心知，能辨之而悅之。」（〈理六〉）故綜觀戴震之「理」，兼取人之主觀性理以及客觀條理、事理、物理等義，範疇較理學為大；而人就是因為具備能夠判斷事理的心知即智性，所以能「不謬於理」而與禽獸有別。至於黃以周，他亦藉《禮記・中庸》說客觀事理之「文理密察，足以有別」，以論「理者，分也。」故其「理」乃「就分別細密處言之，非大本大原之名也。」「事物各有自然之則，條分縷析，無所紊亂，是謂條理，是謂足以有

---

26 按：【宋】陳淳《北溪字義》旨在闡釋朱熹哲學思想，書依《四書》字義、儒學之核心概念分26門——卷上：命、性、心、情、才、志、意、仁義禮智信、忠信、忠恕、一貫、誠、敬、恭敬；卷下：道、理、德、太極、皇極、中和、中庸、禮樂、經權、義利、鬼神、佛老——每拈一字，皆詳論原委，旁引曲證，以暢其論。

27 黃以周弟子唐文治〈黃元同先生學案〉曰：「自漢宋學分途，學者膠於成見，意氣紛爭，鮮有能實事求是以溝通之者。先生深究天人之奧、道德之歸、性命之蘊，嘗謂宋陳北溪先生《字義》精矣，而不免失之於虛；戴東原先生《孟子字義疏證》鑿矣，而更失之於囂；阮文達作〈性命古訓〉、〈論語論仁〉，論本原經義，可謂精而實矣，而尚嫌其略。爰著《經義通詁》一書，以破虛無寂滅之陋，而燭詖淫邪遁之情。晚年改名之曰《經訓比義》。」

別。」他以各有其則的「分理」之說，反對朱子就天理本原處及普遍性強調的「渾全」性理，如「渾然中即具此秩然之理」、「先有此理，乃有是天」等；他批判：「後儒求理於空闊之處，不曰有別而曰渾全，顯悖古訓。」並指為「謬之謬矣！」（《經訓比義・理》）黃氏分理之說顯然不同於宋儒，而趨近戴震事理、物理之說。

不過以周與戴震亦復有別：當戴震撇開普遍意義的性理而單論在事之理時，乃以凸顯「人禽有別」的心知智性能察照、辨明此理，此時，理是主客對立的被認識對象；但是以周之「理」，著眼於人心之「能區分」、「能裁斷」，並就此「主、客融合」以說明「理」非外在——「或者疑此為外理，非也。」「理義豈偏屬之外物者哉？」其「理」雖就「理以有別言」，指事物之分殊條理；但是他以「義」牽合「心」與「理」，把心能裁斷理的內在活動稱為「義」，發揮孟子「義內」之義，義內所以理亦內，故其言「理與義，渾言相通。」他正是從理、義合一的角度，說：「有條有縷，屬外之物；分之析之，由內之心。」「是猶長者非義，長之者為義也。」（《經訓比義・理》）所論亦頗同於陽明闡發「心即理」之謂「天下又有心外之事，心外之理乎？……且如事父，不成去父上求箇孝的理？事君，不成去君上求箇忠的理？……都只在此心。」（《王陽明傳習錄上・徐愛問》）黃以周論理、義，曰：

理與義析言之，理者，聖心所分之條理；義者，聖心所斷之事宜也。

舉「理」以見心能區分，舉「義」以見心能裁斷。分之各有不易之則，則名曰「理」；如是而宜名曰「義」。

——《經訓比義・理》

他以「心能裁斷」之「義」，論證事物各有自然之則的「理」雖是「屬外之物」；但是處事之宜即完成道德實踐之析理斷事須由內心，故所強調者，在於心知與外理之內外合一、主客交融。

黃以周歷時十九年，會通諸禮而體大思精的禮學代表作：《禮書通故》，其內涵幾乎包羅所有經部、子部論禮之書，並囊括了吉、嘉、賓、軍、凶等所有《三禮》基本內容，如宮室、衣服、卜筮、冠禮、昏禮、宗法、喪禮、喪祭、郊禮、社禮、明堂禮、宗廟禮……等；其篇目極其龐大，並不以單純的五禮做為分類，有諸多篇目係採取上下源流的角度。不過以周並非以彙編禮學文獻為旨趣，而是要辨析是非。他對於經注史說、諸子雜家，自漢唐以迄於清，凡禮學所攝而義有分歧者，率皆加以甄錄，然後辨明是非、折衷至當。俞樾將是作與秦蕙田《五禮通考》相比，稱其「博或不及，精則過之。」並美其「博學詳說，去非求是，得以窺見先王制作之潭奧。」（《禮書通故．序》）章炳麟亦贊是作「蓋與杜氏《通典》比隆，其校覈異義過之。」（《禮書通故．點校前言》）以周認為著作禮書應當精、通、密三者兼備──「諸博士，其守之精者也；戴、許二書，其通者也；鄭所注書，囊括大典，網羅眾家，其密者也。」（《禮書通故．敘目》）胡玉縉《續四庫全書總目提要》評之曰「是編發撝禮學，……足當體大思精。……所詁足正前人之失。」黃以周正是以是作而與另一古文經學派的孫詒讓，並稱晚清浙東禮學派代表。

㈢古文派禮學──孫詒讓推宗《周禮》的禮制改革

自阮元撫浙後，浙東禮學蔚為興盛，除黃以周外，瑞安（溫州）孫詒讓亦其重鎮。溫州是南宋永嘉學派的發祥地，孫詒讓之父孫衣言（1815-1894年）、叔父孫鏘鳴（1817-1901年）在清世起而復興永嘉經世之學。孫詒讓自幼便受家學薰陶，傳承永嘉經世遺風而精於《周官》，並與乾嘉名家如續成《論語正義》的劉寶楠之子劉恭冕（1824-1883年）論學；永嘉經制之學與乾嘉治經之法，兼容並蓄地影響孫氏學術之形成。其後他以《周禮正義》、《周禮政要》、《墨子閒詁》等崇禮思想、考禮成就、疏注訓詁名世，尤為晚清禮制改革之巨擘。

孫詒讓之禮學思想不偏今古、兼采漢宋，強調因時制禮，以切民用；禮學主張則尊高《周禮》，謂為周代一代典制並突出其經世價值，倚為晚清禮制改革之學理依據。以此頗別於清儒之辨偽《周官》者如萬斯大、毛奇齡、方苞等，或疑《周官》非聖人所作，或謂以王莽和劉歆竄亂、偽造，或是六國陰謀家之論；也與後來流行的今文家禮說如邵懿辰、廖平（1852-1932年）等，具有今文家重〈王制〉而古文家崇《周禮》之學術立場殊別。《周禮》原名《周官》，類似職官表，為序列職官之書，記周代職官三百六十從屬與職掌；書分六類即六官，惟漢時已闕〈冬官〉部，以〈考工記〉代之。六官以天地四時為名而各有所司，表現了《周禮》作者的職務區分觀念即對政府體制的主張；後世吏、戶、禮、兵、刑、工六部仿之而設。《周禮》之〈天官〉立大宰掌邦治，以經邦國、治官府、紀萬民，兼理六官，有如宰相；〈地官〉立司徒掌邦教，以安邦國、教官府，掌理一切地方政教，兼及物產資源管理；〈春官〉立宗伯掌邦禮，以和邦國、諧萬民，司禮樂、文物、祭祀等事務；〈夏官〉立司馬掌邦政，以平邦國、正百官、均萬民；〈秋官〉立司寇掌邦刑，以詰邦國、刑百官、糾萬民；〈冬官〉（〈考工記〉）立司空掌邦事，以富邦國、生萬民。《周禮》體大思精、官備事治，體現了古聖賢安民養民、輔弼教化、禮刑合一、兼重技藝之仁政禮治理想。不過在《周禮》學上，儘管禮學在我國過去的學術發展中很受重視，然自唐頒《五經正義》以為科舉所本，以《禮記》為經而與《左傳》並列大經之後，舉子頗以《禮記》文少而爭習之，復因《周禮》向多聚訟，在疏解上較乏精博之作，除了鄭玄注、賈公彥疏外，多為《三禮》合注而少有專爲《周禮》疏釋者。逮及清代，在經學復盛背景下，始有孫詒讓以《周禮正義》之新疏佳作卓絕名世。

孫詒讓篤深經學、尤善《周禮》，並好古文字學、諸子學，擅校勘學，著作繁多。所著除在清代諸經新注中極受讚譽的《周禮》注本──《周禮正義》，以及集清儒三百年墨學大成而負盛名的《墨子間詁》外；還有運用金文新材料以建設秦篆前漢字結構和《說文》前漢字發展，而在文字訓詁上具有重要貢獻且打開了古文字研究法門的《名原》、《古籀餘論》、《古籀拾遺》等，暨對於殷墟甲骨文研究有開山之功，爲晚清最早甲骨文著作的《契文舉例》；另外，其校勘群經諸子成就尚有《大戴禮記斠補》、《逸周書斠補》等，學者姜亮夫稱「在清代只有王念孫父子差堪比較。」（《浙江學刊．孫詒讓學術檢論》）而其目錄學成就復有《溫州經籍志》，以及另有《周禮三家佚注》、《禮迻》、《經迻》、《尚書駢枝》……等作。其代表作《周禮正義》，書約二百三十萬字，詳審博賅，屢易稿艸，自同治以迄於光緒，共花費二十餘年功夫，歷《周禮疏》、《周禮正義稿》、《禮疏長編》之更張義例、鉤稽排纂，始完成此一鉅製。這亦使他成爲姜亮夫所稱「清儒主流中最後一位大師。」他正是以乾嘉諸儒治經史小學之家法，繼承乾嘉樸學遺風，從事古經新疏之疏注禮經工作。

在內容和體例上，《周禮正義》博稽約取，長於古義古制而能會通三禮，且不拘「疏不破注」之例，折衷諸說、兼采其善，以發《周禮》義蘊。是著讎勘經注、參驗異同，輔本極多，校「經」以《唐石經》爲最古底本，校「注」以明嘉靖仿宋本爲最精底本，復以《孟蜀石經》參校補正，可謂集古今經注各刻大成。孫氏自言：「以《爾雅》、《說文》正其詁訓，以《禮經》、大小戴記證其制度」，「博采漢唐宋以來，迄於乾嘉諸經儒舊詁，參互證繹，以發鄭注之淵奧，裨賈疏之遺闕。」（《周禮正義．序》）梁啓超《中國近三百年學術史》盛稱此疏爲清儒《十三經》新疏之冠，亟稱其能存舊疏而聲明來歷、尊鄭注但不墨守迴護，「可算清代經學家最後的一部書，也是最好的一部書。」「當爲清代新疏之冠。」章太炎亦譽以「古今言《周禮》者，莫能先也。」（《太炎文錄初編・孫詒讓傳》）吳廷燮《續修四庫全書總目提要》稱「是書蒐輯古今諸儒解詁本經者，最爲繁富，與胡氏培翬《儀禮正義》，同爲治經家所盛稱。……洵治《周官》解詁者之淵藪也。」皆一致肯定其爲清儒新疏善本。

孫氏《周禮正義》雖爲注疏體裁，但在治經目的上，此著應與其強調禮制改革的另一部《周禮政要》合觀。當時，面對海疆多故、世變日亟，理學和禮學皆已逐漸走上經世派，並多結合二者而以禮學做爲維繫社會秩序的關鍵。面對世局，孫詒讓認爲欲致國家富強，首要之務在於修明政教——「蓋政教修明，則以致富強若操左券，固寰宇之通理，放之四海而皆準者。」「舍政教而議富強，是猶泛絕潢斷港而蘄至於海也。」所以他批評時局：「今之大患，在於政教未修，而上下之情暌閼不能相通。……士不知學，則無以應事偶變，效忠厲節，而世常有乏才之憾。」（《周禮正義・序》）他在當時輿論流行的「中體西用」說下，有意藉著結合斯二禮學著作，以《正義》爲「體」、《政要》爲「用」，體用一如地以我國固有政教做爲論治之本。故孫詒讓之禮學著作，能夠結合乾嘉樸學之風與永嘉經世之學，成爲浙學中兼擅皖學段玉裁、王念孫父子所長之文字訓詁學，做到眞正會通經世之學與考據學的經世禮學家。

孫氏試圖發揚「中學爲體」；他不但要從我國傳統經術中找到足資修明政教、培養人才的根本，還要從中尋求足臻富強的致用之術。他在「中學爲體」下又突出中學之有「體」有「用」；他在學界慣言的「中學爲體」一端上復區別體、用地，強調論治之本，貫百世而不變；論治之迹，則要隨時變通、改革。故他除重視以我國固有禮學做爲政教指導原則，即守常不變的「體」外；同時還從政治、社會現實——「用」的層面，突出禮學因時變革、與時俱進的通變精神，要求隨著世異而事異應予變革禮制，「俾知爲治之迹古今不相襲，而政教則固百世以俟聖人而不惑者。」（《周禮正義·序》）所以孫氏首先講明《周禮正義》之古制古義，以爲「中學爲體」之「體」端，以周公致太平之道做爲朝廷修明政教的根本；復以《周禮政要》之禮制改革發揚禮學之變通精神，是爲實務落實的治道之「用」。合斯二著，才能完整地呈現孫氏寄託在禮學中的經世大志。斯爲他欲以禮學通於治國的、拯時救弊理想。

爲何在《三禮》中擇定《周禮》？——孫氏肯定三代政治之基是王者百世之法；而周代法制總萃的《周禮》，就是三代相沿的大經大法，現代學者亦肯定其爲秦漢制度所從出（李學勤：〈《周禮》與秦律——讀《周禮正義》札記之一〉）。是以《周禮》是孫氏認爲政教之閎意眇恉足以「剴今而振敝」的千古良方，「固將貫百王而不敝，而豈有古今之異哉？」他甚至認爲泰西強國之爲治，「咸與此經冥符而遙契。」其論《周禮》曰：

> 信乎教典之詳，殆莫能尚矣！其政教之備如是，故以四海之大，無不受職之民，無不造學之士。……以致純太平之治，豈偶然哉！
>
> ——《周禮正義·序》

他認爲《周禮》之所以能致西周之盛，成爲周公致太平的關鍵，就在其能修明政教及教典詳備。至於後來《周禮》聚訟而未盛，他指出係因漢劉歆、唐李林甫、宋王安石等人假託《周禮》，「謬託於古經以自文」、「不探其本而飾其末」，未能通治且至於亂，導致後世訾議者眾，「懲之者遂以爲此經詬病」，實則其爲膠柱鍥舟之見。因此他之多方參討以補裨《周禮》注疏，就是因爲身處當時「西學爲用」強大輿論潮流，論者一面倒主張模仿西學聲中，他欲以禮學通明做爲政教修明的指導原則；欲以疏通古義古制及講明禮制的《周禮正義》，做爲國人政教根本、論治之「體」。

再者，在晚清一片西學風尚中，孫氏獨排眾議地發揚我國固有禮學，他要如何面對時代潮流之質疑傳統舊學守舊不通？如何從學理上解決會通古、今的問題？斯即他之區分治本、治迹，並從「治迹」的「用」的角度，發揮「禮，時爲大」的禮學時用精神，以禮學的通變精神來要求禮制改革。所以在禮學之「體」、不變的指導原則下，他又說「所異者，其治之迹與禮俗之習已耳。」譬如從禮制等治迹而言，「久而有所不安，則相與變革之。」（《周禮正義．序》）是故《周禮政要》就是他用以闡發治迹之「古今不相襲」者，乃以訴求「迹」與「習」應當變通爲用、因時變革者。

《周禮政要》是孫詒讓立足在清末新政需要上，因1901年清政府試辦新政，侍郎盛宣懷請他代撰條陳而作。孫氏先草成《變法條議》40篇，其後改以該名名篇。全書係自《周禮》中勾勒出與近代禮制相通的內容，以《周禮》爲綱、西政爲目，凡所論列皆綰合《周禮》各職官職務——如〈大宰〉、〈大司徒〉、〈保氏〉、〈小司寇〉、〈司諫〉、〈司士〉、〈閭胥〉、〈州長〉、〈黨正〉、〈司會〉、〈司書〉、〈司隸〉、〈小史〉、〈外史〉、〈檮杌〉、〈廛人〉、〈遂人〉……等。他以一種我國古禮「固已有之」的視角來看待西學新政及其富強，強調「中西新故之無異軌。」「今人所指爲西政之最新者，吾二千年前之舊政已發其端。」希望透過這樣的溯源《周禮》方式，能爲禮制改革贏取更多國人認同。書中本著借古開新的精神，指出「《周禮》一經，政法之精詳，與今泰西諸國所以致富強者若合符契。」（〈周禮政要敘〉）並據此提出系列改革措施，如廢拜跪、除忌諱、裁冗官、革宮監、革吏役、改兵制、伸民權等；復大量徵引英、俄、法、德、美、日諸國之歷史、地理和科學技術等資材，包括聲、光、化、電之自然科學知識和政治、經濟、軍事、文化之具體措施。故《周禮政要》就是在晚清「中學爲體」的希冀想望中，一方面藉著極其老成的《周禮》，披著《周禮》外衣，以杜保守派藉傳統經典反對維新變法之悠悠眾口，在某個程度上減少阻力，化解一些保守者反對變法的聲浪；兼亦可以印證西學新政實爲我國二千年前肇端之舊政，雖然吾人毋須過度強調西學中源，但至少應該重視我國固有文化，則無疑義；此外，亦藉「西學爲用」之西學新政，以對傳統禮學進行「託古改制」之禮制改革、變法自強。所以《周禮政要》就是要從傳統經術中找出現代化力量，實際上亦代表了晚清儒者欲自我國固有文化中尋找治道的努力與縮影。

孫氏之改革雖然具有西學色彩與背景，但他融通古今、綰合中西地使皆密切相關乎傳統禮學及禮制改革。如他論朝儀、聽訟，主張盡去拜跪之繁文縟節；他據古禮「古常朝之儀，有立有坐而無跪，有揖而無拜」，以對照清廷有拜跪而無坐揖的朝儀，要求「明降諭旨，援據古禮，每日常朝，易拜爲揖；議政之頃，則一律賜坐。紆尊達情，既以新普天之耳目，而霽威崇禮，亦不嫌外侮之要求。」謂以既能紆尊達情、發揮禮學精神，復可以解決長期來因覲見禮節所引發的外交紛爭。他又批評冗官充斥，指「職事叢脞」、「祿糈耗國」皆由於「冗員多，則賢者苦於牽制，而不得展其才；不肖者易於推諉，而得以藏其拙。」並揭露朝臣傳辦物件任意糜費，圖爲致富之資，故主張裁汰冗員及優增官俸，以發揚「古者以忠信重祿勸士之遺意。」再者，其論下情上通，強調「風勵忠讜，通達壅蔽」，以革正當時「習尚圓通，風節頹靡」之風（〈朝儀〉、〈冗官〉、〈重祿〉、〈達情〉，《周禮政要・卷上》）。此外，孫氏對於國人長期傳統的男尊女卑思想亦有極大突破性。他主張普及教育應兼及女學以及殘障，曰：「無慮百家，男女平等，咸得入學；下至盲、聾、啞，亦皆有學。」孫氏之婦女解放主張，尙包括禁纏足、興女學等，他更成立了中國第一個「不纏足會」，在近代女權思想上有重要貢獻。其他如主張廢除閹寺，「革百代之舊俗」；或論培養人才，要求更定科舉，以天學、地學、政學、文學、武學、工學、商學、醫學、農桑學、礦學、動植物學、化學、聲學、光學等爲教；又論「古者大學之教，以道、藝與德行並舉」，故主張通藝；還批判中國一向忌諱太深、拘牽尤甚，主張應廣報館，論以「西國智巧日開，富強在握，其根底實在於此。」（〈宮政〉、〈奄寺〉、〈廣學〉、〈通藝〉、〈廣報〉，《周禮政要．卷上》）他還論及劵幣、漁征、礦政、冶金、水利、教農、樹藝、保商、考醫、收教、戶政……等極具現代化意義的新政新法。要之，《周禮政要》就是孫氏企圖以改革禮制、改良禮俗做爲革新晚清政治與社會積弊的有效階徑。

尤其難能地，孫詒讓除了禮學講求及要求禮制改革外，他在邊釁日起下，亦走出書齋地親自董理保甲、團練、籌款等防務。當光緒22年馬關條約簽訂後，國人激憤不已，救亡之議紛起；此時除有孫文設「興中會」、康有爲設「強學會」以及「蘇學會」、「南學會」、「正學會」……等外，孫氏亦不願坐視夷滅地成立了「興儒會」，主張「興儒救國」。他結合學術主張地以蓄人力、養人才爲宗旨，與寰宇同志以興儒相勗勉，並廣設涵蓋初等小學、中等師範學校、職業學堂以及女學蒙塾的諸多學堂，亟從事於教育革新實務。故後世學者普遍認爲古文經學大師的孫詒讓，儘管提倡舊學而推尊《周禮》，且《周禮政要》成書於戊戌變法失敗及光緒遭囚後的1902年，然其改革理論卻在政治避諱下未涉立憲、虛君等政體變制主張；但其近代教育改革以及變法圖強、維新救亡的各項思想，其要求精簡機構，裁汰冗官，重視教育，廣設學堂與報館、譯館，振興實業，開拓經貿，設商部以保商、通商……等各項主張，皆開通而不墨守、博施而能濟眾，較諸王先謙、葉德輝等人，實有霄壤之別。孫詒讓堪稱清季樸學經世之最佳代表、維新派之中堅。

㈣今文派禮學——廖平祖述〈王制〉對維新變法的啓發

廖平爲晚清今文派禮學家，治學善變，一生學術共有六變。其弟子黃鎔用「孔子謂老子猶龍，嘉其善變也」，[28]以稱美廖平經學之多變。（《經學五變記》）不過學界普遍認爲其初變期（1885-1887年）、二變期（1887-1897年）對於我國經學發展影響最大，具經學價值，如康有爲曾受啓發，其禮學理論重要寄託的經學代表作《今古學考》亦初變期所作；後來各期思想則愈變愈奇，超出傳統經學範疇。實則其早期思想較著重今古文辨析，後來則超越今古文範疇，而措意於孔子思想對廣大世界、地球萬國的經世意義。以下據其早期禮論，以見晚清今文學大盛下的禮學理論依據。

廖平《今古學考》之經學初變期採平分今、古立場。他以孔子「從周／改周」之禮制不同，辨分今、古文禮學。其論孔子「初年問禮，有從周之言。」晚年哀道不行，爲補偏救弊，遂「以心所欲爲者，書之〈王制〉，寓之《春秋》。」故〈王制〉就是孔子晚年主張及以禮治國的理想藍圖；以其改周，故與周禮不合，「乃改周救文大法，非一代所專。」以其爲後世共法，故「今學同祖〈王制〉，萬變不能離宗。」此廖平之論〈王制〉爲今學所祖。

公羊今文家素以改制爲說，持論孔子聖人有德無位，雖通古今之變，亦只能空言著述而寄託《春秋》，晚年將改革理想託諸《春秋》以寄志；《春秋》就是孔子發揮「禮，時爲大」精神，受命改制以合天時所憑寄。廖平則進以《禮記．王制》樹起今文禮學旗幟，謂孔子晚年因

---

28 《史記》載孔子問禮於老聃，去謂弟子曰：「鳥，吾知其能飛，魚，吾知其能游，獸，吾知其能走；走者可以為罔，游者可以為綸，飛者可以為矰，至於龍吾不能知，其乘風雲而上天。吾今日見老子，其猶龍邪！」

見「文勝」之弊，轉爲主張損益周禮以救周文之弊，即「去文從質」的〈王制〉新制——曰：「周制到晚末積弊最多，孔子以繼周當改，故寓其事於〈王制〉。」廖平認爲孔子著《春秋》以改制；孔子不守周禮而倣殷禮伊尹質樸之教，並參用四代王制，以此自立爲〈王制〉新制。那麼，〈王制〉的內容爲何？——廖平曰：「〈王制〉一篇，以後來書志推之，其言爵祿則職官志也，其言封建九州則地理志也，其言命官興學則選舉志也，其言巡狩吉凶軍賓則禮樂志也，其言國用則食貨志也，其言司馬所掌則兵志也，其言司寇則刑法志也，其言四夷則外夷諸傳也。大約宏綱巨領皆已具此，宜其爲一王大法歟！」（《今古學考》）故涵蓋一國之禮樂、兵刑、爵祿、國用等典制的〈王制〉新制，爲今文家所歸宗，是其與古文經學推崇《周禮》舊制之今、古文分水嶺。

因此廖平經學初變期亟辨後人之疑〈王制〉晚出、爲漢人所撰。他認同其師俞樾（1821-1907年）所論：「以〈王制〉爲公羊禮」、「非博士所撰」等說。他亦強調「蓋〈王制〉孔子所作，以爲《春秋》禮傳，孟荀著書已全祖此，……決非漢人所作。」他自述考出〈王制〉爲「素王改制之書，《春秋》之別傳」，是經「疑之久，思之深，至苦矣！」「嘗積疑三四年，經七八轉變，然後乃爲此說。」其代表作《今古學考》正是力陳〈王制〉爲孔子改制之新制者；他對此說極爲自得，「以爲此千古未發之覆也。」他在經學〈初變記〉中亦自述《今古學考》「張明兩漢師法，以集各代之經學大成者也。」並極力標榜以「從周／改周」平分今、古的說法，「排難解紛，如利翦之斷絲、犀角之分水，兩漢今、古學派始能各自成家，門戶森嚴，宗旨各別。學者略一涉獵，宗派自明，斬斷葛藤，盡掃塵霧。」（《四益館經學四變記・初變記》，收入《經學五變記》）其平分今、古文理論，如曰：

《論語》：「周監於二代，郁郁乎文哉！吾從周。」此孔子初年之言，古學所祖也。「行夏之時，乘殷之輅，服周之冕，樂則韶舞。」此孔子晚年之言，今學所祖也。

博士同爲一家，古學又別爲一家也，徧考諸書，歷歷不爽，始定今、古異同之論。久之，悟孔子作《春秋》、定〈王制〉，爲晚年說，弟子多主此義，推以徧說群經；漢初博士皆弟子之支派，故同主〈王制〉。立說乃定，〈王制〉爲今學之祖。

——《今古學考》

廖平強調孔子晚年以及多數弟子、弟子所傳之漢初博士等，皆宗主〈王制〉者，爲今文學，其論殊別於孔子早期尊《周禮》古制，以及少數未及與聞其晚年學說的早期弟子。所以對於諸經載籍兼有弟子用今、古文的現象，廖平解釋以：

〈禮運〉、〈禮器〉、〈郊特牲〉孔子告子游，皆古學說，此孔子未作《春秋》以前「從周」之言；至於作《春秋》以後，則全主今學，如《大戴》告哀公之《三朝記》全與〈王制〉、《穀梁》合，是也。孔子傳今學派時，受業早歸者未聞，故弟子有專用古學者。

——《今古學考》

於此可見廖平在經學初變期，係持孔子早期、晚期思想不同之平分今、古文態度。他對於經典中一些以《周禮》爲三代大經大法的禮制總萃，以及孔子法古、從周的說法，都解釋以孔子未作《春秋》前的早年主張。至於後期，則廖平舉證《春秋》及《孔子三朝記》之孔子晚年對哀公語，[29]以證斯時孔子已經改持「託古改制」的「改制」思想了。蓋孔子於魯定公13年（前497）去魯適衛，周遊列國14年，於魯哀公11年（前484）爲季康子以幣迎歸；此後始有哀公（前494-468在位）問政孔子之載籍。《春秋》則孔子絕筆於哀公14年（前481），虞人西狩獲麟。故廖平《今古學考》指出《大戴禮》所收錄《三朝記》之孔子禮論，所論悉與〈王制〉、《穀梁》合；〈王制〉亦「無一條不與《穀梁》、《春秋》相同。」復佐以王應麟《玉海》注曰：「《穀梁》疏引《三朝記》；《文選．東都賦》注引《三朝記》；《爾雅》疏張揖引禮《三朝記》。」以證〈王制〉、《穀梁》和《三朝記》等，皆孔子晚期之今文思想；以視孔子早期所持古學立場及尊周態度，已經顯然改異，但此時孔子早期弟子如子游等已先歸里，故未及與聞今文改制之說。此廖平釋論孔子弟子何以有專講古學者？以及《論語》雜有孔子少壯與晚年之今、古文思想。

廖平並且擴大了孔子今文說對於當世的影響。他指出在當時繁文縟節的周文流弊下，墨子亦學於孔子者；只不過墨子因性近而專主「從質」之說，「用夏改周」而欲將禮樂一併去之。廖平曰：「用夏禮改周制，本之於《春秋》，如薄葬即〈王制〉不封不樹之意；特未免流於偏激，一用夏禮，遂欲全改周禮，與孔子之意相左矣。」「《論語》『禹無間然』一章全爲墨子所祖，所謂崇儉務農、敬鬼從質，皆從此出；然孔子美黻冕，墨子則並此意欲改之。」（《今古學考》）廖平指出墨子實際上正是祖述孔子《春秋》改絃更張的「從質」之義——孔子行「素王之法」的〈王制〉新政多用殷禮，「『素』有從質之義。……孔子欲改周文，倣於伊尹從質之義而取素王，故《春秋》多用殷禮。」只不過

---

29 據《三國志．蜀志》秦宓曰：「昔孔子三見哀公，言成七卷。」裴松之注曰：「劉向《七略》曰『孔子三見哀公，作《三朝記》七篇，今在《大戴禮》。』臣松之案：《中經簿》有《孔子三朝》八卷，一卷目錄，餘者所謂七篇。」

聖人無過與不及，「文、質彬彬」是也，故〈王制〉亦參用四代王制，如其言狩與〈堯典〉合，言殷五廟、周七廟，《穀梁》亦言天子七廟，是為參用四代王制之證。因此儘管孔子不欲過度用力於「儀」，有曰「與其奢也，寧儉。」但仍重禮教地發揚禮樂教化精神。故廖平以為墨子學孔但薄於奉己，他以禮樂妨勤而從質崇儉地非禮、非樂；惟孔子之禮治理想，為能改周之弊而無過與不及者。

至於廖平《今古學考》緣何以判今、古文經學？他在經學〈初變記〉中自述是依禮制以定之。曰：

> 乃據《五經異義》所立之今、古二百餘條，專載禮制，不載文字。今學博士之禮制出於〈王制〉，古文專用《周禮》，故定為今學主〈王制〉孔子，古學主《周禮》周公。然後二家所以異同之故，燦若列眉；千谿百壑，得所歸宿。　——〈初變記〉

廖平在陳壽祺（1771-1834年）、陳立（1809-1869年）之先聲倡導下，[30]主要是依《五經異義》所羅列，二百餘條今、古文經學殊異處皆在禮制而不在文字異同，論斷今、古文之判在於持周公舊制或孔子新制之禮制殊別。他並依今學尊孔子〈王制〉、古學尊周公《周禮》，而提出禮今、古文所依據經典之「〈王制〉／《周禮》」不同。

然由於廖平倡論〈王制〉是孔子晚年改制之說，啓發了後來今文家尊《禮記．王制》之今文學大盛；故儘管他在初變期乃以孔子早年、晚年立說不同來平分今古，但所論〈王制〉為挽時救弊之孔子晚年主張，弟子多主此義並緜及漢初博士，則此中已經寓有他經學二變期的「尊今」之義了。故廖平在既撰平分今、古的《今古學考》後，其經學二變

30 廖平《今古學考》有曰：「以今、古分別禮說，陳左海、陳卓人已立此宗旨矣。」

期遂水到渠成地，在經學立場上樹起「尊今抑古」的今文旗幟了。此時他以《古學考》一改初變期以古學爲孔子早期尊周法古的說法。他一方面突出孔子救弊改制的「尊今」之義；另方面亦「抑古」地指出《周禮》是劉歆羼改部分條目之書，古文師說則出劉歆竄亂《周禮》、《左氏》後的僞說。是說對於晚清學術發展影響極大。雖然廖說只言《周禮》遭到羼改，並非全爲僞書；其說與後來康有爲加以改造，一轉而爲古學全出劉歆僞造，[31]並倚爲維新變法所據，其說有異，且廖平並無維新變法意。廖平自述其經學二變期之主張，曰：

> 考究古文家淵源，則皆出許、鄭以後之僞撰；所有古文家師說，則全出劉歆以後，據《周禮》、《左氏》之推衍。又考西漢以前，言經學者皆主孔子，並無周公；《六藝》皆爲新經，並非舊史。於是以尊經者作爲〈知聖篇〉，闢古者作爲〈闢劉篇〉。
>
> ——〈二變記〉

廖平經學二變期「尊今抑古」的觀點對於晚清今文學具有啓發性影響；他認爲康有爲《孔子改制考》是在二人會面後祖述其所示《知聖篇》，《新學僞經考》祖述其《闢劉篇》。不過，學者陳其泰《清代公羊學》另舉證指出，康有爲今文經學的淵源確在廖平，他在廖平影響下完全轉向今文學並撰爲《僞經考》、《改制考》固是不錯；但是廖平並未向康有爲出示《知聖篇》或《闢劉篇》，二作之刊刻反在康書後，於

31 康有為《新學偽經考》以王莽篡漢、劉歆篡孔學，樹起反對從東漢到清所尊奉的古文經傳旗幟；他所用以打擊舊官僚保守心態的變法理論基礎——偽古文說，倡論「始作偽，亂聖制者，自劉歆；布行偽經，篡孔統者，成於鄭玄。」「後漢之時，學分今、古，既托於孔壁，自以古為尊，此新歆所以售其欺偽者也。……凡後世所指目為『漢學』者，皆賈、馬、許、鄭之學，乃『新學』，非『漢學』也。」（《新學偽經考．敘》）

是廖、康著書之先後關係成爲學術史上疑案（詳陳其泰：《清代公羊學》）。然嗣後康有爲成爲晚清今文學運動核心，亟辨劉歆爲佐莽篡漢，造僞《周禮》等古文經來湮亂孔子微言大義；劉歆爭立學官的《周禮》、《逸禮》、《毛詩》、《左傳》等古文經，皆劉歆假校書之權所僞撰。而廖平卻在獎拔過他的張之洞再三勸誡「風疾馬良，去道愈遠」掣肘下，自我推翻「尊今抑古」舊說，學說再變成爲三變期《地球新義》所主張的：〈王制〉是小統、《周禮》是大統，前後說自相矛盾。

康有爲一躍成爲對19世紀七十到九十年代變法改良思潮加以總結的人物。但爲何維新改革要與傳統經學聯繫？須通過古經新詮方式達成？此蓋由於維新思潮面對當時位居要津的洋務派，雖然在若干改革措施上如出一轍，且有所繼承；但是就其做爲「體」的核心價值而言，洋務派始終和皇權繫綁、屬於專制帝制本質，其於傳統舊社會階級倫理與綱常仍堅定維護，在其奉行「中學爲體，西學爲用」的指導原則下，其「用」僅限於「變器」的「富國」、「強兵」即西方器械學習，不涉根本政制之「變制」變革，遑論深層的「變思想」！因此洋務派對於維新派一些現代化主張如議院政治等皆横加阻撓。至於在三十年自強運動徹底失敗的甲午戰後崛起的維新派，則雖亦樹立孔子大纛，卻反對洋務派和守舊派的「中體西用」原則；他們對於舊社會階級倫理嚴加批判，轉持自由、平等、民權之無貴賤與議院民主等近現代化思想。因此集領導晚清政潮與思潮於一身的康有爲，正是鑑於當時守舊派藉祖宗成法反對變法，藉古文傳統的古文經典爲理論武器而阻撓變法，所以他從早年撰作《何氏糾謬》的尊古學立場，幡然一轉而改持今文立場。他立足在常州今文學上，吸收劉逢祿《春秋公羊何氏釋例》之發揚何休「張三世」、「通三統」、「絀周王魯」等所謂「非常異義可怪之論」的公羊義法，改持孔子「受命改制」的「黜夏，存周，以《春秋》當新王」今文之說，其目的就在藉經學後盾入室操戈，欲以「藉經飾政」來達到維新變法訴求。因此學者王爾敏從國家存亡、新學知識之「清季知識分子的自覺」角度，看待晚清學者之醒覺與維新訴求。

康有爲雖然領導維新思潮，但他並非一味騖新者，他的傳統舊學造詣極深。[32]他想要通過建構一套結合傳統學術的理論基礎，以迫使政府從事政治改革；他所提出的系列改革主張，如以政綱政策式高度要求開放政權，以立憲制取代兩千年君主專政等，都糅合了古今中外的思想體系，呈現出對於中外文化雙向選擇的特色。其變法依據：《新學僞經考》、《孔子改制考》，是在中西學術交融基礎上，一方面對於傳統舊學有所繼承地托古改制；另方面亦透過古經新詮，借重西學以開啓近現代思想，對傳統文化有所創新地轉化儒學。因此康有爲援引西學以改造儒學、透過變法改制以救亡圖存的古經新詮，除對西學的借重外，實際上也爲儒學現代化轉型提供階徑，有力推動了傳統儒學之現代化思想轉進。

四、結語

禮學在我國學術史上素爲學者所重，惟各代禮學往往因時代需求不同而各有側重層面；尤其易鼎之間，學術發展往往革故鼎新地表現出有破有立。清禮學繼明禮學之後，相較於明禮學所重視的婚、喪、冠、祭等「家禮」傳統，正是以凸顯《三禮》學的「經禮」傳統，樹起明、清禮學大別；清儒往往以考據學引經據典的論證有據，批判明儒理學好尙下的束書不觀。此外，清儒復以其重客觀、經驗的實證精神，從「禮之器數儀節，皆各有精義存乎其間」出發（《校禮堂文集．愼獨格物說》），突出客觀禮制對於德性的形塑與成德作用；禮學以其內蘊義理思想可以提供百姓日用具體規範，更受清人重視，而蔚爲一代崇禮思想

32 康有為六歲受經，十二歲盡讀孔氏遺文、習經說與宋儒之學，又於漢魏六朝及唐、宋、明、清傳注與考據、義理學以及今文學等，無不盡得。（康有為：《禮運注．敘》）

與復禮思潮，在我國學術史上被推到歷史高峰。

清禮學不論在考禮議禮、禮論建設、尋例釋義、疏注禮書，或是禮制改革、禮俗改良等方面，皆達到前所未有的高度與成績，正、續《皇清經解》中顯然可見清儒睥睨歷代的豐碩研禮成果。清代禮學發展，自清初顧炎武言「經學即理學」暨三禮學復興後，歷乾嘉「以禮代理」之專門考據、漢宋門戶爭勝、復禮思潮；晚清「理、禮合一」之理學經世化和「約禮求理」之「禮學即理學」，並在康有爲闡揚今文禮經微言大義及「大同三世」說中，達到了政學影響力的最高點，而以維新變法結合「禮，時爲大」精神。至此，清儒尊經崇禮的禮學發展獲得了完整的演進歷程。不過在清禮學發展過程中出現的「理／禮」之爭、「漢／宋」對立，甚至「以禮代理」等辯證發展與衝突，既不宜單純地視爲禮、理對立或禮學和理學之爭；也不宜表淺地對晚清宋學派禮學以及復盛的晚清義理學等，從理學的視角出發看待或牢籠而冠以「理學復興」。蓋經過清代義理學對宋明理學形上學模式的質問、對話，清儒在復禮思潮下的理義講求，以及做爲禮學根本核心的親親、尊尊、男女等議題看法上，早已突破程朱理學「一本」觀念的「禮學理學化」舊窠，不復論及理學核心旨要的形上證體了；清學之義理內涵迥非理學舊識及其理論模式所能涵蓋。故檯面上顯而可見的，是清儒發揮禮時精神而要求禮制改革與規範改易；實際上乾嘉時期的理、禮衝突以及支撐晚清禮制變革的，正是檯面下不易顯見的：清儒之思想變遷與觀念轉換。清儒對於理學高視性理而不合人情的「理」詰難與批判，對於情理、事理、物理的「緣情制禮」突出強調，以及新構關注形下經驗視域、論域的義理新說，才是做爲清禮學的深層結構，亦清禮學變遷發展的最重要關鍵。於此可見：建構一個時代道德禮教與禮制等客觀規範的要素，實是其背後指導原則的思想因素。

職此，在形成清代崇禮意識、復禮思潮以及高度禮學發展的過程中，形塑清代禮學特色的最重要因素，就是清儒與理學形上學模式迥然殊異的：重視經驗界秩序的義理觀。因此應該修正過去學界陳見的是：重視客觀實踐進路並突出禮經研究的清儒，絕非不言「理」；而是其所要求更多人情考量的經驗視角的「理」，有別於理學從天理角度出發的性理，即戴震之言：「理義在事情之條分縷析，接於我之心知，能辨之而悅之」者。是故綜觀清代禮學發展過程中的禮、理之爭，一開始確是從清儒與宋明理學義理衝突暨批判理學的性理思想出發，清儒轉持「尊情尚智」的道德觀，並走向「以禮代理」之經典實證及議禮、考禮、注禮的禮學趨向；後來則是在對理學的義理詰難與義理學重建後，清儒建立起深具一代學風特色——「崇實黜虛」的重氣、重器及凸顯經驗世界的新義理觀；而禮學同時也是晚清學者溝通漢、宋的橋樑。他們會通理、禮地發展出「約禮求理」之經世禮學；並在後來和晚清政治脈動同步發展的禮制變革聲中，今文學微言大義被倚重成爲變法理論後盾、「大同三世」說成爲發展高峰。因此十七到二十世紀的清代禮學發展以及貫穿整代的崇禮思想，是在我國兩千多年儒學發展的特定時空背景，是清人修正理學形上學模式以及面對中西文化衝突、交融中，儒學獲得形上、形下兼具的全幅開展，以及深具國人色彩而彰顯儒學特有價值的學術表現。清代禮學實是複合了學術史、思想史與政治史、社會史諸多面向與內涵的學術與文化表現。

至於綜觀有清一代的階段禮學發展，除禮經注疏在清儒的「經禮」好尚下，始終是貫串整代的儒者選項外；清初值鼎革之後，儒者多思集成前代或歷代學術成果，兼以清禮學的「經禮」走向顯異明禮學的「家禮」好尚，故清初禮學成果多集成之作，如《讀禮通考》、《五禮通考》、《三禮述注》、《三禮義疏》……等；乾嘉時期，禮學在考據風尚下同步走向辨、正、校、補、尋例釋義等專門考證而兼有疏注興趣，如《明堂大道錄》、《明堂考》、《考工記圖》、《禮經釋例》、《禮記集解》、《大戴禮記補注》、《儀禮今古文疏證》……等；逮及晚清，學風回應世變之時代課題，趨向「禮理合一」、「約禮求理」之理學經世化及經世禮學，並在今文學盛行下，突出變革禮制議題以爲維新變法後盾。斯時宋學派禮學家如曾國藩、郭嵩燾等都重視經世關懷，郭氏並有《禮記質疑》；浙東派禮學家黃式三、黃以周父子亦結合義理與考據而兼重「博文」、「約禮」傳統，黃以周有《禮書通故》；古文派禮學家則如孫詒讓，他既有注疏詳備的《周禮正義》，亦突出禮制改革的《周禮政要》；今文派禮學家廖平則影響了康有爲之標舉今文禮經微言大義。而晚清今文學盛行儘管在相當程度上是由於政治需求，但康氏藉經飾政地突出變法大義以領導維新思潮，對於儒學之現代化轉進亦有推動作用。

觀察清代崇禮思想與禮學發展的階段變遷，可知禮學之常與變——倫常義理等被倚爲制禮根本的禮學之「體」，這部分必須「守常」，所以必須重視經傳大義及辨明理義，因此清儒以重視實在界、肯定經驗面價值與合理情欲之凸顯形下視欲的義理觀，迥異於理學之形上學走向，決然地樹起與之殊別的義理大纛。而因革損益的朝制典章則是「用」，這部分必須要能「通變」，故時值晚清末世，雖然禮學家派別極多，但儒者在借重儒家經典以爲維新救亡張軍外，其內心並皆是希望透過禮制改革與儒學轉化，以維持經典神聖權威並保存固有文化於不墜的，這部分則是所有清儒所殊途同歸的。

貳拾貳
凸顯「致用」理想的晚清諸子學思潮

清代考據學在政學合力而規模宏大的《四庫全書》、《皇清經解》編纂中達到了歷史高峰。繼惠棟與吳派學人樹立漢幟之後，被公認爲考據學領袖而極力提倡禮學、本身又以義理學爲最愛的戴震，也與朱筠、紀昀等人同在堪稱考據學大本營的四庫館發揮漢學影響力，故終清一代，在吳、皖學圈沈彤、江聲、錢大昕、王鳴盛、余蕭客、王昶、江藩、盧文弨、邵晉涵、任大椿、段玉裁、王念孫、王引之、孔廣森……等人，以及揚州學派兼具義理與考據之長的淩廷堪、焦循、阮元、劉寶楠暨後來踵繼的眾多考據學家推波助瀾下，最終締造了阮元領銜編纂的《皇清經解》之清人輝煌而豐碩的經學佳績，呈現出媲美過去兩千年經學總成就《十三經注疏》的群經新疏。所以清學在宋學之後能以漢學取向與之樹異，且互別苗頭地確立起我國經學發展的兩大經說方向——漢學與宋學。斯即紀昀《四庫全書總目》所稱「自漢京以後，垂二千年，儒者沿波，學凡六變。……要其歸宿，則不過漢學、宋學兩家互爲勝負。」（《四庫全書總目・經部總敘》）不過，走過了乾嘉考據學高峰後，接下來的清學發展該何去何從？則身爲考據學祭酒但卻最愛義理學的戴震，似乎已經先行預示了一條未來可能的、側重思想的學術發展路向。

嗣後以迄於晚清，清學又歷經同屬經學範疇但有別於乾嘉流行的名物訓詁、章句考據，而以微言大義見長的今文經學興盛，以及思想領域內的禮學興盛與子學復興等學術演進。惟學界對於後來的學術發展大勢，過去往往囿於漢代考據學發達而宋代理學一枝獨秀的成見，遂逕以「漢學」、「宋學」做爲考據學和義理學的學術型態代稱——如余英時說「漢宋的對峙，自十八世紀中葉以來即已顯然」，並自注以「即所謂考據與義理。」（《歷史與思想》）後人對於晚清表現「禮、理合一」的禮學興盛及子學興復，亦慣從「理學」或「宋學」復興的角度說明其義理側重，如錢穆說「以芸臺頗主義理，故漸成『漢宋兼采』之風。」（《中國近三百年學術史》）外籍學者艾爾曼亦曰：「阮元在去世前最後十年，逐漸重視義理之學，這是19世紀儒家話語轉向『漢宋折衷』的又一標誌。」（艾爾曼著、趙剛譯：《從理學到樸學》）實則就清代學術發展而言，「漢」、「宋」學名謂可以用在經學範疇內，說明清初諸儒對於漢、宋經說之各有取捨；也可以用在義理學範疇內，闡明宋明理學尊道德形上學而清代新義理學步趨漢儒經驗路向，其兩者間具有「漢」、「宋」學之殊異取向，如戴震之批判朱熹等理學家，便是同屬哲學範疇的不同哲學體系之義理歧見，而非以考據學家身分批判義理學之學術型態；但是「漢」、「宋」學名謂獨不可以用做跨學術型態間的考據學和義理學代稱，因爲義理學並非以理學的「形上學」做爲惟一範式，清代新義理學便是志在理學的形上學模式外另建道德「非形上學」。故顯然可見的，在義理學存在「形而上」與「形而下」兩種截然不同路向的類型架構下，不能獨以標誌道德形上學的「宋學」做爲義理學之代稱。如此將會造成站在宋學對立面、其義理取向迥異乎宋學的清代義理學竟被稱爲「宋學」之誤謬。試想對於學術興味及趨向皆「崇實黜虛」地斥棄形上玄虛的清儒，若反以其所惡者名之，彼其定然不受。譬如以建構道德「非形上學」做爲學術終極目標而矢志「發狂打破宋儒家中太極圖」的戴震，以及編纂漢學取向的《皇清經解》的阮元，焉能接受以「宋學」稱名其所致力建設的經驗趨向義理學，或說他們「折衷漢宋」而兼有「宋學」之長等說法？其理至爲顯然。

因此吾人今日不能再以一種籠統的「宋學」、或「理學復興」角度模糊解釋晚清學術發展大勢；必須打破過去長期慣性，重新省視清學的義理價值，認知清代思想是一種異乎宋明理學的其他義理學類型；也惟其能夠擺脫以理學做爲惟一儒學義理的狹隘性，才能避免從理學興衰視角出發而與政治意識牽纏不清的清學誤解——理學入清而衰雖是事實，但卻非清廷打壓的緣故；反之，清廷極力提倡理學，卻未能挽其江河日下的命運。理學之衰微，清初的群經辨僞學其實更具關鍵性；而清初的朝廷文禁也有針對性，主要是針對大清建國下的南明抗命及南明史書寫，因此出現諸多譬如莊廷鑨《明史》案、戴名世《南山集》等史獄案以及詩文肇禍案。但是對於純粹的學術活動，以「崇儒重道」爲標榜的清廷其實未予干預，譬如考據學之披靡，便是由江南地區影響及朝廷科考採納的。知乎此，始可以進論考據學發達下的清學並非沒有思想高度，清代義理學實際上蘊藏了儒學過去尚未充分開發的思想寶藏；清代既是我國學術史上講求實證的方法論革命時代，而同時也是改寫宋明理學形上學獨尊局面，另外訴求經驗視角、現實關懷的義理學革命時代。雖然它後來的發展受限於時代因素如迫切的救亡運動，而未獲得充分開發與系統化開展，但仍呈現了我國義理學從理想主義到經驗主義的發展變遷——這也即是形塑晚清子學側重致用意識的內在因素。

清儒繼理學之突出邏輯思辨後，在思想發展上另以重視客觀規範與效驗價值的崇實精神爲出發，故講求道德價值之經驗面的禮學於焉興盛，此即錢穆之謂淩廷堪、焦循、阮元等人，「分樹理、禮爲漢宋之門戶焉。」「一若以理、禮之別爲漢宋之鴻溝。」（《中國近三百年學術史》）另外在子學趨向上，清儒也在理學獨尊孟學及其形上學路線之外，轉趨重視法、墨各家在政治經濟層面提出的，有別於儒家道德價值的其他思想；在精神境界上，也跨出儒家禮樂人文價值，而對道家訴求精神自由的思想亟加弘揚，在在形成了晚清諸子學的蓬勃發展。這樣的子學思潮不僅是對我國兩千年來獨尊儒家的一大突破，更能順利接軌十九世紀後半葉的現代化多元思想，像是法家能與現代法治思想、政治哲學合拍；墨家前期的平民立場深蘊平等思想，後期的論理法則也與邏輯學合轍；《老子》的「無爲而治」與莊子的「在宥」思想，[1]並皆強調執政者應無事無爲而任民自由自爲，也符合自由主義暨反對政治客體過度干預的寬鬆主張。

晚清子學思潮可以溯源自乾嘉子學，不過乾嘉子學突出考據法而重視謹嚴的文獻考辨、疏釋整理諸子文獻等歸納法之運用；晚清子學則凸顯演繹法，如對思想觀念及重要概念的闡發、述評，或援引、抽繹其思想以批判社會、政治、歷史、文化等。乾嘉考據學興盛之際，在「考據治經」之主流途轍外，偌多移治經之法治子的學者，以考據碩儒王念孫、王引之父子《讀書雜志》爲最著；另外與二王大約同時的學者如盧文弨（1717-1795年）《莊子音義考證》，畢沅（1730-1797年）《墨子注》，姚鼐（1731-1815年）《老子章義》、《莊子章義》，孫星衍（1753-1818年）《孫子十家注》，嚴可均（1762-1843年）輯校《愼子》、《商君書》、《公孫龍子》、《鄧析子》……等亦屬之；逮及晚清，陳澧（1810-1882年）《公孫龍子注》、王闓運（1833-1916年）《墨子注》、王先謙（1842-1917年）《荀子集解》、孫詒讓（1848-1908年）《墨子閒詁》等仍遵考據治子路數，並皆不脫辨、正、校、補等考據法運用。惟本文所論晚清子學思潮及其致用意識，係著眼於能夠結合時代思想意識以擺脫長時期儒家道統觀，並突破乾嘉子學「治子通經」、「以子證經」等考據旨趣以及經學附庸地位，轉從事於發明諸子義理思想者，如魏源（1794-1857年）《老子義》，嚴復（1854-1921年）《老子評點》、《莊子評點》，章太炎（1869-1936年）《齊物論釋》，梁啓超（1873-1929年）《墨學微》、《墨子學案》……等作。

---

1 莊子曰：「聞在宥天下，不聞治天下。」以「在宥」之說反對 帝堯舜以仁義之性「治」天下而攖人之心，認為是使百姓「不恬」之為。故郭象注曰：「所貴聖王者，非貴其能治也；貴其無為，而任物之自為也。」（《莊子注．在宥》）

一、實證方法論和諸子學復興的關係

做爲清代代表性學術的考據學，是一種突出實證方法論的學術活動；從方法論的角度言，它可以做爲任何型態學術的公器，即所有學術都可以將考據學「工具」化地做爲追求成果的普遍方法論。譬如考據學也可以是義理學的工具，戴震言：「故訓非以明理義，而故訓胡爲？」（《戴東原集·題惠定宇先生授經圖》）即是以章句訓詁等考據法做爲探求古聖賢義理旨趣的方法門徑。另外，考據學也可以獨立發展其專業門類如辨僞、校勘、訓詁、注疏、正譌、補闕、輯佚……，而爲義疏學、校勘學、辨僞學、輯佚學……等等，乾嘉時期頗多學者從事於此，是爲乾嘉考據學主流。當從前者普遍方法論的角度言，義理學和考據學密切關聯而不能截然擘分，謹嚴考證是成就精密義理的礎石，不過斯時考據學並未獨立成學，乃以義理爲其歸宿，所以戴震說考據學是「肩輿之隸」，義理學才是「乘轎大人」。[2]但若是著眼於後者的專門考證，則考據本身就是學術旨歸，此時考據學和義理學指向兩種不同的學術目標與學術型態，如學術之可以區分爲義理、詞章、考據等類別。就此而言，當學者在完成所欲考證的問題或文獻考辨後，其學術目標便已達成，並毋須再將此成果納入另一網絡架構、或其他視域中加以觀察。

由於實證法可以從普遍方法論的角度做爲所有學術的公器，所以經學考據雖是乾嘉主流典範，但清儒所考據的對象並未侷限在經學範疇，考據學興盛下蔚爲大國的辨、正、校、補等文獻考辨活動，其對象在經學以外還包括了子、史典籍等。譬如錢大昕《二十二史考異》、王鳴盛《十七史商榷》、趙翼《二十二史劄記》等包含史事、史文校釋的歷史考據學，亦是清儒特立於我國史學史的重要學術貢獻。而諸子學方面，

2　戴震嘗曰：「余以訓詁、聲韻、天象、地理四者，如肩輿之隸也；余所明道，則乘輿之大人也。」（章學誠《文史通義·書朱陸篇後》轉述語）

也由於考校經書必須多方稽考參覈，所以子書也在「以子證經」的考據行列；只是這樣的子學從事並非爲了弘揚諸子義理，是爲了做爲經學的訓詁校勘等佐證。因此乾嘉考據學興盛下的子學漸起，尚不算嚴格意義的子學復興，但可以從晚清子學復興契機看待之。而這也並不是摒除經學或章句訓詁的義理內涵，經學和子學皆具明道的義理本質；只是經學做爲我國「政學合一」下惟一正宗的思想體系與官學立場，乃以儒家道統爲其內核，子學則各家爭鳴地自成一家之言，長期未受學界重視。故晚清子學思潮必須具備如下突破條件：就思想內涵言，須是能夠掙脫長期儒家道統束縛，朝向多元化發展而不再囿限於傳統儒家思想；再就學術旨歸言，必須擺脫乾嘉「以子證經」或「經子互訓」的經學主軸，不再以子學爲經學附庸，對於諸子學的獨立興趣是其要素。

先就晚清子學之掙脫儒家道統束縛而言：我國經學體系係圍繞著儒家義理信仰而展開；在長期「經、傳一體」的學術思想建設下，從先秦儒學到兩漢經學、六朝義疏之學，再到宋明理學，已經建構起牢不可破的、兩千年皆以儒學王道禮教爲核心的道統思想及經學體系。雖然在經注經解上，其間也曾有孔穎達《五經正義》之《周易正義》採用道家體系的王、韓注，惟此即清儒之所以表其不滿並樹立漢幟及復歸漢注之所以然。在長期儒家道統思想主導下，政學合一的科舉建制皆以義理體系相互支撐的《六經》聖道做爲核心——斯即兩千年來國人共同思想信仰的中學之「體」。換言之，在先秦本來並列爲諸子學的儒家，因漢武之獨尊及歷代的經學建設，已躍居官方意識形態及國人思想正統；又經宋明理學之道統觀確立，《論語》、《孟子》等儒學義理更在朱熹《四書集注》的推波下，從子學躍昇我國經學體系的《十三經》之列，孔孟程朱思想遂與其他「成一家言」的諸子思想存在著正宗和異說的淵壤。然而逮及晚清，在啓蒙思潮與迫切的扶傾救危需求下，聖學道統的儒家思想能否再爲維繫人心的惟一信仰？頗遭質疑。在呼籲改革的「全變則強，小變仍亡」（《康有爲全集·上清帝第六書》），「器既變，道安得獨不變」（《譚嗣同全集》）等變法救時主張下，「中體西用」、「西學中源」等說，都可以印證傳統與現代衝突以及渴求變通的人心思維。

值此之際，儘管康有爲仍以儒家微言大義的今文信仰，藉公羊學「三世進化」說做爲推動憲政改革的思想利器，持論「升平世」既是從「據亂世」到「太平世」的中間過渡時期，則相對應的「立憲」制就是從「君主」到「民主」制度間的適應政制。但與此同時的，也有跨出儒家思想藩籬的章太炎，他以佛學和莊子「齊物」精神的平等思想，力抗西方資本主義與物質文明的壓迫；復依據荀子性論和相宗思想，另建善惡苦樂並進的「俱分進化論」，以駁斥單線進化的西方強權思想。而淹通群籍的譚嗣同，其《仁學》也在儒家仁愛精神與道德理想之外，兼有墨子兼愛、任俠、摩頂放踵利天下的精神，以及道家曠放、反名教性格，和佛教性海超越種族的救世理想與世界主義精神。且夫康有爲雖然一手利用今文微言以推動政制改革，另一手卻也爲要推倒古文信仰而鬆動了經學磐石，他主張劉歆造僞孔學的「新學僞經」與「僞古文」說，更加速了儒學走下國人的信仰殿堂。而章太炎則雖最後仍然回歸儒學並持志捍衛古學、發揚國粹；但其學思歷程之一度尊佛道且「批孔反儒」，其訂孔反儒言論亦已覆水難收地延及民初新文化運動之「非聖疑經」，故錢穆嚴辭責備之。[3]是故晚清之際，一旦儒家信仰被鬆動、疑經閘門被開啓，隨之而來的，質疑儒家學說思想的聲浪遂排山倒海地，

3　錢穆對章氏頗有責言，謂：「殆有甚於後起『新文化運動』及更後共產黨之所謂『批孔運動』。」對太炎「頗為自珍」的《國故論衡》亦表不滿，謂以猶云：「批評這些老東西而已。」「立論怪誕而影響不大……否則其為禍之烈，恐當尤駕乎其所深惡的後起『新文化運動』之上。而主持新文化運動者，亦僅以『死老虎』目之，置之不論不議之列。」（《中國學術思想史論叢（八）·太炎論學述》）

其勢難以抑遏。此時儒家義理已難再高踞國人思想殿堂的惟一了，一時間頗有類似先秦諸子學多元思想之勢。

再就考據學是可以被普遍運用的方法論以及晚清子學之擺脫經學主軸而言：雖然乾嘉考據學乃以經學考據爲主，古文經學也素以訓詁考據名世；但是校勘訓詁、正譌補闕……等「崇實黜虛」的考據法，卻是不涉思想家別、不論學術型態的共同方法論。證諸實際學術發展：譬如深詆漢學家的姚鼐，其《九經說》、《三傳國語補注》等作亦不能悉去考訂，而與漢學家之突出考據訓詁者無異，他乃以考據方法論做爲推論義理之憑據；而兼爲清代義理學領袖和乾嘉考據學祭酒的戴震，更是視考據學爲工具地說：「六書九數等事，如轎夫然，所以舁轎中人。」（《戴東原集・題惠定宇先生授經圖》）「余以訓詁、聲韻、天象、地理四者，如肩輿之隸也；余所明道，則乘輿之大人也。」（《文史通義・書朱陸篇後》，章學誠轉述）他清楚指出六書九數等考據法只是一種基礎方法論。至於旨在闡發經典微言的今文經學家，從常州公羊學劉逢祿（1776-1829年）《春秋公羊經何氏釋例》、到晚清康有爲《新學僞經考》等一系列攻訐古文經學之作，其所採用「屬辭比事」的歸納法，其實也與古文經學家所擅長的「分文析字」同屬「考據治經」路數，並不能被排除在考據學外。因此龔自珍反對將考據學稱爲「漢學」，其言「漢人何嘗不談性道？」「宋人何嘗不談名物訓詁？」（《龔定盦全集類編・附與江子屏牋》）便闡明了擅長名物訓詁的漢學也可以將考據法運用在義理學領域，而以義理學名世的宋儒亦未嘗沒有通過考據法證成思想。因此在方法論視角下的考據學，其學術目標與義理學是同趨的，職此之故，乾嘉考據學興盛下的實證方法論，內蘊有清代思想史的重要線索。

以下試以清代學術思想的實際發展，說明考據學和義理學可以同趨且具密切關係：戴震、王念孫王引之父子既是清代考據學斗杓，而同時也是引領晚清學術走向思想興盛的前驅；皖學正是通過考證漢儒義理，證立了儒家思想並非僅有理學的道德形上學模式，故戴震矢志建構「非形上學」的道德學。而從戴震《孟子字義疏證》到弟子王念孫的《讀書雜志》，再到念孫弟子俞樾的《諸子平議》，以及俞樾弟子章太炎的《齊物論釋》，他們都在所精擅的古學考據外，一脈相傳了「由考據進求義理」的愛好義理精神。從戴震重視考證而要求治經之「十分之見」，力主：「所謂理義，苟可以舍經而空憑胸臆，將人人鑿空得之，奚有於經學之云乎哉？」「故訓明則古經明，古經明則賢人聖人之理義明。」（戴震：〈與姚孝廉姬傳書〉、〈題惠定宇先生授經圖〉，《戴東原集》）到突出義理學地位並自認：「僕生平著述之大，以《孟子字義疏證》爲第一，所以正人心也。」（段玉裁序《戴東原集》）可見其「始乎離詞，中乎辨言，終乎聞道」（《戴東原集．沈學子文集序》）——從考據「通經」到闡發聖賢義理以「明道」的爲學途轍與義理追求。故章太炎以「綜形名，任裁斷」說皖派長於識斷，以對比吳派「篤於尊信，綴次古義，鮮下己見」（章炳麟：《訄書重訂本．清儒》）之存古而少有己見。不過戴震固然在數百年披靡的理學形上思維外，對義理學加以大力扭轉，將「崇實黜虛」的方法觸角從經學考據擴及道德學領域，其《孟子字義疏證》並樹立起形上學進路以外的，對孟學轉從經驗視域詮釋的另一番視野，其後也都崇實的焦循《孟子正義》、劉寶楠《論語正義》等並皆措意經驗視角的清儒新疏注，亦皆迥別朱熹《四書集注》之凸顯道德價值的形上面，是爲我國道德學理論的重大轉向；但是他們都仍未脫出儒家思想藩籬，仍以弘揚儒家道統爲務，[4]所以尚不能從諸子學的角度看待之。必須逮及後來焦循

4　譬如戴震《孟子字義疏證．序》曰：「後人習聞楊、墨、老、莊之言，且以其言汨亂孟子之言。……吾用是懼！述《孟子字義疏證》三卷。韓退之氏曰『道於楊、墨、老、莊、佛之學而欲之聖人之道，猶航斷港 潢，以望至於海也。故求觀聖人之道，必自孟子始。』烏乎！不可易矣！」

稱爲「鄭、許之亞」的王念孫《讀書雜志》（《雕菰集·讀書三十二贊》），始以過半篇幅廣泛地涉論《管子》、《晏子春秋》、《墨子》、《荀子》、《淮南子》、《老子》、《莊子》、《呂氏春秋》、《韓非子》……等子學各家，始可謂之諸子學復興先驅。

不過念孫研治諸子主要採考據治子途轍，乃以校勘訓詁諸子典籍爲學術旨趣；雖然在校勘訓詁過程中也必定要通達義理，才能疏釋文獻，但他並非爲了弘揚或發揮一家思想。所以當完成文獻之辨證、或將錯謬譌脫等典籍流傳問題辨析清楚了，其學術目標便已達成；斯時儘管實證的考據法已涉子學藩籬，然距離子學復興仍有一間之隔，這也是他和戴震矢志建構「非形上學」義理模式以駁斥理學，故又須將考據成果置放在義理學範疇的兩人不同之處。念孫雖藉考據法觸及子書著作而有子學先驅意味；但這時子學旨趣並非學術目標，反之，文字學、聲韻學、訓詁學、輯佚學等考據學自身才是目標，各家經典只是做爲被考據對象。所以誠如學者葛兆光言：「十九世紀中葉以前諸子學仍然在歷史文獻學與歷史語言學的範圍中。」（《七世紀至十九世紀中國的知識、思想與信仰·目錄》）乾嘉子學並未跨出文獻學和語言學範圍。例以念孫《讀書雜志》之運用古音學知識，以聲訓理論校正子書流傳版本之傳寫譌誤：如《韓非子》書云：「去好去惡，臣乃見素。去舊去智，臣乃自備。」念孫認爲章句舛誤，曰「去舊去智」應作「去智去舊」，蓋「舊」古音讀若忌，「舊、備」爲韻，「惡、素」爲韻，後人因「舊」今讀「巨救」反，與「備」不諧，遂改《韓非子》成爲「去舊去智」；殊不知古韻「智」屬支部、「備」屬之部，兩部絕不相通，如此一來反而致誤。他並蒐羅廣備地旁證以《大雅·蕩》「匪上帝不時，殷不用舊」，亦證舊、時爲韻；《大雅·召旻》：「昔先王受命有如召公，日辟國百里；今也日蹙國百里，於乎哀哉！維今之人，不尚有舊。」並證里、舊諧韻；《管子·牧民》：「不敬宗廟，則民乃上校。

不恭祖舊，則孝悌不備。」復證「舊、備」古音諧韻（詳〈讀書雜志餘編・韓子〉，《讀書雜志》）。另外章太炎讚美足與《讀書雜志》相抗衡的俞樾《諸子平議》，其內容也同於師門地涉有《管子》、《晏子春秋》、《老子》、《墨子》、《荀子》、《列子》、《莊子》、《商子》、《韓非子》、《呂氏春秋》、《董子春秋》、《淮南子》……等諸子學，學術目的也在於校正誤文、發明古義，以解決子書過去讎校不精的譌闕問題；其「正句讀、審字義、通古文假借」之治經法（《群經平議・序》），同屬「專就訓詁校勘上下工夫」一路。因此儘管部帙雄偉的《讀書雜志》、《諸子平議》之諸子範疇已經脫出儒家思想藩籬，其借徑古音學的「考據治子」途轍卻非爲弘揚諸子思想而發。所以胡適《中國哲學史大綱》言：「清代的漢學家最精校勘訓詁，但多不肯做貫通的工夫，故流於支離破碎。校勘訓詁的工夫，到了孫詒讓的《墨子間詁》，可謂最完備了，但終不能貫通全書，述墨學的大旨；到章太炎方才於校勘訓詁的諸子學之外，別出一種有條理系統的諸子學。」（胡適：《中國哲學史大綱》）因此晚清子學思潮，須俟章太炎等擺脫做爲治子最初目的的以子證經，轉爲「以音韵訓詁爲基，以周秦諸子爲極」（《章太炎政論選集・致國粹學報社書》）地務力於諸子思想發揚，即從「通經」目的轉向「明道」追求後，才是子學精神復興。而考據學興盛下的子學發展即以校勘訓詁爲旨趣的乾嘉子學，其與發揮義理、縱橫論述的晚清諸子學思潮固然尙有一間之隔，但其以精密考證提供清儒建構一己義理體系之理論基礎，則呈現出學術史階段性發展的進程意義。

二、從「通經致用」到「明道致用」的晚清諸子學思潮

晚清諸子學何以能夠擺脫考據爲務的乾嘉子學進路，轉趨義理闡揚或發揮？這固然是學術的「盈科而後進」現象，當考據學典範已經獲得

高度建設而臻於滿足了，學風自將趨變；更重要的，是由於晚清的時代課題——迫切的「救亡」意識之現實問題。處時代困境中，學者往往受到經世理想驅動而在學術上表現出淑世理想與致用意識；先是嘉道間強調社會變革主題的經世思潮興起，中葉以後的今文學者龔自珍、魏源等在加劇的世亂，以及鴉片戰爭的經濟侵略和武力威逼中，譏切時政地提出變法諍言。他們在經學趨向上做了很大的轉變，既擺脫乾嘉主流對經義的章句訓詁之路、也不再遵常州學派闡揚聖人意的「微言大義」門徑，而從「經例闡發」轉趨「援經議政」地將今文學經世精神用在針砭時政上，另走一條「以經論政」、「通經致用」的發揮公羊經義於實際政事之路。此外在思想上，龔自珍也由「尊史」而「尊子」地從「諸子皆史」角度出發，擺脫過去長時期的儒學中心主義，兼容廣包地關注儒家主流外的荀子以及墨子、楊朱、老子等各家思想之實用性，其言「諸子也者，周史之小宗也。」「三皇五帝之書者是也。」[5]肯定諸子皆爲史官支流，而道家、墨家、農家、雜家、陰陽家、兵家、術數、方技等也都是神農黃帝之書與周史所職藏，在乾嘉子學之「考據治子」外，另開闢出一條尊諸子思想的闡揚諸子思想之路。魏源也跨出儒家思想涯岸地，肯定墨子能反映社會眞實樣貌及其明鬼、非樂、節用、非攻等主張；並自老子哲學實際上強烈關懷政治社會的角度，批判後世之論老學者，「徒尋聲逐景於其末。」他認爲諸子思想各有對治，百慮殊途，不必盡期於一，「甘酸辛苦味不同，蘄於適口。藥無偏勝，對症爲功。在人用之而已。」（《默觚上》、《老子本義．論老子》）以19世紀的嘉道經世思潮和17、18世紀的清初經世思潮相比，清初經世觀偏重建設理想社會；嘉道經世學風則顯然轉趨社會變革要求，期能挽救清朝

5　龔自珍言：「孔子歿，七十子不見用。衰世著書之徒蠭出泉流，漢氏校錄最為諸子。諸子也者，周史之小宗也。」（《龔自珍全集．古史鉤沉論二》）

日益嚴重的社會危機。晚清「通經致用」的學風已經擺脫傳統儒學立「體」的道德仁義核心，以及清代前中期主要針對經典之「文」的考據與義例闡發，轉爲發揚學術之「用」的一面，從過去的面對經書發言轉向面對社會與政事發言，亦如西漢董仲舒之據《春秋》論政斷案般，並影響及康有爲藉公羊義法爲變法張軍的「託古改制」等說，以及當時集政治、經學、哲學於一身的晚清今文學走向，同時亦是「明道致用」的晚清諸子學復興契機。

㈠復興荀學之禮教精神

溯源「儒」義，其前身係爲貴族服務的巫、史、祝、卜等因春秋動盪失去原有地位，致淪落民間而以所熟悉的貴族禮儀「相禮」爲業者；嗣後，孔子承周文以立教，提出系統性自覺理論，並通過以「仁」釋「禮」的方式，爲外在的行爲規範、禮儀形式，找到內在的價值依據與倫理準則，遂使得職業的「儒」進至思想的「家」。孔子之後，《史記．孟子荀卿列傳》並列孔學兩大流派孟、荀兩支，各緣「內聖」的仁學傳統和「外王」的禮學傳統發展。後來則孟學側重的仁學傳統經韓愈（768-824）之儒家道統觀確立，復爲超越功利、強調心性修養的宋明理學所繼承，而開出道德形上學且長期主導科舉仕進；反觀荀學所側重的禮學傳統則長期湮沒不彰，直至「崇實黜虛」的清儒因重視道德價值的經驗面、強調實在界的禮制規範，始重獲關注。

韓愈既言儒家之「道」絕異於佛、老之道，且持論孔子死後傳承道統的重任，遠非主張客觀禮教而謂「善由外鑠」的荀子，以及持論宇宙論中心哲學的漢儒暨主張「性，善惡混」的揚雄等所能擔當——「孔子傳之孟軻；軻之死，不得其傳焉。荀與揚也，擇焉而不精，語焉而不詳。」[6]朱熹《孟子集注》即持此「合仁與義言之」、「聖聖相承」的道統觀，肯定韓愈之言「孟氏醇乎醇者也」（朱熹：《孟子集注・孟子序說》、韓愈：《五百家注昌黎文集・讀荀子》），並突出形而上進路地結合自然本體與道德本體，亟以《四書》闡揚思孟、《學》、《庸》一脈相傳的仁學傳統。自後《孟子》從先秦諸子的子學地位提昇爲《十三經》之經學地位，與孔子並稱「至聖」、「亞聖」；宋儒則自詡繼《中庸》之「接夫道統之傳」後，獨能「以續夫千載不傳之緒。」（朱熹：《中庸章句・序》）因此挺立德性主體、突出「內聖」之學的孟學，長期穩居儒學正宗；強調「外王」之學的荀學成爲儒學歧途而受到批判。[7]以此，儘管韓非言孔子之後「儒分爲八」（《韓非子・顯學》），孟學居其一；但持理學立場者仍普遍視孟學爲儒學惟一正宗，荀學則長期見黜地被剔除於儒家道統外。

實則以「隆禮」爲教的荀子，其所繼承於聖學者，正是孔子據以落實王道理想的禮治精神。子曰：「道之以德，齊之以禮，有恥且格」，正欲樹立禮教以實現「外王」理想，所以《論語》中孔子亦數論禮，以爲「天下有道，則禮樂征伐自天子出；天下無道，則禮樂征伐自諸侯出。」強調天下有道無道之別，除軍權外，就在天子能否行禮樂之教的觀察。故《左傳》論禮，謂以能「經國家，定社稷，序民人，利後嗣。」（《左傳・隱公十一年》）《禮記・曲禮》也從「聖人作爲禮以教人，使人以有禮知自別於禽獸」的客觀禮教角度，亟論禮之「定

---

6 案：揚雄對人性論持後天教養說，其《法言》有曰：「人之性也善、惡混。脩其善則為善人，脩其惡則為惡人。」（《揚子法言・脩身》）

7 即至民國後臺灣新儒家輩如勞思光等人之哲學史著作，仍言：「就荀子之學未能順孟子之路以擴大重德哲學而言，是為儒學之歧途。」而持宇宙論中心哲學的漢代儒學，其「步入邪僻荒謬之途」則係「自荀卿引入歧途，遂一往而不能反。」再如王邦雄等之《中國哲學史》也以「先秦儒學歧出者」稱荀子（論詳勞思光：〈荀子與儒學之歧途〉、〈法家與秦統一〉，《中國哲學史》；王邦雄等：《中國哲學史》）

親疏、決嫌疑、別同異、明是非」作用。惟強調「師法之化、禮義之道」的荀子，在述禮教宗旨時又輔以人性論，另以〈性惡〉篇論「化性起僞」，持論「善」是由禮義等人爲「外鑠」而成——「僞起而生禮義」，並非本始材樸。其意在於突出客觀途徑的「勸學」、「隆禮」以實踐社會理性，欲使兼有情欲的人性，能如「枸木必將待檃栝烝矯然後直，鈍金必將待礱厲然後利」般，能因禮教進而實現「貴賤有等、長幼有差、貧富輕重皆有稱」的理性社會，故曰「人無禮則不生；事無禮則不成；國家無禮則不寧。」「禮者，法之大分、類之綱紀也。故學至乎禮而止矣。夫是之謂道德之極！」（〈性惡〉、〈富國〉、〈修身〉、〈勸學〉，《荀子》）其說雖與孟子之強調價值內在而欲挺立道德自主性殊途——孟子論禮係就內在德性、人性善端而言，曰：「君子所性，仁義禮智根於心。」「仁義禮智，非由外鑠我也，我固有之也。」「君子所以異於人者，以其存心也。君子以仁存心，以禮存心。」孟子鮮少涉論客觀規範或政治範疇的禮制，甚至曾言「諸侯之禮，吾未之學也。」（〈盡心上〉、〈告子上〉、〈離婁下〉、〈滕文公上〉，《孟子》）不過儘管二人所論內在德性與外在規範指涉有別，但俱爲聖學重要一端則無疑。

而學界在長期尊孟黜荀，孟學爲主流、荀學聲光黯淡後，逮及清代，始因清儒發揚禮學傳統並肯定聖人緣情制禮，乾嘉時期且形成復禮思潮，此一「崇實」精神實與曾在稷下學宮三爲祭酒且傳子夏六藝之學的荀子「隆禮」精神爲近，而與思、孟、《學》、《庸》思辨精神爲遠，並且理學之衰亦波及了孟子仁學傳統的長期獨尊地位，故清代學界頗有因尊禮而尊荀現象。

清儒之禮學成就超佚前代，其內容豐富地涵蓋了禮書會通、禮例彙整、禮書注疏等禮書考證；在禮學思想上，也有乾嘉「以禮代理」及晚清「理禮合一」等趨向經世禮學、突出禮制改革的落實禮治理想與理論建設。不過清代之崇禮、復禮學風固然親近荀子所繼承的、孔子欲行王道於天下的禮治精神，而非理學家所繼承的、孟學立「體」之德性內在體證、主觀存養；禮學和仁學卻並非無涉，禮依於仁義以成立，道德價值、倫理基礎等正是做為「禮」的深層結構。所以《論語》「仁、禮合一」地說「人而不仁，如禮何？」《禮記》亦言：「禮之所尊，尊其義也；失其義陳其數，祝史之事也。……知其義而敬守之，天子之所以治天下也。」（〈郊特牲〉）皆強調「禮儀」背後的「禮義」才是禮學的內在根基。所以清儒在高度的禮學成就下，實際上極重視仁、禮的內在聯繫，並極力彰顯禮之「制仁義之中」精神。例以「一代禮宗」之稱的乾嘉禮學名家淩廷堪，他便強調禮是「天命之性」的天道具體呈現，曰「禮者，身心之矩則，即性道之所寄焉矣！」（《校禮堂文集．荀卿頌》）其論禮之所起，亦謂「因父子之道而制為士冠之禮，因君臣之道而制為聘覲之禮，因夫婦之道而制為士昏之禮，因長幼之道而制為鄉飲酒之禮，因朋友之道而制為士相見之禮。」（《校禮堂文集．復禮上》）指出禮制就是聖人因天命性道而緣情定制者。而戴震所撰《尚書義考》也從《尚書》言：「天敘有典，勑我五典五惇哉！天秩有禮，自我五禮有庸哉！」即典禮乃天所降命的角度，肯定典章制度內蘊聖人理義，故凡禮儀、禮俗等儀節即是天命條理落實在人道上的具體表現，聖人制禮就是聖人有見於天地條理而定制為秩然有序的法則，故其言曰：「賢人聖人之理義非它，存乎典章制度者是也。」（〈題惠定宇先生授經圖〉）如此一來，客觀禮制既是道德理性在生活世界的具體實踐途徑；並且因其內蘊理義、並非虛文，而「一器數之微、一儀節之細，莫不各有精義彌綸於其間。」是故清儒之崇禮、復禮，不但因「禮」具有可遵循的儀文之「末」──「冠昏飲射，有事可循也。揖讓升降，有儀可按也。豆籩鼎俎，有物可稽也」（淩廷堪：〈復禮〉中、下），同時更以其兼賅仁義之「本」，而足為百姓日用所據依。

在肯定仁、禮具內在聯繫大前提下，從乾嘉到晚清，清儒頗因尊禮而尊荀，如淩廷堪在撰作考釋《儀禮》而傲視群倫的《禮經釋例》以及精擅樂律的《燕樂考原》外；其於荀子，復在《校禮堂文集》中撰爲〈荀卿頌〉以批評後人之尊孟抑荀。他肯定荀子發揚禮教及傳經之功，稱美荀子「折衷至聖，其理非鑿。」「所述者皆禮之逸文，所推者皆禮之精意。」認爲孟、荀「各成一是，均屬大儒」，並頌以「卓哉荀卿！」（《校禮堂文集．荀卿頌》）而其禮論亦突出禮能使「秀者有所憑而入於善，頑者有所檢束而不敢爲惡。上者陶淑而底於成，下者亦漸漬而可以勉而至。」所論亦猶乎荀子〈勸學〉云「蓬生麻中，不扶而直。」皆主張以具體落實在器數、儀則上的客觀禮教檢束人之言爲，以爲理性社會準繩。再如汪中亦尊荀地撰作〈荀卿子年表〉、〈荀卿子道論〉等，他也肯定荀子傳經之功，謂：「荀卿之學出於孔氏，而尤有功於諸經。」「六藝之傳賴以不絕者，荀卿也。周公作之；孔子述之；荀卿子傳之，其揆一也。」（《述學補遺》）所論並影響及晚清撰有《荀子補釋》的劉師培，及其《國學發微》之言：「曾子、子思、孟子，皆自成一家言者也，是爲宋學之祖；子夏、荀卿，皆傳六藝之學者也，是爲漢學之祖。」要皆彰顯孟、荀同爲孔子繼承者，且荀子對於儒學傳衍及發展影響至大，這對於倚重《六經》傳承聖道的孔門，實功在不沒！至於對《荀子》其書的發揚，則乾嘉之際有陳昌齊（1743-1820年）《荀子正誤》、劉台拱（1751-1805年）《荀子補注》、郝懿行（1757-1825年）《荀子補注》、顧廣圻（1766-1835年）《荀子注》及《荀子異同》、陳奐（1786-1863年）《荀子異同》等同遵校勘進路以讎校之；以迄於晚清，復有後世流通最廣的王先謙《荀子集解》通行本，王氏感於荀子遭世大亂而其論學論治皆以禮爲宗，誠「爲千古脩道立教所莫能外」者，其學卻遭「擯之不得與於斯道」，其書亦僅有楊倞因憫荀書千載未光而爲之注但亦「未爲盡善」的注本，所以他「悲荀子術不用於當時，而名滅裂於後世」（王先謙：《荀子集解・序》），爲撰《荀子集解》以光大之。至於發揚禮學思想者，譬如晚清曾國藩（1811-1872年）、羅澤南（1807-1856年）、胡林翼（1812-1861年）、左宗棠（1812-1885年）、劉蓉（1816-1873年）、郭嵩燾（1818-1891年）、張之洞（1837-1909年）等並皆前後接踵地，在理學養心養性之外復積極以禮爲倡，合「義理」與「經濟」爲一地以禮學爲修己治人、經緯萬端的經世治術。黃以周（1828-1899年）則在清學突出「博我以文」之回歸經典、訓詁考據特色外，復「約之以禮」地從「經以載道，經學即是理學」角度，以禮學做爲學術宗旨，主張「禮即天理之秩然者也。」「節文度數有至理寓焉。故考禮之學即窮理之學。」（〈南菁書院立主議〉、〈曾子論禮說〉，《儆季雜著・文鈔》）所撰清代禮學名著《禮書通故》和孫詒讓《周禮正義》等，皆在會通諸禮、精審禮注外，突出禮制改革議題而關注禮俗改良問題，批判壓迫女性的禮教，主張婚、喪、葬、祭各儀之簡化，表現出晚清講求禮制改革、禮俗改良的時代意義。

除上述尊荀、尊禮現象外；晚清學界亦有結合時代意識、借重荀子性論以抗衡西學者如章太炎。晚清社會因嚴復翻譯赫胥黎（Thomas Henry Huxley, 1825-1895年）《天演論》（*Evolution and Ethics*），並引進十九世紀末直風行至二戰結束前的斯賓塞（Herbert Spencer, 1820-1903年）「社會進化論」（社會達爾文主義），而颳起了一陣思想旋風，到處瀰漫一片進化論思潮。進化論思潮負載了清季學者的變革焦慮，而被當時幾乎所有變法主張、革命思潮、激進主義、軍國主義、無政府主義、自由主義……等學術與思想倚爲改革理據，成爲推動政治社會變革、喚起民族覺醒的思想利器；但進化論同時亦是西人借爲肆行侵略、表現西方強勢的思想利器，而赫胥黎論天演之「Evolution」一詞實兼進化之Progress和退化之Degeneration二義，嚴復略而未譯，國人也多將之單向理解爲進步觀。因此章太炎以融合了荀子性論和強調心性修證的相宗思想，[8]針對代表西方文明與優越的進化論，起而捍衛中國傳統地加以駁斥。太炎在心性論上傾向荀子「性惡」說，嘗讚美荀學地說：「遭世衰微，不忘經國。尋求政術，歷覽前史，獨於荀卿、韓非所說，謂不可易。」（《菿漢微言》）其《訄書》初刻本也以〈尊荀〉異夫康有爲之尊孟及其《孟子微》，且有〈儒墨〉、〈儒道〉、〈儒法〉、〈儒俠〉、〈儒兵〉各篇以爲諸子各家辯。1906年他在《民報》發表〈俱分進化論〉，提出善惡苦樂不是單線前進而是雙方俱進，並結合赫胥黎認爲郅治無望的悲觀天演思想——實則赫氏立足馬爾薩斯（Malthus, Thomas Robert. 1766-1834年）《人口論》（*Principle of Population*），而從戶口蕃息、生齒寖多的角度悲觀看待人口增長的慘酷競爭，謂：「世運日進，生齒日繁，一切有情皆依食住，所以給其欲求者，既有不足，則相爭相殺，必不可已。」（〈俱分進化論〉，《太炎文錄初編・別錄》）[9]所論其實近似荀子〈性惡〉之謂：「今人之性，生而有好利焉，順是，故爭奪生而辭讓亡焉……從人之性，順人之情，必出於爭奪，合於犯分亂理，而歸於暴。」故赫氏言：「以天演言之，則善固演也，惡亦未嘗非演。」其結論實不同於嚴復樂觀天演論，他認爲治化之隆乃「古今之世所未有也，故稱之曰烏托邦。」（嚴譯：《天演論・論十五、演惡》、《天演論・導言八、烏托邦》）太炎認同此一悲觀天演思想，反對過度樂觀的善與樂單方直進說法；他以「善惡

8　章太炎以相宗破世間萬法之破「我執」與「法執」為出發，以「我執」說明欲人類「有善無惡」之進化為不可能；復以破「法執」的「時空雙泯」方式，闡明時間、空間與動皆非真實存在，則進化郅治根本不可能存在。

9　案：赫胥黎雖然強調群治倫理，但持信達爾文「天擇」說之自然淘汰以及馬爾薩斯人口論——「萬類生生，各用幾何級數；使滅亡之數不遠過於所存，則瞬息之間，地球乃無隙地。」所以他因戶口蕃息、生齒寖多，對於人口增長所造成的生存慘酷競爭，悲觀地認為太平無望。（詳嚴復按語：《天演論・導言三、趨異》，《嚴復集》）

俱進」的「俱分進化論」挑戰「進化＝進步」的進化論，強烈駁斥嚴復雖譯作赫書卻受斯賓塞「人道必成於郅治」（《天演論．導言十五、最旨》）影響的樂觀進化思想。太炎正是基於民族主義立場，以傳統舊學批判西方帝國主義的侵略本質，及其自居以線性邏輯上端，而包括中國在內的亞、非、拉等地人民則被貶爲應予同化或淘汰的進化論。故他亦反對康、梁等保皇立憲派借重進化論以爲維新改良主義和「三世進化」說的理論依據。太炎所論成爲晚清進化論思潮下的一股批判性逆流，既打破了西方進步史觀過度樂觀的單線逐級進化迷思，亦是國人中極少數的西方理論批判者。

㈡推崇道家之平等境界

道家思想除眾所熟知的，老莊心靈哲學強調心不爲物所累、悠遊乎淡漠之氣即道家隱逸派外；復有道家用世派即黃老政治哲學，其說「以道統儒、法」地持寬鬆政治哲學，主張「治大國若烹小鮮」，反對執政者輕舉妄動，漢初之休養生息、爲政尚儉即此路線。不過在思孟道德學長期主導我國思想下，既然連儒家荀學都見斥了，那就遑論道、法、墨等各家思想了——逮及船山猶曰：「古今之大害有三：老莊也、浮屠也、申韓也。」（〈陶弘景何敬容舍浮屠而惡玄談〉，《讀通鑑論．梁武帝》）惟道家雖見棄於當塗，其思想卻「緜緜若存，用之不勤」地蟄伏國人心中而爲重要精神境界。明代以來，雖說理學仍是學術當道，但持「三教會通」的儒釋道三教社會功能互補理論頗爲盛行；陽明心學亦自「聖人與天地民物同體，儒佛老莊皆吾之用」的角度，肯定釋道「二氏之用，皆我之用。」[10]加諸王學門人大眾化、通俗化的傾向，士

---

10 陽明嘗言：「二氏之用，皆我之用。……但後世儒者不見聖學之全，故與二氏成二見耳。譬之廳堂三間，共為一廳；儒者不知皆吾所用，見佛氏則割左邊一間與之，見老氏則割右邊一間與之，而己則自處中間，皆舉一而廢百也。」（《王陽明傳習錄．年譜》，嘉靖二年十月條）

大夫與佛僧道士相交成風、甚至士人山人化，皆逐步改變了儒學長期的排老抑佛觀念，佛道思想亦漸趨世俗化地不再悖情遁俗。譬以撰有《老子翼》、《莊子翼》而為當時「三教合一」領袖的焦竑（1540-1620年），便視三教「是一而非三」地認為三教本於一道，無所謂「合一」之說，反對三教被瓜分為三而株守一道（〈贈吳禮部序〉、〈明德堂答問〉，《澹園集》）。憨山德清（1546-1623年）亦謂「不知《春秋》不能涉世；不精《老》、《莊》不能忘世；不參禪不能出世。此三者，經世、出世之學備矣！」（《憨山老人夢遊集・學要》）蕅益智旭（1599-1655年）也說「大道之在人心，古今惟此一理，非佛祖、聖賢所得私也。……以道入眞，則名出世；以道入俗，則名世間。眞與俗皆迹也，迹不離道。」（《靈峰宗論・儒釋宗傳竊議有序》）於是在過去頗為扞格的三教思想，遂被從老莊虛靜安適、儒學制定人間世規範、佛教不離俗諦以明眞諦的角度予以會通、調融，而重新定位為不同層面的治世之學，皆有益於世用。

晚清在面對兩千年未有之變局下，國人一方面驚懼於西學，但另方面也希冀在思想上建立起保有我國特殊性的抗衡西學理論，故晚清學者對於儒學外的各家思想漸持開放態度，對於諸子義理亦能跨出儒學中心主義地不再卑視之。如章太炎自述治學歷程，便述及囚繫上海時，「專修慈氏、世親之書，……乃達大乘深趣」，後來「端居深觀，而釋〈齊物〉，乃與《瑜珈》、《華嚴》相會，次及荀卿、墨翟，莫不抽其微言。」（《菿漢微言》）他並撰有「以佛解莊」的《齊物論釋》、「重稽《論語》」而「以莊證孔」的《菿漢微言》，於此可見他從戴震、王念孫、俞樾一脈相傳的學風轉出，而將儒、釋、道思想融會於一爐的學術風貌。再如素以主張「師夷長技以制夷」名世，撰有《海國圖志》以開國人耳目的魏源，他也在維新意識下撰有《老子本義》，斯作雖未脫考據門徑、道論思想也未脫儒家舊窠；[11]但其理論重心主要置放在肯定老子的政治哲學與道家哲學的治世作用上，不但已自傳統儒者視道家思想爲「古今大害」的偏狹中解脫而出，其義理旨趣也不在於對老莊形上哲理的探討，而在於凸顯黃老治術之現實意義上，係以子學致用價值與晚清政治社會議題結合者。因此學者羅檢秋說該著是「清代子學發展的分水嶺。」自後，「主張以先秦諸子經世濟民的言論逐漸增多。」（《近代史研究·從魏源《老子本義》看清代學術的轉變》）於此皆可見學術變遷密切相關乎時代課題，同時亦見微觀著地可知當時學風已漸趨開放，儒學道統不再居於獨尊。

對於道家哲學，晚清學者或摭取老子無爲而治的寬鬆爲政態度，美其不擅加干預百姓的自由之風，如嚴復是也；或藉莊子「齊物」思想的平等境界批判西方資本主義和侵略主義，如章太炎是也。要之，他們對於道家思想的闡揚，都結合了時代議題而從現實角度出發，希望在傳述西學之際亦能保有我國特色、或藉固有文化傳統以抗衡之。述之如下：

嚴復在遭世艱危的晚清困局中，以譯著赫胥黎的《天演論》打開了國人當時的世界觀；但是在傳播新知的同時，他亦渴望能保有我國固有文化的主體性，是以他「以譯爲著」地又注又評、或增刪原文，並且大量採取換例譯法，有時亦擷取各家眾說如達爾文、斯賓塞、拉馬克等不同觀點的天演思想以成其內容。且非徒《天演論》爲然，實際上其系列譯著，概皆以一種融通中西學理的方式，立足傳統而返本開新，譬如嚴譯《群己權界論》甚至改變了原著理論重心地，將約漢彌爾（J.S.Mill）《自由論》（On Liberty）代表的西方個人主義式思維，轉變成爲我國強調關係性存在的恕道精神發揚，得出「人得自繇，而必以

11 魏源係以《易》之剛健中正精神說天道之一陰一陽，持論乾道純陽，「聖人常扶陽以抑陰」，故能綱維天地，且以為「惟不順天，乃所以為大順也」，以此能參贊化育。（詳《默觚上·學篇四》、《老子本義·論老子四》，《魏源集》）

他人之自繇爲界」的善群理論（〈《群己權界論》譯凡例〉）；他還將所認識的彌爾思想和我國傳統儒、墨、老、莊、楊朱等思想結合，以搏成新的自由理論。嚴復的終極關懷，就在探尋能夠適應新時代、且能兼顧我國社會文化傳統的中國式新道路；而在固有文化中，他所亟欲發揚和重新檢視的思想，除儒家絜矩之道和「成己成物」思想外，就是道家的政治主張及思維。

嚴復素來持信自由與進化密切相關聯，所以大量譯作十九世紀英國自由主義作品，他相信聽民之自由自爲，民可自成而治化可期；然而嚴復的自由觀並不僅僅得自西學，在其所在嚮往的西方自由主義之外，相當程度上亦交織著對固有文化的深情和深受老、莊思想的影響。在《天演論》中，他改變了所譯赫胥黎的悲觀天演說——「人治終窮於過庶。……太平爲無是物也」；代之以斯賓塞的「人道必成於郅治。」（嚴復按語：《天演論·導言十五、最旨》）而他之持論基礎，除了斯賓塞所強調的，以教育提昇百姓之智、德、力，可使善群保種外；其致至途徑，正是他評點《老子》、《莊子》和譯作《群己權界論》之融合我國特有思想的自由觀——「今日之治，莫貴乎崇尚自由。自由，則物各得其所自致；而天擇之用存其最宜，太平之盛可不期而自至。」「惟與以自繇，而天擇爲用，斯郅治有必成之一日。」（《老子》評語、〈《群己權界論》譯凡例〉）此其藉由闡述自由、禮義與秩序的關係，以表達自己對清季改革看法以及對西方自由主義的個人見解；他認爲愈是不被干擾的自由之民，愈能自臻治化之境。因此在時局的困境中，其系列譯著的終極目標，就在追求國族與個人之自由，務使國家與個人皆能行己自由。

對於道家思想，嚴復在明道致用的時代訴求下亦同於魏源地，並未措意於其形上面哲理；而是從黃老道家用世哲學的治術角度出發，肯定「黃老爲民主治道也。」其《老子評點》對於「天地不仁，以萬物爲芻狗；聖人不仁，以百姓爲芻狗」，即謂以「天演開宗語！」並讚嘆「此四語括盡達爾文新理。」以爲達爾文天演進化之理盡在其中矣！首譯《天演論》中亦言其於《莊子》「在宥」說之肯定，認爲斯賓塞論治之旨在於任天而人事爲輔，「猶黃老之明自然，而不忘在宥是已。」（嚴復按語：《天演論．導言五、互爭》）蓋《莊子》嘗以「在宥」說——「聞在宥天下，不聞治天下」，批判黃帝堯舜以仁義「治」天下而攖人心，是使百姓所「不恬」者。郭注曰：「所貴聖王者，非貴其能治也；貴其無爲，而任物之自爲也。」嚴復《莊子評點》肯定《莊子》強調依乎天理，「即歐西科哲學家所謂We must live according to nature。」又論以：「爲帝王者，其主治行政，凡可以聽民自爲自由者，應一切聽其自爲自由，而後國民得各盡其天職，各自奮於義務，而民生始有進化之可期。」復肯定：「任物不攖，則其自致如此」，以爲人人如皆能自修自治、無勞他人庖代，則「人人各得其所，各安其性命之情。」（分詳嚴復按語：〈養生主第三〉、〈應帝王第七〉、〈在囿第十一〉，《莊子》評語）至其詮釋《莊子》寓言之儵與忽欲報渾沌之德而爲鑿七竅，期使視聽食息，結果七日渾沌死，亦曰：「治國宜順自然，聽其自由，不可多所干涉之意。」他甚至認爲：「晚近歐西平等自由之旨，莊生往往發之。」（〈應帝王第七〉、〈寓言第二十七〉，《莊子》評語）其例甚多。要之，雖論者或謂嚴譯強調「群己並重」的自由觀並非彌爾原意之西方個人主義式自由觀；實則嚴復所意欲闡揚者，正是傳統薰陶下、一種結合了儒道思想與西方學理的，既能傳播新知又能保存我國文化根源的用世思維。

而有別於上述魏源、嚴復等人對於道家政治哲學之闡揚，另據道家形而上哲學做爲抗衡西學所借力的，是致力於推翻清廷、同時亦是晚清最有力的西方理論批判家的章太炎。太炎系出皖派古文經學傳統，但在其所深具的古文素養外，他亦頗同於戴震之義理熱情；不過他用以批判西方國家自我優越及強權文化的代表性西方批判理論，是推崇道家等視有情、無所優劣的形而上平等境界的「尊佛道」思想，而非儒家思想。他針對晚清學界對西方哲學的一面倒迎合，及對於進化論普遍存在線性式進化思維的進步史觀，不但以善惡苦樂同時俱進的「俱分進化論」挑戰其「進化＝進步」之單線及過度樂觀；又依據佛家「滌除名相」與道家「不齊而齊」的價值平等，以破西方自居爲線性邏輯上端而藉進化論爲口實以肆行侵略之實。太炎也頗同於郭象注《莊》之肯定「適性安命」──郭注強調儘管萬有性分殊異，但「苟足於其性，則雖大鵬無以自貴於小鳥，小鳥無羨於天池而榮願有餘矣！故小大雖殊，逍遙一也。」（〈逍遙遊〉注）不過太炎《齊物論釋》獨樹一幟的形而上平等境界及會通莊、佛的「五無」世界觀，其作用又別乎魏晉玄學之宇宙論及有無、本末之辨等；他主要是在現實意義上，用於政治領域之藉莊子思想及大乘佛學的超越意識、大悲平等精神，以消弭世間的一切分別相，據此做爲批判西方強權侵略及突破晚清思想界在西方主流下所持汰弱擇強的進化論之理論依據。

太炎在〈五無論〉中高亢力陳破除一切界閡、無分別相而容許個別差異性存在的究竟平等境界。儘管他所嚮往的「五無」之境──無任何界閡的無政府、無聚落、無人類、無眾生（有情世間）、無世界（器世間），和他昌言種族革命、政治革命的排滿排外思想，呈現理論和思維上的矛盾；他在〈國家論〉中主張民族主義建國，〈五無論〉卻要通過破除一切國界與政府聚落使無爭戰，並以「證無我而盡其緣生」闡明一切器世間皆「由眾生眼翳見病所成，都非實有」，證成宇宙非實有，故無人類、無眾生、無世界。但於此，則他以「跛驢之行」之「隨順有邊爲初階」以消弭其中的衝突和矛盾性。[12]他雖然嚮往終極平等的「五

12 章氏〈五無論〉總結以：「今日欲飛躍以至五無，未可得也。還以隨順有邊為初階，所謂跛驢之行。夫欲不為跛驢而不得者，此人類所以愈可哀也！」（《太炎文錄初編．別錄》）

無」世界觀，並據以批判西方理論；但由於其在現階段不可能飛躍實現，而「今之建國，由他國之外鑠我耳！他國一日不解散，則吾國不得不牽帥以自存。故儘管他所衷心期盼「無國界」的「五無」世界和建立民族國家兩義相矛盾；但終極平等的平等境界不可廢，而勢同跛驢的晚清也只能因應現實困境調整其階段目標，所以「建國之義，必不因是障礙。」「國家之作用是勢不得已而設之者。」（〈國家論〉，《太炎文錄初編．別錄》）以此，「五無」世界觀就只能做爲一個高懸的理想，那是一個不同於西方強權進取的烏托邦理想，一個太炎藉以抗衡西學並傳達存在有情世間和器世間，沒有任何界閡與歧視的理論憑據。此中亦顯示了處晚清劣勢中的末世學人，他們面對固有文化思想被世界邊緣化處境的無奈，只能藉由傳統思想如諸子學來保存中國文化的特殊性，並對抗西方興盛下的西學殖民與政治迫害，此亦成爲晚清諸子學思潮復興的推動力。

總結晚清學者的道家旨趣，雖然仍有劉師培（1884-1919年）《老子斠補》一類延續乾嘉考據學風的著作，仍然遵循以類書子鈔等古說古義互勘考證，以考據法對老學進行文字、聲韻、訓詁、義理等探析，可以歸屬於乾嘉學風「治子通經」之路數；但是如魏源、嚴復、章太炎等皆已轉爲強調明道致用，而以學術結合時代課題。他們或融通中西學理地發揚老莊思想所蘊含的現代化民主精神、或從形而上精神境界闡發齊物思想之現代化平等意義，皆以推崇道家哲學的用世思維爲主。縱觀我國兩千年學術思想之發展，自從兩漢經學獨尊儒術、魏晉玄學重視宇宙論和形上學、宋明理學專由道德形上學擅場以來，晚清之凸顯黃老治術且蔚爲風氣，既扭轉了道家思想長時期受到儒家貶抑的劣境，也頗別於道家過去由老莊心靈哲學獨領風騷的發展態勢；黃老政治哲學在戰國以後，除了曾於漢初政治場域中短暫嶄露頭角以外，就學術思想之闡發以言，斯時獨盛。

㈢重光墨家之忍苦痛及重邏輯精神

墨家在先秦與儒家並稱顯學，後來則在我國學術史上沉寂兩千多年，逮及清代尤其晚清，始見墨學復盛。墨子效禹之人溺己溺精神，莊子稱其大好；但《墨子》書之經文艱澀、訓釋難明，重以孟子因其兼愛、非儒、非禮等主張而譏爲「無父無君」、「禽獸」等異端，歷來多不爲學者所重。清儒則因考據學獨到精湛的校勘訓詁優勢，使得長期來闇昧難明的墨經文字迎刃開解；又在儒家道統觀鬆動下，墨家義理以其親近現代化思維與格致之學的內涵，而受到民間學者關注，一時間墨學頗有復興之勢。

晉魯勝爲最早注墨經者，其序見於《晉書・隱逸傳》，但其注在《隋書・經籍志》中已無著錄，亡之久矣！清初則傅山撰有堪稱墨學濫觴的〈墨子大取篇釋〉，逮及乾嘉考據學興盛之後，始有較完整之傳世注釋。畢沅（1730-1797年）《墨子注》是現存第一個通注《墨子》的全注本，另如汪中《墨子表微》、王念孫《讀書雜志》、張惠言《墨子經說解》、俞樾《墨子平議》、孫詒讓《墨子閒詁》、王闓運《墨子注》等並皆以讎校訓釋之訓詁法治墨學，於是墨經稍可讀。此外也有以音韻治墨者，如姚文田（1758-1827年）《墨子古韻》、江有誥（？-1851年）《墨子韻讀》等。此中最負盛名的是孫詒讓《墨子閒詁》，其爲墨經正譌字、改錯簡，使怡然理順；復集諸家說而斷以己所心得，梁啓超譽以古今注《墨子》者莫能過之，「自此書出，然後《墨子》人人可讀，現代墨學復活，全由此書導之。」然《墨子》書中最難解的「墨辯」——〈經上〉、〈經下〉、〈經說上〉、〈經說下〉、〈大取〉、〈小取〉等篇，則須俟諸分從墨家義理、學說、流派到影響皆加以系統梳理的梁啓超，以及「深造蓋邁先輩」（梁啓超：《中國近三百年學術史》）的章太炎與胡適等人之邏輯講論。

墨家學說「以質救文」，主要從平民立場出發，反對維護周室宗法及禮樂教化的儒家主張，推崇勞動價值以創造財富，是下層生產者的典型思想。儒、墨不惟具有「文」、「質」的旨趣殊異，即在立場上，墨家也有爲平民代言而以下層抗衡上層、向貴族階級爭取政權的態勢。他們不滿孔門禮樂繁瑣之浪費和階級制度不合理，另效禹道「腓無胈、脛無毛」的「形勞天下」精神，摩頂放踵以利天下，是以其主張非儒、非樂，另主節用、節葬等儉樸主義，又非命、尙賢地反對世卿世祿。乾嘉時汪中嘗撰《墨經校釋》（書佚）及〈墨子序〉、〈墨子後序〉等，以辯荀、孟二氏絀墨之不當。後來致用思潮興起，尤其晚清面臨諸多困境，國人在接受西方「奇計淫巧」之餘，也希望保有尊嚴地說西方科技源自中國，一時間「西學中源」說蓬勃蔚起。當時陳澧、鄒伯奇等皆以西方科技角度看待《墨子》意義，指出《墨子》中有算術、光學、重學等；黃遵憲亦言「余考泰西之學，其源蓋出於墨子……機器之精、攻守之能，則墨子備攻、備突、削鳶能飛之緒餘也；而格致之學，無不引其端於《墨子》經上、下篇。」（黃遵憲：《日本國志．學術志一》）師出曾國藩門下的薛福成、黎庶昌等也都推崇墨家，以爲《墨子》之〈魯問〉、〈公輸〉篇等是機器、船械之學等泰西機器所自出。故墨家以在當時能夠協助各國防禦侵略的攻防之具與現代化科技頗合拍，而儼若國人情感所依歸。再者，除發揚墨家制器精巧的科學精神外，學者也漸及發揚墨學的義理，以批判傳統倫理和政制，以此超越了洋務派制器爲先的船堅砲利、制洋器著眼。如以《墨子》「兼愛」之愛無差等——曰：「察亂何自起？起不相愛。……天下兼相愛則治，交相惡則亂。」「諸侯不相愛，則必野戰；家主不相愛，則必相篡；人不相愛，則必相賊。……凡天下禍篡怨恨，其所以起者，以不相愛生也，是以仁者非之。」（〈兼愛〉上、中）——綰合耶穌基督精神，且認爲與現代化平等思想合轍；又以墨家之尙賢，曰：「古者聖王之爲政，列德而尙賢，雖在農與工肆之人，有能則舉之，高予之爵，重予之祿。……故官無常貴而民無終賤；有能則舉之，無能則下之」（〈尚賢上〉），與現代化民主、民權思想相比列；而其追求富利的經濟思想，曰：「諸加費不加民利者，聖王弗爲」（〈節用中〉），亦能綰合西方功利主義，若此皆能接軌西方啓蒙思想的傳統文化寶藏。故梁啓超至言欲救今日中國，「厥惟墨學」（《子墨子學說》）；譚嗣同亦效法墨子摩頂放踵的利天下精神，以身殉道地成爲維新運動之激進思想家。

在發揚墨學精神上，身體力行的維新思想家譚嗣同曾與康有爲等人聯手變法，而爲殉道六君子之一。身處晚清亡國滅種與文化危機的動盪時代，又站在傳統儒學融入世界性現代化進程而與現代化潮流接軌的窗口，譚嗣同銳志革新傳統學術地「冥探孔、佛之精奧，會通群哲之心法，衍釋南海之宗旨」（《仁學・仁學二》），並以《仁學》一書衝決一切舊禮教、舊倫理；又以積極求富的樂利觀念，要求振興經濟以創造均富社會；復參與變法地追求民智、民富與民強。爲了從思想層面革除國人長期因循守舊的心理，他創立了一種融通古今中外與各家，既兼有儒亦有墨與釋家等、同時還摻雜了現代化西學的仁學觀。他雖無墨學專著，但在《仁學》書中卻以衝決一切網羅的精神重新定義仁學，並高度評價墨學，謂「能調變聯融於孔與耶之間，則曰墨。」（〈仁學自敘〉）這是一種跳脫傳統思維，一掃長期來儒家強調親親等差，以及宋明理學結合自然與道德本體而主張綱常倫理即天道的仁學觀，尤其擺脫過去長期譏墨子兼愛思想「無父無君」的偏激與偏狹看法。譚嗣同對於在先秦和儒學並稱顯學、後世卻衰微黯淡的墨家思想，極見其「任俠」與「格致」精神之光輝，此皆成爲他撰作《仁學》的重要思想根源。

譚嗣同從「周秦學者必曰孔墨，孔墨誠仁之一宗」（〈仁學自敘〉）的角度看墨學；其殺身救國亦以「慈悲」願心爲出發，嘗曰：「非慈悲則無以造之，故慈悲爲心力之實體。」（〈仁學二〉）極能切近墨家兼愛襟懷。其〈仁學自敘〉自述心路歷程，亦謂是在一己切身的生命體驗下，體會出墨子利人的無私思想。曰：

> 吾自少至壯，遍遭綱倫之厄，涵詠其苦，殆非生人所能任受，瀕死累矣，而卒不死；由是益輕其生命，以爲塊然軀殼，除利人之外，復何足惜？深念高望，私懷墨子摩頂放踵之志矣！

自幼即受傳統學術與夷夏氣節薰陶的譚嗣同，少年曾歷疫病造成「五日三喪」的喪母、兄、姊大慟，他也垂危復生（故其父爲取字「復生」），自後在庶母苛虐下長成；但家庭悲苦卻涵詠了他的慈悲心，提昇了他的精神人格，他後來所建構的仁學思想、啓蒙意識，在在皆充滿了人道主義和反封建專制精神。他的學思歷程，「少年曾爲考據箋注金石刻鏤詩古文辭之學，亦好談中國古兵法；三十歲以後悉棄去，究心泰西天算格致政治歷史之學。」（梁啓超：〈譚嗣同傳〉，《譚嗣同全集》）故其思想形塑，既具深厚舊學素養，又醉心於視野寬闊的西學，且深受墨子兼愛、任俠、摩頂放踵的利他思想濡浸，復綜合了道家「一死生、齊修短」之曠放精神與反名教性格；同時也兼具儒家傳統仁愛精神與道德理想、濟世襟抱，兼亦融合了佛教性海以及超越種族的救世理想和世界主義精神。《仁學》一書乃以《禮運》的大同之境爲終極理想，以「戰爭息、猜忌絕、權謀棄、彼我亡」——「道通爲一」、「無我相」的平等精神爲全書宗旨（〈仁學二〉）。最終他並以「各國變法，無不從流血而成，今日中國未聞有因變法而流血者，此國之所以不昌也；有之，請自嗣同始」之絕倫魄力，實現了「我自橫刀向天笑」和「殺身破家」以救中國的烈士精神（梁啓超：〈譚嗣同傳〉），而在變法維新的政治扉頁與推動傳統學術現代化的扉頁，雙重奏地寫下新頁。斯即撰作〈譚嗣同傳〉的梁啓超所讚嘆的墨家精神——「欲救今日之中國，舍墨學之忍苦痛則何以哉？舍墨學之輕生死則何以哉？」亦梁氏所讚嘆昔墨家鉅子孟勝以肩負學統之軀，率弟子八十一人赴陽城君之難而死之，然其必曰「不如此，非墨之道」之墨家精神重現（《子墨子學說》、《墨子學案·墨經通解敘》）。故譚嗣同誠爲重光墨道「以自苦爲極」而利天下之晚清身體力行者。

深於墨學的梁啓超，則是晚清之借力西學以對墨學展開全面研究的代表人物。他感於墨子輕生死、忍苦痛的崇高精神正是救國所需，欲藉提倡墨學以激勵國人利群之心；復以人恆愛其所親而重其所經歷，故亟以發揚傳統文化凝聚國人之愛國心，期藉此鼓動國人救亡圖存的心力。清末，他首先在《新民叢報》發表闡發墨學義理並自期爲「眞墨」——「無學別墨而學眞墨」的《子墨子學說》和《墨子之論理學》（坊間彙刻爲《墨學微》）。胡適言「在當時曾引起了許多人對於墨學的新興趣，我自己便是那許多人中的一個人。」（胡適：〈墨經校釋後序〉，收錄於《墨經校釋》）民初復有《墨經校釋》、《墨子學案》和《先秦政治思想史》之《墨子》之部等作。其《墨子之論理學》係以邏輯學說墨辯，《子墨子學說》則爲梁啓超深好墨學義理而藉爲闡揚「眞墨」精神者。

早期梁啓超對於墨子思想之闡揚，主要以墨子「非命」思想和晚清社會流行的進化論相結合，發揮墨子反對侵略但不困坐愁城、坐待其斃的奮力精神。故他標榜「《墨子》非命，眞千古之雄識哉！」他之詮釋「優勝劣敗」，則曰：「明夫天演公例者，必不肯棄自力於不用，而惟命之從也。」他說若是人人皆安於「命」而弛於「力」，則世界之進化終不可期，而人道或幾乎息，所以，「夫『力』也者，物競界中所最必要者也。」「自勉爲優者適者，以求免於劣敗淘汰之數，此則純在『力』之範圍，於『命』絲毫無與者也。」故他以墨子「非命」思想，鼓勵國人勇於突破困境以與西方強權爭生存，謂爲「救時最適之良藥。」（《子墨子學說》）而在後來的《墨子學案》中，則他深深體會墨學之犧牲利他及「非攻而尊守」精神，實爲《墨子》之蒔其種於我先民心識者。他通過區別國人對「開邊黷武」的輕賤厭惡和對「守土捍難」的尊崇，指出兩種軍旅行動之本質殊異，並謂墨子「非攻」學說之要旨實在於「尊守」。我國傳統文化中捍衛國土以禦外難者如關羽、張巡、岳飛者流，千百年後仍爲婦人孺子仰之如天神，其「皆出於墨子之非攻而尊守」；即我民族每受外族蹂躪，卻始終能全其祖先疆守勿失墜、百經挫撓而必光復舊物者，亦「墨子之怯於攻而勇於守，其教入人深也。」所以他高度推崇墨道「損己而益所爲」的奮力不懈與「尊守」精神，認爲正是墨子學說之影響且積久爲我國民性者，亦是後人所應當發揮其特性以易天下者（《墨子學案・第二自序》）。斯爲梁啓超對於墨家義理及精神闡揚。

再者，《子墨子學說》對於墨子政術之能切合現代化政治思想者，亦多所推崇：如梁啓超又依據墨子〈尚同〉言：「明乎天下之所以亂者，生於無政長，是故選擇天下賢良聖知辨慧之人，立以爲天子，使從事乎一同天下之義」，以說墨子之論國家起原，強調國家「純由公民同意所造成」、「由萬民所選擇而立」，並由此進論君位繼承、君位選舉法等，顯見墨子學說迥異於過去學者論國家成立之「神權起原」、「家族起原」等說；且墨子以爲國家由公民同意所造成，正是其所以站在庶民立場的深層意識——「此其根本的理想，與百家說最違異也。」所以梁氏或掘發《墨子》之與現代化思想合拍者、或以結合時代意義的方式加以發幽闡微，藉此光大舊學以崇高我國固有文化、激發國人之愛國心；同時亦可見晚清諸子學思潮實負載了當時學者對於現代化的迫切渴望心理。

至於以現代邏輯說《墨子》者，當時係以章炳麟、胡適、梁啓超等人爲著。蓋《墨子》書中最宏深而最難讀者，莫過於魯勝稱爲「墨辯」者；畢沅雖注《墨子》，但獨對此六篇，「自稱『不能句讀』。」章太炎《國故論衡》嘗於〈原名〉、〈明見〉等篇援西方名學和心理學以釋之，梁啓超肯定「其精絕處往往驚心動魄！」另外也稱胡適《中國哲學史大綱》，「惟〈墨辯〉一篇最精心結撰，發揮實多。」並自述撰作《墨子學案》時對胡適之說多所采用。他們主要都以《墨子》和西方邏輯學、印度因明學進行異同比較；既豐富了墨經內容，也使得墨學益爲學界所注視，「墨辯」並成爲近世研究墨學之中心，「附庸蔚成大國。」（《中國近三百年學術史》）梁啓超認爲：「諸子中持論理學最堅而用之最密者，莫如《墨子》；《墨子》一書，盛水不漏者也。」他讚嘆「在吾國古籍中，欲求與今世所謂科學精神相懸契者，墨經而已矣！墨經而已矣！」（《子墨子學說・附墨子之論理學》、《墨經校釋・自序》）不過雖然《墨子之論理學》多以西法闡釋墨辯，他特爲辨明絕非附會西學。他曾經追隨康有爲變法而爲今文學家，但後來已不贊成康氏以三世進化說比附君主立憲說，即於「西學中源」說亦不認同；其《清代學術概論》更直言：「吾雅不願採擷隔牆桃李之繁葩，綴結於吾家松杉之老幹，而沾沾自鳴得意；吾誠愛桃李也，惟當思所以移植之，而何必使與松杉淆其名實者？」（《清代學術概論》）[13]自明弘揚國粹係以實事求是的謹嚴態度從事之。其言曰：

舉凡西人今日所有之學，而強緣飾之，以爲吾古人所嘗有，此重誣古人，而獎厲國民之自欺者也；雖然，苟誠爲古人所見及者，從而發明之淬厲之，此又後起國民之責任也，且亦增長國民愛國心之一法門也。　　　——《子墨子學說・附墨子之論理學》

---

13 案：梁啓超認為康有為「使多數人之眼光之思想，見局見縛於所比附之文句，以為所謂立憲共和者不過如是，而不復追求其真義之所存」，故有斯言。

梁啓超欲弘揚固有思想，但認爲應本著不誣枉、不自欺的發明淬厲態度，反對強爲緣飾。他之採用邏輯學說墨辨，誠有見於墨子之論理學是我國學術史上最早開闢知識論形式邏輯榛莽者；他認爲惠施、公孫龍等名家者流，「其學實出於墨」，「兩家皆宗墨學」，認同胡適言《莊子·天下篇》稱公孫龍等爲「別墨」，是爲「特識」（《墨子學案·墨者及墨學別派》）。故梁啓超在前述以墨學之「尚賢」、「尚同」等思想綰合現代化民主觀念外，復撰〈墨者及墨學別派〉、〈墨子年代考〉……以及疏釋校正「墨辯」的《墨經校釋》等，此皆他以弘揚墨學爲盡一己之國民責任，及藉文化認同與重新認識舊學激勵國人愛國心之自我實踐。

晚清學者之以邏輯說墨辯，略述如下：

胡適、梁啓超等人在說墨辯上，皆以西方邏輯觀念與墨經相互參照。對於歷來殊難理解的墨經「名／實」之論，如〈經上〉曰：「名：達、類、私。……名，實，合，爲。」〈經說上〉解釋以「所以謂，名也；所謂，實也；名實耦，合也；志行，爲也。」〈小取〉又曰：「以名舉實，以辭抒意，以說出故。」梁啓超說以：「論理學家謂『思惟作用』有三種形式，一曰概念，二曰判斷，三曰推論，〈小取〉篇所說正與相同。」蓋「以名舉實」之「名」，即攝取客觀對境以爲主觀概念，譬如「牛」、「獸」、「動物」之概念；「以辭抒意」則是概念與概念的關係判斷，如言「牛是獸」是牛與獸的概念相涵，「牛非禽」是牛與禽的概念相外；「以說出故」則是推論所根據的原因，必須連結兩個以上的判斷，如依據「牛是獸」+「獸是動物」的判斷可得出「牛是動物」的推論，前述判斷是後述推論所依據之「故」。

至於〈經上〉所謂「名」之「達、類、私」者，則係說明概念（名）之邏輯範疇即其「實」，辨明「名」之範疇（「實」）小者不能做爲範疇大者之代稱；由此而可以進至「殺盜非殺人」、「殺狗非殺犬」等著名論辯：〈小取〉釋曰：「車，木也；乘車，非乘木也。船，木也；入船，非入木也。盜，人也；多盜，非多人也，無盜，非無人也。奚以明之？惡多盜，非惡多人也，欲無盜，非欲無人也。」其言車船雖由木所造，但木（名，概念）之「實」（邏輯範疇）大於車船，則車船之名與實不能涵蓋木，車船對木並不周徧，所以不能將乘車說是乘木、入船說是入木。同理，「盜」固是「人」之一部分，但人是大類名而盜是小類名，人包含盜而盜非人之全，人除了盜以外還包涵非盜之人，則在「盜」之名實對「人」並不周徧下，說「殺盜」便不是說「殺人」——斯即「殺盜非殺人」之辯。以此，可知邏輯範疇小的「狗」（未成豪之犬）也不能代稱全部的「犬」類，否則便是「以名亂實」了。此外，〈小取〉論墨家論理法則，復提煉出「或、假、效、辟、侔、援、推」等「墨辯七法」，[14]亦已涉現代邏輯觀念之「全稱命題／特稱命題」、「假言命題／定言命題」、「周徧法則／不周徧法則」、「有效原因／無效原因」，以及譬喻、類比、援例、演繹、歸納……等法則運用（上詳《墨子之論理學》、《墨子學案》）。墨辯之論不勝枚舉之。於此亦可知只要能假以現代話術的語言與文字溝通平台，則吾古人之早慧便得以在現代化舞台獲得充分展現與綻放光芒；在近代新文化思潮衝擊與新方法論借鑒下，晚清墨學出現從延續清代前中期訓詁校勘的傳統注經法，轉向到發揚其社會、政治哲學和科技知識以及墨辯邏輯的豐富內容暨發展變遷，誠爲我國學術思想從傳統轉向現代化的縮影。

㈣彰顯法家之法治理想

先秦法家包括在實際政治場域中的政治家、改革者以及對政治哲學

14 〈小取〉曰：「或也者，不盡也。假者，今不然也。效者，為之法也；所效者，所以為之法也，故中效則是也，不中效則非也，此效也。辟也者，舉他物而以明之也。侔也者，比辭而俱行也。援也者，曰子然我奚獨不可以然也？推也者，以其所不取之同於其所取者予之也。」

的理論建設者；前者如管仲、李悝、商鞅等，後者則以《管子》、《韓非子》最負盛名。孔子曾自「微管仲吾其被髮左衽」的文化角度肯定管仲；但是孟子卻羞論之，謂「仲尼之徒無道桓、文之事者。」對於管仲，朱熹也認同孟子之說，他說：「聖人雖稱其功；而孟子、董子皆秉法義以裁之，不少假借。」朱子詆譏漢唐事功並曾致辯於事功學派的陳亮，反對以成敗論是非，絀「義利雙行」、「王霸並用」之說，「羞其詭遇之不出於正也。」（《晦庵集．答陳同甫》，第九、六書）然而在晚清存亡之秋的政治社會危機與西方文化衝擊中，學者欲在儒家之「博而寡要，勞而少功」外，轉求其他非儒家的傳統思想以爲因應；法家思想則以其法治理念及治術頗與現代化觀點合轍，並且善於「因禍而爲福，轉敗而爲功」、「將順其美，匡救其惡」（〈太史公自序〉、〈管晏列傳〉，《史記》），而受到青睞。故對於法家人物及其學說，此時較能擺脫道德主義地，轉從政治現實與社會需要的角度重加省視，一時間法家頗有復興之勢。

戰國時期以講求治術爲宗旨的法家思想及人物，在眾知商鞅、韓非等「三晉法家」外，還包括古昔以「管、商」並稱的管仲等「齊法家」暨《管子》、《黃帝四經》等黃老政治哲學。如《韓非子》即言「今境內之民皆言治，藏商、管之法者，家有之。」（《韓非子．五蠹》）所謂「黃老」是黃帝、老子的合稱，指寓託黃帝而以老子哲學爲基礎的治術及政治理論；他們崇尚治道而重視「道」在政治社會中的落實運作，在柔靜之道的運用外，並強調陰陽相輔、剛柔相濟、動靜相成之刑德並用，司馬談〈論六家要旨〉所稱道家以及《史記》言「黃老道德之術」、「黃帝老子之術」、「黃老之言」等皆指此而言。傳世著名的戰國時黃老學之最早作品，是齊稷下學者尊奉管仲而貫通《老子》的稷下學成果，即「以道論法」的《管子》法哲學。但《管子》一書多文字訛誤、難以索解而夙稱難讀，在清代以前不爲人所重；明人雖嗜好之，卻是好其文藻而不脫高頭講章之習；清代則在諸子學復興後，經孫星衍、王念孫、王引之、陳奐、俞樾、戴望、孫詒讓、劉師培、章炳麟等人之校釋簡篇錯亂、文字奪誤，近人聞一多、郭沫若等亦曾校定之，終使後人得以拾級登臨。

管子是春秋傑出的政治家，先秦諸子中，其時代最早；《管子》書則是戰國時齊之稷下學者托名管仲而融合各家學說的「稷下叢書」，非一時一人之作，是尊奉管仲的稷下道家與管子學派的集體創作，後來由劉向加以整理編定。對於管仲其人與《管子》其書，梁啓超認爲儘管《管子》「非盡出管子手撰」，然「度其中十之六七爲原文，十之三四爲後人增益」（《管子傳》），殆如《墨子》般；近世學者如張岱年則說「《管子》一書應是稷下之學推崇管仲的學者們所撰寫的，……可以說是管子學派著作的匯集。」李學勤亦言：「《管子》全書篇章繁多，雖包含有管氏遺書，其不成於一時一手，早有定論。」（張岱年：〈序一〉、李學勤：〈序三〉，收入胡家聰：《管子新探》）胡家聰也認爲書雖有管仲遺說，但帶著鮮明戰國印記，「《管子》書並非春秋時的管仲遺著。」（胡家聰：《管子新探・導論》）《管子》書在《漢書・藝文志》被列爲道家，《隋書・經籍志》以後則入於法家。由於《管子》在稷下百家爭鳴的環境中寫成，其內容以「齊法家」的政治思想爲主導而兼綜道、儒各家與治術；既融會了齊國流行已久的道家思想——以自然之「道」做爲法治思想的形上學依據，又受到鄰近鄒魯等地儒、墨學派影響，在務實的治國之術外也重視道德。其內容則涵蓋以哲學爲主體的黃老道家篇章如言政術的〈心術〉、〈白心〉、〈內業〉；以政法爲主體即人稱「齊法家」的法家篇章如〈任法〉、〈法禁〉、〈重令〉，以及譬如〈幼官〉、〈四時〉之陰陽五行家篇章等等，頗爲龐雜。以此，在戰國時以田齊變法改革做爲歷史背景的《管子》，其禮法並用、道法並重的政治實踐，既不似儒家般「迂遠而闊於事情」，也不似商鞅、申不害、韓非等「三晉法家」刀筆式嚴酷，表現出先秦學術思想走向融合發展的大勢，是爲戰國末期稷下百家交會的思想型態。但是以黃老政治哲學爲指導的田齊終究未能統一天下，其在戰國末年先是敗於秦商鞅等「三晉法家」；後來黃老思想在漢初曾一度興盛，然其後再敗於漢武獨尊的儒術。另方面則商鞅、韓非等「三晉法家」在短暫地當道於秦後，也隨著短暫的秦政權結束，因漢武用董仲舒策罷黜百家而一併見棄當塗了。於是包括管、商與韓非在內的法家思想，遂在兩千年學術史上並皆不受重視。

對於法家人物的評價，孔子雖然大管仲之功而稱以「如其仁！」但是論者對其能「霸」而不能「王」，仍多以孔子也曾說他「器小」、「不知禮」而罪之；孟子對之更是斥棄，不少寬假。《史記》則雖稱商鞅之法，「行之十年，秦民大說。道不拾遺，山無盜賊，家給人足」；但亦謂以「嚴而少恩」，「不別親疏，不殊貴賤，一斷於法，則親親尊尊之恩絕矣！可以行一時之計，而不可長用也。」（〈商君列傳〉、〈太史公自序〉，《史記》）其後宋明理學尊孟而凸顯道德形上學，則以事功見長的管、商、申、韓等法哲思想，自是晦暗不在話下。乾嘉以來，儘管對於《管子》之文字訛謬已有諸多勘誤校釋，但仍多侷限在文字上，鮮少發揚其思想者。維新變法前後仍有張之洞、康有爲等人出於捍衛傳統綱常禮教，而對法家人物李斯、韓非等人導致暴秦之政的嚴厲批判，在當時並引發如何評估法家的激烈論戰；眞正能夠從思想角度弘揚法家哲學者，必須待諸章太炎、劉師培、梁啓超等人，從政治、社會等現實層面之於管、商法治思想的揭櫫與演繹。

章太炎在《訄書》中嘗推崇管仲以形名整飭齊國，「道其本也，法其末也。」認爲包括後人所推崇的諸葛亮司牧萬民，「其術亦無以異於管仲、申、商也。」故嘆：「商鞅之中於讒謗也二千年，而今世爲尤甚！」他並抑儒揚法地，讚美商鞅重法迥異董仲舒《春秋決獄》之引經決獄、以禮弄法；也絕不同於漢世震怖臣下而誅鋤諫士、艾殺豪傑以媚好專制天子的公孫弘、張湯等刀筆吏，曰：「鞅知有大法，而湯徒知有狴獄之制耳。」太炎認為商鞅與湯徒之苛細腹謗不僅心術殊絕；其魁壘骨鯁而刑傅公子虔以至於車裂殉法，更與佞媚乞哀於人主的湯徒等絕遠，故又曰：「治、亂之殊，直、佞之所繇分也。」「商鞅行法而秦日富，張湯行法而漢日貧。」（〈儒法第四〉、〈商鞅第三十五〉，《訄書初刻本》）而除商鞅外，他對於韓非子也高度看重，嘗言：「歷覽前史，獨於荀卿、韓非所說，謂不可易。」（《菿漢微言》）韓非師出荀子，荀子重「禮」而韓非擅「法」；事實上「禮」、「法」殊途同歸，禮是禁於將然之前，法則禁於已然之後，故荀子言「禮者，法之大分，類之綱紀也。」（〈勸學〉）《禮記》也說：「禮以道其志，樂以和其聲，政以一其行，刑以防其姦。禮樂政刑，其極一也。」（〈樂記〉）因此漢武儘管獨尊儒術，實際上卻禮、法並用地，禮用於教民，法用於治國。

至於前人多謂法家刻薄寡恩導致秦王朝二世而亡，並批判君權之尊始於法家，則劉師培出版於1904年的《中國民約精義》及案語中頗為法家辯。他爬梳我國起於上古、迄於近世之前聖曩哲言「民約」的篇章，如涉論君民之間、論政、伸民權、民情、平等……等思想者，而突出法家之法治主義及其理想，並揭櫫管、商尊君實由於尊君位與君權之故。他以《管子．國蓄》說君主操財而用輕重之權，〈明法解〉論君主行禁令、抑權臣之術等……，以見《管子》尊君實基於國家大權歸諸君主操握的理由；復以《管子》言：「首憲既布，然後可以行憲」、「考憲而有不合於太府之籍者，侈曰專制」，綰合於現代化憲政思想，謂管子所行政制正是「以立憲為主」，管仲治齊「最得西人法治國之意，以法律為一國所共定，故君臣上下同受治於法律。」（《中國民約精義・管子》案語）[15]此外，他又以《商君書・修權》爲證，說商鞅「以君位爲主，以君爲客。非以人君爲國家之主體，僅以人君操國家之主權耳！」且以商鞅所論擬諸伯倫知理之「國家法人說」，謂以若合符節（《中國民約精義・商君書》案語）。察夫《商子》論國家所賴以爲治的「法」與「權」，有言「法」是「君臣之所共操」，「權」則「君之所獨制」、「人主失守則危。」故在「以法治國」之法治主張下，「明主愛權重信而不以私害法」，「權制獨斷於君，則威。」（《商君書・修權》）明言在治國之術上，國家大權必須集中於人君一人之手，「權」是君主所獨制獨斷而不可以失守即不可大權旁落的；復強調君臣上下必須共同遵法，「法」是一切行爲的至高判準，君主不能自外於法而以權弄法、或以私害法。

對此，梁啓超也嘗輔以「管子之獨張君權，非張之以壓制人民，實張之以壓制貴族」之說。蓋古代貴族專政而政出多門，倘若國家權柄無法一統，則害國家進步莫甚焉！故《管子・任法》言：「君臣上下貴賤皆從法，此謂爲大治。」於此可證管、商之尊君，皆由於法治制度下必須尊權位；實際上他們所推廣的君臣奉行準則，是同受治於法律，而「非有所私於君主。」此外，劉師培又極具創見地，從現代法政觀點推崇商鞅之定法，「最合西國『君主無責任』之意。」在前述他以法治制度解釋「尊君權」的必要性之外，又以現代化法治觀點說明「君權」的權力結構與形成。他指出《商君書》固然一方面對人君「尊其名」地崇其威嚴；但其要義實另在於「限其事，所以禁君主之干涉」，「名爲崇之，其實抑之」之法治精神表現。他以商鞅面對太子犯法卻刑其師

15 案：《管子集解・立政》有曰：「首憲既布，然後可以行憲」、「考憲而有不合於太府之籍者，侈曰專制。」〈國蓄〉曰「夫物多則賤，寡則貴，散則輕，聚則重；人君知其然，故視國之羨不足而御其財物，……視物之輕重而御之以准，故貴賤可調而君得其利。」〈明法解〉曰：「明主者明於術數而不可欺也。」「法政獨出於主，則天下服聽。以法量功，此以法舉錯之功也。」

爲證，闡明「大臣之權柄甚重（如甘茂、范雎諸人是），而祿位亦最危」；至於君主，「所謂不可侵犯，不負責任也。」斯即「下臣爲君負責任」之具體展現。以此，劉師培亟爲兩千年來因崇高君主威權而受詬的《商君書》昭雪，認爲《商君書》實際上是「擁威權者，其名；而削權力者，其實」；後世學者之以「遏抑民權罪商君」，實是未能詳考秦法而使商鞅受枉誣，是不知商鞅之法治理想者（上詳《中國民約精義·商君書》案語）。在劉師培的新詮下，管、商皆爲我國傳統思想中能夠彰顯現代化法治精神者。

另外，撰有《管子傳》與《中國法理學發達史論》、《論中國成文法編制之沿革得失》的梁啓超，更堪稱晚清揭櫫法治主義及其價值的代表。他在撰作於1903（先發表於《新民叢報》）到1909年的《管子傳》中，高度肯定管仲是我國最足以自豪的偉大政治家兼政治學者，故爲立專傳。他有感於桓公問管仲「社稷可定乎？」管仲對曰「君霸王，社稷定；君不霸王，社稷不定」，並自陳其所以不死公子糾者，正在「爲欲定社稷也。」（《管子·大匡》）所以孔子以「豈若匹夫匹婦之爲諒也，自經於溝瀆而莫之知」稱美之。處晚清衰頹之世的梁啓超正是大其氣魄，曰「蓋大豪傑之治國家，未有不取積極政策而取消極政策者也。若管子者，誠大國民之模範哉！」至於《管子》之法治目的，他更看見其「種種設施，其究皆歸於化民成俗。」「管子蓋有一理想的至善美之民俗日懸於其心目中，而以爲欲使此理想現於實際，非厲行法治，其道無由。」（《管子傳》）——梁啓超認爲管子之所以採行法治主義，係因意欲實現至善至美的民俗是其一切政術之根本與最高判準，而「以法治之」則是他認爲臻至目標的惟一途徑。故在《管子傳》中，他分從管子之立法、官僚政治、內政、教育、國民經濟、均節消費等各方面，突出管子以法治國的化民成俗之道。晚清包括梁啓超在內的許多學者皆通過「古經新詮」方式，以現代化法治觀點詮釋並弘揚法家人物及其著作。譬如在1904年出版的《中國法理學發達史論》中，梁啓超便舉《管子》言「智者，假眾力以禁強暴」，析論管子強調建國必須具備「人民欲建國之動機」和「假之以行最高權者」兩條件。他說人民若無動機、或者雖有眾力卻沒有能假以行最高權者，則國皆無以立，故謂所論是「說明社會形成國家之現象」的最適說法，「《管子》此語，今世歐西鴻哲論國家起原者，無以易之也。」（《中國法理學發達史論》）且據以駁斥《民約論》之謂國純由民眾建也。書中類此之論極多，茲不複述。

梁啓超出於救時除弊期望，針對我國學術暨思想史上長期受到儒家道德主義壓抑、但卻是法家代表性主張的法治主義，極多著墨。他主要從管理者和被管理者兩個角度闡明法治的必要性。針對被管理者，他先區別道德和法律的約束力不同，道德只能規律部分之人卻不能規律全部之人；然而僅有極少數人能夠依靠良心自我制裁，那麼，如果事事仰諸良心制裁，恐將流於放任主義。因此站在治國利群的管理者角度，法家論治強調必須採取能夠強制規律不當行爲的法治主張。如《管子．明法解》曰：

貧者非不欲奪富者財也，然而不敢者，法不使也；強者非不欲暴弱也，然而不敢者，畏法誅也。

《韓非子．五蠹》亦曰：

微妙之言，上智之所難知也；今爲眾人法而以上智之所難知，則民無從識之矣。故糟糠不飽者，不務粱肉；短褐不完者，不待文繡。

《管子》指出民之不敢爲非，在於「畏法誅」；《韓非子》也認爲對一般眾庶而言，德性玄妙之言很難發揮作用，猶如吃不飽的人不會追求粱肉美味，穿不暖的人不會講求刺繡華麗。故法家並非反對道德，而是爲政必須判斷輕重緩急；以上智之所難知者責求於眾人，誠難矣！但是律之以法，可使人人如荀子之言：「蓬生麻中，不扶而直。」所以惟法律爲能強制規律人欲之不當，使不得放任之，「聖人之治國，不恃人之爲吾善也，而用其不得爲非也。」欲恃德性之自爲善者，其數寥寥，律之以法則人才比比——「恃人之爲吾善也，境內不什數；用人不得爲非，一國可使齊。」因此韓非論治，主張「用眾而舍寡」、「不務德而務法。」（《韓非子．顯學》）他又舉譬：

> 夫必恃自直之箭，百世無矢；恃自圜之木，千世無輪矣！自直之箭、自圜之木，百世無有一，然而世皆乘車射禽者，何也？隱栝之道用也。雖有不恃隱栝而有自直之箭、自圜之木，良工弗貴也，何則？乘者非一人，射者非一發也。不恃賞罰而恃自善之民，明主弗貴也，何則？國法不可失，而所治非一人也。故有術之君不隨適然之善，而行必然之道。　　——《韓非子．顯學》

就治道而言，爲政者必須追求「必然」的成功，而不是偶一而至的「適然之善」，所以惟有恃法而不恃自善之民，才是實現國治民安的惟一途徑。是故梁啓超亦言「徒任道德，不足以治國而利群也。」「所當標以律民者，非道德而法律也。」（《中國法理學發達史論》）此其對於道德與法律在爲政效用上的辨明。

再者，在法治主義「以法治國」之最高判準下，賞罰分明是達到獎善禁非的必要途徑；此一守法精神是包括君主在內，並皆不能自外的，所以《管子》又言：「明主雖心之所愛，而無功者不賞也；雖心之所憎，而無罪者弗罰也。」突出法治理想的《管子》反對因人殊法，強調所有賞罰皆以功過爲憑，不可無功受祿；此其與孔子論政而強調施惠於民，以使遠近慕化——「悅近而來遠」，[16]具有「德治」與「法治」理想之別。故《韓非子》嘗藉「郢書燕說」（〈外儲說左上〉），以說「法先王」之穿鑿爲治；又以徐偃王行仁義而遭荊文王滅國，[17]以說「效仁非以爲治也。」「仁之不可以爲治。」（〈五蠹〉）復明白批評：「悅近而來遠，則是教民懷惠。惠之爲政，無功者受賞而有罪者免，此法之所以敗也。」（《韓非子・難三》）所論賞罰無定準的因人殊法、討好百姓做法是爲敗法，充分顯見法家在儒家的德治理想外，分庭另立旗幟鮮明的法治主張。由此復可以進論我國長期倚重的「人治」傳統與非主流的「法治」主義之殊別。

就管理者的角色言：在我國傳統推崇「人治」且儒者莫不以「致君堯舜」爲職志的政治環境中，君主之賢愚不肖幾乎決定了其時代之爲治世或亂世。因此梁啓超又通過比較人治主義和法治主義，以凸顯法治精神、立憲制度可常可久可廣，其效力無遠弗屆。他立足《韓非子》曰：「堯舜桀紂千世而一出；反是，比肩隨踵而生也。……中者，上不及堯舜而下亦不爲桀紂，抱法處勢則治，背法去勢則亂」（〈難勢〉），以說人類至賢至不肖如堯舜桀紂者很少，現實世界以中人最多，是故歷代君主亦非人人盡賢；那麼，欲賢愚不肖者皆應之以治世，則惟法治主義能使庸昧之君主施政有據而免於亂。蓋有法，則賢者益賢，中者亦可以循法而不失爲賢。《韓非子》對此復嘗取譬曰：「良馬固車五十里而一

---

16 葉公問政，子曰「近者 ，遠者來。」《疏》曰：《正義》言此章孔子謂以「當施惠於近者，使之喜說，則遠者當慕化而來。」（何晏集解、邢昺疏：《論語注疏》）

17 《韓非子・五蠹》嘗舉譬偃王行仁義而喪其國，以說「仁之不可以為治」以及「世異則事異」的歷史觀。曰：「古者文王處豐、鎬之間，地方百里，行仁義而懷西戎，遂王天下；徐偃王處漢東，地方五百里，行仁義，割地而朝者三十有六國，荊文王恐其害己也，舉兵伐徐，遂滅之。故文王行仁義而王天下，偃王行仁義而喪其國。」

置，使中手御之，追速致 可以及也，而千里可日致也。何必待古之王良乎？」（〈難勢〉）在古驛道上只要固定距離置換良馬固車，則即使以中手駕御也能日行千里，何待乎善馳之王良？所以梁啓超以儒家尊「人治」與法家尚「法治」相比論，認同法家主張「任法不任人者，法固中材之所能守，而不必有所待也。」反觀我國長時期依賴「聖君賢相」之「人治」傳統，只能被動等待「仁心生仁政」、「有不忍人之心斯有不忍人之政」；而即使待得聖君賢相了，最終還是不免落得「人亡政息」下場。故梁啓超說「人治之不能久，而法治之可以常也。」（《中國法理學發達史論》）所論在仍是君主專政的清代，確可以提供國人在儒家道德主義以外的其他不同思維模式，要皆期於治國利群是必然而非偶然。

三、結語

清季遭世衰微，面對兩千年未有之變局、存亡續絕之關頭，國人在西方強勢文明與軍事侵略下，在政治、軍事、外交上必須奮發有爲以扶傾濟危；在思想上也要建立起保有我國文化特殊性，能夠抗衡西方野心家藉西學做爲侵略藉口的資藉理論。因此晚清學者對西學的態度，一方面是借用西學理論爲政治、社會改革張軍，如借助進化論鼓吹變法革新；另方面則是立足我國固有文化，試圖建立起具有傳統特色且足以抗衡西學的中國現代化文明，如通過「古經新詮」方式以轉化舊學，使切於今用。但是在希冀保有傳統文化特色方面，也因爲西學東漸的影響而不免出現變化。譬如在進化論的席捲下，晚清學者對於兩千年來長期縶縛人心的儒家道統觀及守舊思維，質疑其能否適應現代化與萬國世界？像是講求尊卑貴賤等級與現代化平等思想的衝突，追求共性和諧的群體原則與個性自由發展的衝突，「恥言利」的非功利傳統與功利主義的矛盾，物質利益原則與倫理中心主義的矛盾，保守心理與進步創造的衝突……等，都被重新思考。在西潮衝擊的時代變遷中，晚清學者雖然期望捍衛傳統，但亦質疑保守思維之現代適應性，因此在傳統資源中另尋儒家主流以外的其他現代化資源，就成爲晚清思想發展的另一出路；而傳統學說中能夠合拍於現代化思維者，如道家的平等境界、法家的法治主義、墨家的非命與尚賢思想……等，也就成爲既能聯繫固有文化又不悖於現代化的最大公約數了。如此一來，不但造成晚清學術思想的知識中心與邊緣位置變化，也促成了擺脫儒家道統觀的晚清諸子學思潮復興。

正是這樣對西學迎與拒的雙重心理與態度，使得晚清學者較能擺脫儒家道德仁義思想及從考據典範轉身。清代學術從中葉逐漸走下乾嘉考據高峰並過渡到今文學興盛時，已經漸見學術發展擺脫考經證史之單純考據目的；在盛名考據學家段玉裁的外孫龔自珍向劉逢祿表明「從君燒盡蟲魚學」（己卯〈雜詩〉）的詩作中，便已具現脫出樸學矩矱的現實關懷。以迄於晚清，考據學更成爲多元學術檯面下的方法論而不再是學術旨趣，譬如康有爲訴求維新變法的《新學僞經考》、《孔子改制考》之借重考據法；章太炎自述爲學歷程，也表明從「少時治經，謹守樸學」的門檻跨出，「端居深觀而釋〈齊物〉，乃與《瑜珈》、《華嚴》相會，次及荀卿、墨翟，莫不抽其微言。」（《菿漢微言》）皆不再拘泥於文字器數之疏通證明。故晚清學者立足在清中葉以來對今文學微言大義的義理興趣，並延續對儒學外各家思想逐漸開放的態度，在諸子義理的詮釋上，多能跨出儒學中心主義而不再卑視佛道思想；在做爲學術登堂入室門徑的考據學外，也逐漸將對於諸子微言大義的義理追求，發展成爲學術興趣，而從事於諸子義理闡揚。

儘管從方法論言，義理學和考據學有所交集；但從學術旨趣言，則各爲不同學術型態。在義理學和考據學學術旨趣不同的前提下，雖然乾嘉時期也有若干擺脫儒家道統和經學主軸的子學復興跡象，也有學者指出俞樾仿《讀書雜志》而作的《諸子平議》，經常「利用大量經書材料來考證諸子」，[18]而不僅是序言所說的「可以考證經義」目的；但是密切結合考據學的乾嘉子學，終究以典籍考辨和校勘訓詁等考、校、辨爲主，考據法固然可以證成義理論述之正確與嚴密性，但其與晚清子學針對諸子思想進行主觀價值判斷與義理發明之義理本質，終究具有不同的學術重心與宗旨。晚清諸子學思潮已不再囿限於經典文字的訓詁校勘，而具有擺脫儒家道統觀、擺落經學主軸、跨出乾嘉子學之考據旨趣，以及表現「致用」理想而結合現代化西學詮釋等特色。

以「明道致用」爲旨趣的晚清諸子學思潮，對於儒學中非主流的荀學以及道、墨、法等各家思想，並皆有所發揚與復興。荀子強調禮教規範對於人性「化性起僞」的矯治作用，卻長期見黜於孟學及理學傳統；清儒則因發揚禮學傳統及肯定聖人制禮緣情，又在乾嘉時期形成復禮思潮並有淩廷堪、汪中等人之尊荀，於是繼乾嘉學者用力於荀學讎校後，晚清學者之致力於尊荀、尊禮者如曾國藩、黃式三、黃以周、孫詒讓、王先謙、章太炎等，或致力於《荀子》注疏、或致力於禮學發揚與禮俗改革，以及藉荀子性惡說以抗衡瀰漫晚清社會卻呈現西方優越的單線進化思潮。至於晚清之道家思想復興，則以章太炎借力道家終極平等境界以對抗西方強權思想最具代表性。積極活躍於晚清政治舞台，同時亦傳承了乾嘉「治子通經」師門傳統的章太炎，卻一舉翻出樸學矩矱地朝向「治子明道」邁進。他以周秦諸子之思想堂奧爲眞理歸宿，除了借力荀子性惡說，以「善惡俱進」的「俱分進化論」挑戰西學進化論之「進化＝進步」外；其尊佛、道的「五無」世界觀，更藉佛家「滌除名相」與莊子「齊物」思想的平等境界，批判西方之資本主義及侵略主義，最終並打通華梵、以佛解莊、以莊證孔地追求以學術眞理淑世濟民的終極關

18 參鄭吉雄前揭文。

懷，是爲當時本土思想家中最具自覺意識的西學抗衡者。

另外，融通中西學理的嚴復，其譯作也處處摭手可得他對於諸子思想的弘揚。如所譯《天演論》，以《莊子》之「在宥」說闡明愈不被干擾的自由之民愈能自臻治化之境，強調治國宜順自然，聽其自由，不可多所干涉；在《群己權界論》中，又將彌爾代表的西方個人主義式思維，融合《大學》絜矩之道與老子「無爲」、莊子「在囿」思想等，以一種融合傳統儒、墨、老、莊、楊朱思想的樣貌，摶成中國式強調善群倫理的新自由觀，試圖探尋能夠適應新時代且能兼顧我國文化傳統的中國式道路。

再說到晚清之墨家與法家思想復興：墨家從平民立場出發，「以質救文」地反對禮樂繁瑣，「非命」地批判階級制度不合理而主張尚賢舉能，並且突出勞動價值、主張富利經濟；墨家學說不但能與現代化功利主義以及民主、民權思想相符，其摩頂放踵利天下的俠義與利他精神，更是梁啓超所推崇的、突破晚清困境以與西方強權爭生存的救時良藥。法家則主要以其法治理念能與現代化法治思想合轍，而受到晚清學者青睞，章太炎、劉師培、梁啓超等，都從政治、社會等現實層面對於法家之法治主義有所揭櫫與演繹。先秦法家如管、商、申、韓等法哲思想，莫不主張「以法治國」而要求君臣上下一皆守法；然法家論治所採取的、強制規律不當行爲之法治主張，卻兩千年來備受儒家道德主義所壓抑，孟子、朱子等對之尤其不寬假；實則法家在儒家德治、人治傳統外，乃以治國利群、美善民俗爲其終極目標，亦如司馬遷所言，法家思想是在儒家之「博而寡要，勞而少功」之外，善於「因禍而爲福，轉敗而爲功」、「將順其美，匡救其惡」者。要之，在晚清存亡之秋的政治社會危機與西方文化衝擊中，學者欲保留傳統地轉求儒家外的其他傳統思想以因應困局，晚清之諸子學思潮因此高度呈現了學術之致用理想。

貳拾參
康有為返本開新的維新思想

晚清，歷史與社會的變動腳步，隨著世界性現代化進程的展開而加快了。從1840年鴉片戰爭以後，中國進入半殖民、半專制帝制社會，並揭開了近代史的序幕，於是包括消極被動的不得不變和積極主動求新求變的變動，也就構成了這一歷史新頁的主要特色。變動，必然包涵著立足傳統的繼承與創造開新的吸收轉化；而晚清——中國面向世界的窗口，其所面臨的「時代課題」已不復過去兩千年儒學最高傳統下的「家法」與「孰爲正統」之爭，而是中華民族兩千年來未曾有過的歷史存亡和文化絕續關頭了，是在列強的炮口下必須求新求變以求生存的時代課題。這樣的劇變，撇開政、經、外交層面，純就儒學層面而言，如何以現代化轉化保存中國道德文化遺產？如何使傳統思想合乎時代要求以挽救其危亡？在在考驗著儒者的智慧。從這個角度看晚清儒者對儒學所採取的創造性詮釋，或許能有更多的同情。晚清繼乾、嘉、道從公羊學擴及群經的今文學復興——從乾嘉常州學派「論學」之發揚何休義法爲公羊學主流，再到嘉道「論政」之推公羊大義於群經、並援引經義以爲社會改革張本之後，此際，儒者立足在兼具學術史、思想史意義的清代今文學復興上，期借傳統以創新，以使大清帝國能夠在思想和制度上迎向新挑戰，其動機與企圖皆指向「救亡圖存」，而儒學傳統也在晚清被重塑了。

強調道統、維護倫理名教的理學，是中國傳統社會後期的正宗思想，從宋到清的統治者都對之大力提倡和表彰，其既是維持社會秩序的指導理論，也是科舉仕進所依據；因此當十九世紀中葉起清廷面對數千年未曾有的變局與強敵環伺，儘管前後歷經了三十年「變器」與「變制」的自強新政——從奕訢、李鴻章、張之洞等洋務派，突破保守派倭仁等人之謂「何必師事夷人？」「天朝上國盡善盡美」、「德足以勝力」、「以忠信爲甲胄、禮義爲干櫓」等言論，在洶洶朝議中，步履艱維地展開了造炮製船、興學堂等各種被指「變於夷」的「師夷長技」，到早期改良主義馮桂芬、郭嵩燾、薛福成等人之進一步呼籲「從受其法」、政教爲本，其中長期做爲君主專政和儒學核心價値的綱常名教等立國之「體」、治國之「道」，幾乎是所有儒者都認爲動不得的；「中體西用」所捍衛的儒家道統，始終是政治改革的最大限度與讓步。是故眞要說到儒學現代化進程之進至「技進於道」的文化轉型與思想變革，必須從喚醒我國數千年大夢的甲午敗戰（1894）開始。國人面對黃海大東溝一戰之北洋水師全軍覆沒於「彈丸島夷」、「蕞爾小國」的日本，洋務運動遭到毀滅性打擊的創深痛鉅後，國人才「上自朝廷，下至人士，紛紛言變法。」（梁啓超《戊戌政變記》）康有爲言：「能變則全，不變則亡；全變則強，小變仍亡。」（〈上清帝第六書〉）譚嗣同亦言：「孔孟復生，不能不變法而治。」「器既變，道安得獨不變？」（《譚嗣同全集．思緯○○臺短書——報貝元徵》）至此，儒者終於從堅持以儒家綱常倫理爲「體」的長夢中驚醒，一舉突破了「中體西用」之以「體／用」模式界定的中西文化觀。

因此儘管咸豐間二次鴉片戰爭後，清廷已有曾國藩、奕訢、李鴻章等務力於船堅炮利自強新政的洋務派與倭仁之保守派相抗衡，但其與維新派之立足洋務派自強新政上而又加以批判，以一種衝破「中國中心」文化本位主義的衝決傳統網羅之姿，以「會通中西」的「西體中源」、或「採西學新說」來重塑新學術體系與文化模式，兩者在根本精神上仍有極大差異。維新思潮固然對洋務運動有若干繼承與發展，也有許多具體改革措施幾乎如出一轍；然就做爲「體」的核心價値而言，洋務派奉行「中學爲體，西學爲用」指導思想，其「變器」僅限於「富國」、

「強兵」宗旨下的西方器械學習，並不涉及「變制」的根本政制變革，遑論深層的「變思想」。洋務派仍屬專制帝制本質，其於傳統舊社會的階級倫理與綱常思想仍然堅定維護，其命運也始終和皇權繫綁一起而未有鬆動，只能說是對帝制政權的一種補苴罅漏、權宜之計。職此之故，洋務派對於維新派的一些現代化主張如議院政治等皆橫加阻撓。至於維新派，則在三十年自強運動徹底失敗的甲午敗戰後崛起，他們雖然也樹立孔子大纛，但反對洋務派和守舊派的「中體西用」指導思想，對舊社會階級倫理更嚴加批判，而轉持自由、平等、民權之無貴賤與議院民主等近現代化思想。是以國人之開啓思想變革新頁，須是在已經能夠進至深一層的「變道」層次了，即在本質上已經能夠接受部分西化思想了之後。所以從發動變法的康有爲、引介西學的嚴復，到思想深刻而慷慨任俠的譚嗣同、大量著作並極力宣傳的梁啓超……等，都已經突破三綱五常階級倫理的森嚴壁壘，擺脫狹隘的「天朝」觀，不復以聖賢與經義之「道」做爲標榜，而能正視並學習西方文明了。因此在康有爲獲得政治核心地位並付諸實踐後，社會上逐漸形成一股由上而下、結合了啓蒙運動與政治革新運動之進步思潮。

康有爲是對於19世紀七十到九十年代變法改良思潮加以總結的人物，他意欲建構一理論基礎以迫使政府從事政治改革，而他所提出的系列具體改革主張與措施，如以政綱政策式的高度要求開放政權，以立憲制取代兩千年來的君主專政，以及他糅合了古今中外的思想體系，呈現了對於中外文化雙向選擇的特色與絢麗——他之繼承傳統文化，既以終結古代思想也以開啓近現代思想之姿，對傳統文化有所創新；他之新詮古經，既包含對傳統舊學的繼承，也包含對西學的借重，期能以此轉化儒學。雖然曾爲晚清新思想急先鋒的康有爲，在戊戌政變避難港日、南洋後倡爲保皇黨，與革命黨爲敵，又在民國後張勳復辟事件中以「虛君共和」與相附和，致被新青年視爲落伍象徵；但是其思想始終一貫，皆出用世求變宗旨下之循序漸進主張，且以新詮古經做為儒學現代化轉型的階徑。其學兼有對傳統文化的繼承與對西學的吸收，以轉化儒學使切於今用。綜觀康有為之學術立場與思想樣貌，實是近代中國在中西文化交流碰撞下的思想變遷與學術縮影，其於傳統社會具有推動轉型之功。

一、康有為維新思想對傳統儒學的繼承援用與轉化

康有為領導了維新思潮，但他並非一味騖新者，其學係建立在中西學術交融之基礎上，既有對西學的吸收，也有對舊學的繼承。康有為的傳統舊學造詣極深——他六歲受經，讀《大學》、《中庸》、《論語》、《孝經》；十二歲盡讀周世孔氏遺文及習經說與宋儒之學；二十七歲又盡讀漢、魏、六朝、唐、宋、明、清之傳注與考據、義理等學；既而求之今文學，凡齊、魯、韓之《詩》，歐陽、大小夏侯之《書》，孟、焦、京之《易》，大小戴之《禮》與公羊、穀梁之《春秋》，無不盡得。是以他儘管嚮往西方物質文明，但他從未放棄過儒學立場。處在近代社會大轉型的晚清，康有為不停地呼籲尊孔以挽救道德淪亡，甚至建議清廷普設孔廟及立儒學為國教、以孔子為教主，表現出尊孔的狂熱，學界也素以傳統今文學殿軍看待之。雖然從純學術觀或今文師承而言，康有為並非純正今文家，他的學術觀主要乃以政治目的為出發；但他確是抱持今文學立場，對古文學大加撻伐而稱以「偽學」的。康有為整體學術之繼承傳統一面，兼有對崛起於乾嘉常州學派而盛行於清中晚期的公羊學之發揚光大，以及對明代中葉以迄清代而由戴震集大成的新義理觀——如「理先氣後」、「自然人性論」與重智思想等之繼承。他早歲先以《教學通義》、《康子內外篇》、《實理公法全書》等作確立學術路向；其後則以《新學偽經考》、《孔子改制考》發揚今文學，並推倒保守派據為阻撓變法的古文學依據；另外，他用以建構未來社會而「今世必未能行」的《大同書》理想藍圖，以及他以儒經

爲「表」、個人理想爲「裡」的「援西入儒」方式詮釋經典，而被學者稱爲「康有爲透過注釋先秦儒學經典來落實『南海聖人』這個稱號」的《禮運注》、《論語注》、《孟子微》、《中庸注》、《大學注》……等，皆其重要著作。

(一)假事託義的今文學立場與變法理論基礎

領域各殊的道德與政治、政治與學術，在傳統儒學凸顯理想人格的「大德必得其位」、「大德者必受命」等泛道德論下，深刻地影響了國人結合德性、學術的政治觀與意識型態。自孟子兼攝「內聖」與「外王」而強調仁心爲本根、仁政爲枝葉，曰：「徒善不足以爲政，徒法不能以自行」以來，歷代思想家與注釋家畸輕畸重地對之各有側重，故雖有趙岐、王安石之發揮孟子的「外王」面；但自朱子到王陽明、黃宗羲等，則多強調孟子內部的哲學問題，尤對道德與知識問題多所發揮，即使屆至列強環伺危亡困境的晚清，儒者仍不免抱持「天朝上國」的態度，將軍政等實務問題化約成爲道德善惡的判斷。因此欲藉西學革新政制的康有爲，其變法大計一開始頻頻受挫而難達天聽，這使他深切體會了必須從根本上先行駁倒守舊派理論武器的古文經典，他必須面對「麻木不仁，飲迷熟睡，刺之不知痛，藥之不能入」的腐朽官僚（〈上清帝第四書〉），以及四周兀自沉睡的「祖宗之法不可變」保守倫理氛圍；他只好投入議政論事的今文學立場，並「以學致用」地借重經學而賦古經以新義，以達成他欲「更新百度」的變法目的。

職此之故，康有爲之倡爲變法，乃持今文學立場而既「破」且「立」地雙管齊下：他一方面以《新學僞經考》倡論所謂祖宗舊法乃劉歆爲奪取政權而僞造，不是孔聖本旨，並言：「劉歆之僞不黜，孔子之道不著」（〈《新學僞經考》敍〉），以此推翻舊法與古文傳統；另方面則其《孔子改制考》立足在今文學素王改制說上，闡明「歷時變革」

本即孔學精粹及聖學傳統，肇因於劉歆造僞僞經，乃使公羊學廢而改制義湮、三世之說與太平之治、大同之義皆闇昧不明。故《新學僞經考》是康有爲用以否定守舊派古文經學的理論依據，《孔子改制考》則是利用今文經之微言大義以探求孔子創法立教的精義，以遂其「托古改制」目的，是二書正、反夾擊地衝撞帝制綱常，以破專制政權及祖宗成法之古文傳統。

是故康有爲係爲變法目的而持今文立場；實則其早歲經學取向反對何休今文學——據其《自編年譜》光緒6年23歲條，云：「是歲，治經及公羊學，著《何氏糾謬》，專攻何劭公者。既而悟其非，焚去。」他在30歲思想成熟後，已經轉向批判古文學係劉歆造僞，並利用深具實用價值的公羊學說做爲變法革新的理論資借。對此，梁啓超謂：「有爲早年酷愛《周禮》，嘗貫穴之著《政學通議》，後見廖平所著書，乃盡棄其舊說。」（《清代學術概論》）論者亦多謂浙江戴望將常州學術引入兩湖，四川廖平從學今文於湖南王闓運，其學由湖南而廣東而影響及康氏思想轉向。自後，強調孔子作《春秋》意在「撥亂世，反諸正」的《公羊傳》，成爲康氏據爲變法主張的經典基礎。其曰：

> 孔子之道何在？在《六經》。《六經》粲然深美、浩然繁博，將何統乎？統一於《春秋》。……《春秋》三傳何從乎？從公羊氏。……惟《公羊》獨詳《春秋》之義。……惟《公羊》詳素王改制之義，故《春秋》之傳在《公羊》也。
>
> ——〈春秋董氏學自序〉

他附和嘉道間常州學派今文學立場，曰：「《左傳》詳文與事，是史也，於孔子之道無與焉」、「《穀梁傳》不明《春秋》王義」；他肯定惟《公羊》獨傳《春秋》微言及素王改制之義，並認同太史公曰：

「漢興，惟董生明於《春秋》」，暨劉向稱「董仲舒爲王者之佐」，故他肯定董仲舒能傳孔子口說微言地撰爲《春秋董氏學》，其《春秋筆削大義微言考》並列有「《春秋》在義，不在事與文」考、「《春秋》之義，傳以口說，而不傳在文字」考、「《春秋》口說，《公》、《穀》只傳大義，其非常之微言，傳在公羊家董仲舒、何休」考、「董、何傳口說與《穀梁》及劉向學說全合」考（《春秋筆削大義微言考・發凡》）。其論曰：

其傳師說最詳，其去先秦不遠，然則欲學《公羊》者，捨董生安歸？……大賢如孟、荀，爲孔門龍象，求得孔子立制之本如《繁露》之微言奧義，不可得焉；董生道不高於孟、荀，何以得此？然則是皆孔子口說之所傳，而非董子之爲之也。……若微董生，安從復窺孔子之大道哉？　——〈春秋董氏學自序〉

他認爲惟董仲舒《春秋繁露》能傳孔子之微言奧義，並以超軼孟、荀讚美之，則欲窺孔子大道而舍董子無由。對於康有爲之今文立場，學者汪榮祖指出康氏欲借公羊「尊王」、「大一統」之義，以遂其欲由清帝主持自上而下的改革目的，故他重新詮釋公羊「攘夷」思想，未以華化的滿清爲夷，而以侵略中國的列強爲夷；他轉化公羊學的《春秋》復仇之義，使成爲愛國熱情與民族主義的資源，所以，「章太炎用復仇之義來排滿，只不過是說明此義乃雙刃之劍，既可用之革命，亦可用之變法。」（〈打開洪水的閘門——康有爲戊戌變法的學術基礎及其影響〉）因此強調階段發展的公羊「三世」說，成爲康氏以儒學比附西學進化論的重要理論。

面對晚清世變，如皮錫瑞、廖平、康有爲等，皆採取「重新解釋傳統，以符當代」的方式對待傳統，此其所以殊異於揚棄舊傳統的新文化運動與古史辨運動，由此亦形成了《公羊》詮釋學對讀者開放的現象。關於今文學「《春秋》王魯」之核心理論，在劉逢祿「薪蒸」說和陳立「筌蹄」說，謂孔子乃以天王諸侯爲寄託「王心」之「薪蒸」、「筌蹄」即工具外，凌曙論《春秋》記事，亦曰「其事，實不足繫有無之數」，他更以事在「有無」間否定了《春秋》的信史性質。[1]是其皆持論《春秋》之隱、桓非魯國之隱、桓，《春秋》十二公只是做爲孔子假事託義的寄託。其後廖平也從「史以記事，經以立義」的角度區別經史，並批判後儒「以史該經」之「以據事直書爲止境」，曰：「魯史無加之爲筆；於史文外有加損乃爲經。」他說明史筆要求據事直書，經著則託事立義而對史事有所加損焉，故《春秋》之爲「經」，正在其以筆削褒貶行立法改制，其史事並非客觀記事，是孔子「意不在魯國，在天下；不在當時，在萬世」之理想所寄託（《公羊補證》）。至於康有爲，則他亦倡言《春秋》兼有魯史史文、齊桓晉文之史事與孔子之義等，此中，「惟義乃爲孔子改制之《春秋》，所以能撥亂反正者，固在此不在彼矣。」所以他批評《左傳》記事，「眞所謂買櫝還珠，得魯史之舊而盡失孔子之義矣。」（《春秋筆削大義微言考．桓公九年》）他並以「記號」說經典記事，認爲猶乎得魚而可以忘筌——「若得魚忘筌。既知其義則事可略之矣。」（《春秋筆削大義微言考．隱公五年》）其論曰：

---

1 劉逢祿嘗曰：「《春秋》者，火也；魯與天王、諸侯皆薪蒸之屬，可以宣火之明，而無與於火之德也。」（《春秋公羊經何氏釋例》）陳立〈春秋王魯說〉亦言：「善乎劉君申受之言曰『《春秋》者，火也，魯與天王諸侯，皆薪蒸之屬。……』又包君孟開言曰『凡此十二君者，魯之君乎哉？《春秋》之君也。……則十二公皆筌蹄也。』繹乎此，而七十子之微言大義昭然若揭，彼杜、范之徒嘵嘵不已，真所謂瞽者不可與言日月之明，聾者不可與聞雷霆之聲也。」（徐世昌《清儒學案．曉樓學案》附案）凌曙則曰：「孔子假當日之行事，而王法寄焉爾，其事實不足繫有無之數也。」（《清儒學案．曉樓學案》）

孔子晚年，以爲吾欲托之空言，不如托之行事之深切著明，故收拾各義，分附於魯史文、事之中，因恐無所托識，乃筆削魯史，改定其年、月、日、時、爵、號、氏、名諸文，或增或刪，或改或削，以爲記號。……使弟子後學得以省識其大義微言之所托。——《春秋筆削大義微言考·桓公九年》

其言《春秋》託諸魯史之文與事，僅是孔子藉以立義的一種符號工具，即「記號」而已，故《孟子》亦謂「其事則齊桓、晉文，其文則史，其義則丘竊取之。」因此後世只要能得乎《春秋》大義，便可以用其義而略其事地據爲指導思想，而康有爲之變法，亦正是借用孔子之義及借重古經典做爲寄托時代思想的載體。梁啓超《清代學術概論》也嘗轉述康氏言，謂「文字不過其符號，如電報之密碼，如樂譜之音符，非口授不能明。」梁啓超說《春秋》，也謂「義之既明，而其事皆作筌蹄之棄，亦無不可也。」（《飲冰室文集之三·讀春秋界說》）故學者王汎森指出：從劉逢祿、陳立、廖平、康有爲到梁啓超，有一「《春秋》史事皆符號」說之發展線索（《古史辨運動的興起·清季今文家的歷史解釋》）。要之，康有爲在清季欲藉今文學立場爲變法張目，並以經典「符號化」之態度面對傳統經典，以轉化傳統理論使切於今用，而公羊學在晚清，亦遂以結合政治之姿大爲流行。

在康有爲援今文以爲變法利器下，他極力否認孔子之「述而不作」，他說這是劉歆爲佐王莽篡亂而造作的說法。成書於1891年的《新學僞經考》，康有爲廢昔日古學立場地倡論古文經是劉歆篡亂之僞作，並以「新學」和「僞經」名之，曰：「歆既飾經佐篡，身爲『新』臣，則經爲『新學』，……非『漢學』也。……非孔子之經也。」（《新學僞經考·目錄》）他指出實際上《六經》皆孔子所作，孔子正是透過《春秋》之改制變周以及《六經》之儒教典制來治國化民，《六經》即是孔子創教改制的一整套政教禮法；後來因為劉歆欲奪統而造僞孔子「不作」之語，同時「以周易孔」地以《六經》托諸周公，乃有（僞）古文經出現。繼《僞經考》後，康有為又撰作了刊行於1898（光緒24）年的《孔子改制考》，倡發孔子素王改制之義。書論孔子：「不為人主，而為制法王。」「改除亂世勇亂戰爭角力之法，而立《春秋》新王行仁之制。」「以不忍心而為仁政。合鬼神山川、公侯庶人、昆蟲草木，一統於其數。」（〈孔子改制考序〉）康有為並解釋孔子作《六經》而托古的原因，係因常人貴遠賤近的「無徵不信」心理，而孔子以布衣改制不如托諸先王效驗，因此假托三代先王以遂其欲變易周制的目的。所以孔子之藉《春秋》與〈王制〉立教改制，其欲撥「亂世」而致「升平」，則托諸文王以論君主之仁政；欲期「太平」，則托諸堯舜禪讓以論民主之治，實則堯、舜、禹等，皆不過孔子「托古改制」所遙契的理想與假托而已。

至於後世之傳經者——由於《春秋》改制戮及當世大人而不能見容當世，故孔子以文字「筆削」和非文字的「口說」兩種方式微言見義；前者即孔子以魯史為底本而加以筆削者，後者即《公》、《穀》及董仲舒、何休所傳之本。是故凡孔子《春秋》所親加筆削處，即其微言大義所托處，如孔子改魯史之「鄭伯殺其弟段」為「鄭伯克段於鄢」，改「公張魚於棠」為「觀魚於棠」等，[2]若此即孔子寄託對鄭莊公殺弟及魯隱公與民爭利之譏彈者。另外，非文字的《公》、《穀》及董仲舒、何休等「口說」大義部分，則即是康有為認同常州學派所主張「《春秋》非記事之史」的「《春秋》重義不重事」，（孔廣森《公羊通義·敘》）以及《春秋》之義惟今文家獨得的立場，故他亦強調《春秋》之

---

2 《春秋·魯隱公五年》載「公觀魚于棠。」《公羊傳》曰：「實譏張魚而言觀，譏遠者，恥公去南面之位，下與百姓 利。」傳言隱公為得價值萬錢之魚而遠至棠地張網罟障谷，故孔子譏之。

義，「口授而不書」，「師師口口相傳。」（《春秋筆削大義微言考．發凡》）如此一來，經學家之要務，便被轉移到闡釋與推衍經文義理，而非如古文家對於「僞經」呶呶不休之訓詁考證了。是故通制度、識義理，才是康有爲的經典詮釋重心。

身爲變法維新的主導者，康有爲乃以公羊學結合晚清政潮與思潮的代表人物；而改制變法，也即漢儒改正朔、易服色、制禮樂之變形，是故爲了尋求晚清君主立憲政制的歷史根據，康有爲棄早年古學立場而改持孔子「素王改制」、「黜夏，存周，以《春秋》當新王」之西漢今文學。他以公羊「三統」、「三世」說和《禮記．禮運》的大同社會結合西學進化論，做爲變法理論基礎，並透過賦古經以新義之途徑重建儒學價值。「三統」原指從受命於天的黑統、白統、赤統等「三統」循環看夏、商、周之三代遞嬗；又，《中庸》有言「子曰：吾說夏禮，杞不足徵也；吾學殷禮，有宋存焉；吾學周禮，今用之，吾從周。」故董仲舒申之以「《春秋》應天作新王之事，時正黑統，王魯尚黑。黜夏，親周，故宋。」其謂孔子改制，損益三代而從周最多；時代更迭，則「文質交嬗」而三統循環交替，所以孔子作《春秋》，正是「以質救文」地以尙「質」救周之「文」弊。後世即據此以謂新王受命改制不能墨守舊法，必須有所因革損益，故立新統、黜舊統、改正朔、易服色。至於「三世」，則《公羊傳》有「所見異辭、所聞異辭、所傳聞異辭」之說；何休《春秋公羊解詁》進以「衰亂世→升平世→太平世」比附「所傳聞世→所聞世→所見世」；康有爲又進一步強調典制也應隨三世遞進而變革，並附以「君主→立憲→民主」之相對應政制，則依「衰亂世—君主／升平世—立憲／太平世—民主」之進化軌跡，尙處升平世的晚清自當奉行君憲之制。再者，康有爲亦緣附大同理想：他依《禮記．禮運》，子曰「大道之行也，天下爲公」，而申之以「大道者何？人理至公，太平世大同之道也。……孔子生據亂世，而志則常在太平世，必進化至大同，乃孚素志。」（《禮運注》）故〈禮運〉篇所勾勒而孔子嘆以「丘未之逮也，而有志焉」的大同理想社會，即是康有為結合中西學而欲建構的未來社會藍本。是故康有為乃利用三統、三世說與大同世界，做為變法及立憲的理論基礎、歷史根據，並盡力自經典中抉發出可與西學原理相比附的微言大義，而將傳統經典改造成為君憲制的載體，孔子則一變成為君憲制的原始創造者。

所以康有為正是結合了「托古改制」和「古經新詮」兩重途徑重塑儒家經典，使之成為君憲制之合法依據。而康有為之「托古改制」，既有他對孔子撰《春秋》之托諸先王以行「素王改制」之撥亂起治肯定，也有他自托先聖之欲「托孔改制」意。康有為之古經新詮，在將孔子塑造成為變法聖人之餘，也彰顯了他即是孔子改制的繼承與完成者，其曰：「見大同，太平之治也，猶孔子之生也。」（〈孔子改制考序〉）如此一來，二千年來「闇而不明，鬱而不發」的太平之治、大同之樂，便將因康有為之變法而復見於天下。是故透過康有為之經典創造性詮釋，傳統儒學維護尊卑貴賤等級的一貫立場，被轉換成為自由、平等與民權的擁護者，而在其被據為變法合法性的歷史依據之外，也同時初步而邏輯地完成了傳統儒學之近現代化思想轉型。

康有為從《新學偽經考》、《孔子改制考》之改造傳統經典，到揭露其最終理想的《大同書》之擺落經學，而以「毀家滅族」做為「求大同」起點，以個人主義、享樂主義批判傳統宗法關係的一系列性論著，其目的就在要把中國從專制的宗法制度中解放出來，他可謂是近世最有力觸動帝制統治秩序的人物。雖然《大同書》的社會理想不無過激之處，但那只是康有為的一個高度文明極樂生活幻夢，在大同社會尚未實現以前，則他終究切合現實地主張：對於實際進化階段不同的社會，必須從理論到實踐都配合其階段需要，一如他雖嚮往民主大同，卻主張仍處小康階段的晚清只適用從君主過渡到民主的君憲制。而透過康有為的領導，維新派之政治革新觸及了對傳統舊學理論反思的層面，其社會影響力更廣泛地碰觸到思想、文化與學術等各方面之啓蒙意識。因此戊戌變法雖然失敗了，但維新派總結失敗經驗，深切體認到如果不能從根本思想加以變革，那麼縱使更閱數年、數十年，也不能睹見變法之成效。是以梁啓超後來以要求現代化思維的「新民」主張爲「今日中國第一急務」，曰：「凡一國之進步，必以學術思想爲之母，而風俗政治皆其子孫也。」他反對摭拾皮毛之「棄其本而摹其末」，又曰：「民德、民智、民力，實爲政治、學術、技藝之大原。」（《新民說》）所以他撰《新民說》、辦《新民叢報》以推廣新思想，他從優勝劣敗、公德、國家思想、權利思想、自由、自治、進步、自尊、合群、毅力、義務思想……等方面倡論「新國民」所應具備的思想觀念與能力。因此，中西文化第一次在晚清出現如此大規模交流所帶動的社會變革，其種種以廣開民智、富國養民爲要求的革新思潮，如以工定國、婦女解放、新式學堂和各式專門學校、講求科學文化、白話文運動、重視新聞出版事業、辦報刊雜誌、設書局、譯西學、辦圖書館、立學會……等，在在皆遠非「但取西人製造之精」而徒務皮毛的洋務派，及其設置同文館、武備堂之規模所能比；其所達到的高度，也非仍須屈從並依附洋務派，而僅能分散地提出一些零散主張的早期改良主義，如馮桂芬、薛福成、馬建忠、陳熾、黎庶昌……等人所能望其項背。是故百日維新的最大影響力不在政治，而在對國人思想文化之啓蒙，康有爲引領國人衝破了傳統網羅並突破宗法制度之窠臼，他通過公羊新詮所演成的思想革命，始料未及地推動了儒學的現代化轉型。

㈡對清代新義理觀的繼承與開拓

康有爲立足傳統舊學而吸收西學，其於傳統學術之繼承與援用，除前述做爲變法理論武器的今文學外；在義理思想上，他對於清儒所建構的、殊異於理學長期主導思想界的新義理觀，如重氣並肯定氣性，重智並肯定德智密切關聯性而持信知識具有成德作用，以及認同經驗落實的「相人偶」仁論等，亦有所繼承與開拓。

重氣思想：「理、氣之辨」是傳統哲學極重要的論辨，對於「精神意識／自然存在」之先後與根本問題，即「精神先於自然」或「自然是根本」一類的爭論，歷來喋喋不休，但在程朱理學長期主導學界與科舉仕進之影響下，凸顯道德價值的「理本論」始終居於主流地位；惟溯自明中葉起，羅欽順、王廷相、劉宗周、黃宗羲、王夫之等人皆有重「氣」傾向，逮及清儒，則自顏元、陳確到戴震，更是側重自然氣化而強調經驗現實，並由戴震集大成地建立了「『非形上學』而強調道德創造性」的思想體系。故針對宋明理學言的清代義理學轉型——清代新義理學，其於氣性、情性、智性等所謂「氣質之性」皆極重視，是爲對於宋明理學「理氣二分」、「性情二分」架構及其主張「性其情」、「尊性黜情」之一大翻轉。至於晚清，則康有爲在性論思想上，也體現了與此一清代新義理學同趨的思想大勢，迥異於理學獨尊性理的「道德形上學」義理模式。

清初肯定氣性的顏元，已見清代思想轉型之端倪。其性論從「理善，則氣亦善」出發，曰：「氣質非他，即性、情、才之氣質也」，並將所謂「惡」者，歸諸「引、蔽、習、染四字爲之祟也。」（《存性編・性圖》、《存學編・上太倉陸桴亭先生書》）戴震亦「重情」地自「情、理不悖」角度，論：「無過情，無不及情，之謂理。」「苟舍情求理，其所謂理，無非意見也。」（《孟子字義疏證・理五》）淩廷堪且「以情論性」地從情之「好惡」出發，謂：「性者，好惡二端而已」，並持「理原諸情」立場地說：「好惡生於聲色與味，爲先王制禮節性之大原。」「好惡者，先王制禮之大原也。」（《校禮堂文集・好惡說上》）他們都迥異於理學之「黜情」觀，轉持論情性正是禮學所根源。對此，康有爲亦自重氣思想出發，曰：「浩浩元氣，造起天地。」「凡物皆始於氣，既有氣，然後有理。」故他批評「朱子以爲理在氣之前，其說非。」（《萬木草堂口說·學術源流》）至於人性論，則他亦同於戴、淩等人之肯定氣質之性，亦持「自然人性論」立場而自情之「愛惡」論性，曰：「若夫言命言性，仍當就氣質而言。」（《康子內外篇·理氣篇》）故他以愛惡之存者，名爲「性」；愛惡之發者，名爲「情」，認同「人之生也，惟有愛惡而已。」其論曰：

> 人之有生，愛惡仁義是也，無所謂性、情也，無所謂性、情之別也。愛惡皆根於心，存者爲性，發者爲情，無所謂善、惡也。……夫仁之與愛、義之與惡，何異之有？今之所謂仁義者，積人事爲之，差近於習，而非所謂性也；若夫性，則仁義愛惡無別也。善者，非天理也，人事之宜也，故以仁義爲善，而別於愛惡之有惡者，非性也，習也。……至於習於善、習於惡，則人爲之矣。
>
> ——《康子內外篇·愛惡篇》

關於仁義，清儒焦循嘗論曰：「人性所以有仁義者，正以其能變通。……以己之心通乎人之心，則仁也；知其不宜，變而之乎宜，則義也。」（《孟子正義·性猶杞柳》）此一落實在經驗領域內的變通人事強調，迥異於理學對「仁」超越的本體義與形上學強調——如曰：「萬物之生意最可觀，此元者善之長也。斯所謂仁也。」（《二程遺書》）「天體物不遺，猶仁體事無不在也。……無一物而非仁也。」（《張子正蒙·天道篇》）而康有爲之論仁，亦認爲「仁」是約定俗成的「人事之宜」，是一種差近於「習」的「積人事爲之」者；吾人之以仁義爲「善」，既非天理也非天性，性與情更無善惡殊別。所以他說「仁義」與「善」都是一種「習」而不是「性」，皆由後天習染的「人爲」所致，即所謂「習」於善、或「習」於惡者。其論略近顏元「引、蔽、習、染」之說，也近似船山論「後天之性，習成之也」之「習與性成」說。以此，他強烈反對理學別愛惡於仁義外；他認爲本然之「性」只能就無所區別的情之「愛惡仁義」言，曰「愛惡、仁義無異於是」，故對於理學家偏言天命性理而區別性、情的義理模式，及其以性爲善而將惡歸諸情的「以性約情」、「以性之理節其情」主張，皆亟致批判之意。

康有爲之於人情「愛惡」強調，與嚴復之謂「必有所樂，始名爲善」，甚至以苦樂論善惡地說：「樂者爲善，苦者爲惡，苦樂者所視以定善惡者也」（譯《天演論》按語），皆爲晚清在道德學上能夠正面看待情性而重視人情的代表。嚴復強調「善」必須符合人情之「樂」，始能使民樂於從教，其曰：

> 今之哲學言爲善，所由與古之言爲善殊者，古之言爲善也，以爲利人而已無與也；今之言爲善也，以不如是，……知爲善之所以利己，而去惡且不止於利人，庶幾民樂從教，而不禍仁義也；亦庶幾國法之成，無往而不與天理、人情合也。
>
> ——譯《法意》按語

嚴復指出今之哲學言「爲善」與「去惡」，在「利人」之外亦要兼及「利己」，即要能夠「義利合」，百姓才能樂從善。其論也與清初顏元論「正其誼以謀其利，明其道而計其功」（《四書正誤》）同調。他批判傳統舊教以爲義利分趨，「於化、於道皆淺，幾率天下禍仁義矣！」（譯《原富》按語）他說要求百姓在無所利的情形下施仁行義，正是反使仁義窒礙難行的原因。要之，康、嚴等人皆能以符合人情的新道德觀突破傳統舊窠，而接軌現代功利主義之「以快樂爲人生最高目的」，要求在不損及他人的原則下實現「最大多數的最大幸福。」並皆為清代義理學對傳統儒學之突破。

重智思想：清代新義理學亟重視智性，以為是人、禽殊別的關鍵。戴震對宋明理學獨尊「性理」之謂「德性之知，不假見聞」，即其德、智進路不相干的說法，他另以「德性資於學問」扭轉其說。蓋戴震對於理、氣係採取「去等級化」的內在一元、「理氣相即」立場，其「道」不廢形下，曰：「氣化流行，生生不息」、「陰陽五行，道之實體也」（《孟子字義疏證．天道一》），其「理」亦兼涵主觀性理與實在界客觀事理之「有物有則」，即他是立足在兼涵德性、情性、智性的「自然人性論」上論「理」，故其「理」涵德理、事理、情理、物理等「生生所有事」而言，曰：「理義在事情之條分縷析」、「情之至於纖微無憾是謂理。」（〈理六〉、〈與某書〉）所以在戴震的義理架構中，知識具有成德作用，德、智具有密切關聯性，曰：「德性始乎蒙昧」，必資於學問，始能「進而聖賢」及「終乎聖智。」（〈理十四〉）焦循由此又倡為「能知故善」說，謂：「性何以善？能知故善。」「惟其可引，故性善也。」（《雕菰集．性善解三》）皆持知識對道德具有助益的重智主義道德觀。至於康有為，則他對此一「尊情重智」的新義理觀亦深為認同且加以推進，其論主要突出「理」由「智」生，並倡論人禽之別在於「智」。

康有為亦自自然人性角度論「性」，並認為「凡為血氣之倫必有欲，有欲則莫不縱之」（《康子內外篇．不忍篇》），他肯定「氣質之性」是人禽所同，另外他又指出禽獸對於仁義禮也有愛惡之情──「愛惡仁義，非惟人心有之，雖禽獸之心亦有焉」，則仁義禮亦是人禽所共有，非獨人心有之；那麼，人禽所別者何？──曰「智」。他認為惟人能以智節其欲，「其智愈推而愈廣，則其愛惡愈大而愈有節」，所以「政教、禮樂、文章生焉。」（《康子內外篇．愛惡篇》）其論曰：

物皆有仁義禮，非獨人也。烏之反哺、羊之跪乳，仁也。即牛馬之大，未嘗噬人，亦仁也。鹿之相呼、蟻之行列，禮也。犬之衛主，義也。惟無智，故安於禽獸耳。人惟有智，能造作飲食、宮室、衣服，飾之以禮樂、政事、文章，條之以倫常，精之以義理，皆智來也。……故惟智能生萬理。

——《康子內外篇．仁智篇》

康有爲強調惟人之「神識聰明」足以開務成物，能造作飲食、宮室、衣服與倫常、義理等，對此，焦循也曾經論以：「世有伏羲，不能使鳥獸知有夫婦之別；雖有神農燧人，不能使鳥獸知有耕稼火化之利。」（《雕菰集．性善解三》）要之，康有爲認爲：「人道之異於禽獸者，全在智。」（《康子內外篇．仁智篇》）他對於人之食雞犬、馭牛馬等「強凌弱」行爲，並說以：「人之智強，而牛馬雞犬之智弱也。使牛馬雞犬之智強，人且稱臣、稱父、稱祖孫、稱伯侄矣，豈止爭獻納、定和約而已哉？」（《康子內外篇．勢祖篇》）是故擺脫理學長期以「四端」之德性做爲人、禽區別，轉持論禽獸限於其「智」不能成就人文而安於禽獸，則人禽所別在「智」不在「德」，亦是清代新義理學迥異理學之一端。

至於「理」、「智」之關係，則康有爲論以「惟智能生萬理。」他立足在戴震從理氣內在一元的「理在氣中」以及合情性、德性爲言的「理欲合一」基礎上，又提出「理」由「智」生的看法。有關「情／理」、「理／欲」關係之探討，自17世紀以降的情欲覺醒以迄於乾嘉新義理學，已經凸顯「理」除主觀德理外，亦要合乎客觀事理與情理，是以清儒之理欲觀，多已擺脫理學「理欲對立」的「存理滅欲」主張，轉爲如陳確言：「天理正從人欲中見，人欲恰好處，即天理也。」（《陳確集．無欲作聖辨》）以及戴震主張：「通天下之情，遂天下之欲」之「理欲合一」、「通情遂欲」義理模式。故戴震以「自信之理，非理也」，批判未能兼顧客觀事理之「執理無權」（《孟子字義疏證·權一》）；至於康有爲，則他在「理者，人理也」以及「善者，非天理也，人事之宜也」之主張下（《康子內外篇·理氣篇·愛惡篇》），亦認爲「理」是「諸聖人所積爲也」，是由諸聖人積「智」所產生的。其《實理公法全書》論「人立之法」，其所引錄爲「萬身公法」之「實理」（《實理公法全書·凡例》），即曰：

> 循乎物質之紋理，實無一定處置之法，必須取物質之紋理熟視之，然後加以靈魂之知識，或去彼取此、或裁之制之，乃有可行之法，且有益於人道者。此乃人立之法，不能謂爲天地所固有也。
>
> ——《實理公法全書·師弟門》

康有爲認爲「有益於人道」的「可行之法」，必是出於人之神識聰明加以「去彼取此、裁之制之」，是由「人」所立者，非是天理所固然，是以「欲辨道、教之美，必先在智。」（《中庸注》）其《康子內外篇》亦嘗論以「有人形而後有智，有智而後有理。理者，人之所立。」是故「合萬億人之腦，而智日生；合億萬世之人之腦，而智日益生，於是理出焉。」所以他批判程子「謂天理是體認出，此不知道之言也。」（《康子內外篇·理氣篇》）他反對程子以當下具在的天理做爲人理以及「理」由體認出之說；惟康氏於此所論，乃繼承清代新義理觀對「理」的看法，其與理學所言天理、良知等性理，實爲有間。

清儒從乾嘉戴震、焦循到晚清康有爲之凸顯智性，正是清末民初學界亟言「開民智」的底層思想建築。其時，面對中國之積弱，學者多呼籲開通民智，如梁啓超言「今之策中國者，必曰興民權。……權者生於智者也，有一分之智，即有一分之權，……權之與智，相倚者也。昔之欲抑民權，必以塞民智爲第一義；今日欲伸民權，必以廣民智爲第一義。」（〈論湖南應辦之事〉）康有爲撰作於1901年的《孟子微》亦嘗加以論述，曰：

以仁爲任，民智未開則覺其愚，民有患難則同其凶，故一在覺民，一在救民，此乃天生人道之公理也。

——《孟子微．總論第一》

在康有爲的思想中，推闡重智思想並以「開民智」覺民、救民，以實踐《孟子》所言：「天之生此民也，使先知覺後知，使先覺覺後覺」，既是其所持論的人類公理，亦是其所強調「以仁爲任」、「以成其仁」的仁者之所當爲。故常自言「吾學三十歲已成」，在三十歲以前已經粗具整體思想規模的康有爲主要著作：《教學通義》意在美化風俗、整齊民風，以開民智、民德，以培國本，具有化民治國的用心；《康子內外篇》在闡明天地人物之理與政教藝樂之事，亦期於引導民智以化民；《實理公法全書》則康氏自詡爲：「自有此書，……生民之智學，日益不窮。」（《萬身公法書籍目錄提要．實理公法全書》）皆可見康氏在深刻體認「人事之義，強弱而已矣。有以力爲強弱，有以智爲強弱」之思想基礎上，亟務力於啓導民智，他並論斷自後的學術發展必以智性爲重，曰：「上古之時，智爲重；三代之世，禮爲重；秦漢至今，義爲重；後此之世，智爲重。」（《康子內外篇．勢祖篇．仁智篇》）其重智思想不僅呈現了清代新義理觀的進一步推擴，也是國人在被西學打開視野後的學術必然發展趨勢。故康氏與晚清同皆強調「民智、民德、民力」而主張「開民智」的嚴復和梁啓超「新民」說等，並皆可以具現一時學風而爲晚清思想對清代新義理學之深化發展。

論仁：康有爲反對理學對道德理性的超越性強調，反對從被「本體化」了的「道體」高度說「生生之理」爲「仁」，如程頤言：「萬物之生意最可觀，此元者善之長也，斯所謂仁也。」（《二程遺書》）張載言「天體物不遺，猶仁體事而無不在也。……無一物而非仁也。」（《張子正蒙·天道篇》）對於「仁」之儒學核心概念，康有爲繼承了阮元的「相人偶」仁論：「相人偶者，謂人之偶之也。凡仁，必於身所行者驗之而始見，亦必有二人而仁乃見。」他認同阮元之謂「必人與人相偶而仁乃見」、「以此一人與彼一人相人偶而盡其敬禮忠恕等事。」（《揅經室一集·論語論仁論》）他也說「仁從二人，人道相偶，有吸引之意，即愛力也，實電力也。人具此愛力，故仁即人也。」（《中庸注》）其《孟子微》論曰：

夫仁者，「相人偶」之謂。莊子曰：空谷之中，見似人者而喜。凡人之情，見有同貌、同形、同聲者，必有相愛之心。故《中庸》曰「仁者，人也。」……以人行仁，人人有相愛之心，人人有相爲之事，推之人人皆同，故謂合人與仁即爲道也。

——《孟子微》

其《論語注》亦曰：

人不能離群獨處，無在不與人交，無處不與人偶。與人交偶，相親相愛，則人道成；相惡相殺，則人道息。故仁者，人道交偶之極則也。

——《論語注·子罕》

所論既是對清代義理學著眼於經驗視域以及人之相互關懷、親近、互助、友愛……的仁學觀之發揚光大；也是康有爲試圖以西學觀念賦予「仁」的義理新詮與轉化。他強調「愛者力甚大，無所不愛」，又言

「不忍人之心，仁也，電也，以太也，人人皆有之，故謂人性皆善」（《中庸注》、《孟子微》），他援引「以太」、「電」等西學概念闡釋「不忍人之心」，以一種具有動力、能夠被落實在經驗領域，即被賦予「愛力」的新仁學觀來轉化傳統儒學，尤其針對宋明理學的形上學加以反轉，他同時並以現代化思維擴大了仁學內涵，謂「仁之至，則人人自立而大同」（《孟子微》），以爲推動變法之思想利器。

至於康有爲之論「仁」、「智」關係：康氏固然在理學所突出的仁學傳統外，倡論「人道以智爲導」，並批判理學「仁統四端、兼萬善」之說；但他並不是要以智代仁，而是強調仁、智兼重，反對理學之獨尊仁學。康氏自言早年亦曾認同理學「仁統義禮智信」之說；後來才轉變爲「有智，而後仁義禮信有所呈」的看法，認爲仁義禮信皆繫於「智」下，智性才是人之所以爲人的關鍵。不過他儘管認爲「慈愛以爲仁，斷制以爲義，節文以爲禮，誠實以爲信」等皆由於「智」，他卻也同時肯定義禮信智之所爲，「亦以成其仁」，所以他總論以：「人道以智爲導，以仁爲歸。」他並舉例孔子多「仁、智對舉」而鮮「仁、義對舉」爲證，其言曰：「仁與智所以成終成始者也。」「就一人之本然而論之，則智其體，仁其用也；就人人之當然而論之，則仁其體，智其用也。」（《康子內外篇・仁智篇》）在其對主體的智性突出強調之餘，他對於發揚道德價值之經驗面而以「相親相愛」爲說的仁學也極重視，認爲是人道之所歸趨。

㈢援西入儒的古經新詮與儒學轉化

康有爲的思想體系兼採古今、會通中外，表現對傳統文化與外來文化「不中不西、亦中亦西」的雙向選擇特色。他揭櫫孔子和經學旗幟，發揚今文經「張三世」、「通三統」、絀周王魯、受命改制等諸義；但與之同時並存的，則是他對西學的借用。康有爲之西學涉獵，溯自22

歲薄游香港，因見西人宮室瑰麗、道路整潔、巡捕嚴密，「乃始知西人治國有法度，不得以古舊之夷狄視之。」乃復閱讀《海國圖志》、《瀛環志略》等書，購地球圖，漸收西學之書。他25歲應試京師後道經上海，又見上海租界繁盛而感「西人治術之有本」，於是「舟車行路，大購西書以歸講求焉」，自後他即「盡釋故見」地「大講西學」了。光緒21年，康有爲再赴京應試，時值甲午敗戰並議定割讓遼東半島、賠款二億的《馬關條約》，他遂聯合了會試的千二百舉人上書光緒，主張拒和、遷都、變法，此即「公車上書」，前後二次皆未成功。康氏在四年間共七次上書，最後終於上達，而有光緒24年康有爲領導的維新變法。雖然就政治層面言，維新變法在「戊戌政變」後失敗了，就學術層面言，康、譚等人當時所認識的，充滿了「聲光電化」等科學名詞的科學知識，也不免如李澤厚所言「像衝出蒙昧爭著去迎接知識的黎明一樣」，抱持著「孩童式的歡樂和拚命的吸取」態度，既藉爲解釋世界、萬物、人體以至智慧精神存在構造之依據，同時又附會以中國古老的哲學詞彙，以至出現一些荒唐、怪想的「科學漫畫」（李澤厚〈康有爲思想研究〉），如以「光電能無所不傳」和「以太」等，做爲「人人皆有」的性善解（《孟子微》）；但是當回到思想層面暨其所產生的影響力言，則他們銳意改革的維新企圖，對照著積重難返的清廷腐敗，反而刺激了波瀾壯闊的思想革新與革命運動之日益蓬勃，故汪榮祖說康氏「欲栽變法之花，卻無心插了革命之柳。」（〈打開洪水的閘門——康有爲戊戌變法的學術基礎及其影響〉）而儒學革故鼎新趨向現代化的腳步也就更加快速了。

康有爲所主持的變法維新乃以改革與立憲做爲核心要義。其變革層面涵蓋了政治、經濟、教育、軍事等各方面，譬如廢八股、設新式學堂、裁撤冗官、向西方學習、發展農工商業……等等。其學術與思想既有對傳統文化的縱向繼承，也有對西學的橫向吸收，在學習西方進步思想下，也要求不失傳統精神。其論曰：

> 夫故者，大地千萬年之陳迹，不溫尋之，則不知進化之由，雖欲維新而恐誤；新者，萬物無窮盡之至理，不考知之，無以爲進化之法，雖能勝古而亦愚。孔子甚愛古迹，尤好新法。法者，其義相關，故戒守舊之愚害，而亦不可爲滅古之鹵莽也。
>
> ——《中庸注》

康有爲一生始終不變的信念與原則，就是反對守舊卻也反對滅古，要求不可爲愚亦不可以魯莽，所以在民初的新文化運動中，他反而強烈尊孔並積極維護儒學；但是對於舊學的不合理處如階級性，他也亟加批判，他之新詮古經，更諸多借用進化與平等、民主等西學理論和現代化概念。縱觀之，康有爲頗以「援西入儒」的方式對傳統經典展開現代化詮釋：他每以孔子的微言大義牽合西學，以證明古聖賢早有此想、此說；復經常以羅列證據的博證經籍方式，從傳統經典中抽繹出可與西學或現代化精神相比附者，在藉古聖賢爲維新變法張軍之餘，也以西學做爲傳統經典的思想進路。要之，他欲將儒家哲學導向變法哲學的意圖，極其顯然。

具體言之，譬如孔子嘗言：「天下有道，則禮樂征伐自天子出」，對此，康有爲說以：「政出天子，此據亂制也」；至於孔子言「天下有道，則政在大夫」，則他說以：「政在大夫，蓋君主立憲，有道，謂升平也」；又，孔子言「天下有道，則庶人議」，他則說：「大同，天下爲公，則政由國民公議。蓋太平制，有道之至也。」（《論語注．季氏第十六》）又，康有爲以其維新變法中重要的競爭進化思想，結合西方議院制度「兩黨迭進」之政黨精神，並與孔子的固有思想相比附，如其詮釋孔子論射道之謂「其爭也君子」，便將本於競爭的兩黨互爭迭進與禦侮圖強、尚恥求勝等現代思想，概皆解釋成爲孔子立射禮的微義所在。其曰：

> 物必有兩，而後有爭，故禮必分爲兩；黨人必禦侮而後能圖強，故爭心寓於射禮。人必有恥而後能向上，故設勝不勝以致其爭心，……禮者，禦侮圖存，尚恥求勝；兩黨迭進，人道之大義，孔子之微義也。……今各國皆立議院，一國之禦侮決於是，一國之圖存決於是，萬國之比較文明定於是，兩黨之勝負迭進立於是。以爭而國治日進而不敢退，以爭而人才日進而不敢退。……故當仁不讓，於射必爭。仁孰大於爲國民，射孰大於禦國侮？故議院以立兩黨而成治法，眞孔子意哉！
>
> ——《論語注．八佾第三》

康有爲將射禮之當仁不讓但要揖讓進退，與兩黨爭勝迭進之「以爭而國治日進」加以比附，於是19世紀末從西方引進的政治制度遂儼然成爲兩千年前的孔子囊中物，而康有爲之立議院也與孔子之立射教若合一契了。此外，康有爲還引用太極兩儀之理：「物不可不定於一，有統一而後能成；物不可不對爲二，有對爭而後能進」，以闡明兩黨迭進之義，並說明以「亂世不可尙爭，惟平世而後尙爭；小人不可教爭，惟君子然後可爭。」那麼，康有爲稱爲升平世的晚清，便是實現兩黨競爭的君子之爭的最好時機了。

再以康有爲變法所堅持的君憲制言之：康氏除以進化思想結合政黨精神外，他也以進化論結合公羊「三世」階段，使成爲一種在政治制度上必須依照「據亂→升平→太平」相對應政制的「君主專制→君主立憲→民主共和」循序漸進，不得躐等躁進的進化次序要求。其論除《孟子微》與《中庸注》一再述及「《春秋》要旨分三科：據亂世、升平世、太平世，以爲進化」以及「必進化而後寡過」外（《中庸注》、《孟子微·總論第一》），實則其古經新詮幾乎也都圍繞此一君憲目的以及平等、民主、自由等諸義而展開。於是在康有爲的義理轉化下，傳統儒學多被賦予現代色彩，譬如孔子之「譏世卿」，被轉化成爲選舉制與上、下議院制之所由來。曰：

世卿之制，自古爲然，蓋由封建來者也。孔子患列侯之爭，封建可削，世卿安得不譏？讀〈王制〉選士、造士、俊士之法，則世卿之制爲孔子所削，而選舉之制爲孔子所創，昭昭然矣！選舉者，孔子之制也。——《孔子改制考·選舉爲孔子之制》

又曰：

自孔子創平等之義，明一統以去封建，譏世卿以去世官，授田制產以去奴隸，作《春秋》、立憲法以限君權，不自尊其徒屬而去大僧，於是中國之俗，階級盡掃，人人皆爲平民，人人皆可由白屋而爲王侯、卿相、師儒，人人皆可奮志青雲，發揚蹈厲。

——《大同書》

康有爲亟將去封建、去世官、去奴隸、立憲法……等近現代化思維歸諸孔子所伊始；如此一來，孔子也就以其主張選士、反對封建與世卿等，而成爲現代化選舉及反專制之開路先鋒了。即議院制度所倚爲根本精神的平等、自由等思想基礎，康有爲也都將之悉歸孔子所有。其論如曰：「孔子告子貢以一言行終身者『推己及人』，乃孔子立教之本；與民同之，自主平等，乃孔子立治之本。」「子貢問終身行，孔子告以恕。故子貢明太平之道曰『我不欲人加諸我，吾亦欲無加諸人。』人人獨立，人人平等，人人自主，人人不相侵犯，人人交相親愛，此爲人類之公理，而進化之至平者也。」（《中庸注》、《孟子微》）是故孔子雖生上古，卻爲康氏所推重之能以平等、進化等人類公理示諸後人之先聖。

而除了以現代化思維與孔聖思想相比附外，康有爲對於《孟子》所蘊涵的民主精神也多所彰明。他嘗引《孟子》論故國世臣與用人之道之謂：「國人皆曰賢，然後察之；見賢焉，然後用之。……國人皆曰不可，然後察之；見不可焉，然後去之」，論之以「此孟子特明『升平』授民權、開議院之制，蓋今之立憲體，君民共主法也。」並認爲斯即孔子作〈洪範〉之云「謀及卿士，謀及庶民。」另外，《孟子》又嘗論「民貴君輕」以及「得乎丘民而爲天子」，則康氏申之以：「孟子立民主之制，太平法也。……天下爲公，選賢與能也，孟子早已發明之。」（《孟子微·總論第一》）又，萬章問「堯以天下與舜，有諸？」孟子曰「否！天子不能以天下與人。」康有爲也說：「此明民主之義。民主不能以國授人，當聽人之公舉。」至於孟子回答桃應問「舜爲天子，皋陶爲士，瞽叟殺人，則如之何？」曰「執之而已矣！」則他說孟子正是彰明行政不得干涉司法之「專明司法獨立之權，而行政不得亂法。」（《孟子微·同民第十》）此外，如論養老、外交之法、個人責任……等，他也多歸諸孟子言論所有，若此之例在康有爲新詮的釋義中比比皆是。

而儘管面對質疑：從君主到民主，從護衛三綱五常的儒家倫理、到批判傳統社會階級性的義理轉化，康有爲是否悖離了儒學原來軌道？康有爲卻堅持這才是對於孔子眞義以及經典本質之發揚——「予小子於二千年後發得孔子筆削大義微言……大哉聖人之道，洋洋位育在是焉！」（〈刊布春秋筆削大義微言考題詞〉）斯亦康有爲所一貫持信的「聖人之言，非必義理之至也，在矯世弊，期於有益而已」之救世立場

（《康子內外篇．勢祖篇》）。他認爲聖人論事乃因時而發，未必即是義理至當，所以用其微言精義而略其筌蹄之事。因此在康有爲的有意扭轉下，原本強調尊卑貴賤等級並發揚宗族倫理、適用做爲帝制政體合法性依據的儒家學說，遂質變成爲近現代反專制立場的君憲制之歷史依據，更被轉化成爲自由、民主、平等思想之導揚先路，學者或說以「由原來的君主專制制度的衛道士變爲它的掘墓人。」（唐明貴〈康有爲的古經新解與經學的近代轉型〉）要之，康有爲誠爲19世紀末推動社會轉型的有力推手。

二、康有爲返本開新的維新思想要義

康有爲固守傳統思想的一面，使他在吸收西學的同時亦立足傳統而加以改造，期使舊文化也能符合新潮流，適用爲晚清政治、社會、思想各方面之指導方針。故其維新思想迥不同於揚棄舊文化之鶩新者，但也非一味守舊者；他雖然師法古意，卻要求適時求變以切今用。其《教學通義》言「推古人之意，不在器而在義也。……師古人之意，不師其器也。」他舉例射之義在武備，今之武備在槍炮；而御者，即今之駕駛舟車（《教學通義．六藝中》）。其《康子內外篇》曰：「凡言治者，非徒法先王、法後王可以爲治也。當酌古今之宜，會通其沿革，損益其得失，而後能治也。」（《康子內外篇．闔闢篇》）其《實理公法全書》亦曰：「此則或因救時起見，總期有益人道也。」（〈公字解〉）是以其古經新詮皆出救時宗旨，以酌古審今、用世求變。要之，他試圖通過返本開新以破舊立新，期使儒學能適時適用地與時俱進；他試圖建立起一種能夠符合現代化精神的儒學詮釋，以使儒學和專制帝制脫鉤，不再服膺於皇權政制，並做爲發揚孔教以及宣揚進化、平等、時中思想的經典根據。康有爲之維新思想要義如下：

進化思想：康有爲肯定「天道後起者勝於先起也，人道後人逸於前人也」的進化思想，負載了他對政治變革的焦慮與主張，亦是貫穿其維新變法的重要思想。康氏的終極理想，在於建構一套超越地域和國家界限的「世界化」社會思想體系，他持信由據亂、升平而太平的大同理想，是人類進化的最後與必然歸趨；不過當尚未達到此一目標時，他也亟強調循序漸進的重要性。他一方面受達爾文「天演說」影響，另方面盱衡時局而體認到中國正遭逢兩千年未有之變局，如果國人不能跟上大時代腳步積極求變，必將淪爲列強刀俎下的魚肉，故曰：「中國今日不變法日新不可，稍變而不盡變不可。」（《日本書目志・自序》）康氏正是以進化思想做爲積極變革以及駁斥舊派藉言「天不變，道亦不變」阻撓變法的理論依據。

康有爲強調人類社會應循著求樂免苦的目標進步發展，以爲斯即進化，曰：「盡諸聖之千方萬術，皆以爲人謀免苦求樂之具而已矣，無他道矣。能令生人樂益加樂、苦益少苦者，是進化者也，其道善。」然而借用自然界「優勝劣敗」的演化論來說明歷史演變，實與我國傳統信仰、名教制度等針鋒相對；對儒家長期來結合了自然律與道德律，持信宇宙在自然存在以外深具道德意義的「天人合一」傳統觀念——被倫理化了的自然觀，是爲一大挑戰，康有爲也嘗說「知天演之自然，則天不尊」（《大同書》），故他折衷古今地以現代化思想結合傳統儒學，借重儒學做爲進化思想之載體，使進化思想一變而成爲孔孟思想的原義與傳統文化所固有。因此科學知識的自然進化觀對康有爲的最大影響，在於使他賦予公羊「三世」說的階段發展觀以進化色彩；而他之強調進化有序、非治亂循環的進化史觀，亦促成了近代中國自然觀之變遷，他則成爲融合中西的思想家。

不過康有爲之以進化思想賦予公羊三世說，並不是要探求三世在歷史上的眞實發展，他是要古爲今用地據以改革現狀，因此他突出人類由競爭而進化之義。其曰：

進化之道，全賴人心之競，乃臻文明；禦侮之道，尤賴人心之競，乃能圖自存。不然，則人道退化，反於野蠻，或不能自存而併於強者。聖人立教雖仁，亦必先存己而後存人，且尤欲鼓舞大眾之共進。

——《論語注・八佾》

爲救晚清危亡，康有爲亟以進化思想激勵國人變革自強，故他強調「人心之競」地持論必須競爭進化才能救亡圖存。譬如康有爲變法中極爲重要的君憲改革，便是高懸進化思想以爲大纛的。他說「人類進化之計，則舍兩黨競爭之義，無過之者。水長堤高，互爭並進，無有已時。」其謂議院之兩黨競爭，其奮氣高張而激射敵黨、反間敵黨以立己黨，固然有失讓義；但是禮讓與進取，必須「視其時之所當耳！」兩黨競爭可以如水漲堤高般地互爭並進，「乃今泰西議院之制、兩黨競爭，以此爲治，而治化益進。」（〈泰西以競爭爲進化讓義幾廢〉）所論雖然殊異於《大同書》之反對競爭以及「去國界」主張，《大同書》甚至批評達爾文「天演」之說導人類以競爭，但那是康有爲期之於未來的「太平世」與大同境界，並非他所宣稱時值小康升平世的晚清之依時行禮。他曾區別二者地說：「升平之世，人人各有度量分界。……大同之世，視人如己，無有畛域。」（《大同書》）明言升平世與太平世各有不同致至目標。且夫康氏倡論合國、合種、合教的《大同書》之所以遲遲未肯付印，據梁啓超轉述，就是因爲「有爲始終謂當以小康義救今世」，認爲：「今方爲『據亂』之世，只能言小康，不能言大同；言則陷天下於洪水猛獸。」（《清代學術概論》）因此康有爲之古經新詮仍多發揮進化之義，其《中庸注》言：「世運既變，則舊法皆弊而生過矣，故必進化而後寡過也。」《孟子微》亦言：「《春秋》要旨分三科：據亂世、升平世、太平世，以爲進化，《公羊》最明。」要皆務力於闡揚進化之理。

康有爲並將此進化思想歸諸孔子思想所固有。他以被他賦予進化色彩的、本爲階段發展觀的公羊三世說，證明進化思想本即中國傳統思想精華。其論曰：

人道進化皆有定位，自族制而爲部落，而成國家，由國家而成大統。由獨人而漸立酋長，由酋長而漸正君臣，由君主而漸爲立憲，由立憲而漸爲共和。……蓋自據亂進爲升平，升平進爲太平，進化有漸，因革有由，驗之萬國，莫不同風。……孔子之爲《春秋》，張爲三世，……蓋推進化之理而爲之。孔子生當據亂之世，今者大地既通，歐美大變，蓋進至升平之世矣。異日，大地大小遠近如一，國土既盡，種類不分，風化齊同，則如一而太平矣。

——《論語注・爲政》

治法進化，由君主而及民主；文王爲君主之聖，堯、舜爲民主之聖。《春秋》始於據亂立君主，中於升平爲立憲君民共主，終於太平爲民主。故《春秋》始言文王，終道堯、舜也。

——《春秋筆削大義微言考・哀公十四年》

康有爲說《春秋》通三統、張三世以及始言文王、終道堯舜，皆推進化之理，是以孔子之道乃因時制宜而循序漸進，在據亂世則內其國而外諸夏，升平世則內諸夏而外夷狄，至於太平世遂遠近大小若一矣。因此「三世」說正以其既強調因革損益，亦復強調「進化有漸，因革有由」，而可以調和康有爲兩重層次之矛盾與距離——既嚮往大同世界無界限之「世界化」、又要求「先存己而後存人」之立憲漸進改良，亦李澤厚所言，是在理論上能夠連結和統一康有爲「高大的大同理想與矮小的變法綱領」之橋樑。而康有爲所肯定的自然與社會進化發展思想理論，亦成為近代中國哲學的思想特色。

再者，康有為結合進化論與公羊三世說，固然借用孔孟思想及公羊學說為己張軍，但他在經典釋義上實際上也有所突破和擴大。他在發揚嘉道經世思潮如龔自珍「援經議政」精神，及其自公羊學出發而擴及諸經，要求發揮經義於興利除弊之各種主張外；他也繼龔自珍之論「三世，非徒《春秋》法也，〈洪範〉八政配三世，八政又各有三世」後，又以《中庸》「王天下有三重焉，其寡過矣乎」與相結合，而以「三世三重」詮釋孔子言：「尚恐法久生弊，又預為三重之道，因時舉措，便通宜民。」（《中庸注・敘》）如此一來，公羊三世說遂得以擴大成為八十一世、乃至不可思議的無量數，而可以無窮變化以應一切世變。其曰：

三重者，三世之統也。有撥亂世，有升平世，有太平世。撥亂世，內其國而外諸夏；升平世，內諸夏而外夷狄；太平時，內外遠近大小若一。每世之中，又有三世焉。則據亂亦有亂世之升平、太平焉；太平世之始，亦有其據亂、升平之別。每小三世中又有三世焉，於大三世中又有三世焉，故三世而三重之，為九世；九世而三重之，為八十一世；展轉三重，可至無量數，以待世運之變，而為進化之法。此孔子制作所以大也。——《中庸注》

於此，康有為正是運用結合了三世三重而能無窮應對的無量世，以為申說孔子制作之大的具體論證，並以之闡明進化之法。是故在康有為的牽綰下，孔子一變而成為嫻熟進化之道，且能預為後世立法的先知聖王；古經典也呈現了相當程度的思想解放，對於20世紀的近代化社會仍有諸多適用做為指導理論者。

時中思想：前述康有為的思想世界，存在極力維護中國文化傳統與嚮往「世界化」大同理想的兩個不同層次；此中，做爲居中調和、折衷衝突思想的底層建築與理論依據，便是他所強調的「通變因時」、「知時觀變」原則。故康有爲不論在政治或經濟方面，都對孔子的「聖之時者」與傳統經典的「時中」之義多所發揮。

先說政治：康有爲之選擇君憲制以爲變法訴求，係先預設了大同理想之民主政制是人類社會未來進化的最後結果，復推晚清正處於「據亂世」與「太平世」之間的「升平世」，然後再比附以相對應的適用政制：「君主立憲」制。此蓋由於康有爲強調「進化有漸」，主張救時必須因乎時宜而不可躐進，曰：「進化之理，有一定之軌道，不能超度。既至其時，自當變通。」（《中庸注》）他並舉例孔子即使一心嚮往太平大同，但因處在「臣弒其君者有之」的據亂時代——其時，周亡於幽厲、平王夷爲列國、王跡已熄、天下不康，「惟魯秉禮，猶可一變而至於道」，因此孔子儘管默想民主而祖述堯舜，卻也只能相應於「據亂世 立君」地以「王魯」行《六經》教化，以「改制變周」撥亂起治，故孔子嘗嘆「嗚呼哀哉！我觀周道，幽厲傷之，吾舍魯何適哉？」其謂此即孔子之所以「作《春秋》托王於魯，以明三世之法。」（《禮運注》）亦孟子之所以言「《春秋》，天子之事也。」是故《春秋》就是孔子「不得已而行權」之素王改制的「據亂之法」。至於晚清，其謂雖然已經脫離了「據亂世」，卻還未臻至「太平世」的民主時代，是以只能選擇君主與民主之間的過渡政制——君民共治的「君主立憲」制，此其變法之重要主張。

以此，康有爲縱然懷抱太平、大同之終極理想，而且難忘斯義地一再闡明：「孔子生亂世，雖不得已爲小康之法，而精神所注常在大同」（《論語注．爲政》），「孔子發明據亂、小康之制多，而太平、大同之制少，蓋委曲隨時，出於撥亂也。」「如養嬰兒者，不能遽待以成人，而驟離以襁褓。據亂之制，孔子之不得已也；然太平之法、大同之道，固預爲燦陳，……既至其時，自當變通。」（《中庸注》）但是在其考量「進化有次第」，「未至其時而妄行，未至其地而躐等，更玆大害」（《論語注．雍也第六》），以及衡量政治與社會之實際狀況下，他還是務實地主張進化必須循序漸進，而反對革命共和之躁進。其序《孟子微》有言：

小康大同，皆大道所兼有。若其行之，惟其時宜。……苟非其時而妄行之，享鐘鼓於爰居，被冕繡於猿猱，則悲慢眩視，亦未見其可也。故誠當亂世，而以大同平世之道行之，亦徒致亂而已。

——《孟子微．序》

《中庸注》亦論以：

孔子改制，有三世之殊異：據亂誅大夫，升平退諸侯，太平貶天子，推行各有其時。

孔子之法，務在因時。當草昧亂世，教化未至，而行太平之制，必生大害；當升平世，而仍守據亂，亦生大害也。譬之今當升平之時，應發自主自立之義、公議立憲之事，若不改法則大亂生。

孔子之道，有三統、三世焉。其統異，其世異，則其道亦異。故君子當因其所處之時，觀其會通，以行其典禮。

——《中庸注》

康有爲借冕繡於猿猱，以及臧文仲將居止於東門外的海鳥（爰居）尊爲神地加以奉祀，譬喻「非其時而妄行」、躁進不智的革命共和。他力言處在「升平」世階段的晚清一方面應該順應進化之道，體認「古今異宜，日新其道，今世當用今法」地推行「變法」；另方面也要發揮孔子「務在因時」的「天覆無方，泉流無定，行止因時」之義（《中庸注》）。故凡一切國家典制與禮法等，都要「惟其時宜」地遵守三統三世的進程發展，以使宜於「所處之時」。是以他極力推動由光緒皇帝從上到下的變法改革，而反對革命共和。

至於社會與經濟思想方面，則康有爲對於國人數千年文明皆偏重道德而輕忽物質之偏頗，也極不以爲然。他認爲中國之未來，須賴保存固有精神文明與學習西式工業化雙軌前進，所以他對於國人所長期持信的「黜奢崇儉」保守思想，也亟加以修正。

康有爲對西方高度發達的物質文明與繁榮社會始終抱持興味，對生活亦有樂利思想與享樂主義的看法。他早歲所撰《康子內外篇》，已經顯現清代新義理學「尊情尚智」的趨向，並對理學以性情言善惡不滿，曰：「凡爲血氣之倫必有欲，有欲則莫不縱之；若無欲則惟死耳！」「人之生也，惟有愛惡而已。欲者，愛之徵也；喜者，愛之至也；樂者，又其極至也。」（《康子內外篇・不忍篇・愛惡篇》）而他在倡言世界化的《大同書》成書之後，復因海外觀察而撰作於1904年的《物質救國論》，更提出中國應當謀求迅速的、全面的高度工業化富強主張，而與政治立場相對立的孫中山之民生主義同調；反與其維新同志黃遵憲和對物質文明失望的梁啓超等人異調。其曰：「中國之病弱非有他也，在不知講物質之學。」（《物質救國論・序》）書中並設有〈論歐洲中國強弱不在道德哲學〉、〈中國救急之方在興物質〉、〈論歐人之強在物質，而中國最乏〉、〈各國強弱視物質之盛衰爲比例〉、〈二十年來德國物質盛，故最強〉、〈美國文明在物質，非教化可至〉……等專論，以修正國人習常的儉樸主義。

康有爲主張奢儉由時，力陳「孔子尙文，非尙儉」，以扭轉國人對孔子的尙儉誤解。他說尙儉者乃是墨學，並批判後儒「誤以孔子惡奢爲惡文，於是文美之物皆惡之」，導致「歷史所美，皆貴儉德，中國文物遂等野蠻。」（《論語注・述而第七》）對此徒知推重儉德爲美的傳統思想，他批判爲「執一」而不知「權」，認爲正是導致中國經濟不發達以至等同野蠻世的退化思想。關於奢與儉，他說專事繁文而逐末，固是不可；但是尙質退化，也非孔子本意。蓋「禮貴得中」，儉奢並非絕對標準，譬如：「文明既進，則亂世之奢，文明以爲極儉。世愈文明，則尙奢愈甚。」所以禮要依時而用，「時之有變，則觀其會通，以行其典禮。」他並舉例：「若於三代朱盤玉敦之時，而必反之污尊杯飲、生番野蠻之俗」，則是「人道之退化」，毫不足取。是以他批判宋儒以敝車羸馬爲賢，而認同蘇軾責言「公孫布被」相率僞儉是「儉者陋風，有損國體。」他說：「豈惟國體不美，實令人道退化。」（《論語注・八佾》）其謂肇至今日中國文明不進的原因，則「尙儉」之於文明損退，實是一端重要因素。

康有爲復舉例孔子讚美禹之「菲飲食而致孝乎鬼神，惡衣服而致美乎黻冕，卑宮室而盡力乎溝洫」，以論儉樸與文明必須因時制宜的重要性。其曰：

> 禹奉身極儉樸，而飾於宗廟朝廷者極文明。……不以尚儉失文明，故巍乎有成功，煥乎有文章，所爲無可議也；然中國宮室卑污，頗原於此。其有峻宇雕牆者，則後儒引以爲戒，此未通古今之故也。古者築城郭台池，皆役民力，即文王亦所不免，……若使聖人再獎借之，則暴君民賊、專制窮奢，何所不至？……若後世已用雇役，而君主已行立憲，則國體所關，文明所在，以工代施，愈能峻宇雕牆，欲益窮民，愈壯國體。……卑宮但據亂世之一統耳，文明世則改之。
>
> ——《論語注・泰伯》

康有爲亟言傳統儒者未知時宜地一味好尙儉德，而未能知時觀變；他雖然肯定禹能「不役民力以奉己，故築宮極卑」，但亦指出後人徒見孔子讚美禹之「卑宮室」，卻未見孔子之肯定禹能致孝乎鬼神、致美乎黻冕——禹雖不以人君自侈縱，但國體攸關，他亦能約己豐施、勔躬勤民地「不以尙儉而失文明。」故康有爲論以卑宮室是據亂世之法，文明世則改之。且夫古者築城郭台池皆役民力爲之，今世則以工代施，故愈能峻宇雕牆者，愈能提供窮民工作機會，其不僅能壯國體且有益窮民，正是經濟日進的升平世所應務力，然則何樂不爲？

在康有爲疾言社會經濟與民生等思想觀念皆要合乎「時中」之義，要能因時變通，不可執定狹隘的道德成見，反而阻礙進步發展的主張下，則愈是精奇瑰麗而能促進人類精神文明如美術、畫圖、雕刻、音樂等，即愈是太平世所尊高者。其論曰：

> 夫野蠻之世尚質，太平之世尚文。尚質故重農，足食斯已矣；尚文故重工，精奇瑰麗，驚猶鬼神，日新不窮，則人情所好也。故太平之世無所尚，所最尚者工而已；太平之世無所尊高，所尊高者，工之創新器而已；太平之世無所苦，所爲工者樂而已矣；故爲樂之工，以美術、畫圖、雕刻、音樂爲本，而縮地、飛天、便人、益體、靈飛、捷巧之異器乃日新。……故野蠻之世，工最賤、最少，待工亦薄；太平之世，工最貴，人之爲工者亦最多，待工亦最厚。
>
> ——《大同書》

康有爲之經濟思想頗具前瞻性，他認爲尙質、尙文必須切合社會實際發展，如果已經擺脫「足食」爲目標的野蠻世而進至太平世了，則社會所尊高者便在「工之創新器」，所創新器又皆在人之「爲樂」上，是故凡能陶冶精神以及便人、益體、靈飛、捷巧之新器，都是人民所好而政府應該予以獎勵的。此論亦與《物質救國論》主張「興物質」同調。

是故在康有爲的整體思想中，儘管從另一角度言，他亟嚮往沒有界限的大同世界，其《大同書》對於貧富不均與地位懸殊的社會現象也亟致批判，有曰：「工業之爭，近年尤劇。蓋以機器既創，盡奪小工。……而能作大廠之機器者，必具大資本家而後能爲之。……一廠一場，小工千萬仰之而食，而資本家復得操縱輕重小工之口食，而控制之或抑勒之。於是富者愈富，貧者愈貧矣」（《大同書》）；但是其「世界化」的大同理想、美麗新世界，卻又必須仰賴機器日出新奇、工事之精、製造之奇、商運之大等高度工業化與不斷提昇生活條件達成。其《大同書》之「去產界公生業」要求，也必須立足在「機器日新，足以代人之勞」之基礎上，有賴於「以今機器萌芽，而一器之代手足者以萬千倍計，過千數百年後，人既安，學既足，思日進，其倍過於今者，不可以億兆思議。」所以他又必須另寄望於未來社會結構之社會化——「必去人之私產而後可。凡農工商之業，必歸之公。舉天下之田地皆爲公有，人無得私有而私買賣之。」然而如此超越時代現實的大同理想，他亦深知晚清非其時矣！是以其《大同書》也自爲調停地說「近世論者，惡統一之靜而貴競爭之囂，以爲競爭則進，不爭則退，此誠宜於亂世之說，而最妨害於大同太平之道者也。……雖然，不去人道有家之私及私產之業，欲弭競爭，何可得也？故不得不以競爭爲良術也。」即在尙無法達成去產界、家界、國界的現實世界中，欲人弭消競爭是不可能的；然而想要國富民強，高度工業化又是不可少的，是故「觀其會通」之「時中」思想——依時變通、窮變通久，就是康有爲據爲折衝不同階段間矛盾衝突思想的指導理論。

平等思想：康有爲雖然借重傳統舊學，但他對於舊學的不合理現象也亟加批判；他不滿中國舊學的階級性，以及傳統制度和故俗之假「義」爲名而行壓迫之實者，他亟以平等之義期於中國社會。其《康子內外篇》已經批評：「中國之學，義學也。學也，自尊君卑臣，重男輕女，分良別賤，尊中國而稱夷狄，皆是也。」「中國之俗，尊君卑臣，重男輕女，崇良抑賤，所謂義也。」（《康子內外篇．地勢篇．人我篇》）他一再發揚「人有自主之權」以及平等之義，而他強調可做爲「公眾之書」的《實理公法全書》，也以斯義爲重心，有曰「天地生人，本來平等。」「長幼特生於天地間者，一先一後而已。故有德則足重，若年之長幼，則猶器物之新舊耳！」他並預言「物理抑之甚者必伸！吾謂百年之後必變三者：君不專、臣不卑，男女輕重同，良賤齊一。」（《康子內外篇．人我篇》）他堅信百年後的中國，必然走向無尊卑貴賤而男女平等的社會；他批評長期的君主權威無限爲「大背幾何公理」，倡論：「法權歸於眾，所謂以平等之意、用人立之法者也，最有益於人道。」（《實理公法全書．君臣門》）至其期之於「未來境」的美麗遠景、烏托邦世界——《大同書》，更是反覆申說平等之義，而抨擊「不均不平，豈至治之世耶？」他也批判長期來視爲天經地義的階級倫理觀、三綱五常等舊倫理傳統，曰：「君臣也，夫婦也，亂世人道所號爲大經也，此非天之所立，人之所爲也。」他同情勞力苦作者之「曳輿、扛轎、負擔、行舟、喘息大呼，終日不休」，以及「孺子弱女，飢驅同縛，竟日劬勞，錙銖乃獲」、「農民窮苦，胼手胝足以經營之，而終歲之勤，一粒無獲。」要之，他反對世間一切不平等現象，痛責「據亂世以強凌弱，以眾暴寡，以智欺愚，以富轢貧，無公德，無平心。」他力陳野蠻、邊地、奴婢、廢疾、水旱飢荒、蝗蟲、水疢、火山、地震、疾病無醫、苛稅、兵役、壓制、階級……等種種苦；力主去界、毀界之務去一切世界、國界、級界、種界、形界、家界、產界、亂界、類界、苦界等種種藩籬，而以「至公」與「平等」境界爲追求，並言「始於男平等，終於眾生平等，必至是而吾愛願始畢。」其論曰：

生於大地，則大地萬國之人類皆吾同胞之異體者也。……其進化耶則相與共進，退化耶則相與共退，其樂耶相與共其樂，其苦耶相與共其苦，誠如電之無不相通矣，如氣之無不相周矣。乃至大地之生番、野人、草木、介魚、昆蟲、鳥獸，凡胎生、濕生、卵生、化生之萬形千匯，亦皆與我耳目相接，魂知相通，愛磁相攝，而吾何能無恝然！……吾為諸天之一物，吾寧能舍世界天界、絕類逃倫而獨樂哉！

又曰：

夫人類之生，皆本於天，同為兄弟，實為平等，豈可妄分流品而有所輕重、有所擯斥哉？且以事勢言之，凡多為階級而人類不平者，人必愚而苦，國必弱而亡，如印度是也；凡掃盡階級、人類平等者，人必智而樂，國必盛而治，如美國是也。其他人民、國勢之愚智、苦樂、強弱、盛衰，皆視其人民平等不平等之多少分數為之。「平」之為義大矣哉！故孔子之於天下，不言「治」而言「平」，而於《春秋》三世進化，特以升平、太平言之也。

——《大同書》

康有為極其突出平等精神，以為乃「天之公理」——「以天之公理言之，人各有自主獨立之權，當為平等。」故他以一種「吾既為人，吾將忍心而逃人，不共其憂患焉」之心，突出吾既生於此世，「則與此地之人物觸處為緣，相遇為親」，所以他自詡以「其覺知大者，其仁心亦大」，而欲與斯民共皆「去苦以求樂」，思有以救之，以致其大樂。他並且特意扣緊「平」之一字，以之牽綰於公羊三世說之升平世和太平世，謂以可見孔子亦著力發揚此平等精神。

在康有爲以儒家思想與現代化思維相比附，並藉以宣傳變法維新之經典新詮下，他又發揮清儒的「重氣」思想於人之平等性上，他從人皆稟此天地之氣而生，以論人之天生平等。其《論語注》言：「眾生原出於天，皆爲同氣，故萬物一體，本無貴賤。」《大同書》亦言：「夫浩浩元氣，造起天地。天者，一物之魂質也；人者，亦一物之魂質也。雖形有大小，而其分浩氣於太元，挹涓滴於大海，無以異也。」（《論語注・述而》）而在突出眾生同源於氣並可推見人之平等性下，凡所有人等區別以及人生種種藩籬，皆爲康氏所反對，故他注《論語》「子曰：『如有周公之才之美，使驕且吝，其餘不足觀也已』」，便借《韓詩外傳》美周公戒伯禽毋恃土地廣大、祿位尊盛、人眾兵強、聰明睿智、博聞強記而妄自驕吝，以論：「矜誇鄙吝，常人視爲小過，而孔子最所深惡。以其自私而背於公德、反於大同，令人道退化、人群不合，故以爲大惡。」（《論語注・述而》）他復自反對傳統社會劃分人之貴賤等級、要求取消人等區別，進論人人之參政權平等，且亟引孔子爲證。其曰「亂世古俗，崇世冑，別人等，以貴治賤，不以賢治不肖。孔子惡世爵而尙平等，尊公理而重賢才，故《春秋》譏世卿，而〈王制〉立貢士。天下爲公，選賢與能，文明之道也。」（《論語注・憲問第十四》）此外，其《孟子微》亦援孟子性善思想，說以：「人人性善，堯舜亦不過性善，故堯舜與人人平等相同。此乃孟子明人人當自立，人人皆平等，乃太平大同世之極。」（《孟子微》）固然孟子所強調德性根源內在的性善說與康有爲挺立之人權平等有間，然其百般穿引，皆爲達成用世求變之變法宗旨與改革理想。

不過康氏一些超越時代觀點的論說並未爲時人所充分認識——當新一代知識份子紛指康氏思想落伍、頑抗民國、抗拒新文化潮流，而且男女平等與婚姻自主權已經得到了法律保障時，堪稱思想先鋒的《大同書》才遲至1930年代中期發行。故蕭公權慨歎指出：「他們走的是他多年前所指出的路，但他一直是未被認識的先知。」寂寞往往是先知的心路歷程。

推動孔教：推動孔教是曾稱晚清思想急先鋒的康有爲頗爲特出的思想——梁啓超曾稱他如孔教的馬丁路德，但卻也是他被新一代知識份子視爲思想落伍的重要原因。康氏思想中有「開新」的一面，但也有「返本」的一面。他肯定舊文化中蘊蓄著創造更新的契機，曰：「細加尋繹，故中即有新機。」其《論語注》亦曾借言王充批評「知古不知今，謂之陸沉；知今不知古，謂之盲瞽」，而論：「凡大地數千萬年前之陳迹必盡尋求之，然後可應；世間數千萬年後之新理必日知之，然後可啓來者。」（《論語注・爲政第二》）面對民初風起雲湧的拋棄舊文化聲浪，質疑孔教古舊不切於今、迂而不可行，以及教育有司之「議廢孔子祀典」，欲加區別孔子學術與孔教，廢學校行宗教儀式之拜孔子禮等，康有爲堅定地維護孔教傳統。他批評所謂新學之士，「雖中國至德要道，數千年所尊信者，蹂躪之惟恐少有存者。」「不能兼通中外之政俗，不能深維治教之本原，以歐美一日之強也，則溺惑之；以中國今茲之弱也，則鄙夷之。」（〈以孔教爲國教配天議〉）他呼籲凡一切立身行事、交接云爲等人生所有事，皆應法式於儒教，並欲將孔子推到宗教性教主的地位，建議將孔教立爲國教。其論曰：

天下萬國，乃至野蠻，豈有無教而能爲國乎？況欲立國於天壤間，與歐美競爽乎？……夫教必協於民俗，而後形爲法律，政治乃得其宜。……今吾國自有教主，宜於吾民俗，以爲人心風俗之本，言奉以爲法，行奉以爲則，數千年中人心風俗，政治得失是非，皆在孔教中，鎔鑄洽化，合之爲一。若一旦棄之，則舉國四萬萬之人，徬徨無所從，行持無所措。——〈覆教育部書〉

亟致力於推動保教運動的康有爲，倡言教必協於各國之特有民俗與法律、政治；而中國二千年來之風俗人心、言爲舉措、道揆法守及一切政治得失是非等等，皆蘊涵在博大高明的孔教中，反之，「佛言虛無出家而不言治道，基督尊天而不及敬祖，故無祠墓之祭俗。立爲圭臬乎，非所宜於中國也。」（〈參政院提議立國之精神議書後〉）是故重視敬祖祠墓的中國，舍尊孔而何尊也？他並批評國人「舉國但知圖利，而不知保教」；他則「每念吾教之式微，憂心殷殷，中夜以思，未嘗不感激而涕零也。」（〈致張克誠書〉）再者，他復倡爲讀經，謂：「若尊孔而不讀經，則十年之後，舉國人士不知有孔，雖欲尊之而無從也。」（〈參政院提議立國之精神議書後〉）是以他大聲疾呼尊孔、讀經與立孔教爲國教，期使國人禮教民俗皆有所據，則是大教未墜，天下聞風，猶能知所嚮往！

康有爲肯定孔子是學能兼備的創教先王，曰：「孔子上受天命，爲文明之教主、文明之法王。」（《論語注．子罕第九》）他一再論及：「孔子之道，博大普遍，兼該人神，包羅治教。」「孔子神人，誠非淺儒所能測。」（〈請尊孔聖爲國教立教部教會以孔子紀年而廢淫祀摺〉、《論語注．爲政第二》）他舉證孟子有曰：「聖而不可知之謂神」，而莊子稱老子爲「至人」、彭盛與關尹爲「眞人」，至於孔子，則謂「神何由降？明何由出？」故他說：「稱孔子以『神明聖王』，至宜也。」（《孟子微》）他甚至接受緯書之說，視孔子爲上帝化身，曰：「天既哀大地生人之多艱，黑帝乃降精而救民患，爲神明、爲聖王，爲萬世作師，爲萬民作保，爲大地教主」（《孔子改制考．序》），是以他力主以孔子配天，以神明聖王與教主爲孔子稱。曰：

禮者，孔子所制，以配天地、育萬物，事爲制，曲爲防，大小精粗適如其地位分界，以爲人身之則，諸教所未及，而孔子獨美備者也。
——《論語注．顏淵第十二》

春秋時，諸子紛紛創教制作，……此莊子所謂如耳目口鼻，僅明一義，不能相通者也。孔子仁智不蔽，故無是。其創教，本末精粗，六通四闢，故學術足爲創教之先王也。
——《論語注．述而第七》

康有爲從禮教的角度要求崇明正典，他將孔子宗教化與神聖化地崇爲教主，期藉此取代「民惑於鬼」的蒙昧信仰。他解釋子曰：「非其鬼而祭之，諂也」，謂以「孔子定禮，祭止天、祖，其他皆淫祀，妄祭以求福，是行諂媚也。」（《論語注．爲政第二》）故他反對國人祈子、求財、求巧匠工藝、求士夫通學……等祈福與功利之求的多神崇拜；他希望宗教信仰係出自道德理性角度，並批判明、清以來雖祭孔廟，卻僅限長吏與生員，婦女甚至不得入孔廟燒香，「至令人民不敢祀孔子，而神道設教又不能盡廢也；至令鄉曲遍立淫祀，牛鬼蛇神、猴王、木居士、石敢當，皆立祀廟，受香火。」他指出舊制惟天子祀天，故古禮不許人民祭天、今禮又不許人民祭孔，正是迫令人民淫祀的原因。因此他肯定門人陳煥章立廟而欲「上祀天，以孔子配之，下祀祖考」之請，並力陳「及今宜令國民祀天及聖、以祖先祔配之禮」（〈人民祭天及聖祔配以祖先說〉），亟言孔子道行則天下治矣。

康有爲在晚清即曾經上奏朝廷，其《戊戌奏稿》有〈請尊孔聖爲國教立教部教會以孔子紀年而廢淫祀摺〉，他建議朝廷尊孔教爲國教，以孔子紀年而以歷代儒先所論敬教正學，希望通過官方力量崇高正典，「官立教部，而地方立教會」，「令天下人民專祀先聖」（〈請尊孔聖爲國教立教部教會以孔子紀年而廢淫祀摺〉），並取締世俗宗教行爲，嚴禁妖巫怪邪等神怪不經之淫祀。民國以後，他更一再致書參政院、教育部及相關人士，痛陳「上攻迷信而不畏天敬神，下不讀經而非聖無法，則惟有睢盱橫恣，無所忌憚，縱恣敗度，貪利忘恥而已。則人將爲禽獸，何以立國？」（〈致教育總長范靜生書〉）故他期望藉由建立國教，以推動孔教來達到崇高孔子及儒學目的，以助禮教民俗等政治之所不逮。

至於「不語怪力亂神」的孔子宜否稱神？對於此一質疑，康有爲說以「中國數千年之言儒釋，只曰教而已矣，無神人之別也。」又謂「太古尚鬼，則神教爲尊；文明重人，則人道爲重。要神道人道，其爲教人民則一也。孔子者，以人道爲教，而亦兼存鬼神。」（〈孔教會序〉、〈中華救國論〉）是以儘管教育、教化之教與神道信仰的宗教不同，但康有爲卻認爲所謂宗教不以神教爲限；「教」者，應自「教民正俗，修禮重教」出發（〈請尊孔聖爲國教立教部教會以孔子紀年而廢淫祀摺〉），而可以擴充到「必有教焉，以爲之導」的教化意義，故可以兼涵神道、人道，「不能謂言神道者爲教，而言人道者非教矣。」（〈中華救國論〉）——康有爲的宗教觀，實自廣義的維護社會秩序、倫常道德之行爲準據論「教」，他強調近世文明的人本精神、人道思想，認爲時人應該擺脫太古尚鬼的蒙昧狀態，所以主張以較諸神道更爲進化的孔教以及人道發揚來取代神教，使在維繫百姓宗教信仰之同時，亦能「以發德心」地兼及宏揚儒學教化。此中並寓有康氏欲藉孔教團結並組織國人，以「保聖教」對抗耶教之用意；惟曾經追隨康有爲、後來在思想上分家的梁啓超，他在1902年流亡日本的第三年，即公開放棄以孔教爲國教的主張，且不惜以「今是昨非，不敢自默」的「我操我矛以伐我」之姿，撰爲〈保教非所以尊孔論〉，論：「孔子者，哲學家、經世家、教育家、而非宗教家也。」「我輩自今以往，所當努力者，惟保國而已；若種與教，非所亟亟也。」他認爲孔教與群教不同，主張維護法律之信教自由，批判「保教」之說束縛國民思想且有妨於外交。民國以來則國內亦曾出現「定孔教爲國教」與「反孔教」爭議，有諸多學者投入論戰。後來歷經兩次國會投票表決，尊孔與反孔雙方皆未跨越法定數門檻，於是立孔教爲國教的聲浪漸趨沉寂，後來不再被提起。

三、康有為對疑古風氣的影響

康有爲藉返本以開新，他以賦予古經新義的方式轉化儒學使合於現代化思想，其最重要的作用，本不在純學術觀點的經說經解，而在推動儒學的現代化轉型；但是他爲要證立今文經而嚴重打擊古文經，卻也造成了緜及民初的學術思想界一片「疑古」的風氣。當康有爲「僞古文」說打開了疑古閘門後，滔滔洪流果然如朱一新所憂心，隨之而來的「疑經」、「疑聖」等反傳統現象，流波及於民初的疑古學派。因此儘管康有爲晚年因反對極端主義及尊孔護孔，而被新一代知識分子譏爲頑固派；但其影響力，其實推波了反傳統思潮。顧頡剛便曾自述「自從讀了《孔子改制考》的第一篇之後，經過了五、六年的醞釀，到這時始有推翻古史的明瞭的意識和清楚的計畫。」（《走在歷史的路上．顧頡剛自述》）是故後來又有站在對立面的，王國維之以經史互證方式捍衛古史。所以欲論康學，必須兼論其於儒學所造成的疑古影響。以下即以康有爲的「疑古」和王國維的「證古」做爲對比觀察線索。

㈠康有爲之「僞古文」說與王國維之新證古史

康有爲欲藉變法改制救亡圖存，在他所利用做爲反擊對立者的思想武器──《新學僞經考》中，他用王莽篡漢而劉歆篡孔學的「僞古文說」打擊守舊的保守官僚，並樹起反古文旗幟。他說「始作僞，亂聖制者，自劉歆；布行僞經，篡孔統者，成於鄭玄。」其〈敘〉更說明兩千年來古文經學之發展，「咸奉僞經爲聖法」，導致「奪孔子之經以與周公，而抑孔子爲傳。」因此他撰爲《毛詩》僞證、古文《尚書》僞證、《周官》僞證、〈明堂月令〉僞證、費氏《易》僞證、《左氏傳》僞證、《國語》僞證、古文《論語》僞證、古文《孝經》僞證、《爾雅》僞證、《小爾雅》僞證、《說文》僞證……等遍攻群經，他並藉由主客問答，論曰：

> 夫「古學」所以得名者，以諸經之出於孔壁，寫以古文也。夫孔壁既虛，古文亦贗僞而已矣，何古之云？後漢之時，學分今古，既托於孔壁，自以古爲尊，此新歆所以售其欺僞者也。……凡後世所指目爲「漢學」者，皆賈、馬、許、鄭之學，乃「新學」，非「漢學」也；即宋人所尊述之經，乃多僞經，非孔子之經也。
>
> ——〈《新學僞經考》敘〉

康有爲主張秦皇焚書乃針對民間藏書，並未殃及《六經》，「《六經》未嘗亡缺」，漢十四博士所傳即是孔門足本；而孔子所用字體，也即是秦漢間之篆體，本無古、今之別。他以此力辨劉歆爭立學官的《周禮》、《逸禮》、《毛詩》、《左傳》等古文經，皆劉歆假校書權便所僞撰，其目的在於佐莽篡漢，故先湮亂孔子微言大義。是以凡所謂「古文」者，概皆「劉歆之竄亂僞撰。」因此他將古文改稱爲「新學」，表明其皆新莽之學而非漢代之學，有力地打擊了清儒之誦法許、鄭而號爲「漢學」的古文立場者。

清末民初，一方面是疑古思想逐漸興起，另方面亦由於諸多實物資料和出土的新發現，學界對於古史研究的興趣亦日益濃厚。當時政治上有「戊戌變法」失敗，康梁亡命海外，學術上則有河南安陽之殷墟甲骨新發現。故其時風行北京的學問，除了爲維新運動在中國找到理論根據的康有爲公羊學外，還有西北地理研究——此係受到當時俄國對我國西北邊疆頗有侵佔意圖頭以及左宗棠拓邊政策成功的影響，以及商周甲金文研究——此或受埃及巴比倫地下史料探究的影響。不過，雖然晚清今文學的盛行，動搖了舊思想體系，康有為集今文健將與政治改革者於一身，其勢殆如梁啓超所言，形成了「思想界之一大颶風」，「清學正統派之立腳點，根本動搖」，從政治層面言，清王朝最後也在許多複雜因素下走向潰亡之路，舊傳統的君主專制時代結束了；但是當回到學術基本面時，康有為以政治目的凌駕學術目的而「意為進退」的任意說經方式，使《新學僞經考》和《孔子改制考》也面臨了新考證法的檢驗與挑戰。康有為之「不惜抹殺證據或曲解證據」、「必欲強之以從我」（《清代學術概論》），如據《史記》以正《漢書》，凡《史記》未載者便稱為僞，《史記》雖載及但不合己意者亦稱為僞，確實留下了許多可議節目。以彈劾太監李蓮英著稱的舊學派清流朱一新便曾多次致書辯難，謂「夫同一書也，合己說者則取之，不合者，則僞之。」（〈朱侍御答康長孺書〉，附於《康有為全集》第一集）且康氏謂劉歆篡亂孔學，既過度低貶了古文家；從反面看，亦是太過抬舉劉歆。朱一新即批評他：「視馬、鄭過輕，乃村夫子之不若乎？」「視歆過重，至使與尼山爭席。」尤其嚴重的，是「倡為奇邪，啓後生以毀經之漸」，勢將造成「疑經」、「疑聖」的「學術轉歧」、「人心轉惑」可懼後果（〈朱侍御答康長孺第三書〉）。是以當時雖然康說「靡然向風，從游甚眾」，「國中附和不乏」，但反對者與詰難者亦多。代表舊學派的《翼教叢編》便收有〈余觀察（聯沅）請毀禁《新學僞經考》片〉、〈文侍御（悌）嚴參康有為摺〉之責備康氏「騰其簧鼓，扇惑後進」、「誣罔熒聽」，並奏請銷燬其所著的摺子。而即連自稱「對於『今文學派』為猛烈的宣傳運動者」的梁啓超，也「自三十以後，已絕口不談『僞經』，亦不甚談『改制』」，並且「屢起而駁之」（《清代學術概論》），殆可謂入室而操戈。

至於王國維之新證古史，則二十世紀儒學逐步融入了世界性現代化進程以後，以梁啓超、王國維爲代表的「新史學」開始強調新考證法，並開出了一番突破舊藩籬的學術新氣象。除做爲近代中國史學新舊嬗遞代表人物的梁啓超，曾藉《古書眞僞及其年代》、《新史學》和《中國歷史研究法》等，以系統理論方式論述倚重實物的新考證法；[3]王國維更是卓越的方法論者，並且是少有的、能以傑出研究成果自我實踐其理論的學者。他立足在當時大量見世的金石古器物、殷墟甲骨、漢晉木簡、敦煌之六朝及唐寫本等堅實證據基礎上，以地下實物、紙上遺文互證的「二重證據法」考察中國古史，落實他對新史學的實踐，並開拓當時的治學風氣，對於中國古史研究產生了極大影響。

向與著名古學家羅振玉關係密切而政治立場保皇復辟、忠清形象極爲突出的王國維，[4]他天資穎悟地悠游在哲學、經學、小學、史學、甲骨文、金文、古器物、地理以及詞、戲曲、小說等各體文學之諸多領域中，故其學較他人更多了一種會通。從1911年到1916年，他隨著蒐羅宏富的羅振玉寄寓日本京都，徜徉在羅氏「大雲書庫」豐富的古籍、碑帖、甲骨、鐘鼎、封泥……等古書文物中，並爲羅振玉整理五十餘萬卷藏書、數千通古器物銘文和拓本以及千餘件的古青銅器、古器物等。羅振玉以從事古學研究期許之，並以「反經信古」、「守先待後」說服了他放棄舊學，轉治經史小學。此一方向成爲王國維自後十餘年的學術門徑，其學亦遂由古文字而古史、而西北民族史地。以王國維之古文字、古史以及西北民族史地研究，較諸康有爲公羊學之尊今抑古、輕詆古

3 譬如通過在舊史、群籍等舊有文字記錄以外的其他「原始史料」，如「現存之實蹟」、「遺下之古物」等金石、簡牘一類「遺物」來進行「辨 」。

4 羅、王在辛亥革命後逃到日本，敵視共和政權；1916年王國維回國後，與上海一批清朝遺老交往頻繁，並曾任職溥儀小朝廷，深得溥儀恩寵而准許紫禁城騎馬，一貫以「遺臣」自命的王國維極以此為殊榮。王國維忠於清室以及或謂他因殉清而自沉於清室花園（頤和園昆明湖）的文化保守形象，也與他自日本返國後即始終留存的辮子相呼應。

文，及其對於錢玄同、顧頡剛等人所造成的蔑古、疑古影響，其學顯然殊別。

王國維以出土材料證史並考釋文字，呈現了歷史研究法高度的方法論意義。而其所用以考釋古器物文字的考據法，在其〈毛公鼎考釋序〉中正可以略窺端倪。其曰：

> 苟考之史事與制度文物，以知其時代之情狀；本之《詩》、《書》，以求其文之義例；考之古音，以通其義之假借；參之彝器，以驗其文字之變化。由此而之彼，即甲以推乙，則於字之不可釋、義之不可通者，必間有獲焉，然後闕其不可知者，以俟後之君子，則庶乎其近之矣。——《定本觀堂集林·毛公鼎考釋序》

王國維以其古字書、金文及殷墟文字考釋的斐然成就，盡覽宋、清人金文著述，著有《宋代金文著錄表》、《國朝金文著錄表》，並結合如此全面的考察方式，爲其商周史研究厚植根基。譬如其〈史籀篇疏證〉即以《說文解字》爲主，並以金文、甲骨文結合文獻記載，相互疏通證明並逐字考釋，而得出「戰國時秦用籀文，六國用古文」之文字學上一大革命之重要結論（〈戰國時秦用籀文六國用古文說〉）。另外他又利用甲骨文證實《史記》所記載的商代王系，基本上符合歷史實際；並通過甲金文和文獻，對商周制度及文化做出了見解獨到的闡釋，例如他考釋出「殷以前無嫡庶之制」，殷商最主要的王位繼承法是「兄終弟及」，乃「以『弟及』爲主，而以『子繼』輔之。」但由於這樣的制度易啓紛爭，是以周制改爲立子、立嫡之制，故「由傳子之制而嫡庶之制生焉」，「由嫡庶之制而宗法與服術二者生焉。」（〈殷周制度論〉）因此我國歷二千年的「傳子」繼統法和宗法、喪服，以及分封子弟、君天子臣諸侯、廟數之制等，都是在周代以後定制的。若此皆爲王國維對於新史學方法論的具體實踐與輝煌成果。

不過王國維也不是一味信古，他亦治今文——他於《春秋》嘗治公羊，於《詩》嘗治齊詩，其考經證史也兼有古、今立場，他亦認同宋人疑古文《尚書》，更未嘗曲護劉歆，所以他不是反對疑古，而是所強調者在於史學的求眞精神。故他在《古史新證·總論》亦明言反對後人取《竹書記年》所記夏以來年數及皇甫謐之五帝三王年數，以補太史公之書，並謂「此信古之過也。」只不過他也對於近世疑古學風有所針砭，他說疑古之過在於「乃併堯舜禹之人物而亦疑之。」（《古史新證：王國維最後的講義》）因此他和康有爲立場殊異的的古文觀，主要是以「經、史互證」角度的古文字和經學淵源與流變出發，反對時風對於古文過當而失眞的偏頗言論和立場。是故康有爲儘管亦借重儒學而致力推動孔教，但他以抑古、詆古鼓動人心，以遂變法救國與廢除帝制專制目的，其所造成的：戊戌前後被頑固派驚呼爲「舉國若狂」、「藩籬潰裂」，甚至影響到清朝覆滅的今文學風靡現象（《翼教叢編·葉吏部與石醉六書》），適與王國維之信古立場，及其重視古文字學、古音韻學、上古史、金石學，以及新證古史和系列經學論說的學術作爲，在立場上成爲反對。是以比較康有爲和王國維的古文觀，可以據爲觀察晚清到民初疑古與證古兩種學風的線索。

㈡康有爲與王國維的「古文」觀

從19世紀末到20世紀初，雖然康有爲和王國維同樣都藉助爬梳儒家經典的考證法，但是當同樣聚焦古文經時，兩人卻各自得出了極爲不同的理論結果。以王國維之新證古史，及其〈最近二三十年中國新發見之學問〉所論漢以來中國學問之三大發現，其中第一大發現便是「孔子壁中書」，相較於康有爲之持論「孔壁既虛，古文亦贋僞而已矣」，兩人相左的理論立腳點昭然可見。另外，王國維《觀堂集林》的〈古文考〉九篇本來總題爲〈漢代古文考〉，雖然其題在編入《集林》時被刪去，導致題旨不明，而王國維在文中也沒有指明係針對康氏「僞古文說」而發，但其內容卻顯與《新學僞經考》針鋒相對。故學者洪國樑指出：「靜安不滿康有爲、崔適之尊護今文輕詆古文，……遂與論辯古文問題，藉力矯時弊。」他認爲王國維之古文說，除爲人所熟知的文字學意義與價值外，人所未言的，正是其「復有辨正康有爲以降疑古文經之目的。」（《王國維之經史學》）王國維的思想立場，也頗與當時中國部份思想界在一戰後因對西方文明懷疑、對帝國主義失望，而轉爲對東方文明生出信心相一致。他亦自辛亥革命前的傾心西學，一轉而爲對中國古代道德文化及其世界性作用有所期待。故王國維在溥儀被逐出宮，他亦離開小朝廷並受聘於清華研究院後，便致力於講述《尚書》、《說文》、《古史新證》，並撰有〈散氏盤考釋〉、〈克鼎銘考釋〉、〈盂鼎銘考釋〉以及改訂〈毛公鼎銘考釋〉等，對於宗周重器也有釋文。結合王國維方法論背後的指導思想及其學術途轍，則他欲藉「證古」辨正「疑古」之學術旨歸可以豁然開朗。

關於古文經，康有爲認爲秦焚書令僅針對民間藏書，他說《史記》既云「非博士所職藏者悉燒」，可知博士所職者即不焚，曰：「博士所職，保守珍重，未嘗焚燒。」所以他接著說：「焚書阬儒雖有虐政，無關《六經》存亡。」「孔氏之本，具在不缺。無古文之名，亦無後出古文之書。」（《新學僞經考．秦焚六經未嘗亡缺考第一》）他力陳漢十四今文博士所傳即是孔門足本，以推闡「尊今抑古」的今文經立場。他在《僞經考》中復論所謂「古文」者，乃是劉歆「由僞字而造僞訓詁」者（《新學僞經考．漢書藝文志辨僞第三上》），故他撰有〈《漢書．藝文志》辨僞〉，以論「古學所以行，皆由《七略》也。」蓋《漢書．藝文志》係本之於劉歆《七略》，其謂劉歆「挾校書之權，作爲《七略》，肆其竄附矣；猶恐無可徵信，於是輯《爾雅》、作《漢書》，以一天下之耳目。」（《新學僞經考·漢書河間獻王、魯共王傳辨僞第四》）他並認爲《漢書》所載魯共王壞孔子壁而得古文經一事，亦劉歆所一併竄附。他還根據《史記》河間獻王、魯共王世家皆未載孔子壁中古文事，其記載顯然「與《漢書》殊絕」，而倡論《漢書》所載孔壁古文事有「十僞」，謂：「孔氏遺書藏於廟中，世世不絕，諸儒以時習之。篆與籀文相承，無從有古文。」其言秦篆與籀文相近相承，其文字書體本無古、今文區別，而《史記·儒林傳》更絕無《毛詩》、《周官》、《左傳》等記載（《新學僞經考·漢書藝文志辨僞第三上》），所以他在〈《漢書·河間獻王、魯共王傳》辨僞〉文中總論「絕無獻王得書、共王壞壁事。」康有爲之「僞古文」觀，在該文中可以清楚地具見脈絡。其論曰：

按古學惑人最甚，移人最早者，莫若《漢書》。……今按葛洪《西京雜記》，謂《漢書》本劉歆作，班固所不取，不過二萬許言；劉知幾《史通·正史篇》亦謂劉歆續太史公書，即作《漢書》也。蓋葛洪去漢不遠，猶見《漢書》舊本，乃知《漢書》實出於歆，故皆爲古學之僞說。……歆造僞經，密緻而工，寫以古文體隆隆；託之河間及魯共，兼力造《漢書》，一手掩群矇，……校以太史公，質實絕不同。

——《新學僞經考·漢書河間獻王、魯共王傳辨僞第四》

康有爲整個「僞古文經」的觀點，就是立足在他認爲「古文」從文字書體、到古文經傳以及訓詁、乃至河間獻王得書和魯共王壞孔壁等事，概皆出自劉歆所造僞之主張上。其言西漢末金石學大盛，「蓋承平既久，鼎彝漸出，始而搜羅，繼而作僞。」時人對於稀世的出土鐘鼎彝器，態度從一開始的極力搜羅到後來的索性造作贗僞，劉歆亦然——曰：「歆既好奇字，又任校書，深窺此旨，……乃造作文字，僞造鐘鼎，託之三代，傳之後世。」（《新學僞經考．漢書藝文志辨僞第三》）後來劉歆又進而造僞古文經學之授受源流——故「古文之學，其傳授諸人名，皆歆僞撰。」（《新學僞經考．漢書儒林傳辨僞第五》）康有爲指出劉歆係先篡奪學統，以爲助莽篡漢之篡奪政統理論武器；後來則藉乎《漢書》以行世惑眾——其謂班固《漢書》乃本於劉歆舊本，其所不取者僅二萬言耳。是以劉歆造僞之古文經，正是通過《漢書》而登堂入室地造成二千年儒者之誤信。故康有爲辨僞的一個重要方式，就是據《史記》以正《漢書》之謁。

康有爲又論劉歆之造作僞古文經，是從劉歆面對漢世盛極一時的《春秋》學而「思自樹一學」開始的。他因「獨任校書，無人知祕府之籍，因得借祕書而行其僞」，即他在外人無從窺見祕籍下，假校書之權而乘便造僞，並因「校書得左氏《國語》，以爲可藉之釋經，以售其奸；不作古字、古言，則天下士難欺，故託之古文。」其謂劉歆造僞古經是先從造僞古文書體和《左傳》開始的；後來則因「既已僞《左傳》矣，必思徵驗乃能見信，於是遍僞群經矣。」（《新學僞經考．漢書劉歆、王莽傳辨僞第六》）即劉歆是在爲求群經相互提供徵驗下，又造僞群經的。此一脈絡，即康有爲論「劉歆以僞經篡孔學」之遍僞群經古文的大致經過。

至於王國維的「古文」觀，則另有截然不同的立場與看法，王國維一方面處在方興未艾的疑古思潮中，另方面又處在諸多新出土實物、學者對於古史研究興趣日益濃厚的學術氛圍裡。自從1899年發現甲骨文、甲骨學興起，其奠基者有所謂「甲骨四堂」佳話——雪堂（羅振玉）導揚先路、觀堂（王國維）繼以考史、彥堂（董作賓）區別時代、鼎堂（郭沫若）發其辭例——王國維的考證成就，除以新出土材料如甲金文等證實了《史記》商周古史記載及制度考察，載在世人口碑外；他往往也以所擅長的古文字學和古籍來考證古代禮器，而他立足在根基深厚、證據確鑿的古文字考釋，復根據六國遺器和古籍加以證立的古文觀，以及持論壁中書可以據信，並認爲是兩千年來我國考古學重大發現的考證結果，遂與康有爲的「僞古文」說出現了極其不同的相反看法。

王國維之證立古文經，主要是從古文字、古文寫本和經說家數或派別兩個方面來加以論證的。其《觀堂集林》有〈《史記》所謂古文說〉，先論古文書體。曰：

> 自秦並天下，同一文字，於是篆、隸行而古文、籀文廢。然漢初古文、籀文之書未嘗絕也。……〈太史公自序〉言「秦撥去古文，焚滅《詩》、《書》，故明堂石室金匱玉版圖籍散亂。」而武帝元封三年，司馬遷爲太史令，紬史記石室金匱之書，是秦石室金匱之書，至武帝時未亡也。故太史公修《史記》時所據古書，……凡先秦六國遺書，非當時寫本者，皆謂之古文。

其論後儒所用以稱呼古文字體的「古文」之名，並非如東漢後概皆視爲孔子壁中書之專擅；凡爲「先秦六國遺書」，只要其寫本書體不是當時通行的篆、隸文，都可稱以「古文」。況且當時所尚存的古寫本，並非僅有壁中書，其論又曰：

> 《六藝》之書爲秦所焚，故古寫本較少。然漢中祕有《易》古文經，河間獻王有古文先秦舊書《周官》、《尚書》、《禮》、《禮記》，固不獨孔壁書爲然。
>
> ——《定本觀堂集林．史記所謂古文說》

其言除武帝末魯共王壞孔子宅而得壁中書是古寫本以外，當時還另外有漢中祕所藏書和武帝初河間獻王所得之先秦古文舊書等，也都以古文書寫；且夫「孔壁書之可貴，以其爲古文經故，非徒以其文字爲古文故也。」他認爲後人之所以重視壁中書，係因其傳經之功，而非以其古文書體，曰「至孔壁書出，於是《尚書》、《禮》、《春秋》、《論語》、《孝經》，皆有古文。」（《定本觀堂集林．史記所謂古文說》）即各經從先秦到漢代的家法淵源，至此而皆有釐然可尋的脈絡線索。是故康有爲謂劉歆既假造壁中書之說、又造僞古文字與古文經傳以惑眾，欲以此否定古文經傳及其流傳，顯然不能服眾古文家之心口；而王國維則以當時仍多其他古文寫本，證明古文書體不限於壁中書，偌多旁證之古文群經並非劉歆所能造僞者，以此力破康有爲所謂「夫古學所以得名者，以諸經之出於孔壁，寫以古文」之云。再者，〈太史公自序〉司馬遷亦嘗言「年十歲則誦古文」，而當時孔壁書未出。對此，康有爲雖以一貫的「劉歆所竄附」說之，後人卻頗以此認爲康有爲去取任意——凡《史記》之可以證立己說者，輒據信之；間有不合己意者，輒謂以劉歆竄入。於此王國維說以「太史公自父談時已掌天官，其家宜有此種舊籍也。」並認爲這亦是證明「古文」稱謂非獨壁中書所有的明證。

王國維除了舉證漢時古寫本仍多，以證明古文書體非惟壁中書採用外，他又正本清源地從字體之源流演變等根本問題進行歷史考證，而得出先秦時代東土六國用「古文」、西秦用「籀文」，以及雖然籀文和古文皆原出於殷周古文，但是其書體有別的學術重要理論。

所謂秦篆，即李斯奏請用爲「書同文」者，係採用李斯〈倉頡篇〉、趙高〈爰歷篇〉、胡毋敬〈博學篇〉等「取史籀大篆，或頗省改，所謂小篆者也。」故王國維亦認同康有爲之謂「篆與籀文相承」，他也說：「秦之小篆本出大篆；而〈倉頡〉三篇未出、大篆未省改以前，所謂秦文即籀文也。」「篆文固多出於籀文，則李斯以前秦之文字，謂之篆文可也，謂之籀文亦可也。」即秦篆與籀文確實存在由同一字體演變發展的「或頗省改」關係。但是王國維更重要的發現，在於他另外考察出「〈史籀篇〉文字、秦之文字，即周秦間西土之文字」，籀文、或秦篆都只是流行於西秦的文字；至於東土六國所使用的文字，則另有「古文」：「其體與籀文、篆文頗不相近，六國遺器亦然。壁中古文者，周秦間東土之文字也。」（《定本觀堂集林．史籀篇證序．戰國時秦用籀文六國用古文說》）故康有爲之言「篆與籀文相承，無從有古文」，只能偏就秦篆與籀文相承的西土一方來說；至於壁中書及古文經的「古文」書體，則王國維從書體寫法比對出其與籀文的差異，復以六國出土遺器佐證之，證據確鑿地辨析了先秦古文書體之確實存在。此亦其根據地下出土和紙上遺文互證，自我實現其所提倡的「二重證據法」之考證法，他並據以修正許愼《說文解字》部份因材料不足而造成的誤謬。然而何以古文後來不行？則這就要歸結到秦火的因素了。王國維說：「《六藝》之書行於齊魯，爰及趙魏而罕流布於秦，其書皆以東方文字書之，漢人以其用以書《六藝》，謂之古文。而秦人所罷之文與所焚之書，皆此種文字。」「凡六國文字之存於古籍者，已焚燒剗滅；而民間日用文字，又非秦文不得行用。……故自秦滅六國以至楚漢之際，十餘年間，六國文字遂遏而不行。」其謂存在《六藝》古籍之古文已遭秦皇焚燒剗滅，因此司馬遷有言：「秦撥去古文」，揚雄亦曰：「秦剗滅古文」，許愼也說：「古文由秦絕。」（〈戰國時秦用籀文六國用古文說〉）經王國維之考辨古文字流傳及其演變發展後，古文、籀文之爲惑終可以解矣。

再說到古文經之源流問題，王國維又有〈漢時古文本諸經傳考〉，具論諸經之古文本主要有：「河間本」，即《漢書．景十三王傳》所稱「獻王所得書，皆古文先秦舊書。《周官》、《尚書》、《禮》、《禮記》、《孟子》、《老子》之屬，皆經傳說記，七十子之徒所論」者，王國維並以《周官》為例，曰：「經無今學，自毋庸冠以古文二字，然其原本之為古文，審矣！」又有「孔壁本」，即《漢書．藝文志》所云「魯恭王壞孔子宅，欲以廣其宮，而得古文《尚書》及《禮記》、《論語》、《孝經》，凡數十篇，皆古字」者；除此之外，《周易》另有「漢中祕本」，王國維謂以「《易》為卜筮之書，秦時未焚，其有古文本，亦固其所。」又有「費氏本」，即《後漢書．儒林傳》所言「東萊費直，傳《易》，授琅邪王橫，為費氏學。本以古字，號古文《易》」者；《尚書》則另有「伏氏本」，即《史記．儒林傳》曰：「秦時焚書，伏生壁藏之。其後兵大起，流亡，漢定，伏生求其書，亡數十篇，獨得二十九篇，即以教於齊魯之間」者，王國維亦論曰：「是伏生所藏為秦未焚以前寫本，當是古文，其傳授弟子則轉寫為今文。……當歐陽大小夏侯之世，蓋已不復有原本矣。」王國維在總論十種、十五本古文經本後，又對於「後漢之初，所謂古文者，專指孔子壁中書」的緣故加以說明——一如前述王國維以多方舉證的考證方式，論證古文書體之存在，對於古文經傳的授受源流，他也多舉古文經本，以證明古文經不限於壁中書；只不過因上述諸經「其存於後漢者，惟孔子壁中書及《左氏傳》，故後漢以後，古文之名遂為壁中書所專有矣。」至於古文諸經在東漢以後不見傳的原因，則他釋以漢時古文經傳在傳授弟子以後，已多被轉寫成為今文經本了，以此導致古文本「當時已視為筌蹄，不復珍惜。」「後漢以降，諸儒所見，大抵傳寫隸定之本。」（〈漢時古文本諸經傳考〉）他又曾撰〈漢時古文諸經有轉寫本說〉加以詳論，曰：

夫今文學家諸經，當秦漢之際，其著於竹帛者，固無非古文，然至文景之世，已全易為今文，於是魯國與河間所得者，遂專有古文之名矣；古文家經如《尚書》、《毛詩》、《逸禮》、

《周官》、《春秋左氏傳》、《論語》、《孝經》，本皆古文，而《毛詩》、《周官》，後漢已無原書，惟孔壁之《尚書》、《禮經》、《春秋》、《論語》、《孝經》及張蒼所獻之《春秋左氏傳》尚存，於是孔壁之書遂專有古文之名矣。

——〈漢時古文諸經有轉寫本說〉

經王國維釐然剖析古文經在東漢以後成爲壁中書專稱的原委，後人對於今、古文發展之盛衰消長當可有更多面向的觀察、理解。

不過康有爲「僞古文經」之說和王國維之證立古文經，看似相對的立場，其實寓有經學、史學的不同目的。康有爲樹起反對古文經的旗幟，主要爲了發揚今文經「三統」、「三世」說的變易哲學，好通過援經議政來達到變法訴求，其雖寓有政治目的，但終歸是「尊今抑古」的今古文之爭與經學範疇內的今文立場；王國維則主要針對「僞古文」說風行所導致的疑古風氣，欲有所導正，因此他之辨正「僞古文」說以及考辨古文經，主要是發揚史學的求眞精神。故王國維的關懷重點不在經學範疇內的今古文義理優劣、或今古文經的盛衰消長發展，嚴格說來，不算是今古文經之爭；但是如果就其所辨正的結果以及所發揮的影響力言之，則又確然是對於經學範疇內古文經學的有力辯證，對於後來的古文經學發展有極正面之裨益。王國維嘗論兩漢小學家多出於古學家，他說「緣所傳經傳本多用古文，其解經須得小學之助，其異字亦足供小學之資，故小學家多出其中。」他並舉證漢代古學家如張敞、桑欽、杜林、衛宏、徐巡、賈逵、許愼等，「皆以小學名家」，故「兩漢古文學家與小學家實有不可分之勢，此足證其所傳經本多爲古文。」（〈兩漢古文學家多小學家說〉）而王國維本身就也是一位藉小學之功以證立古文經的具體實踐者，他每以擅長的古文字學和古籍考證古代禮器，一字之考證往往就是一部文化史，如其〈說觥〉、〈說盉〉、〈說彝〉、

〈說俎〉上、下篇等，都能見其深厚的樸學與史學基礎；其〈女字說〉並通過彝器之款識和古籍參互考證，證明古女子有字，且為之一一詳證，發人所未發；其〈釋史〉、〈釋由〉上、下、〈釋天〉、〈釋昱〉、〈釋旬〉、〈釋西〉、〈釋物〉、〈釋牡〉、〈釋禮〉等，亦皆解釋繁密而深有創獲，巍巍大觀。因此針對康有為「尊今抑古」地從政治目的出發的劉歆偽古經之說，以及民國以來愈演愈烈的疑古、蔑古學風等，王國維正是以經史互證的結合小學、古文字學與文獻記載方式，對於古文字從使用、流傳到古文寫本，對於古文經從授受源流到發展過程皆加以謹嚴考辨，而證立了壁中書與古文經之存在。

四、結語

道、咸間再度興盛的經世思潮，預示了清代後期的文化走向；自從鴉片戰爭以來，國人在外力的介入以及向泰西學習的過程中，逐漸邁開了現代化的最初腳步。道、咸之際日益嚴重的社會危機，如鴉片貿易造成白銀大量外流、財源枯竭、國庫空虛；被濫用名器的捐納制度更助長了官場聚斂之風、吏制敗壞；土地買賣加劇、土地高度集中，過多的佃戶與流民平添社會動盪……若此，在在皆形成了學風趨變的背景，於是學術的致用精神再度受到重視，晚清文化轉型亦漸成氣候。不過晚清雖有洋務派前驅先路地啓動了中國的早期現代化，但是眞要說到思想層面之「變器→變道」的思想革新與文化變革，則必須有待於康有為等人變法維新之提出「全變」與「速變」的「全變則強，小變仍亡」主張，才算扭轉了自強運動以來「中體西用」之指導理論侷限，才將儒學從傳統思維推向世界性現代化思潮的文化進程。

極具熱情的康有為，他早歲所撰的《康子內外篇》曾言其所以不樂生，由於出而有見父子不相養、兄弟不相恤、窮民終歲勤動而無以為衣食、僻鄉之中老翁無衣、孺子無裳、蓬首垢面服勤至死而曾不飽糠覈，他嘆「彼豈非與我爲天生之人哉？而觀其生，曾牛馬之不若。」他苦思「得無政事有未修，地利有未闢，教化有未至而使然耶？斯亦爲民上者之過也。」（《康子內外篇．不忍篇》）他復突出「覺識」地強調：人之覺識愈高則推愛愈遠，則能從愛其一身、一家而推至邦國天下——「有推而愛其鄉族者，其識稍大矣；又有推其愛而及於邦邑者，識益大矣；其以天下爲一家，中國爲一人，血氣相通，痛癢相知，其覺識益大，其愛想之周者益遠。」（《康子內外篇．覺識篇》）故他亟以「覺民」與「救民」爲仁者之任，並引其師朱次琦之言：「天生我聰明才力過於常人，豈天之私我哉？令我爲斯民計耳！」（《孟子微》）他不滿「曲巷陋儒」之以八股文、八韻詩而竊甲第、祭酒於鄉者；亦不滿「京邑文儒」之以訓詁、聲音、名物、義理、掌故、考據、地理、議論名家者；即連「老師魁學，舊輩宿齒」之能兼綜並貫、樹論說、立德行者，也非其所志。其悲憫之心、用世之志，早歲即已萌生而根植於心。

身爲變法維新主導者的康有爲，想要透過變法改制和援引西學，以救亡圖存並改造傳統儒學；他通過公羊學而集晚清政潮與思潮領導者於一身——公羊學的精髓正在於「變」，其乃以變易的觀點看社會制度等等之演變，因此康有爲拋棄了早年的古文經立場，爲尋求君主立憲制之歷史根據而接受廖平「尊今抑古」的觀點。他以「悟其非」的態度焚去批判今文的《何氏糾謬》，改持西漢今文經倡論孔子改制及「以《春秋》當新王」的說法，並力辨古學之僞以爲今文經取得正傳地位；此外，他復採取結合西學的古經新詮方式，對傳統經典加以理論改造。他之借重孔子改制以宣傳變法合法性，係以公羊「三統」、「三世」和〈禮運〉大同理想比附於西學，以西學理論重塑儒家經典及重建儒學價值，而將孔子塑造成立憲制與民權思想創始者之變制聖人，儒學則成爲君憲制的合法依據。

康有爲用爲變法理論武器的《新學僞經考》與《孔子改制考》，在宣傳孔子變法改制及批判僞古文經之餘，亦動搖了傳統政制之綱常倫理，並影響及民初的疑古風氣與疑經、疑聖現象。固然康有爲的創造性詮釋，對國人長期習熟的經義傳統言，不無牽強武斷——孔子必不能預知後世事，也不能如康氏所言：「知三千年後必有聖人復作，發揮大同之新教者」，或「《春秋》之義，如各國之立憲法，制定而爲後世所率由也。」「以爲無量世修正憲法之備。」（《中庸注》、《春秋筆削大義微言考·哀公》、〈刊布春秋筆削大義微言考題詞〉）即曾經助康氏纂輯並追隨變法的梁啓超後來也持不同意見，批評康氏「使多數人之眼光之思想，見局見縛於所比附之文句，以爲所謂立憲共和者不過如是，而不復追求其眞義之所存。」並表明：「吾雅不願採擷隔牆桃李之繁葩，綴結於吾家松杉之老幹，而沾沾自鳴得意；吾誠愛桃李也，惟當思所以移植之，而何必使與松杉淆其名實者？」（《清代學術概論》）故自謹嚴的學術角度言，康氏新詮誠然存在諸多疑義；但是若自當時所面對兩千年歷史文化存亡絕續關頭的嚴重性言，則那實是超越政治「正統」、或經學「家法」之孰能符合經典原義層次的，那是如何在列強炮口下通過變法維新以生存的嚴重危機。故總結言之，康有爲用世求變的經典新詮，展現了一介儒者面對「時代課題」而企圖以結合政治、學術方式解決的最大努力，蕭公權即稱康氏「善意地使中國的道德遺產現代化，以保存之；使清廷的思想基礎合時，以挽救它的危亡。」康有爲之重釋儒家經典、轉化儒學傳統，借傳統以創新，以使大清帝國能夠在思想及制度上適應新情況、迎向新挑戰，這樣的企圖是遠超過保守派葉德輝言「其貌則孔也，其心則夷也。」（《翼教叢編·與劉先端黃郁文兩先生書》）以及學術批判層次的。

再者，康有爲的變法理論立足傳統而主於「變」，自會觸及傳統儒學限制並面臨學術價值與立場的選擇，故他之借重「素王改制」與「援經議政」今文傳統，亦不免後人之學術批判；惟若自他對晚清儒學所造成最大影響的思想史、學術史變遷而言，則康有爲的經典創造性詮釋以及義理改造，實具有儒學演進的現代化轉型先行意義，可以視爲晚清儒學現代化轉型的初試。康氏之古經新詮，在對傳統舊社會造成破壞力的同時，亦蘊蓄了傳統舊文化的創新契機。從釋經學的角度言，每一詮釋經驗都是對存有的嶄新開顯與創新，詮釋者正因關聯著「現在」及說明作品在「今天」的意義，才使經典不致淪爲教條，經學亦不會成爲範式或概念性知識。帕瑪（Richard E. Palmer）亦嘗論：文本是向詮釋者開放的意義結構，詮釋者必須溝通歷史的間距，通過其理解與解釋以使之被保存並發展，是以每一次的經典詮釋就是一次傳承，沒有任一種詮釋是「惟一的」、或「正確的」詮釋。

是故康有爲之於傳統，有拋棄、有繼承、也有創新：他所拋棄的，是有悖於自由、平等、民權等近現代化思維的階級倫理傳統；所繼承的，是清代新義理觀以及倡言孔子改制、興教化於天下的公羊學說與聖人權威等；所創新的，則是引進19世紀末強烈衝擊儒學舊框架的西化思想，並據以改造儒家經典。他正是通過縱向繼承中國傳統文化與橫向吸收西學思想，而藉由「古爲今用」、「西爲中用」的古經新詮來重鑄儒家經典，將之改造成爲變法合法性依據的。不過其著作主要是做爲變法理論武器，是藉經術以文飾政論者，並非單純的學術辨僞目的；其經注多依傍經學、附會經義，在政治意義外並無法建立新的經學典範。其實早在康有爲撰作《禮運注》時，便已明白道出「竊哀今世之病，搜得孔子舊方」之欲藉孔子以救中國的企圖。在給光緒帝的密摺中，他也明白說出「以使守舊之徒，無所借口以撓我皇上新法。」（〈禮運注敘〉、〈恭謝天恩並陳編纂書以助變法折〉）故其學所產生的實際歷史作用主要在思想界、不在學術觀，其價值亦應就觸動專制帝制統治階層的理論層面而言。康有爲對於傳統守舊派造成的沉重打擊，加上他爲變制祖宗成法而大膽非議朝政、批評慈禧太后頤和園之大興土木等，不僅挑戰了專制權威，更對維新運動形成直接鼓吹的鼓舞力量。

康有為站在動盪時代的歷史時點上，結合政潮與思潮地既是實際改革家，又是嚮往烏托邦的思想家；既欲建立社會制度以完成人倫價值，又提出了整體計畫以付諸實踐。他之借用公羊學理論、賦予儒家傳統經典現代化意義，以及「援西入儒」地納儒學於西學框架等，在在有力推動了儒學的現代化轉型，使得儒學發生從階級倫理轉變為平等、民主與民權思想支持者的本質轉化，他亦成為近世啓蒙運動的重要推手。康有為的學術歷程恰如晚清學術之縮影，他所遭遇的政、學困境，也正是晚清儒者的困境，他所領導的維新思潮和賦予儒家經典之新義，促使儒學發生從護衛三綱五常到反對階級倫理的「質變」，則稱康有為吹響了觸動傳統統治秩序的響亮號角，實不為過。

貳拾肆

章太炎真俗交融的儒、釋、道思想辯證

章炳麟（1869-1936年），別號太炎，他是晚清最具思想高度，並能針對當時社會瀰漫的西方學說提出批判性理論的本土思想家，同時也是著名的革命元勳；他在歷史上的客觀作用，主要是藉其筆而爲思想家、宣傳家，以民族革命的政治立場以及主筆《民報》，和康、梁等立憲及保皇主張的《新民叢報》展開激烈論戰，成爲革命推手，而不是在政治或軍事上的實際領導作用。早年他曾短暫地加入康有爲（1858-1927年）「強學會」，與梁啓超（1873-1929年）在上海辦過《時務報》，其後即因反對孔教及排滿，與保皇立憲對立而去職；1900年，他參加唐才常、汪康年等籌組的「中國國會」，在「國會」中又與保皇的唐等爭論不勝，憤然割辮易服，自後即擺脫保皇主義羈絆，堅決反滿地樹起反清旗幟，成爲保皇派的最大論敵。惟唐才常1902年「自立軍」勤王失敗，他仍受株連逃亡日本，返國後應邀擔任《蘇報》撰稿，撰有〈革命軍序〉、〈駁康有爲論革命書〉等名篇。1903年因譏光緒「載湉小丑」，遭繫囚三年，出獄後赴日主編《民報》，又以革命主張與立憲派激烈論戰。民國後因反袁稱帝，袁忌憚其筆鋒，在1913-1916年間加以幽禁，袁死後始獲釋。──斯即其言「遭世衰微，不忘經國」之自我實踐。另外在學術方面，則太炎曾在詁經精舍師從俞樾（1821-1907年），俞樾學出乾嘉學界領袖戴震（1724-1777年）嫡傳弟子王念孫（1744-1832年）；故在涉政頗深之外，太炎亦自命「上天以國粹付余。」（《太炎文錄初編．癸卯獄中自記》）除精擅語言文字學和古文經學外，並深具諸子學和佛學興味，在文體論、文學流變與新史學上亦皆有成。晚歲致力於講學、著述，亟以國學大師稱；著有《訄書》、《國故論衡》、《葑漢微言》、《文錄》、《齊物論釋》……等豐富論述。太炎自述一生學思，「始則轉俗成眞，終乃回眞向俗」，[1]在眞理追求與淑世濟民之間轉徙；其個人性情，亦曾經「罵人瘋子」到「學茂弘彈指」轉變，[2]從輒與世忤到晚年和氣容物，他以王導治國能學胡人彈指以使合座滿意自況，釋疑世人對其將貶風骨以求入時之不解。

晚清的康、章之爭，蓬首垢面、禁慾主義的章太炎，和重視儀表、樂利主義的康有爲，兩人從初互敬重到後來分裂、成爲論敵，濃縮了晚清部份政治史與學術、思想史；其與立憲派之論戰，更涉今古文之爭、中西日學之爭、儒釋道思想辯證與孟荀之別、漢宋學之歧異等豐富辨難內容；尤其他在思想上，以「俱分進化論」挑戰西方「進化＝進步」的單線進化思維，成爲晚清極少數不盲從西學且能提出批判性理論的思想家。不過學界普遍認爲其思想難以捉摸、或矛盾衝突，並多認爲大乘佛學尤其惟識學是其思想核心。對其思想多變，汪榮祖說他時有保守與激烈、積極與消極、言儒又提倡佛教、要革命又要保存國粹、講民族主義

---

1 章氏《葑漢微言》自言：「少時治經，謹守樸學，所疏通證明者，在文字器數之間；……遭世衰微，不忘經國，尋求政術，歷覽前史，獨於荀卿、韓非所說，謂不可易。……繼閱佛藏，涉獵《華嚴》、《法華》、《涅槃》諸經，義解漸深，卒未窺其究竟，及囚繫上海，三歲不覿，專修慈氏、世親之書，……乃達大乘深趣；……既出獄，東走日本，……後為諸生說《莊子》，……端居深觀，而釋《齊物》，乃與《瑜伽》、《華嚴》相會；……癸甲之際，厄於龍泉，始玩爻象，重 《論語》，明作《易》之憂患，在於生生，……又以莊證孔，而『耳順』、『絕四』之指，居然可明。」

2 章炳麟輓胡漢民聯，云：「君真是介甫後身，舉世誰知新法更。我但學茂弘彈指，九原應笑老儒迂。」（《章炳麟聯集》）王導字茂弘，輔弼晉室素以外和內睦為重，朝士讌集，在酬酢間必使合座滿意而後已。嘗有胡人在座，導亦效胡人彈指、以胡語與談，胡人極感愉快而去，故能出將入相，維晉室於垂危之秋。章氏往歲最好罵人，輒與世忤，晚年忽心氣和平，極能容物，即生平不喜之人，亦樂與周旋，或疑其將貶風骨以求入時，故章氏以王導自比，兼自解嘲。

又談無生主義、提倡共和又譴責代議政府（《康章合論》）；蕭公權也說：「章氏言九世之仇則滿腔熱血，述五無之論則一片冰心。寒暖相殊，先後自異。」（《中國政治思想史・下》）另外，東亞及西方學者，如小野川秀美以排滿加上虛無說太炎之思想核心；野村浩一則謂以國粹民主主義者……。於此，則筆者另以太炎自述爲學之「求是」與「致用」二塗加以提綱；持論太炎複雜的思想，係因他以「致用」爲體而「求是」爲用，因「致用」之用必須隨時，故其「求是」之學顯得多變。在太炎追求眞理與淑世致用的兩重關懷中，淑世「致用」是他一切作爲的指導原則與核心關懷，不因個人好惡而改度；「求眞、求是」的儒釋道思想辯證，不論他要以佛教的「喪我」與「無己」激發個人革命救國的勇氣，抑或以佛家「滌除名相」和道家「不齊而齊」的價值平等打破西方線性式的進化思維，或者回歸到他認爲最能「居賢善俗」的儒教，一皆以救時應務爲判斷。他雖愛好思想，但各家思想對他而言，猶如「裘葛袷皆藏之於篋，各依時而用之。」他的眞理追求，在個人興趣之外，更服膺於救時應務目的。因此其所追求、看似核心思想的「求眞、求是」，其實乃是舉而措之天下的「用」——以做爲用世哲學。所以不論他所私心愛好者何？都要以最適合時宜的思想爲所推擴，潤澤斯民的「致用」宗旨才是不變之「體」的根本原則。不過由於學界多聚焦檯面上太炎「求是」之「用」的思想動態性呈現，不見其背後不變的「致用」宗旨才是主導關鍵，所以說他思想多變、前後矛盾；實則據此可以說明何以他最愛釋老哲理卻最終歸依儒家孔聖？在太炎多元融鑄、以時而用的思想囊篋中，雖有他個人對於佛道哲理的偏好，但沒有定於一尊的思想；他認爲孰者最能拯時救弊？孰者就是他決定採行的思想，此其所以一生徘徊在儒、釋、道之間而各有依違與離合。倘能掌握此一「致用」爲「體」之切入點，便能理解太炎一生思想之演變關鍵，以及爲什麼他抬高佛教卻批判宗教鬼神之說、愛好道家卻以佛解莊、批判孔教功利卻最後回歸孔教、回歸孔教卻又打通華梵而以莊證孔？以現有研究未見此一角度切入者，爰爲是作。

一、以「致用」為「體」的求是、致用兩重關懷

太炎嘗以「轉俗成眞」與「回眞向俗」的佛法「眞」、「俗」二諦，自述一生學術與思想對於眞諦、勝義諦等超俗入眞的抽象哲理、心性修證與佛法眞如之體證，以及對於俗諦、世諦等濟世安邦、隨順眾生之經世服務、世俗事業或世間哲學的經驗實踐與掌握。他又曾述及「求是」與「致用」是其一生學思之關懷與實踐，在中後期遭袁幽囚所著的《菿漢微言》中有言：

> 學術無大小，所貴在成條貫。制割大理，不過二塗：一曰「求是」，再曰「致用」。下驗動物植物，上至求證眞如，皆「求是」耳！人心好眞，制器在理，此則「求是、致用」更互相爲矣！
>
> ——《菿漢微言》

其論學術貴在能成條貫；而若欲進至制割大理以建構理論者，則惟「求是」與「致用」二塗，是爲人心所關懷及建構理論路徑。再者，在追求眞理的「求是」之餘，如果想要更達到經濟世俗人心、現實教化，則還要做到「求是、致用更互相爲」的融通應世，此則尤難。揆諸太炎一生學思歷程，其所追求與自我實踐者亦不外乎是；他除求證眞如之「轉俗成眞」外，還要「回眞向俗」地求其「眞、俗交融」而能「致用」，其具體實踐則爲他之儒釋道辯證後所達致的和諧統一。於此，最後和諧境界的「求是、致用」更互相爲，已經迥非一開始他個人所私心愛好的，求證佛法眞如之「求是」而已；而是會通儒、釋、道思想之和諧統一境界，是互爲表裡而能打通華梵，兼顧一己之「求是」愛好，同

時又能隨順教化而以莊證孔、「居賢善俗」之救時應務。

故太炎思想並未定於一尊。純就個人性情、學術興味而言，他自述在《蘇報》案繫獄期間，因學趣所近，「易於契機」地「乃達大乘深趣。」其性情中的玄深哲理愛好因寂靜縶囚歲月而獲充分開發。他又曾以儒、道相比，認為孔子比起老莊，「邈焉不相逮矣！」「其玄遠終不敢望老莊矣！」（《菿漢微言》）復比較佛學與諸子學，曰：「釋迦玄言出過晚周諸子不可勝數，程朱以下，尤不足論。」皆充分顯示他對內在體證、玄深幽邈的思辨活動之著迷，並依哲理深度判分學術高下，定序為：佛、老莊諸子、儒。即在《訄書》中之綜論清學，他也著眼於皖派戴震能歸納與分析判斷──「綜形名、任裁斷」，認為以此高於惠棟吳派好古之「好博、尊聞」（《訄書・清儒》）。但是必須留意的是：儘管太炎喜好高深幽邈的玄遠哲理，其個人價值並不等同於其學術價值，他的整體思想體系非如前賢所論：以大乘佛學尤其惟識學為其思想核心，這只是他個人的學術興趣；眞要說到思想核心價值，則太炎乃以「致用」為體──淑世企圖與致用價值才是他整體思想的判斷與根本原則。他認為何者有益於世？何者便是他行所當行的採納思想。因此在學術興味上，佛法固然是其最愛，且他曾言：「佛法的高處，一方在理論極成，一方在聖智內證。豈但不為宗教起見，也並不為解脫生死起見，不為提倡道德起見；只是發明眞如的見解，必要實證眞如，發明如來藏的見解，必要實證如來藏。」（《章太炎文選・論佛法與宗教、哲學以及現實之關係》）──追求一種不為任何俗世目的，如為宗教、生死解脫或道德服務的純粹眞如見解與內在體證。後來馮友蘭論哲學的最高境界是超乎「功利」、「道德」等任何目的性之「天地境界」，「邏輯所肯定者，可以離開實際而仍是眞底。」（《新原人・天地》、《新理學・緒論》）是可以使人得到最高境界但不是使人增加實際知識及才能底學問，即同此純粹學術興味。但是當落到現實生活層面的思想取向時，則太炎終究還是選擇「致用」理想的淑世落實，這才是他一生行事的判準。譬如他前期曾想借重佛教救國並致力宣揚佛理；但在黨人反對大肆宣教後，於辛亥革命前他便已體認所愛好的佛法境界太高，既然連黨人戰友都加以反對，顯見其社會功用有限，於是便改絃易轍地將佛法移至哲學範疇而不再大力提倡了。於此可以驗證太炎思想體系乃以「致用」為「體」；「體」者，行為之最高與不變根本原則，不以愛憎而易操；「用」者，則可以趨時行權，隨時宜而變改。知乎此，始可進論太炎一生思想之宕跌多變，所愛未必行、所行未必愛；惟「求是、致用更互相為」之淑世理想與應時而動，才是他核心關懷的始終不動磐石。

二、以「求是」為「用」之儒、釋、道思想辯證

在太炎「求是」、「致用」的兩重關懷中，「求是」的思想辯證是應世之方即「用」，是藉以遂其用世之志的憑藉；而豐富的多元鎔鑄思想是他依時而用的理論依據。因此太炎不定一尊的多元思想囊篋，凡中西（日）學交融、佛學愛好、傳統學術的儒道辯證、今古學辨、漢宋之爭……等，都是提供他得以「依時而用之」的囊中資材。他以博極中西古今的思想內容做為基礎，經他對救時應務所需加以判斷後摶成一己之說，獨樹一幟地成為晚清最具批判性的思想家與宣傳家，在清末民初思想史上佔有重要的一席之地。

太炎的思想形成，除了早年所接受的傳統學術、周秦諸子薰陶，以及受到西（日）學影響，並深愛佛學外；他充滿民族自性的思想表現，還可以溯源至他幼年所受到的民族精神感召。他早歲讀《東華錄》、明季稗史及浙東學派諸大師遺書時，即深為清初戴名世、曾靜、呂留良等事蹟所感，埋下了強烈的民族氣節種籽；後來復深感其家堅持漢人服制，雖入清已七、八世，歿皆用深衣殮，無加清時章服。因此當發生義和團事件暨《辛丑條約》，寄望清廷改革的幻想破滅後，他即自《訄

書》初刻本的事清立場，轉變爲重刻本的排滿立場，樹起反清旗幟並成爲保皇派的最大論敵。太炎強烈的民族自性表現，尤以〈俱分進化論〉和〈五無論〉對進化論的挑戰爲代表。他早年曾經仰慕西學，後來因瀰漫晚清社會的進化論思潮乃以西方文明位居進化之線性邏輯上端，而包括中國在內的亞、非、拉等地人民則被認爲是應被同化或淘汰的進化論末端者；因此他針對西方強勢文明與優越起而駁之，[3]以「善惡俱進」的「俱分進化論」挑戰「進化＝進步」的進化論，駁斥其單線進步思想之過度樂觀，是爲晚清最能以學理批判西學者。

對於太炎複雜多變的思想，學界或依其與中西學的離合關係分期，以「《訄書》期」之西洋思想（含日本）接受期爲前期，以「《民報》期」之西洋思想批判期爲後期；或依其與儒釋道思想之分合關係分期，如李澤厚四期說：㈠1894-1900年，章氏追隨康、梁改良派而傾向改良主義，基本上接受西方近代自然科學影響，但並未反孔非儒。㈡1900-1908年，章氏受義和團運動及《辛丑條約》刺激，從改良主義束縛下解脫出來，斷髮易服並堅定反清排滿信念。該期又分前段：《訄書》重訂本及〈駁康有爲論革命書〉之與改良派劃清界限；後段：1906年主筆《民報》到1908年《民報》停刊之猛烈抨擊康梁保皇言論期。此時太炎已建構起一套尊佛抑孔的社會政治思想與哲學體系。㈢1908-1913年與革命派分裂並將莊周抬爲最高哲學，以佛解莊的《齊物論釋》是其標誌。㈣從被袁世凱軟禁到晚年日益離開政治舞台的國學大師期，思想上章氏回歸到尊儒路線而以莊證孔（《中國近代思想史論・章太炎剖析》）。另外，陳平原序章氏弟子許壽裳撰《章炳麟傳》，則將章氏一生思想依兩次被囚劃分爲「二變三段」：第一次思想轉變以1906年

---

3 以佛學理論拆解進化論，在現代史上並非以章太炎為第一人，如歐陽竟無、太虛、廢名等皆嘗論述。（詳周展安：〈合群明分，社會主義與五無之制——試論章太炎的進化思想及其相應的政治構想〉，「2011中文知識生產與亞洲社會轉型國際學術研討會」）

《蘇報》案出獄東渡日本爲界，第二次轉變以1915年遭袁幽禁撰《菿漢微言》爲其標誌。要之，太炎前、後期思想大致呈現了「儒→釋→道→儒」的演變軌跡；其致變關鍵，則以下依太炎對各家思想的理論辯證，闡明繫於時變、或欲解決時代難題是其核心因素。

㈠圍繞《訄書》修訂的儒學思想辯證

太炎在浙江詁經精舍時曾經師從俞樾，深受傳統學術薰陶。俞樾是皖派大將王念孫的弟子，嫡傳戴震「因聲求義」之語言、訓詁、校勘等學，故太炎亦精擅語言文字與經子等古學。這樣的學術背景，正是太炎自命傳承國粹的一個重要因素；亦其主編「發明國學，保存國粹」的《國粹學報》並撰作《國故論衡》以論音韻、語言、語源、流變與文學、諸子學等，以抗衡康有爲影響下的疑古學派如錢玄同、顧頡剛等之內在因素；更是他在歷經儒釋道思想辯證後，雖然最愛佛學但最後仍然回歸儒學的深層心理。不過在太炎信儒→反儒→返儒的思想軌跡中，中間曾歷一度批孔反儒的思想悖離。該歧出主要是因政治上的康、章之爭，太炎不滿康有爲尊清且欲藉孔教牢籠人心，故倡爲相反之論；很明顯的，這是出於「致用」目的之反儒。而太炎在遭袁幽求後，獄中重讀《論語》，悟「作《易》之憂患，在於生生」，深感「居賢善俗，仍以儒術爲佳。」（《章炳麟論學集》）則他之最後回歸儒學，雖說是歷經辯證後對於儒學信仰的貞定；但其實還是帶有濃厚的淑世企圖在其中，所謂「求是、致用更互相爲」的隨順教化目的。

《訄書》是太炎較早期的思想代表暨思想奠基期。關於《訄書》書名，他曾說明乃取意「逑鞠迫言」。按：《說文解字》曰「訄，迫也。」段注「今俗謂逼迫人有所爲曰訄。」意指在窮蹙環境中非說不可的話。但《訄書》前後曾出版了思想內容差距頗大的初刻本、重刻本和最後收入太炎手訂《章氏叢書》的《檢論》。此外，還另有一個推測應爲光緒24-25年（1898-1899年）太炎避難臺灣時所作，由弟子潘景鄭（原名潘承弼）家藏、在1985年始由上海古籍出版社以手寫本影印方式出版的《訄書原刻手寫底本》。從《訄書》初刻本到重刻本的修訂過程，呈現了太炎思想前期的信儒→反儒演變之跡。比較手寫、初刻與重刻三個版本，可以明顯見出1900年出版、由梁啓超題識的《訄書》初刻本係持事清立場；但《訄書》甫出版不久的同年夏，他即因義和團事件改變了對「容帝」的幻想，排滿意志趨向堅定而與康、梁分途，尤其在國會當眾斷髮易服以示反清後，便對初刻本不滿而於1902年著手重訂。重訂本主要刪去改良主義傾向，另增反清革命文章；因此1904年重新出版而由鄒容題識的重刻本，其最重要的轉變，就是政治立場由事清轉爲反清，以及肅清康梁保皇言論，持批孔態度，紀年形式亦改換成爲共和。

太炎每一次對《訄書》的增刪改訂，都出於對過去思想的「意多不稱」──比對各版本的紀年形式，早期手寫底本時因太炎倡議以孔子爲中夏共主，而徘徊在尊孔的「孔子紀年」和事清的「干支紀年」之間，手寫底本有「孔子二千四百五十（自刪）辛丑後二百三十八年十二月」之塗改痕跡，顯見他早期尊孔且欲採用孔子紀年，但後來仍然決定用事清的干支紀年。所以出版《訄書》初刻本時太炎自識以「辛丑後二百三十八年十二月」。但是甫出版不久，是年便發生義和團拳亂，自後太炎在政治立場上和康有爲等改良主義決裂，思想立場與學術著作並皆相應轉變爲排滿革命。因此自他樹立反清旗幟後，重刻本已改採否定滿清政權的「共和紀年」方式──「共和二千七百四十一年」，[4]表明

4　案：聖祖康熙1662年即位，迄於光緒26年，共計238年。孔子則生於周靈王21年（B.C.551年），迄於清光緒26年（1900年），共計2450年；西周厲王後之周召共和（B.C.841，庚申）迄於光緒26年，共計2741年。王鳴盛《十七史商榷》考證我國採用甲子紀年，始於共和庚申。其言曰：「〈十二諸侯年表〉斷自共和庚申始，以前三代但作〈世表〉，無甲子紀年也。」（《十七史商榷．史記三．共和庚申以前無甲子紀年》）

不承認清政權。於此顯見太炎在書寫《訄書》手寫底本、初刻本以及改訂重刻本的短短數年間，其思想歷經了孔子紀年、清朝紀年、共和紀年之「尊孔事清」到「批孔反清」的立場轉變。

《訄書》重刻本最明顯的改易，是將初刻本〈客帝〉、〈分鎮〉二文刪去但移至「前錄」，並重新命名〈客帝匡謬〉、〈分鎮匡謬〉。其作用在於太炎意藉公開「自劾」以懺悔並昭告其政治立場已經改變。他自悔過去之事清立場及欲借漢人督輔力量迫使清廷改革的主張，模糊了排滿目的及自主性。他除在文末自跋悔悟外，另據上海圖書館所藏章氏自校初刻本的〈客帝〉篇末，還記述了一段太炎自書眉識之語，曰：

> 辛丑後二百四十年章炳麟曰：余自戊、己違難，與尊清者游，而作〈客帝〉。棄本崇教，其流使人相食。終寐而頴，著之以自劾錄，當棄市。 ——《訄書重訂本．客帝匡謬》註一

太炎說明撰作《訄書》初刻本時，因與康有為等「尊清者」游而受其「保皇」主張影響，故撰〈客帝〉之文，建議以孔子為共主——「以素王空帝，尸其名位，而霸者主其賞罰。」主張稱滿州之主中夏者為「客帝」，降名「方伯」以處之，如此則「逐滿之論，殆可以息矣！」（《訄書初刻本．客帝》）重刻本中，則他以「當棄市」的悔悟之心，表明今是昨非的自我匡謬態度，昭告已從「事清」改正為「反清」的思想立場。而其所以移作「前錄」卻未刪去者，正為「著之以自劾錄」，使讀者能清楚昭見其思想轉變之跡。〈分鎮匡謬〉則亦太炎自悔過去「懷借權之謀」，曾寄望向封疆大吏借權改革之錯誤主張。初刻本〈分鎮〉倡議方鎮地說「瓜分而授之外人，孰與瓜分而授之方鎮？」「與不得已，官制不及改，則莫若以封建、方鎮為一。」——太炎極景慕顧炎武，嘗指出亭林在清初倡為封建絕異於宋儒，「宋儒欲以封建井田致

治，明遺民乃欲以封建井田致亂。」謂亭林眼見清人難去，希藉「方鎮獨立以分其權，社會均財以滋其擾，然後天下土崩。」（《民國章太炎先生炳麟自訂年譜．太炎先生自述爲學次第》）故太炎議以分鎮或即有效亭林之意。他曾上書直隸總督李鴻章要求聯合東南群帥另立政府，亦曾受聘於湖廣總督張之洞；但是後來因對掌權者失望，而不再寄望漢人督輔改革力量，更不願再苟且於滿州政權下，因此重刻本轉持追求民族自主之逐滿立場，謂「提挈方夏在新聖，不沾沾可以媮取。」並借《易》言「負且乘」、「盜之招也」，[5]以說明各地督撫色厲中乾、用事者畏葸弗能任事，正犯小人乘君子之器之誤（《訄書重訂本．分鎮匡謬》）。故《訄書》重刻本亦悔〈分鎮〉爲「鑑言之莠」，而與〈客帝〉一併移改，同皆表達強烈反清之意。

此外，政治立場之康、章決裂，亦復影響了太炎對儒學的態度，並使《訄書》重訂本呈現出和初刻本截然不同的思想體系。重訂《訄書》，太炎因反對康有爲尊孔及欲立孔教爲國教做法，一改過去尊孔態度而成爲批孔立場，並撰作影響力繇及「五四運動」反傳統思潮的〈訂孔〉篇——錢穆對太炎倡首民初新文化運動之反孔批儒思潮便極不滿，曰：「（清末民初）學者菲薄傳統，競求一變以爲快，太炎與南海康氏，其表率也。」（〈太炎論學述〉）然而太炎早年其實是尊儒尊孔的。他1899年發表於《清議報》的〈儒術眞論〉嘗論「仲尼所以凌駕千聖，邁堯、舜、轢公旦者，獨在以天爲不明及無鬼神二事。」復肯定荀子「道者，非天之道，非地之道，人之所以道也，君子之所道也」之言。他高度評價儒家言議談說之重人倫、道德、無鬼神的人文與務實精神，讚美「此儒者窮高極遠測深厚之義！」所論完全契合於《訄書》初

5　案：〈繫辭上〉言：「子曰：作易者，其知盜乎！《易》曰『負且乘，致寇至。』負也者小人之事也，乘也者君子之器也；小人而乘君子之器，盜思奪之矣！」《正義》曰：「言君子合乘車，今應負之人而乘車，是小人乘君子之器也。」

刻本之尊孔子爲「獨聖」，稱「仲尼橫於萬紀矣！」及論「上古多機祥，而成以五行，公旦弗能革也。……自仲尼之厲世摩鈍，然後生民之智始察於人倫。」（《訄書初刻本．獨聖下》）即使太炎後來欲借宗教建立革命道德但仍反對鬼神之說，[6]他「心與佛相應」而「達大乘深趣」，但仍反對上帝「福善禍淫」之說，認爲鬼神之說「其識已愚！」「誣妄日出，而人倫殆廢。」（〈儒術眞論〉）這意味太炎早期之尊儒信孔，不徒出於學術養成淵源；更出於「求是」精神之於儒學人倫、道德、無鬼神的眞知肯定。故1900年《訄書》初刻本以尊儒的〈尊荀〉始、〈獨聖〉終，且議以孔子爲共主而滿清爲霸，曰：「震旦之共主，非仲尼之世胄則誰乎？」（〈客帝〉）斯時太炎之高度尊孔態度，說明了何以他徘徊在尊孔的「孔子紀年」與事清的「干支紀年」之間。

然而逮及1904年的《訄書》重刻本，太炎已經幡然悔悟地脫離保皇主義羈勒、反清並採共和紀年，書中也改以〈原學〉和〈訂孔〉始，而以「斷髮易服」之〈解髮辮〉終。開篇的〈原學〉先論「九隅既達，民得以游觀會同」，顯見此時他已不再拘執於儒學一家之論，轉爲縱論中西之學；〈訂孔〉則先引日人遠藤隆吉《支那哲學史》之「反孔」言論，曰「孔子之出於支那，實支那之禍本。」文末復引白河次郎《支那文明史》之謂儒術是「姦雄利器」。在〈客帝匡謬〉中，則他自悔先前「弗能昌言自主，而以責宣尼之主祏」之欲以孔子爲共主的昨日之非。另外，1906年載於《國粹學報》的〈諸子學略說〉，他更批判儒家「熱中競進」——「儒家之病，在以富貴利祿爲心。」「用儒家之道

6 章炳麟1906年之〈建立宗教論〉曰：「宗教之高下勝劣，不容先論。要以上不失真、下有益於生民之道德，為其準的。」「非說無生，則不能去畏死心；非破我所，則不能去拜金心；非談平等，則不能去奴隸心；非示眾生皆佛，則不能去退屈心；非舉三輪清淨，則不能去德色心。」又曰：「居今之世，欲建立宗教者，不得於萬有之中，而橫計其一為神；亦不得於萬有之上，而虛擬其一為神。」（《太炎文錄初編．別錄》）

德，故艱苦卓厲者絕無，而冒沒競奔者皆是。」同年刊於《民報》的〈東京留學生歡迎會演說錄〉亦謂：「孔教最大的污點，是使人不脫富貴利祿的思想。」「我們今日想要實行革命，提倡民權，若夾雜一點富貴利祿的心，就像微蟲黴菌，可以殘害全身，所以孔教是斷不可用的。」至於他之提倡國粹，曰：「不是要人尊信孔教，只是要人愛惜我們漢種的歷史。」（〈諸子學略說〉、〈東京留學生歡迎會演說錄〉，《章太炎文選》）亦未將儒學視同國粹。——太炎該時期所論，殊非儒家高尚情操與崇尚道德之本來面目及其經世濟民真精神；他一改年輕養成教育之信儒態度，主要是以批儒訂孔做為反對康有為的武器。此時太炎之於儒學思想，從「正」走到了「反」、從「合」走到了「分」的階段歷程。

不過太炎與儒學盤根錯節的深厚關係，早已內化為其生命質素；他之批孔，實是緣自反康，因此當時空條件已經改變了的1922年〈致柳翼謀書〉，他已自悔當年詆孔之「狂妄逆詐之論」，然「前聲已放，駟不及舌。」他自述當時係因「深惡長素孔教之說，遂至激而詆孔。中年以後……詆孔則絕口不談。」（《章太炎政論選集．下》）學者朱維錚也說「〈訂孔〉的意義在於凸顯了章炳麟的一個強烈意向，即認定從根本上駁斥康有為學說，是召喚革命的迫切需求」，並認為章氏「論學的箭垛始終在『訂康』」，其邏輯就是要把康有為的論點推向反面（《訄書初刻本、重訂本．導言》）。另外，學者童嶺也補充了余英時認為太炎訂孔係寄寓日本時受日本批判儒學的影響。他說斯時太炎的思維核心層，主要是借西人拉克柏里（Terrien de Lacouperie）「中國人種西來」說為「排滿」主張助陣，借重漢族和優越的白種人同源而與滿州異種，以駁斥康氏滿、漢融合主張及其公羊今文學體系。他指出重訂本之〈訂孔〉開篇先引日人遠藤隆吉的「反孔」言論，文末復引用接受拉氏「西來」說的白河次郎之儒術為「姦雄利器」說；但最後定本的《檢論》之〈訂孔〉上、下篇卻僅保留遠藤之說而刪去了白河之說。據此推論，太炎在改訂《訄書》重刻本時仍欲借重西洋哲學為「反清排滿」有力砝碼，《訄書》之〈原人〉、〈序種姓〉及1910年的〈教育的根本要從自國自心發出來〉並可為旁證；但在最後改訂《檢論》時，「排滿」的政治因素已經不復，因此其焦慮「逐漸由儒學批判轉向如何回應西洋、東洋（日本）的中國人種之說」，所以一改過去地揚棄了拉氏「西來」說以及篤信該說的白河之論（童嶺：〈從章太炎《訄書原刻手寫底本》論拉克柏里【Terrien de Lacouperie】學說在清末民初之推演〉，《第二屆漢學與東亞文化國際學術研討會論文集》）。由此可知太炎在改訂《訄書》重刻本時，其反孔思想、排滿理論亦與日本學者及西方學說有關；在《訄書》手寫、初刻、重刻到最後的《檢論》期間，交織在太炎心中的壓力感，除康有為學說外，尚有日本東洋和西洋學說等。

經比對太炎圍繞《訄書》修訂的前、後對待儒學態度不同——從1900年以前的〈儒術眞論〉、《訄書》手寫底本和初刻本的尊儒思想，到1900年義和團拳亂後的康章決裂、重訂《訄書》，以迄於1904年《訄書》重刻本出版，暨1906年《蘇報》案出獄赴日主編《民報》期間的批儒訂孔言論，乃至民後的《檢論》重訂等，太炎係通過著作之「求是」以落實其與康有為劃清界線、打擊保皇主義，且涉中、西學辨之「致用」宗旨，顯然可知。

㈡以佛、道思想為內核的西學批判性理論

隨著《訄書》重訂本劃界了康、章立場，決心要走自己路線的章太炎，隻手空拳如何對抗當時鋪天蓋地的進化論思潮，以及政治主流康梁等保皇立憲派對進化論的借用？在《蘇報》案的繫囚期間，太炎因對惟識學的親近，似乎見到了甬道盡頭的光引——雖然在政治、軍事上力有

未逮，但卻可以從理論上突破晚清對西方文明的弱勢與困境；後來他正是立足在佛、道思想，從理論上建立了「俱分進化論」、「五無」世界觀和《齊物論釋》等駁斥西方文明的批判性理論。所以在重訂《訄書》到民初再遭袁氏幽囚以前的這段期間內，太炎表現了與儒學之「分」及與佛道之「合」；他衝撞西方強勢文明也衝撞儒家學說，「尊佛抑孔」地建立以佛道思想爲內核的玄遠幽思。他有「破」有「立」地，以「俱分進化論」駁斥單線進化觀暨康有爲等改良派對西學的借用，以宣揚革命救國的排滿思想；又以「五無」世界觀和莊子〈齊物論〉的終極平等境界，力抗西方優越並保有中國特殊性。此時太炎的思想作爲，就是建立融合佛道哲學的政治、社會與思想體系，以「求是」之理論建設應對世局，希冀建立中國現代文明以突破西方強權。

1. 以善惡苦樂俱進的「俱分進化論」破單線進化之迷思

晚清自從嚴復（1854-1921年）翻譯赫胥黎（Thomas Henry Huxley,1825-1895年）《天演論》（*Evolution and Ethics*），以及引進十九世紀末直風行至二戰結束前，斯賓塞（Herbert Spencer,1820-1903年）把進化論運用在社會學領域的「社會進化論」（社會達爾文主義）以來，中國社會即到處瀰漫著進化論思潮，成爲推動政治與社會變革、喚起民族覺醒的思想利器。但是赫胥黎論天演的「Evolution」一詞兼涵進化（Progress）和退化（Degeneration）二義，嚴復略而未譯，國人亦多將之理解爲進步觀；而說明「最適者生存」的社會進化論，則被野心家異化成爲宣傳種族優越、擴張侵略、民族壓迫的思想武器，對於處在進化論末端包括中國的民族則被認爲要同化或加以淘汰。因此晚清流行的進化論思潮負載了清季儒者的變革焦慮，幾乎所有變法主張、革命思潮、激進主義、軍國主義、無政府主義、自由主義……等學術與思想皆用爲理論基礎；改良派主力康梁等人尤其借爲立憲改革之指導理論。但是太炎眼見資本主義及社會發展過程中，物質文明不斷提高，道德卻普遍地墮落，階級與貧富間充滿了諸多矛盾對立如生產與剝削、進步與壓抑，故他針對西方強勢文明與優越起而駁之。他一方面基於民族主義立場，反對西方帝國主義的侵略本質；另方面也反對康梁等保皇立憲派借重進化論爲維新改良主義、「三世進化」說的理論依據。他以荀子性論、相宗思想，結合了赫胥黎認爲郅治無望之悲觀天演思想，駁斥嚴復雖然翻譯赫胥黎著作卻受斯賓塞「人道必成於郅治」影響的樂觀進化思想。他於1906年在《民報》上發表〈俱分進化論〉，以融合了諸子心性論和強調心性修證的相宗思想，持說善惡、苦樂絕非單線前進，而是雙方俱進，成爲晚清進化論思潮下的一股批判性逆流。是說打破了西方進步史觀過度樂觀的單線逐級進化迷思，太炎成爲國人中極少數能夠批判西方理論的思想家。

太炎在心性論上傾向荀子「性惡」說，《訄書》初刻本正是以〈尊荀〉異夫康有爲之尊孟及其《孟子微》。赫胥黎則立足在馬爾薩斯（Malthus, Thomas Robert.1766-1834年）《人口論》（*Principle of Population*）上，從戶口蕃息的生齒寖多角度，悲觀看待人口增長所造成的慘酷競爭——「世運日進，生齒日繁，一切有情皆依食住，所以給其欲求者，既有不足，則相爭相殺，必不可已」（〈俱分進化論〉轉述），[7]並自生存競爭的「演惡」角度——「以天演言之，則善固演也，惡亦未嘗非演」，悲觀地認爲太平無望，謂欲進至治化之隆，「古今之世所未有也，故稱之曰烏托邦。」（《天演論．論十五、演惡》、《天演論．導言八、烏托邦》）太炎則在認同赫胥黎的悲觀天演思想外，復以相宗破世間萬法之破「我執」與「法執」爲出發，以「我執」

7 案：赫胥黎雖然強調群治倫理，但持信達爾文「天擇」說之自然淘汰以及馬爾薩斯人口論——「萬類生生，各用幾何級數；使滅亡之數不遠過於所存，則瞬息之間，地球乃無隙地。」所以他因戶口蕃息、生齒寖多，對於人口增長所造成的生存慘酷競爭，悲觀地認為太平無望。（詳嚴復按語：《天演論．導言三、趨異》）

說明欲人類「有善無惡」之進化爲不可能；復以破「法執」的「時空雙泯」方式，闡明時間、空間與動皆非眞實存在，則進化郅治根本不可能存在。

面對晚清社會一面倒的單線進化觀，「俱分進化論」最重要的駁斥，就是指出善惡、苦樂俱進。其何以然？蓋太炎以惟識學論「我執」爲出發，其〈五無論〉曰：「性中種子，本以眞如、無明更互相熏」，現實中每一種子都會受到眞如、無明的雙重影響；而世人在利害得喪生競下，好勝是其天性，故凡「涉於利害得喪之事，則發之愈烈耳！」因此從「無明」到「行」、「識」，「種子不能有善而無惡，故現行亦不能有善而無惡。」所以就事實結果言，「生物之程度愈進，而爲善爲惡之力，亦因以亦進。」「樂之愈進者，其苦亦愈進。」太炎正是以此論證「善惡、苦樂同時並進」（〈俱分進化論〉），而反對進化論者過度樂觀的善與樂單方直進說法。曰：

> 若云進化終極，必能達於盡美醇善之區，則隨舉一事，無不可以反唇相稽。彼不悟進化之所以爲進化者，非由一方直進，而必由雙方並進。……若以道德言，則善亦進化，惡亦進化；若以生計言，則樂亦進化，苦亦進化。雙方並進，如景之隨形，如罔兩之逐景。……然則以求善、求樂爲目的者，果以進化爲最幸邪？其抑以進化爲最不幸邪？進化之實不可非，而進化之用無所取，自標吾論曰：俱分進化論。　　——〈俱分進化論〉

「俱分進化論」以種子之「熏習性」闡明人類「無明」之「行」即惡無法去之，故善進、惡亦並進。此蓋由於「阿賴耶識」（梵文作alaya-vijnana，意譯爲「藏識」）做爲貯藏一切種子的「藏識」，善、惡種子皆伏藏其間成爲情界、器界之本；「末那識」（我識）則執取

「阿賴耶識」之種子成爲自我，種子與現行不斷熏習，[8]遂構成了人的種種迷情世界，而產生身見、我慢、我愛、我執等種種惑念，故「如來藏自性清淨心」一心開二門，有染有淨、善惡雜揉。因此太炎認爲縱令千百世後，人類道德終不能「舉一廢一」地進至盡美醇善而有善無惡。另外，太炎在〈五無論〉中也論以人類歷史惟一能夠單線進化的，惟有智識；然而智識愈進化，我慢心亦益熾而其惡愈大，如何能夠樂觀期待道德之必然進化、人類歷史社會必然進化？[9]故他以善惡並進而其智愈高、我見愈甚、殺心日熾，以駁斥康有爲等人對大同境界、美麗新世界的樂觀期待，亦同於赫胥黎認爲那是烏托邦的過度樂觀。

此外，太炎在〈四惑論〉中復以惟識學用以破「法執」的「三世本空」，以形上學的「時空雙泯」方式，並皆否定進化之能成立。他以「緣起性空」的佛學根本教義，及相宗「三界惟心，萬法惟識」之「依他起」性和「遍計所執」性闡明萬法（現象）之無自性；世間萬法萬相既皆因緣而生，皆心識變現之虛幻不實，那麼自然也就沒有時間、空間可言，現象世界在本質上就只是一個空空如也的「空」而已。所以〈四惑論〉又以現象萬法「無所處」——無時間、無空間爲說，駁斥虛幻世界如何能「進」？曰「必有所處，而後能進；若無所處，則必不能進。」他還藉名家「飛箭雖行，其實不行也」，以論「動」亦不存在。蓋「動」者，一物於一時間在兩點，「止」則兩時間在一點；而飛箭於每一剎那皆不得不停頓於一空間，那麼始終皆停頓的飛箭又如何能「動」？[10]是故萬相非獨在時空上本「無所處」，即其「進」——「與

8 眼、耳、鼻、舌、身、意、末那、阿賴耶等八識，每一識都有「種子」與「現行」兩種狀態。「種子」是經驗的積累、各種現象生成之因，其一旦成熟，經驗顯現的現象便是「現行」。

9 〈五無論〉有曰：「今自微生以至人類，進化惟在智識，而道德乃日見其反。張進化愈甚，好勝之心愈甚，而殺亦愈甚。縱令進化至千百世後，知識慧了或倍蓰於今人，而殺心方日見其熾。所以者何？我見愈甚故。」

10 案：《莊子．天下》記載名家論辯命題，有「飛鳥之景（影）未嘗動也；鏃矢之疾，而有不行、

處相反」之「進者必動」亦不存在。至此，人在既無「處」又無「動」的「萬法惟識」虛幻世界裡，其不能進化是至爲顯然的。太炎以惟識學反對進化論，是其始終不變的立場，其中後期的《菿漢微言》仍然論以：

> 破「我執」易，破「法執」難；如時間有無終始、空間有無方所，皆「法執」所見。……時間者起於心法，生滅相續無已；心不生滅，則時間無自建立矣！空間者起於我慢，例如同時同地不能並容二物；何以不容？則因我慢而有界閡，因界閡而有方所。滌除我慢，則空間亦無自建立矣！　　——《菿漢微言》

太炎以惟識學雙破「我執」、「法執」爲理論依據，以「我執」闡明人類世界因「無明」而產生的惡與苦，使得善與樂不能單線進化；復以「法執」闡明虛幻世界「萬法惟識」，皆爲心識所變現，凡時間、空間與動等皆非眞實存在，故其不能進化。以此，遂從理論上消解了進化論之能成立。

太炎以「俱分進化論」從理論上推倒了過度樂觀的單線進化思維，那麼他要如何激勵人心投入救國革命？況且「俱分進化論」之善惡俱進主張，與其較早期在《訄書》之〈菌說〉中持論人類社會由低級向高級發展，總體趨勢仍應不斷進步的說法，兩者存在理論矛盾；但於此亦可以印證儘管「求眞」、「求是」是太炎興趣所在，但其整體思想乃以「求是」爲「用」，用世哲學必趨時行權。因此回到如何增進國民道德

不止之時」之說。馮友蘭《中國哲學史》引金岳霖說，謂一物於一時間内在兩點是動，一物於兩時間内在一點是止，故「飛鳥之影未嘗動」，言飛鳥之影不於一時間内在兩點。而「鏃矢之疾」，若以飛矢中每一瞬時間和每一點空間相對，則飛矢每一瞬間都只在一定位置上，實未行止也。

乃至人類幸福？則他另以結合宗教和國粹的「用宗教發起信心，增進國民的道德」、「用國粹激動種性，增進愛國的熱腸」爲出發（〈東京留學生歡迎會演說錄〉），呼籲通過佛法「依自不依他」、「自貴其心」的心性修證，來提昇道德並增進國人救國濟世之熱心。他指出凡人往往爲「八識」所縛，而以「依他起」的萬法現象爲實有；惟有透過「轉識成智」之修證，徹見「依他起」之萬法現象本無自性，破除虛妄的「遍計所執」並證入眞實不虛的「圓成實性」，才能圓滿成就「盡虛空、遍法界、不生不滅」的眞如法性——「夫此圓成實自性云者，或稱眞如，或稱法界，或稱涅槃。……佛家以爲正智所緣，乃爲眞如。」（〈建立宗教論〉）即他在「破」維新派妄執現象分別之進化論外；另以「依自不依他」之心性修證、圓成自性爲臬極，使歸趨於佛法不周遍計度、不執著分別、一往平等的「眞如」境界。因此他在赴日對東京留學生的演說辭中提出了「宗教救國」主張。而太炎此一主張，倒是頗與改良派的梁啓超同調，[11] 並皆對於推動當時的居士佛學，與有功焉！

再者，太炎在清末針對改良主義的革命論戰即其「求是」的批判性理論，除保皇維新的康、梁等人及其西學借用外，還包括在清季以譯著西學名世的啓蒙思想家嚴復。太炎不滿嚴復譯作造成的舉國進化論風潮，尤其嚴復在翻譯甄克思（Edward Jenks 1861-1939年）論政治進化簡史的《社會通詮》（*A Short History of Politics*）時，批評以民族主義宣傳合群、排外、排滿等思想，謂「民族主義將遂足以強吾種乎？愚有以決其必不能者矣。」（《社會通詮》按語八）這使得投身革命洪

11 梁啓超對於佛教的興趣，主要是從促進國家進步的目的來考量，希望藉由佛教轉化國民性並激發國人救亡的「心力」。其言「佛說五蘊，不外破除我相」，「所謂人生所謂宇宙，……隨生隨住隨變隨滅。隨滅復隨生，便是五蘊皆空的道理，也便是無我的道理。」（〈佛教心理學淺測〉，《佛學研究十八篇．附錄二》，《飲冰室專集》）皆欲通過宗教信仰培養國人的一體感，使在必要時，人人皆能為國家利益犧牲小我，並藉靈魂永存說，使人們擺脫死亡恐懼；復以普渡眾生的菩薩行及心 的無窮盡力量，使人們發起願心，力去從事。

流、高舉民族主義旗幟以捍衛中國特殊性的太炎，對於其言民族主義不足以救亡，並將民族主義比同他所斥棄的宗法思想，另撰〈《社會通詮》商兌〉以嚴詞批評之，譏以「皮傅其說」，又謂「以世俗之頂禮嚴氏者多，故政客得利用其說以愚天下。」不過嚴譯《社會通詮》之民族主義譯文，不是對應於一般理解的「nation」、「nationalism」；而是指「tribe」、「patriach」、「clan」、「communities」等部落、宗族義，故有關嚴復是否反對民族主義？頗有不同看法。並且同爲清季學人的章太炎和嚴復，儘管政治立場、思想理路不同而爲論敵；但他們其實都強調中國特色且與文化傳統具有密切聯繫。嚴復雖借西學以藥石國人痲木不仁、飲迷熟睡之無知，但他仍然根植於傳統、並未向西方傾斜；他主要是想融通中西學理以厚植民之智德力，[12]試圖找出兼顧我國社會與文化傳統的中國式道路，探尋中國未來的發展方向和文化路向。因此政治立場與嚴復迴異而激進的章太炎，不滿他之詆譏民族主義及維新派藉進化論張軍而罪及之，主要還是政治因素。

2. 以佛、道之平等思想抗衡西方傾斜

太炎除力求擺脫進化論思潮而提出「俱分進化論」外，關於其理論之「立」以及如何建立中國特色的現代文明？——則他在《蘇報》案繫獄期間，「達大乘深趣」地開發了性情中的哲理深愛，可謂對其帶有佛學色彩的整體思想加以定向。雖然後來對於是否要在晚清提倡佛學？另有時宜考量；但他一生始終都維持著對佛學的熱愛。其實太炎對於周秦

12 嚴復相信真理的普遍性；他在相互參證、比較中西學理後，發現藉由他山之石，有時反能映照出古學蘊藏的微言大義——「其所以載焉以傳之故。」他說由於讀古書難，當考究事理、推其理極時，儘管已有故訓疏義之勤，有時仍於「彼所以托焉而傳之理」深感暗昧；這時候若以他山之石攻玉，往往反能悟得「古人詔示來學之旨。」所以他在《天演論．自序》嘗借彌爾言：「欲考一國之文字語言，而能見其理極，非諳曉數國之言語文字者不能也」，以論「考道之士，以其所得於彼者，反以證諸吾古人之所傳。乃澄湛精瑩，如寐初覺。」（《天演論．自序》）

諸子等傳統義理學本即有濃厚興趣；他雖曾在詁經精舍師從古文學大師俞樾，並因師承影響而對訓詁考據「轉益精審」，但他自言「終未窺大體」（《太炎先生自定年譜．光緒二十二年》），蓋其學術興味本不在此。他固然受俞樾啓發而兼研經、子學——俞樾師承以經傳、諸子相互發明的王念孫，故亦「治經之暇，旁及諸子」（俞樾：《諸子平議．序目》），其《諸子平議》即仿念孫之《讀書雜志》；但是從乾嘉子學漸興到晚清俞樾，治子多是爲了通經、不是出於子學興趣，俞樾《諸子平議》即用《群經平議》之例，以子學爲「考證經義」之旁證。倒是太炎之治子，頗與念孫師門戴震同皆深好義理——戴震曰「故訓非以明理義，而故訓胡爲？」「訓詁、聲韻、天象、地理四者，如肩輿之隸也；余所明道，則乘輿之大人也。」（《戴東原集．題惠定宇先生受經圖》）太炎亦曰：「以音韵訓詁爲基，以周秦諸子爲極，外亦兼講釋典。」「學問以語言爲本質，故音韵訓詁，其管籥也；以眞理爲歸宿，故周秦諸子，其堂奧也。」（《章太炎政論選集．致國粹學報社書》）於此可見他視義理學爲歸趨的學術好尚；只是他在中西學術多所交流的晚清，重以繫囚時精研印度法相因明學，對認識論的形上學產生極大興趣，既批判西學理論又試圖在傳統學術中注入新元素，是以其與戴震論「善」之傳統道德學又顯然殊別。

太炎對進化論者持說的太平郅治提出質疑，問：「果以進化爲最幸耶？其抑以進化爲最不幸耶？」他說當人類社會進化至最苦最惡時，縱使其間亦有善與樂，然其究竟爲最幸耶？最不幸耶？故他另以佛、道「等無差別」的平等精神看待一切價值，據莊子曰「無物不然，無物不可」，以及海德格言「事事皆合理，物物皆善美」（詳〈四惑論〉），並以呈顯大乘佛學超越意識、凸顯濃厚人文精神與平等境界的「五無」世界觀，消弭世間一切分別相並使人人自貴其心，則中西價值何嘗有高下軒輊？如此一來，便從精神上對進化論的物競思想加以消解了。

故太炎以平等境界爲目標、惟識學爲理論工具，其平等思想包括發揚自性和等視價值二義。他於1907年在《民報》上發表〈五無論〉，提出一種帶有悲觀主義和虛無主義，在現階段雖難以臻至、且難於一時成就，但卻可以達致盡善盡美的終極境界：無任何界閡的「無政府、無聚落、無人類、無眾生（有情世間）、無世界（器世間）」之「五無」之境。「五無」世界表面上是一種虛無主義；實則乃以大乘佛學的超越意識和大悲平等精神，透過「眾生悉證法空，而世界爲之消弭」——以破除一切國界與政府聚落的「無政府、無聚落」達到無爭戰；以「證無生」之「證無我而盡其緣生」，和闡明一切器世間皆「由眾生眼翳見病所成，都非實有」，達到消弭世間一切分別相、使究竟平等的世界觀。故太炎撰爲〈五無論〉，便是要通過佛法「悉證法空」證悟一切現象皆非實有，則「主觀上的志願，到底不能說他有是有非」，「物之所安，沒有陋與不陋的分別」，於是虛幻世界裡所有優劣高下的價值界閡便皆消弭了，斯即太炎嚮往的「不住涅槃，不住生死，不著名相，不生分別」之五無世界（〈論佛法與宗教、哲學以及現實之關係〉）。所以「五無」世界觀就是一種等視一切個體擁有的獨特價值，使人人皆得以表現其「自性」的平等觀；在五無世界裡，哪怕是一枝之棲的鷦鷯也不會受到來自群體力量的抑制或歧視。由此可使人類從善惡苦樂中完全解脫出來。

太炎用以抗衡西方資本主義、物質文明壓迫的救時應務良藥——平等思想，融合了佛法和老莊的平等精神。他等視一切價值，反對放諸四海皆準的普世價值；認同《莊子》「齊物者，非有正處、正味、正色之定程，而使萬物各從所好。」他愛好「吹萬不同，而使其自己」之「天籟」自然，嘗譬以人食五穀而麋鹿食薦、鴟梟嗜鼠，以闡明萬物「所好未必同也。」且即使同在人倫，其「所好高下亦有種種殊異。」（《菿漢微言》）故他言：「只看人情所安，就是正處、正味、正色。」否則，「異地而施，卻像使海鳥啖大牢，猿猴著禮服，何曾有什麼幸福？」誠如魯侯養鳥奏以九韶、膳以太牢，徒使海鳥眩視憂悲而死，獼猴亦不任久著冠帶，皆悖其性也。故一切個人的價值趨向，他人皆應予以尊重。所論亦頗同於郭象注〈逍遙遊〉，曰：「苟足於其性，則雖大鵬無以自貴於小鳥，小鳥無羨於天池，而榮願有餘矣！故小大雖殊，逍遙一也。」皆以適性自在爲樂。所以太炎主張價值本無優劣高下、是非善惡，「要把善惡是非的見解，一切打破，才是平等。」「大概世間法中，不過平等二字。……有了善惡是非的見，斷斷沒有眞平等的事實出來。」（〈論佛法與宗教、哲學以及現實之關係〉）他發揚相宗「轉識成智」之將「末那識」（我識）轉成無有高下的「平等性智」，要以「等無差別」的無分別智「平齊人之好惡」，並以「眾生皆能成佛」之眾生心體皆佛性眞心的平等思想，尊重及發揚個體自性。所以就個體自性言：反對所有張大社會以抑制個人、或凌駕個體的群體意識，強調「非爲他生」、「不得有其命令者」之個體自性與意志自由；就客體對待言：反對價值歧視，強調「等視有情」、「無物不可」，要「使其自己」地人人皆能做自己。所論堪稱爲我國「自性」思想之新高度。

不過平等思想，「並不是說人類平等、眾生平等」（〈論佛法與宗教、哲學以及現實之關係〉），不是要取消現實之差異性。太炎又借莊子之「以不平平，其平也不平」，說明無視個別差異的「以不平平」，只是齊頭式的假平等，是另一種形式的不平等。故他視之甚高，自許爲「一字千金」、「千六百年未有等匹」的《齊物論釋》（〈太炎先生自述學術次第〉），開篇先論「齊其不齊，下士之鄙執；不齊而齊，上哲之玄談。」其言「不齊」是容許個別差異性存在；「齊」則是就價值齊平、無優劣界閡之平等思想而言。故《訄書》嘗有〈平等難〉一文，以論中國社會若眞要做到平等，「惟去君臣、絕父子、齊男女耳」；惟在當時傳統社會中，欲去一切身分地位之差異，猶乎「愚者滯其說」——

固然其君臣、父子與男女觀不免有時代侷限性；但他正是要從「君臣之權非平等，而其褒貶則可以平等」之價值平等角度，闡明在現實中儘管存在差異性，其精神則一皆平等。對此，學者汪暉、周展安稱爲「差異平等觀」、「多樣性平等」。要之，太炎因現代西方文明缺陷而對自身文化生出信心，想要建立起發揚國粹的中國現代文明；而闡揚中西價值平等——一種平齊好惡、等無差別、不齊而齊的「平等」思想，就是其內在的指導思想。

因此太炎對晚清凡逐波於西方物質文明、是非善惡之見以及高漲的群體意識等，都深加反對。他認爲莊子〈齊物論〉所彰顯的平等思想才是末世救法良藥，曰「經國莫如〈齊物論〉。」（《國故論衡下・原學》）其〈五無論〉與《齊物論釋》，正是他所主張「無封畛」、「無是非之見」之「一往平等」代表作。至於要如何才能達到「不齊而齊」的「畢竟平等」境界？則他以佛法爲出發、「以佛解莊」地突出「自非滌除名相，其孰能與於此？」其《齊物論釋》開宗明義言：

> 齊物者，一往平等之談。詳其實義，非獨等視有情、無所優劣；蓋離言説相、離名字相、離心緣相，畢竟平等乃合〈齊物〉之義。……若其情存彼此、智有是非，雖復汎愛兼利、人我畢足，封畛已分，乃奚齊之有哉？　——《齊物論釋》重定本

太炎《齊物論釋》所闡揚的平等境界，不僅要做到等視有情、無所優劣；還要進求佛法之破除封畛、滌除名相，他以無封畛、無是非彼此之不生差別相，及滌除名相之畢竟平等境界看待莊子〈齊物論〉，斯亦與其「五無」世界觀之無所界閡相呼應。

在太炎滌除名相的平等訴求下，針對西方強權，他大聲疾呼第一要造成輿論的，就是要「打破文明野蠻的見，使那些懷挾獸心的人，不能

借口。」（〈論佛法與宗教、哲學以及現實之關係〉）他反省近代資本主義工業文明的弊病以及自然條件的不平等，批判強凌弱、眾暴寡的壓迫行爲，並以尊重個體和「依自不依他」的「自貴其心」爲出發。就種族而言，要反對汰弱擇強之說，以保存種族自性、發揚國粹，並凸顯各民族之文化特色；就個體而言，要自貴其心並尊重個人選擇，反對假利群爲名而以眾暴寡、行壓迫之實。故他對於嚴復強調群己並重以及梁啓超從群己一體角度詮釋的自由主義，如言「不與社會相扶助者，是違公理」，「人爲社會生，非爲己生，一切智能膂力，當悉索所有以貢獻於大群」等言論，又在《民報》上發表〈四惑論〉，以批判他所認爲假「公理」而行壓迫之實的「捨己爲群」等虛矯公理。

不過嚴復並非不尊重個人、或「工具論」自由；[13]其自由論係「救弊」地針對當時濫用「己」方之自由平等者而發，他根基在儒學強調道德自主性與成己成物之恕道精神上，對於國人長期闕如的集體自由、政治自由等概念，以一種群己並重的訴求樹異於西方己重群輕之個人主義。當面對群己關係時，他肯定出於道德自主性之犧牲小我自由、成全國群自由的善群思想，故曰：「所急者，乃國群自由，非小己自由也。」「群己並重，則捨己爲群。」（《法意》按語八二，《天演論．論十五、演惡》）實際上他亦篤好老莊任民自由自爲、自在而治之「在宥」思想，[14]主張「治國宜順自然，聽其自由，不可多所干涉。」（《莊子評語．應帝王第七》）復嘗批評我國長期政教合一下，從帝王

---

13 如史華玆（Benjamin Schwartz）《追求富強——嚴復與西方》（*In Search of Wealth and Power: Yen Fu and the West*，1964，美國哈佛大學）指出，嚴復一貫的核心關懷在「追求富強」；嚴譯《群己權界論》將約漢彌爾（J.S.Mill）《自由論》（*On Liberty*）的重心從個人轉到國家，以限制個人自由促進民德、民智與國家利益，是一種以目的為手段的「工具論」。

14 嚴譯《天演論》嘗以《莊子》之「在宥」——「聞在宥天下，不聞治天下」，說斯賓塞之言治，大旨存於任天而人事為輔，「猶黃老之明自然，而不忘在宥是已。」（嚴復按語：《天演論．導言五、互爭》）

到守宰皆習於作之「師」地，以「身兼天地君親師之眾責」剝奪了民之自由選擇權及其性向自由發展，結果反造成「君上之責任無窮，而民之能事，無由以發達。」（《社會通詮·十四》）皆可見他對個人個性與自由的尊重。梁啓超則以略近宗教家的情懷以及「開明專制」角度，試圖消融當群己衝突時、有時會出現的犧牲個人利益情況。他以「非利群則不能利己」、「苟不愛他，則我之利益遂不可得」、「必先利其群，而後己之利亦從而進焉」之依存關係，闡明個體與群體間如何達到眞利己之進保己利永不失？則「非養成國家思想不能爲功也。」故他強調利益之高等者不在軀殼之樂而在心魂之樂，「利群」最終實現了「利己」（《新民說·論國家思想》、〈樂利主義泰斗邊沁之學說〉、〈十種德性相反相成義〉）。至於章太炎之批評宋世言天理者錮情滅性，今之言公理者亦與之無異，則著眼於「群」方加以規範，故批判強權對個體的抑制，反對「其以世界爲本根，以陵借個人之自主」；主張伸張個體個性與自由，突出個人「非爲世界而生，非爲社會而生，非爲國家而生，非互爲他人而生」之自主性。曰：

> 人本獨生，非爲他生。而造物無物，亦不得有其命令者。吾爲他人盡力，利澤及彼，而不求圭撮之報酬，此自本吾隱愛之念以成，非有他律爲之規定。……有人焉，於世無所逋負，采野稆而食之，編木堇而處之；或有憤世厭生，蹈清泠之淵以死，此固其人所得自主，非大群所當訶問也。當訶問者云何？曰：有害於己，無害於人者，不得訶問之；有益於己，無益於人者，不得訶問之；有害於人者，然後得訶問之。——〈四惑論〉

太炎強調只要無害於人、不涉害群的一切個人作爲，應悉聽並尊重其選擇。所論犀利衝擊了我國數千年來宗法思想與階級倫理對於個人價值之漠視與個性扼殺。故於社會或政府假競爭進步爲名以壓制個體自由之凌駕百姓行爲，他概皆視爲「以眾暴寡」，認爲「持論至極，必將尊獎強權。名爲使人自由，其實一切不得自由。」（〈四惑論〉）此外，其〈正仇滿論〉亦針對梁啓超強調的君爲主體、民爲客，駁斥以國家如機關木人，只有作用而無自性；其〈國家論〉更謂「個體爲眞，團體爲幻。」「村落、軍旅、牧群、國家，亦一切虛僞，惟人是眞。」其激烈言論所欲表達的，就是惟人爲「實有自性」者，反對以集體意識凌駕個人之上。實則章太炎、嚴復與梁啓超等人所論邏輯範疇不同，各自針對群己衝突下的「群」、「己」方之規範立言，其重心不同、理論自然殊異；然無涉個人個性之自由爭議，其爭主要還是出於政治立場不同。

〈五無論〉和《齊物論釋》是太炎在晚清學界一面倒的西方主流和迎合進化論聲中，獨樹一幟地特標國粹並融合佛法之理論建設。他以平等境界等視有情，以去我執、我慢破除價值歧視，使眾生皆能「自貴其心」地發揚自性。而《齊物論釋》之理論建設，則因其心契佛理而多採「以佛解莊」方式加以詮解，此其以「求是」爲「用」之應世哲學，亦其突破晚清西方傾斜的理論建設。譬如他說《莊子》之跡冥圓融，即以佛法之破「我執」、「法執」會通《莊子》觀「冥」之「喪我」、「無己」。曰：

無物之見，即無我執、法執也；有物有封、有是非見，我、法二執，轉益堅定。

〈齊物〉本以觀察名相，會之一心。名相所依，則人我、法我爲其大地，是故先說喪我，爾後名相可空。

於此，太炎先以佛法之「空」破我、法二執，以「去名相」會通於《莊子》之「無」，及其「心齋坐忘」、「離形去知」之無我；然在另一方面，則他又以惟識有宗吸收空宗「圓融中道」的「轉識成智」，以圓成實性說妙有、眞如以救拔邊見，使不偏空、不偏有，並以此會通莊子觀「跡」之「眞君」。殆亦猶乎郭象注《莊》而以「遊外冥內」說仲尼之「天刑之，安可解？」[15]及以聖人雖在廟堂之上，其心無異山林之中，故至至者雖歷山川、同民事而不足以憔悴其神，即「處子者不以外傷內。」（〈德充符〉、〈逍遙遊〉注）太炎以爲斯即喪「妄我」而顯「眞我」之自性清淨本心。曰：

子綦本言喪我，莊生他篇皆言無己，獨此說有眞君，猶佛典悉言無我，《涅槃經》獨言有我。蓋雙泯二我，則自性清淨始現，斯所以異於斷無也。

所論亦頗同於郭象〈莊子序〉言「應而非會，則雖當無用。」以及天台中道思想之「從空入假（有）」以破沙塵惑，使不會與現實幻相（假有）脫離，而不會偏空。此外，太炎又會通《莊子》之「和之天倪，休乎天鈞」，以「假天鈞爲用」之「順世故」與「隨順言說」，以及「休乎天鈞」之「觀天鈞自相」和「離言說」，以說當體圓融之「一語一默」兩種狀態，以爲即空即有、即體即用之眞俗不二。曰：

聖人內了無言，而外還順世。順世故和之以是非，無言故休乎天鈞。……「天均者，天倪也」，和以是非者，則假天鈞爲用，所謂隨順言說；休乎天鈞者，則觀天鈞自相，所謂性離言

15 案：無趾說孔子不能沖虛無為，不知「至人」以名為桎梏，故譏孔子之受虛名縛摶以「天刑之，安可解？」郭象則謂「仲尼非不冥也」；惟「名」如「行則影從，言則響隨」，孔子「非為名」而「終不免乎名」，「則孰能解之哉？」不過只要能明夫「名」如影、響，其為「形聲之桎梏也」，便可以遺名　而不好尚之了。

說。一語一默，無非至教，此之謂兩行也。

——《齊物論釋》重定本

於此，至教兩行的眞諦、俗諦便能相即互融而互相爲用，亦太炎〈論佛法與宗教、哲學以及現實之關係〉發揚惟識之「眞妄同源」，強調不可離了俗諦而空說眞諦；認爲空有玄思而不通俗諦，終不能有益於世。是故「眞、俗交融」之滌除名相、無封畛、無是非的釋道思想會通，即太炎冀望「究竟平等」之理論所寄。

不過對於章太炎隨手取釋氏名相詮釋老莊義理，學界亦有持批判態度者，如陸寶千便言章氏對佛典「涉獵多而確解少。」並例以章氏《菿漢昌言》嘗以〈惟識三十頌〉言禪定境界若猶有相狀是未達惟識境、須是無任何相狀始是惟識境，以與《老子》之言「上德不德，是以有德；下德不失德，是以無德」比附，且謂「德者，內得於己也。有所得反無德，無所得反有德，是即惟識義也。」（《菿漢昌言・一》）實則《老子》於此係強調「上德」乃無心爲善之不求而得、不爲而成，若有心爲善則是「下德」，此處佛、老指涉實不相同。此外，惟識屬妄心系而華嚴屬眞常心系，本不相容，故陸氏指章氏《齊物論釋》對佛門各家不甚區別而混合涇渭，「於工夫、境界，無所體會」，「去莊生之原意遠矣！」（〈章炳麟之道家觀〉）但於此亦正可見太炎雖說欲「求是」以「轉俗成眞」；其終極關懷仍在以「求是」爲「用」之淑世理想。故他出於「致用」目的之會通佛、莊，主要還是在晚清高張的西方強勢與國學困境中，想要以積極保存國粹的方式提供一種會通中國傳統哲學的研究方法。

再者，太炎理想中等無差別的「五無」世界，雖是他求平思想以及駁斥西方進化論汰弱擇強的理論根據，並可對其立足本土傳統以保存國粹的作爲提供思想基礎，但卻是一個不存在現實中的烏托邦世界。並且儘管太炎所提出的「五無」世界烏托邦理想中，包涵「無政府」之破除國界、消弭分別相，而他本人也曾受「無政府主義」影響，期待形成一種由自由個體互助的和諧社會，以超越民族國家的秩序與政府機構的統治；但他並不是要在當時提倡無政府主義，以「無政府」消弭分別、追求平等境界，只是用爲對抗西方傾斜的依據理論。反之，就現實層面言，他堅持排滿之民族主義與建立國家的必要性，他在〈五無論〉後又發表了〈國家論〉，力陳「建國之義，必不因是障礙。」因爲「今之建國，由他國之外鑠我耳。他國一日不解散，則吾國不得不牽帥以自存。」（〈國家論〉）於此亦不免顯示其理論困境。因爲沒有分別相的「無政府」如果不能成爲現代潮流，則在西方強權以物質區分文明野蠻下，想要消弭一切分別相，以解構任何具有政治目標與價值高下的界閡，則訴求終極平等境界而跨越了時代使命思考的「五無」世界觀，終必屈服於「國家之作用是勢不得已而設之者」的現實考量。故太炎自知在他國外鑠下，我國自有建國之必要性，故其昌言種族革命、政治革命與排滿排外思想等遂有必要。這就無怪乎太炎自稱現階段尚不能飛躍實現五無世界觀與究竟平等之境界爲「跛驢之行」、「以隨順有邊爲初階」了。[16]所以「五無」世界觀只是一種不同於西方強權進取，存在於有情世間和器世間、沒有任何界閡與歧視的烏托邦理想。

三、「體用一如」之儒、釋、道思想會通

誠如前述，太炎立足惟識學與莊子齊物論所標榜的「五無」世界平等境界，只是從理論上突破西方傾斜的烏托邦理想，衡諸現實必不能行；那麼回到現實中，他要如何解決「吾誰與歸？」的文化茫然與時代難題？故太炎「以求是爲用」之於「致用之體」的具體實踐，遂又從一

16 章氏〈五無論〉總結以「今日欲飛躍以至五無，未可得也。還以隨順有邊為初階，所謂跛驢之行。夫欲不為跛驢而不得者，此人類所以愈可哀也！」

般人難以企及的形上學求證眞如境界、回到現實世界對淑世致用的儒學肯定了。此亦太炎自述爲學次第再度轉向之「回眞向俗」。太炎用世哲學之最後趨向儒釋道思想會通，既是他回歸現實而「體、用一如」之「求是、致用更互相爲」的應世之方；也是他「尊儒→反儒（尊佛道）→儒學回歸」的儒學辯證歷程完成。

故太炎與儒、佛的關係，歷經前論從修訂《訄書》到主筆《民報》期間的親近佛學而與儒學爲遠後；以下分爲兩端，以論他最後之儒學回歸以及儒釋道思想會通：其一先論他後來又與佛學的離合關係，然後另一再論他之儒學回歸。

太炎誠然以好佛做爲個人的學術興味，一度並以佛道思想爲內核地，建立起西學批判性理論與一己哲學高度；但是一心記掛著淑世濟民、拯時救弊的他，儘管極愛能夠滿足他「求眞、求是」心理的佛理，其用世思想卻始終是由「致用」之「體」決定方向的。因此在做爲用世哲學的社會思想推擴上，他與佛學亦迭有分合；並且他對於佛學、宗教觀以及宗教救國等主張亦各有不同論述：他雖深好哲理但鄙棄宗教，認爲哲學不應爲任何目的服務，然而他又提倡宗教救國。此蓋由於太炎喜愛的幽深邈遠佛理，是不爲任何俗世目的服務、純粹的眞如見解與內在體證，這才是最吸引他的學術興味；至於宗教，在他心中的地位其實不高，他甚至曾說「宗教至鄙」，爲「太古愚民行之」者（〈駁建立孔教議〉），並認爲宗教之以福田利誘貪夫、或祈求外力接引，只會斲喪勇猛無畏之氣與自性勇氣。且夫他是無神論者，反對神祕主義及鬼神之說，曰「居今之世，欲建立宗教者，不得於萬有之中，而橫計其一爲神；亦不得於萬有之上，而虛擬其一爲神。」（〈建立宗教論〉）復以佛法「眾生平等」之義，批判「惟神之說，崇奉一尊，則與平等絕遠也。」因此太炎也反對基督教以「無始無終、全知全能、絕對不二、無所不備」的耶和華爲眾生之父（〈無神論〉）。要之，他亟反對被神化的宗教和鬼神崇拜，斥棄以佛教做為人們祈福膜拜的宗教；他之不喜淨土宗與密宗，也因其教法「近於祈禱，猥自卑屈，與勇猛無畏之心相左耳。」（〈答鐵錚〉）此外，在對於佛法「因明」的邏輯論證愛好下，太炎復重邏輯推理之「比量」而輕感官直覺之「現量」，[17]他以邏輯推論：

> 若萬物必有作者，則作者亦更有作者，推而極之，至於無窮。然則神造萬物，亦必被造於他，他又被造於他。此因明所謂犯無窮過者。以此斷之，則無神可知已。——〈無神論〉

所謂「神造萬物，亦必被造於他，他又被造於他」之「作者亦更有作者」的邏輯論證，亦頗同於郭象說「造物無物」——「無既無矣，則不能生有；有之未生，又不能為生，然則生生者誰哉？」（〈齊物論〉注）太炎正是以邏輯之「犯無窮過」者推翻造物神的說法。他甚至嘗借雲門訶佛之「破相」且「破名」嚴厲反對有神論——「文偃誦經，見有佛初降世經行七步之說，書其後曰『我若看見，一棒打殺，與狗子吃！』」（〈建立宗教論〉）太炎云雖不贊成雲門猖狂，但認同其堅決反對神怪的態度。而他早年用以批判康有為欲立儒教之〈儒術眞論〉，也肯定仲尼之所以凌駕千聖，在其「以天為不明及無鬼神二事」之突出人文意義；其《訄書》之〈榦蠱〉、〈通讖〉等篇也都摒棄鬼神與禨祥神道，對於一切凡信鬼與靈異之說，概皆視為通讖譌謬。所以太炎之提倡佛法，並不是要樹起宗教旗幟。

---

[17] 案：惟識學有「三量」：「現量」是現在、現有、現顯而能夠立即直覺、親證的境界，是不須意識或思索的當下即得。「比量」是由比較、推理、對照等認識而來的心理作用，是一種「前提」推出「結果」的思維作用，在佛家叫做「因明」。「非量」是「似現似比」的誤謬量知，即所量對象都是與真實事理不符、錯誤不正確的。

那麼太炎為何還要提倡宗教救國？其所取於宗教者，是要通過宗教信仰驅使國人的愛國行為；正如馮友蘭說宗教是「道中庸而不極高明」的「世間底哲學」，「宗教使人信，哲學使人知。」（《新原人‧天地》、《新原道‧緒論》）太炎儘管不喜宗教且持無神論，但卻基於「致用」目的而看重宗教的信仰力量，其論：「宗教雖超居物外，而必期於利益眾生。」「宗教之高下勝劣，不容先論。要以上不失眞、下有益於生民之道德為其準的。」（〈建立宗教論〉）正有見於他肯定宗教的道德教化能利益眾生；他正是期望透過佛教的信仰力量增進國民道德，此亦流行於晚清的宗教救國思潮。就此一層功用而言，也頗同於維新派借力佛教心性 以發起國人的救亡信心與勇氣，如梁啓超便欲以宗教信仰培養國人的一體感，使在必要時能為國家利益而犧牲小我；並以普渡眾生的菩薩行及心識無窮力量，使人們發起願心而力去從事；復藉靈魂永存說，以使人們擺脫死亡恐懼，培養無畏精神。學者黃進興即說梁啓超「把宗教當作一種精神動員的方法，用來誘導、催引潛在的政治力量。」（〈梁啓超的終極關懷〉，《史學評論》第2期）另外，譚嗣同也肯定佛教能使人生出不撓之堅忍：「曰威力，曰奮迅，曰勇猛，曰大無畏，曰大雄，括此數義，至取象於獅子。……夫善學佛者未有不震動奮厲而雄強剛猛。」（〈仁學一〉，《仁學》）太炎則在東京留日學生歡迎會上，以結合佛教與國粹的方式，激動種性、增進愛國熱腸，以激發個人的勇氣和國民道德。曰：

我們今日要用華嚴、法相二宗改良舊法。這華嚴宗所說，要在普渡眾生，頭目腦髓，都可施捨與人，在道德上最為有益。這法相宗所說，就是萬法惟心，一切有形的色相、無形的法塵，總是幻見幻想，並非實在眞有。……要有這種信仰，才得勇猛無畏，眾志成城，方可幹得事來。

——〈東京留日學生歡迎會演說錄〉

太炎出於民族主義與愛國主義，欲借宗教發起信心，以有形色相非實有、頭目腦髓都可施捨，催逼國人之勇猛無畏與保國保種信心。故他結合佛教與國粹，以激發國人之愛國熱腸，曰「不曉得中國的長處，見得別無可愛，就把愛國愛種的心，一日衰薄一日。」（〈東京留日學生歡迎會演說錄〉）其〈答鐵錚〉也說：「僕以為民族主義如稼穡然，要以史籍所載人物制度、地理風俗之類為之灌溉，則蔚然以興矣！不然，徒知主義之可貴，而不知民族之可愛，吾恐其漸就萎黃也。」為了促進百姓愛國愛種的心能風發泉湧地不可遏抑，以使民族主義茁壯，他認為必須以一個民族特有的文化內涵為其灌溉養料。如此，國人始不會因民族別無可愛，而致愛國心日漸衰薄。正因出於淑世目標與愛國主義，故太炎之推廣佛教，持論「居士、沙門，二者不可廢一。」認為佛教應當普及大眾而不可專任僧徒，因為宰官吏人、醫匠陶冶與方技百端等利用厚生、為民興利之事，是沙門所不能為者；不過「非說無生，則不能去畏死心；非破我所，則不能去拜金心；非談平等，則不能去奴隸心；非示眾生皆佛，則不能去退屈心；非舉三輪清淨，則不能去德色心」（〈建立宗教論〉），是為隨俗雅化之居士所不能實踐者，所以居士、沙門不宜偏廢。若此皆顯見太炎之於佛教借重，在欲藉宗教陶冶愛國熱腸以救時衰蔽。

不過當他主筆《民報》並於1906年末發表〈建立宗教論〉後，面對黨內諸多同志質疑，如謂「佛書梵語，暗昧難解，不甚適於眾生。」（〈人無我論〉）「佛家之學非中國所常習，雖上智之士，猶窮年累月而不得，況於一般國民？處水深火熱之中，乃望此迂緩之學以收成效，何異待西江之水以救枯魚？」儘管他仍作書辯解「今之所志，但欲姬、漢遺民，趣於自覺，非高樹宗教爲旌旗以相陵奪。」（〈答鐵錚〉）1907年的〈人無我論〉，他亦自陳「至所以提倡佛學者則自有說：民德衰頹，於今爲甚！姬孔遺言，無復挽回之力，即理學亦不足以持世。」他說明宣揚佛法，非欲樹立宗教旗幟，是要藉佛法「依自不依他」之自貴其心來振興民德，激發國人勇猛無畏的救國信心；但是即連黨人都反對了，這亦使他體會到如何能期之於百姓？所以自後他遂漸改絃轍地將佛法定位爲哲學範疇，曰：「佛法只與哲學家爲同聚，不與宗教家爲同聚。……試看佛陀、菩提這種名號，譯來原是『覺』字，般若譯來原是『智』字。一切大乘的目的，無非是『斷所知障』、『成就一切智者』，分明是求智的意思，斷不是要立一個宗教，勸人信仰。」「與其稱爲宗教，不如稱爲『哲學之實證者』。」（〈論佛法與宗教、哲學以及現實之關係〉）所以太炎儘管仍愛釋迦牟尼之求智思想，並強調親證之重要，但後來在「求是」爲「用」的用世哲學上已不再積極提倡。至於在治世一端，則他於是先轉推老莊，以佛解莊地撰爲《齊物論釋》；後來又「以莊證孔」地融合儒、道而「回眞向俗」地回歸於儒術。

以下接著述論太炎之儒學回歸：太炎歷經前期對儒學的思想辯證，從早年出身傳統儒學並持尊儒態度，到重訂《訄書》以至1906年載於《國粹學報》的〈諸子學略說〉、赴日對東京留學生演講及主筆《民報》的這段期間內，他從「尊儒」走上了「反儒」之路，斯即前述太炎圍繞著《訄書》修訂前後之於儒學辯證。但是當接著來到遭袁幽囚的中後期，則他在獄中重讀《論語》而深有體悟，於是最後再度回歸儒學軌道，完成了對儒學的正、反、合辯證歷程。

前論太炎繼重訂《訄書》所持的反清批孔態度，在〈諸子學略說〉中更轉爲強烈批判儒家之「熱中競進」；雖然所論並不符儒家眞精神，但充分流露了此時他之反儒與責難態度。該時期既是太炎的訂孔批儒期，也是其思想歷程中最親近佛道並資藉建立一己哲學高峰的時期；不過再接下來，在黨人反對大肆宣教並認爲難「望此迂緩之學以收成效」下，太炎遂亦從善如流地更改絃轍了，承認「余既解〈齊物〉，於老氏亦能推明；佛法雖高，不應用於政治社會。」（〈太炎先生自述學術次第〉）尤其當後來好不容易走過晚清、卻又面臨民初的紛擾與袁之竊國稱帝；此時民族主義革命建國的課題已經達成，但國民革命卻尚未成功，而想要完成最深層變革的思想改革是不能曲高和寡的——這樣的淑世想望正是接下來的太炎整體思想核心與目標。是故民初以後，他再度面對「孰者最宜？」的時代困境思考，並得出了「居賢善俗，仍以儒術爲佳，雖心與佛相應，而形式不可更張」的最後答案（《章炳麟論學集》）。於是太炎最後終究回歸到儒學軌跡，傳達儒釋道會通的和諧統一思想，而且晚年即以宣揚國學爲志了。

代表太炎中後期學術與思想的《菿漢微言》，正是融合佛、道與儒學思想於一爐之作。陳平原序《章炳麟傳》即依太炎自述爲學次第之「癸甲之際，厄於龍泉，始玩爻象，重稽《論語》」，以1915年章氏遭袁幽禁中所作的《菿漢微言》做爲章氏學思歷程「回眞向俗」的標誌。書中往往可見太炎「重稽《論語》」而對孔子微旨「居然可明」的心領神會，及其援佛道以釋儒的三教會通。由於佛主出世、儒主治世，出世間法與入世間法有眞、俗之別；儒學則以切近人事、兼及各階層，得以從事社會教育而有益於生民。亦如晚明惟識學興盛下之三教會通，憨山德清曰：「所謂不知《春秋》，不能涉世；不精《老》、《莊》，不能忘世；不參禪，不能出世。此三者，經世、出世之學備矣。」（《憨山老人夢遊集．學要》）藕益智旭也說「大道之在人心，古今惟此一理，非佛祖聖賢所得私也。……而以道入眞，則名出世；以道入俗，則名世間。眞與俗皆迹也，迹不離道。」（《靈峰宗論．儒釋宗傳竊議有序》）並皆強調佛教不離俗諦以明眞諦、儒學則依眞理而制定人間世規範，皆爲治世之學。故太炎後來亦坦言他仍然愛好佛理，但治世應以儒術爲主，故他打通華梵地以莊證孔及以惟識學詮釋儒家心性論，而終究回歸儒學了。

《菿漢微言》之會通儒、釋、道思想，例以太炎詮釋《論語》而往往據釋、道思想爲說可知。譬如他說孔子「一以貫之」的「忠恕」之道，便結合了他所強調的平等思想，以莊子的「齊物」思想及佛法「無分別智所證，始是眞如」予以深化：他說儒學絜矩之道與推己及人，須是無分別妄心的「一往平等」；否則如果執名相妄法，「徒知絜矩，謂以人之所好與之」，反有可能落入「不知適以所惡與之」，或價值歧視、道德迫害之「愚者恃其所見入於人」，亦如魯侯以太牢、〈九韶〉養海鳥而害之。所以他融合了儒釋道思想，而以「不齊而齊」之尊重萬有自性重新詮釋儒家「忠恕」之道，強調對於不同個體、不同自性，不可強以己見「推己及人」。再如「子絕四」，他也以惟識學加以會通，說「『無意』即末那不見，『無必』即恆審思量不見，『無固』即法執我執不見，『無我』即人我法我不見。」而孔子在川上歎逝之「逝者如斯夫，不舍晝夜」，他也說「即佛家阿賴邪識恆轉如瀑流之說也。」類此新詮，《菿漢微言》中不勝枚舉。

再者，太炎重稽《論語》而自得於對孔子思想微旨能「居然可明」者何？譬如子張學干祿，子曰：「言寡尤，行寡悔，祿在其中矣！」太炎玩味子張問仕進，孔子爲何告以修身？他說「仲尼志在濟民，理無不仕；子張問行、問達、又問干祿，此則急於名聞利養矣。」認爲這是孔子對急切名利者不能認同的態度。又，子有言「邦無道，富且貴焉，恥也」，太炎則舉子貢貨殖爲例，說：「人不能無資生事，是故賜不受命，務爲貨殖，孔子與之。此見商賈廢居，勝於事亂君、受祿位矣。」他說孔子恥亂世而仕且富貴者，所以子貢貨殖而富猶勝於仕亂受祿者。那麼樊遲學稼學圃，爲何孔子說以「小人哉」？則他區別「子貢貨殖」

和「樊遲學稼」，謂「遲之意蓋欲立耕而治，非曰為饘鬻也。」他說此由於孔子不喜樊遲有兼得之貪欲，非為饘鬻也。於此皆可見太炎重新董理儒家思想，主要欲藉以從事「居賢善俗」的社會教化，期能由此建立起具有中國特色的思想文明與治術。

故雖然太炎早年重訂《訄書》曾有〈訂孔〉之作，但他後來在〈致柳翼謀書〉中自述中年以後已絕口不談詆孔，且以「駟不及舌」自責當年之「狂妄逆詐」。《菿漢微言》中，他亦針對過去偏好玄遠之理、妙勝之義的學術評論，加以修正。曰：

> 《論語》所說勝義，大抵不過十許條耳。其餘修己治人之術，乃在隨根普益，不主故常，因情利導，補救無盡，謂本無微言妙義者，非也；謂悉是微言妙義者，亦非。且師門從學已分四科，兼亦外對君相、長官及諸凡庸之士；悉以妙義告之，不使甘露成毒藥邪？
>
> 《論語》所說，理關盛衰；趙普稱「半部治天下」，非盡唐大無驗之談。

所論，不但極其正面地肯定《論語》，他也承認《論語》中其實亦不乏他所愛好的「微言妙義」；但斯時他更重視「理關盛衰」的教化角度，肯定《論語》能夠因材施教之隨根普益、因情利導、補救無盡，是為眞正可以「治天下」而臻斯民於有德的有用之學，故謂趙普稱半部《論語》即可治天下，非為無據。至此，他已充分體會了如果只是追求妙義而不能兼及凡庸，將反使甘露成為毒藥，故他已不再一味追求勝義了；他並改稱文、孔、老、莊為域中四聖，「冥會華梵，皆大乘菩薩也。」（《菿漢微言》）至於在民初的「定孔教為國教」與「反孔教」爭議中，太炎雖然反對設立孔教，民國二年《雅言》第一期的〈駁建立孔教議〉，他即針對倡議孔教者進行批判；但是他主要是反對將儒學神教化及將孔子躋於「清廟之倫」。他指出孔子之所以尊，不在宗教設教；在其「制歷史，布文籍，振學術，平階級」之「有造於華夏」，而爲「中國斗杓」。他一本「無神論」立場地說，學校諸生之尊禮孔子「本不以神祇靈鬼事之。」所以批評倡立孔教者，「但知孔子當尊，顧不悟其所尊之故。」「忘其所以當尊，而以不當尊者奉之。」至謂欲立孔教者，「適足以玷闕里之堂，污泰山之迹耳！」（〈駁建立孔教議〉）其論曰：

> 孔子於中國，爲保民開化之宗，不爲教主。世無孔子，憲章不傳，學術不振，則國淪戎狄而不復，民陷卑賤而不升。……今之不壞，繫先聖是賴！是乃其所以高於堯、舜、文、武而無算者也！
>
> ——〈駁建立孔教議〉

所論高度肯定孔子對於學術、人文與社會教化之功，尊孔子爲「保民開化之宗」。太炎並指出孔子除使我國史書粲然大備，「晚世得以識古，後人因以知前」外，其「刪定六書，布之民間，然後人知典常，家識圖史」，「階級蕩平，寒素上遂，至於今不廢。」（〈駁建立孔教議〉）極肯定孔子的存史之功及使教育平民化，故將孔子抬高到「高於堯、舜、文、武而無算」的地位。後來在民國十年的〈說新文化與舊文化〉中他更自述「我從前傾倒佛法，鄙薄孔子、老、莊，後來覺得這個見解錯。」「老莊雖高妙，究竟不如孔子的有法度可尋，有一定的做法。」（《章太炎年譜長編》）斯言可謂完全翻轉修正了早期儒不如佛莊的看法；亦其學術歷程最後「回眞向俗」地回歸於淑世濟民的儒學之最佳註腳。

四、結語

清季在思想建設上具有獨到見解，而且身為新文化運動驍將周樹人（魯迅）、周作人、錢玄同等人師門的章太炎，是著名古文家俞樾的弟子。他在博通經、史、子與佛學外，復精研文字、音韻、訓詁，亦是中國傳統語言學後期的樸學大師，對於漢語語源學、字義考釋等皆有重要貢獻。[18]在晚清的諸子學興盛中，俞樾《諸子平議》和章太炎《齊物論釋》，並皆是為晚清諸子學的代表作；惟俞樾一生大致守住儒家傳統，章氏則翻出傳統天地，跨出創新步伐。他以古文經學頡頏於晚清流行的今文經學，復以看重荀子、韓非子的法治思想以及〈訂孔〉篇，挑戰儒家長期的人治與德治思想，並對峙康有為之欲立孔教為國教。惟他與康有為雖存在今、古文之爭；但他在甲午戰後曾同情康、梁的變法維新立場，又與葉德輝、蘇輿等守舊派主要藉攻擊今文以攻擊政黨不同。不過在庚子拳亂暴露了清廷腐敗無知的真面目後，太炎的革命思想覺醒而轉趨排滿，並撰作〈駁康有為論革命書〉，對康氏保皇立場和《新學偽經考》予以強烈駁斥，頗使康氏結舌。因此以樸學大師名的章太炎，更為後世所稱道者，在於他在《民報》上發表系列抗衡西學進化論以及宣傳排滿革命的文章，而與梁啓超《新民叢報》等保皇派形成論戰。太炎是浙江餘杭人，浙江是南明抗清重鎮，他自幼即讀明季稗史有感，又曾為摭拾明季遺事的《南疆逸史》、《張蒼水集》作序，曰：「南田畫江之師，皆吾吳越遺老知保種者為之」，「有讀公書而猶忍與彼虜終古者，非人也。」且稱《南疆逸史》以「繼《春秋》攘夷之義，庶幾足以立懦夫、起廢疾！」（〈《張蒼水集》後序〉、〈《南疆逸史》序〉）其攘夷、彼虜、保種之言志，或可說明他日後以種族意識排滿及抗衡西方強

18 章太炎繼孔廣森之後，進一步提出「陰陽對轉」、「旁轉」說法，他以通轉的理論解釋文字之轉注、假借與孳乳現象，對漢語語源學、字義考釋與訓詁研究等，具有重要影響。

權之其來有自。

太炎學思歷程多變，世所公認，在他一生的不同階段中，往往呈現出徘徊在眞理追求與淑世企圖即「求是」與「致用」間的變化多方。用他的話說，是先「轉俗成眞」，爾後又「回眞向俗」；就其思想歷程言，則有尊儒、反儒與儒學回歸，以及尊佛道但批評宗教卻又提倡宗教救國等或儒、或釋、或道的不同思想皈依與變化。關於應該如何看待其思想變化的問題，本文持論若能溯流探源，釐清其「致用」爲「體」之核心關懷，便能由體達用、循根達杪而明夫他乃以「求是」爲「用」，通過「求是」之用世哲學以遂其淑世之志。故在太炎思想體系兩重關懷中，「致用」理想是其根本原則，是他一生不論所愛爲何、居處時地，皆不變的核心關懷；至其個人性情始終不能忘情的「求是」之好，則是其「用」，而用隨其時。雖然不可否認地，太炎立足佛、道思想上的「俱分進化論」及「五無」世界觀等種種以「求是」爲「用」的思想建構，在晚清社會西方強勢下，是最能滿足他個人愛好哲理的眞理追求，也是晚清哲學的高度成就；但亦不可忽略的是，其同時也是太炎對抗康梁等改良派借進化論以爲立憲依據的思想武器，更是他憑藉解決當時西方傾斜、抗衡西方強權的思想利器。易言之，眾所共見的，太炎似以「求眞、求是」爲思想第一義；實則此蓋由於斯時他之「求是」與「致用」方向一致——此時他之親佛道而悖離儒學及批儒抑孔，不徒是其思想上的「求是」追求，更是他以「求是」爲「用」的致用理想落實，是他左打國內改良派、右打西方「進化＝進步」單線進化觀之理論依據。因此儘管太炎學術性情深好玄遠哲理之「求眞」；但是察夫他的每一次思想轉變關鍵皆繫於時事，救時應務的淑世理想即「致用」才是他不曾或離的中心意識——斯爲考察太炎一生思想多變之筦鑰。斯論亦可印證以：當晚清太炎心中最迫切的時代課題，實現民族主義革命建國的政治目標，因革命黨人反對宣教、或後來已經達標後，則他一向所深好的幽邈哲理便不再是他做爲解決當時時代困境的思想武器了；因此他必須再度轉向，他雖然心仍與佛相應，但認同「佛法雖高，不應用於政治社會。」所以他「回眞向俗」地又回歸到居賢善俗的儒學，最後並「兩端一致」地達致「求是、致用更互相爲」之儒釋道思想會通，眞、俗交融地打通華梵而圓滿和諧。

太炎一生自儒入佛，歷經以佛反儒、以佛解莊，最後又融合儒、釋、道地復歸於儒學，其學術與思想演變歷程，在深受西學影響的清季，縮影了部分晚清學者從儒學眺望西學，從一開始的儒學出身到傾心西學，歷反思、批判儒學後，最後又回到立足儒學並希望轉化傳統，期使傳統能符合現代化思維以抗衡西學的思想演變軌跡。太炎之論政救國路線，確曾在清末破保皇、宣揚革命與民族思想上發生過重要影響；而其文化救世主張，對近代資本主義工業文明的弊病加以深刻反省，立「五無之境」之平等境界以抗衡西方強勢暨凸顯個體自性，也都寓有濃厚的人文關懷。惟學界對太炎思想的評價，因其早年曾有〈訂孔〉之作；又因持古文立場，曾將今文家貶爲造作僞書的劉歆抬高至孔子同列，[19]學風流衍頗影響及弟子錢玄同和傅斯年、顧頡剛等新文化健將之非聖疑經。故學界如錢穆等人對此頗有責言，謂：「殆有甚於後起『新文化運動』及更後共產黨之所謂『批孔運動』。」對太炎「頗爲自珍」的《國故論衡》亦表不滿，謂其猶云「批評這些老東西而已。」「立論怪誕而影響不大……否則其爲禍之烈，恐當尤駕乎其所深惡的後起『新文化運動』之上。而主持新文化運動者，亦僅以『死老虎』目之，置之不論不議之列。」（〈太炎論學述〉）然朱維錚校《國故論衡》，則盛稱以「本世紀中國學術從傳統走向現代的過程中突出的一部傑作。」並

19 章太炎《訄書．訂孔》曰：「孔子死，名實足以伉者，漢之劉歆。」《檢論．學變》亦曰：「有所發擿，不避上聖，漢得一人焉，足以振恥。至於今，亦尠有能逮者也。」

指是作實寓有太炎直至暮年仍未放棄的：「要在中國實現『文學復古』的宿願。」（〈《國故論衡》校本引言〉，《求索眞文明——晚清學術史論》）蓋身處清季而目睹國家政治與文化雙重弱勢並欲力挽狂瀾的章太炎，儘管儒、釋、道思想在其一生學思歷程中各有畸輕畸重，有時亦不免發爲過激之論；但他想要另闢蹊徑地走一條和西方文明不同的路，一條具有種族特色、發揚國粹、充滿人文平等精神的獨立建國之路，誠爲晚清具高度思想成就的代表性人物。雖然清末站在時代前端的康、章等人，在民國以後反而被主張破壞傳統、徹底西化的新生代知識分子視爲頑固、落伍的象徵；但是他們在西潮衝擊的時代變遷中挺身捍衛傳統——康欲逐步引導中國走向世界性大同文明，章欲建立具有中國特色的現代文明，誠爲傳統知識分子爲維護兩千年文化所發出的時代高音。只是歷史與政治的複雜性遠非學術與思想所能羈勒，固然思想文化之可貴處正在其超越了現實面，但這必須留待後人評斷；而當個人處在歷史時點時，則人人無能自外於政治性影響與成爲歷史棋子。此所以康有爲、章太炎、嚴復、梁啓超等意欲創造性轉化中國傳統之有志者，終難締造其心目中理想的中國現代文明；只能推動短暫性的思潮以成就當時，或積累我國思想文化高度以提供後人文化之無盡藏。

貳拾伍
啓蒙思想家嚴復「妙用微權」之中西思想會通

「權」者何？——「變而通之」之謂也；「妙用微權」則源出佛典「妙用微權，不可思議。」嚴復（1854-1921年）〈原強〉嘗藉該語說明《易》、老等聖智者能盱衡現實而行權教——「彼《周易》否泰之數、老氏雄雌之言，固聖智者之妙用微權，而非無所事事俟其自至之謂也。」說明「否極泰來」、「抱陰守陽」之俟時待機係順勢而爲、不以強求，絕不同於無所事事之俟其自至。本文則借嚴復此說，轉爲對嚴復建構一己學思方法論之觀察。蓋嚴復根基傳統而得力於西學，筆者持論其在其摶成一己思想過程中，內在的心理機制及落實取捨的方法正是「妙用微權」；雖然其非嚴復本來用法，但能貼切說明他對西學的態度及譯作上的行權取捨，並能比較中西思想之內在差異。身爲晚清最重要西學譯作家的嚴復，他亦強調譯文之「信、達、雅」；但是他往往在有意無意間獨出己意而行一己判斷，像是影響國人深遠的《天演論》，原作者赫胥黎（Thomas Henry Huxley, 1825-1895年）論天演的「*Evolution*」原兼進化（Progress）和退化（Degeneration）二義，嚴復則在譯作中僅呈現其進化之義，此其何故？以其呼應晚清弱勢之亟待奮起時代氛圍以及改良派之借力張軍；而此也即其論敵章太炎（1869-1936年）另據善惡苦樂並進的「俱分進化論」以破其單線進化思維之切入點。再如嚴譯中極重要的「自由」概念，他也往往將原著的個人主義式自由，轉換場域爲群己關係下的自由權界討論。所以筆者以「妙用微權」做爲嚴復融通中西學理的學術方法論，認爲其中內蘊嚴復對西方學說及理論之行「權」。這不僅只是譯作之求「達」行「權」，如換例法之以國人熟悉事典取代陌生的西方典故；而是具思想判斷在其中的剪裁取捨、理論抽換之以「權」用法。

晚清著名啓蒙思想家、系統性傳播西方哲學第一人的西書中譯一代宗師：嚴復，在甲午戰後到新文化運動以前，國人幾乎都是透過其譯作來認識西方學術思想的。在岌岌可危的晚清變局與向近代化道路摸索的過程中，嚴復借鏡西方政教、學術思想，希望有助於解決國人的弱勢處境；但他在引進西學的同時，他所採取看問題的角度和針砭流弊、救世方針的提出，有部分係通過有意（或無意）模糊不清（或扭曲、誤解）了某些西方概念，以使納入其所持信的思想渠道。所以對其《天演論》、《法意》、《原富》、《穆勒名學》、《群學肄言》、《社會通詮》、《群己權界論》等大多爲古典英法自由主義的譯作，早期學界多從「中／西」、「傳統／現代」、「進步／保守」的二元對立視角出發，認爲嚴復早年激進、主張全盤西化；歷戊戌政變後，轉爲折衷中西文化，晚年更趨保守而否定個人自由平等、反對新文化運動，如周振甫《嚴復思想述評》、王栻《嚴復傳》屬之。後期則史華茲（Benjamin Schwartz）《追求富強── 嚴復與西方》（*In Search of Wealth and Power: Yen Fu and the West*）被遵爲詮釋典範。其說指出嚴復一貫的核心關懷在「追求富強」；嚴譯《群己權界論》將約漢彌爾（J.S.Mill）《自由論》（*On Liberty*）的重心從個人轉到國家，以限制個人自由促進民德、民智與國家利益，是一種以目的爲手段的「工具論」，是對斯賓塞和約翰彌爾的個人自由誤解。不過對於「早年激進、晚年保守」，以及向西方傾斜的自由民主「工具論」等說法，學界已經迭有修正，如郭正昭之「危機哲學」與「學術文化整合」說、吳展良面向傳統文化之重塑新詮釋典範。後者有別於史華茲的西方中心主義，另持論嚴復畢生志業「一以貫之」地在於求道，在於保存固有文化主體性；並謂過去研究者對於嚴復「儒學性格」的忽略，是對「被研究者主體性的失落。」以此補充了傳統一面對嚴復思想及譯作的重要性及影響。

嚴復眾譯中以《天演論》影響國人最深，成功地一舉打開了國人當時的世界觀。晚清幾十年間的社會與文化變遷，幾乎都受此天演觀與進化論影響。然在西方幾乎同時發生、相互支援的達爾文（Charles Robert Darwin, 1809-1882年）生物學進化論和斯賓塞（Herbert Spencer,1820-1903年）社會進化論，在嚴復對赫胥黎的《天演論》（*Evolution and Ethics*）譯述下，社會達爾文主義捷足先登地率先傳入中國，並在清末產生重大作用與影響。嚴復是出色的譯者，同時也是具創建性的思想家。學者黃克武在《自由的所以然：嚴復對約翰彌爾自由思想的認識與批判》便說嚴復是高瞻遠矚的思想家——他將所了解的彌爾思想和源自傳統的儒、墨、老、莊、楊朱等思想結合在一起，摶成新的自由理論。他認爲由自由之民組成的國家就是「物競天擇」下的適者；但他強調群己並重，拒絕己重群輕的個人主義。吳展良則謂嚴復雖然譯作赫胥黎的《天演論》，但所譯《天演論》持信天演大道一以貫之，反對赫胥黎的天演與倫理對立觀；他逕將原書名的*Ethics*刪去，便已透露他所要傳達的，是他持信的最高眞理而非忠實於原文。嚴復所引用的達爾文「天擇」觀，並非達爾文只談「物種原始」的生物演化說；他結合了斯賓塞的「最適者生存」與拉馬克（Jean-Baptiste Larmarck, 1744-1829年）「用進廢退」（use and disuse）的「適應（adaptation）」說，是對於達爾文、赫胥黎、斯賓塞、拉馬克眾說之巧妙取捨。

本文立足前賢成果，認同強調嚴復主體性的儒學性格；但另外補充嚴復意欲會通中西思想的「妙用微權」方法論，冀望能夠對於嚴復思想中排除了文化隔閡、認識不足的誤區以外的，譯文在有意無意間時有不忠於原文的現象，以及過去學界的中與西、傳統與現代、進步與保守等二元對立看法加以釋疑；而不僅單純地從西學東漸下的清季學人對中西學理之折衷損益看待之。筆者認爲嚴譯有別於原著的增、刪、注、評等，皆寓有他行「權」之一己取捨判斷；他雖然宣揚科學、公理，但他的整體思想與政教倫理觀並未向西方傾斜，他審乎時勢並順勢用權地，有時對原作理論加以置換，或對中西學理進行去取。故他之群己並重、追求集體自由與富強，甚至由此衍生出權威主義色彩等，係因在晚清救亡時間點上，他認爲國人之智、德、力尚未臻至西方自由民主之境而不能照搬照演，而且必須融通國情與國人性格地加以改造及厚植民力，而未必是出於西學影響或誤解。筆者認同在嚴復兼有儒學傳統、諸子義理與西方科學公理等因子的思想中，出於傳統文化關懷與儒學「克己」性格的：啓蒙與救亡兼重、返本開新與轉化傳統、以現代化平台展現傳統文化「致廣大而盡精微」之博大與精深，是他對於物競天擇與生存課題等天演觀之中國式道路主張及核心關懷。

一、以譯為著

在甲午敗戰前，國人或許還存有一些保守自大的超群絕倫想像空間；敗戰以後，則已經普遍瀰漫著激進改革的主張甚至革命聲浪了。清季的積弱以及甲午敗戰的大辱，讓嚴復痛感「深山猛虎，徒虛論耳！」深知西學又具有堅實古典經史基礎的他，對於一些昧於西學新理與大時代變化的守舊陋夫，猶自高論「天不變，地不變，道亦不變」、「昭代厚澤深仁，隆基方永，景命未改，謳歌所歸」，沉痛地以「天下事既如此矣，則安得塞耳塗目，不爲吾同胞者垂涕泣而一道之」的心情諄諄善導之（〈救亡決論〉、〈原強〉），冀能使之覺悟。嚴復是當時知曉西學之第一人；他自英國學成歸來後，非科舉入仕的背景使他不爲傳統階層所重，在「但覺一無可爲」下，他矢志「專心譯書以餉一世人」，並且亟自信於「彼中盡有數部要書，非僕爲之，可決三十年中無人爲此者。」（〈與張元濟書〉一）他既憫國人無知於西學，又以西學格致之理可爲國人自救借鏡，故欲引進西方國家先進的科學技術、社會政治理念以啓迪民智。從甲午戰後到戊戌維新前，他以翻譯赫胥黎兩次演講的《天演論》揭開其系列譯作之序幕。書以「物競天擇」說激勵國人奮起，並宣揚符合世變與運會的宇宙公例。而由於「正論理深」，他「先敷淺說」地先以〈導言〉，故《天演論》分爲〈導言〉與〈論〉兩部分。

以譯書名世的嚴復，其於譯作乃以信、達、雅自期；然而衡諸所譯，卻時有「取便發揮，實非正法」的譯述方式，對此，其《天演論．譯凡例》說明以「譯文取明深義，故詞句之間，時有所傎到附益，不斤斤於字比句次。」「題曰達恉，不云筆譯。」（《天演論．譯例言》）即他在取明深義之達恉訴求下，並不斤斤於字比句次的筆譯。再者，其《群己權界論．譯凡例》亦可以提供若干理解。其言曰：「西國言論最難自繇者，莫若宗教。故穆勒持論，多取宗教爲喻；中國事與相方者，乃在綱常名教。事關綱常名教，其言論不容自繇，殆過西國之宗教。」（〈《群己權界論》譯凡例〉）即在中西不同思維模式下，嚴譯爲使讀者心知所云，有時不免採取「格義」方式，以國人所知喻其所不知，使切合國人之認知。

不過，除了傳播西學外，嚴復所關懷的，猶有進乎此者——他相信眞理的普遍性；而他在相互參證、比較中西學理後，發現藉由他山之石，有時反能映照出古學蘊藏的微言大義——「其所以載焉以傳之故。」他說由於讀古書難，當考究事理、推其理極時，儘管已有故訓疏義之勤，有時仍於「彼所以托焉而傳之理」深感暗昧；這時候若以他山之石攻玉，往往反能悟得「古人詔示來學之旨。」所以他在《天演論．自序》又借彌爾之言：「欲考一國之文字語言，而能見其理極，非諳曉數國之言語文字者不能也」，論以「考道之士，以其所得於彼者，反以證諸吾古人之所傳。乃澄湛精瑩，如寐初覺。」（《天演論・自序》）可見嚴復欲藉傳播西學開啓國人眼界與識見，固是不錯；但是其目標尚不止此，他還希望經由西學對照，能探賾中學之微言，以融通中、西學理的方式發揚我國固有之大道。反倒是學界所蔚爲主流的「追求富強」之旨，在嚴譯《天演論》自序中少有著墨。其〈譯例言〉甚至自述，本譯原是爲了「日與同學諸子相課」，且以其爲「探賾叩寂之學，非當務之所亟，不愿問世也。」（《天演論・譯例言》）他自認此作是在救亡保種時代課題外的「探賾叩寂」之學，是考道之士「究其理極」者，所以本衷無意於問世。他在序言末，再三申述了「（赫胥黎）其中所論，與吾古人有甚合者」後，還欲藉附驥尾於當時流行的「自強保種」說——「且於自強保種之事，反復三致意焉！」試圖說服讀者他所追求的眞理不是無關時務的空言，欲以此吸引國人目光。顯見其譯作動機本非爲了追求富強。

通過考察嚴復對於所譯書的選擇，及其「妙用微權」、變化爲用的譯文特有呈現方式，可爲尋繹他「以譯爲著」的眞理追求及大道所在的線索。近世西學中，嚴復所尤其持信的，是英人的思想理念與制度；而赫胥黎強調的，「天行」以外且反天而行的「人治」之功，更是他認爲能使國家社會「積累而上之，惡日以消，善日以長」的「生聚富強之秘術。」（《天演論・導言六、人擇》）在嚴譯《天演論》之〈導言七、善敗〉下他並加以按語，言近世以來荷蘭、西班牙、葡萄牙、丹麥以及普魯士、奧地利、俄羅斯等國亦嘗浮海而得新地、闢疆而墾荒地，如法國亦曾是霸權不制之國；然而清季列強環伺下的中國各口租界，獨英人能夠「制度厘然，隱若敵國。」且以視我眾多走南洋美洲的閩粵之民，「終不免爲人臧獲[1]被驅斥」，可知這不僅是習海擅商、狡黠堅毅所能

---

1 案：古制犯罪者 入為官奴婢，謂之臧獲。臧者，被贓罪而沒入者也；獲者，逃亡捕得而奴使之者也。

爲之，而是「其民能自制治，知合群之道勝也。」（嚴復按語：《天演論·導言七、善敗》）所以他相信「英倫民氣最伸，故其術最先用，用之亦最有功。」（嚴復按語：《天演論·導言十七·善群》）此其譯作之所以獨偏好之的原因。

然而嚴復雖然篤志翻譯富強秘術的英人著作，在他向國人敲響危亡警鐘的《天演論》譯作中，卻處處呈現著濃厚的中國色彩。嚴譯《天演論》並不是依文作譯；他還攙入諸多不同國情與文化傳統下的思想評論、觀點取捨，甚至抽換內容。這亦造成了後世諸多論者對其譯作不精確的批判。但是嚴復對於譯作，是以「僕死不朽」之大業自期的（〈與張元濟書〉二），曾言「樸朽腐無用世之具，乃妄有譯著，竊附於立言之私。」（〈與胡禮垣書〉）他是抱持「以譯爲著」之「立言」態度從事於譯書工作的。對於所譯，他也頗自負以「一名之立，旬月踟躕。」「字字由戥子稱出。」（《天演論·譯例言》、《法意》按語）自認其所譯述，精準雅致都如用稱金銀、藥材的小桿秤稱出一般。那麼其譯文爲何呈現不同於原書的中國傳統特色及諸多原文改動？此蓋由於嚴復在「譯事三難」的信、達、雅中特別強調「達」爲最要、且最難，他說「信矣不達，雖譯猶不譯也。」（《天演論·譯例言》）要如何使不同的語言使用者在閱讀譯作時，能達旨地產生如原文閱讀時所生之感受與認知？此中涉及了異文化與語言之決然相異情境氛圍、文化傳統，誠爲譯書之難。嚴復亦曾說明中西語文形式不同，譯作時必須用心經營。曰：

> 西文句中名物字，多隨舉隨釋，如中文之旁支，後乃遙接前文，足意成句。假令仿此爲譯，則恐必不可通。……此在譯者將全文神理，融會於心，則下筆抒詞，自然互備。……凡此經營，皆以爲達。爲達即所以爲信也。

這是就中、西語文表述方式不同而言；惟能神理全文、融會於心，爲能「達」旨地臻至原書精神境界，也就是對原書之「信」了。此外，再就內容而言，嚴譯對於原文或刪或增、或轉換情境及附益一己理念之按語，可以《天演論》爲代表，他亦說明以：

> 原書論說，多本名數格致，及一切疇人之學，倘於之數者向未問津，雖作者同國之人，言語相通，仍多未喻，矧夫出以重譯也耶！……窮理與從政相同，皆貴集思廣益。今遇原文所論，與他書有異同者，輒就譾陋所知，列入後案，以資參考。間亦附以己見，取《詩》稱嚶求、《易》言麗澤之義。
>
> ——《天演論．譯例言》

其言因恐讀者未能曉喻新理，故本著窮理致知必須集思廣益的精神，多所附益他書之異同理論以資參考。他說這也如《詩經》言「鳥鳴嚶嚶」之嚶求其友，以及《易．象辭》言「麗澤，兌，君子以朋友講習」之聲氣相求，[2]欲以彙整眾說來增進對原著的理解。顯然地，這已是一種涉有著作的立場而不僅僅只是單純翻譯了——斯即本文所謂嚴復「妙用微權」的「以譯爲著」。

故嚴復無意於俛仰西學、步趨隨人；畢竟中西國情有諸多差異，那樣如何能夠成就不朽的「立言」偉業？爲使譯著符合國人閱讀習慣，並彌補因文化差異所造成的扞格不通，凡所譯作，皆經他融通中西學理，而出於一己思想之採擷與轉錄。有時即連書名，也可以經其設計而改變之——譬如赫胥黎*Evolution and Ethics*，嚴譯逕刪*Ethics*而成爲《天演

---

2 《詩經．小雅》〈伐木〉詩曰：「伐木丁丁，鳥鳴嚶嚶。出自幽谷，遷于喬木。嚶其鳴矣，求其友聲。」〈兌〉卦之〈象辭〉云「麗澤，兌，君子以朋友講習。」王弼《周易注》曰：「麗猶連也，施 之盛，莫盛於此。」（《毛詩正義》、《周易正義》）

論》；約漢彌爾*On Liberty*，嚴譯亦以《群己權界論》名之；甄克思*A History of Politics*，嚴復則譯爲《社會通詮》。嚴復在翻譯《天演論》時，更經常對原文加以轉換背景，遺貌取神地移星換斗或攙入他說。他不但對於席捲近世的達爾文進化論、斯賓塞社會進化論以及赫胥黎強調進化與倫理關係的相關學說，以一種既介紹、又比較、且評論的方式加以翻譯，有時還以斯賓塞的社會達爾文主義取代原著的赫胥黎進化倫理觀。奧國學者田默迪便說嚴譯《天演論》只是敘述原文大意，其中大部份的講話人都是嚴復而不是赫胥黎。還說「不應該把天演論視爲一本譯著，因爲內容起碼有一半是嚴復自己寫的，而且也失掉了原文原來的氣氛。」（〈嚴復天演論的翻譯之研究與檢討——與赫胥黎原文之對照比較〉，《哲學與文化》，第19、20期）但於此也正顯示了嚴譯即嚴復思想之呈現。要之，嚴譯所運用的種種換例、改譯、刪節、評論、注說與按語等巧妙變化，皆以追求眞實傳達原書相同感受、情境氛圍之達旨爲目標。

以下即以嚴譯《天演論》爲例，說明他將國人陌生的外國事典，巧妙抽換成爲國人熟悉的傳統典故，因而充滿了我國傳統特色的換例譯法。如嚴譯〈導言十、擇難〉，赫胥黎原書言欲「以人擇人」而行「擇種留良」之術，其不自量亦猶「白鴿欲自爲施白來」；嚴譯則將英人最善畜鴿的施白來，換例成爲中國善畜牧的卜式和伯翳，曰：「此何異上林之羊，欲自爲卜式；汧渭之馬，欲自爲其伯翳。」（《天演論・導言十、擇難》）[3]又如〈導言十三、制私〉，赫胥黎原藉《聖經》記波斯

3　案：《通志》載漢卜式為郎，布衣草蹻而牧羊，致上林之羊肥。其曰非獨牧羊，治民亦猶是矣！以時起居，惡者輒去，無令敗羣。故牧人得其道，牛羊自然蕃息。是說蓋有得於《莊子》者也。又，《毛詩注疏》言堯時有伯翳者實皐陶之子，佐禹治水，水土既平，舜命作虞官，掌上下草木鳥獸。周孝王使其十九世末孫非子養馬於汧渭，孝王以伯翳能知禽獸，子孫不絶，封非子為附庸而邑之秦谷，秦為伯翳之後。

王朝，亞哈隨魯王之經略哈猛因猶太人摩德開傲慢不禮敬之，欲將之梟首高竿及屠殺猶太人、結果自己反被吊死一事，以說明世上罕有不因毀譽動情或不怒者；嚴譯則換例成爲漢朝飛將軍李廣失勢後復得勢，隨即殺害落魄時曾經辱己的霸陵尉故事，[4]曰：「李將軍必取霸陵尉而殺之，可謂過矣！然以飛將威名、二千石之重，尉何物？乃以等閒視之。其憾之者猶人情也。」（《天演論．導言十三、制私》）其所引用故實雖異，其所傳達之旨意則無二，而國人對於飛將軍李廣事轉覺親切多矣！又如〈導言六、人擇〉，赫胥黎以園夫爲喻，他說氣候如果變化成爲同於蜃灰（白堊）時代般，[5]園夫便無法種植蘋果了，以此闡明人力有限；對此則嚴譯改爲「使所治之國，處大河之濱，一旦芻交不屬，慮殫爲河，則主人於斯，救死不給，樹乎何有？即他日河復，平沙無際。茅蘆而外，無物能生」，他將場景轉換成爲國人熟習的黃河氾濫景象，同樣說明了「人之勝天亦僅耳！」（《天演論．導言六、人擇》）就譯言闡明人力有限之達旨而言，原書確有是意；但就文字之脫胎換骨有如重新創作一般，則純是嚴復襲用赫書文義而出以一己之立言。再如所譯

4　案：《聖經．舊約》波斯王朝亞哈隨魯王（薛西斯一世）統治期間，波斯大臣哈猛與猶太人摩德開結怨，起消滅猶太族之心。危急關頭，以斯帖王后（亦猶太人）加以拯救。哈猛自食惡果，其所製造刑架成為吊死自己的刑具，企圖屠殺猶太人的種族歧視者反為猶太人所殺。波斯帝國的猶太人從滅種中倖存的該日後來被訂定為「普珥節」，歡慶外並濟助窮人，各地猶太人並皆遵守。另，《史記．李將軍傳》載：漢朝「飛將軍」李廣征匈奴失利後被廢為庶人，嘗夜從一騎出，從人田間飲，還至霸陵亭，霸陵尉醉，止廣夜行。廣騎曰「故李將軍。」尉識言「『今』將軍尚不得夜行，何乃『故』也。」止廣宿亭下。不久匈奴又犯，天子復召拜廣為右北平太守，廣請霸陵尉與俱，至軍即斬之。後世往往據此典以言罷官受辱、英雄落魄。再者，《史記》又載：廣廉，得賞賜輒分其麾下，飲食與士共之。終廣之身，為二千石，四十餘年，家無餘財。

5　案：嚴譯《天演論．導言一、察變》曰「蓋蜃灰為物，乃嬴蚌脫殼積　而成」，今稱白堊。《周禮．秋官》、《隋書．南蠻傳》皆嘗言及「蜃灰」，亦海市蜃樓之蜃灰，即蛤蜊一類蜃殼燒成的灰，近同石灰。白堊紀則地質層中生代之最後一紀，其地層主要為白堊沉積，由海生非脊椎動物身上甲殼的碳酸鈣（藻類外殼微粒之球石粒）沉積而成，故白堊紀地層主要是由海相的石灰岩層構成。

《導言一、察變》，嚴復爲闡述原書「滄海飈塵，非誕說」之大自然滄海桑田變化，另增《莊子》事典曰：「即使吾人彭聃之壽，而亦由暫觀久，潛移弗知，是猶蟪蛄不識春秋，朝菌不知晦朔；遽以不變名之，眞瞽說也。」（《天演論．導言一、察變》）[6]其言吾人縱有彭祖之壽而欲以觀天地變遷，其以暫觀久亦猶乎蟪蛄（蟬）不識春秋、朝菌（蕈菇）不知晦朔。所譯在闡明赫書自然之義之同時，又增譬以國人熟悉之典故，既增親和感且發揚我國之固有傳統。

是故嚴譯雖說是譯書，實際上他是以著作的立言態度從事之，故其譯文每每不受原書框限。而其譯作上種種「妙用微權」的經營，像是換例成爲我國事典，以及增注增典、旁徵博引、附益評論、多方辯證等，既可見他乃以傳統文化爲依歸；也可知深受傳統學術薰陶復受西學啓蒙的他，當國人昧於西學時，儘管務力引進西學以饗國人，但他從未放棄過固有傳統。他亦嘗賦詩「末流豈肯重儒術？可憐《論語》供燒薪。」（〈送陳彤卣歸閩〉）既致慨於世人未能重視儒學，並可見他對於傳統之深重情意。這對學界因嚴復晚年亟致力於保護傳統，以對抗當時主張拋棄舊文化的批判孔教等運動，遂論斷其前後期思想矛盾的說法，亦可以提供修正性看法。實則嚴復在傳播西學最力的早期，也從未離開過傳統；他一生的職志，就是當中國已不能自外於世界史和多種族競爭發展的整體人類歷史時，亟欲以融通中西學理的方式，找出能夠兼顧我國社會與文化傳統、思維模式等各方面考量的中國式道路，以探尋中國未來的發展方向及文化路向。

---

6 案：《莊子》為破除人們樂生悲死的執著，嘗藉「莫壽於殤子，而彭祖為夭」，以說彭祖七百餘歲，以視於「以五百歲為春，五百歲為秋」的楚靈龜，以及「以八千歲為春，八千歲為秋」的大椿樹，其實「小年不及大年」；然而若要哀憫「小年」，則大芝與蟬，或未及見月之晦朔，或春生夏死、夏生秋死，故以「殤子」比於「朝菌」，則殤子為「壽」，以此闡明夭壽皆相對言，實則夭壽不二。

二、陶鑄各家以成一己之天演觀

試圖透過融通中西學理以結合傳統與現代，爲中國未來發展定向的嚴復，當國人昧於西學時，他極力傳播西學以藥石國人之無知；當國人醉心西學而譏刺傳統並濫用自由時，他挺身而出捍衛傳統。但這並不是他的思想前後矛盾，而是相應於客觀形勢轉變，他「妙用微權」地針對時勢與時弊，提出不同的主張和針砭；實則他之根植傳統、深情傳統，以及意欲融合中西學理，始終不變如磐石。早期，他憫國人無知於西學，藉首譯之《天演論》振聾發聵地疾呼保群進化。書曰：

嗟夫！物類之生乳者至多，存者至寡，存亡之間，間不容髮。其種愈下，其存彌難。……資生之物所加多者有限，有術者既多取之而豐，無具者自少取焉而嗇；豐者近昌，嗇者鄰滅。此洞識知微之士，所爲驚心動魄，於保群進化之圖，而知徒高睨大談於夷夏軒輊之間者，爲深無益於事實也。

——《天演論·導言三、趨異》

他驚怵於清季末世守舊官僚猶自沉醉夷夏軒輊而阻礙維新，諄諄善誘地告以保群進化；否則間不容髮的存亡之際，吾人恐皆淪爲滅種亡族。但是他並非危言聳聽、徒加威嚇，他在是譯之結尾，復藉賀書借箸代籌，曰：

吾輩生當今日，固不當如鄂謨（Homer，今譯荷馬）所歌俠少輕剽，亦不當如瞿曇黃面，哀生悼世，脱屣人寰，徒用示弱而無益來葉也。固將沉毅用壯，見大丈夫之鋒穎，彊立不反，可爭可取而不可降。所遇善，固將寶而維之；所遇不善，亦無慬焉。早夜孜孜，合同志之力，謀所以轉禍爲福，因害爲利而已矣。……時乎時乎，吾奮吾力！不竦不戁，丈夫之必！吾願與普天下有心人共矢斯志也。 ——《天演論·論十七、進化》

嚴復正是藉譯作來激勵人心，故是書雖爲譯作，譯文卻極盡能事地刺激國人血脈。他要求吾輩生當今日，應該沉毅用壯，可爭可取而不可降，彊立不反而轉禍爲福、因害爲利；強烈反對哀生悼世、徒用示弱的被動與弱勢態度。殆如吳汝綸所言，嚴復「特借赫胥黎之書，用爲主文譎諫之資而已。」（〈吳汝綸致嚴復書〉）面對清廷連串的挫敗，嚴復主文譎諫地借赫書代謀，希望國人吾奮吾力地求尋求轉化，面對時代困境予以正面迎擊。

至於什麼是奮吾之力的轉化與正面迎擊？則嚴復始終主張開發民智爲首務。爲什麼宣揚自由思想的嚴復卻堅持必先開發民智？此蓋由於西方自由思想不可逕予移植；國人欲學習自由必須經過教育階段。儘管他以個人自由爲目標，但在晚清當時所處的危亡劣勢下，他相信必先爭取國群自由，爾後才有個人自由之可能；而在「民智日開、民力日奮、民德日和」下，國人爲「爭自存而欲遺種」，必能「同舟而遇風，則胡越相救如左右手」（〈原強〉），如此始能轉危爲安地獲致最後之國富民安與個人自由。此中亦已蘊蓄了他日後在翻譯彌爾On Liberty（《群己權界論》）時「妙用微權」的重心轉移。要之，嚴復在《天演論》初稿譯成但未正式出版（1898）前，又於1895年先以斯賓塞社會進化論爲主，撰成〈論世變之亟〉、〈原強〉、〈闢韓〉、〈救亡決論〉等文，預爲國人奠立思想根基。其〈救亡決論〉便亟論開通民智之重要。他一方面批判科舉八股，另方面致力於提倡他認爲能做爲自救之術的「西學格致」。他認爲西學格致，「一理之明、一法之立，必驗之事事物物而皆然，而後定之爲不易。」「一言救亡，則將舍是而不可。」又謂欲爲自強之謀、救亡之道，必須通知外國事，「而欲通知外國事，則舍西學洋文不可，舍格致亦不可。」（〈救亡決論〉）故他在1899年的〈與張元濟書〉中，懇摯、痛切地說明其所以汲汲從事於譯述工作，正爲此故。曰：

> 即使朝廷今日不行一事，抑所爲皆非，但令在野之人與夫後生英俊洞識中西實情者日多一日，則炎黃種類未必遂至淪胥；即不幸暫被羈縻，亦將有復蘇之一日也。所以屏棄萬緣，惟以譯書自課。
>
> ——〈與張元濟書〉一

斯言至痛！至沉重！熟悉西方實情的嚴復在國事顛危的清季，已傷慟於吾人假使不能「保國」而致淪爲被羈麋，仍要努力於「保種」以求復蘇之一日，務使炎黃種類不致淪胥滅亡。而其存國遺種之希冀，就是寄託在民智開通，能夠洞悉中西實情，有以扶傾濟危上。故他再三自陳「今者勤苦譯書，羲無所爲，不過閔同國之人，於新理過於蒙昧。」（〈與張元濟書〉二）他刻刻自勵、不敢稍懈地務力於西學譯述，就是希望藥石國人無知之沉痾。

嚴復「妙用微權」的學術方法論，在《天演論》譯作中表現得尤其顯然；他對於原著的思想和理論選擇，或出於一己權衡判斷而去取、或通過按語而加以論評。如他對於民智的看重，顯然是受斯賓塞影響；那麼他爲什麼要選擇翻譯赫胥黎的《天演論》？此中便寄寓了他對赫氏天演觀突出人治之功更適合晚清亟待奮起的現實判斷。但是他反對赫氏對天演酷烈、郅治無望的悲觀，所以又救之以斯賓塞純任天演的「人道必成於郅治」（嚴復按語：《天演論·導言十五、最旨》），[7]以及該說

7　赫胥黎認為人擇之術可行諸草木禽獸，不可用諸人群，故人群過庶之患難圖，「國家將安所恃而

對於民智的看重——蓋斯氏理論正是立足在善用其智者得以自存保種上。因此嚴復在按語中長篇轉述斯賓塞理論，藉以闡明在激烈的生存競爭中，惟智、德、力三者皆大者爲能生存。曰：

> 生齒日繁過於其食者，所以使其民巧力才智與自治之能，不容不進之因也。……天惟賦物以孳乳而貪生，則其種自以日上，萬物莫不如是。……去者必其不善自存者也。……人欲圖存，必用其才力心思，以與是妨生者爲鬥。負者日退，而勝者日昌。勝者非他，智、德、力三者皆大是耳。

斯氏言在孳乳繁多、生眾食寡的慘酷物競中，人欲圖存就必須善用才力心思與妨生者爲鬥；被淘汰者必然是不善自存者，能勝存而日益昌大者必是智、德、力皆大者。是故民之巧力才智與自治之能，必然地因物競之需要而自然適應與進化。而在物競所需的智、德、力中，又以智力爲最要。其言又曰：

> 一家一國之中，食指徒繁，而智力如故者，則其去無噍類不遠矣。……一人之身，其情感論思皆腦所主；群治進，民腦形愈大，襞積愈繁，通感愈速。故其自存保種之能力，與腦形之大小有比例；而察物窮理，自治治人，與夫保種詒謀之事，則與腦中襞積繁簡爲比例。……郅治之世，用腦之奢，又無疑也。
>
> ——《天演論．導言十五、最旨》按語轉述

有立於物競之餘？」反之，斯賓塞持信當種分壤據時，其初眾庶相殘不啻毒蛇猛獸，至合種成國、轉相孳乳，且有群而不足之大爭起；然而其死率當與民數成正比例，其不為正比例者必其食裕，而食之所以裕者，必其相為生養之事進而後能，是即天演之陶鈞民生與民生自為體合之進化。故他持信民雖有過庶壓力，而「天演之用，終有所施。」（《天演論．導言十五、最旨》）

他說能自存保種、臻於郅治者，必其智力突出而善變積通感者；儘管斯賓塞也說腦大者，未知「其以物競天擇之用而腦大者存乎？抑體合之爲，必得腦之益繁且靈者，以與蕃變廣玄之事理相副乎？」（《天演論・導言十五、最旨》按語）不知道是因爲腦大者能在物競中自然勝出？抑或神靈之智必須相副於繁難事理而自然「適應」（嚴譯「體合」）進化？然郅治之世必奢於用腦，則確然可知。

嚴復極心折於斯賓塞學說，他述評赫胥黎《天演論》論治權來自百姓授予——「治人之人，賦於治於人者也」，亦突出民智之重要性。其按語曰：

> 泰西言治之家，皆謂善治如草木，而民智如田土。民智既開，則下令如流水之源，善政不期舉而自舉，且一舉而莫能廢。不然，則雖有善政，遷地弗良，淮橘成枳，一也；人存政舉，人亡政息，極其能事，不過成一治一亂之局，二也。
>
> ——嚴復按語：《天演論・導言八、烏托邦》

既然治權來自人民所賦予，則民智高下便攸關重大，是爲治亂關鍵。且夫民智已開，治效易收；反之，民智未至，雖有善政，亦將如橘適淮爲枳，遷地弗良而功虧一簣般，其間即偶有賢主精勤圖治，亦將人亡政息而未能長治久安。故欲求治化宏開以臻於治化之隆，首要便在開民智；惟民智足恃，爲能臻至「天行物競之虐於其國皆不見，而惟人治爲獨尊，在在有以自恃而無畏。」當百姓足恃而人治之功能被突出了，便能「使民之待於天者，日以益寡；而於人自足恃者，日以益多。」（《天演論・導言八、烏托邦》）至此，即能不復受制天行而以人治勝天了。不過赫書悲觀地把此一境界稱爲「烏托邦」，僅爲涉想所存，實際上並不存在此理想國；但是嚴復卻對此改採斯賓塞「治郅可期」的樂觀看法，以符合晚清社會亟待奮起之需要。而也就是在此一觀點上，論敵章太炎和嚴復迴不相侔——章氏持論其智愈高則我見愈甚、其惡亦愈大而殺心日熾，故以善惡苦樂同時俱進而郅治不能，抗衡西方強權思想及其文化歧視。惟嚴復的重點在於：包括國家與個人，苟欲行己自由，都必須建立在自我足恃上，因此提昇民智是為必要途徑。故民智息息關乎自由實現，民智是自由的底層建築，提昇民智是晚清欲奏效人治之功的迫切需要致力課題——斯為嚴復包括《天演論》在內的所有譯作之核心思想與理論基礎。

那麼，當世變之際，欲藉踵出之新知開瀹民智，何由致之？嚴復認為莫善於譯書。深造中西學理的他，正是以此自命，曰：「不佞生於震旦，當十九、二十世紀之交會，目擊同種阽危，剝新換故，若巨蛇之蛻蚹（生物家言蛇蜕最苦），而未由一藉手。其所以報答四恩，對敭三世，以自了國民之天責者，區區在此。密勿勤劬，死而後已。」（〈與梁啓超書〉二）嚴復以譯書自課，認為是當國家剝新換故的危苦之際，他自了國民天責，以報答天地與親恩的最好方式。所以他之密勿勤劬於譯述不輟，就是懼夫國人在亡國滅種危機中，因不善群及無知而淪為「不善自存」之「負者日退」、「不進者病而亡」之一方。

呼籲國人重視人治之功以自強保種，並欲引進西學以瀹民智的嚴復，首先便要破除國人因循故舊的媮安心態；他在預為國人奠立思想根基的〈原強〉中，便先破國人依據《易》言否極泰來、老曰「知雄守雌」[8]之習於拖沓心理。他說那是聖智者對於大自然現象物極必反的「妙用微權」之論，以謂處強柔否泰之境必須順勢而為，不可執一不變——本文對嚴復方法論之述評亦正取義於此，但變化為用。嚴復主要指出《易》之言變係預為綢繆未然者言，非謂在轉變過程中可以「無所

8 《老子》曰：「知其雄，守其雌，為天下谿。為天下谿，常 不離，復歸於嬰兒。」（二八章）。

事事」而「嗣其自至」；反之，他警告怠惰苟安而不圖振作者，將如《尙書・太甲》言「自作孽，不可活」之坐待其斃。〈原強〉曰：

物之極也，必有其所由極；勢之反也，必有其所由反。善保其強，則強者正所以長存；不善用其柔，則柔者正所以速死。彼《周易》否泰之數、老氏雄雌之言，固聖智者之妙用微權，而非無所事事俟其自至之謂也；無所事事而俟其自至者，正〈太甲〉所謂「自作孽，不可活」者耳。天固不爲無衣者減寒，歲亦不爲不耕者減飢也。
——〈原強〉

嚴復闡明老氏之守柔、用退等說，其中柔、後、靜、退、謙、弱、不爭等雌節，都是轉化過程中的積累從事；守柔絕非不思進取之俟其自至，柔退如果離開了積累轉化的前提，則柔不足恃，「不善用其柔，則柔者正所以速死。」所以聖智者盱衡情勢而動以其時，惟能行權者無所偏執爲能得宜——「制無美惡，期於適時；變無遲速，要在當可。」（〈憲法大義〉）此亦如其所持信《易》之宇宙觀及變化之道——「神無方而易無體。」[9]蓋《易》之彌綸天地、陰陽不測，正以其未嘗有所方體而能惟變所適。其論又曰：

蓋宜之爲事，本無定程。物之強弱善惡，各有所宜，亦視所遭之境以爲斷耳。人處今日之時與境，以如是身，入如是群，是固有其最宜者。此今日之最宜，所以爲今日之最善也。然情隨事遷，浸假而今之所善，又未必他日之所宜也。……故曰宜者不必

9 韓康伯注曰：「方體者，皆係乎形器者也；神則陰陽不測，易則惟變所適，不可以一方一體明。」（《周易正義・繫辭》）

善，事無定程，各視所遭以爲斷。　——《天演論・論十六、群治》

斯論正可以註解筆者之論嚴復「妙用微權」方法論。他說宜之爲事，事無定程，須視所遭之境以爲斷；倘情隨事遷，便不可執定於一端。故不徒聖智者善於行權而如孔子爲「聖之時者」般，嚴復之救亡思想亦抱持如是理念。

以此，嚴復主張適時而用的改革。在當時，既批判媮安待斃，也反對盲從躁進；雖然主張「人治」之功，但認爲應先厚植民之智、德、力，以培固本根。所以他在呼籲國人奮起的同時，卻也反對激進派主張「踵而用之」西洋富強之政，如建民主、開議院等建議，認爲那只會加速病夫之死。〈原強〉又論曰：

今夫人之身，惰則窳、勞則強，固常理也；而使病夫焉日從事於超距贏越之間，則有速其死耳而已。……錫彭塞（即斯賓塞）亦言曰「富強不可爲也，特可以致致者何？相其宜，動其機，培其本根，衛其成長，使其效不期而自至。」今夫民智已下矣、民德已衰矣、民力已困矣；有一、二人焉，謂能旦暮爲之，無是理也。何則？有一倡而無群和也。是故雖有善政，莫之能行。　——〈原強〉

嚴復深知國家急需進步，但主張動以其時；否則殆如病夫從事過勞之務，惟有速其死而已，以此反對革命激進。他說明王安石變法失敗的原因，非其法不良或其意不美；其所以導致大亂的原因，「坐不知其時之風俗人心不足以行其政故也。」（〈原強〉）此誠民智高下攸關善政成敗之明證。嚴復在後來修訂的〈原強修訂稿〉中更強化該論，曰：

「苟民力已苶、[10]民智已卑、民德已薄，雖有富強之政，莫之能行。」（〈原強修訂稿〉）而在1901年的〈與學部書〉中，他仍然亟陳雖渴望國家上下棣通、自強進步；但是其所以不敢贊成早開國會者，「以斯民程度之或未至耳！」他亟諫欲國家進步必自教育始，並深刻體會「國民教育」與「推廣教育」之重要，殆如行遠自邇、登高自卑，「斷未有普淺單簡之不圖，而遽責其高深完全之能事者。」況乎是時「科舉既廢，民氣之閉塞益深，國學之淩遲日亟。」（〈與學部書〉）在〈與張元濟書〉中他也說「民智不開，則守舊、維新，兩無一可。」（〈與張元濟書〉一）故民智未至，誠國家顛危之象之最可憂者；嚴復念茲在茲，都以提昇民之智、德、力爲呼籲。

嚴復固然確立了以提昇民之智、德、力爲首務的救亡路線；然該進路必須假以時日，而亡國危機卻迫在眉睫，嚴復要如何解決他融合中西學理的整體思想體系之治標與治本次序矛盾問題？此中又涉及了他對所翻譯者赫胥黎強調「人治」、所信仰者斯賓塞肯定「天行」之兩種天演理論殊異觀點，以及對於群己自由之畸輕畸重、公私義利衝突等理論之調和。於此，嚴復發揮他善於剪裁、取捨眾說的精神，依一己之保群進化理論，對中西學理以及赫胥黎、斯賓塞、達爾文、拉馬克、馬爾薩斯等各家，並皆有所採擇。

赫胥黎和斯賓塞之理論相異處，最主要的，在於赫胥黎認爲「人治終窮於過庶。……太平爲無是物也。」斯賓塞則持信「人道必成於郅治。」蓋赫胥黎雖然強調群治倫理，但持信達爾文「天擇」說之自然淘汰以及馬爾薩斯人口論——「萬類生生，各用幾何級數；使滅亡之數不遠過於所存，則瞬息之間，地球乃無隙地。」（嚴復按語：《天演論．

10 案：嚴復〈原強修訂稿〉原作薾（花盛開貌），本文依王栻編《嚴復集》改為苶（ㄋㄧㄝˊ，疲倦）。

導言三、趨異》）所以他因戶口蕃息、生齒寖多，對於人口增長所造成的生存慘酷競爭，悲觀地認爲太平無望。反之，斯賓塞純任天行，但其說在達爾文之外又以拉馬克「適應環境」說爲基礎，持說「天行」以物競爲爐錘，「恣物之爭而存其宜」，「於此見天演之所以陶鈞民生，與民生之自爲體合。」（嚴復按語：《天演論·導言十五、最旨》）他相信天演恣物之爭，宜者自能適應環境而遺種保群、臻於郅治。嚴復則雖認同「人治」說而翻譯赫書；但結合了斯賓塞所強調的，藉教育提昇百姓之智、德、力以促進善群保種，變赫氏之悲觀爲任天行之郅治可期樂觀。這是嚴復思想的核心與基調。

嚴復天演觀肯定赫胥黎「勝天爲治」的「人治」突出；但行權地抽換其理論內容，將「人治」之功歸因於斯賓塞突出的智力與教育。赫氏言「今者欲治道之有功，非與天爭勝焉，固不可也。……道在盡物之性，而知所以轉害以爲功。」（《天演論·論十七、進化》）他雖持悲觀天演觀，但突出群治倫理，強調「其群之治亂強弱，則視民品之隆污。」「惟一群之中，人人以損己益群爲性分中最要之一事，夫而後其群有以合而不散，而日以強大。」（《天演論·導言十六、進微》、《天演論·論十三、論性》）故嚴復之捨斯賓塞而就赫胥黎，正在赫氏強調的人道倫理與儒學仁義精神相符，且人治——而非純任天行，才能切合中國當時的自強需求。故嚴譯自序曰：「赫胥黎氏此書之恉，本以救斯賓塞任天爲治之末流。」不過嚴復雖然抽換赫胥黎的悲觀成爲斯賓塞的樂觀，但認爲並非無條件獲得，[11]他正是以赫氏的「人治」做爲斯

11　嚴復除在〈原強〉中批判怠惰婾安之無所事事，主張奮吾之力以保群進化外；在所譯《天演論》中也強調「任自然者，非無所事事之謂也；道在無擾而持公道。」他說在民既成群之後，還要使人人「各得自由，而以人之自由為域。」並且「群己並重，則捨己為群。」（嚴復按語：《天演論·論十五、演惡》）他以自由主義結合群己並重的群己觀，期使人人基於共利原則，出於崇高道德而願意在自由意志下，捨己為群地促進保群與進化。

氏樂觀天演思想之所以能夠實現的條件；惟此中嚴復又有一個關鍵性的理論換置：他將赫胥黎以「園夫治園」爲例，說明人治有功正在反天行——「天行者以物競爲功；而人治則以使物不競爲的」（〈導言六、人擇〉），改換主軸成爲斯賓塞論物種生存須賴巧力才智以與妨生者鬥，並可藉由教民提昇之。於是《天演論》的思想內核遂一變而成爲斯賓塞強調以學校培養百姓之智、德、力了。嚴譯曰：「欲郅治之隆，必於民力、民智、民德三者之中，求其本也。故又爲之學校庠序焉。學校庠序之制善，而後智仁勇之民興。智仁勇之民興，而有以爲群策群力之資，夫而後其國乃一富而不可貧，一強而不可弱也。」（〈導言八、烏托邦〉）實則不僅該說爲原文所無，其欲通過學校培養人民以使奮起圖強的國強民富訴求，更迴別赫胥黎突出群治倫理之「使物不競」。而此一關鍵殊別，已經迥非前述抽換事典或文字之增、刪、注、評等屬於譯文「信」否的層次了；而是涉及嚴復天演觀的核心思想究係持論「物競」、或「使物不競」了？於此，或亦可以說明爲何嚴譯逕刪赫書書名之「*Ethics*」——「倫理」一詞？蓋他雖然襲用赫氏之「人治」形骸，卻改變其內核成爲「物競」思想，或可以視爲赫「皮」斯「骨」。明乎此，則嚴譯中經常穿插斯賓塞觀點以與赫氏相對照或加以批判，[12]也就順理成章地易於理解了。他並且接受斯賓塞人道亦出天演的觀點，最後復將人治同歸諸天演，故吳汝綸序曰：「人之爭天而勝天者，又皆天事之所苞。是故天行、人治，同歸天演。」從這個角度，也可以補充說明嚴譯書名之概念釋義，已以「天行」涵蓋並消解「人治」，故書題無須

12 嚴譯篤好斯賓塞學說而往往批判赫胥黎，如曰：「赫胥黎保群之論，可謂辨矣；然其謂群道由人心善相感而立，則有倒果為因之病。」「赫胥黎執其末以齊其本，此其言群理，所以不若斯賓塞氏之密也。」「赫胥黎氏之為此言，意欲明保群自存之道……然而其意隘矣。且其所舉……皆非群學太平最大公例也。」「赫胥黎氏此語，最蹈談理膚澤之弊，不類智學家言，而於前二氏之學去之遠矣。……赫氏此語，取媚淺學人，非極摯之論也。」

再複稱倫理。

但是於此，嚴復還必須解決一個存在他和赫胥黎之間的思想矛盾，即他如何處理導致赫胥黎提倡群治倫理卻悲觀看待治化的群己、公私、義利衝突問題？嚴復相信物種進化說，接受斯賓塞言：「民群任天演之自然，則必日進善，不日趨惡，而郅治必有時而臻者。」他也肯定物種能適應環境而日趨進化，曰：「體合者，物自致於宜也。」「天演之事，皆使生品日進。」（《天演論・論十五、演惡》）但是他如何解決赫胥黎提倡群治倫理，卻悲觀看待群己間的公義與私利衝突？——赫氏曰：「自營獨用，則其群以漓。由合群而有治化，治化進而自營減，克己廉讓之風興；然自其群又不能與外物無爭，故克己太深，自營盡泯者，則其群又未嘗不敗也。」（《天演論・導言十四、恕敗》）對此，嚴復一方面立足傳統及斯賓塞之群理思想，[13]強調善群與保種的關係，曰：「天演之事，將使能群者存，不群者滅；善群者存，不善群者滅」（《天演論・導言十三、制私》）；另方面又銜接清儒突破傳統的義利並行新義理觀，且融合亞當斯密《原富》論自營與道義不背的「開明自營」，而以群己並重、利己利人如同舟共濟的關係，轉化赫氏之競爭悲觀。其論曰：

大抵東、西古人之說，皆以功利爲與道義相反，若薰蕕之必不可同器，而今人則謂生學之理，舍自營無以爲存。但民智既開之後，則知非明道則無以計功，非正誼則無以謀利。功利何足病？問所以致之之道何如耳！故西人謂此爲開明自營。開明自營，於道義必不背也。復所以謂理財計學，爲近世最有功生民之

13 嚴復有曰：「班孟堅曰：『不能愛則不能群，不能群則不勝物，不勝物則養不足。群而不足，爭心將作。』吾竊謂此語，必古先哲人所已發，孟堅之識，尚未足以與此也。」又曰：「赫胥黎執其末以齊其本，此其言群理，所以不若斯賓塞氏之密也。」（《天演論・導言十三、制私》）

學者，以其明兩利爲利，獨利必不利故耳。

——嚴復按語：《天演論·論十六、群治》

東、西方義利觀，斯時皆有一突破過去兩橛對立觀的修正性發展。清儒義理觀與宋明理學的最大差異，就在對私、利、欲看法的突破。清儒之公私義利觀已能擺脫傳統「恥言利」的桎梏，如顏元曰「正其誼以謀其利，明其道而計其功」（《四書正誤》）；尤其戴震、焦循等人所代表的乾嘉新義理學，在理學「存理滅欲」的道德形上學模式外，另以「達情遂欲」新義理模式，另闢肯定道德價值經驗面而強調「即利即義」、「以利爲善」、「求利而不害義」的義理新徑。所以關於一己耳目口體、富貴福澤等私利追求，在清儒義利並行強調下，是可以被肯定與合理滿足的，並且儼然已經發展成爲清儒思想的特色了。嚴復亦強烈批判過去長時期的義利對立觀，曰：

民之所以爲仁若登，爲不仁若崩；而治化之所難進者，分義、利爲二者害之也。孟子曰「亦有仁義而已矣，何必曰利？」董生曰「正誼不謀利，明道不計功。」泰東西之舊教，莫不分義、利爲二塗。此其用意至美，然而於化於道皆淺，幾率天下禍仁義矣！自天演學興，而後非誼不利，非道無功之理，洞若觀火。……庶幾義利合，民樂從善，而治化之進不遠歟！

——嚴復按語：《原富、十一》

嚴復對於固有傳統「重義輕利」、「求利害義」的義利兩橛對立，至責以「幾率天下禍仁義矣！」他認爲我國過去之所以治化難進的原因，就是「分義、利爲二」所害之，即無利致使百姓不樂爲善。他認爲惟義利並行，明道與計功、正誼與謀利合一，爲能使百姓樂從善而日臻於治化。所以在中西學理相通而同步肯定「大利所存，必其兩益。損人利己非也，損己利人亦非。」「彼此之兩無所損而共利焉，然後爲大利」之理念下（《天演論・導言十四、恕敗》、〈原強〉），嚴復相信群治進化，必是「義利合，民樂從善」的公私義利、自營與愛人可以兩相得兼。因此赫胥黎所憂心的生齒寖多、物競慘酷，並不會發生；而在「善群者存」的天演觀下，則斯賓塞的郅治之境可以被樂觀期待。

在嚴復對眾說加以巧妙取捨並益以一己觀點之「妙用微權」下，強調物競激烈而切中晚清生存危機的天演學，已然成爲具有倫理內核、重視人治，且能臻至「惡無從演，善自日臻」的郅治可期樂觀詮釋。但嚴復在理論上，以一己思想體系解決了天演各家的矛盾後，他要如何解決救亡與啓蒙間治標與治本的先後問題呢？值此存亡之際，嚴復深知「『本』所以期百年之盛大，『標』所以救今日之阽危。」「不爲其標，則無以救目前之潰敗；不爲其本，則雖治其標，而不久亦將自廢。」（〈與梁啓超書〉一、〈原強〉）對於晚清危機乃至整個文化挑戰，嚴復始終認爲民智高下是整個問題的核心，也始終堅持必先強化民之智、德、力主張。然面對急需變化求進的政治、軍事、外交困境，智育與文化提昇需費時教育而難於一夕竟功；而斯時，國人正處列強炮口下，值國家存亡與文化絕續關頭，要如何既救當局之危又能培固本根，以使保國保種保教且富強永盛，而避免先後失序？惟這已不是單純的學說理論問題了；是一個歷史已經做出選擇、給出答案的事實結果——嚴復、梁啓超等人的漸進改良及文化路線，在清季是一個被放棄的選擇；革命派最終贏得風會，建立了民主共和政體。

清季，溯自奕訢、李鴻章、張之洞等洋務派突破倭仁等保守派「何必師事夷人？」「以忠信爲甲冑、禮義爲干櫓」主張（〈同治六年二月十五日大學士倭仁摺〉、〈同治六年三月初二日總理各國事務奕訢等摺〉，《洋務運動》），以中體西用，師夷長技地學習起西方船堅炮利；中歷馮桂芬、郭嵩燾、薛福成等早期改良主義之呼籲學習西方政教；最後在甲午一戰，被證明三十年苦心經營全面潰敗——至此，國人殷切期盼進化蛻變。然在澎湃的革命聲浪外，同爲晚清重要啓蒙思想家的嚴復與梁啓超，卻同聲呼籲提昇國民素質；[14]亦如斯賓塞之言「富強不可爲」，只可相其宜以培其本根、衛其成長。嚴復當然關心清季危機中的自強進步問題，但他更關心中國迎向未來的能力與路向問題。在解除列強瓜分危機的自強維新以保國思考外；還要深一層思考，如何永續生存與發展以保種？即必須探尋什麼路徑才是切合傳統文化與中國社會、國人思維等各方面考量的正確道路？斯爲嚴復與清季學人之核心關懷。故甲午戰後，儘管儒家舊政教倫理體系遭到全面質疑而幾近崩壞；晚清學人們仍皆普遍信奉儒家價值，不論嚴復或康有爲、章太炎、梁啓超、劉師培等，其一生所致力的，「幾乎都是企圖貫通古今中外的通人之學。」（吳展良：〈嚴復《天演論》作意與內涵新詮〉，《台大歷史學報》第24期）他們都是舊時代的前瞻性認識西學者；但在眼見嫁接式移植西學的流弊後，都反思如何護衛傳統以抗衡西方強權思想，也都肯定舊文化蘊蓄著創造更新的契機，所以能在後來的新文化運動中挺身維護傳統文化。吾人亦可以自福州船政學堂出身的嚴復在英國學成歸國後，因不被講尙仕途的固有文化階層重視，故他儘管批判八股貽害，卻也不得不在多年（1885-1893年）時間裡四度參與會試，且曾賦詩「當年誤習旁行書，舉世相視如髦蠻」以紓發落寞（〈送陳彤卣歸閩〉）。此亦如其所痛陳，「明知時尙之日非；然去取所關，苟欲求售，勢必俯就而後可。」（〈救亡決論〉）可見傳統文化價值對人影響之深。因此在不同國情下，要如何避免西學遷地弗良而淮橘成枳？看似緩不濟急的

---

14 梁啓超亦亟以「新民」為「今日中國第一急務」，曰：「凡一國之進步，必以學術思想為之母，而風俗政治皆其子孫也。」他反對摭拾皮毛之「棄其本而摹其末」，又曰：「民德、民智、民力，實為政治、學術、技藝之大原。」（梁啓超：《新民說》）

文化路徑，實是自強維新所必須審愼爲之，卻往往爲當局忽略的重要課題。

故嚴復在理論上亟以標、本並治爲呼籲，以發揮補偏救正之效。他儘管嚮往西方富強秘術的自由民主，並渴求國人奮進；但他反對急進，不敢附和時論之驟行民主與開議院、用公舉等主張。他深知「及今而圖自強，非標、本並治焉，固不可也」，故他反對媮安，激勵國人自存保群，吾奮吾力；但是他也反對盲進，持信國無速化之理，要改革必先積累厚實的思想基礎，積累才是轉化的必要前提，翩「德智並高，天行之害既有以防而勝之」之後（《天演論・導言九、汰蕃》），才能達於隆治。是故關於如何能使個人自由，又群己並重地能實現保群進化之捨己爲群？他認爲最應該務力的，就是以教育開啓民智。他在〈與梁啓超書〉中力言「以智、德、力三者爲之根本，三者誠盛，則富強之效不爲而成；三者誠衰，則雖以命世之才刻意治標，終亦隳廢。」他主張「今日之政，於除舊，宜去其害民之智、德、力者；於布新，宜立其益民之智、德、力者。」不論除舊或布新，要皆以針對民之智德力去其有害、立其有益爲「經」，而以「格致所得之實理眞知爲緯」（〈與梁啓超書〉一），相輔相成地提昇國民素質與能力。

不過嚴譯《天演論》所造成的舉國風潮，既非嚴復始料所及，亦非其作書之命意。他自認用以「考道」的「探賾叩寂之學，非當務之所亟」之作；卻成爲後來不論變法主張、革命思潮、激進主義、軍國主義、無政府主義、自由主義、實用主義、科學主義……等所有學術及思想的世界觀及思想資源。尤其維新派、革命派等因受《天演論》進化思想影響而日趨極端，故他接著又著手翻譯斯賓塞的《群學肄言》，希冀風會轉趨；然其自言「《天演論》既出之後，即以《群學肄言》繼之，意欲鋒氣者稍微持重，不幸風會已成。」（〈與熊純如書〉六十三）他亦慨嘆於無力扭轉激進氛圍。

面對「向之所謂平等自由者，適成其蔑禮無忌憚之風，而汏淘之禍乃益烈」，他在1909年的〈與胡禮垣書〉，儘管仍承認自由平等之理是世界正鵠，但已因「其中天演程度各有高低」，而認為「中間所有塗術，種各不同」了。又，1910年朝廷命溥倫、載澤爲纂擬憲法大臣，嚴復〈與載澤書〉更批評過去朝廷變法不能深權熟思、推其因果；而被賦予憲政議法、起草陳義重任者，又多「鑱銳年少，未成熟之才」，對我國古先制置「傲然以爲宜束閣而不足纘述」，對外國政體則「所嘗至淺，所知極微」，至以最短時間逕抄日本設施而「殊俗異政所不計也」，僅轉變文法就做爲國經，故他「心有所危，不敢墨墨」地亟陳其憂心。因此嚴復從一開始熱切宣傳西學以藥國人之無知，到後來深刻體認到他所期於立言的譯著，「高者既不足以諭時，而偏宕者反多以益惑。」故從戊戌政變到辛亥革命前，眼見國事蜩螗、江河日下，而民之智、德、力未臻進步，自由平等被濫用，激進改革與革命聲浪益起，他認爲這是蛻故變新大可懼的現象。晚年在〈與熊純如書〉中更痛心於「今乃於垂老之日，目擊危亡之機，欲爲挽救之圖，早夜思維，常苦無術。又熟知世界大勢，日見半開通少年，於醉夢中求漿乞酒，眞使人祈死不得。」（〈與熊純如書〉三十七）這即是他體會「佛教文字道斷，而孔欲無言，眞皆晚年見道之語」的背景，所以他已不再高論「萬國以同歸」之公理，並有「今吾」、「故吾」之思（〈與胡禮垣書〉）。總結嚴復一生欲融合中西學理、持志文化的路向，未嘗因前後期有所改易；他一貫妙用微權地裁度事理，針砭時弊並因時立言。

三、强調善群倫理的中國式自由觀

嚴復的中心意識在「究其理極」地處理中國文化整體發展方向的問題；深受西方自由主義薰陶的他，篤信自由與富強進步等治化密切關聯，自由之民才是物競天擇下的適者，所以他以實現自由目標做爲終極理想。但是必須措意的是：面對中、西文化差異，要如何在西方現代化思維與中國傳統價值間取得平衡，並以傳統倫理觀對治西方個人主義所產生的自由流弊？重以晚清民智未開，欲實現自由目標，又要先致力提昇做爲底層建築的民之智、德、力——「彼民之能自治而自由者，皆其力、其智、其德誠優者也。」（〈原強修訂稿〉）所以嚴復率先以天演進化論激勵國人奮起並啓瀹民智。而從選擇怎樣的天演觀？到什麼型態的自由思想才適合國人？皆寓有嚴復之判斷與行權。在傳統文化心理的影響下，嚴復的自由觀必不會是西方模式的原貌呈現；甚至還出現從個人主義轉向成己成物的價值轉移。在救亡壓倒啓蒙的時代中，堅持思想啓蒙與固有文化永續重要性的嚴復，其所致力傳播的：善群倫理的中國式自由觀，就是他寧可被指爲扭曲原著的行權與轉化。

嚴復在十五歲進入船政學堂以後，雖然接受的是強調科學的西方教育方式；但是他早歲所接受的中國傳統教育，早已內化成爲他一生思想的文化根源了。他之致力翻譯十九世紀英國自由主義作品，係因他持信民之智、德、力與自由息息相關——惟自由爲能使人各盡心智才力；亦惟智、德、力皆獲得提昇，爲能自我足恃而自治自爲地本諸倫理以處理公私義利與群己間的複雜關係，進使人人皆得自由。並且十九世紀後期的中國積弱與危機，以及他所熱切關懷的種種社會問題如科學、進步、自由、競爭、改革、倫理等，在十九世紀英國自由主義及新自由主義中，幾乎都可以得到借鑑。故他以翻譯系列英國自由主義作品來表達自己對清季改革的看法，及對西方自由主義的個人見解。此中除了影響深遠的《天演論》所展示的物競激烈、天擇慘酷，及維新進化在所迫切外；《原富》和《群己權界論》的自由、禮義與秩序關係，《群學肄言》和《名學》的科學、邏輯，《法意》在庚子拳亂後提供的法律觀念，他都各有所取。他始終相信，只要國民具備高度成熟的理性思考，遇到任何問題就都能水到渠成地具備自行解決的能力，殆如濟貧應該教以持竿釣魚而非以魚餵食之；惟其能夠以心應物，方能不窮於物。所以他一直認爲晚清最迫切需要從事的，就是思想啓蒙與提昇民智。他自始至終反對淺譾剽疾之士，「攘臂疾走，謂以旦暮之更張，將可以起衰而以與勝我抗」的說法；反對激進改革的民主革命、共和政體等政制變革，以及「搪撞號呼，欲率一世之人，與盲進以爲破壞之事。」（〈譯《群學肄言》自序〉）他持信必須有一格物窮理的致知途徑，使人人能從飲迷沉醉中醒悟進化之途，才能有效救亡並迎向未來。故其言曰「使中國民智民德而有進今之一時，則必自寶愛眞理始。」（〈《群己權界論》譯凡例〉）他之以譯爲著，藉由譯著表達一己改革之見，並致力於融通中西學理，以符合運會與世變的科學公例、宇宙公理提昇民智，即因他認爲這才是解決文化整體發展問題的向下紮根做法。其譯著，就是他所授予國人的釣竿，是用以開瀹民智的富強金鑰。

嚴復的譯作，皆有其主觀的理解、詮釋，以及一己觀點的投射、評估和決斷去取。他堅定地維護固有文化特色，即在譯文的使用上，也要求展現中國固有的爾雅文風和國人熟悉的事典，以使讀者產生一如閱讀原著時的相同認知，故他斥棄通過日譯學習西學的時風，曾在〈與梁啓超書〉中力勸梁氏學習西語。他也反對以利俗文字廣其傳播，蓋「理之精者，不能載以粗獷之辭；情之正者，不可達以鄙倍之氣」，在魚與熊掌不可得兼下，「道不兩隆，有所棄者而後有取」，「非不欲其喻諸人人也，勢不可耳！」所以面對當時諸多譏斥他文辭淵深艱難、不易理解的批評，他嚴辭正色道「不佞之所從事者，學理邃賾之書也，非以餉學僮而望其受益也，吾譯正以待多讀中國古書之人。」他甚至還說「其過在讀者，而譯者不任受責也。」（〈與梁啓超書〉二）他堅持文體仍當以戰國隋唐之典雅文風爲尚；吳汝綸序嚴譯《天演論》，也認爲文之不足，其道不能徒存，「嚴子乃欲進之以可久之詞」，「其書乃駸駸與晚周諸子相上下。」嚴譯寧可和衿尚利俗者格格不相入，在所不恤也。這是就文字之使用而言。

再說到對固有文化的精神與內涵弘揚：嚴復在所譯《天演論》自序中，嘗以《易》來總匯他認為西學最精華的名、數、質、力等邏輯學、數學、化學與物理學；其《老子》評語也認為「天地不仁，以萬物為芻狗」之天地無私與任天無為，即「天演開宗語。」而他在初讀斯賓塞《社會學研究》（嚴譯《群學肄言》）時深受感動，「輒嘆得未曾有」，亦由於「竊以為其書實兼《大學》、《中庸》精義，而出之以翔實，以格致誠正為治平根本矣。」（〈《群學肄言》譯餘贅語〉）他的感動正在於斯賓塞以個人的格致誠正做為治國、平天下的根本，可與我國傳統以內聖修身做為外王治平基礎的思想相接軌。若此並皆可見他欲融通中西學理於一爐的企圖。史華茲也說，嚴復發現斯賓塞的書兼有《四書》之精義；如此一來，他長期西方科學的學習意義就不僅是實用性的技術而已，這些科學方法「包含著通向眞理本身的鑰匙。」（【美】本杰明·史華茲著、葉鳳美譯：《追求富強——嚴復與西方·序言》）不過史華茲的西方中心主義，使他雖然看見嚴復欣喜於西方科學與眞理的聯繫；卻輕忽了從我國傳統一面出發的，嚴復發現中西學理相通的欣喜，其中深蘊對固有傳統的情感與信仰。

再者，嚴譯《群己權界論》之〈譯凡例〉，亦以「此則《大學》絜矩之道，君子所恃以平天下者」說彌爾此作。蓋《大學》論君子有絜矩之道——「所惡於上，毋以使下；所惡於下，毋以事上；所惡於前，毋以先後；所惡於後，毋以從前。」嚴復正是從《大學》推己及人的恕道角度，體會出「人得自繇，而必以他人之自繇為界。」（〈《群己權界論》譯凡例〉）固然彌爾所代表的西方觀念和嚴復根柢傳統的個人意識截然不同（詳後），嚴復將範疇、指涉不同的兩種討論置放同一平台，從《大學》恕道之人際倫理出發以論彌爾自由，並轉而強調群、己界限，是以他個人的文化積澱、中國式思維對西方自由加以格義；不過嚴復確實在這樣的中西學理印證中得到很大的激奮，而欣喜於眞理可以通乎古今中外。斯即他在《天演論》自序所述，透過他山石之攻錯，「以其所得於彼者，反以證諸吾古人之所傳」，因而深刻感受到「澄湛精瑩，如寐初覺」的明覺與感動；然而此中所蘊藏的中西文化差異，也正是根植傳統的嚴復行權轉移理論重心的關鍵，他那樣論自由，因爲他覺得那是國人缺乏而最需要講明的。

故儘管存在文化背景殊異，對傳統深情不已的嚴復在面對西學衝擊時，一貫的學術旨趣和思想宗旨就是綰合中西學理、融通東西學術，而不是放棄傳統；不過還必須說明，嚴學和當時流行的「中體西用」、「西學中源」等說絕不相同。深諳西學並在西學謹嚴科學訓練下的他，科學方法亦其學術信仰；他之審同析異與融通中西學理，乃以客觀求眞的態度從事格物窮理。他並自戒以「中國學者，於科學絕未問津，而開口輒曰吾舊有之，一味傅會；此爲一時風氣……我曹當引以爲戒也。」（〈與張元濟書〉十三）因此篤深舊學的他在面對西學公例時，雖亦自得於「吾古人之所得，往往先之。」「與吾古人有甚合者。」且極自信「使其理誠精，其事誠信，則年代國俗無以隔之。」並在面對吳汝綸憂心舊學日漸消滅時，寬慰以「不然。新學愈進則舊學愈益昌明」（〈侯官嚴先生年譜．壬寅條〉，《嚴復集．附錄一、碑傳年譜》）；但是他完全不能認同出於文化自大心理和西學鄙夷的「中體西用」、「西學中源」等傳統傾斜，並以「牛體不能馬用」譏「中體西用」，曰：「有牛之體，則有負重之用；有馬之體，則有致遠之用。未聞以牛爲體，以馬爲用者也。……中學有中學之體用，西學有西學之體用，分之則並立，合之則兩亡。」（〈與《外交報》主人書〉）復批評「西學中源」說，曰「必謂彼之所明，皆吾中土所前有，甚者或謂其學皆得於東來，則又不關事實適用，自蔽之說也。」他在《天演論》自序中並譬以「夫古人發其端，而後人莫能竟其緒；古人擬其大，而後人未能議其精，則猶之不學無術未化之民而已。祖父雖聖，何救子孫之童婚也哉！」責言後世子孫爭競利祿、抱殘守闕，縱使古聖賢已經發端，不能竟緒的子孫終無改於童昏蒙昧。故古聖賢被褐懷玉，殆如良驥不得伯樂、伯牙子期不相遇、卞和抱荊山璞悲泣。因此嚴復全然無意於穿鑿附會，他所期於傳統文化者，是「生今日者，乃轉於西學，得識古之用焉。」（《天演論·自序》）他希望在中西不同的文化交融互釋、比論參證下，能夠轉相發明而悟得「古人詔示來學之旨」，以重光吾古人之所傳。

在嚴復思想體系中，開民智是迫切首務，但是其具體內容爲何？即國民需要具備何種素質？則嚴復出於對古典英法自由主義的嚮往，結合了傳統因子的自由正是他所認爲關乎進步富強、經濟發達、法治彰明以及一切知識、科學、秩序等治化的最重要思想建設。不過他將彌爾主要彰明個人自由權的*On Liberty*譯爲《群己權界論》，在昭見他欲自群己之分「界」論自由的用意之餘，也頗遭致隔閡之批評。彌爾並非不重視群己權限之分「界」，但要求界內的個人自由應儘可能地廣；嚴復則重視社會國家對個人自由範圍的約束與界限，因此史華茲從嚴復「工具化」地以自由做爲富強手段出發，認爲嚴復「把自由作爲提高社會功效的工具」，說嚴譯「使穆勒的觀點屈從於他自己的目的」，「把個人自由變成一個促進民智民德以及達到國家目的的手段。」然嚴復雖肯定自由與郅治的因果關係，《群己權界論》之〈譯凡例〉也說「惟與以自繇，而天擇爲用，斯郅治有必成之一日」；他之突出國群自由、彰顯個人自主性願爲國家社會犧牲小我的情操，與其說是他把自由當做追求富強的工具，毋寧說是他根植傳統，欲藉傳統思想對治當時自由流弊的一己判斷與行權，是包含他自覺地和不自覺地與傳統聯繫的結果。蓋嚴復固然憧憬英法自由主義；但是努力尋求中國式道路而激奮於中西學理相通的他，傳統儒道思想更是長期培育他自由思想的沃壤。所以當他在傳統思想中發現了親近西方自由觀的一面，他異常欣喜；而傳統思想所迴異於西方觀點者，則亦是形塑其自由思想並造成其譯作轉移重心的關鍵所在。以下先論嚴復深受傳統思想影響以及他所欣喜發現的中西思想相通一面，再論造成其譯作與原作思想重心不同的中西文化差異。

在《群己權界論》中，嚴復區別了freedom和liberty並分別以「自由」和「自繇」表之——比較具體的，如一己人身或財產上的佔有和使用權不被控制的自由爲freedom；比較高層次或形而上如出於一己願望、意志之思想、行爲、人格等自主選擇，以及受法律保障的自由權行使之liberty則爲「自繇」。嚴復所強調的，是「權由己操」、「不爲外物拘牽」、「自主而無罣礙」的「自繇」之義；並引斯賓塞言：「不自繇則善惡功罪皆非己出，而僅有幸不幸可言，而民德亦無由演進」（〈《群己權界論》譯凡例〉），以論必出於個人自由意志之自由選擇才具備道德意義，若無自由意志則只是受他人主宰的「幸不幸」結果，不具道德責任。至於他所再三強調的自主性，則包括針對政治客體與個人主體兩方面而言，他都深受道家寬鬆爲政主張、追求心靈自由以及儒家要求挺立道德自主性之影響。

先就道家主張政治客體要能充分賦予百姓自由與自主性而言：嚴復早在首譯《天演論》時就已經以《莊子》的「在宥」說——「聞在宥天下，不聞治天下」，以說斯賓塞言治之大旨在於任天而人事爲輔，「猶黃老之明自然，而不忘在宥是已。」（《天演論．導言五、互爭》嚴復按語）強調執政者應任百姓自由的寬鬆爲政態度。後來他評點《莊子》，更明白闡述「爲帝王者，其主治行政，凡可以聽民自爲自由者，應一切聽其自爲自由，而後國民得各盡其天職，各自奮於義務，而民生始有進化之可期。」（〈應帝王第七〉）其意正相副於《老子》崇尚自然無爲，以及《莊子》「在宥」說之不干涉個人獨知之地。《老子》主張無爲而治，認爲執政者應該無事無爲、任民之自由自爲，曰「無爲而無不爲。取天下常以無事，及其有事，不足以取天下。」《莊子》則嘗以鯤鵬之化和吸風飲露、乘雲氣、御飛龍而遊乎四海的神人，象喻心靈之自由與逍遙無待；並以「在宥」說反對黃帝堯舜以仁義之性「治」天下而攖人之心，認爲是使百姓「不恬」之爲。故郭象注曰：「所貴聖王者，非貴其能治也；貴其無爲，而任物之自爲也。」後來嚴復在《莊子》評語中，亦屢述莊子「治國宜順自然，聽其自由，不可多所干涉」之意，認爲「晚近歐西平等自由之旨，莊生往往發之。」（〈應帝王第七〉、〈寓言第二十七〉）可見嚴復自由觀在相當程度上受到道家自然無爲與「在宥」思想影響，持信聽民自由自爲，民可自成而治化可期，故強調自由與治化關聯地說「治化天演程度愈高，其所得以自繇自主之事愈眾。」（〈《群己權界論》譯凡例〉）他認爲自由之民愈不被干擾愈能自臻治化之境。

再證之以所譯《社會通詮》，他批評我國長期政教合一下，從帝王到守宰皆習於作之「師」地，自任以「天地君親師」而剝奪個人的性向發展自由、自由選擇權、甚至學習機會，於是在個人擅長的專才無法自由發展下，造成了「君上之責任無窮，而民之能事，無由以發達」結果（《社會通詮・十四》嚴復按語）。於斯可見嚴復受道家影響而反對執政者過度干預，期於人人「自繇自主之事愈眾」，減少政治客體對個人自主性和個性自由的束縛。再就個人主體方面，嚴復受儒家思想影響而期許人人皆能挺立一己自主性而言：儒家思想從性善立場認爲人人自具價值根源，只要挺立其道德自主性便能自我格正行爲，故曰：「道之以德，齊之以禮，有恥且格」，強調道德內化之道德自律；反之，「道之以政，齊之以刑，民免而無恥」，若僅依賴客觀的政刑規範，則雖可免於犯罪卻無法建立起道德自主性。故孔子強調的是「我欲仁，斯仁至矣！」孟子也說「自反而縮，雖千萬人，吾往矣！」並皆突出「反身而誠」的德性自主以及不徇流俗的勇氣承擔。

此外，揆諸我國傳統舊學，遍及經、史、子、集中均有豐富的自由自主思想。嚴復在〈譯凡例〉中亦嘗舉例柳宗元詩：「破額山前碧玉流，騷人遙駐木蘭舟。春風無限瀟湘意，欲採蘋花不自由」，以說明自由之意當是身心皆得自主。其實早在鄭玄箋《毛詩》形容鳥飛快速的「鴥彼飛隼，載飛載止」，便已針對個人自主性地說「言隼欲飛則飛，欲止則止，喻諸侯之自驕恣，欲朝不朝自由，無所在心也。」（〈庭燎三章〉，《毛詩正義．小雅》）鄭注《禮記．禮器》「禮也者，反其所自生」，亦言「自由也。」注「自誠明，謂之性」，又說「自由也。由至誠而有明德，是聖人之性者也」（《禮記正義》），要求挺自道德自主性。另外《春秋闕疑》也曾述及「乍往乍來，見公之進退不自由矣。」至於史書之涉論自由者，更是所在多有。先說位居高位、權傾天下的帝王，是否便可自主其意？李延壽《北史》曾記隋文帝太息「吾貴爲天子，不得自由。」歐陽修《新五代史》也有後唐莊宗怒曰「朕爲卿所制，都不自由。」《朱子語類》則有「凡聖情盡，即如知佛，然後來往自由。」傳統詩篇中更是不勝枚舉，如《資治通鑑》載羅隱詩「時來天地皆同力，運去英雄不自由。」崔櫓詩曰「醉時顚蹶醒時羞，麴蘖催人不自由。」（陶宗儀《說郛》）白居易也多嚮往自由意，嘗曰「宦途似風水，君心如虛舟，汎然而不有，進退得自由。」「有酒不暇飲，有山不得遊，豈無平生志，拘牽不自由。」（〈贈吳丹〉、〈適意〉）李商隱詩言「多情豈自由？」（〈即日〉）王安石則曰「風吹瓦墮屋，正打破我頭，瓦亦自破碎，豈但我血流？我終不嗔渠，此瓦不自由。」（《王荊公詩注．擬寒山拾得》）呂東萊亦曰「花開不自由。」（《東萊詩集．久病二首》）……印證以西方所強調的自由，可見我國從先秦到晚近，其於自在自得之精神場域自由以及對個人自主性的自由選擇體會甚深。故嚴復深受傳統文化影響，絕不乏對於氣稟嗜欲驅使、拘牽罣礙纏縛、綱常名教箝制、權勢流俗迫使等使人不能自在自得或不能自主的個人自由認識。

至於嚴復在譯作中將彌爾*On Liberty*轉化成爲中國模式的群、己權界討論，則主要涉及中西文化差異，其中一個重要的關鍵，就是中西方對於「人」的構想不同。彌爾「個人主義」式思維代表的西方觀念，其所強調的個人獨立、個人自由和個人權利的重要性，是古典自由主義的構成要素；而中國對於「人」的意識，卻是從連繫天道與人道的「天人合一」宇宙論模式出發而強調「關係性的存在」（relational existence），人的意義，不能脫離與他人、與宇宙而理解。所以從孔子言「天生德於予」、「天之未喪斯文」、「知我者其天乎」；到《中庸》言「天命之謂性，率性之謂道，修道之謂教」，人天之間透過「至誠盡性」可以連繫，人可以「與天地參」；再到孟子言「存其心、養其性，所以事天也」，都是走一條由「盡心知性以知天」到「贊天地之化育」的德性實踐之路。因此傳統文化所形塑嚴復對"人"的看法，是一種必須承擔「非自成己而已也，所以成物也」的共生責任（《中庸纂疏》），自由的終極目標在「成己」之外還必須涵蓋推己及人的「成物」。是故嚴復突出的、《大學》推己及人之恕道精神，既是儒學的核心信仰，而也就是他在傳統教育養成下，欲藉《群己權界論》之闡明群、己權界，針砭他所認爲時人濫用自由之不明自由眞義的思想依據。所以他說「中國道理與西法自由最相似者，曰恕道、曰絜矩。」（〈論世變之亟〉）[15]他之強調「人得自繇，而必以他人之自繇爲界。」以及總結是書大旨在於釐清「何者必宜自繇？何者不可自繇？」顯然是立足在儒家成己成物精神和《大學》絜矩之道上，並非史華茲所論自由之工具化。

嚴復的「自繇」之論，主要可以分就破除時弊和救國危亡兩方面而

---

15 嚴復：〈論世變之亟〉有曰：「侵人自由，雖國君不能；而其刑禁章條，要皆為此設耳。中國道理與西法自由最相似者，曰恕道、曰絜矩。」

言。先從除弊一面來說，主要又針對當時兩種情況：一是當時守舊者對自由「驚怖其言，目爲洪水猛獸之邪說」；一是喜新者「恣肆氾濫，蕩然不得其義之所歸。」（〈譯《群己權界論》自序〉）故他力闡自繇之初義原是「不爲外物拘牽」，是「自主而無罣礙」之自爲主宰；並以道家之「自然」與佛家之「自在」爲說。他說「自然」在一般熟知的「順成自然」之義外，原指「無待而然」，即無須客觀條件成全的「自己而然」──「此在西文爲Self-existence」，亦即莊子〈齊物論〉之謂「天籟」自然──「夫吹萬不同，而使其自己也。」此也即郭象注突出「萬物自生」之「無待」概念，曰「造物者無主，而物各自造，物各自造而無所待焉。」另外，他又以佛家之「自在」爲說，謂「世間一切六如，變幻起滅；獨有一物，不增不減、不生不滅，以其長存，故稱自在。」以闡明不生滅與不增減之自存自在。要之，嚴復自由觀乃以不受外物拘牽纏縛的精神自由、自存自在之自爲主宰爲內涵，強調「以其無待，故稱自然」，所以「自繇之樂，惟自治力大者爲能享之。」（〈《群己權界論》譯凡例〉）他正是據此以駁斥後起附加於自繇上的放誕、恣睢、不法、無禮、無忌憚等諸多劣義，以及當時假自由爲名以行恣肆放誕、略無禮法者──這是針對「破」弊之一方面而言，不過所論精神場域的自由自主在中國並不乏其說，已如前述；故嚴復在欣慰中西學理相通外，實際上他所眞正欲「立」新說以「開民智」者，另在包含自由權之受保障以及群體自由如國群自由等國人長期缺乏的觀念。

關於前者，林載爵〈嚴復對自由的理解〉嘗論及過去我國傳統觀念所缺乏者，在未以立法保障個人之自由權利，嚴復則是最早將西方政治自由觀念傳入中國而爲傳統自由思想注入新成分者；後者則因我國長期自恃「天朝上國」，因此在國人觀念裡已經認識的個人自由自主外，國群自由實是我國所長期付之闕如的觀念。故《群己權界論》除了部分由於文化隔閡或誤解原文外，嚴復將彌爾自由論轉向群己權界之強調，甚至主張國群自由優先於個人自由的善群理論，曰：「所急者，乃國群自由，非小己自由」（《法意》按語八二），並鼓勵個人出於自主性的犧牲小我情操等，即該譯作所招致扭曲原著以及緣此而來的威權主義等批評，實際上正是本文所持論，嚴復在晚清危機中有意藉儒家「成己成物」精神以拯時救國的行「權」判斷所在；於此並顯示，嚴譯的思想取向，實是出自更甚於西學影響性的傳統文化所孕育。

是故爲什麼特別措意於群己之分「界」？此蓋由於國人過去偏重強調個人修身的內聖之德，對於群學範疇的一己與群體權利義務關係鮮少涉論。故嚴復針對國人不明群學之理以及缺乏國家社會的群體自由概念，闡明個人與群體間的權利義務關係，並疾呼群策群力以追求不爲外族所制的國群自由。因此群學在嚴復學說中佔有重要席地；他視群學爲「未能舍其道而言治」之學，曰：「群學治，而後能修齊治平，用以持世保民以日進於郅治馨香之極盛也。」他並以「乃自繇於爲善，非自繇於爲惡」，以論「刺譏謾罵、揚訐譸張，仍爲言行愆尤，與所謂言論自繇、行己自繇無涉。」（〈《群己權界論》譯凡例〉）凡言行愆尤等種種「惡」行，是爲涉及他人而入於群「界」者，此時便不能再侈言行己自由、言論自由爲藉口，不能以侵犯他人自由之無界限當之自由了。而他所用以提昇民德，期於人人在亡國滅種危機中能夠發揮同舟共濟精神，以捨己爲群、犧牲小我自由、成全國群自由的善群理論，正是他融通中西學理而建立在傳統絜矩之道、成己成物精神上的自由思想，曰：「富強者，不外利民之政也，而必自民之能自利始。能自利自能自由始，能自由自能自治始；能自治者，必其能恕、能用絜矩之道者也。」（〈原強〉）惟能以恕道自治者爲能自由，並能進而自利與利國。因此他在譯書前先預爲國人打下思想基礎的〈原強〉中，即嘗借言荀子「人之所以異於禽獸者，以其能群也」，以論民之相生相養、易事通功，乃至禮樂兵刑等事，「皆自能群之性以生。」而他之高度看重斯賓塞《群學肄言》，亦由於斯賓塞對於「一國盛衰強弱之故、民德醇漓翕散之由」，能究其理極地詳加闡明。故黃克武認爲嚴復在群己平衡前提下強調個人價值的觀點，「不但與集體主義截然異趣，也是對西方自由主義與動力精神的一個批判。」還說嚴復根植於中國傳統「成己成物」、「明德新民」的另一選擇——「個人與群體一樣地重要」，彰顯了國人認爲個人自由和社會利益可以攜手並進而不相衝突的傳統價值（〈發明與想像的延伸：嚴復與西方的再思索〉，《思與言》第36卷第1期）。

是以誠如路易斯·哈茨看待嚴復的「近代西方思想評論家」角度；他爲史華茲《追求富強——嚴復與西方》撰寫序言說，「西方思想的西方評論家告訴我們的較多的是我們已知的事情；而嚴復進一步告訴了我們一些我們所不知道的事情。」「他們向西方思想中一些爲人熟悉的觀點提出了挑戰。」深知中西學理的嚴復，在世人普遍的西方傾斜中，藉傳播新知以返本開新，獨以一種中國式思維的善群理論，對於物競天擇等生存課題提出了中國式的「適者」回應。斯即身處晚清存亡、剝新換故的危苦之際，以譯書自課的嚴復面對救亡與啓蒙、治標與治本之難以兩全，苦思如何在思想啓蒙中兼顧扶傾濟危之迫切性，以使國人和衷共濟、國家轉危爲安？故《群己權界論》之將自由重心轉移至符合傳統的群學倫理以及追求國群自由上，是嚴復即使心知將導致譯作被責難，但仍堅持在傳播自由思想之同時並針對解決國家迫切危機的判斷選擇——此之謂「字字由戥子稱出」。

四、結語

嚴復嘗以佛家語「妙用微權」說聖智者通權達變之順勢而爲；本文則用爲對嚴復譯作的方法論說明，雖非嚴復本來用法，但卻可以充分照見嚴復「以譯爲著」之增刪原文與換例譯法、決斷去取各家天演觀以成《天演論》內涵、《群己權界論》將西方個人主義式自由觀轉爲中國式善群倫理的重心轉移並發揚《群學肄言》等，一系列藉由系統性傳播新知以返本開新的學術作爲。嚴復整體譯作的核心關懷，就是解決治標與治本、救亡與啓蒙殊難兩全的晚清時代課題——啓蒙必須通過教育，假以時日始能開啓民智，民智不開則治化不至；然國事蜩螗，亡國滅種之虞日益迫進，革命聲浪日益高漲，救亡之急間不容髮。而自戊戌政變到辛亥革命前，民之智、德、力未臻進步，自由平等又被濫用，斯爲嚴復所懼；他苦思在晚清劣境中如何標、本並治以開創中國未來的道路？他的企圖，在解決保國保種的迫切危機外更超越了現實考量——「"本"所以期百年之盛大，"標"所以救今日之阽危。」想爲整體文化溯源竟委地找到適應國際情勢又符合國情的未來路向，才是他的終極目標。而深具西學素養與訓練的嚴復，同時亦深受傳統文化薰陶；他深知在傳播西方科學公理之餘，還必須兼顧我國文化與思想傳統，才能切合國人需求。因此中國的未來道路須得兼有東西方之長，既不能無知於西學與整個世界文明，但亦不盡然是對西方文化與腳步之亦步亦趨。嚴復持信《易》與道家的世界觀，嘆服《易》之動、靜、翕、闢能與西學公例之名、數、質、力相合；復兼有《易傳》、《中庸》、《大學》與道家、儒家、法家等經、子學之思想陶冶。他的譯作方式，亦如程頤序《伊川易傳》所言，「《易》，變易也，隨時變易以從道也。」所以他融通中西學理而「妙用微權」地取捨與變化爲用，借箸代籌地在譯作中置入一己之行權判斷，以寄託對時局的針砭性看法。從《天演論》之進化觀到《群己權界論》之自由論，其所譯作皆不乏依一己觀點與時代需求加以剪裁的有心作爲，其所論評也都呼應深層意識中的中國文化導向與傳統信仰。故嚴譯不能和一般因民情差殊而略加折衷的他譯同比；所譯皆經他對原著決斷去取，以使切合晚清當時需要及固有文化傳統，在晚清先驅性的譯介西學貢獻外，嚴譯更是嚴復對時代困境的思想理論建設。

熟悉西學兼亦篤深傳統舊學的嚴復領導了晚清的啓蒙思潮，從甲午戰後到新文化運動以前，國人幾乎都透過他的系列譯作來認識西方學術與思想，在中國近代思想史上具有極重要影響力。嚴譯中影響最廣遠的，是闡明物競天擇以及如何因應此一變局的《天演論》。《天演論》所描述的物種競存慘酷，正是對當時國人民智已窳、民力已衰，無法與外國爭一旦之命的國際弱勢與危殆反映。通過是作譯介，國人才眞正從飲迷熟睡、痲木不仁的懵然中清醒，深刻認識「物競天擇」與「優勝劣敗」的生存競爭、淘汰危機。但是接下來的路徑選擇，則近代史上飽受列強侵凌的中國人，究應與西人同化而歸宗西學，加入天演弱肉強食的「物競」之列，一如史華茲所言，嚴譯乃以追求西方富強秘術爲的？抑或另走一條應變圖強而融通西學、折衷傳統，體現成己成物倫理精神的中國式道路？筆者認同吳展良所述，嚴譯《天演論》是以明道爲體而救世爲用；持論字以「幾道」的嚴復，正是以「志於道」之近道、求道理想爲其畢生職志。他固然想要找尋清季積弱下的自存保群、救國顚危、族種存續良方；但是渴望在人類整體歷史發展中（——中國已不能再自外於世界史與各族種競爭了）找尋中國未來的發展方向，才是他更核心的一貫職志。所以包含他對中、西文化的態度以及早期、晚期的思想歷程，都從未落入二元對立的思維。他早期並未主張全盤西化，後期亦非如王栻編《嚴復集》所言：戊戌政變至辛亥革命前雖仍翻譯西學，「但同時逐漸變爲保守者。」辛亥革命後以至於死，則雖仍保持強烈的愛國思想，「卻已成爲一個頑固的老人。」實際上他自始至終都是一位想要融通中西學理的思想理論家，欲以譯作藥石國人之無知；同時藉譯作以進行夫子自道，宣揚他所認爲適合中國的自由觀，一種出於傳統恕道精神、「群己並重」而能自治自利的自由思想。

嚴復探尋中國文化整體發展方向，係透過其譯作之選擇性譯介西學、融通中西學理到獨闢中學蹊徑，而獲得逐步明朗的。他從一開始便選擇赫胥黎天演觀而不是他所景仰的斯賓塞爲對象，就已經確立了以儒學核心價值與倫理觀、而非任由天行的內核與基調；不過他並未執著於一家言——他以赫胥黎之人治與倫理，救斯賓塞任天之天擇與淘汰，資以激勵國人奮起；又以斯賓塞樂觀持信天演物競可以存其宜而臻於郅治，以及亞當斯密兼顧自營與愛人的「開明自營」、「明兩利爲利」，改變赫胥黎持論人口蕃息、生眾食寡、物競酷烈之太平無望而郅治不可期悲觀論調。斯即嚴復一開始就自認所譯《天演論》是「探賾叩寂之學，非當務之所亟。」寓有一種對深層文化的探索企圖，並非表相的富強追求；且夫嚴譯在以西方科學興趣和借鑑西人德慧術知砥礪國人奮起圖強之外，更深具中國興味地在眾多譯作中，同時彰顯了儒學的核心價值與倫理觀。而他所最終寄望能夠達至利國利民的「自由」鵠的，則在西方個人主義式思維外，融合了我國特有的文化傳統，另以儒家捨己爲群的「成己成物」關懷及《大學》絜矩之道，做爲自由論的重要內涵，既呈現我國傳統「天人合一」視角下，重視與他人、與宇宙聯繫關係的特有「人」觀，也補充了國人所欠缺的現代化思維：強調個人與群體權利義務關係的規範。如此一來，國人便能在現代化思維下獲得人人自由發展的條件，又除去濫用自由民主的害群之馬以及阻礙進步的法制、風俗等流弊。

不過儘管天演學在清季形成了熾熱風潮；嚴復循序漸進的改革主張，卻和同樣主張漸進改良與文化路線的梁啓超，並皆未能成爲主流思想。在清末民初的思想激進化過程中，進化論同時也成爲激進改革的理論依據；而民主革命、共和政體則最終躍居政治舞台的中心。但是嚴復譯作在清末民初對國人所造成的影響與思想風潮，終是無遠弗屆、無與倫比的。嚴復是清季開啓國人西學視界、引進西方思潮的啓蒙思想家；儘管他和維新宣傳家梁啓超同樣是清季一個被放棄的選擇，但是學術、思想與文化意義是超拔政治意義的，揆諸民初乃至後來政治與社會的混亂失序，在清代末世中閃爍著文化光芒的文化探索者們，更顯示出呼籲提昇民智的緩進主張睿智。

貳拾陸
維新宣傳家梁啓超提昇文化力的「新民」說

在清季救亡圖存的時代課題中、在向近代化道路摸索的過程中，面對西學洶洶衝擊而國人卻尚未做好準備，尚未具備自由、民主所須要的民智、民德、民力等基礎條件，故梁啓超（1873-1929年）欲以提昇文化能力、改造國民性的「新民」說做爲救國進路。他立足在清代新義理觀上復受西方自由主義與國家主義影響，而摶成既強調自由主義又重視國家利益的新道德觀，並欲以主張道德革命的「新民」說，做爲激勵國人自新其德的理論依據，期於國人能夠具備獨立自由的人格和國家思想、群體觀念，進以自由與服從、獨立與合群、利己與愛他利群的「新民德」，建立起適於天演、能對外競爭的民族國家。他亦成爲重要的維新宣傳家及晚清思想啓蒙者。

繼乾嘉學風主要依據考證學樹立自身學術規模以後，清代中晚期由於政治性議題加入，學風一變而爲「援經議政」的今文學興盛，如龔自珍、魏源等人；再變則爲「救亡圖存」下的維新思潮，如康有爲、梁啓超等代表人物。清季，外力因素已經逐漸勝過對學術思惟本身的自我反思了，新型態學術表現出「『思想導引』重於『方法確立』」的學風傾向。此際，政、學界爲了達成政治與社會改革訴求，對於傳統思想有諸多融合中、西學的創造性詮釋與思想價值改造，蓋試圖以文化進路做爲救國實踐與變制革新之思想利器。

其心「愛國如焚，需飲冰止之」，並曾爲康有爲維新變法重要助手的梁啓超，對於晚清今文學運動嘗爲猛烈之宣傳。他在《清代學術概論》自序中自言是今文學運動不容不敘及的一員，他自比爲「新思想界之陳涉。」自認是在當時閉塞委靡的社會中，能以一種「鹵莽疏闊手段」加以「烈山澤以闢新局」者。惟他後來日倡革命排滿共和之論，「保守性與進取性常交戰於胸中」，倡言君憲改革的康有爲深不謂然地屢加責備婉勸；而他亦自三十以後絕口不談「僞經」、也不甚談「改制」，對康氏之主張以孔教爲國教，更屢起而駁之，故他自敘「持論既屢與其師不合，康梁學派遂分。」不過晚清今文學運動旨在經世，康有爲藉經術以文飾政論，其釋經活動多依傍經學、附會經義，亦無法建立起新經學典範，梁啓超嘗謂以「中國思想之痼疾，確在『好依傍』與『名實混淆』」（《清代學術概論》），故梁氏本非欲以今文學或文化史名世者，他之念茲在茲都在愛國意識與救世用世上。

梁啓超的思想隨著時局與認識之不同而屢有變遷。晚清，他搖擺、徘徊在保清尊皇的君憲改良與革命共和之間。戊戌政變後流亡日本期間，在1903年前，他曾與孫中山游並鼓吹民主，主張排滿以興民權、破壞以建民國；其後則在9個月的美國、加拿大的新大陸之遊後，民主幻象破滅。他對西方社會的貧富懸殊和社會黑暗面，如美國的選舉舞弊、種族歧視、民族帝國主義以及美國華人之無力與不適應等，深感失望地說：「天下最繁盛者宜莫如紐約，天下最黑闇者殆亦莫如紐約。」（《新大陸遊記節錄・十四》）總之，他因對整個「美麗新世界」失望而又回到反對革命、排斥共和的君憲立場，並在《新民叢報》倡論君憲，與《民報》的革命主張激烈論戰。1905年，他更退至開明專制主張，亟以俄國、普魯士與日本爲模範。武昌起義，他在調停清廷與革命黨失敗後擁護共和，並依附袁世凱；但當袁世凱欲改共和爲帝制時，他與他湖南時務學堂的高材弟子蔡鍔主導了1916年的護國軍行動。1917年，康有爲與張勳擁溥儀復辟，他又與段祺瑞共組討逆軍而與康氏決裂。晚年，則他絕意政治地矢志於學術、教育與著作。梁氏一生，「筆鋒常帶感情」地撰作了千四百餘萬極大數量的文字，期望通過改造與教育國民以使中國進步富強。他曾倡導文體革命，以平易暢達的新體散文衝破古文束縛；還曾創辦革新舊小說的專門雜誌《新小說》（1902），既翻譯且創作地以《近世第一女傑羅蘭夫人傳》、《意大利建國三傑傳》、《匈加利愛國者噶蘇士傳》……打動人心，復以〈論小說與群治的關係〉做爲理論代表，強調欲新一國之民及新道德、新宗教、新政治、新風俗、新文藝、新人心、新人格等，皆須自新小說始。此舉大開時代風氣而居功厥偉地影響了小說界革命，嗣後二十世紀初乃有《二十年目睹之怪現狀》、《官場現形記》、《文明小史》、《老殘遊記》、《孽海花》……等衝破傳統文藝的代表性小說，打開了國人長期爲《水滸傳》、《紅樓夢》、《西廂記》、《牡丹亭》……等古典小說羈限的眼界。此外，他還進行革新傳統、改造過去的史界革命。1902年他發表《新史學》，要求立足現在而以新觀點如民族主義觀點解釋過去，並以歷史進化論批判傳統，對傳統的官方史學展開系統性批判，是爲現代歷史意識在中國之開端。

惟由於梁啓超思想之多變——他亦曾自言：「隨感情而發，所執往往前後相矛盾。」「不惜以今日之我，難昔日之我。」——圍繞著他的，遂有正負面之不同評價。胡適《四十自述》肯定地說自己曾受了《新民說》的無窮恩惠，郭沫若也說：「在他那新興氣銳的言論之前，差不多所有的舊思想、舊風習都好像狂風中的敗葉，完全失掉了它的精采。二十年前的青少年，……無論是贊成或反對，可以說沒有一個沒有受過他的思想或文字的洗禮的。」（《郭沫若自傳》）李澤厚澤則肯定梁氏「啓蒙宣傳家」的歷史作用與地位，看重他在戊戌政變後到1903年前在日本創辦《清議報》、《新民叢報》而大量撰作文章的群眾影響力，「做了當時革命派所忽視的廣泛思想啓蒙工作。」（《中國近代思想史論》）韋政通亦稱他是「開發一代民智的啓蒙人物。」（《中國十九世紀思想史》）至於毀者，據李澤厚總結1949年以來大陸方面關於梁啓超的評論，其幾乎一致的基本論調，就是對梁氏「做爲否定的歷史人物來對待和論述。」其或著眼於梁氏與革命黨的論戰以及在辛亥革命時期的保皇黨身份，或詆譏梁氏流亡日本前期背離康有爲改良主義的親近革命言論爲投機、僞裝、欺騙。然梁啓超《中國歷史研究法》曾經論及評價歷史人物，應以一種「俯仰縱宇宙」的眼光，「如乘飛機騰空至五千尺以上，周覽山川形勢，歷歷如指掌紋」，而後能「知人論世」；實則欲評價梁啓超，正必須要立足在中國二千年學術史的宏觀角度，不離卻時代和社會背景、不憑空觀察而論斷其思想動作，否則很難避免以現代尺度吹毛求疵，或責其不夠精確、多比附穿鑿，或依後出充分證據而指其考證不足、辨僞瑕疵。而對於晚清如康有爲、嚴復、譚嗣同等在中國近代歷史上造成深遠影響的新思想家而言，斯法並皆適用。

圍繞著梁啓超的相關研究難以指數，譬如關於康、梁分歧及其與革命黨離合，蕭公權《中國政治思想史》、張朋園《梁啓超與清季革命》嘗加以論述；關於梁啓超被歸爲改良主義「維新派」，即其從事社會改良與政治改革的漸進式改良主張——墨子刻（Thomas A.Metzger）所稱「調適類型」而非「轉化類型」者，黃克武撰有《一個被放棄的選擇：梁啓超調適思想之研究》；關於梁啓超與中國傳統的連繫，則繼李文森（Joseph R. Levenson）在《梁啓超與中國近代思想》（*Liang Ch'i-ch'ao and the Mind of Modern China*）中提出被稱爲斷層式「文化認同論」，強調歷史與價值撕裂的「理智上疏離中國文化傳統，而感情上仍與傳統連繫」之後，學界迭有不同論見——或謂梁氏在智性上並未完全否定傳統價值，或謂他仍深受中國傳統影響，以及其所關懷者是政治層面而非文化層面，故他對於文化只是一種實用性目的，並非感情與價值；再者，在自由主義方面，除蕭公權、黃克武等認爲他比較接近英國傳統的自由主義，乃環繞個人人格的發展外，其他多強調其思想中的國家主義特質，如張灝《梁啓超與中國思想的過渡（1890-1907年）》（*Liang Ch'i-ch'ao and Intellectual Transition in China, 1890-1907*年）所代表的，認爲梁氏雖醉心西方民主，但他更關心國家利益，他的思想核心是比個人更重要的「群」。

梁啓超晚年著意於學術，比較離開政治。李璜《學鈍室回憶錄》曾經述及：民初，曾琦的青年黨與張君勱的國社黨擬組新黨而欲請梁啓超任黨魁，梁氏對青年黨主腦之一的李璜言：「我半生努力於救國工作，少年時，其冒險犯難的精神，並不下於諸位；然而今日思之，在政治上的貢獻頗難言，還不如在學術上，我還比較有把握些。」（《學鈍室回憶錄》）獻身政治運動三十多年的梁啓超，最後發現必須從根本救中國，於此頗見他從政治救國轉爲文化救國的心路歷程與反思。故筆者少著墨於其政治實踐而多述其學，主要探論其自戊戌變法失敗後即致力爲之，曾連載於黃遵憲譽爲「人人筆下所無，卻爲人人意中所有，雖鐵石人亦應感動」的《新民叢報》之啓蒙代表作——改造中國國民性的《新民說》，其爲梁氏在清季的救亡圖存課題反思中，對中華民族生存與發展的一種出自政治關懷的文化救國判斷。至於持論之立異他文處，則在肯定梁氏對傳統思想的繼承，尤其是過去學界少有論及的清代思想；梁氏對於傳統文化雖迭有批判，但那不是理智上的疏離，而是一種爲適應新時代的返本開新。

一、以改造國民性為革新第一急務的「新民」思想

十九、二十世紀之交的晚清近代化轉型，是在遭遇外力壓迫下面對外來文化模式的一種回應，是一個中國面向西方、接受西方價值觀與適應西方挑戰的「挑戰—回應」的更新傳統文化過程。對於萬國蒸蒸、大勢相逼的情勢，梁啓超亦嘗說以：「變亦變，不變亦變。變而變者，變之權操諸己，可以保國、可以保種、可以保教；不變而變者，變之權讓

諸人，束縛之、馳驟之。」（〈論不變法之害〉）因此對於極受西方思想影響的中國近代啓蒙思想，學者或稱爲「輸入式的啓蒙」。清季重要的啓蒙思想家如梁啓超和嚴復，都是對西學亟加傳播的啓蒙宣傳家——嚴復譯有赫胥黎《天演論》、孟德斯鳩《法意》、亞當斯密《原富》、約翰彌爾《群己權界論》和《穆勒名學》、斯賓塞《群學肄言》……等古典英法自由主義名著，梁啓超則輸入式地撰作了〈亞里斯多德之政治學說〉、〈進化論革命者頡德之學說〉、〈樂利主義泰斗邊沁之學說〉、〈法理學大家孟德斯鳩之學說〉、〈天演學初祖達爾文之學說及其傳略〉、〈近世文明初祖二大家之學說〉、〈盧梭學案〉、〈論泰西學術思想變遷之大勢〉……等。溯自三十年洋務運動之失敗，嚴、梁等人深切認識到在西方繁榮的表相外，更有其足致富強的文化心理機制；吾人實不能脫離文化意識之變革，單純地追求經濟與軍事近代化；近代化轉換還必須包括工業化、民主化與國民文化心理等層面，那是涉及國人思想啓蒙的複雜的社會轉型。因此自戊戌政變後，國民變革即成爲梁啓超終身以之的不二職志；他一生所撰作的極大數量文字，幾皆圍繞著此一教育國民之目標，他期望通過改造國民，臻至國家富強。

梁啓超與譚嗣同——戊戌政變中之「不有行者，無以圖將來」與「不有死者，無以酬聖主」的「程嬰」與「公孫杵臼」分任者；[1]在譚嗣同「我自橫刀向天笑」後，流亡日本的梁啓超即負起興國除弊的變革國民大任，自後皆以「新民」做爲革新中國的第一急務。此蓋由於梁啓超認爲「善醫者必先審病源」地探索我國致弱根源，得出中國之積弱，「其總因之重大者在國民全體，其分因之重大者在那拉一人，其遠因在

---

1 政變後，譚嗣同對梁啓超言：「不有行者，無以圖將來；不有死者，無以酬聖主。今南海之生死未可卜，程嬰、杵臼，月照、西鄉（——西鄉隆盛為日本「勤王」運動中的「維新三傑」之一，僧人月照亦參與維新倒幕而被追捕，為了不連累保護他的西鄉，赴水而死），吾與足下分任之。」（梁啓超：〈譚嗣同傳〉）

數千年之上。」（〈中國積弱溯源論〉）他指出兩千年來專制政權造成的諸多人心積弊如愛國心薄弱、缺乏公德心等人心風俗與道德品格的缺陷，是爲中國積弱之根源。他體認到一個國家要在寰宇中屹然強立、左右世界與戰勝天演，必須有待於全民進步，而絕非一二英雄之所能導。故雖有亞歷山大，馬其頓仍然灰飛煙滅；雖有成吉思汗，蒙古終究不保殘喘。是以梁啓超亟向整個知識階層與庶民大眾振聲疾呼，而以「能否新民？」做爲一國之以興、以亡、以強、以弱、以榮、以墜的關鍵所在，其所撰文並由鼓動國內政治改革逐漸轉向宣揚西方之學術文化。其《新民說》開宗明義即借用斯賓塞強調個體與整體相互依存的「社會有機體」論，以闡明國民素質與國家富強之一體密切關係。其曰：

國也者，積民而成；國之有民，猶身之有四肢、五臟、筋脈、血輪也。未有四肢已斷、五臟已瘵、筋脈已傷、血輪已涸，而身猶能存者。則亦未有其民愚陋、怯弱、渙散、混濁，而國猶能立者。故欲其身之長生久視，則攝生之術不可不明，欲其國之安富尊榮，則新民之道不可不講。　　　　——《新民說．敘論》

「作新民」是中國的古老思想，梁啓超取諸《大學》，謂：「欲維新我國，當先維新我民。」（《梁任公先生年譜長編初稿》，光緒28年）其「新民」之說即「自新」之謂也，曰：「在吾民之各自新而已。」（《新民說．論新民爲今日中國第一急務》）他強調國者民之積、群者一之積，政府與人民猶乎「寒暑表之與空氣」，「若是之民」與「若是之政府官吏」亦猶「種瓜得瓜，種豆得豆」關係，「則苟有新民，何患無新制度、無新政府、無新國家？」（《新民說》）如有能自責、自省、自勉、自新之優良國民，即有安富尊榮之國家社會；反之，不有新民，如何能有新氣象之政府與國家？至於如何「新民」之道？他認爲：「凡一國之進步，必以學術思想爲之母。」他批評徒務皮毛的維新，枝枝節節而行、步步趨趨而摹仿，是「披綺羅於嫫母，只增其醜；施金鞍於駑駘，祇重其負。」故他突出教育地說：「今勿一一具論，請專言教育。夫一國之有公共教育也，所以養成將來之國民也。」（《新民說・論進步》）他在宣傳維新變法的《變法通議》中亦首論教育之重要性，而突出師範、幼教、女學與報館、譯書、學會等教育工作，並針對傳統文化與舊價値加以重新檢視。即他欲通過思想啓蒙，以把民眾教育成符合新道德標準的「新民」。

「新民」必須達到新民德、開民智與伸民權的德、智、力三方面之要求，於時除嚴復主張「鼓民力、開民智、興民德」外，梁啓超亦謂：「民德、民智、民力，實爲政治、學術、技藝之大原。」「言群治者，必曰德，曰智，曰力。」（《新民說・釋新民之義・論私德》）而此中最難以成就者，在於新民德——梁氏又曰：「智與力之成就甚易，惟德最難。」蓋欲以新道德易國民，必須「其本原出於良心之自由」，且夫私德與公德並非對待之言，而是相屬之「公德者，私德之推也。」故梁啓超一方面亟言公德，另方面亦強調：「欲鑄國民，必以培養個人之私德爲第一義。」其「新民」理論，正是「欲以新道德易國民」之以改造國民性爲核心，是以他極力宣傳：「諸君之重視道德與蔑視道德，乃國之存亡所由繫也。」（《新民說・論私德》）他憂心隨著西方物質文明的傳入，中國卻沒有相與適應的精神文明，故他要求國人皆能樹立起國家思想、群體觀念，並培養公德、自治、自尊、合群、自由、冒險進取、堅毅與尙武等觀念和品德，如此才能處理好個人在現代化社會中的權利與義務、自由與服從、獨立與合群、利己與愛他、利群等一切人倫與社會關係。其說對於國人在當時建立起新政治秩序、道德觀念、社會意識以及國民意識等，具有積極作用；對於激發國人朝氣蓬勃、積極進取以及產生愛國主義熱情、促進中華民族覺醒等，也有重大影響。

爲什麼以「新民德」爲「新民」的中心主張？斯即戊戌變法失敗後，梁啓超體認到「國民大多數」道德腐敗墮落，不足以救國與致富強，故他轉從文化的深層結構，對近代中國積貧、積弱的根源進行思考並加以救正。他將造成國民道德不振的源頭，指向國人長期受到專制政體之陶鑄、近代霸者之摧鋤、屢次戰敗之挫沮、生計憔悴之逼迫與學術匡救之無力等，認爲由此遂養成了國人庸劣、卑屈、嫉妒、陰險、鬮媚、權詐、姦僞、僥倖、殘忍、傾軋、涼薄、狡僞、褊狹……等種種惡德，並由此造成國人少有能夠眞正從事於生利事業者，而導致了「雖有辯者，不能爲中國之貧諱」的中國貧弱事實。他舉例如兵勇和應武試者、官吏之一大半、幕客胥吏僕役、土豪鄉紳與乞丐、竊盜、棍騙、僧道、紈絝子弟等，皆爲「不勞力而分利者」；而雖有少數從事於生利事業的勞動者，卻又因生計所迫而亦養成貪鄙、虛僞、諂阿、暴棄、偷苟之種種墮落道德，終究是爲「勞力而仍分利者」（《新民說・論生利分利》）。因此梁啓超要進行道德革命，要建立起不同於中國傳統舊道德的國民新道德，以期國人能以崇高的道德情操致力於自我及社會革新以拯救中國。

那麼，何者是不同於中國傳統社會的新民德？——隨著近代西方文明與物質的輸入，晚清社會也開始了近代化轉型，梁啓超的新民思想，正是著眼於國人必須要有相應於新型態社會的新道德，才能適應近代化社會講求「個體與群體」如國家、社會、個人、他人間的諸多權利義務關係。《新民叢報》創立章程亦言，「中國所以不振，由於國民公德缺乏、智慧不開，故本報專對此病藥治之，務採合中西道德以爲德育之方針，廣羅政學理論，以爲智育之原本。」（《梁任公先生年譜長編初稿・光緒28年》）是以梁氏「新民」理論頗爲突出傳統道德思想外的新民德，就是立足在西方自由主義以及對於「公／私」領域劃分的思想基礎上，涵蓋公共理性與個人自由而言的新道德觀。溯自嚴復譯介約翰彌爾（J. S. Mill）《論自由》（*On Liberty*）而命名爲《群己權界論》一書，開啓了國人對公、私領域以及個體與群體間權利義務的認識，梁啓超亦極力宣導之。蓋有關公、私議題，可以從思想史、社會史或文化史的向度，涵蓋對抽象的哲學範疇、道德、政治理念和具體的社會實踐等討論。而中國哲學從先秦到宋明的兩千年間固然特重道德學，尤其思、孟、《學》、《庸》、宋明理學一脈對於道德心性論的闡發已經達到高峰；然其義理重心卻主要落在哲學範疇的個人內聖修身上，對於公私、義利多採取兩橛對立性的看法，而主張以「天理之公」壓抑「人欲之私」，要求個人應克制私欲、重義輕利地實現形而上的道德理境。故傳統道德學在清代新義理學未興起以前，儒者面對公、私問題多採取善惡二分法，將道德問題化約成爲公私問題，而將「私」視爲萬惡之源地少有對於「利己」之個人私、利、欲價值肯定。如朱子言：「飲食者，天理也；要求美味，人欲也」（《朱子文集・答何叔京》），便未賦予追求「血氣之養」的耳目聲色、富貴利達等好名、好色、好貨利之正當性。——從此一傳統哲學範疇出發的道德關懷與義理重心，迥非晚清知識分子在西方思想薰陶下所宣揚的個人自由、權利與公共理性，如自由主義所主張，個人在無關公眾的私領域中擁有控制權與自主權。因此偏重倫理學與形上學的中國傳統哲學，其所強調的道德價值之形上面及「滅私存公」之反對個人私、利、欲的道德理念，有別於西方對政治學、社會學與個人自由的重視；中國傳統哲學並未具備西方「私領域」的概念，其公、私觀不能以「public」、「private」加以訓解，也並無對等於個人領域如隱私之權（privacy）、公共領域（特別是市民社會：civil society）以及關乎個體與群體間的道德規範等。

不過伴隨著明清氣學之逐漸流行而由戴震集大成的乾嘉新義理學，其於理學「存理滅欲」的義理模式已經有所修正，而轉型成爲「通情遂欲」之重視實在界，及強調「欲遂其生，亦遂人之生」之「有生則願遂其生而備其休嘉者也」的義理模式了。故部分清儒已能正面看待人們對於生活的休嘉美善期望，暨「求利而不害義」的「利己」思想之正當性、合理性，而趨近於清季嚴復譯著所稱個人之「自繇界域」——「使所行之事，利害無涉於他人，則不必謀於其群；而其權亦非其群所得與。」「凡其人所喜好嗜欲與其所追趨而勤求者，內省其才，外制為行，禍福榮辱，彼自當之，此亦非他人所得與也。」（《群己權界論》）是故梁啓超所欲樹立的新民德，正是立足在清代新義理學之賦予個人私、利、欲價值肯定上，又結合了自由主義與群學意識，而以群學視域為出發地倡導兼具利己與愛他利群，一種既符合自由主義又符合公共理性、國家思想的新道德觀。

二、以「道德進步論」演繹進化論

影響晚清思想界求變思想的，主要有今文學「三世」說以及達爾文進化論。在政治哲學與政治法制之變遷上，先是康有為為達變法目的，假事託義地以公羊「三統」、「三世」和〈禮運〉之大同理想解釋進化思想，並比附以「君主／立憲／民主」之政治演進軌跡；繼之，梁啓超立足其說，復發揮斯義地提出了三階段六時期的「三世六別」說。其說將政制變遷軌跡區分成為「多君為政」、「一君為政」和「民為政」三世，其中多君世又分成「酋長」與「封建世卿」之世，即今文家所稱戰亂多苦的「據亂世」；一君之世分成「君主之世」、「君民共主」之世，即小康局面的「升平世」；民為政之世則區分為「有總統」和「無總統」之世，即所謂「太平世」。此外，他亦認同康有為「進化有次第」的不能躐等主張，而亦持論「凡政治之進化，必有階級；躐階級而進焉，未有能有功者也。」「未及其世不能躐之；既至其世，不能閼之。」（《管子傳》）並皆是為漸進改良主張的變制維新理論。

但是在早期接受師說強調「求變」精神，而主張世運循據亂、升平、太平次序遞嬗的「三世」之義外；梁啓超於流亡日本及「讀東文」並接觸加藤弘之的學說後，更深入地認識了達爾文強調「優勝劣敗」的生物界生存競爭法則，以及斯賓塞將「適者生存」轉化運用於社會學人類社會的「社會達爾文主義」，於是思想爲之一變。三十歲以後已不甚談「託古改制」的梁啓超，接受了進化論「始於胚胎，終於成體」之胚胎、發芽、生長到成熟的步步演化過程，自後他深信進化史觀地從「進化者，天地之公例」角度（《新民說．論進步》），強調一切事物皆循進化公理不斷前進，並以此說明人類歷史是一個不斷由低級向高級進化發展的運動過程。他曾以「能自新以優勝」的「新民」結果印證進化論之「優勝劣敗」，並書爲〈就優勝劣敗之理以證新民之結果而論及取法之所宜〉，以讚揚其時他認爲最優勝而爲「主中之主，強中之強」的盎格魯撒遜人。他肯定盎格魯撒遜人正是能以「新民」做爲自立之道的民族，其人民普遍能夠獨立自助、守紀律循秩序、常識豐富而不爲無謀之躁妄舉動、富於權利思想並強烈捍衛之、體魄強壯又冒險堅忍、重視實業而不尚虛榮，是以其爲世界最有勢力民族，「非天幸也，其民族之優勝使然也。」所以梁氏亟欲取法之，以期國人「一一勘之，一一鑒之，一一改之，一一補之」（《新民說．就優勝劣敗之理以證新民之結果而論及取法之所宜》），用做自新其德的「新國民」楷模與標準。

梁啓超相信進化原理是涵蓋生物界與人類社會的普遍規律，他除在政制變遷上發揮進化思想外，在宗教道德與風俗習慣等方面，他亦持信人類智識所能見的一切現象都日益進化。其論曰：

> 地球、人類、乃至一切事物，皆循進化之公理，日趨赴於文明。……凡人類智識所能見之現象，無一不可以進化之大理貫通之。
>
> ——〈論學術之勢力左右世界〉

大地之事事物物，皆由簡而進於繁，由質而進於文，由惡而進於善。
——〈論君政民政相嬗之理〉

在從「由質而文，由惡而善」之進化觀點看待一切事物的歷史變遷下，梁啓超肯定世界以競爭而進化；由此，他推出人類道德之歷史演變，亦隨著社會關係與社會文明之發展而不斷提昇，所以他從進化論又導出了「道德進步論」。該論與其「新民」說之道德革命主張，實爲表裡而互相輔成，是爲梁氏強烈主張國民變革的「新民」說之內在理論基礎。

梁啓超認爲最大多數人的最大幸福，就是道德的終極目標與衡量標準，曰：「得幸福者之多數少數，即文明差率之正比例也。」儘管所論不無討論空間——有利是否能夠等同於道德？多數人的幸福一定具有道德或價值上的優先性嗎？但他到底樂觀地堅信：獲得幸福的國民範圍，必「日進而趨於多數也」（〈政治學學理摭言〉），並將之歸諸天演之公例而不可逃避者。故他雖然嚴厲批判了晚清時期整個社會的國民道德，但對於道德發展的前景，他仍然充滿了信心，此其所以提倡道德革命的根本信念。

所謂道德進步論，係梁啓超結合了道德起源、本質、作用與善惡等多方論述的說法：

對於道德起源，他立足在清代新義理學家阮元以「相人偶」論仁的基礎上，復自群學角度加以思考。乾嘉新義理學從理學對道德理性的超越性強調，轉爲對經驗進路的客觀實踐重視；清季康有爲亦繼承了阮元仁論之謂：「相人偶者，謂人之偶之也。」「必人與人相偶而仁乃見。」「以此一人與彼一人相人偶而盡其敬禮忠恕等事。」（《揅經室一集．論語論仁論》）康氏亦發揚「仁從二人，人道相偶」之義，謂以：「人不能離群獨處，無在不與人交，無處不與人偶。與人交偶，相親相愛，則人道成；相惡相殺，則人道息。故仁者，人道交偶之極則也。」（《論語注．子罕》）梁氏也說：「德之所由起，起於人與人之有交涉」，並舉例《魯賓遜漂流記》所稱之孑身獨立荒島，便無所謂德不德（《新民說．論私德》）；而既然道德係起於團結與認同的群體意識，則道德之立便是爲了「利群」目的——「道德之精神，未有不自一群之利益而生者。」由此便可以推出「有益於群者爲善，無益於群者爲惡。」（《新民說．論公德》）是以梁啓超所持的道德觀，是一種社會需要決定道德、社會共同利益決定道德的看法；其「新民」說之所以極力提倡公德，亦出於他持信「公德盛者其群必盛，公德衰者其群必衰」（〈論中國國民之品格〉），而公德正是「人人相善其群」的道德，故他極力倡言「知有公德，而新道德出焉！而新民出焉矣！」（《新民說．論公德》）但是他深感傳統道德觀長期來側重個人的內聖修身、涵養德性，缺乏凝聚國家思想與愛國心理的群體意識；而他認爲一個國家想要固群以保國、保種，首先就要發揚國民公德，是以被梁啓超定義爲「向一目的而上進之謂也，日邁月征，進進不已」的進化思想（〈中國專制政治進化史論〉），正可藉以激發國人的救國主義，使國人凝聚愛國意識而放棄「夷夏之辨」與家族中心觀念。故進化論爲長期習於保守傳統的中國帶來了現代化動力，正是深受影響且亟加運用的梁啓超用做激發國人上進與合群的理論依據。

梁啓超強烈的民族主義、救國動機與對利群公德的重視，使其所提倡的新民德，皆著眼於中國人必先「合群」而後可以建立一適於天演並對外競爭的民族國家；其「有益於群者爲善」的道德觀定向，亦決定了其「道德進步論」，是在中國傳統哲學側重涵養個人道德以外的，對於利群公德之著眼與訴求。是故梁啓超所提倡的自由主義，並不是「知有一己而不知有國家」之不顧他人與國家群體的極端、或狹隘的利己主義（《新民說．論國家思想》），他認爲那樣將導致「己之利未見而害先覩矣。」（〈十種德性相反相成義〉）他所強調的個人自由——「人之奴隸我不足畏也，而莫痛於自奴隸於人；自奴隸於人猶不足畏也，而莫慘於我奴隸於我」，主要是一種突出內在思想自由的「積極自由」脈絡——依柏林（I. Berlin）袪除外在障礙（身奴）的消極自由與袪除內在障礙（心奴）做自己主人的積極自由而言；故他要求個人必須不爲古人、世俗、境遇、情慾所牽絆地自做主人。蓋人被心中奴隸所束縛時，「如蠶在繭，著著自縛；如膏在釜，日日自煎」，故「若有欲求眞自由者乎，其必自除心中之奴隸始。」（《新民說・論自由》）不過當涉及個人與國家自由時，則梁氏頗將國家利益和權力置諸個人之上，而主張提倡大我、犧牲小我、去私愛以謀社會進步；就此一側重群體自由之詮釋脈絡言，其論頗乖違西方自由主義之以個人自由爲核心。其論曰：

> 進化的運動，不可不犧牲個人以利社會（即人群），不可不犧牲現在以利將來。……何以故？現在之利己心，與進化之大法無相關故。非惟不相關，實不相容故。……人性中之最個人的、非社會的、非進化的，其於人類全體永存之進步，無益而有害者也。
> ——〈進化論革命者頡德之學說〉

梁啓超提倡自由主義但受國家主義影響而側重群體自由，其所反映的，正是近代中國知識分子在救亡圖存下的共同關懷和普遍特色，亦西方漢學主流認爲中國文化具有集體主義和權威主義的特點。梁氏對自由的詮釋，在群己關係上明顯受「有機體國家觀」的影響；而史華茲（Benjamin Schwartz）論嚴復，亦謂嚴復將民主與國家的集體價值（——富強）結合，其譯著已將彌爾《論自由》（嚴譯《群己權界論》）的重心由個人轉移到國家，而強調限制個人自由，以及如何以個人自由促進民德、民智與國家利益，屬於一種手段性的民主思想，惟學界對此說多已修正。至於梁啓超，則他在「社會達爾文主義」以及伯倫知理（Johann K. Bluntschli）國家有機體觀影響下，其「開明專制」主張亦與嚴復從儒家成己成物精神出發，肯定出於道德自主性之犧牲小我自由、成全國群自由的善群思想頗有近似處，其救國理論的中心觀念圍繞著群體意識。

至於對群己關係的衝突處理，則梁氏乃以「非利群則不能利己」的「群己一體」辯證關係，（《新民說・論國家思想》）闡明個體與群體間雖然有時會出現犧牲個人利益的情況，但其間亦存在「苟不愛他，則我之利益遂不可得」、「必先利其群，而後己之利亦從而進焉」之依存關係（〈樂利主義泰斗邊沁之學說〉、〈十種德性相反相成義〉）。先從現實層面的消極意義言：面對外侮，梁氏欲培養國人尚武的精神，激發國人「愛國心」與「自愛心」的一體感，以使「人民以國家爲己之國家」、「國家成爲人民之國家」，故他以「人人皆有性命財產，國家之設兵以保人人之性命財產。故民之爲兵者，不啻各自爲其性命財產而戰也。」（《自由書・中國魂安在乎》）以及「無群無國，則吾性命財產無所託，智慧能力無所附，而此身將不可以一日立於天地」（《新民說・論公德》），闡明群己間攸戚相關、榮辱與共的「剝膚之利害」和「切己之榮辱」關係。其論曰：

> 以一家論，則我之家興，我必蒙其福；我之家替，我必受其禍。以一國論，則國之強也，生長於其國者罔不強；國之亡也，生長於其國者罔不亡。故眞能愛己者，不得不推此心以愛家、愛國，不得不推此心以愛家人、愛國人。
>
> ——〈十種德性相反相成義〉

其論自群體爲一有機體的觀點出發，指出利己心和愛他心是「一」

而非「二」；復由此基點理解西方的自由主義，並批判極端個人自由主張是對自由主義的誤解。在其所持信的：進化是世界公理下，他正是以群己一體的利害攸關，做爲個人道德能夠「由惡而進於善」地向著利群方向邁進的保證。

再從精神層面的積極意義言，梁氏欲培養國人的高尚情操，他曾引述加藤弘之曰：「以意識論，可謂之利他；以本源論，實仍爲利己也。夫利益之高等者，不在軀殼之樂而在心魂之樂。故此種心實利己心中之最高尚最優美者也」（《自由書．加藤博士天則百話》），以論利他的背後蘊藏了利己的快樂——故「利群」最終實現了「利己」。此說則趨近宗教家、道德家勉人爲善與普渡眾生之心性快樂。因此梁啓超不是要求國人將利己主義剷除淨盡，而是希望擴充、鞏固此主義，「求如何而後能眞利己？如何而後能保己之利使永不失？」故其曰：「則非養成國家思想不能爲功也。」（《新民說．論國家思想》）在梁啓超從群己一體而非群己對立的角度詮釋自由主義，又以惟能愛他利群才是眞利己，解決了個人與群體的利益矛盾後，基於「利己者乃人之性」，梁氏相信人人必將朝著利群的方向努力，利己與利群終能同趨並進地共同推動人類道德之進步，是以人類的道德最終必能獲得提昇。

惟梁啓超之於「群」和國家利益的高度看重，及其倡言「自由云者，團體之自由，非個人之自由」，並批評個人自由勝團體自由是爲「野蠻自由」，而「野蠻自由，正文明自由之蟊賊也。」且夫當群與身出現利益衝突時，他乃以「詘身伸群」做爲人治之大經，曰「身與群校，群大身小。詘身伸群，人治之大經也。當其二者不兼之際，往往不愛己、不利己、不樂己，以達其愛群、利群、樂群之實者。」（《新民說．論自由》）則其論亦頗引起學界對其自由主義的爭議。張灝《梁啓超與中國思想的過渡（1890-1907年）》，認爲梁氏雖醉心西方民主，但不是西方以個人爲基礎的自由主義，其思想核心是比個人更重要的國家利益和「群」，其自由主義具有國家主義的特質。張朋園也認爲梁啓超在1903年後從一度接受革命思想又轉回溫和，係受日本進化論保守派的強權論者加藤翻譯伯倫知理凸顯國家主義的國權政治論影響，其說適與盧梭（Rousseau）《民約論》之「天賦人權」成爲反對，故梁氏曾撰〈政治學大家伯倫知理之學說〉以駁斥革命論，又讚賞反對個人主義的「進化論革命者」頡德（Benjamin Kidd），他自己亦主張民智未開不僅不能革命，甚至君主立憲也非其時，所以一度又曾退至「開明專制」主張。但是蕭公權持反對意見地認爲梁氏接近英國傳統的自由主義，其「新民」思想是環繞個人人格的發展，其民權思想亦接近英國傳統自由主義之限制政府權力以發展個人能力。大抵來說，梁氏思想因時勢境遇之不同而有所變化，有過渡時期的手段和最終理想的不同：在光緒29年（1903）前，他以崇尚自由、競爭、自治、合群的盎格魯撒遜人做爲「新民」的模範與目標；29年後則以伯倫知理的國家主義爲依歸。其「新民」說實兼有對自由主義與國家主義的重視與提倡，而前後著重點則有所不同。

三、以復興諸子學啓蒙思想

在吸收借鑑西學外，梁啓超亦頗致力於我國傳統文化。他認爲「學術之影響於國民性者甚鉅」，而治古學者亦「當周於世用也」（《墨子學案・第二自序》），故他對於我國古學有一廣泛的全面省思。在他的批判與新詮立場下，他對於兩千年來居學術思想主流的儒家以及非儒學派的諸子學，有一結合了現代眼光的重新評價，他欲藉由賦予近代西學價值的諸子學，啓蒙國人的新思想新觀念。

戊戌變法期間，儘管梁啓超嘗對今文學加以猛烈宣傳，然自三十以後，他已放棄「僞經」與「改制」說了，其後更脫離孔教與儒學束縛地平等看待諸子。他肯定我國「以世界最古最大之國，取精多而用物宏，其人物之瑰瑋絕特，敻非他國之所得望」；但是他反對過去讀書論世者之「持偏至之論，挾主奴之見」，使得歷史上一些「徧徵西史，欲求其匹儔而不可得」的非常之人、非常之業，因不屬於儒家主流而「泯沒於謬悠之口者，不可勝數也。」對於這些非儒學派而足以光國之史乘、永國民謳思的賢哲，他認爲史家之職應「導國民以知尊其先民，知學其先民。」（《管子傳・自序》）因此他在流亡日本並廣泛接觸西方社會政治學說後，即開始以西方近代思想和研究方法重新認識並整理中國文化，亦有意於藉此媒介以做爲對國人的思想啓蒙。他針對一些能夠發明政術、法治主義或經濟政策，且可藉西學予以疏通證明的非儒政治家、思想家如管子、墨子、商鞅、王安石等，力爲平反地撰作「洗冤錄」一類的著作。晚清，他已涉墨、法藩籬地撰作了《子墨子學說》、《管子傳》；晚年遠離政治後，他更兼及諸子思想地撰作《老子哲學》、《墨經校釋》、《墨子學案》、《先秦政治思想史》等，對於儒、道、墨、法四家皆有所涉獵。

梁啓超之念茲在茲，皆在致國家於富強之境，故他對於歐美人所以能雄天下的原因，如國家思想、法治精神、地方制度、經濟競爭、帝國主義等，再三措意焉，並認爲斯即「中國人所以弱於天下者。」於此，他頗將之歸咎於陋儒訾議功業。如孟子雖有對於管子的輕薄之意、羞與爲伍之心，但孟子的過激之言或有所爲而發，後世陋儒卻吠影吠聲地發爲迂腐末論，故他批判：「以此誤治術、誤學理，使先民之良法美意不獲宣於後，而吾國遂渙散積弱以極於今日，吾不得不爲後之陋儒罪也。」（《管子傳・敘論》）是故梁啓超之於非儒學派發揚，突出於長期的儒家主流傳統之外——譬如以法家名的管仲，儘管孟子再三以其助齊桓公行霸道而未行王道加以詆譏，但是梁氏卻稱許其能行法治主義。雖然管子之言法治，非如近世立憲國之要求限制君權，反之，他要求增益君權；然梁氏知人論世地析論管子之世中央集權制猶未鞏固，君權尚未確立，種族紛爭劇烈，民業亦未大興，是以管子「論國家之起原，以爲必有法，然後國家乃得成立。」（《管子傳·管子之時代及其位置·法治之必要》）故他說管子之獨張君權，「非張之以壓制人民，實張之以壓制貴族也。」並且管子知法有不行者，「其首梗之者，必君主也」，所以管子言「凡私之所起，必生於主。」「明君置法以自治，立儀以自正也。」「無道之君，既已設法，則舍法而行私者也。」「爲人君者倍道棄法而好行私，謂之亂。」則是管子已經能夠認識「君主當受限制於法，然後法治之本原立」的法治精神了，因此管子乃以「君臣上下貴賤皆從法」做爲訴求。以此，梁啓超肯定管子之以法治治國，「乃國家所立以限制君主，而非君主所立以限制臣民。」「非有所私於君主也。……實國家所立，而君主與臣民同受其限制者也。」（《管子傳·法治與君主》）梁氏對於管子的法治主義發揚，正是欲藉遠古的先哲管子，激勵國人起而效尤的遵守法治精神。

除法治主義外，梁啓超復欲藉管子齊民政策的「治莫貴於得齊」主張，宣揚他首要強調的國家思想——「身」與「群」較時的「絀身伸群」主張。關於政府之應採行放任、或干涉主義？梁啓超認同管子的「得齊」說，稱以「國家所以維持發達之最要條件也。」蓋他持信「非有以牧之，則民不一，而不可使」，故謂：「今後大勢之所趨，則干涉論必占最後之全勝蓋無疑矣！」他認爲民之所以樂有國家者，正以「幸福之一大部分，各自謀焉而決不能得，故賴國家以代謀之。國家而一切放任，是自荒其職也。」是以他批評當時政治現象與社會情態之所以綱紀蕩然、百事叢脞、苟且媮惰，舉國上下頹然暮氣而國勢墮於冥冥，馴至不可收拾者，「莫非放任主義滋之毒也。」他堅信法家齊民主張的干涉主義是爲治國的不二法門，「施之中國，尤藥之瞑眩而可以瘳疾者也。」（《管子傳·法治之必要》）其他梁氏肯定管子的言論，如美其論「治國之道，必先富民」而全力發展國民經濟、獎勵生產；美其不濫用法權、尊民權，「立法之事業，與民共之也……行政之責任，惟民監之也」……等等，餘論尚多。要之，梁啓超多以西學疏通證明管子學說，讚揚他是偉大的政治家暨學術思想界一鉅子，思欲以其法治思想啓蒙國人觀念。

除闡揚法家管子思想外，「幼而好墨」的梁啓超，對於墨家思想的發揚亦不遺餘力。繼孫詒讓在19世紀以《墨子閒詁》疏理墨子學，然後「《墨子》人人可讀，現代墨學復活」之後，梁啓超可謂20世紀初闡揚墨學的後勁。他曾於1904年在《新民叢報》發表《子墨子學說》、〈墨子之論理學〉（後來合爲《墨經微》出版），又於1920年代撰成《墨經校釋》、《墨子學案》及《先秦政治思想史》的墨子之部。梁氏墨學係立足在汪中、畢沅、王念孫、王引之父子以及張惠言、陳澧、俞樾、孫詒讓……等人之於《墨子》讎釋基礎上，又因「比年以來，歐學東注，學者憑借新知以商量舊學」，而深感墨學涵義「浩無涯矣！」他面對前賢眾說，從早期欲爲現代中國提供一根植於傳統且符合西方學說的理論基礎，到1920年代已不再有那麼強的民族主義色彩，而傾向於說明中國文化應有的特質與傳統根源（參黃克武：〈梁啓超的學術思想：以墨子學爲中心之分析〉），他深感猶有「爾許詮釋未安之餘義」，故有《墨經校釋》等著作，並自述「其於畢、張、孫諸君子之說持異同者蓋過半。」（〈自序〉）梁啓超對沉寂了兩千多年的墨學義理興趣，頗殊別於18世紀清中葉到19世紀以校勘訓詁之謹嚴治經法治諸子的諸儒，如畢沅《墨子注》、孫詒讓《墨子閒詁》和王念孫《讀書雜志》、俞樾《諸子平議》之墨學趨向，也不同於乾隆間汪中從儒家立場解讀的墨子學；梁氏之墨學和胡適的《墨辯新詁》以及章太炎的諸子批判等，可以視爲晚清墨學及諸子學的新階段轉趨，轉爲重視思想性及批判性。

在梁啓超的救國意識下，他對非儒學派的諸子學發揚，主要是與近代西學相會通，並以重新詮釋的諸子學來啓蒙國人的新思想，故如他之肯定墨子「非命」思想，便結合了「物競天擇」、「優勝劣敗」等說，超佚儒學束縛地從「非命者，墨學與儒學反對之一要點，而亦救時最適之良藥」角度，批判儒教普遍信條的有命說——如曰：「不知命，無以爲君子」、「死生有命，富貴在天」、「道之將行也，命也；道之將廢也，命也」……，他對於一切社會制度、乃至貧賤富貴等，皆主張以「力」代「命」，謂以「夫力也者，物競界中所最必要者也。」（《墨經校釋．自序》）凡是在現實中未能獲致好結果的，他都認爲由於「力有未盡，非命之爲之也。」故其論「力」與「命」，曰：

人安於「命」而弛於「力」，則世界之進化終不可期，而人道或幾乎息，是以子墨子痛辯之。

自勉爲優者適者，以求免於劣敗淘汰之數，此則純在「力」之範圍，於「命」絲毫無與者也。……明夫天演之公例者，必不肯棄自力於不用而惟命之從也。……吾以爲力與命對待者也，凡有可以用力之處，必不容命之存立。命也者，僅偷息於力以外之閑地而已。故有命之說，可以行於自然界之物，而不可以行於靈覺界之物。

——《子墨子學說．非命》

他亟反對有命說，認爲「我國幾千年的社會，實在被這種『命定主義』阻卻無限的進化。」（《墨子學案．墨子之宗教思想》）因爲「有命說」行，則「人人自由競爭之銳氣而摧折之」，故謂「儒說之可議處，莫過此點。」「命之一語，其斲腐我中國之人心者，數千年於茲矣！」（《子墨子學說．墨子之實行及其學說之影響．非命》）因此他將墨子「非命」說，視爲「思想界一線曙光」，以爲能夠「直擣儒道兩家的中堅，於社會最爲有益。」（〈墨子之宗教思想〉）梁氏之讚美墨子「非命」說，有相當程度是受到進化論影響，故欲藉以掃除國人迷信的心理，即數千年來緣「有命說」形成的國人徬惶迷惑於風水、鬼神、氣運、術數等種種謬想，並欲啓蒙國人的力行和進化思想。但於此仍要加以說明的，是儒學論「命」，實兼有天命義與命運義，其與墨學「非命」之命，並未等同。

梁啓超亟強調學術對於國民性的形塑作用，他復將國人長期來「輕開邊黷武，而尊守土悍難」的國民性，歸功於「乃墨翟、禽滑釐、孟勝、田襄子諸聖哲，濺百餘年之心力以蒔其種於我先民之心識中，積久而成爲國民性之一要素焉。」其謂國人雖然對外一向無雄略，甚至往往受他族蹂躪，但卻始終能夠「怯於攻而勇於守」地保全祖宗疆守勿失墜，正是「非攻而尊守」的墨學特性。雖然對安土重遷的國人而言，「尊守」思想未必源自墨學；但這正是清季處列強覬覦下，梁啓超所欲借重的國學精神，故他言：「斯義者，則正今後全世界國際關係改造之樞機，而我族所當發揮其特性以易天下者也。」（《墨子學案．第二自序》）於此可見梁氏之墨學發揚多出深層意識的救國動機。而除藉墨子的「非命」思想鼓勵國人力行不輟，復藉墨子的「非攻尊守」來激勵國人守土悍難外；梁啓超對於墨子「多以愛、利兩者並舉」的圓滿實利主義和「知行合一」的實行精神，也都賦予高度評價。

梁氏將墨子主張以勞力爲生產獨一無二之要素，比爲「與今世社會主義派所持殆全合」，並將其所要求增長生殖力，詮釋爲：「使舉國之人，皆爲生利之人，而無分利之人；使舉國之事業，皆爲生利之事業，而無分利之事業，此墨子之志也。」（《子墨子學說．墨子之實利事業》）至於墨子，則「論到人格，墨子眞算千古的大實行家，不惟在中國無人能比，求諸全世界也是少見。」（《墨子學案．實行的墨家》）而墨學實行之大綱，「其最要莫如輕生死，次則忍苦痛。……欲救今日之中國，舍墨學之忍苦痛則何以哉？舍墨學之輕生死則何以哉？」

（《子墨子學說·墨學之實行及其學說之影響》）於此並見梁氏解墨頗出愛國主義與致中國於富強的救國之想。此外，他對於墨子「尙同」主張之謂「天下之所以亂者，生於無政長，是故選擇天下賢良聖知辨慧之人，立以爲天子，使從事乎一同天下之義」，亦將之比擬於發源自英國霍布士和陸克、而大成於法國盧梭的「民約論」（《墨子學案·墨子新社會之組織法》）。要之，梁氏論墨之謂「今舉中國皆楊也。有儒其言而楊其行者，有楊其言而楊其行者，甚有墨其言而楊其行者。……楊學遂亡中國。今欲救之，厥惟墨學」（《子墨子學說·敘論及子墨子略傳》），及其《老子哲學》在發揚老學思想之餘，亦極不謂然於人們每說老子是厭世哲學者，而曰：「我讀了一部《老子》，就沒有看見一句厭世的語，……老子是一位最熱心熱腸的人。」（《老子哲學·作用論》）皆可以見他對於傳統文化的反思、批判與發揚，既是對所言「要人人存一個尊重愛護本國文化的誠意」、「要用那西洋人研究學問的方法去研究他，得他的眞相」，然後綜合自己的文化而以西學補助之，組成「一個新文化系統」，再「把這新系統往外擴充，叫全人類全體都得著他的好處」之自我實踐（《歐游心影錄節錄》）；同時也是他欲藉發揚優秀傳統文化，以針砭國人缺乏公德心和群體意識，以改造國人習常的獨善其身和自私自利，並鼓動處困境的中國人發起救亡圖強心力的救國實踐。

四、以佛教激發「心力」的宗教救國主張

宗教亦是文化的一個環節；晚清學界相較於清代前中期主要依考證學發展的主流學風，義理興味顯得更加濃厚而熱絡，其在佛學與諸子學上皆有一嶄新的復興局面。繼彭紹升與龔自珍、魏源後，楊文會是近代佛教復興的先驅——他承三教合流但改變原來以儒學爲本位的三教關係，「以佛釋儒」、「以佛釋道」地從佛教角度詮釋儒、道思想；他

吸收、借鑑西學，並順應社會進步潮流地創辦學堂（1907年創祇洹精舍），使新式佛教教育遍地開花，熊十力、呂澂等皆其門人歐陽竟無之著名弟子；他還發起大規模的刻經事業，使佛教淨土宗、華嚴宗、惟識宗等皆有經可依；此外，他要求學佛者無須脫離俗務、摒絕萬緣，亦開出了清末民初以「居士」而非出家眾薰習佛學的「居士佛學」特色。要之，清代後期呈現了一片濃厚的佛教氛圍，龔自珍「狂便談禪」地藉佛教「空」與「苦」核心觀念以批判時政、改造現實；魏源、楊文會則以佛教淨土理想會通社會理想；康有爲亦以大乘菩薩行精神會通儒家經世思想，眾本性海地認爲人類皆爲同胞；章太炎建立起萬法惟識、翕辟成變的思想理論；梁啓超則借重佛教引導國人的無畏精神及凝聚愛國心，以鼓動救亡圖存的「心力」。

梁啓超早期對於「教」與「學」並未加以區別，他曾經認同其師康有爲倡議尊孔教爲國教，及其「保聖教」以對抗耶教的主張。他在1897年分析美國華工之地位低下、爭強鬥狠以及備受輕視侮慢時，亦希望藉由孔教「神道設教」的方式來教化人心，他並致信駐美公使伍廷芳，建議「凡華市繁盛之地，皆設建孔廟，立主陳器，使華工每值西人禮拜日，咸詣堂瞻仰拜謁，並聽講儒經大義，然後安息。則觀感有資，薰陶自易。」（〈致伍秩庸星使書〉）但是當他流亡日本並受日本宗教觀和佛教思想影響後，1902年起便公開放棄了以孔教爲國教的主張，且不惜以「今是昨非，不敢自默」的「我操我矛以伐我」之姿，撰爲〈保教非所以尊孔論〉以論：「孔子者，哲學家、經世家、教育家、而非宗教家也。」「我輩自今以往，所當努力者，惟保國而已；若種與教，非所亟亟也。」（〈保教非所以尊孔論〉）他體認到孔教與群教不同，主張維護法律之信教自由，並批判「保教」說束縛國民思想且有妨於外交。其後他又發表〈論佛教與群治的關係〉，指出中國社會欲進步，必須要有一宗教信仰，以做爲「群治獲進」與「治事」的心靈力量；然而孔教是教育之教而非宗教，「其爲教也，主於實行，不主於信仰」，他教又多使人「不知而強信」，故惟有依賴「智」與「悟」而主張人人與佛平等的佛教，才是可以借重做爲改善社會的宗教思想。察夫晚清革新派人士如龔自珍、譚嗣同、章太炎等，都在政治失意後對佛學生出豁然解脫的興味來；梁啓超亦切身地感知佛教以其因果、輪迴、業識與精神存在等說賦予個人生命行動意義，正是能夠增進個人在國家、社會、家族中團結一致，並且使所有國民意識到自己與國家改革休戚與共，而且是當做信仰的一種改善社會力量。故他之提倡佛教，除受日本佛教影響外，實際上也有他撰作〈我的生死觀〉的切己體認。因此他希望借重佛教以培養國民「智信而非迷信」、「入世而非厭世」、「兼善而非獨善」、「自力而非他力」的宗教信仰（〈論佛教與群治之關係〉）。佛教正是梁啓超藉以教化現代國民——「新民」的宗教力量。

不過從「新民」之道出發，倚重做爲改善社會力量的宗教觀，是實用性、功用性的宗教觀，並不是純粹的宗教信仰。或謂梁氏係「把宗教當作一種精神動員的方法，用來誘導、催引潛在的政治力量。」（黃進興：〈梁啓超的終極關懷〉，《史學評論》第2期）梁氏對於佛教的興趣，主要是從促進國家進步的目的來考量，希望藉由佛教轉化國民性並激發國人救亡的「心力」——他通過宗教信仰以培養國人的一體感，使在必要的時候，人人皆能爲國家利益而犧牲小我；他藉由靈魂永存說使人們擺脫死亡恐懼，培養無畏的精神；他又以普渡眾生的菩薩行及心識之無窮盡力量，使人們發起願心而力去從事。故他說凡一切佛法、五蘊、十二因緣、八識等，皆「可以證明『無我』的道理。」又說「佛說五蘊，不外破除我相。」「所謂人生所謂宇宙，……隨生隨住隨變隨滅。隨滅復隨生，便是五蘊皆空的道理，也便是無我的道理。」（《佛學研究十八篇．附錄二：佛教心理學淺測》）他對於佛教的運用，主要是藉佛教心性 以發起國人的救亡信心與勇氣。

而梁氏之於「心力」強調，亦是晚清革新派的一種流行觀點。繼龔自珍敏銳察覺衰世將臨及突出人才地強調「心力」作用，曰：「天地，人所造，眾人自造，非聖人所造」，「心無力者，謂之庸人。報大仇、醫大病、解大難、謀大事、學大道，皆以心之力」（《龔自珍全集・壬癸之際胎觀第一、第四》），以此對舊制度展開批判後；清季則革新派立足斯義，復吸收西學「ether」（以太）的「電」的概念，且以之會通儒學價值地，將「ether」解釋成爲具有超越與普遍意義的仁、善等心力。如譚嗣同《仁學》所建立的，以「仁—通—平等」做爲思想導向的新仁學體系，便是通過他稱爲「以太」的「心力」與「通」之作用，「遍法界、虛空界、眾生界」地達成。康有爲亦曰：「愛者力甚大，無所不愛。」「不忍人之心，仁也，電也，以太也，人人皆有之，故謂人性皆善。」（《中庸注》、《孟子微》）其多以「以太」、「電」等西學概念，做爲理解儒學心性論的思想進路。

至於梁啓超，亦對心力抱持高度肯定的態度，他也認爲「心力」正是人能改變世界、創造世界的促使世界前進原動力。他論日本維新大儒中村正直所譯英著：《西國立志編》，便亟讚賞其「振起國民之志氣，使日本青年人人有自立自重之志氣，功不在吉田、西鄉下矣！」（《自由書・自助論》）梁氏之高度看重思想力量，嘗曰：

> 思想者，事實之母也，欲建造何等之事實，必先養成何等之思想。
> ——〈國家思想變遷異同論〉

> 蓋心力渙散，勇者亦怯；心力專凝，弱者亦強。是故報大仇、雪大恥、舉大難、定大計、任大事，智者所不能謀、鬼神之所不能通者，莫不成於至人之心力。　——《新民說・論尚武》

他肯定思想意識地認爲：只要具備心力便足以承擔大任，而力去改變現實的腐敗、怯懦等一切個人與社會的通病。他曾指出日本明治維新之所以成功，「其倡之、成之者，非有得於王學，即有得於禪宗。」（《新民說．論自由》）——王學是心學的顚峰發展，陽明強調知、行不可爲二事的「知、行合一」，反對「知見」之「口耳談說以爲知」，強調惟有眞正做到「致吾心之良知於事事物物」之「事上磨煉」了，才是「致良知」之完成實踐；禪宗則強調直契如來藏清淨心，肯定眾生心體即是佛性眞心，眾生只要當體直顯眞心便成佛道、或一經頓悟便入佛門，是其肯定心力作用而強調成佛之現世性與當下性。梁氏之倡導積極自由，則也由於人惟有思想自由，能不爲「心奴」地無所牽累於世俗、境遇、情慾了，即達到一種精神境界不受任何牽絆之「我自由之」了，才能「大丈夫行事磊磊落落，行吾心之所志，必求至而後已焉。」（《自由書．精神教育者自由教育也．善變之豪傑》）故其《自由書》嘗以〈精神教育者自由教育也〉名篇，而曰「自由者，精神發生之原力也。」所以「心」如何能夠產生力量？正以「心」之自由故。當國民素質提高並且達到思想自由了，則人人便能「求至而後已」地行「吾心之所志」，如此自是無往而不成功的，斯也即梁氏所蘄願於國人皆能具備的——救亡圖存之「心力」。

那麼，如何才能使思想自由、不受外物牽累並增進其心力？則梁啓超正是欲藉佛教以做爲凝聚、增長之的內在力量。蓋佛教「緣起性空」之身非我有、現象塵緣，可以導人以「無罣無礙，捨身救世」的情操，復可以培養國人面對西人欺壓時所需要的愛國心與破生死利害的無畏精神。其論又曰：

人之所以不能成大業者，大率由爲外境界之所束縛也。……

一有沾戀，則每遇一事之來也，雖認爲責任之所不容諉，而於彼乎、於此乎？一一計度之。……宗教者，導人以解脫有也，……身且非我者，而身外之種種幻象，更何留戀焉？得此法門，則自在遊行，無罣無礙，捨身救世，直行無所事矣。

——〈論宗教家與哲學家之長短得失〉

梁啓超之於佛教，正是著眼於其心性 可以培養國人無私無我的愛國情懷，可以做爲挽救中國所遭遇浩劫的思想力量——一種功用性的著眼。而「居士佛學」在晚清興起，其勸人學佛、不勸人出家以及經世救世的態度，也以其維護世道人心的救世宗旨與儒學的經世精神結合，而淡化了消極遁世的思想。其於近世佛教之入世轉向具有促進作用，也使得近世佛學得以關注現實社會的精神氣象，展現其入世性、思辨性與批判性的時代精神和新貌。

五、結語

以變法維新的改良派形象躍上歷史舞台，並以「改造國民性」議題成爲深遠影響二十世紀中國思想界的梁啓超，在政、學方面皆有突出的表現。他除追隨康有爲變法外，還曾經輔袁、倒袁、輔段、擔任政黨領袖、辦報、講學、著述，是清季民初傑出的啓蒙思想家、宣傳家與學者。他的眾多著作，縮影了近現代中國思想界的演進歷程，在清代和先秦思想史領域更有爲人稱道的佳績。綜論之，突出國家主義而強調「對於一身而知有國家，對於朝廷而知有國家，對於外族而知有國家，對於世界而知有國家」的梁啓超（《新民說．論國家思想》），亟主張以「新民」說的道德革命，做爲開民智、新民德以及統貫他諸般論題的中心線索。他認爲「新民」之道是建立現代國家的根本，並以此反對章太炎所代表的「以革命開民智」，他在《新民叢報》力倡君憲地與革命立場的《民報》展開激烈論戰，但亦以此而頗遭訕謗。

曾經活躍於政治舞台的梁啓超，後來因有感於學術文化移人之深、化人之遠，並深刻體會「一個國民，最要緊的是把本國文化發揮光大。……中國人總不要失掉了這份家當纔好」（《歐游心影錄節錄》轉述西哲蒲陀羅（Boutreu）語），而從政治救國轉爲文化救國。在清季的救亡圖存以及近代化摸索中，國人面對洶洶西學卻假自由爲名、行自私自利之實，故梁啓超提出「新民」說之提昇文化能力、改造國民性的增進民智、民德、民力救國進路。因此筆者聚焦在梁啓超救國實踐的文化進路，考察其新民思想對於國人的啓蒙作用，以及其於我國傳統舊社會在思想價值方面的轉型推動。在梁啓超強烈的救國動機下，他認爲國人長期的人心積弊正是導致國家積弱的根源，是以他欲針砭國人的愛國心薄弱、缺乏群體意識與公德心等人心風俗與道德品格缺陷。他救國實踐的文化進路，主要突出改造國民性的道德革命，並以進化史觀的道德進步論勉勵國人的優良品格；此外，他還重視學術思想對於國民性的形塑作用，不但對我國古學展開全面省思，更致力於闡揚非儒學派而可與西學相互疏通證明的瑰瑋絕特思想家如管子、墨子等，在發揚優秀傳統文化之外，並欲藉以啓蒙國人的思想。再者，他也借重了佛教思想以引導國人的無畏精神和愛國心，他欲通過宗教信仰以培養國人的一體感，是一種對於佛教功用性著眼的宗教救國主張。

從推動我國舊社會思想轉型的角度來看，梁啓超「以覺世始，以傳世終」的新民運動，開啓了「五四」新文化運動的序幕；他用以改造國民性而強調「私德公德，本並行不悖」的新民德（《新民說·論公德》），亦是近現代文化革新和國民素質改造的先導。如孫中山倡導的改良人格、鑄造國格，胡適的驅除五鬼（——貧窮、疾病、愚昧、貪污、擾亂），魯迅的國民劣根性剖析與改造……等，皆可視爲「新民」思想的延續發展。雖然梁啓超反對流血的政治革命和外力干涉，力以提昇國民素質做爲首務，要求社會改良與政治改革的漸進式改良主義——墨子刻所稱爲「調適類型」者，在當時以革命爲主流的流行觀點下顯得迂遠、不能救急，並未得到時人的認同與支持；惟誠如李澤厚所言：「革命、反滿是當時時代的最強音，革命派站在這一政治思想的前列，但在啓蒙工作方面卻把陣地讓給了改良派。」斯論或可以做爲梁啓超一生思想貢獻的註腳，而梁氏的新民論，在今日也仍然顯其光輝與價值。

接下來呢？——代跋

歷史的長河不停，思想文化的創新發展亦不絕，「盈科而後進」地，從先秦子學、兩漢經學、魏晉玄學、隋唐佛學、宋明理學到明清氣學；[1]那麼，綿亙數千年的中華文化在邁入二十世紀後，又以怎樣的思維模式面對快速變動的新時代呢？拙著《中國哲學史三十講》之〈民國以來的現代新儒學〉，談到了清代學術與思想發展的結束，正是另一個俟諸後人的新時代、新思想來臨與開展。略述如下：

「一個國家的現代化道路，從言技、言政到言教，其中最深層的，就屬思想層面的觀念文化變革了。1911年辛亥革命成功，從政治上說，兩千年的專制帝制是被推翻了；但是從思想層面說，則辛亥革命當時並未得到廣大群眾支持，自然也就難以達到改造群眾思想的高度。清代自從戴震領軍『乾嘉新義理學』而展開了儒學的自轉化以來，中葉以降，又經龔魏等人以今文經學結合了經世實學的經世思潮，再到晚清，復有康、譚等人『援西入儒』地從事儒學之創新詮釋；但是有限的義理

1　「氣」是構成宇宙萬物和生命精神的本原，凡日月星辰、品物萬類，皆氣之運動變化所化生；「氣」除用以指陳一切具體的物質形態，如空氣、氣息、煙氣、蒸氣等可用直觀性和經驗性的聽覺、視覺等感官覺知的有限存在，以及獨立在人類意識外的客觀實在現象之「形氣」外，它還可以是具有抽象邏輯範疇意義的概念，而亦包括了運動性、無窮運化的「神氣」概念在其中。是以做為哲學概念的「氣」，雖不能被直接看到，卻是共同本質的概括，是從具體進至抽象的一種概念，其不能等同於「物質」之稱，更廣義地說，舉凡一切現象、甚至精神境界等，也都可以歸屬為「氣」的範疇。因此我們儘管不能否認氣聚為宇宙萬象時，直觀性色彩濃郁，其「普遍的本質」被感性的經驗因素所包覆；但是氣兼「有、無」，氣聚為萬物、散為太虛，其可以就形質言，而也可以就太虛狀態之無象無　卻為萬物本原——無窮運化之「神」而言。

清儒立足在逐漸形成趨勢的「氣本論」思想基礎上，強化對於客觀物理的探索，以視於理學舊典範，以及理學主張「存理滅欲」之視「理」為先驗超越的至善本體，「氣」為形下而有昏明、強弱、厚薄、清濁之不齊，可謂顛倒了程朱理學的理氣觀。宋明理學和明清氣學具有「形上／形下」之畸輕畸重迴然異趣；清代新義理學已經脫出理學舊藩籬，建構起「非形上學」但仍強調道德創造性的新義理觀，以突出對於形下經驗世界的關注。

建設除了受時代高度侷限外，也因未能深入大眾階層及普及民間，而難以翻轉國人舊思維，畢竟思想轉化與社會心理改革需要時間累積。於是民國以來，又有陳獨秀、胡適、魯迅、李大釗、錢玄同等知識份子高舉『科學』與『民主』兩面大旗之『新文化運動』。他們對一切傳統守舊思想展開了空前的激烈批判，甚至喊出『打倒孔家店』之斥棄一切舊文化口號；繼譚嗣同之矢志衝決一切舊網羅後，魯迅《狂人日記》也說『我翻開歷史一查，這歷史沒有年代，歪歪斜斜地每葉上都寫著「仁義道德」幾個字』，強烈批判舊禮教。然而圍繞著『中國向何處去？』的議題與投石問路，新舊典範交替時特有的信仰危機、思想衝突與價值混亂、迷失徬徨，也都於焉伴隨出現。

從另一個角度來說，『中國向何處去？』的學術主軸，也決定了近代學術的精神是求變革而具開放性的。一時間，激進派、保守派、自由主義等各種思潮相爭相容，復現了各家爭鳴之盛況。並展開從1915年陳獨秀創辦《青年》（次年改名《新青年》）雜誌以來直到二〇年代，持續相當長時間的東西文化以及科學、玄學論戰。新文化運動將改革推向了歷史新高峰，斯時，迫切引進西方科學與民主價值以改造國人思想的『全盤西化』主張，以胡適、蔣夢麟、羅家倫、丁文江、吳稚暉爲首；強調東方文化自有不可被西方文化取代之價值者如梁漱溟、梁啓超；還有另一派信奉馬克思主義惟物史觀的李大釗、陳獨秀、瞿秋白等人。繼『五四運動』之中國知識分子展現徹底思想改革的啓蒙運動和白話文、文言文之爭後，在1923年發生於丁文江、胡適、吳稚暉與張君勱、梁漱溟、梁啓超等諸多著名學者間的『科學與玄學』論爭，是中西文化接觸三十年以來的首度大辯論。這一場風起雲湧的新文化運動與東西文化論戰，廣義地結合了新文化與新文學運動以及當時知識分子的愛國運動，要求文化之全面改革，是爲對東、西方文化之『傳統價値／科學精神』的又一次優劣取捨論戰。運動的基本口號是『德先生』——民主（Democracy）和『賽先生』——科學（Science），並以提倡新道德反對舊道德、提倡新文學反對舊文學做爲兩面旗幟。新文化運動的意義，在以啓蒙思想正式對主宰中國兩千多年的傳統禮教宣戰。影響之大，甚至動搖了以孔學爲主的傳統社會與正統思想；而當孔學權威被撼動，各種新思潮的湧流也就迅速打開了閘門，一場如春雷響起的驚天動地思想革命於是開啓，而以一種如火燎原之姿迅速席捲全國。值此之際，面對眾多質疑儒家思想與批判舊文化的中西論爭，儒學要如何力挽狂瀾於既倒？要如何重新樹立孔學大纛？——於是又有現代新儒家之興起。他們在進行文化反省之餘，高度地認同傳統哲學並大力延續之，且以一種符合當代潮流的新精神對儒學再度展開新詮釋。儒學也於此再現革故鼎新、因時制宜的強韌生命力。」

關於學術思想與傳統文化之返本開新，歷代學者皆針對當代的時代課題，不遺餘力地集思廣益而前仆後繼，既欲繼往聖之絕學，也思開萬世之太平。梁啓超云「學問之業，非一人一時代所能就，在善繼而已矣！」（《墨經校釋．自序》）儒學亦遂如〈民國以來的現代新儒學〉引熊十力之一段話：

大化流行，剎那剎那蛻其故而創新，一切物都在蛻故創新的歷程中。……剎那剎那，前前滅盡，後後新生。化機無一息之停，故萬物得以相續起而不斷絕也。

以誌我國近三千年以及由清代總結的舊時代與舊思維又翻出了另一新頁。……永遠的緜延，永遠的不絕……。

國家圖書館出版品預行編目資料

清代學術思想史／張麗珠著. ——二版. ——
臺北市：五南圖書出版股份有限公司,
2023.06
面；　公分
ISBN 978-626-343-966-5(下冊：平裝)

1.清代哲學

127　　112004185

1W1C　五南當代學術叢刊

清代學術思想史（下冊）

作　　者 — 張麗珠
發 行 人 — 楊榮川
總 經 理 — 楊士清
總 編 輯 — 楊秀麗
副總編輯 — 黃惠娟
責任編輯 — 陳巧慈
校　　對 — 周雪伶
封面設計 — 陳亭瑋
出 版 者 — 五南圖書出版股份有限公司
地　　址：106台北市大安區和平東路二段339號4樓
電　　話：(02)2705-5066　　傳　　真：(02)2706-6100
網　　址：https://www.wunan.com.tw
電子郵件：wunan@wunan.com.tw
劃撥帳號：01068953
戶　　名：五南圖書出版股份有限公司

法律顧問　林勝安律師

出版日期　2021年3月初版一刷
　　　　　2021年7月初版二刷
　　　　　2023年6月二版一刷
定　　價　新臺幣680元

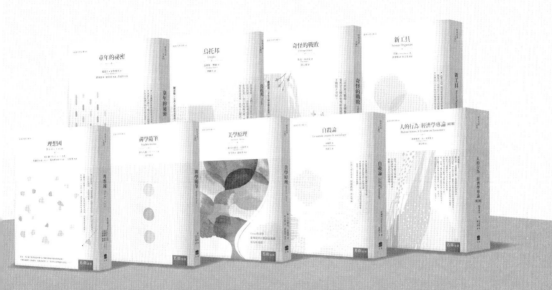